前　言

本书为铁路职业教育铁道部规划教材，是根据铁路中专教育客车车辆检修专业教学计划“客车构造与检修”课程教学大纲编写的，尽量做到内容精练，文字通俗易懂，深入浅出。

本书包括基本知识、轮对、滚动轴承轴箱装置、弹簧及减振装置、客车转向架、车钩缓冲装置、车体、客车设备等内容。内容的取舍以定型技术和新技术为主，结构采用构造、检修及工艺、部分典型装备的模式，教学的重点在“检修工艺”内容，以适应培养生产一线技术应用型人才的需要。

本书由湖南铁路科技职业技术学院袁清武任主编，益阳客运段周湧胜任副主编，铁道部运输局装备部客车处陆啸秋和济南铁道职业技术学院徐冬任主审。全书共分八章，第一章、第二章、第三章由长沙车辆段林原编写；第四章由长沙车辆段童尔凡编写；第五章由长沙车辆段石砚飞编写；第六章、第七章由湖南铁路科技职业技术学院袁清武编写；第八章由广州铁路（集团）公司车辆处钱卿编写。

本书在编写过程中，得到了铁道部运输局装备部客车处、广州铁路（集团）公司车辆处以及湖南铁路科技职业技术学院给予的大力支持，编者在此向他们表示衷心的感谢！

由于编者水平有限，疏漏之处在所难免，恳请广大读者不吝赐教。

编　者

2007 年 11 月

目　录

第一章

基本知识

本章主要介绍铁道车辆的基本知识。主要内容有铁道车辆的组成和分类、车辆标记、车辆的方位、铁路限界、车辆在曲线上的的偏倚、车辆的主要技术参数、车辆检修制度、车辆检修限度。学习完本章后，应掌握铁道车辆的基本知识，熟悉其技术参数；能进行铁道车辆方位的判断。

铁路是国民经济的大动脉。在铁路、公路、水路、航空和管道5种运输方式中，铁路担负着全国大部分运输任务，在国民经济中起着非常重要的作用。铁道车辆是铁路运输中直接运载旅客和货物的工具，是铁路中的一个重要环节。完成铁路运输任务要求有足够数量、品种齐全、质量优异的车辆。随着铁路的不断发展，铁道车辆有着广阔的发展前景，需要有一大批献身于铁道车辆事业的技术人才，为我国铁道车辆事业服务。

第一节　铁道车辆的组成和分类

一、铁道车辆的组成

为适应和满足旅客和货物运输的不同要求，铁道车辆虽有很多类型，构造也各有不同，但从基本结构来看，一般均由以下5大部分组成，如图1－1所示。

(一)车　体

车体既是容纳旅客、装载货物及整备品等的部分，又是安装与连接其他4个组成部分的基础。车体主要由底架、侧墙、车顶等部分组成。其中，底架是车体的基础。车体和底架一起承受着作用于车辆上的各种载荷。因此，它应具有足够的强度和刚度。

(二)走行部

走行部一般称它为转向架，俗称台车或台架。它是能相对车体回转的一种走行装置。承受着车体的自重和载重，并由机车牵引行驶在钢轨上，是保证车辆运行品质的关键部件。转向架一般由构架(侧架)、轮对轴箱装置、弹簧减振装置、基础制动装置等部分组成。转向架必须有足够的强度和良好的运行平稳性，以保证安全运行和满足旅客的舒适性要求。目前一般客、货车辆的走行部大部分是由两台二轴转向架组成。

(三)车钩缓冲装置

车钩缓冲装置是将机车与车辆或车辆与车辆之间进行互相连接的装置。它具有传递和缓和列车运行中纵向力的性能。主要由车钩、缓冲器、解钩装置及附属配件等组成，安装在车体底架的两端。要求具有强度大、摘挂方便、缓冲性能良好的特点。

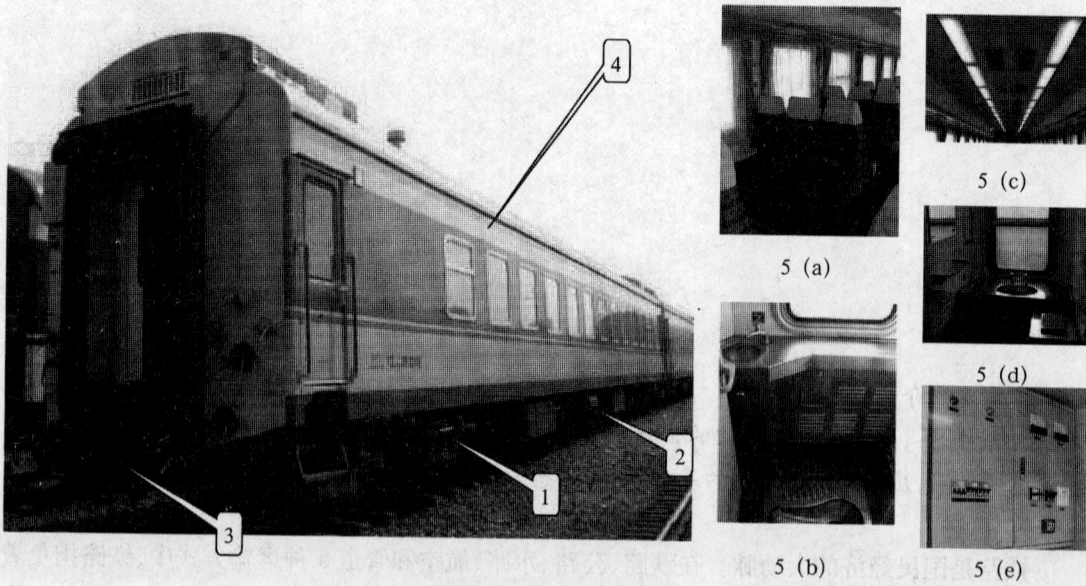

图 1－1　车辆组成

1—走行部(转向架);2—制动装置;3—车钩缓冲装置;4—车体;5—车辆内部设备:
(a)座椅及行李架;(b)卫生设施;(c)空调装置;(d)洗脸间;(e)电气装置

(四)制 动 装 置

制动装置是车辆上起制动作用的零部件所组成的一整套机构。它的主要作用是保证高速运行中的列车能按需要实现减速、在规定的距离内实现停车或防止静止的车辆溜走,以保证行车安全。制动装置一般由空气制动机、手制动机和基础制动装置等部分组成。制动装置是通过压缩空气或人力推动基础制动装置,使闸瓦压紧车轮来实现制动作用的。

(五)车 内 设 备

车内设备是指能良好地为运输对象服务而设于车体内的一些固定附属装置。如客车主要包括给水装置、空调装置、电气装置、座席、卧铺、行李架、卫生设施等,有的客车上还设有媒体和通信装置等。货车由于类型不同,内部设备也因此千差万别,一般来说比客车简单。如棚车中的拴马环、床托,守车中的火炉,保温车中装设的制冷设备和乘务员的生活设备等。

二、铁道车辆的分类

铁道车辆按用途分为客车、货车和特种用途车。

(一)客　　车

客车是指供运送旅客和为此服务的或原则上编组在旅客列车中使用的铁道车辆。

客车的一般外形特点是:两侧墙上有较多的带玻璃的车窗;两车厢连接处有供旅客通行的折棚装置与渡板;有运行品质较好的转向架;车身一般比较长等。客车的主要用途是运送旅客或提供某种为旅客服务的功能。还有一些客车既不运送旅客又不为旅客服务,但因某种特殊的用途编在旅客列车中或单独几辆编组按旅客列车在线路上运行,这些车如试验车、检轨车、公务车等。

铁路客车按其用途可分为三大类,即直接运送旅客的车辆、为旅客服务的车辆和特种用途的车辆。

1. 直接运送旅客的车辆

(1)硬座车:设有硬席座椅设备的座车,是旅客列车中的主要组成部分,每节车厢可容纳的旅客较多。我国新造的硬座车座席定员均在120人左右,因其所设座席数较软席车多,故座席的舒适性较软席车差。座位的靠背为木制品或其他半硬制品,或虽有弹簧靠背座椅,但相对的两组座椅中心距离在1 800 mm以下。

(2)软座车:设有软席座椅设备的座车,基本作用与硬座车相同。但由于座垫和靠背均有弹簧装置,相对的两组座椅中心距离在1 800 mm以上,车内座席数较硬座车少,车内装饰也较硬座车讲究,所以软座车的舒适性较好。

(3)硬卧车:设有硬席卧铺设备的卧车。在长途旅客列车中,目前它是仅次于硬座车的主要组成部分。一般硬卧车内分成若干个开敞式的隔间,卧铺为三层,卧铺垫无弹簧装置,每个隔间内设6个铺位,少数硬卧车如软卧车那样做成包间式。

(4)软卧车:设有软席卧铺设备的卧车。编挂在长途旅客列车中,一般做成包间式,每个包间定员不超过4人;少数软卧车采用开敞式,但每个隔间定员也不超过4人。卧铺为二层,卧铺垫有弹簧装置。近年来,我国还设计制造了俗称“高包车”的新型高级软卧车,其单间定员为2人,内设独立的卫生间和淋浴间,内装设施高档、豪华。

(5)合造车:一辆车上同时设有两种或两种以上用途的车内设备的车辆,如软硬座合造车,行李邮政合造车等。

(6)双层客车:设有上、下两层客室的座车或卧车。

(7)简易客车:设有简易设备的客车。

(8)代用客车:用货车改装的、代替客车使用的车辆,如代用座车、代用行李车等。

2. 为旅客服务的车辆

(1)餐车:为供应旅客膳食和进餐用的车辆,设有厨房、餐室及储藏室(同时还有小卖部)等设备。

(2)行李车:编挂在旅客列车端部供运送旅客行李及包裹的车辆,设有行李间、行李员办公室和生活用设施。

3. 特种用途的车辆

(1)邮政车:编挂在旅客列车端部供运送邮件和供邮政人员沿途办公用的车辆,车内设有邮政人员办公室和生活用设施。

(2)空调发电车:专给集中供电的空调车供电的车辆,车内设有柴油发电机组。

(3)公务车:供国家机关工作人员出差办公或到沿线单位检查工作用的专门车辆,设有会议室、办公室、卧室和厨房等。

(4)医疗车:为沿线铁路职工及家属进行流动医疗的专用车辆,一般设有诊疗室、手术室和药剂室等。

(5)卫生车:设有医疗设备,专供运送伤员用的客车,车内设有供伤员使用的设备(但不包括医务室及厨房)。

(6)试验车:铁路科研单位进行科学研究和试验鉴定的专用车辆,根据不同的试验内容装有不同的试验仪器设备。

(7)维修车:用以检查和维修线路及其设备的专用车辆,装有各种检查装置和修理设备及必要的生活设施,按用途分为轨道检查车、磅秤修理车和接触网检修车等。

(8)文教车:为铁路沿线职工进行文艺演出、文化教育和技术教育用的专用车辆,设有必要的文娱和教育设施，根据不同内容，分文化车、技术教育车和电影车等。

此外还有轨道探伤车、隧道摄影车、限界检查车、锅炉车等特殊用途的车辆。

自1993年起，我国的主型客车是25型系列。从车型上分，有25B型、25G型、25K型、25D型（动车组）、25A型、25型（试验型）、25型双层（B型、K型）等。

（二）货　　车

货车是供运送货物的车辆，原则上编组在货物列车中使用。除某些棚车在特殊情况下可临时运送旅客或兵员外，货车主要用于运送货物。货车类型很多，按用途可分为通用货车、专用货车和特种货车。

1. 通用货车

通用货车可装载多种货物，有下列3种：

（1）敞车：这种车的通用性最强，无车顶，有车墙，通常端墙和侧墙高度在0.8 m以上，它既可运输煤、焦炭等散粒货物，也可以装运木材、钢材等，还可装运重量不大的机械设备；若在其上覆盖防水篷布，还可以运送怕湿的货物。

（2）棚车：车体设有车顶、车墙和门窗，用以装运各种需防止湿损、日晒或散失的货物，如布匹、粮食等；除运货外，大部分棚车还可以临时代替客车运送旅客。

（3）平车：底架承载面为平面，通常两侧设有柱插，用来装运钢材、机器、设备、集装箱、汽车和拖拉机等；有的平车还设有可活动向下翻倒的矮侧墙和端墙，包括原先制造的、固定墙高不足0.8 m装矿石用的车，用来装运矿石、砂土等块粒状货物。

2. 专用货车

专用货车专供运送某些种类的货物，主要有罐车、保温车、矿石车、长大货物车、通风车、家畜车、水泥车、活鱼车、集装箱车、漏斗车、毒品车和守车等。

（三）特种用途车

特种用途车是具有特殊用途的车辆，有试验车、发电车、救援车、轨道检查车、除雪车等。

第二节　车辆标记

为便于对客、货车辆的运用和管理，在车辆指定部位涂打的用于标明车辆的配属、用途、编号、主要参数、方向、位置等的文（数）字和代号称为车辆标记。

车辆标记一般分为车型车号标记、产权制造标记、运用标记、检修标记、试验标记5类。

一、车型车号标记

车型车号标记简称车号。客、货车的车号标记均由基本型号、辅助型号及车辆制造顺序号码三部分组成。三部分完整的车号是指某辆具体的车。货车应在车体两侧侧墙上或活动墙板上涂打大车号，在底架侧梁或侧墙下缘涂打小车号，如侧梁为鱼腹梁，仅在侧梁涂打大车号。客车的车号标记涂打在车体两侧外墙板靠车门处，并在客车内部两内端门上方各安装一块带定员的“车内车号牌”。为了便于旅客识别，在客车车体两侧外墙板近车门处涂打车种汉字称号和汉语拼音称号，并涂打车号标记，如图1－2所示。货车应在车体两侧墙的左侧涂打大车号，在

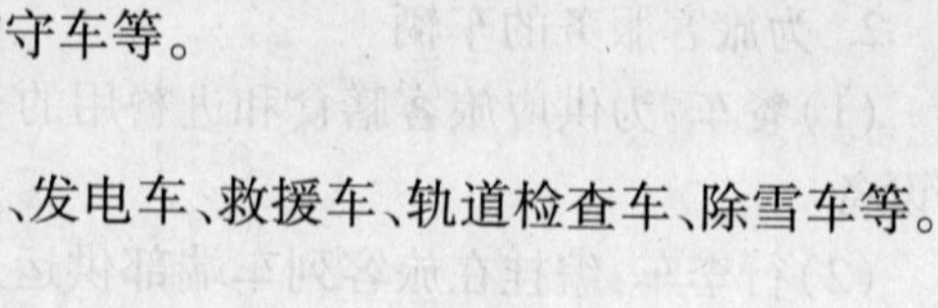

图1－2　客车车种称号和车号

1—车种称号；2—车号

底架侧梁(或侧墙下缘)的右侧涂打小车号。

1. 基本型号:将车辆的车种称号简化,用一个或两个大写汉语拼音字母来表示,将这些拼音字母称为车辆的基本型号。客车用两个字母表示;货车一般用一个字母表示,也有个别货车车种为便于区分而用两个字母表示。例如,YZ 表示硬座车(如图 1-2 所示),C 表示敞车,P 表示棚车等。各种车辆的基本型号见表 1-1。

2. 辅助型号:为表示同一车种的客、货车的不同结构系列及内部有特殊设施或车体材质改变时,用一位或两位小阿拉伯数字及小号汉语拼音字母表示,附在基本型号的右下角,将这些小阿拉伯数字和小汉语拼音字母称为车辆的辅助型号。例如,YZ_{25G}(如图 1-2 所示)、YZ_{25K}、C_{62B}、P_{63} 等中的“25G”、“25K”、“62B”、“63”均为辅助型号。

辅助型号作为基本型号的后缀,原则上两种型号合在一起不得超过 5 个字符,又例如:

C_{62B}: C(车种) 62(重量系列) B(材质区别)

N_{17A}: N(车种) 17(顺序系列) A(结构区别)

YW_{25G}: YW(车种) 25(车长系列) G(结构区别)

3. 车辆制造顺序号码:表示按预先规定的规则而编排的某一车种的顺序号码。用以区分同一类型的不同车辆,用大阿拉伯数字表示,记在基本型号和辅助型号的右侧,如图 1-2 中的“348358”。

根据铁道行业标准(以下简称“铁标”)TB/T 2913—1998 和 TB/T 2435—1993,客车、货车车型车号代码编排如表 1-2 和表 1-3 所示。

表 1-1 车辆车种称号及基本型号表

客车				货车		
	顺号	车种	基本型号	顺号	车种	代码
直接运送旅客类	1	软座车	RZ	1	棚车	P
	2	硬座车	YZ	2	敞车	C
	3	软卧车	RW	3	平车	N
	4	硬卧车	YW	4	罐车	G
为旅客服务类	5	行李车	XL	5	冷藏车	B
	6	餐车	CA	6	集装箱车	X
特种用途类	7	邮政车	UZ	7	矿石车	K
	8	空调发电车	KD	8	长大货物车	D
	9	公务车	GW	9	毒品车	W
	10	医疗车	YL	10	家畜车	J
	11	卫生车	WS	11	水泥车	U
	12	试验车	SY	12	粮食车	L
	13	维修车	WX	13	特种车	T
	14	特种车	TZ	14	守车	S
	15	救援车	JY			

其中:

(1)对于有特殊结构和用途的客车,在车种基本型号前添加汉语拼音字头或在车种基本型号后添加阿拉伯数字及汉语拼音字头。

如:双层客车加“S”,一等软座车为“RZ1”,一等双层软座车为“SRZ1”,二等软座车为“RZ2”,特等软座车为“RZT”。

(2)由两种或两种以上车种合造成一辆车时,称为合造车;合造车的基本型号由组成合造车的车种汉语拼音字头合并,按上表车种的顺序排列。

如:软硬座车为“RYZ”,行李邮政车为“XU”,双层软座行李车为“SRZX”。

表 1－2　客车号码编排表

铁道部客车车号代码				地方、合资铁路客车车号代码			
顺号	车 种	车号容量	车号范围	顺号	车 种	车号容量	车号范围
1	合造车	10000	100000～109999	1	合造车	9000	001000～009999
2	行李车	100000	200000～299999	2	行李车	10000	020000～029999
3	邮政车	3000	7000～9999	3	软座车	10000	010000～019999
4	软座车	90000	110000～199999	4	硬座车	20000	030000～049999
5	硬座车	200000	300000～499999	5	软卧车	10000	050000～059999
6	软卧车	100000	500000～599999	6	硬卧车	20000	060000～079999
7	硬卧车	200000	600000～799999	7	餐 车	10000	080000～089999
8	餐 车	100000	800000～899999	8	其他车	10000	090000～099999
9	其他车	100000	900000～999999				

表 1－3　货车号码编排表

铁道部客车车号代码				地方、合资铁路客车车号代码			
顺号	车 种	车号容量	车号范围	顺号	车 种	车号容量	车号范围
1	棚车	500000	3000000～3499999	11	水泥车	20000	8040000～8059999
2	敞 车	900000	4000000～4899999	12	粮食车	5000	8060000～8064999
3	平 车	100000	5000000～5099999	13	特种车	10000	8065000～8074999
4	集装箱车	50000	5200000～5249999	14	守 车	50000	9000000～9049999
5	矿石车	32000	5500000～5531999	15	海南车	100000	9100000～9199999
6	长大货车	100000	5600000～5699999	16	米轨车	50000	9200000～9249999
7	罐 车	310000	6000000～6309999	17	寸轨车	50000	9250000～9299999
8	冷藏车	232000	7000000～7231999	18	自备车	999999	0000001～0999999
9	毒品车	10000	8000000～8009999		备 用	2000000	1000000～2999999
10	家畜车	40000	8010000～8039999				

(3)客车特种车包括文教车等。

客车车号标记示例:RZ_{25Z}110618

其中:RZ 表示基本型号(软座车);25 Z 表示辅助型号(25 型准高速客车);110618 表示客车制造顺序号码。

货车车号标记示例:C_{64T}4871235

其中:C 表示基本型号(敞车);64 T 表示辅助型号(载重 61 t 装有提速转向架的货车);4871235 表示货车制造顺序号码。

二、产权制造标记

1. 国徽:凡参加国际联运的客车,须在车体两侧外墙板中心悬挂特制的国徽,表示中华人民共和国的车辆。

2. 路徽:凡产权归我国铁道部的车辆,均应在侧墙或端墙适当部位涂打路徽,对于货车还应在侧梁适当部位安装铁道部的产权牌(用金属制作的、椭圆形的路徽标志牌)。我国的路徽为,含有人民铁道之意。其他国家或公司所属的铁道车辆也有各自的标志。参加国际联运的货车虽无国徽,一旦离开产权所有国,可凭路徽标志回送至产权国而不会混淆使用。

3. 制造标记:新造客车、货车应安装金属的制造厂铭牌,其内容包括制造厂名和制造年份,式样由制造单位确定。货车安装在侧梁(或中梁)的二位或三位,客车安装在车体二位或三位脚蹬上。

此外,车辆的主要零、部件,如车轮、车轴、转向架、车钩及制动分配阀等,在其上一般均有该零、部件生产厂家的某种代号,锻件常打出数码代号,铸件常铸出铸造代号。这些标记基本无广告作用,仅在发生事故后可据此追查责任。

4. 配属标记:凡配属给指定局、段和有关单位管理的客车,在车体两端外墙板左侧应涂打配属单位简称的“配属标记”,如配属给北京铁路局北京车辆段的客车应涂打“京局京段”字样的配属标记。铁道部部属车涂打“部”字标记。

对于货车,凡有指定使用区间和要求回送或指定配属的专用货车,在车体两侧中部应涂打配属标记。例如“某站—某站间专用”、“运用后返回某站”、“某单位专用车”等。凡配属各局的石油直达油罐列车,应在罐体一、二位端板中心加温套上檐涂打“罐车配属局、段简称及车组号”标记。

三、运用标记

(一)性能标记

1. 自重:空车时车辆自身具备的质量称为车辆自重,以 t 为计量单位,保留一位小数。

2. 载重:车辆标记中所注明的货物或旅客和行李包裹的质量(包括整备品重量和乘务人员的重量)称为车辆的载重。以 t 为计量单位,客车保留一位小数。

3. 容积:车辆内部可容纳货物的体积称为车辆的容积。以车体内部长、宽、高的乘积表示,以 m^3 为计量单位,保留一位小数。容积下面附括号,在括号内列出长、宽、高标记,以 m 为计量单位,保留一位小数。

行李、邮政车在载重标记下方涂打“容积”标记。

敞车在括号内仅涂打长、宽标记。

4. 车辆长度(全长):车辆不受纵向外力影响时,该车两端车钩在闭锁位置时两钩舌内侧面之间的距离称为车辆的全长,以 m 为单位,保留一位小数。

5. 换长:车辆长度(m)除以标准长度(m)所得之值称为车辆的换长。它是车辆长度换算标记,保留一位小数,尾数四舍五入。

换长也可以称为计算长度,说明该车折合成 11 m 长的车辆(以解放初期 30 t 棚车平均长度为计算标准)时,相当于它的多少倍,以便在运营中计算列车总长度。

6. 定员标记:每辆车上允许乘座、站立或睡眠的旅客人数称为定员。

7. 整备重标记:机械冷藏车组的发电乘务车等车辆,为保证编组车辆的正常工作而必须具备的食品、燃料、水、工具等的质量之和称为整备重。整备重以 t 为计量单位,“整备重”标记涂打在自重标记下方。

客车的性能标记包括自重、载重、全长、换长、定员、容积(只用于行李车、邮政车),涂打在客车车体外端墙板左侧。

货车的性能标记包括自重、载重、容积、换长、冰重(只用于冰冷藏车)、整备重(只用于机械冷藏车组的发电乘务车),涂打在车体两侧外墙板右上角。

(二)特殊标记

1. 集中载重标记

标明货车中部一定尺寸范围内允许承受装载重量的标记。载重大于(或等于)60t 的平车、长大货物车和需要标明集中载重的货车应按长大货物车、平车集中载重表在车底架侧梁中部涂打“集中载重”标记。

2. 货车结构特点标记

有(人)、(古)、(关)、(特)、[illegible]、(MC)、(卷)和(超)等。如"(关)"表示货车活动墙板及其他活动部分翻下超过车辆限界者,必须关闭完好后才准运行,"(关)"字标记涂打在每扇门内侧及侧梁中部。

3. 运用特殊标记

在客车上还有一些其他标记,如在电气化区段运行的客车两端墙板扶梯处涂打"电化区段,严禁攀登"标记;侧墙板下部涂打速度标记;在饮水装置和洗脸间处分别安装有"饮用水"和"非饮用水"标牌,使旅客不致误饮不宜饮用的水;在内侧墙安装"缓解阀"铭牌,表示缓解阀的位置;在紧急制动阀手把旁安装"危险请勿动"铭牌等。在部分货车上还涂打有各种运用特殊标记,如罐车装载货物品名标记;"进气压力"标记;长大货物车涂打"限速"和"限制曲线半径"标记;在部分货车上涂打货车新产品试运期间试验标记等。

四、车辆检修标记

车辆检修标记分为定期检修标记、摘车修标记以及与检修有关标记。

(一) 定期检修标记

1. 厂、段修标记

车辆的厂、段修标记如图1-3(a)所示。横线上部为段修标记,下部为厂修标记。右侧是本次检修的年、月和检修单位简称,左侧为下次检修年、月。由厂、段修标记可反映出厂修和段修的周期。客车的厂、段修标记涂打在车体两端外墙板的右侧下方;货车的厂、段修标记涂打在车体两侧墙左下角。最高运行速度大于120 km/h的客车按走行公里检修,其标记如图1-4所示,在客车2、3位端分别涂打。

客车	09.10	07.4	广沙
	09.4	01.10	长客

货车	03.9	02.3	广株
	09.9	00.9	齐厂

(a) 客车、货车厂段修标记

辅修	03.01.11	07.11	郑洛

轴检	10-11	7-11	郑洛

(b) 货车辅修、轴检标记

11-30	3-30 广沙

(c) 客车辅修标记

图1-3　定期检修标记

2. 货车辅修、轴检标记和客车辅修标记

货车辅修、轴检标记如图1-3(b)所示,涂打在厂、段修标记右侧或下方,"辅修"、"轴检"涂打在标记左侧。上中格涂打本次检修日期的月、日,右上格涂打本次检修单位简称,左上格涂打下次检修到期的月、日。客车辅修标记如图1-3(c)所示,涂打在转向架第2、3位侧梁上和盘形制动客车在副风缸外侧中部、非盘形制动客车制动缸外侧。右上格为本次检修日期和局段简称,左上格为下次检修日期。辅修、轴检标记空格用完后,做定检时应将原标记用油漆涂掉,再涂打新标记。

(二)摘车临修标记

货车因发生临时故障需要从列车中摘下送到修车线修理后,应在车辆端墙板上涂打摘车临修标记,表示摘车临修日期年、月、日和站修所的简称。

A1	07-06	广沙
A2	06-12	广沙
A3	06-12	广沙
A4	04-10	长客

图1-4　快速客车定检标记

例如:空车摘车修标记为 Z02.4.8 株,重车摘车修标记为Ⓩ 02.5.12 株。

(三)车辆检修有关标记

1. (延):车辆允许延期检修标记,涂打在厂修标记的左侧。

2. 车辆方位:分别表示车辆的第一位端和第二位端,用阿拉伯数字"1"和"2"表示。货车涂打在两侧梁右端下角;客车涂打在脚蹬的外侧面和车内两端墙上部。

3. 车钩中心线:沿车钩钩舌外侧及钩头两侧,在钩身横截面高度二分之一处用白色油漆涂打一宽度为 5 mm 的水平直线,即为车钩中心线。车钩中心线距轨面的距离应符合规定。

4. 钩型:在钩头侧面涂有车钩型号(阿拉伯数字)标记,以示识别。

5. :表示客车架车作业时,顶车指定部位。

表 1-4 选定标记颜色表

涂打标记处色别	标记颜色
绿或蓝	淡黄
白、黄或银色	黑
黑	白

五、车辆试验标记

根据试验项目,临时涂打在车号标记的下面。车辆上一般涂打的标记应使用油漆涂打,除另有规定者外,根据涂打处所的颜色分别按表 1-5 选定标记颜色。

第三节 车辆的方位

铁道车辆在前后、左右方向是一个接近对称的结构,在对称轴上或在对称的部位上有许多结构相同或相近的零部件。设置车辆方位就像数学上给定坐标系一样,便于在设计、制造、检修、运用中确定同类型零部件在车辆中的位置。

一、车辆方向的确定

车辆的方位一般以制动缸活塞杆推出的方向为第一位,相反的方向为第二位,如图 1-5 所示,并在车上规定的部位涂刷方位标志。对有多个制动缸的情况则以手制动安装的位置为第一位,如按上述方法确定方位仍有困难则以出厂时涂打的标记为准。如客车转向架使用盘形制动装置时制动缸数较多,则以手制动端为第一位。一些长大货车使用转向架群,手制动装置也可能有数个,则可以出厂时涂打的标记为准。

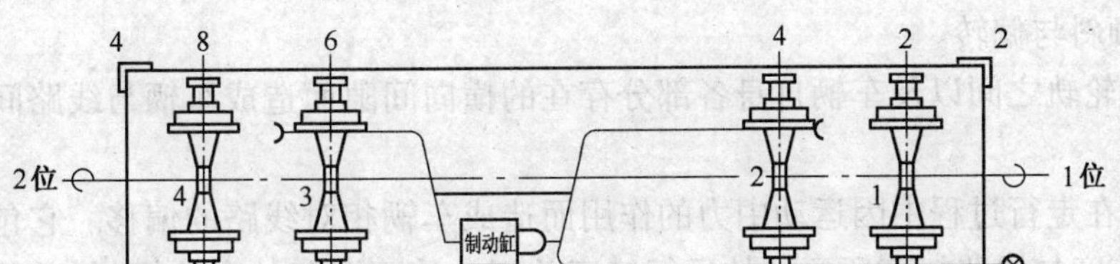

图 1-5 车辆方位

二、零部件位置的确定

车辆的车轴、车轮、轴箱、车钩、转向架、车底架上的各梁和其他部件的位置确定,如果是纵向排列的,是由 1 位端起顺次数到 2 位端止。如果位置是左右对称的,则人站立在 1 位车端,面向2位端，从1位端起，从左至右顺次数到2位端止，如图1－5所示。

三、列车中车辆前、后、左、右的确定

编挂在列车中的车辆，其前、后、左、右的确定方法是按照列车运行方向来规定的。其前进的一端称为前部，相反的那一端称为后部，面向前部站立而定出其左右。其连挂的车辆，由机车后的第一辆车、第二辆车等分别称为机车后部1位、2位车辆等。

第四节 铁路限界

一、设置限界的意义

铁路限界由机车车辆限界（简称"车限"）和建筑限界（简称"建限"）两者共同组成，两者间相互制约与依存。铁路限界是铁路安全行车的基本保证之一，为了使机车车辆能在一定范围的路网内通行无阻，不会因机车、车辆外形尺寸设计不当、货物装载位置不当或建筑物、地面设备的位置不当而引起不安全的行车事故，必须用限界分别对机车、车辆和建筑物等地面设备加以制约。因此，限界是铁路各业务部门都必须遵循的基础技术规程。限界制定得是否合理、先进，也关系到铁路运输总的经济效果。

建筑限界和机车车辆限界均指在平直线路上两者中心线重合时的一组尺寸约束所构成的极限轮廓，如图1－6所示。

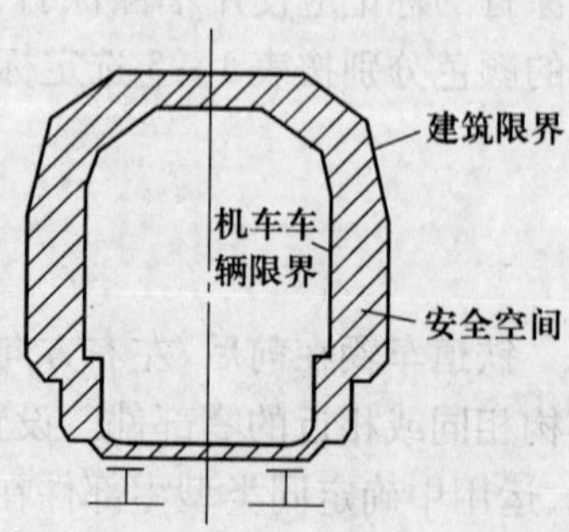

图1－6　机车车辆限界与建筑限界

实际的机车车辆与靠近线路中心线的建筑物之间必须留有一定的、为保证行车安全所需的空间，这个空间称为安全空间。这部分空间应该包括：

(1)车辆制造公差引起的上下、左右方向的偏移或倾斜。

(2)车辆在名义载荷作用下弹簧受压缩引起的下沉，以及弹簧由于性能上的误差可能引起的超量偏移或倾斜。

(3)由于各部分磨耗或永久变形而造成的车辆下沉，特别是左右侧不均匀磨耗或变形而引起的车辆倾斜与偏转。

(4)由于轮轨之间以及车辆自身各部分存在的横向间隙而造成车辆与线路间可能形成的偏移。

(5)车辆在走行过程中因运动中力的作用而造成车辆相对线路的偏移。它包括曲线区段运行时实际速度与线路超高所要求的运行速度并不一致而引起的车体倾斜；以及车辆在振动中也会产生上下、左右各个方向的位移。

(6)线路在列车反复作用下可能产生的变形。

(7)运输某些特殊货物时可能会超限。

(8)为应付可能出现的特殊情况，还应该有足够的裕留空间。

以上最后两点指的是由铁路承运的某些不宜分解的大型、重型机器设备，以及某些特大型的机器设备，如大型发电设备及化工设备等。

由于机车车辆限界包括以上提到的八种空间的多少而可以分成以下三种不同的限界。

1. 无偏移限界：当机车车辆限界仅考虑上述第(1)点内容时的限界称为无偏移限界，又可称为制造限界。此时，车限与建限之间所留的空间应该很大。

2. 静偏移限界：当机车车辆限界考虑了上述第(1)至第(3)点内容时，称静偏移限界或静态限界。此时，车限与建限之间的空间可以压缩一些，只包括第(4)至第(8)点内容。

3. 动偏移限界：当机车车辆限界考虑了第(1)至第(5)点内容时，则车限与建限之间的空间可以留得很少，这种限界称为动偏移限界或动态限界。

三种限界虽然都得考虑以上八点内容，但以无偏移限界空间利用率最低，这是因为各种不同的机车、车辆可能发生的最大偏移量都各不相同。要把除了制造公差以外的全部内容都包含在机车车辆限界与建筑限界之间的空间内，所以这个空间只能留得尽可能大些，以免发生意外。

除上述三种限界外，根据制定限界的这些原则，在某些特殊的路网上还可以使用特殊的限界。

二、机车车辆限界

机车车辆限界是一个和线路中心线垂直的极限横断面轮廓。机车车辆无论是空车或重车，无论是具有最大标准公差的新车，或是具有最大标准公差和磨耗限度的旧车，停放在水平直线上，无侧向倾斜与偏移，除电力机车升起的受电弓外，其他任何部分应容纳在限界轮廓之内，不得超越。

我国的机车车辆限界经过多次修改，目前执行的是 2007 年 4 月 1 日起实施的《铁路技术管理规程》准轨机车车辆限界标准。运行速度不超过 120km/h 和超过 120km/h 的机车车辆其上部限界、下部限界分别示于图 1－7～图 1－10 中。

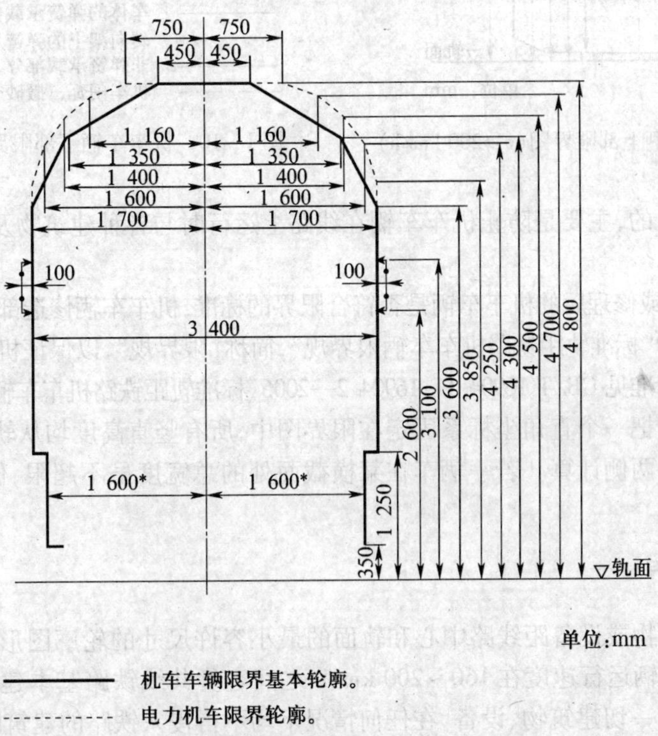

图 1－7　机车车辆上部限界图($v<200$ km/h)

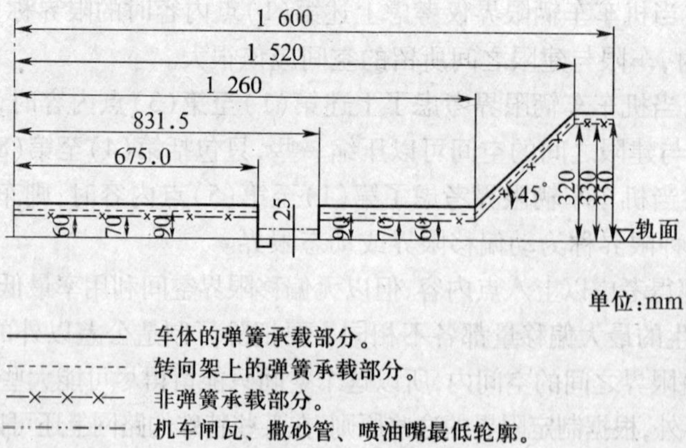

图 1-8 机车车辆下部限界图($v<200$ km/h)

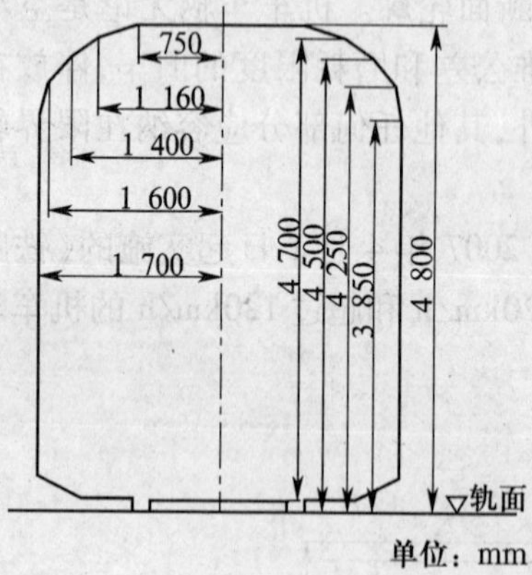

图 1-9 机车车辆上部限界图($v\geq200$ km/h)

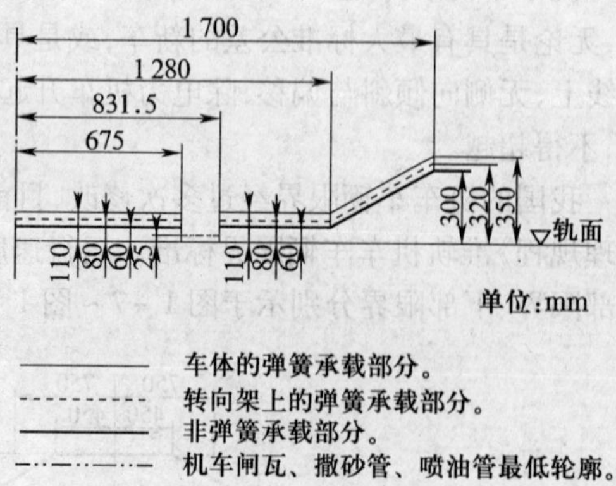

图 1-10 机车车辆下部限界图($v\geq200$ km/h)

规定限界的目的,主要是防止机车车辆在线路上运行时与各种建筑物及设备发生接触,以便保证安全。

为了检验新造或修理后的机车车辆是否符合限界的标准,机车车辆修造部门一般都设有一个限界检查框架,称为"标准轨距铁路机车车辆限界规",简称"限界规",以保证机车车辆符合限界尺寸的要求,相关的标准见 GB/T 16904.1～16904.2—2006《标准轨距铁路机车车辆限界检查》。

在使用中犹如把一个直角坐标系固定在限界图中,所有竖直高度均从轨面算起;所有横向宽度均从中垂线向两侧计算。若一辆车在某横截面处的总宽度虽不超限,但只要某侧半宽超限即为超限。

三、建筑限界

限制线路建筑物或设备距线路中心和轨面的最小容许尺寸的轮廓图形称为建筑限界,如图 1-11 所示为车辆运行速度在 160～200 km/h 之间客货共线铁路基本建筑界限。《铁路技术管理规程》规定,一切建筑物、设备,在任何情况下均不得侵入铁路的建筑限界。

但是,当车辆在曲线上运行时,车辆中心线与线路中心线不能重合,车辆两端超出曲线外侧,而中部偏入曲线内侧;曲线线路上外轨有超高,使车辆发生倾斜;考虑到这些因素的影响,所以,在线路的曲线区段必须加宽建筑接近限界,以使其保证有足够的曲线限界间隙。

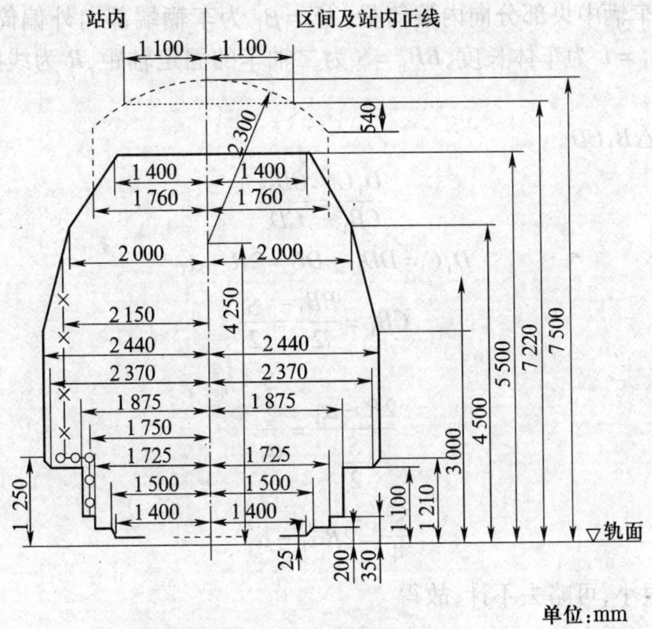

图 1-11 客货共线铁路基本建筑限界图(160 km/h < $v \leqslant$ 200 km/h)

第五节 车辆在曲线上的偏倚

车辆通过曲线时,车体的中心线与线路的中心线不能重合而发生偏离的现象叫做车辆偏倚。

车辆在曲线上运行时(如图 1-12 所示),车体的中央部分偏向线路中心线的内方;两端偏向线路中心线的外方,偏倚的多少称为偏倚量。车辆在曲线上的偏倚量与曲线半径的大小和车辆的长度有关,曲线半径越小或车体越长,则偏倚量越大。车辆偏倚量过大时,车体有可能侵入建筑接近限界,并使车钩互相摩擦,或引起车钩自动分离以及不能摘钩等现象。在实际工作中,主要应用在监装超限货物时,需要计算通过曲线时的偏倚量,核查能否保证安全运行。

车辆在曲线上偏倚量的计算方法如下。

一、二轴车在曲线上偏倚量的计算

图 1-12 表示二轴车在曲线上的偏倚情况计算简图。为简化计算,假定轮对与车体之间没有任何游间,而车轴与车体成绝对的垂直位置,并且假定这两个轮对的中心与线路的中心线相重合。

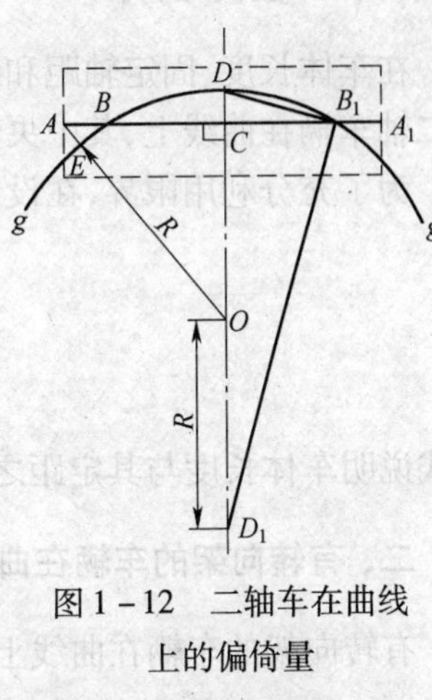

图 1-12 二轴车在曲线上的偏倚量

设 $CD=\alpha_1$ 为车辆中央部分向内偏倚量，$AE=\beta_1$ 为车辆端部向外偏倚量（忽略夹角影响将 AE 视作 β_1），$AA_1=L$ 为车体长度，$BB_1=S$ 为二轴车的固定轴距，R 为线路曲线半径，gg_1 弧为曲线线路中心线。

由 $\triangle D_1CB_1 \backsim \triangle B_1CD$

得
$$\frac{D_1C}{CB_1}=\frac{CB_1}{CD}$$

因
$$D_1C=DD_1-DC=2R-\alpha_1$$
$$CB_1=\frac{BB_1}{2}=\frac{S}{2}$$

故
$$\frac{2R-\alpha_1}{\frac{S}{2}}=\frac{\frac{S}{2}}{\alpha_1}$$
$$\frac{S^2}{4}=2R\alpha_1-\alpha_1^2$$

因 α_1^2 的数值很小，可略去不计，故得
$$\frac{S^2}{4}=2R\alpha_1$$
$$\alpha_1=\frac{S^2}{8R} \tag{1-1}$$

在 $\triangle AOC$ 中
$$AO^2=AC^2+CO^2$$

即
$$(R+\beta_1)^2=\left(\frac{L}{2}\right)^2+(R-\alpha_1)^2$$

展开后得
$$R^2+2R\beta_1+\beta_1^2=\frac{L^2}{4}+R^2-2R\alpha_1+\alpha_1^2$$

因 α_1^2 及 β_1^2 的数值很小，可略去不计，故得
$$2R\beta_1=\frac{L^2}{4}-2R\alpha_1$$
$$\beta_1=\frac{L^2-8R\alpha_1}{8R}$$

将式(1－1)值代入，得
$$\beta_1=\frac{L^2-S^2}{8R} \tag{1-2}$$

在车体长度、固定轴距和线路曲线半径已知的条件下，由式(1－1)和式(1－2)可分别求得二轴车辆在曲线上，其中央部分的向内偏倚量和两端的向外偏倚量。

为了充分利用限界，在设计车辆时希望 $\alpha_1=\beta_1$，即
$$\frac{S^2}{8R}=\frac{L^2-S^2}{8R}$$
$$\frac{L}{S}=\sqrt{2}\approx 1.4$$

上式说明车体长度与其定距之比等于 1.4 时，利用限界较为合理。

二、有转向架的车辆在曲线上偏倚量的计算

有转向架的车辆在曲线上的偏倚情况和计算简图如图 1－13 所示。有转向架的车辆在曲

线上运行时，由于转向架心盘的中心向线路曲线内方偏倚，带动车体都向曲线中心移动。因此，车辆中部的偏倚量增加，两端的偏倚量减少。

由图 1－13 可见转向架下心盘中心向线路曲线中心内方偏倚量 α_2 可根据公式(1－1)求得

$$\alpha_2=\frac{S_1^2}{8R}$$

式中　S_1——转向架固定轴距。

因为曲线半径很大，故 α_2 可视为整个车辆向曲线中心的移动量。于是，具有转向架的车辆中央部分的内偏倚量为

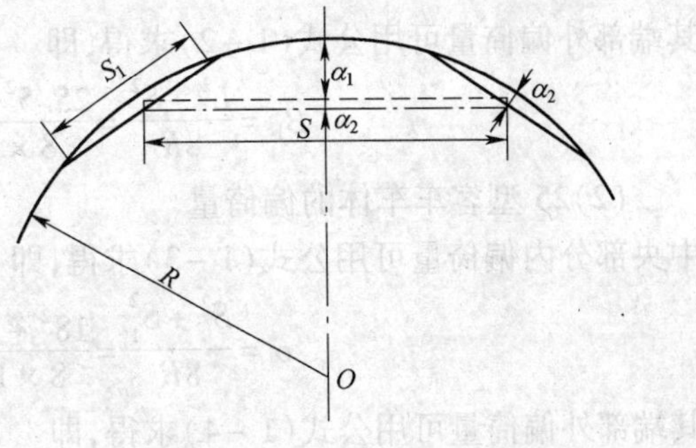

图 1－13　有转向架的车辆在曲线上的偏倚量

$$\alpha=\alpha_1+\alpha_2=\frac{S^2}{8R}+\frac{S_1^2}{8R}=\frac{S^2+S_1^2}{8R} \tag{1－3}$$

式中　S——有转向架车辆两心盘中心线间的水平距离（即车辆定距）。

有转向架的车辆端部的外偏倚量为

$$\beta=\beta_1-\alpha_2=\frac{L^2-S^2}{8R}-\frac{S_1^2}{8R}=\frac{L^2-S^2-S_1^2}{8R} \tag{1－4}$$

式中　L——车体长度。

三、标准车辆及车辆最大宽度的确定

车辆运行在曲线时，当车辆的定距和车体长度越大时，车体的内、外偏倚量也越大。因此，在车辆设计中规定了“标准车辆”。我国标准车辆的车长为 26 m，宽为 3.4 m，车辆定距为 18 m 的二轴车。该标准车辆在通过半径为 145 m 的曲线时，其内、外偏倚量均不得与建筑物相碰。要求新设计的车辆在曲线上的偏倚量不得超过标准车辆在曲线上的偏倚量。

当某一设计车辆在曲线上运行时，其最大内、外偏倚量如果小于标准车辆在同一曲线半径上的相应偏倚量时，则所设计车辆各部分的宽度只要不超过车辆限界所规定的各部尺寸即可；反之，如果大于标准车辆在同一曲线上的相应偏倚量，则所设计车辆的宽度就必须减少某一数值后才能安全通过限界，其减少的数值为此车辆与标准车辆偏倚量之差中的较大一个值的两倍。

总之，设计一般车辆时，其最大宽度可以取到与车辆限界相同的宽度，即 3 400 mm。但由于车体外侧墙有各种突出的零件（如扶手、脚蹬、雨檐等），而且车辆下部限界（距轨面 1 250 mm高度以下的位置）宽度只有 3 200 mm，所以，车体宽度一般均小于 3 200 mm。

例 1－1　我国制造的 25 型客车，车体长 $L=25.5$ m，$\frac{L}{S}=1.4$，转向架固定轴距 $S_1=2.4$ m，运行在半径 $R=145$ m 的曲线时，试求车辆的最大允许宽度。

解　25 型客车的车辆定距，即

$$S=\frac{L}{1.4}=\frac{25.5}{1.4}\approx 18\text{m}$$

(1) 标准车辆的允许偏倚量

中央部分内偏倚量可用公式(1－1)求得，即

$$\alpha_1=\frac{S^2}{8R}=\frac{18^2}{8\times145}=\frac{324}{1160}\approx0.28\text{m}=280\text{mm}$$

其端部外偏倚量可用公式(1－2)求得,即

$$\beta_1=\frac{L^2-S^2}{8R}=\frac{25.5^2-18^2}{8\times145}=0.303\text{m}=303\text{mm}$$

(2)25 型客车车体的偏倚量

中央部分内偏倚量可用公式(1－3)求得,即

$$\alpha=\frac{S^2+S_1^2}{8R}=\frac{18^2+2.4^2}{8\times145}=0.284\text{m}=284\text{mm}$$

其端部外偏倚量可用公式(1－4)求得,即

$$\beta=\frac{L^2-S^2-S_1^2}{8R}=\frac{25.5^2-18^2-2.4^2}{8\times145}=0.276\text{m}=276\text{mm}$$

通过比较知 25 型客车车体中央部分内偏倚量超过标准车辆的内偏倚量为 284－280＝4 mm。所以 25 型客车最大允许宽度应按标准车辆的宽度每边都缩减 4 mm,故得出车体宽度为 $B=3\,400-2\times4=3\,392$ mm

由车辆限界(见图 1－7)知,25 型客车最大允许宽度适用于距轨面 1 250～3 600 mm 范围内。

第六节　车辆的主要技术参数

车辆的技术参数是指车辆技术规格的某些指标,是从总体上表征车辆性能及结构的一些数字,车辆的主要技术参数,一般包括性能参数和主要尺寸。

一、性能参数

1. 自重

空车时,车辆自身具备的质量称为车辆的自重。即车体和转向架本身结构以及附于其上的所有固定设备和附件重量之和。在保证车辆具有足够的强度、刚度情况下,车辆的自重越小越经济。

2. 载重

车辆标记中所注明的货物或旅客和行李包裹的质量(包括整备品和乘务人员的质量)称为车辆的载重,即车辆所允许的最大装载量,它表明车辆的装载能力。

3. 总重

车辆的自重与载重之和称为车辆的总重。对不装运货物、旅客和行李物品的车辆是指自重与整备品和乘务人员的质量之和。

4. 自重系数

货车的自重系数为货车自重与额定载重之比值。客车的自重系数为客车自重与定员数之比值。

自重系数是表明车辆技术经济合理性的一个重要指标。在保证车辆的强度、刚度和使用寿命的条件下,自重系数越小就越经济。对客车来说,还应在考虑旅客的安全、舒适和车内卫生条件的同时,应力求降低自重系数。

例如:C_{64}型敞车载重 61 t,自重 22.5 t,则自重系数$=\frac{22.5}{61}=0.369$。

5. 容积

车辆内部可容纳货物的体积称为车辆的容积。一般以车辆内部的长×宽×高(长度单位用 m 表示)。罐车以 m^2(空气包容积除外)表示。

6. 最高试验速度

最高试验速度是指车辆设计时,按安全及结构强度等条件所允许的车辆最高行驶速度。

7. 最高运行速度

除满足上述安全及结构条件外,还必须满足连续以该速度运行时车辆有足够良好的运行性能。以往常用“构造速度”作为参数,因其概念不够明确,现多以“最高试验速度”和“最高运行速度”来替代它。

8. 轴重

车轴所允许担负的最大重量与轮对自重之总和称为轴重。计算公式为

$$\text{轴重}=\text{车轴允许担负的最大重量}+\text{轮对自重}(\text{t})$$

四轴车辆轴重计算公式为

$$\text{轴重}=\frac{\text{自重}+\text{载重}}{4}(\text{t})$$

轴重值一般不允许超过铁道线路及桥梁所容许的数值。线路容许轴重则与钢轨型号、每公里线路上铺设的枕木数量、线路上部结构的状态以及列车的运行速度有关。根据我国的线路结构,规定允许的轴重:目前货车为 21 t、25 t,客车标准轴型的容许轴重经计算后的值见表1-5。

表1-5 客车轴型的标准轴重(t)规定

轴型	车轴主要尺寸 $d_1\times l_1\times L_2$(mm)	使用轴承类型	轴重 (t)
RC_3	120×191×1 930	4(15)2724	20
RD_3	130×195×1 956	4(15)2726 、NJ(P) 3226X1	21
RD_{3A}	130×195×1 956	进口轴承,NJ(P)3226X1、4(15)2726	21
RD_{4A}	130×195×1 956		21
RD_{3A1}	130×195×2 000	进口轴承	21
RD_{1x}	130×195×2 036	4(15)2726,NJ(P)3226X1	21
AM96	130×191×2 000	BT2-8690 D,1639605E	21

9. 每延米重

车辆总重(自重+载重)与车辆长度之比值称为每延米重(即每延米线路载荷)。计算公式为

$$\text{每延米重}=\frac{\text{车辆总重}}{\text{车辆长度}}(\text{t/m})$$

每延米重是表示车辆通过桥梁的可能性。每延米重是根据设计桥梁载荷图来确定的,我国规定每延米重为 8 t。

二、车辆主要尺寸

1. 车辆长度

车辆两端两个车钩均处在闭锁位置时,两钩舌内侧面之间的距离(m)称为车辆长度。车辆长度随着生产技术水平的提高日益加长,但受到车辆在曲线上的偏倚量和生产运用条件的限制,所以一般车辆长度都在 26 m 以下。

2. 车辆宽度与最大宽度

车辆宽度指车辆两侧的最外凸出部位之间的水平距离。车辆最大宽度指车辆侧面的最外

凸出部位与车体纵向中心线间的水平距离的两倍。

3. 车辆高度与最大高度

空车时,车体或罐体上部外表面至轨面的垂直距离为车辆高度。车辆最大高度指空车时车辆上部最高部位至轨面的垂直距离。

4. 车体、底架长度

车体长度为车体两外端墙板(非压筋处)外表面间的水平距离。底架长度为底架两端梁外表面间的水平距离。

罐体长度指罐体两端板(不包括加温套)最外表面间的水平距离。

5. 车体内部主要尺寸

(1)车体内长:车体两端墙板内表面间的水平距离。

(2)车体内宽:车体两侧墙板内表面间的水平距离。

(3)车体内侧面高:由地板上平面至侧墙上侧梁的上平面间的垂直距离。

(4)车体内中心高:由地板上平面至车顶中央部内表面间的垂直距离。

(5)根据车辆运用的需要,对车体载货部分的尺寸分别有一定的要求。例如:敞车的内长,要考虑便于装运成品木材、集装箱等货物;棚车的内宽,要适合于安装备用床板设备;车体内高对布置车辆设备和旅客舒适性都有关系。

6. 地板面高度

指空车时,底架地板(或木地板)上表面至轨面的垂直距离(不包括木地板覆盖物,例如地板布、地毯等的厚度)。对于通用客、货车辆的地板面高度有一定范围的要求,货车应与高站台高度相适应,以便于装卸货物;各种客车地板面高度除与站台高度相适应外,应尽可能一致,这样可以方便旅客在各车厢之间顺利通行。

7. 车钩中心线高度

空车时,车钩中心线至轨面的垂直距离。这是保证各车辆之间和车辆与机车之间能够正常连挂运用的最重要尺寸。

我国客货车辆车钩高度标准均为 880 mm。

部分主型客车的主要技术参数见表 1-6。

表 1-6 主型客车的主要技术参数

主要技术参数	车型				
	YZ_{25G}	YZ_{25K}	SYZ_{25K}	YW_{25B}	YW_{25T}
定员(人)	118	118	182	66	66
最高运行速度(km/h)	120	160	140	120	160
转向架类型	209T、209P 等	209HS、SW-160 等	209HS、SW-160	206G、209P	CW-200K SW-220K AM96
轨距(mm)	1 435	1 435	1 435	1 435	1 435
通过最小曲线半径(mm)	145	145	145	145	145
车辆长度(mm)	26 576	26 576	26 576	25 760	26 576
车体长度(mm)	25 500	25 500	25 500	25 500	25 500
车辆定距(mm)	18 000	18 000	18 000	18 000	18 000
车辆宽度(mm)	3 105	3 105	3 105	3 104	3 105
车辆高度(mm)	4 433	4 433	4 433	4 433	4 433
运行平稳性指标 W	≤2.5	≤2.5	≤2.5	≤2.5	≤2.5
车体传热系数 $K[W/(m^2 \cdot K)]$	≤2.5	≤1.16	≤1.45		≤1.16
车体自重(t)	48.1	56.5	56	48.6	60.7

三、车辆的轴距与定距

车辆运行在曲线上时,因车体或转向架的中心线与线路中心线不一致,这种不一致的程度越大,轮缘与钢轨之间的磨损就越大。为了克服这种缺点,除在线路铺设上,应限制曲线半径不得过小,外轨应适当加高和轨距加宽外,在车辆的制造上,对轮轴距离也加以规定和限制。

(一)全 轴 距

一辆车上,最前位车轴和最后位车轴中心线间的水平距离称为全轴距,如图 1－14 中的 B 所示。全轴距过小时,会增加车辆的点头振动,不适合高速度运行;易引起脱线或脱钩事故;易使货物损坏或倒塌。

(二)固 定 轴 距

同一转向架(除组合转向架外)中最前位车轴和最后位车轴中心线间的水平距离称固定轴距,如图 1－14 中的 D 所示。

固定轴距的大小对车辆的运行有很大影响。固定轴距过大时,车辆在曲线半径小的线路上运行时,外侧车轮轮缘压迫钢轨内侧面,不但易加剧轮缘与钢轨间的磨耗,而且容易扩大轨距造成脱轨事故。固定轴距过小时,会增大车辆的振动,使旅客感到不舒服,而且使车辆上的螺栓等紧固件容易松弛,各零件及货物易损坏。

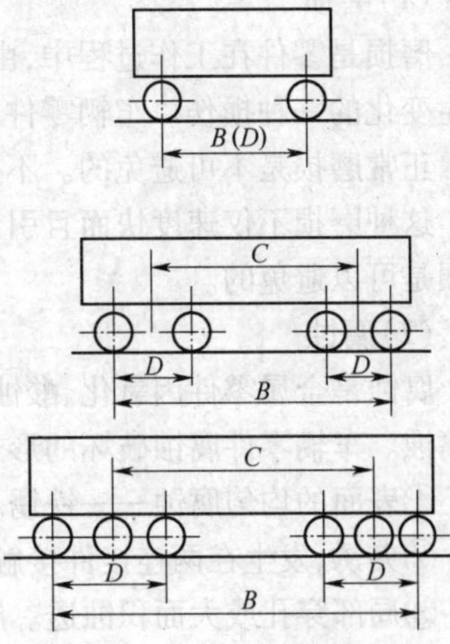

图 1－14　车辆的轴距和定距

因此,一般铁路客车转向架的固定轴距,二轴转向架为 2 400 ~ 2 700 mm,三轴转向架为 3 400 mm,货车二轴转向架为 1 650 ~ 1 800 mm,三轴转向架为 2 400 ~ 2 600 mm。

(三)车 辆 定 距

有转向架的车辆,底架两心盘中心销(或牵引销)中心线之间的水平距离称为车辆定距,如图 1－14 中的 C 所示。

车辆定距是车辆计算中不可缺少的技术参数。一般在制造车辆时,取车辆全长与定距之比为 1.4:1,比例过大时易引起牵引梁下垂。但也不可过小,否则会造成通过曲线线路时,车体中部偏移量过大。

客车车辆定距一般为 18 000 mm,双层客车车辆定距一般为 18 500 mm;货车车辆定距 P_{64} 型为 11 700 mm,C_{61} 型为 7 200 mm,N_{17} 型为 9 000 mm。

第七节　车辆检修制度

车辆是一种数量很多的运输工具,运用条件十分复杂,在运行中不可避免地会发生磨耗、裂纹、折损、变形、松弛及腐蚀等损伤。因损伤的发生和发展,降低了车辆的运用性能,直至不能继续使用。车辆检修工作的中心任务,是及时发现和消除车辆零部件在运用中产生的不良状态,以恢复其正常的运用性能,保证铁路客、货运输工作不间断地、安全地进行。

货车由于货物装卸地点,所运的货物及运行方向一般都不固定,所以不能固定其使用区间,而需通行全国。因此,货车一般不固定配属,其维修和保养由途经的沿线各车辆检修部门负责。但对于有固定装卸地点循环使用的专列罐车、矿石车、煤车、标记载重 90 t 以上的长大货车、保温车和少数专用车以及客车实行固定配属，其检修由配属单位负责。

一、车辆零件的损伤形式及检修

1. 车辆零件的损伤形式

车辆零件的损伤主要有磨损、腐蚀、变形、裂纹和折损等几种。

(1)磨损

磨损是零件在工作过程中，由于摩擦使零件表面材料受到损失，使几何尺寸和表面粗糙度发生变化的一种损伤。车辆零件的磨损有正常磨损和不正常磨损。

正常磨损是不可避免的。不正常磨损是工作条件不正常或材质不良引起的偏磨或急剧磨损。这种磨损不仅速度快而且引起其他危害，如果消除了引起零件不正常工作的条件，不正常磨损是可以避免的。

(2)腐蚀

腐蚀是金属零件因氧化、酸蚀等造成材质发生变化的一种损伤。车辆在露天工作，极易发生腐蚀。车辆零件腐蚀破坏的形式有以下几种：

①表面的均匀腐蚀——铁锈。

②夹锈，发生在两连接件接触面之间。

③局部穿孔或大面积蚀透。腐蚀在局部区域特别严重，造成零件蚀透。

④腐蚀性裂纹。零件表面受到腐蚀引起应力集中，造成零件的裂纹。

(3)变形

车辆零件刚度过低或受到过大的载荷会发生变形。零件变形会使车辆承载能力下降，还会使车辆超出车辆限界，与线路两侧的设备碰撞造成事故。

车辆零件发生变形的原因除受到过大的载荷以外，还有在运用中受到不正常的冲击或是零件设计不合理，或因受到腐蚀，使零件强度不足造成的。零件发生变形后，零件的受力状态发生变化，往往使应力上升，变形发展加快，或引起零件裂纹和断裂。

(4)裂纹和折断

车辆零件的断裂主要有冲击断裂、静载断裂和疲劳断裂。车辆零件发生的断裂大部分属于疲劳断裂。

疲劳断裂是零件在长期交变载荷作用下，载荷引起的应力远小于零件材料强度极限条件下发生的断裂。由于车辆的主要零部件在车辆运行中所受载荷是交变性或有交变载荷的成分，因此，在运用中极易产生金属疲劳而导致零件断裂。

2. 零件损伤检修方法

(1)磨耗的修理

①改变基本尺寸的修理

对零件的几何形状和表面质量进行加工，配合的工作条件通过选配来解决。

②恢复原基本尺寸的修理

这种方法可使磨耗零件既恢复表面质量、几何形状，又恢复了原基本尺寸，使装配工作更为方便。例如堆焊、镶套等均属于这种方法。在采用这种方法时，必须考虑对零件强度的影响及经济性。

(2)腐蚀的修理

①恢复零件的强度

由于腐蚀使零件的厚度减小，结构变弱。因此腐蚀深度过限时，必须进行除锈堆焊、截换或加焊补强板，以恢复零件的强度。

②恢复防腐保护层

防腐层的破坏是零件腐蚀的第一步。当防腐层被破坏或零件表层受到轻微腐蚀时，要彻底除锈后，重新建立防腐保护层。

(3)裂纹的修理

修理裂纹前首先要发现裂纹。因此对于重要零件要进行探伤检查，及时发现裂纹，进行处理，防止事故的发生；修理裂纹时要根据零件的重要性、裂纹的深度、长度等，采用铲、旋、磨等方法消除裂纹，或用焊修和补强等方法弥补裂损件。重要零件的横裂纹或一般零件的裂纹太长、太深时，应予以报废。

(4)弯曲变形的修理

变形常因零件的强度不足或受到腐蚀后强度下降而造成的。变形一般用调直法修理，并视具体情况进行补强。

(5)配合松弛的修理

螺栓连接件、铆接件松弛，厂、段修时须重新组装；对于静配合件，如车轮与车轴，发现松弛时必须分解，重新选配零件组装。

二、两种主要的检修制度

车辆检修制度就是规定在什么情况下对车辆进行检修及修理后车辆应达到何种技术状态的一种技术制度。

目前，世界各国对铁道车辆所采用的检修制度，可分为两种类型：一种是把车辆维修划分为若干修程，进行有计划预防性维修；另一种是根据车辆在运用中的技术状态，进行必要的维护和修理。

1. 计划修

首先摸清车辆主要零部件的损伤规律，然后根据损伤情况确定零部件的使用期限，再在此基础上确定合理的检修循环结构和检修周期，使车辆零部件在运用中产生的损伤尚未达到极限损伤时，就能有计划地加以修复。现在我国采用的是定期检修和日常维修相结合的车辆检修制度，属于计划、预防性的检修制度。

实行计划预防检修制度，需要具备以下条件：

(1)通过大量的统计、测定和试验研究，确定出主要零部件的修理周期；

(2)根据主要零部件的修理周期，同时考虑一般零部件的修理，合理地划分修理类别等级和修程；

(3)制定出一整套相应的修理技术标准——检修限度和修理技术要求；

(4)具备按职能分工、合理布局的修理基地。

2. 状态修

状态修是指按车辆的技术状态而进行必要的修理工作，亦即对运用中的车辆，发现什么故障就修理什么故障，而没有明确的计划，每一次修理作业范围和检修工作量是随机的，对车辆不作根本性的彻底修理，甚至使用到一定程度就报废。这种检修制度的优点是修理基地的规模较小，可分设在铁路沿线较大的装卸站上；缺点是检修工作的不均衡性严重，修理基地多，而修理工作无一定的计划。

状态修是一种按需性预防维修方式。状态修的修理工作的实施，根据对运用车的日常检查，以及监测与检测仪器提供的故障部位，而随时进行必要的修理工作。因此，施行状态修能避免计划修中的维修频繁、在修时间太长的缺点，从而显著地提高车辆的利用率。

为了保证运用车始终处于良好的技术状态下，确保列车的安全运行，除加强日常检查之外，实施状态修应广泛采用监测与检测手段，借以监视运用车的技术状态，及时排除故障，或进行必要的维修工作。

状态修具有较高的维修有效性，较小的维修工作量，因此近年来引起格外的重视。对于我国长期采用单一的计划修的检修制度来说，创造条件逐步扩大状态修是十分必要的。

当然，两种检修制度各有优缺点和适用条件，应根据车辆零部件的重要程度、故障和损伤的类型与后果，以及检查判断的难易程度等具体分析后，选择适宜的检修制度。

三、我国现行的铁道车辆检修制度

目前，我国铁道车辆的检修制度是以客车质量可靠性为基础，以使用效率为优先，建立了以“走行公里为主、时间周期为辅”的计划预防性检修制度，计划预防性检修制度分为定期检修和日常维修两大类。车辆在实行定期检修的基础上，逐步扩大实施状态修、换件修和主要零部件的专业化集中修，以实现“大幅度提高客车检修质量，大幅度提高客车安全系数，大幅度压缩维修休时，提高客车使用效率”为目的，充分满足铁路运输需要。

（一）定 期 检 修

1. 定期检修周期

定期检修是车辆每运用一定时间或里程对车辆的全部和部分零件进行一定程度的检修。在车辆尚未发生故障之前就对车辆进行修理，消除车辆零部件的缺陷和隐患，预防故障的发生。

根据《铁路技术管理规程》规定车辆修程，客车和特种用途车按走行公里进行检修，最高运行速度不超过 120km/h 的客车分为厂修、段修、辅修；最高运行速度超过 120km/h 的客车，修程为 A1、A2、A3、A4；货车分为厂修、段修、辅修、轴检，各修程的规定如下：

A1 级：安全检修，周期为运行 20 万 km（±2 万 km），或运行不足 20 万 km，但距上次 A1 级以上修程时间超过 1 年者。

A2 级：40 万 km 段修，周期为运行 40 万 km（±10 万 km），或运行不足 40 万 km，但距上次 A2 级以上各修程时间超过 2 年者。

A3 级：80 万 km 段修，周期为运行 80 万 km（±10 万 km），或运行不足 80 万 km，但已做过一次 A2 修，距上次 A2 级修程超过 2 年者。

A4 级：大修，运行超过 240 万 km（±40 万 km），但距新造或上次 A4 级修程正常运用车 7.5 年，不常用车 10 年者。

以客车走行公里确定各级修程检修周期循环如下（单位：万 km）：

20 40 60 80 100 120 140 160 180 200 220 240

●—○—◎—○—⊙—○—◎—○—⊙—○—◎—○—●

A1 A2 A1 A3 A1 A2 A1 A3 A1 A2 A1 A4

A1 级修程是按照客车运用安全要求，通过对安全关键零部件实施换件修，其他部位实施状态修，对故障部位进行处理，恢复其基本性能和要求，保障客车运行安全。A1 级修程在列车整备线上实施，在状态修中换下的零部件检修时执行换件修标准。

A2 级修程是通过对零部件实施分单元、分部位的换件修和状态修，使车辆上部、下部基本恢复其技术状态，在保证客车安全的同时，提高客车使用效率。A2 级修程采用均衡维修方式，利用库停时间分次在整备线、临修线上或段修库内进行检修，对换下配件按 A3 级检修要求进行集中检修，以压缩休时，保证检修质量；在状态修中更换的配件检修时执行换件修标准。

A3 级修程是通过对客车重点部位实施大范围的换件检修，确保客车运行安全；对车辆上部实施高标准的状态维修，以全面恢复客车上部设施的功能。A3 级修程在车辆段（厂）内进行架车检修，对换下的零部件进行异地检测和专业化集中修，以压缩休时，提高台位利用率；在状态修中更换的配件检修时执行换件修标准。

A4 修的任务在于全面恢复 25 型快速客车的基本性能，消除运用中发现的设计制造缺陷，通过必要的加装改造，提高客车技术水平，以适应客运市场需要。

为全面落实铁路实现跨越式发展的战略部署，使客车检修更加科学、合理，2006 年 6 月 1 日起执行的《铁路客车运用维修规程》，对客车检修周期作出如表 1－7 所示的规定，对修程管理做出以下规定：

表 1－7 客车检修周期表

序号	车型	车种	厂修或 A4 修周期	段修或 A3 修周期	A2 修周期	A1 修周期	备注
1	22(23)型	22 型(23 型)：硬卧车、硬座车、软卧车、软座车、餐车、行李车、邮政车，上述车种的合造车等	(240 ±60)万 km 或距新造或上次厂修 8 年	(60 ± 20)万 km 或距上次段修及以上各修程 2 年		(20 ± 2)万 km 或距上次辅修及以上各修程 8 个月	
2		22B 型：硬卧车、硬座车、软卧车、软座车、餐车、行李车、邮政车、上述车种的合造车等	(240 ±60)万 km 或距新造或上次厂修 8 年	(60 ± 20)万 km 或距上次段修及以上各修程 2 年		(20 ± 2)万 km 或距上次辅修及以上各修程 8 个月	
3		部属客车、公务车、试验车、文教车、维修车、特种车等不常用车	(240 ±60)万 km 或距新造或上次厂修 10 年	(60 ± 20)万 km 或距上次段修及以上各修程 2.5 年		(20 ± 2)万 km 或距上次辅修及以上各修程 8 个月	比照 25 型
4	双客	硬卧车、硬座车、软卧车、软座车、餐车、行李车，上述车种的合造车等	(240 ±60)万 km 或距新造或上次厂修 10 年	(60 ± 20)万 km 或距上次段修及以上各修程 2.5 年		(20 ± 2)万 km 或距上次辅修及以上各修程 8 个月	
5	25B、25、25A、25G 型	硬卧车、硬座车、软卧车、软座车、餐车、行李车、邮政车，上述车种的合造车，发电车	(240 ±60)万 km 或距新造或上次厂修 10 年	(60 ± 20)万 km 或距上次段修及以上各修程 2.5 年		(20 ± 2)万 km 或距上次辅修及以上各修程 8 个月	
6		部属客车、公务车、试验车、特种车等不常用车	(240 ±60)万 km 或距新造或上次厂修 10 年	(60 ± 20)万 km 或距上次段修及以上各修程 2.5 年		(20 ± 2)万 km 或距上次辅修及以上各修程 8 个月	
7	25K、25Z、25C、19K、25T、19T 型	硬卧车、硬座车、软卧车、软座车、餐车、行李车、邮政车，上述车种的合造车，发电车	(240 ±40)万 km 或距新造或上次 A4 修程超过 10 年	(80 ± 10)万 km 或距上次 A3 修程超过 2 年	(40 ± 10)万 km 或距上次 A2 修程超过 2 年	(20 ± 2)万 km 或距上次 A1 修程超过 1 年	

①跨局直通旅客列车每运行一个往返必须安排入库检修；单程运行距离在 2 000 km 及以上的旅客列车，在折返站原则上应安排入库检修。铁路局管内运行的旅客列车可按走行公里确定入库检修周期，原则上运行 4 000 km 须入库检修一次。旅客列车入库进行技术检查作业的时间每次不得少于 6 h。

②凡入库检修的车辆，出库前必须达到《运用客车出库质量标准》；未完成检修或未达到标准的，一律不得上线运行。

③标记速度为 160 km/h 的客车运行(20 ± 2)万 km(或距上次各级修程不超过 1 年)实施 A1 级检修,其他各型客车运行(20 ± 2)万 km(或距上次各级修程不超过 8 个月)实施辅修。

2. 定期检修的主要任务

(1)厂修:厂修一般在车辆工厂施行。按规定应对车辆的各部装置进行全面地分解检查、彻底修理,并进行必要的技术改造工作。对底架、车体钢结构各梁、柱、板的腐蚀及变形按厂修限度进行修理,将各主要配件恢复原有性能,保持其应有的强度,以保证车辆在长期运用中技术状态良好。经过厂修,车辆各部装置得到全面恢复,使之与新造车基本上接近。修竣后涂打厂修标记。

(2)段修:段修在车辆段施行。段修的主要任务是分解检查车辆的转向架、车钩缓冲装置及制动装置等部件,检查并修理车辆(包括车体及其附属装置)的故障,保证各装置作用良好,防止行车事故发生,以提高车辆的使用效率,修竣后涂打段修标记。

(3)辅修:辅修主要是对制动装置和轴箱油润部分施行检修,并对其他部分做辅助性修理。做到螺栓紧固、配件齐全、作用良好。货车辅修是在修车库或专用修车线(站修线)施行,客车辅修应利用库停时间不摘车修理,但无风管路及不入库的列车可摘车施修。修竣后涂打辅修标记。

(二)日常维修

日常维修又称运用维修(日常保养),其基本任务是保证在运用中的车辆具有良好的技术状态,及时发现和处理车辆中发生的一切故障,保证行车安全。

1. 客车的日常维修

客车的日常维修包括库列检、客列检和车辆乘务组,它们是对运用客车进行检修、维护和保养的重要部门,担负着确保旅客列车绝对安全和为旅客提供良好旅行条件的重要职责,处于铁路运输安全生产的第一线,是确保旅客列车绝对安全的关键环节,是围歼旅客列车事故的主要防线,是展现人民铁路风貌的重要窗口。

2. 货车的日常维修

货车的日常维修在铁路沿线的列车检修所(简称列检所)进行,列检所一般设在货车编组站、区段站、尽头站、国境站和厂矿交接站等处。对到达、始发和中转的货物列车进行技术检查,发现故障时能在列车队中修复的,及时修复。为加强车辆周转,应在列车队积极开展快速修工作。

在列车队修理故障影响解体作业或正点发车时,可摘车送入专用修车线或修车库内施修。施修时必须做到全面检查,施修部分应保证到段修或辅修期,其他部分须符合编组站列检所的检修质量标准。修竣后应按规定涂打摘车修标记。

四、车辆检修场所

车辆定期检修场所主要为车辆段和车辆修理工厂。根据《铁路技术管理规程》规定:车辆的检查及修理,应根据修程范围,在车辆修理工厂、车辆段和车辆乘务人员值乘中进行。

1. 车辆修理工厂

车辆修理工厂主要任务是对车辆的各部装置进行全面地分解检查、彻底修理,并进行必要的技术改造工作。对底架、车体钢结构各梁、柱、板的腐蚀及变形按厂修限度进行修理,将各主要配件恢复原有性能,保持其应有的强度,以保证车辆在长期运用中技术状态良好。经过厂修,车辆各部装置得到全面恢复,使之与新造车基本上接近。修竣后涂打厂修标记。

2. 车辆段

我国铁路车辆段,大多设置在大量货车集散的编组站或旅客列车到发数量较多的车站。根据配属车辆种类和修车种类的不同,车辆段分为客车车辆段、货车车辆段、客货混合车辆段、机械保温车车辆段等。

车辆段主要任务是分解检查车辆的转向架、车钩缓冲装置及制动装置等部件,检查并修理车辆(包括车体及其附属装置)的故障,保证各装置作用良好,防止行车事故发生,以提高车辆的使用效率,修竣后涂打段修标记。车辆段对车辆要精心检修和保养,提高车辆质量,不断采用新技术、新工艺、新材料、新设备,不断提高修车水平和质量,保证车辆良好的技术状态。

车辆段的生产、管理组织严密。管理机构有段长室、人劳室、技术室、调度室、财务室及材料室等;生产车间有修车车间、修配车间和设备车间;还有直接与行车有关的库检车间、站修车间、列检车间和运用车间。

(1)客车技术整备所和旅客列车检修所

客车和货车不同,它有固定的配属单位、固定的运行区间和固定的编组。所以客车的日常维修工作主要是利用旅客列车终到后、始发前在客车整备所进行,又称为库列检。在运行途中利用站停时间由旅客列车检修所进行列车的技术检查,又称为客列检。

①客车技术整备所(库列检)

客车技术整备所(简称客整所),又称库列检,是运用客车维修与保养的重要基地,具有列车的 A1 修、辅修、入库检查、车辆的整修及临修等功能,应设置相应的检修线、临修线、存车线、临修库房、照明、列车供电、供风、供水、车辆防冻、车辆排污、污水处理、配件材料存放、运输通道及生活服务等设施,配备起重、运输、换轮、充电、试风、作业安全防护、通信等装备。客整所的检修、检测技术装备应适应客车新技术发展的需要。库列检承担着以上的工作,是客车技术整备所的主体,经库列检检修的本属客车应达到《运用客车出库质量标准》,并保证列车在一个入库检修周期内不发生责任事故。

②旅客列车检修所(客列检)

是确保旅客列车安全运行的重要部门,承担对终到、始发、通过旅客列车走行部进行重点技术检查,及时排除危及行车安全故障等工作,并承担通过旅客列车的不摘车修,协助车辆乘务员应急处理车辆故障。对发现和预报的车辆故障,必须进行积极修复、妥善处理,保证由该车站发出的列车技术状态良好,确保列车安全、正点地运行到下一个客列检或车辆段所在地。

(2)列检所和站修所

货车日常维修工作由列车检修所和站修所等单位承担。列车检修所对经本站中转或到达本站的列车中所有车辆进行技术检查和修理,同时还负责扣修定检到期的车辆。

站修所的任务是进行货车的摘车修理和辅修工作。为了车辆的良好运用和加速车辆周转,在日常维修中应尽量采取不摘车修理方式。

3. 车辆乘务组

在旅客列车上的车辆乘务组,是监控旅客列车运行安全的重要岗位,承担着妥善处理列车运行途中发生的故障和为旅客提供良好服务设施的工作。

第八节　车辆检修限度

车辆检修限度是指车辆在检修时，对车辆零部件允许存在的损伤程度的规定，它是一种极为重要的车辆规章制度，检修限度是进行车辆检修工作的依据。绝大部分的检修限度都是尺寸限度，如磨耗、腐蚀、裂纹、变形等损伤均可用深度及长度的尺寸变化来表示其损伤程度。在日常维修中用检修限度来判断零件能否继续使用，在定期检修中用检修限度来判定零件是否修理及检修后质量是否合格。车辆检修限度规定的是否合理与车辆技术质量和车辆检修的经济效益关系非常密切。

制定车辆的检修限度是一件十分复杂的工作。车辆检修限度是通过对零部件进行理论分析，并根据多年积累起来的实际运用经验来制定的，同时，检修限度本身也是在实践中不断地进行修改和补充。为了便于理解、掌握车辆的检修限度，对制定车辆检修限度的主要原则简要加以说明。

一、车辆检修限度的种类

车辆检修限度分为最大限度和中间限度两种。各种限度都是对零件的有关尺寸做的规定，尺寸单位为 mm。

(一)最大限度

最大限度一般指运用限度，又称列检限度。最大限度是允许车辆零部件存在的损伤的极限程度，是零部件能否继续运用的依据。车辆在运用过程中，当零部件的损伤程度达到了运用限度时，说明损伤已达到了极限状态，则该零部件就不能继续使用，必须进行修理或更换，才能保证行车安全。

(二)中间限度

中间限度是指各种定期检修时容许存在的零件损伤程度。可分为厂修限度、段修限度和辅修限度三种。厂、段修限度是车辆进行厂、段修时，零部件上允许存在的损伤程度的规定，也是检验损伤修复后是否合格的依据。辅修限度是针对直接影响行车安全运行的零部件而规定的限度，是在车辆辅修时是否进行修理的依据。一般按辅修限度加修或更换的零部件，应保证能安全地运用到下一次段修期。

各种修程对车辆修复程度的要求不同，因而有各种限度。如货车 HD 型车轮轮缘厚度，厂修限度为 30 mm，段修限度为 26 mm，辅修限度为 24 mm，运用限度为 23 mm。

有些零件只规定有中间限度，没有运用限度，这种零件在列检中不需要检查其限度；有些零件只有高级修程的限度而无低级修程的限度，则该零件在低级修程中不做检修要求。如同一制动梁两端水平高度差、段修限度为 15 mm，在辅修及列检时不做要求。也有的零件只有运用限度或低级修程限度，而无中间限度和高级修程限度，则说明该零件在定期检修或高级修程中不允许有这种缺陷。在车辆进行轴检或临修时，更换的轮对按轮对段修限度要求，其他重点检修部分按辅修限度要求，一般零件则按运用限度要求。

二、确定运用限度的基本原则

(一)从零件的工作条件来考虑

损伤程度是否破坏了零件的强度条件，是否造成该项损伤的急剧发展。例如磨耗、腐蚀、裂纹等损伤，都能使零件有效断面减小，在相同工作载荷下所产生的应力显著增大，可能超过容许应力而导致破坏。断面减小后的应力可以通过计算决定，最大应力超过容许应力时，就应认为断面已达到危险程度，零件已不能继续使用，这时的损伤程度就是最大检修限度。例如，磨耗后轴颈的最小直径和最大长度，轮辋的最小厚度、底架各梁腐蚀的最大深度等等都是以强度计算为基础而加以确定的。

在考虑零件本身强度条件的同时，还必须考虑到零件的疲劳强度。例如：受交变载荷的车轴和弹簧零件的最大应力超过了材料的疲劳极限时，就有可能出现疲劳裂纹。另外，对疲劳强度来说，影响最大的是局部应力集中。防止应力集中达到超过疲劳极限的程度，就是规定车轮擦伤、轴颈碰伤、轴肩最小圆弧半径等最大检修限度的依据。

有些零件的磨损达到一定程度后，磨损速度会急剧发展而破坏零件的正常工作条件，危及行车安全，这种急剧磨损阶段开始的磨损量就是该零件磨损的最大限度。

（二）从配件的工作条件来考虑

在分析一种损伤所造成的不良影响时，除了考虑该种损伤对零件本身的影响以外，还应考虑对于该零件一同工作的配件的影响，一般有以下几种情况：

1. 引起附加冲击：例如踏面擦伤后的轮对在滚动时，对钢轨所产生的剧烈冲击，将会损伤钢轨和轮对以及引起车辆其他配件的损伤，为此要规定轮对踏面擦伤限度。

2. 改变零件的正常相对位置：例如轮对内侧距离的限度标准，是以轮对在钢轨上相对位置来考虑的。轮对内侧距离最小应保证在钢轨上的安全搭载量，并能顺利通过道岔；而最大的轮对内侧距离则应保证轮缘与钢轨之间有必要的游间，以减少轮轨间的磨耗。

3. 影响配合之间的性能：例如轴颈与滚动轴承内圈的配合，对轴颈和轴承内圈的一些限度的规定，是以能保证轴颈与滚动轴承内圈间配合牢固性为原则。

4. 影响其他配件的工作：例如同一轮对两车轮直径之差，是引起轮缘偏磨的原因，故规定这一限度时，必须考虑轮缘与钢轨的工作条件。

（三）从车辆整体和列车运行性能来考虑

1. 考虑车辆运行的安全性和平稳性

保证安全运输和行车安全是对车辆的基本要求，如车辆的垂下品与轨面的距离，车体的倾斜，侧柱外胀等运用限度就是为了保证车辆运行中不致与建筑物或其他设备发生冲突。棚车车体倾斜过大还会导致货物倒塌。对于制动梁悬吊装置的磨耗限度，是为了防止由于磨耗使制动梁悬吊装置在制动力的冲击下发生折损，而造成制动梁脱落，可能引起整个车辆颠覆的重大事故。

又如摇枕同一端摇枕吊的长度差过大，影响转向架摇动台缓和横向振动的性能；踏面擦伤、剥离会引起过大振动；旁承间隙的大小能影响转向架转向的灵活性及车体左右摆动的幅度。这种零件的运用限度在规定时必须考虑与车辆运行平稳性的关系。

2. 考虑经济、技术上的合理性

检修限度规定零件何时进行修换，也要从经济效果上考虑。如限度规定过严时，会造成修理频繁，增加不必要的修理次数和增加修理费用；限度规定过宽时，虽然能减少修理次数，节约修理费用，但可能因损伤程度演变激化而造成更大的损失。因此，合理的限度是既能保证车辆安全运行，又能减少不必要的修换次数和降低修理费用。为此，必须进行全面的经济、技术分析。

三、确定中间限度的基本原则

中间限度是决定零件在各次修程中修与不修及其装配条件是否合格的标准，直接影响到车辆修理后的技术质量和所需的修理费用。制定中间限度主要考虑以下几点。

(一)保证零件安全运行到下一次定期检修

各种零件的使用寿命不同，修理工作的复杂程度也不同，在各种修程时检修要求也不同。各种修程的中间限度基本应保证零件在该修程的检修周期内不致发生极限损伤。但对于使用期限过短的零件要保证它使用到下一次低级修程时不发生极限损伤。在制定零件的中间限度时，首先要了解该零件的损伤速度及本修程到下次定期检修的期限。

(二)各修程间的相互配合

中间限度对不同的修程提出不同的要求，也是明确划分各种修程修理范围的一个标准。制定中间限度应考虑各修程间相互配合。易损零件使用期限很短，高级修程时不能保证很长的期限，在低级修程和日常保养就要及时修理；修理工作量大，修理工艺复杂的零件就要求高级修程彻底修复，给低级修程和日常维修提供方便的工作条件。如货车同一车辆两车钩中心线至轨面高度差，辅修规定为 40 mm，段修规定为 20 mm，厂修规定为 10 mm，就是为了把复杂的调整车钩高度工作集中在厂、段修时进行。

(三)在保证质量的同时，节约原材料

如铸铁闸瓦厚度原型为 40 mm 段修限度为 30 mm，辅修限度为 20 mm，运用限度为 10 mm，虽然闸瓦的使用期限不长，但在日常维修时容易更换。如果在段修、辅修要求更换新品，大量旧闸瓦不能充分利用，造成经济损失。考虑到节约原材料，则把段修、辅修的闸瓦限度放宽一些。

复习思考题

1. 铁道车辆一般由哪几大部分组成？各部分的主要作用是什么？
2. 货车是如何分类的？各类都有哪些主要车种？写出它们的基本型号。
3. 客车是如何分类的？各类都有哪些车种？写出它们的基本型号。
4. 有没有从不运送旅客的客车及从不装载货物的货车？
5. 车辆的车号由哪几部分组成？举例说明各部分的意义是什么？
6. 车辆的性能标记主要有哪些？说明各性能标记表示的意义。
7. 车辆的方向、零部件位置是怎样确定的？
8. 什么是车辆的全轴距、固定轴距和车辆定距？
9. 什么是机车车辆限界、建筑接近限界和限界间隙？限界中各主要尺寸规定的意义如何？
10. 什么是车辆在曲线上的偏倚量？影响偏倚量的因素有哪些？写出有转向架车辆偏倚量的计算公式。
11. 车辆检修制度有哪两种类型？各有何特点？
12. 简要说明我国现行车辆检修制度及一般客、货车的检修周期？快速客车的检修周期是怎样规定的？
13. 车辆定期检修各修程的主要任务是什么？
14. 什么叫检修限度？有哪几种类型？

第二章 轮 对

本章主要介绍铁道客车车辆的轮对。主要内容有车轴、车轮、轮对的分类与标记、轮对的组装、轮对内侧距离与轨道的关系、轮对的损伤及限度、轮对检查器、轮对检修工艺。学习完本章后，应掌握铁道车辆轮对构造及各部名称；通过使用轮对检查器能正确判断轮对各部尺寸是否符合要求，并能进行轮对检修作业。

轮对是由一根车轴和两个车轮组成。组装时采用过盈配合，在车轴压装机（油压机或水压机）上将车轮装于车轴两端，如图 2－1 所示。

轮对是车辆的重要部件，它承受车辆的全部重量（自重和载重）并引导车辆沿钢轨作高速行驶。轮对的质量直接影响列车的安全运行。因此，对轮对的要求是：(1)具有足够的强度和

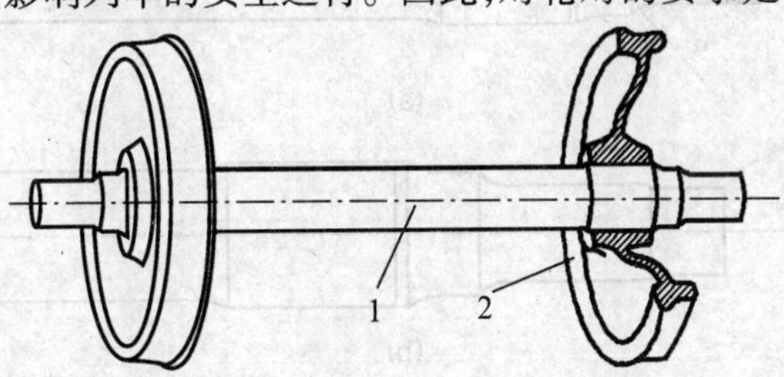

(a)轮对立体图

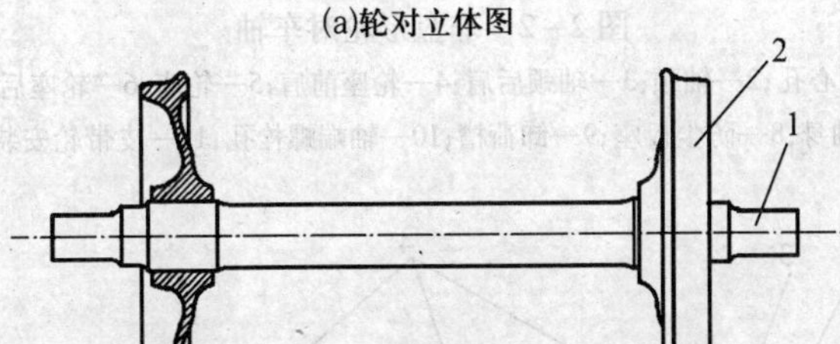

(b)非盘形轮对

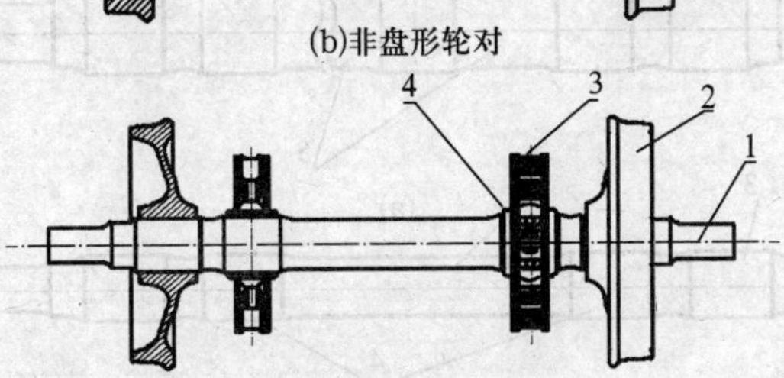

(c)盘形轮对

图 2－1　轮对

1—车轴；2—车轮；3—制动盘；4—盘毂

刚度；要求在外力作用下不发生永久变形，且弹性变形限制在正常工作允许范围内，不发生脆性折断及疲劳裂纹等类型的破坏。(2)在保证安全的条件下，尽可能地减轻轮对质量，并有一定的弹性，以减小轮轨之间的作用力。(3)车轴与车轮结合牢固。(4)具有阻力小和耐磨性好的优点，这样可大大地节省牵引动力。

新造或进厂、段修理后的轮对，应有一定的技术要求，对用于标准轨距(1 435 mm)的轮对两轮缘内侧面距离为(1 353 ±2)mm，并在同一轮对的三等分点上所测得的内侧面距离，最大差值不应超过 1 mm(厂、段修不应超过 3 mm)。

轮对组装质量的好坏，直接影响列车在运行中的安全性、旅客乘坐的舒适性。

第一节　车　　轴

一、客车车轴各部分名称及作用

铁路车辆使用的车轴，绝大多数为圆截面实心车轴。由于各部位受力状态不同，其直径也不一样。车轴是用优质碳素钢(40 钢或 50 钢)锻造制成。车轴表面需锻造光平，不得有起层、裂纹、溶渣或其他危害性缺陷。

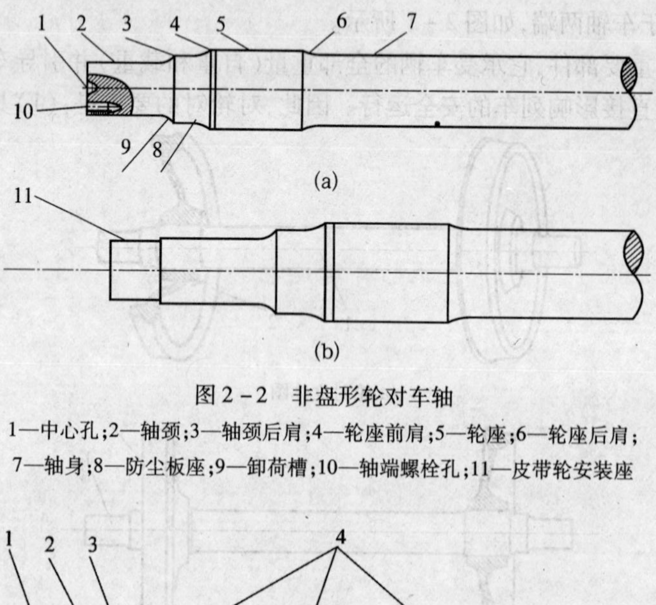

图 2－2　非盘形轮对车轴

1—中心孔；2—轴颈；3—轴颈后肩；4—轮座前肩；5—轮座；6—轮座后肩；7—轴身；8—防尘板座；9—卸荷槽；10—轴端螺栓孔；11—皮带轮安装座

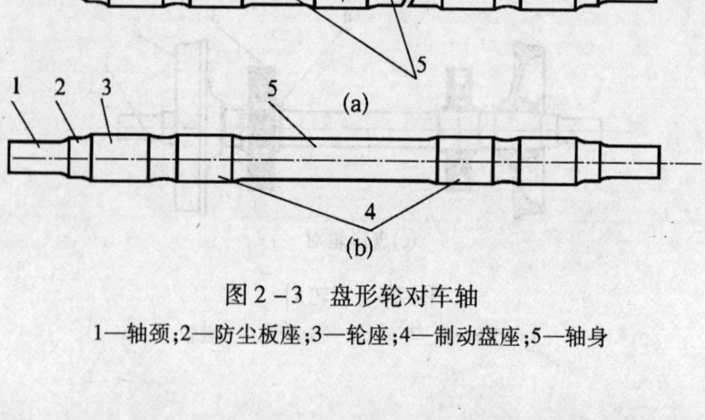

图 2－3　盘形轮对车轴

1—轴颈；2—防尘板座；3—轮座；4—制动盘座；5—轴身

车轴各部分的作用如下：

1. 轴颈：是安装滚动轴承和承载的部位。

2. 防尘板座：为车轴与防尘板配合部位，其直径比轴颈直径大，比轮座直径小。

3. 轮座：是车轴和车轮配合的部位，是车轴受力最大的部位。

4. 轴身：是两轮座的连接部分，为增加其强度和减少应力集中，车轴轴身呈圆柱形。

5. 轴端螺栓孔：是滚动轴承车轴安装轴端压板的地方，轴端压板的作用为防止滚动轴承内圈从轴颈上窜出。

6. 皮带轮安装座：为车轴轴端加长部分，用于安装轴驱式发电机的主传动皮带轮。

7. 制动盘座：供压装制动盘用。一般一根车轴上设有两个制动盘安装座，过渡圆弧 55 mm。

标准滚动轴承车轴每端端部平分为三个扇形，两端共六个扇形，供刻打车轴标记之用。

二、客车车轴的分类和使用范围

客车标准型滚动轴承车轴主要有 RC_3、RC_4、RD_3、RD_4、RD_{3A}、RD_{4A}、RD_{3A1} 等型号。其中 RC_4、RD_4 型车轴用于轴驱式发电机传动车轴，在车轴一端有发电机皮带轮安装座。RD_{3A}用于盘形制动车轴。

三、客车车轴型式

客车车轴形式规定如表 2－1 所示。

表 2－1 客车轴型的标准轴重(t)规定

轴型	车轴主要尺寸 $d_1 \times l_1 \times L_2$(mm)	使用轴承类型	轴重(t)
RC_3	120×191×1 930	4(15)2724	20
RD_3	130×195×1 956	4(15)2726 、NJ(P) 3226X1	21
RD_{3A}	130×195×1 956	进口轴承，NJ(P)3226X1、4(15)2726	21
RD_{4A}	130×195×1 956		21
RD_{3A1}	130×195×2 000	进口轴承	21
RD_{1x}	130×195×2 036	4(15)2726，NJ(P)3226X1	21
AM_{96}	130×191×2 000	BT2－8690 D，1639605E	21

四、客车车轴基本尺寸

客车车轴的基本尺寸规定如下：

1. RC_3、RD_3、RD_{1X}、RD_{3A}、RD_{3A1} 型车轴的基本尺寸如图 2－4 和表 2－2 的规定。

2. RC_4、RD_4、RD_{4A} 型车轴的基本尺寸如图 2－5 和表 2－2 的规定。

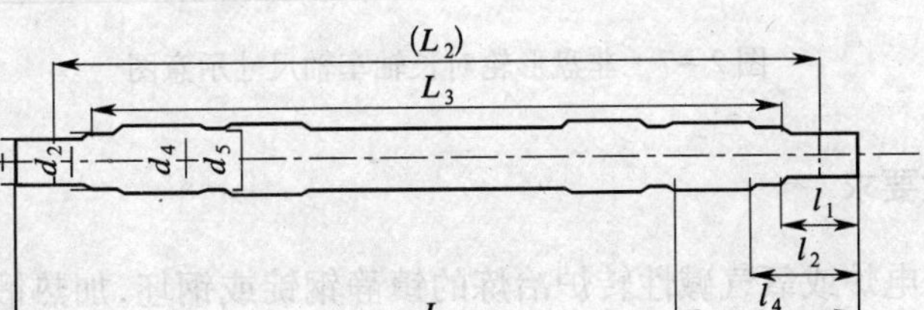

图 2－4 盘形轮对轴尺寸示意图

表 2－2　客车滚动轴承车轴的基本尺寸

mm

轴型	d_1	d_2	d_4	d_5	L	L_1	(L_2)	L_3	l_1	l_2	l_4	质量(kg)
RC_3	120	145	178	158		2110	1930	1728	191	255	441	315
RC_4	120	145	178	158	2 270	2 110	1 930	1 728	191	255	441	332
RD_{3A}	130	165	194	174		2 146	1 956	1 756	195	273	458	413
RD_{4A}	130	165	194	174	2 286	2 146	1 956	1 756	195	273	458	425
RD_{3A1}	130	165	194	174		2 190	2 000	1 800	195	293	481	409
RD_3	130	165	194	174		2 146	1 956	1 756	195	273	471	383
RD_4	130	165	194	174	2 286	2 146	1 956	1 756	195	273	471	398
RD_{13}	130	165	194	174		2 226	2 036	1 836	195	273	499	395
AM96	130	165	185	160		2 180	2 000	1 798	191	259	424	

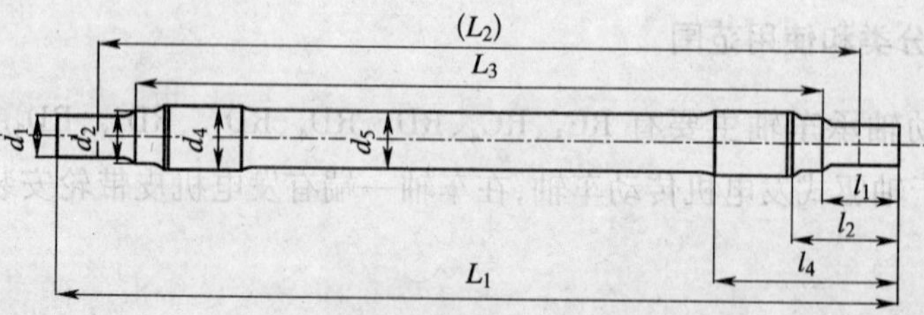

图 2－5　非盘形轮对车轴尺寸示意图

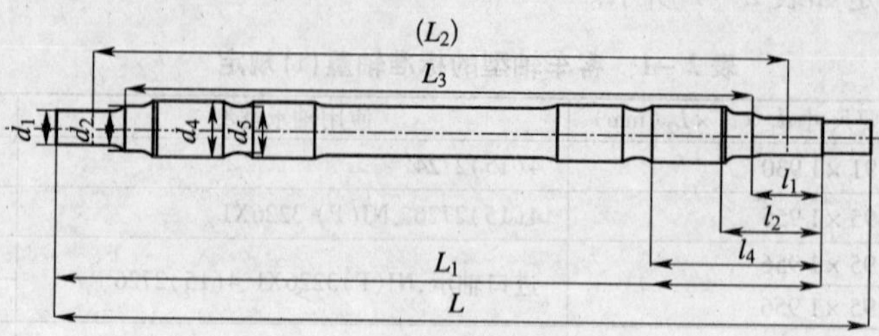

图 2－6　盘形轮对长轴车轴尺寸示意图

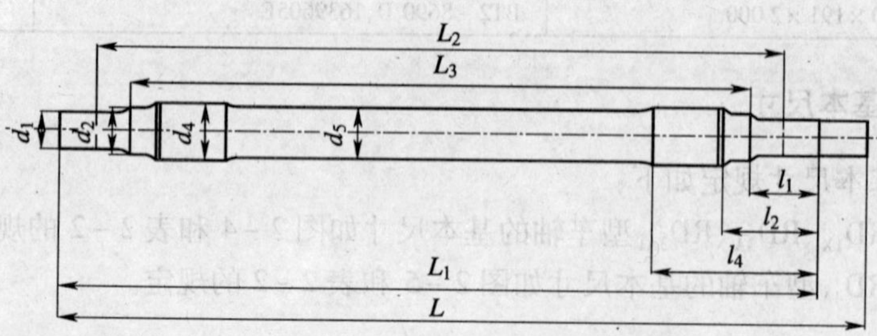

图 2－7　非盘形轮对长轴车轴尺寸示意图

五、车轴的材质要求

车轴是用平炉、电炉或氧气碱性转炉冶炼的镇静钢锭或钢坯，加热锻压成型，经热处理和机械加工制成。

1. 40 钢车轴的化学成分（熔炼分析）应符合表 2－3 的规定。

表 2－3 40 钢车轴的化学成分(熔炼分析)(％)

车轴钢种	w(C)	w(Mn)	w(Si)	w(P)	w(S)	w(Cr)	w(Ni)	w(Cu)
				≤				
40 钢	0.37～0.45	0.50～0.80	0.15～0.35	0.040	0.045	0.30	0.30	0.25

注:40 钢车轴化学成分的成品分析与熔炼分析允许偏差如下(％):

$w(C)\ {}^{+0.03}_{-0.02}$; $w(Mn)\ {}^{+0.10}_{-0.05}$; $w(Si)\ \pm0.05$; $w(P)\ {}^{+0.005}_{0}$; $w(S)\ {}^{+0.005}_{0}$。

2. 50 钢车轴的化学成分(熔炼分析)应符合表 2－4 的规定。

表 2－4 40 钢车轴的化学成分(熔炼分析)(％)

车轴钢种	w(C)	w(Mn)	w(Si)	w(P)	w(S)	w(Cr)	w(Ni)	w(Cu)
				≤				
50 钢	0.47～0.55	0.60～0.90	0.15～0.35	0.035	0.035	0.30	0.30	0.25

注:50 钢车轴化学成分的成品分析与熔炼分析允许偏差如下(％):

$w(C)\ {}^{+0.03}_{-0.02}$; $w(Mn)\ \pm0.03$; $w(Si)\ \pm0.02$; $w(P)\ {}^{+0.005}_{0}$; $w(S)\ {}^{+0.005}_{0}$。

3. 40 钢车轴的机械性能应符合表 2－5 的要求。

表 2－5 40 钢车轴的机械性能

车轴钢钢种	抗拉强度 σ_b (MPa)	伸长率 δ_5(％)	冲击值 α_k(J/cm²) 4 个式样平均值	冲击值 α_k(J/cm²) 个别样式最小值
		≥	≥	
40 钢	≥549～569	22	59	39
	>569～598	21	49	34
	>598	20	39	29

4. 50 钢车轴的机械性能应符合表 2－6 的要求。

表 2－6 50 钢车轴的机械性能

车轴钢种	车轴最大直径(mm)	σ_b(MPa)	σ_S(MPa)	δ_5(％)	ψ(％)	α_k(J/cm²) 4 个试样平均值	α_k(J/cm²) 个别试样最小值
50 钢	≤200	≥605	≥344	≥22	≥37	≥39	≥29
	200～300	≥593	≥330	≥21	≥35	≥34	≥29

注:α_k 只作参考,不作验收依据。

第二节 车 轮

目前我国铁道车辆上使用的车轮为整体辗钢轮和新型铸钢轮,简称为整体轮。铸钢整体轮主要是国外进口的。为满足高速车辆的要求,近年又研制了高速轻型车轮,使车轮轻量化,以减少高速运行时轮轨之间的动力作用力。车轮按其辐板形状可分为直辐板形轮(其形状如图 2－3 所示)和 S 形辐板轮(其形状如图 2－8 所示)。

一、车轮各部分名称及作用

整体车轮包括踏面、轮缘、轮辋、辐板、轮毂、辐板孔、轮毂孔(见图 2－8)。

车轮同钢轨的接触面称为踏面,而内侧沿整个圆周凸起部分为轮缘,踏面沿径向的厚度部分称为轮辋。轮缘是为保持车轮沿钢轨运动,起导向作用,防止脱轨的重要部分,轮毂是保证车轮和车轴相互结合且保证有足够压装力的部分。中央的轮毂孔是安装车轴的地方,它与车轴上的轮座部分相配合。辐板是连接轮辋和轮毂的地方，辐板上的两个孔称为辐板孔，为车轮吊运而设(后取消)。

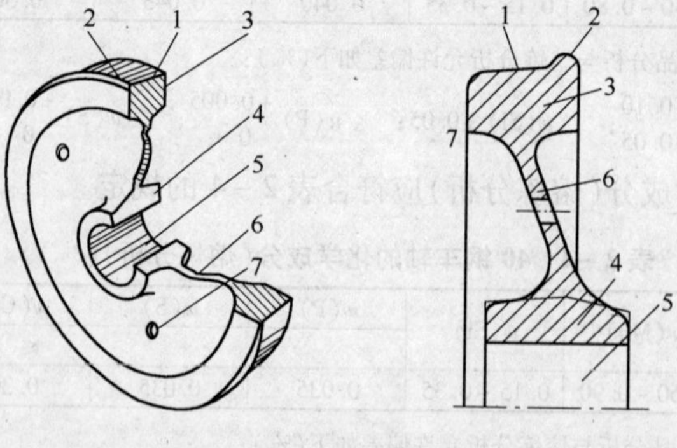

图 2-8　车轮

1—轮缘；2—踏面；3—轮辋；4—轮毂；5—轮毂孔；6—辐板；7—辐板孔

二、轮缘和踏面的形状及设置理由

为使轮对在钢轨上平稳运行，能顺利地通过曲线和道岔，且使踏面磨耗比较均匀，轮缘和踏面必须有相应的外形。我国铁路车辆所使用的车轮轮缘和踏面有锥型(TB 型)、磨耗型(LM 型)和高速磨耗型(HLM 型)三种。磨耗型(LM 型)踏面外形如图 2-9、图 2-10、图 2-11、图 2-12 所示。磨耗型是在原锥型踏面的基础上发展起来的。其踏面外型较复杂，接近车轮磨耗后形成的曲线状态。

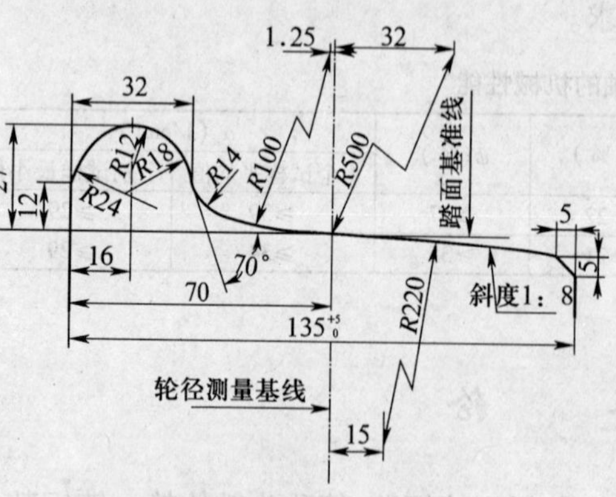

图 2-9　轮缘厚度 32 mm 磨耗型(LM 型)车轮轮缘踏面原型示意图

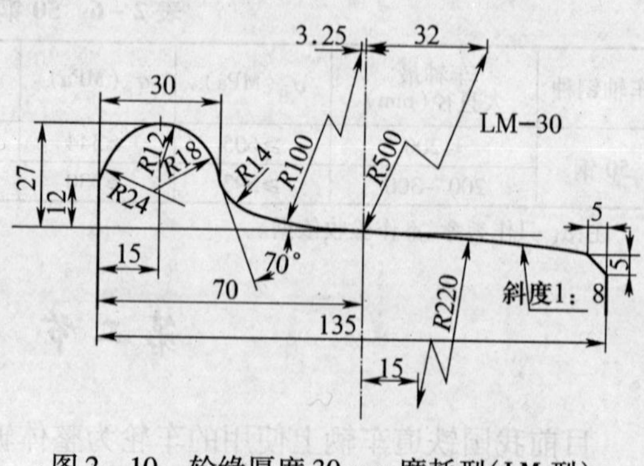

图 2-10　轮缘厚度 30 mm 磨耗型(LM 型)车轮轮缘踏面检修标准示意图

车轮内侧面为加工基准面，车轮内侧面和踏面外侧面之间的距离称为轮辋宽度，标准车轮的轮辋宽度为 135 mm。

由车轮内侧面向外 70 mm 处踏面上一点称为基点，基点沿车轮一周组成的圆称为滚动圆，车轮的直径、轮辋的厚度、踏面的圆周磨耗深度都在此处测量。

以 LM 型为例，由车轮内侧面向外 16 mm 处轮缘上一点称为轮缘顶点。过距车轮内侧面向外 70 mm 处的踏面上一点做一水平线，为轮缘高度测定线。由轮缘顶点至轮缘高度测定线之垂直距离为轮缘高度，标准轮缘高度为 27 mm。由轮缘高度测定线铅垂线上 12 mm 作一水平线与轮缘相交,两交点间的距离称为轮缘厚度,标准轮缘厚度为 32 mm。

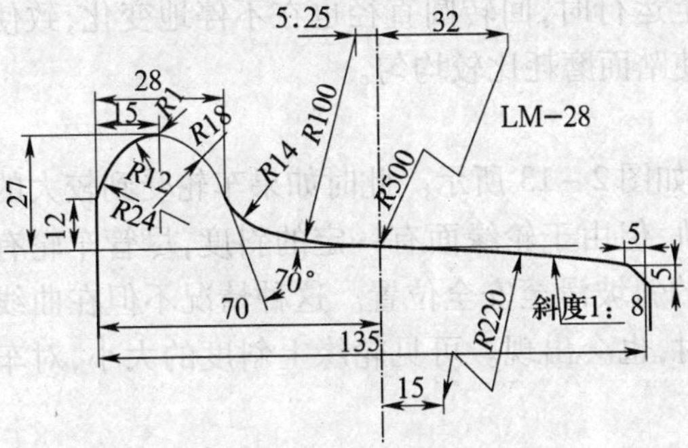

图 2-11　轮缘厚度 28 mm 磨耗型(LM 型)
车轮轮缘踏面检修标准示意图

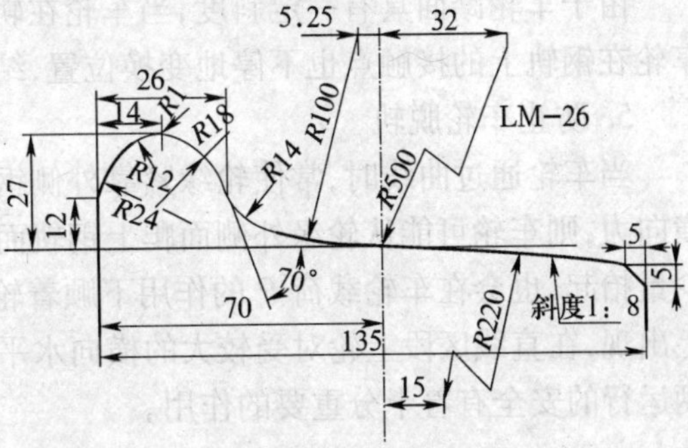

图 2-12　轮缘厚度 26 mm 磨耗型(LM 型)
车轮轮缘踏面检修标准示意图

车轮轮缘踏面采取这种轮廓的理由有:

1. 便于通过曲线

车辆在曲线上运行时,由于离心力的作用,轮对偏向外轨,于是在外轨上滚动的车轮与钢轨接触的部分直径较大,而沿内轨滚动的车轮与钢轨接触部分直径较小。这样,造成在同一转角内,外轮行走的路程长而内轮行走的路程短,正好和曲线区间线路的外轨长内轨短的情况相适应,使轮对较顺利地通过曲线,减少车轮在钢轨上的滑行(见图 2-13)。

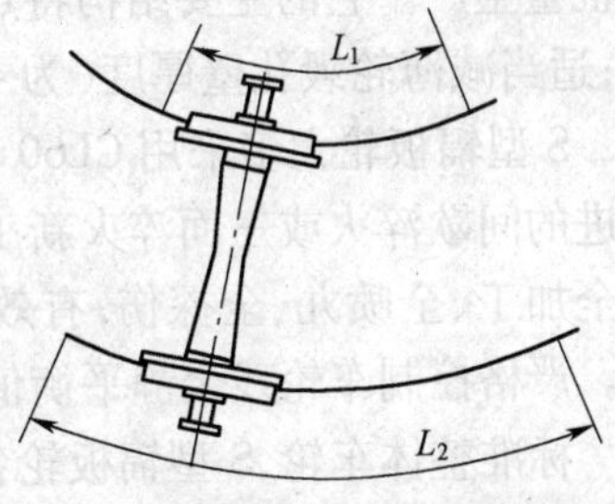

图 2-13　轮对通过曲线

2. 可自动调中

由于踏面中部设有斜度,为使踏面与钢轨顶面接触良好,钢轨铺设时也使它向线路中心有相同的斜度,因此钢轨对车轮作用力的方向是指向线路中心的。车辆在直线线路上运行,当轮对受到横向力的作用使车辆中心线与轨道中心不一致时,则轮对在滚动过程中能自动纠正偏离方向。

3. 能顺利通过道岔

线路上的道岔对车辆运行的平稳性和安全性影响极大,因此踏面的几何形状也应适应通过道岔的需要。由于尖轨前端顶面低于基本轨顶面,当轮对由道岔的尖轨过渡到基本轨时(见图 2-14),为了防止撞到基本轨,要求踏面具有一定的斜度。并且把踏面的最外侧做成 5×45°的倒角,以增大踏面和轨顶的间隔,保证车轮顺利通过道岔。

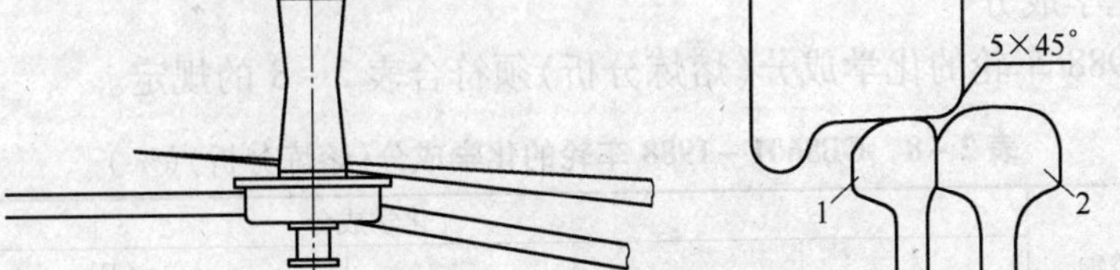

图 2-14　轮对通过道岔尖轨
1—尖轨;2—基本轨

4. 使踏面磨耗比较均匀

由于车轮踏面具有一定斜度，当车轮在轨道上运行时，回转圆直径也在不停地变化，致使车轮在钢轨上的接触点也不停地变换位置，结果使踏面磨耗比较均匀。

5. 防止车轮脱轨

当车轮通过曲线时，常使轮缘紧靠外侧钢轨，如图2－13所示。此时如果车轮受到较大的横向力，则车轮可能从轮缘外侧面爬上钢轨而脱轨，但由于轮缘面有一定的斜度，尽管车轮有少量抬起，也会在车轮载荷 P 的作用下顺着轮缘的斜坡滑至安全位置。这种情况不但在曲线上出现，在直线区段上轮对受较大的横向水平力时，也会出现。可见轮缘上斜度的大小，对车辆运行的安全有着十分重要的作用。

三、车轮的种类及材质要求

整体车轮按型号分为客车标准车轮：KC、KD及KDS，分别装于 RC_3、RC_4 型和 RD_3、RD_4 型车轴上，车轮直径为915 mm。非标准车轮直径为 ϕ950 mm 和 ϕ750 mm 两种。前苏联 ϕ950 mm，美国 ϕ914 mm，英国 ϕ940 mm。

为适应高速、重载运输发展的需要，后来又开发、研制了S形辐板整体辗钢轮。并于1998年批量生产。它的主要结构特点：辐板为不同圆弧连接成的S形状；LM型踏面；取消了辐板孔；适当减薄轮毂孔壁厚度（为40 mm）。

S型辐板轮大多采用CL60车轮钢，要求严格控制其纯净度，以提高车轮内在质量。采用先进的间歇淬火或三面淬火新工艺，提高轮辋的淬透性和轮辋断面的硬度分布均匀性。车轮为全加工、全喷丸、全探伤，有效消除了由于尺寸公差超差所造成的踏面不圆，车轮偏心等问题。严格控制车轮残余静平衡值，使制造精度大大提高。其使用范围及代号参见表2－7。

标准整体车轮、S型辐板轮各部尺寸列于表2－7中。

整体车轮的材质用Ⅱ号牌号的钢材，其化学成分列于表2－9和表2－10中，机械性能列于表2－11和表2－12中。

表2－7　标准钢整体车轮形式和基本尺寸（GB8601－1988和TB/T2817－1997）

规格型号		外径 D(mm)	轮辋内侧内径 D_1(mm)	轮毂外径 D_3(mm)	轮毂孔径 d_0(mm)	毂长 L(mm)	毂宽 H(mm)	毂辋距 E(mm)	辐板厚度 S_1(mm)	辐板厚度 S_2(mm)	轮辋斜度 β	轮毂斜度 α	理论质量(kg)
ϕ915	KD	915	785	273	170	178	135	110	19	25	20°	12°	342
	KKD		785	274	186								386
	KDS		785	274	186								391

注：毂辋距 E 为轮辋内侧面至外毂外侧面距离。

四、车轮的理化性能

1. 车轮的化学成分

GB8601—1988车轮的化学成分（熔炼分析）须符合表2－8的规定。

表2－8　GB8601－1988车轮的化学成分（熔炼分析）（%）

轮钢代号	车轮钢牌号	化学成分 w(C)	w(Si)	w(Mn)	w(P) A级 ≤	w(P) B级 ≤	w(S) ≤
Ⅱ	CL60	0.55～0.65	0.17～0.37	0.50～0.80	0.035	0.040	0.040

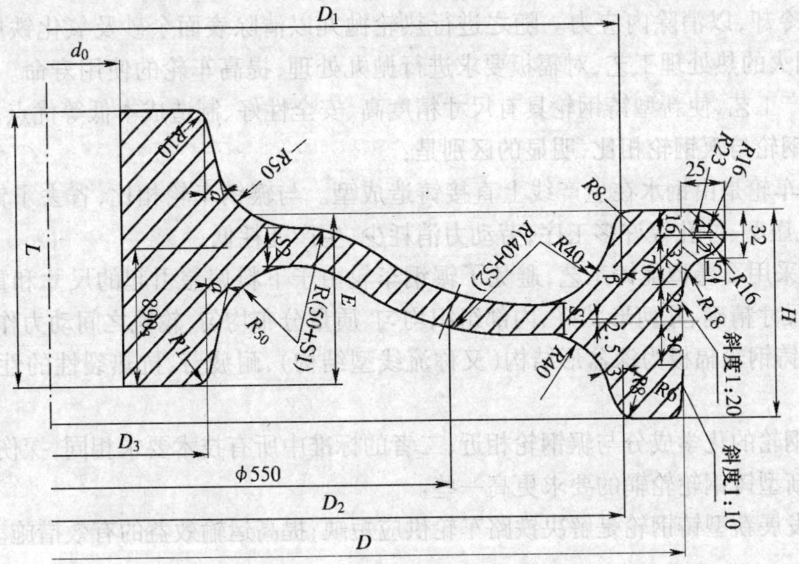

图 2－15　车轮尺寸示意图

TB/T 2817—1997 车轮的化学成分(熔炼分析)须符合表 2－9 的规定。

表 2－9　TB/T 2817－1997 车轮的化学成分(熔炼分析)(%)

车轮钢代号	车轮钢牌号	化学成分				
		w(C)	w(Si)	w(Mn)	w(P)	w(S)
Ⅱ	CL60	0.55～0.65	0.17～0.37	0.50～0.80	≤0.035	≤0.040

2. 车轮的机械性能

GB 8601－1988 车轮的机械性能应符合表 2－10 的规定

表 2－10　GB8601－1988 车轮的机械性能

级别	车轮牌号及规则			拉伸实验				
				抗拉强度 σ_s(MPa)	伸长率 δ_4(%)	断面收缩率 ψ(%)	硬度 (HBW)	常温冲击功 A(J)
					≥			
A	Ⅱ	CL60	ϕ915 (mm)	910～1 155	8	14	255	16
B				880～1 105	10	14	251	16

表 2－11　TB/T 2817－1997 车轮的机械性能

车轮钢代号	车轮钢牌号	拉伸实验			踏面下30 mm处轮辋硬度(HBW)	轮辋表面硬度(HBW)	常温辐板冲击功(U形缺口)(J)
		抗拉强度 σ_s(MPa)	伸长率 δ_4(%)	断面收缩率 ψ(%)			
Ⅱ	CL60	≥910	≥10	≥14	265～320	270～341	≥16

五、新型铸钢轮

新型铸钢轮生产工艺是采用电弧炉炼钢、石墨铸型、雨淋式浇口浇铸工艺。

采用电弧熔炼钢水,钢水纯度高。采用石墨铸型,使铸件表面光洁,尺寸精度高,由于石墨导热性能优良,铸件凝固速度快,晶粒细化,可提高材质机械性能和车轮的内在质量。采用雨淋式浇注工艺,冒口和浇口设在同一位置,浇注时钢水由轮辋、辐板至轮毂顺序凝固,补缩用的钢水自冒口沿补缩通道不断补充,达到最佳补缩效果。铸成后的车轮,进行缓冷处理,使铸件各部位均匀冷却，以消除内应力。随之进行热轮抛丸以清除表面余砂及氧化铁皮，再进行加热、淬火及回火的热处理工艺，对辐板要求进行抛丸处理，提高车轮的使用寿命。由于采用上述先进的生产工艺，使新型铸钢轮具有尺寸精度高、安全性好、制造成本低等优点。

新型铸钢轮与辗钢轮相比，明显的区别是：

1. 铸钢车轮是由钢水在生产线上直接铸造成型。与辗钢车轮相比，省去了铸锭、截断再加热、水压机压型、冲孔等许多工序，劳动力消耗少、生产能耗低。

2. 由于采用石墨型浇铸工艺，避免了辗钢车轮由于下料偏差引起的尺寸和重量偏差，使新型铸钢轮尺寸精确、几何形状好、内部组织均匀、质量分布均匀，轮轨之间动力作用相对小。

3. 新型铸钢轮辐板为深盆形结构（又称流线型结构），耐疲劳、抗热裂性的性能均优于辗钢轮。

新型铸钢轮的化学成分与辗钢轮相近，二者的标准中所有技术要求相同，探伤和检验的标准相同。而新型铸钢轮轮辋的要求更高一些。

在我国发展新型铸钢轮是解决铁路车轮供应短缺，提高运输效益的有效措施。

第三节　轮对的分类与标记

一、轮对的分类

轮对的类型和名称，应根据车轴类型和车轮类型确定。

客车滚动轴承轮对与车轴型号一致，车轮为相应吨位客车车轮。例如客车滚动轴承轮对 RD_3 型，分别配装 RD_3 型车轴和 KD 或 KDS 型车轮。

非标准轮对型号的确定与标准轮对相似。各种轮对型号如表 2－12 所示。轮对的类型和名称根据车轴类型和车轮类型确定，须符合表 2－12 的规定。

表 2－12　轮对的类型和名称

分类	轮对型号	车轴型号	车轮型号	车轮材质	车轮原形公称直径(mm)	配套轴承型号	适用转向架型号	备注
标准型轮对	RC_3 RC_4	RC_3 RC_4	KC KKD	辗钢	915_{0}^{+10}	4(15)2724	202	
	RD_3 RD_4	RD_3 RD_4	KD、KDS KKD	辗钢		4(15)2726 P NJ(P)3226X1 进口轴承	206，209	
	RD_{3A} RD_{4A}	RD_{3A} RD_{4A}	KKD	辗钢			209HS，206KP，SW－160，CW－1，CW－2 系列，209P，206P，209PK	
	RD_{3A1}	RD_{3A1}					CW－160，CW－200，CW－200K，SW－220K	
非标准型轮对	RD_{1X}	RD_{1X}	KD KDS	辗钢	915	4(15)2726P NJ(P)3226X1 进口轴承	211、212	
	AM96	AM96			915	BT2－8690 D 1639605E	AM96	

二、轮 对 标 记

为了便于检查和发现轮对故障，确认轮对生产或检修质量的责任，在轮对的适当部位刻打有或铸有不同的标记，用以辨认。轮对标记包括车轮标记、车轴标记。

1. 车轮标记

车轮上应有如下基本标记：制造年月、车轮型号、制造厂代号（标记）、熔炼炉罐号。

车轮上的标记可采用热压、冷打等方式生成。

车轮标记应出现在轮辋外侧面、轮毂内侧端面或辐板内侧面上。

中国马鞍山钢铁股份有限公司车轮轮箍厂制造的整体辗钢车轮上的标记轮辋外侧面或轮毂内侧端面上，如图 2－16 所示。

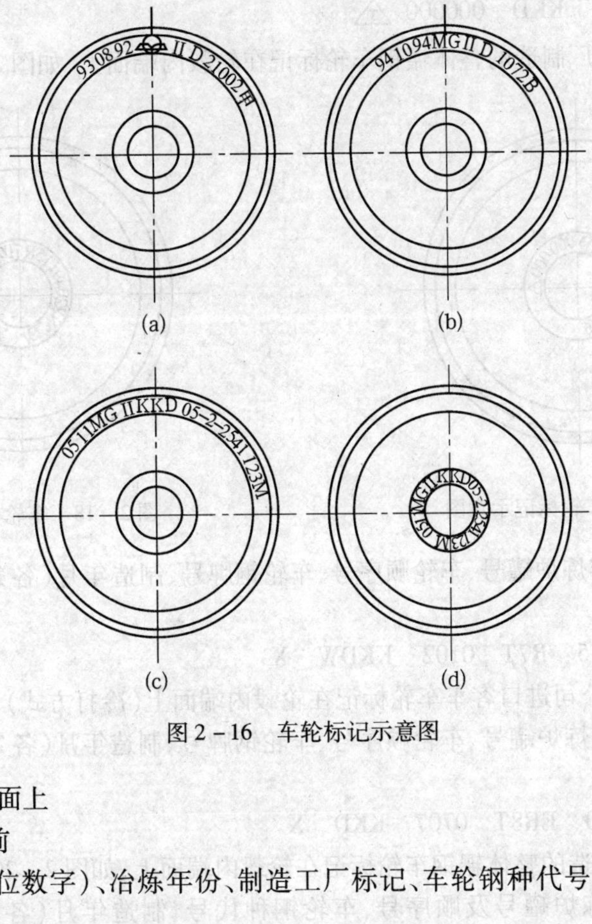

图 2－16　车轮标记示意图

（1）在轮辋外侧面上

①1993 年及以前

制造年月（各 2 位数字）、冶炼年份、制造工厂标记、车轮钢种代号、车轮型号、熔炼炉罐号、班次。例：

93　08　92　　Ⅱ　D　21002　甲

②1994 年～2002 年

制造年月（各 2 位数字）、冶炼年份、制造工厂代号、车轮钢种代号、车轮型号、熔炼炉罐号、班次。例：

94　10　94　MG　Ⅱ　D　1072　B

③2003 年及以后

制造年月（各 2 位数字）、制造工厂代号、车轮钢种代号、车轮型号、熔炼炉罐号（冶炼年份末 2 位数字－冶炼炉编号－本年度冶炼流水号）、车轮顺序号、检验人员标记例：

05　11　MG　Ⅱ　KKD　05－2－2541　123　M

（2）在轮毂内侧端面上

制造年月（各 2 位数字）、制造工厂代号、车轮钢种代号、车轮型号、熔炼炉罐号（冶炼年份末 2 位数字－冶炼炉编号－本年度冶炼流水号）、车轮顺序号、检验人员标记。例：

05　11　MG　Ⅱ　KKD　05 –2 –2541　123　M

中国太原重型机械(集团)有限公司制造的整体辗钢车轮标记在轮毂内侧端面上,如图2 –17所示。

制造年月(各2位数字)、制造工厂代号、钢种代号、车轮型号、车轮顺序号、检验人员标记。例:

98　01　TZ　Ⅱ　KKD　000000 △T

乌克兰车轮制造厂制造的整体辗钢车轮标记在轮毂内端面上,如图2 –18 所示。

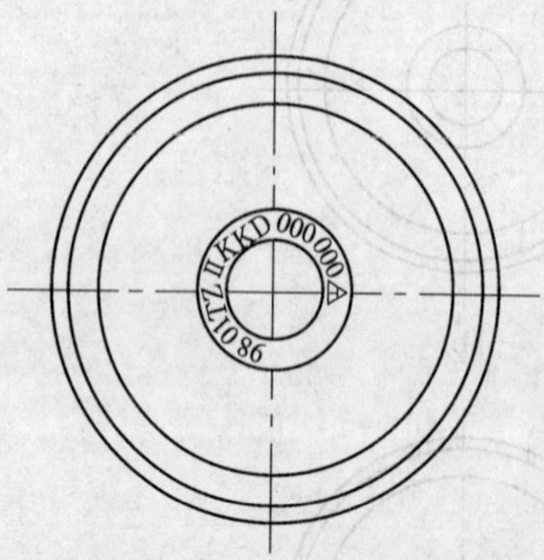

图2 –17　车轮标记示意图

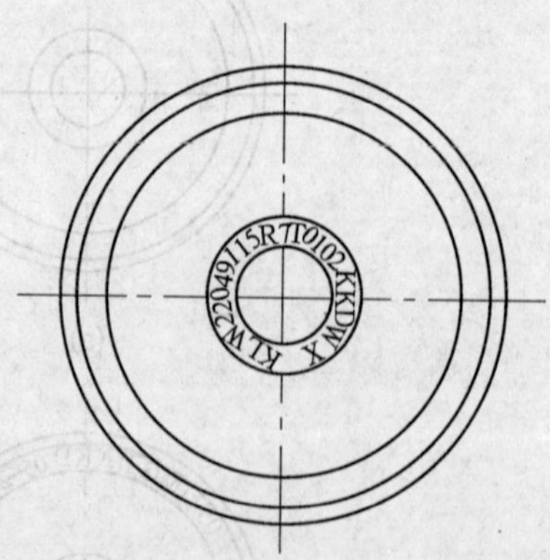

图2 –18　车轮标记示意图

制造工厂代号、熔炼炉罐号、车轮顺序号、车轮钢牌号、制造年月(各2位数字)、车轮型号和检验员代号。例:

KLW　22049　115　R7T　0102　KKDW　X

法国TRI source公司进口客车车轮标记在轮毂内端面上(冷打方式),如图2 –19 所示。

制造工厂代号、熔炼炉罐号、车轮顺序号、车轮钢牌号、制造年月(各2位数字)、车轮型号和检验员代号。例:

UV　000000　000　ER8T　0707　KKD　X

德国BVV公司制造的整体辗钢车轮标记在轮毂内端面上,如图2 –20 所示。

制造厂标记、熔炼炉罐号及顺序号、车轮钢种代号、制造年月(各2位数字)、车轮型号。例:

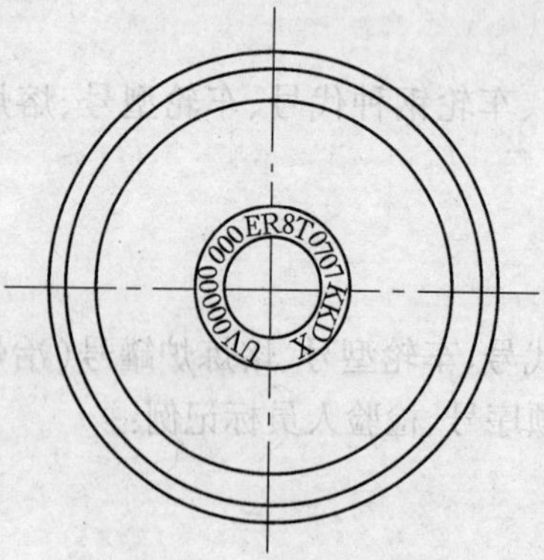

图2 –19　车轮标记示意图

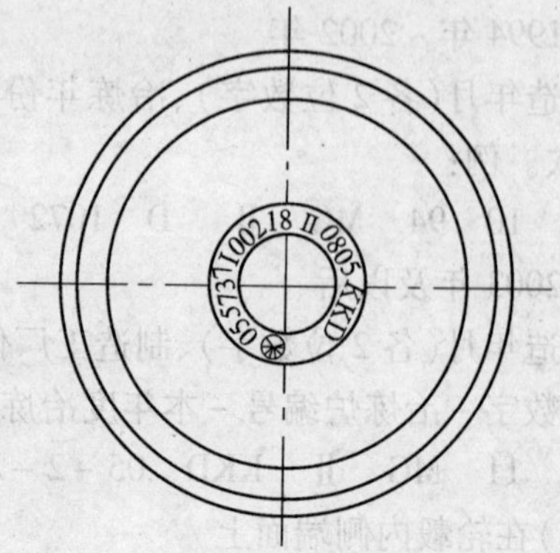

图2 –20　车轮标记示意图

BV（或 BV）055737/00218 Ⅱ 0805 KKD

2. 车轴标记

车轴标记包括车轴制造标记、轮对组装标记和特殊标记。

（1）车轴标记刻打位置规定

新制、改制平轴端轴承车轴，在车轴两端面上，以轴端中心孔中心与轴端三个螺栓孔中心的假想线及其延长线将轴端分成3等份，构成3个扇区，如图2－21所示。车轴标记须按规定刻打在某一扇区内。

（2）车轴制造标记

车轴钢冶炼熔炼号：阿拉伯数字，如9311288，字体高5 mm。

车轴钢种标记：一个汉语拼音字母，字体高57 mm，打在熔炼号后面（50钢车轴钢钢种标记为"W"，40钢车轴钢钢种标记省略）。

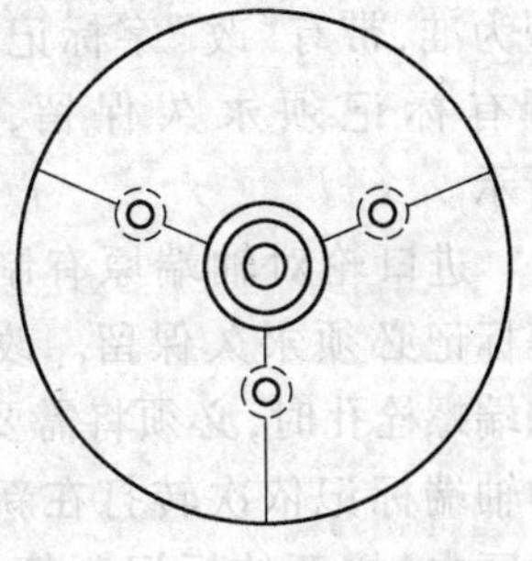

图2－21 车轴扇区示意图

车轴制造（锻造）工厂代号：铁道部公布的工厂代号，3位阿拉伯数字，如183，字体高7 mm。

车轴制造年月：年、月分别用2位阿拉伯数字表示，如9508，字体高7 mm。

车轴锻造顺序号（轴号）：5位阿拉伯数字，从00001～99999循环刻打，如79310，字体高7 mm。

车轴方位标记："左"字标记，字体高7 mm。

车轴轴型标记："RC_3、RD_3、RD_{3A}"等，字体高7 mm，角标高5 mm。

车轴制造超声波穿透探伤检查钢印标记："↑"标记，高10 mm。

超声波穿透探伤工作者的责任钢印标记：△C标记，C字体高5 mm，超探工作者编号"1"字体高3 mm，三角形框高8 mm，下底宽10 mm。

车轴制造标记须集中刻打在轴端的某一扇区之内，并永久保留，排列位置如图2－22所示。

（3）轮对组装标记

轮对组装及组装责任单位标记：×××标记，矩形框长12 mm，高7 mm，框内刻打轮对组装责任单位代号，字体高5 mm，如904。

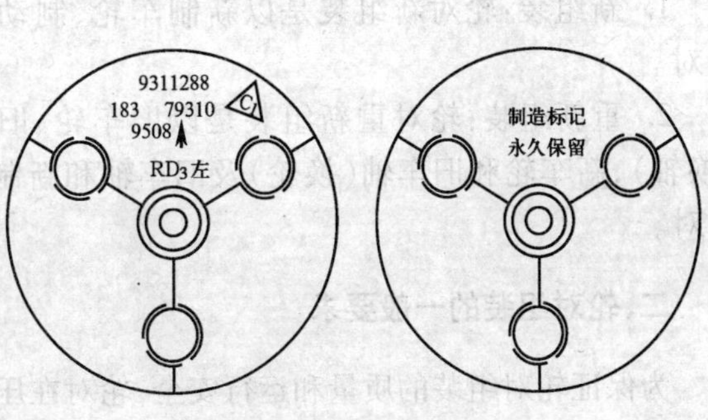

图2－22 车轴标记示意图

轮对组装年月日标记：年、月、日分别用2位阿拉伯数字表示，字体高7 mm，如951014。

轮对第一次组装标记须在车轴制造标记所处扇区按顺时针方向排列的下一个扇区内刻打，排列位置如图2－23所示，轮对第一次组装标记须永久保留。

轮对再次组装时，组装标记在轮对第一次组装标记所处扇区按顺时针方向排列的下一个扇区内刻打，左端打满后在右端刻打，依次类推。各扇区均打满后，依次选择第二次及以后各次组装标记中允许不保留者，将该扇区的所有标记全部磨除，重新刻打组装标记。

(4)特殊标记

改轴标记

车轴经改轴后再组装使用时，必须在刻打本次轮对组装标记的扇区内增加刻打“改”字标记（字体高 7 mm）和改轴后的轴型标记（字体高7 mm），如“改 RC_3”，车轴型号以改轴后的轴型为准，带有“改”字标记的扇区内的所有标记须永久保留，如图 2－24 所示。

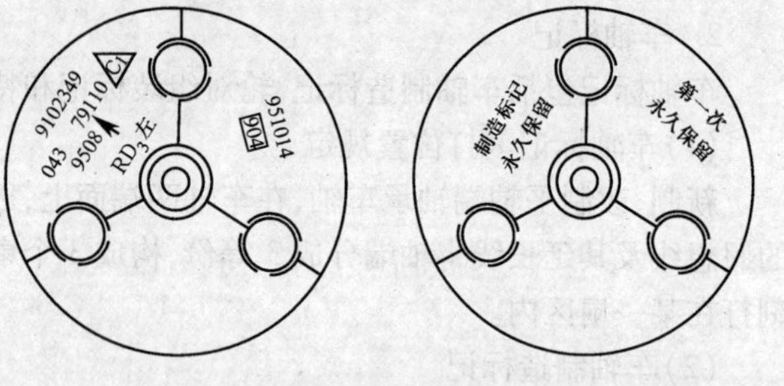

图 2－23　车轴标记示意图

进口轮对轴端原有制造及组装等标记必须永久保留。改轴和改制轴端螺栓孔时，必须将需要永久保留的轴端标记依次转打在新刻制的各扇区内（按新的标记刻打规范）。车轴轴端标记必须刻打清晰、准确，除规定刻打的标记外，不允许刻打其他任何标记。

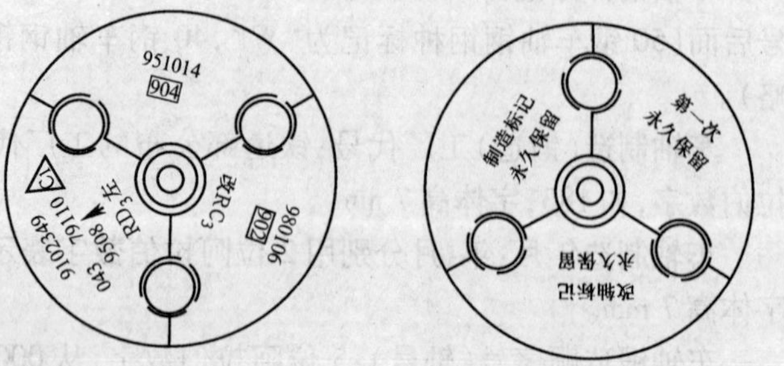

图 2－24　车轴改轴标记示意图

第四节　轮对的组装

一、轮对组装的范围

1. 新组装：轮对新组装是以新制车轮、制动盘及车轴按新制（原型）技术标准组装的轮对。

2. 重新组装：轮对重新组装是以旧车轮、旧制动盘、旧车轴（拼修），旧车轮和新车轴（换轴），新车轮和旧车轴（换轮）及旧车轴和新制动盘（换盘）按厂（A4）修技术标准组装的轮对。

二、轮对组装的一般要求

为保证轮对组装的质量和运行安全，轮对在压装时须符合下列要求：

1. 同一车轴上须组装同厂家、同型号、同材质的车轮（除另有规定者外，不同国家或不同厂家制造的车轮不得混装）。

2. 同一车轴上须组装同厂家、同型号、同材质的制动盘。

3. 轮对须以同型号的车轴和车轮相组装，当车轮与车轴型号不同时，轮对型号以车轴型号为准。

4. 轮对组装时，向同一车轴上组装的两个车轮轮辋宽度差须符合表 2－13 规定，轮辋宽度小于 134 mm 的车轮不得再组装使用。

表 2-13　同一车轴上组装的两个车轮轮辋宽度差

最高运行速度(km/h)	$v \leqslant 120$	$120 < v \leqslant 160$	$160 < v < 200$
车轮种类	辗钢车轮	辗钢车轮	辗钢车轮
车轮轮辋宽度差(mm)	≤3	≤3	≤2
相应的标准	TB/T 2817—1997	TB/T 2817—1997	TB/T 2078—1996

5. 轮对退轮(退盘)后,原车轮(制动盘毂)与原车轴不得重新组装。

三、车轴与车轮注油压装

轮对组装采用压力机压入法。压力机、高压油泵须备有校验过的压力计,压力机应备有校准过的记录压装曲线的自动记录仪。压装前,轮座装配面和轮毂孔面须清除干净,并用 HJ-30 或 HJ-40 机油均匀涂在轮座装配面压入段的前端和轮毂孔入口处 60 mm 的部位上,压装时,轮轴中心线与压力机活塞中心线一致并平行。轮座与轮毂孔的过盈量应符合规定要求,以保证轮毂与轮座间有足够的结合力,又不致使轮毂因过盈量过大而使轮毂产生过大的塑性变形。车轴轮座在压入轮毂孔时的受力情况如图 2-25 所示。

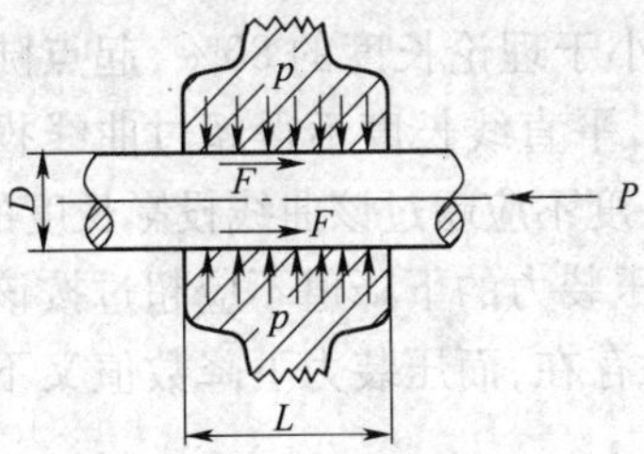

图 2-25　轮对压装时的受力

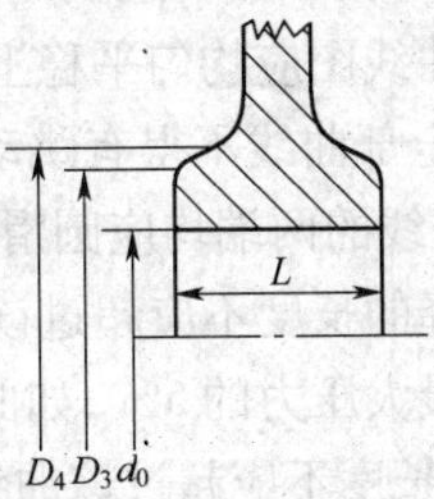

图 2-26　轮心尺寸

压力 P 的大小决定于轴、孔接触面积和摩擦力 F,而 F 是决定车轴与车轮结合是否牢固的主要因素。摩擦力 F 取决于结合处的径向力 P,P 的值随过盈量的大小变化,它们之间的关系为

$$P \geqslant p\mu\pi DL \tag{2-1}$$

式中　P—— 压入力(N);

D—— 轮座直径(mm);

L—— 装配面长度(mm);

μ—— 摩擦系数;

p—— 配合面的压强(MPa)。

在一般情况下,公式中的 μ、π、D、L 为定值,所以压入力 P 仅决定于接触面的压强 p,而压强由公式 $p=(1+C)F'$决定,而 F' 由公式 $F'=\varepsilon E(H^2-1)/(2H^2)$ 决定。其中 C 为系数,整体车轮为 0.20;ε 为过盈量比,即 Δ/D(Δ 为过盈量);E 为弹性模量;H 为尺寸系数 $H=[(D_4-D_3)/d_0]$,符号见图 2-26。

从以上诸公式的分析可以看出,对于一定型号的轮对,E、H 为常数,压入力 P 主要决定于过盈量的比,即主要决定于过盈量 Δ。因此,为保证车轴与车轮牢固地结合,过盈量的选择成为压装的关键,故过盈量一定要符合规定的要求。当过盈量一定时,公式(2-1)在理想情况下 p、μ、π、D 均为常数,此时压入力的值仅正比于接触面的长度 L。如以压装长度 L 为横坐标,压入力 P 为纵坐标时,压入过程可用图线表示,此即压力曲线。在理想情况下压力曲线应为斜直线,但实际压装时由于受各种因素的影响,使压力曲线出现各种不同的变化,压力曲线的变化又反映了组装的质量。迄今为止,压力曲线已成为衡量轮对压装质量的重要标志。

四、轮 对 检 验

每个轮对组装后应进行压力曲线检验和电阻检验,不符合技术要求时为不合格品。最高运行速度超过 120km/h 的客车轮对装车前应进行动平衡试验。车轮压装时,轮对组装压装力曲线理论长度计算公式为

$$S=(L+A-K-r)i \tag{2-2}$$

式中 S——轮对组装压装力曲线理论长度;

L——车轮轮毂孔长度;

A——伸出于轮毂孔外端之轮座长度;

K——轮座前端锥形引入段长度;

r——车轮轮毂孔内侧之圆弧半径;

i——压力指示器之传达系数,即指示器圆筒行程比活塞冲程之缩短系数,根据各厂压力指示器构造决定。

压装力曲线图应均匀平稳上升,其曲线投影长度不小于理论长度的 80%,起点陡升不得超过 98 kN,全部曲线不得有跳动;曲线中部不应有下降,平直线长度不得超过曲线投影长度的 10%,平直线的两端均应圆滑过渡;曲线末端平直线长度不应超过该曲线投影长度的 15%,曲线末端下降的长度不应超过该曲线投影长度的 10%,压装力的下降值不应超过按该轮毂孔直径计算的最大压力的 5%,如曲线末端平直和下降同时存在,而压装力下降数值又不超过规定时,其合并长度不应超过该曲线投影长度的 15%。

曲线的最高点压装力,不应大于按该轮毂孔直径计算的最大压装力数值;曲线终点的最小压装力,不应小于按该轮毂孔直径计算的最小压装力数值。曲线开始上升的一点与终点处的一点(按该轮毂孔直径计算的最小压装力数值的一点)连成一直线,压装力曲线应全部在此直线以上。

轮对组装后,如因压装力曲线不合格时,在原轴原孔的表面无损伤的情况下,允许重装一次;如超过规定最大压装力数值时应加工,达到质量要求后,允许压装一次;第一次组装小于规定的最小压装力数值或过盈量不足时,均不得重装。允许重装的轮对,第一次组装不合格的压装力曲线图表与第二次组装合格的压装力曲线图表应合并保存。

每个轮对的压装力曲线图填写下列内容:轴型、轴号、组装责任单位代号、左右侧别、车轮制造标记、轮座直径及轮毂孔直径(或配合过盈量)、最终压装力、压装年月日等,并由操作者、工长、检查员和验收员签章。车轮压装力曲线图表应由各单位统一保存,保存期限为 6 年。

车轮压装力曲线图例见图 2-27 至图 2-35。

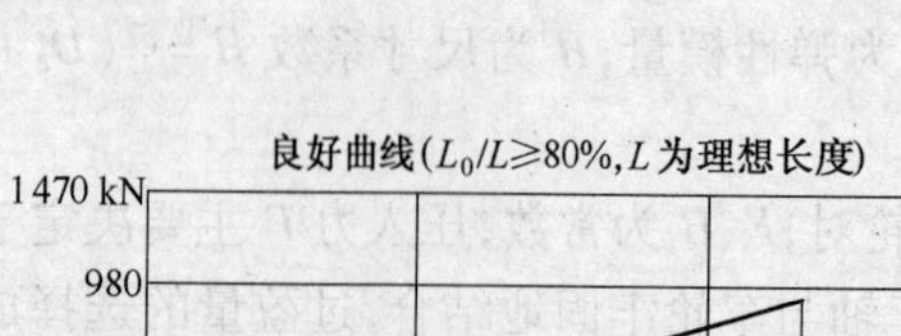

图 2-27　良好压装压力曲线示意图

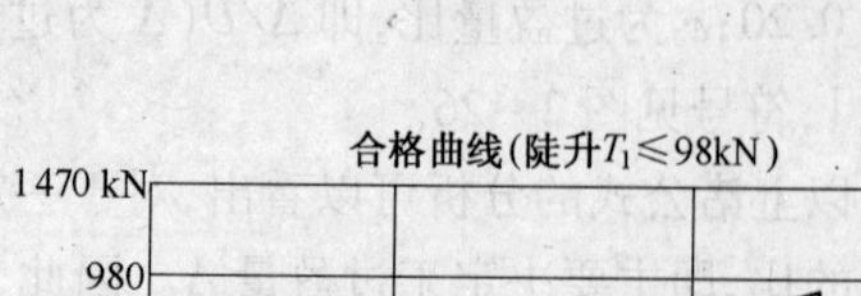

图 2-28　合格压装压力曲线示意图

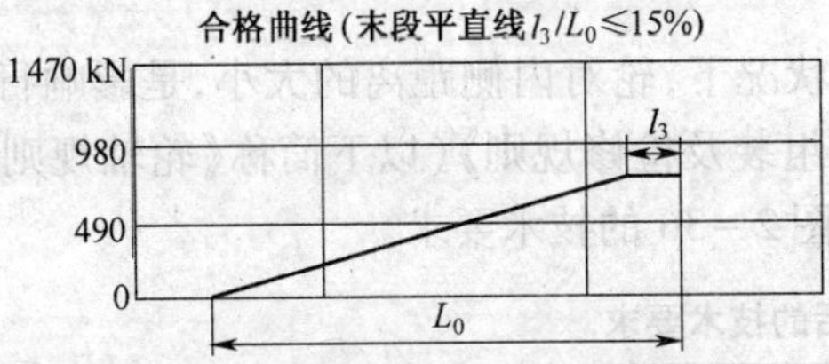

图 2－29 合格压装压力曲线示意图

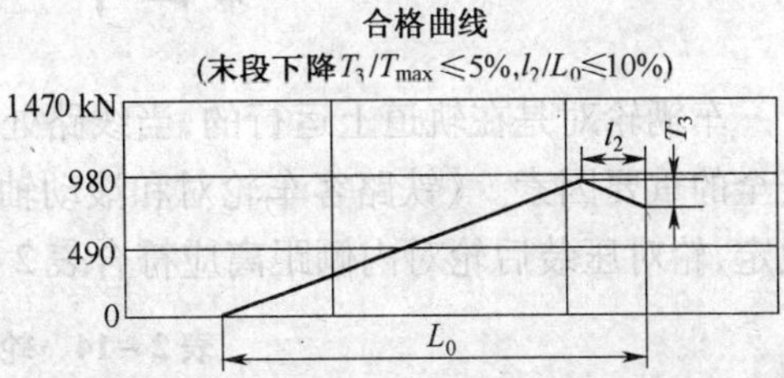

图 2－30 合格压装压力曲线示意图

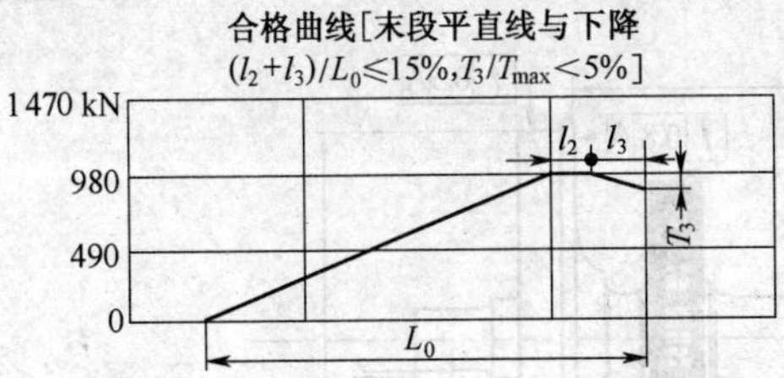

图 2－31 合格压装压力曲线示意图

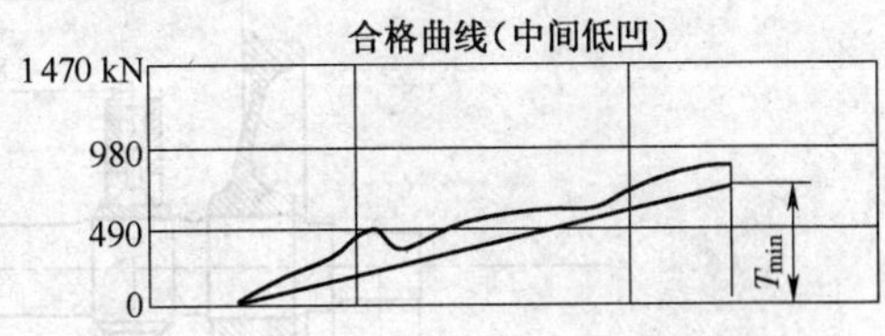

图 2－32 合格压装压力曲线示意图

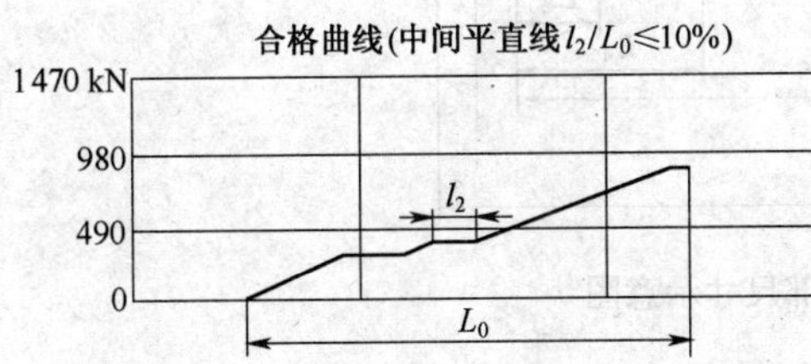

图 2－33 合格压装压力曲线示意图

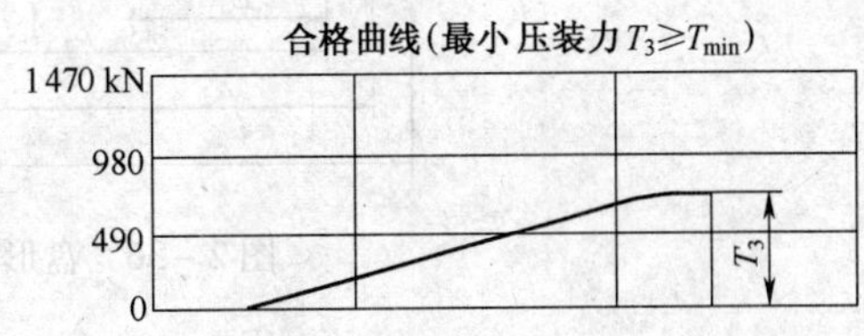

图 2－34 合格压装压力曲线示意图

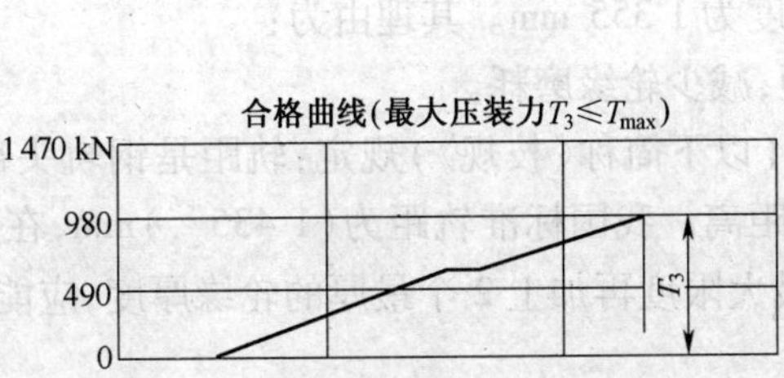

图 2－35 合格压装压力曲线示意图

第五节　轮对内侧距离

车辆轮对是在轨道上运行的，当线路处于正常状况下，轮对内侧距离的大小，是影响行车安全的重要因素。《铁路客车轮对和滚动轴承轴箱组装及检修规则》（以下简称《轮轴规则》）规定，轮对压装后轮对内侧距离应符合表 2－14 及图 2－36 的技术要求。

表 2－14　轮对压装后的技术要求

项　目	技术标准		
	$v \leqslant 120$ km/h	120 km/h $< v <$ 160 km/h	160 km/h $\leqslant v <$ 200 km/h
轮对内侧距离（mm）	1 353 ±2	1 353 ±2	1 353 ±1

注：表中 v 为最高运行速度；25K 型客车按 120 km/h $< v <$ 160 km/h 栏执行，25 T 型客车按 160 km/h $\leqslant v <$ 200 km/h 栏执行。

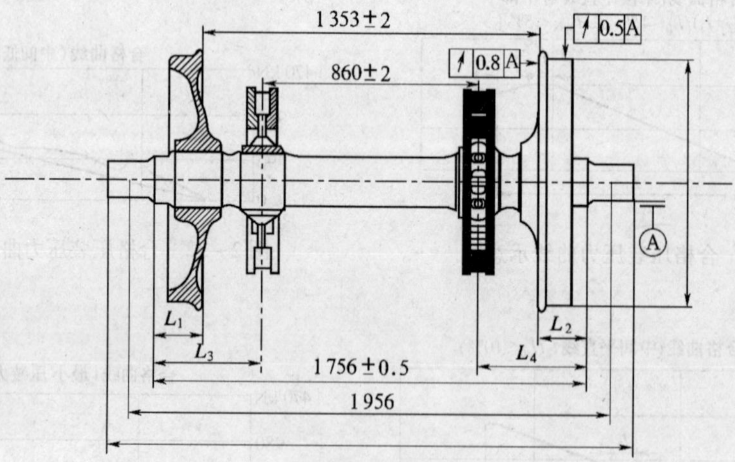

图 2－36　盘形轮对各部尺寸示意图

一、轮对内侧距离最大限度及规定的理由

轮对内侧距离最大限度为 1 355 mm。其理由为：

1. 安全通过最小轨距，减少轮缘磨耗。

《铁路技术管理规程》（以下简称《技规》）规定：轨距是钢轨头部踏面下 16 mm 范围内两股钢轨工作边之间的最小距离。我国标准轨距为（$1\,435^{+6}_{-2}$）mm，在直线部分最小轨距允许为 1 433 mm；轮对内侧距离最大限度再加上 2 个最厚的轮缘厚度，应能通过最小轨距且有一定的间隙，以减少轮缘的磨耗。

$$
\begin{aligned}
\text{间隙} &= \text{最小轨距} - (\text{最大轮对内侧距离} + 2\ \text{个最厚的轮缘厚度}) \\
&= 1433 - (1355 + 32 \times 2) = 14\ \text{mm}
\end{aligned}
$$

因此，每个轮缘外侧与钢轨之间平均有 7 mm 的间隙（如图 2－37 所示）。

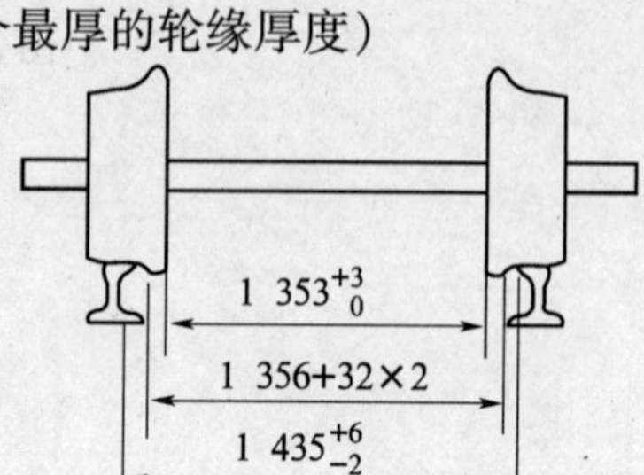

图 2－37　轮对通过最小轨距

2. 安全通过辙叉。

《技规》规定：辙叉心作用面至护轮轨头部外侧的距离不得小于 1 391 mm。当轮对通过辙叉时，由于诱导曲线存在，外侧车轮轮缘外侧必然紧贴辙叉心作用面，内侧

车轮轮背内侧必然紧贴护轮轨头部。由图 2－38 可知，最大轮对内侧距离加 1 个最厚的轮缘厚度应小于 1 391 mm，否则轮对不能安全通过辙叉，外轮轮缘有可能爬上辙叉心而造成轮对脱轨。

最大轮对内侧距离＋1 个最厚轮缘厚度＝1 355＋32＝1 387 mm＜1 391 mm

二、轮对内侧距离最小限度及规定的理由

轮对内侧距离最小限度为 1 351 mm。其理由为：

1. 安全通过护轮轨。

《技规》规定：翼轨作用面至护轮轨头部外侧面距离最大为 1 348 mm。考虑重车时车轴微弯，轮对内侧距离可减小 2 mm，因此，当轮对为最小内侧距离通过护轮轨时，也能无阻挡地通过（如图 2－38 所示）。

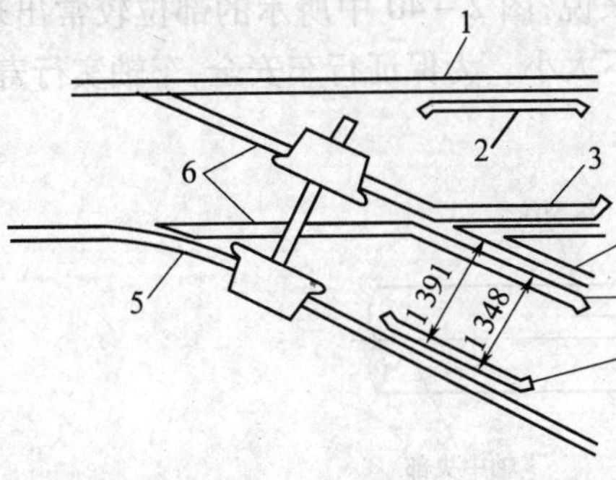

图 2－38 轮对通过道岔

1—基本轨；2—护轮轨；3—翼轨；4—辙叉心；5—诱导曲线；6—尖轨

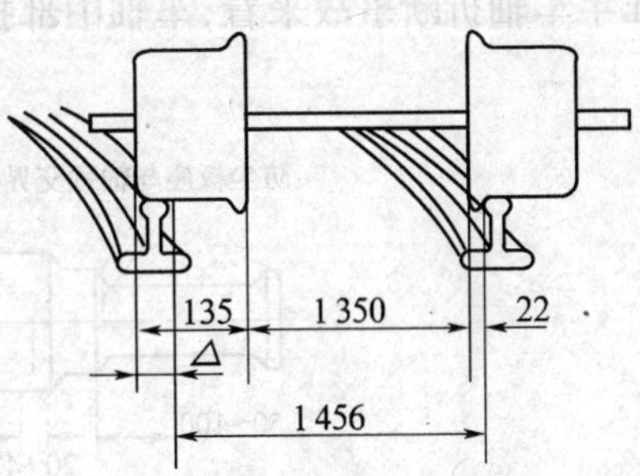

图 2－39 轮对最小搭载量

2. 安全通过最小曲线半径的曲线。

当轮对运行在曲线上时，外侧车轮轮缘贴近钢轨，内侧车轮轮缘远离钢轨。只有内侧车轮踏面在钢轨上的搭载量足够，才能不使轮对脱轨。

《技规》规定：当曲线半径在 300 m 以下时，轨距应加宽 15 mm。因此，最大轨距为 1 435＋15＋6＝1 456mm，则最小理论搭载量应为（如图 2－39 所示）

$$\lambda = (1\,351 + 23 + 135) - 1\,456 = 53 \text{ mm}$$

如考虑以下运用中的不利因素：

（1）钢轨头部圆弧半径最大为 13 mm；

（2）轨距瞬时变形（即轨距瞬时挤宽）最大为 8 mm；

（3）车轮踏面外侧倒角为 5 mm×5 mm；

（4）轮对负载后，内侧距离减小量为 2 mm。

按最不利条件累计后，轮对踏面的实际搭载量为

$$\lambda' = 53 - 13 - 8 - 5 - 2 = 25\text{mm}$$

由以上计算可知，轮对在最不利的情况下仍有 25 mm 的安全搭载量，不致引起脱轨。

第六节　轮对的损伤

一、车轴的损伤

车轴故障包括车轴裂纹、车轴磨伤、车轴弯曲等。这些故障能引起车辆脱轨、颠覆或燃轴事故。因此必须认真检查处理，才能保证行车安全。

（一）车轴裂纹

车轴裂纹分为横裂纹和纵裂纹。裂纹与车轴中心线夹角大于45°时称为横裂纹，小于45°时称为纵裂纹。车轴的横裂纹使车轴的有效截面积减少，容易扩展引起断轴事故，危害极大。车轴各部都可能产生横裂纹。以出现横裂纹的机率来说，图2－40中所示的部位较常出现。从近几年车轴折断事故来看，车轴中部折断的比例也不太小。为保证行车安全，车轴实行寿命管理。

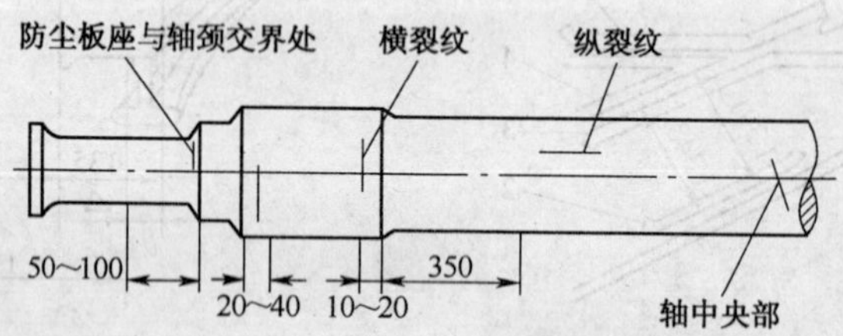

图2－40　车轴常发生横裂纹的部位

车轴断裂的原因有以下几方面：

1. 热切。滚动轴承轴箱由于滚子破碎、保持架脱落等故障，引起轴箱激热，产生高温（滑动轴承轴箱由于轴箱激热，白合金熔化，瓦体与轴颈直接摩擦产生高温），使轴颈变形，磨耗剧增，轴颈截面减小到不能支撑车体载荷时，发生折断。

2. 疲劳断裂（冷切）。车轴使用年久都可能产生疲劳裂纹。一般车轴发生疲劳裂纹的时间在使用后12年左右。而有些车轴过早地产生疲劳裂纹，其原因常是车轴材质不好，或制造和使用中在车轴表面造成伤痕。一般车轴裂纹至折断要经过一个较长的时间，如果及时检查处理是可以防止车轴折断的。车轴裂纹发展的过程中，金属组织结构先发生变化，然后发展成裂纹，所以裂纹末端的金属虽未裂纹但已受到影响。车轴裂纹时，应将裂纹旋去后，再旋去一定深度的影响层，如果剩余直径符合限度可以继续使用。

（二）车轴的磨伤

1. 轴颈及防尘板座上的纵、横向划痕、凹痕、擦伤、锈蚀、磨伤等。

2. 轴身的磨伤。常由于制动拉杆、杠杆组装不良而与车轴接触造成磨伤。磨伤处易引起应力集中，造成车轴裂纹。

（三）车轴弯曲

车辆重车脱轨，车轴受到剧烈冲击会引起车轴弯曲。车轴弯曲时，车辆运行振动增大，能造成轴箱发热、轮缘偏磨，甚至脱轨事故。沿车轮圆周测量轮对内侧距离，如果任两处相差超过3 mm，则车轴弯曲过限，必须更换轮对。

二、车轮的损伤

在车轮的故障中,有踏面磨耗、轮缘磨耗、踏面擦伤与剥离、车轮裂纹等,它们都直接威胁着行车安全。因此,必须认真检查,及时发现,妥善处理。

(一)车轮踏面圆周磨耗

车轮踏面圆周磨耗是指车轮踏面在运用过程中车轮直径减小,并改变了踏面标准轮廓。段修时,磨耗深度超过 5 mm 时,必须旋修。

踏面磨耗是一种不可避免的自然磨耗。踏面磨耗的速度随车轮的材质、运用及线路情况而不同。在一般情况下,新旋修车轮使用的开始阶段(磨合阶段)走行 5 000 km 左右,会形成 0.5 ~1 mm 的磨耗,以后每走行 5 000 km 磨耗 0.1 mm 左右。

车轮在钢轨上运动的主要形式是滚动,但在通过曲线等情况下,轮轨间存在着相对滑动。因此,轮轨间发生的是一种滚滑混合的复杂摩擦。在制动时闸瓦与踏面也发生滑动摩擦,引起磨耗。根据这些情况分析,引起踏面磨耗的主要原因有以下几种:

1. 挤压塑性变形

车轮滚动时,踏面与钢轨接触处的材料受挤压和剪切,经多次反复作用,使表层金属疲劳磨耗。

2. 摩擦热的作用

制动时,闸瓦与车轮间产生大量摩擦热,当缓解时闸瓦离开踏面后,摩擦热迅速向整个车轮传导而使踏面速冷。如此的时冷时热,易使踏面表面材质变化而造成破坏。

实际观察与分析结果表明:车轮踏面的磨耗是踏面表层不断形成厚度在 0.05 ~0.2 mm 的白硬层和白硬层不断脱落的过程。

踏面圆周磨耗有以下危害:

(1)它破坏了踏面的标准外形,使踏面与钢轨经常接触部分的磨耗变大,使轮对蛇形运动的波长减小,频率增高,影响车辆运行的平稳性。

(2)踏面磨耗造成轮缘下垂,轮缘下垂严重时,会压坏钢轨连接螺栓,引起脱轨。

(3)踏面磨耗严重时,也使踏面外侧下垂,当通过道岔时(如图 2-41 所示),踏面外侧会陷入基本轨和尖轨之间,把基本轨推开,造成脱轨。

(4)增大运行阻力

车轮踏面磨耗后,车轮与钢轨的接触面积增大,车轮踏面与钢轨接触的各点与车轴中心的距离是不相同的,如图 2-42 中的 a、b 两点,车轮滚动一圈,a 和 b 点的滚动距离也不相同,而

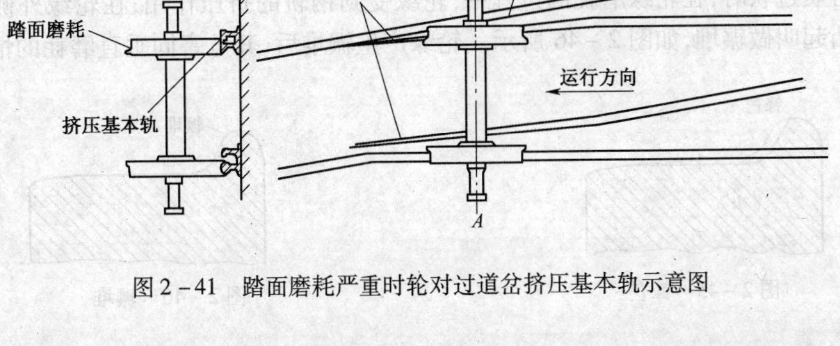

图 2-41 踏面磨耗严重时轮对过道岔挤压基本轨示意图

钢轨各处纵向长度是相同的，这样车轮与钢轨必然会发生局部滑动摩擦，使踏面磨耗加剧，踏面与钢轨接触各点与车轴中心距离偏差越大，则运行摩擦阻力也越大。

（二）轮 辋 过 薄

当车轮踏面磨耗超过限度或因其他故障要旋修车轮，车轮轮辋厚度随之变薄。轮辋过薄时，其强度减弱容易发生裂纹，车轮直径也变小，影响转向架各部分配合关系。轮辋过薄超过限度时，应更换车轮。D型车轮轮辋厚度运用限度规定为23 mm。

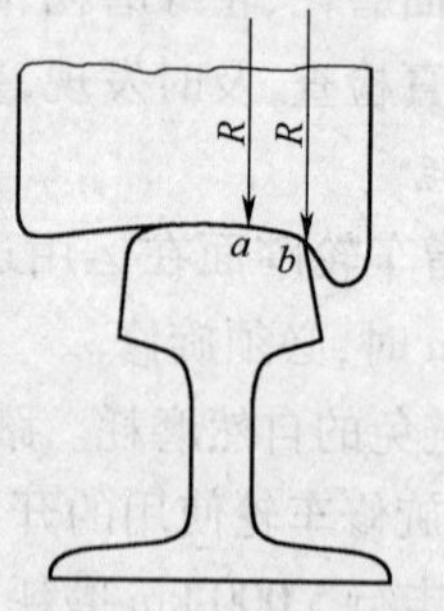

图2－42　踏面磨耗时运行阻力增大的原因

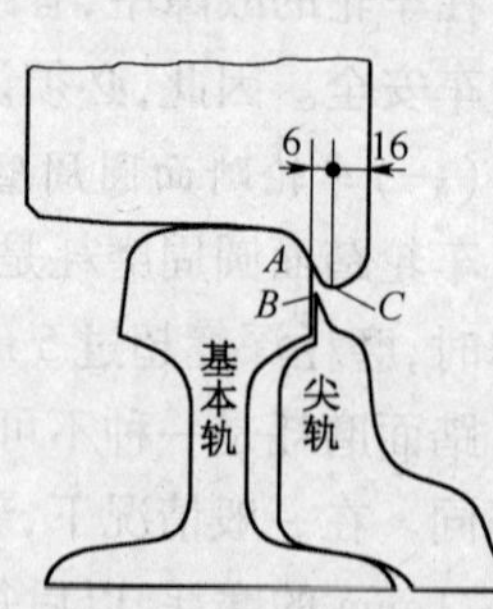

图2－43　轮缘过薄过道岔情况

（三）轮 缘 磨 耗

轮缘磨耗后，轮缘外形轮廓发生变化，有四种形式会影响行车安全。

1. 轮缘过薄

轮缘磨耗最常见的形式如图2－43所示，磨耗面与水平面多数呈70°的夹角，轮缘外侧A点与轮缘顶点C的水平距离减小。轮缘外侧A点是轮缘靠紧钢轨时轮缘和钢轨接触的极限位置，如果A、C两点的水平距离太小，车轮过道岔时，轮缘顶部会压伤尖轨或爬上尖轨而脱线。A、C两点的水平距离叫“避开距离”，它不得小于6 mm。轮缘顶点与轮缘外侧面的水平距离是16 mm，所以运用中轮缘厚度不得小于23 mm。

另外，轮缘过薄使轮轨间横向游隙增加，在通过曲线时，减小了车轮在内轨上的搭载量，容易脱轨；在通过直线时，增加了车辆的横动量，使运行平稳性变差。轮缘过薄，还降低轮缘的强度，易造成轮缘裂纹。

2. 垂直磨耗

如图2－44所示，轮缘外侧面被磨耗为与水平面成垂直状态，叫垂直磨耗。轮缘垂直磨耗的危害是车轮通过道岔时，轮缘外侧磨耗面容易和基本轨密贴，轮缘顶部更易压伤或爬上尖轨，造成脱轨。轮缘外侧磨耗面与轮缘顶部未磨耗部分的交点叫做“角点”。角点到轮缘根部的竖直距离叫做垂直磨耗高度。运用中车轮垂直磨耗高度大于15 mm，必须更换轮对，定期检修时，发现垂直磨耗就要旋修车轮。

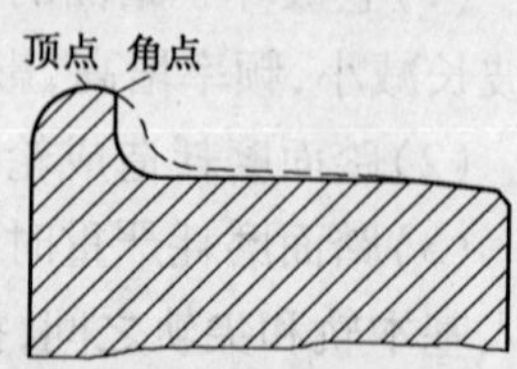

图2－44　轮缘垂直磨耗

3. 锋芒

如图2－45所示，轮缘外侧磨耗使角点与轮缘顶点重合，轮缘顶点形成的尖端叫做锋芒。当通过道岔时，轮缘锋芒可能豁开道岔的尖轨而脱线。

4. 辗堆

车轮材质过软时，在轮缘磨耗的过程中，轮缘受到钢轨的挤压作用，在轮缘外侧靠轮缘顶部形成的凸起叫做辗堆，如图2－46所示。轮缘产生辗堆后，其危害同垂直磨耗的情况相似，

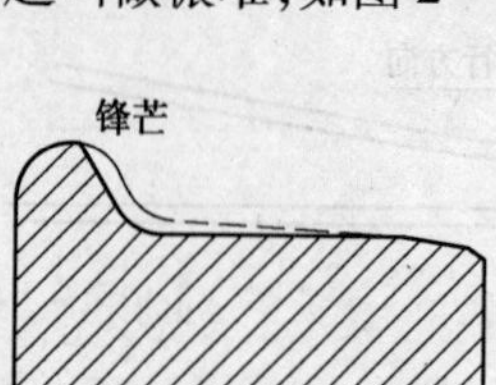

图2－45　锋芒

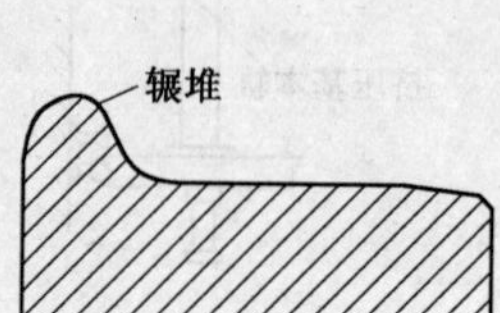

图2－46　辗堆

过道岔时,容易脱轨。发现辗堆即须更换轮对旋修。

同一轮对两侧轮缘磨耗不一致且一侧磨耗特别严重,叫做轮缘偏磨。轮缘偏磨、轮缘垂直磨耗和锋芒属于不正常的磨耗,引起的主要原因有:

转向架的构架偏斜,轴箱导框安装尺寸不合要求,两侧轴距之差过大或轴箱导框与轴箱间隙过大或过小;同一轮对两车轮直径之差过大,或压装车轮时两车轮至轴端面的距离不相等。

(四)踏面擦伤、剥离和局部凹下

由于车辆运行中制动力过大,抱闸过紧,车轮在钢轨上滑行,而把圆锥形踏面磨成一块或数块平面的现象叫做踏面擦伤。造成踏面擦伤的原因有车轮材质过软,制动力过大,制动缓解不良,调车溜放时单方面使用铁鞋制动,同一轮对两车轮直径相差过大等。踏面擦伤引起车辆运行时过大的振动,会使车辆零件加速损坏。轴箱发热,还会损坏钢轨。踏面擦伤的深度越大,引起的振动越大。而且当擦伤处与钢轨接触时车轮转动的阻力增大,更易引起车轮在钢轨上滑行,扩大擦伤。在运用中客车轮对的踏面擦伤深度超出表2-15的数值,就不准使用。对于轻微的擦伤可以使用。定期检修时对擦伤也做了规定,其限度如表2-15所示。

车轮踏面表面金属成片状剥落而形成小凹坑或片状翘起的现象叫踏面剥离。踏面剥离的原因:一种是车轮材质不良,在车轮与钢轨多次挤压作用下发生疲劳破坏;另一种是车轮在钢轨上滑行时,摩擦热使踏面局部金属组织发生变化而发生的金属脱落。踏面剥离会使车辆在运行中产生过大的振动。踏面剥离的深度一般较大,剥离的凹下处不会与钢轨接触,为了限制踏面剥离对车辆振动的影响,对踏面剥离的长度规定了限度,如表2-15所示。

测量车轮踏面剥离长度时,沿车轮圆周方向测量其最长处的尺寸即为踏面剥离长度。列检测量时规定如下:

1. 两边宽度不足10 mm的剥离尖端部分不计算在内;

2. 长条状剥离其最宽处不足20 mm的亦不计算;

3. 剥离一处时长度不得超过30 mm,剥离两处时,每处长度不得超过20 mm;

4. 剥离前期未脱落部分可不计算在内。

具体测量方法如图2-47~图2-53所示。

踏面局部凹下是因车轮局部材质过软,在运行中与钢轨挤压而成的,其测量方法和限度同踏面擦伤。

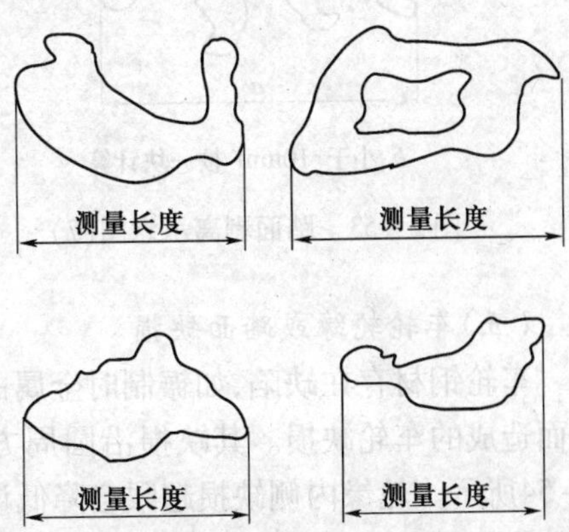

图2-47 踏面剥离示意图(1)

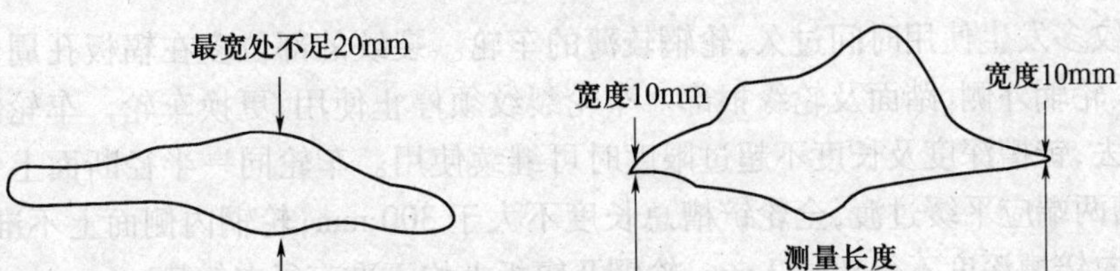

图2-48 踏面剥离示意图(2)

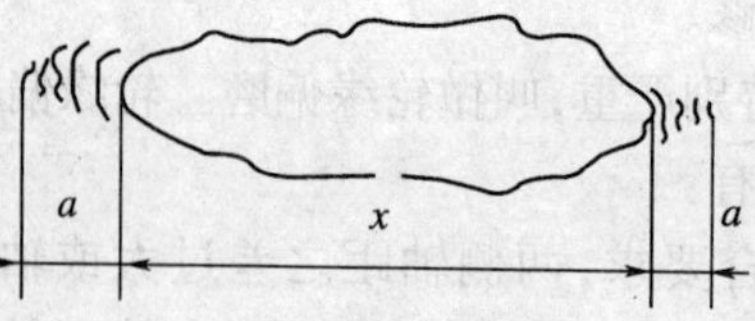

*a*为剥离前期，测量剥离时列检按 *x* 尺寸计算

图 2－49　踏面剥离示意图(3)

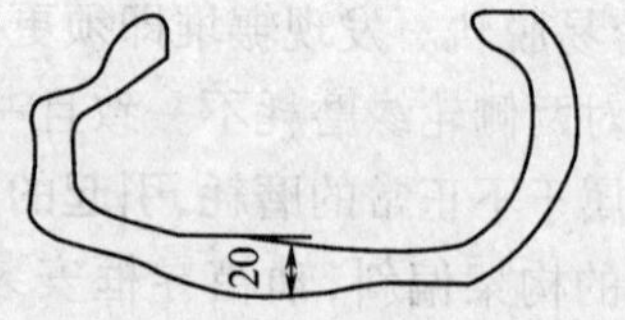

弯曲剥离最宽处不超过20 mm 者按长条剥离办法，不计算长度

图 2－50　踏面剥离示意图(4)

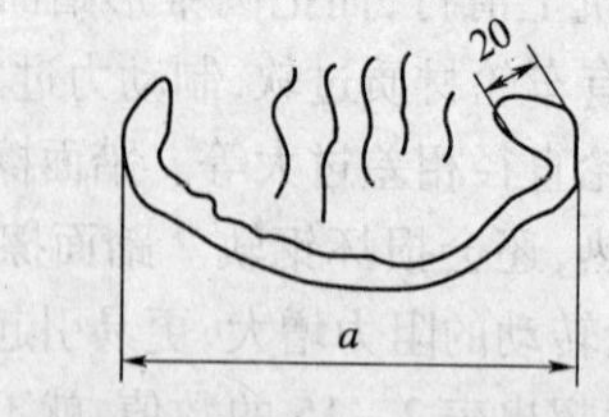

在弯曲的内部有剥离前期的疲劳裂纹时，列检不计算长度，段修时按长度 *a* 计算

图 2－51　踏面剥离示意图(5)

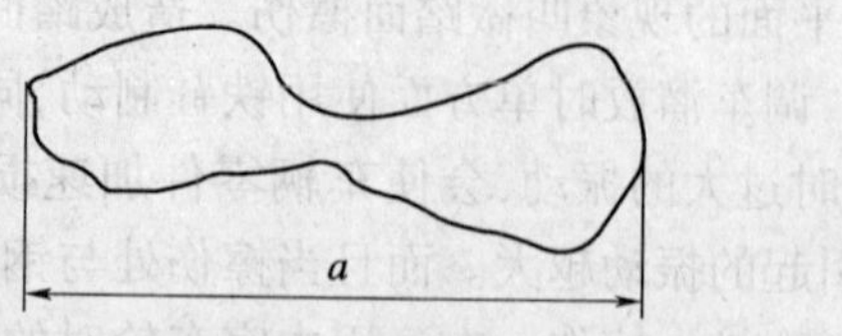

按1块计算

图 2－52　踏面剥离示意图(6)

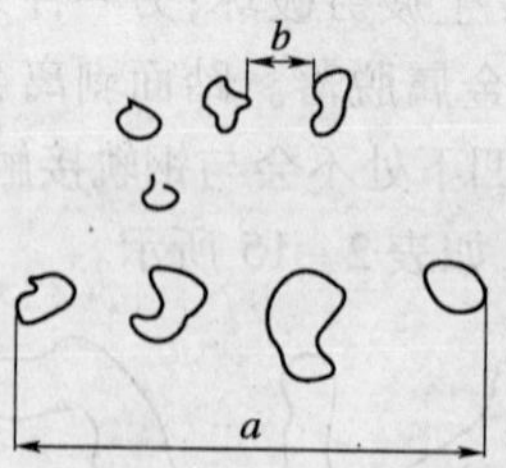

b 小于 10mm 按一块计算

图 2－53　踏面剥离示意图(7)

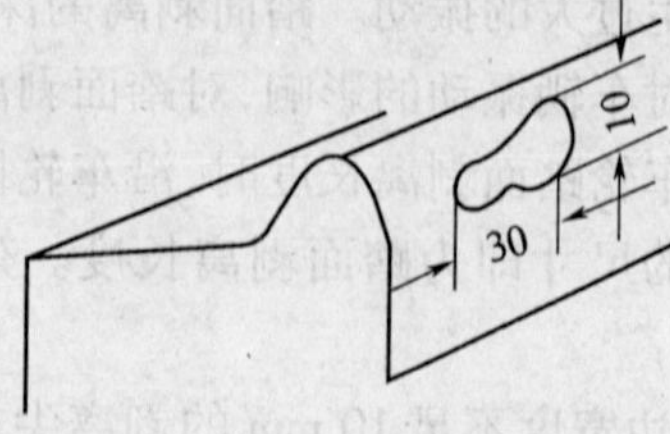

图 2－54　轮缘内侧缺损

(五)车轮轮缘或踏面缺损

车轮钢材存在缺陷，如辗制时金属的绉折(重皮)，铸造的熔渣等，经运行中撞击或压辗作用而造成的车轮缺损。其缺损沿圆周方向长度不得超过 30 mm，宽度不得超过 10 mm，如图 2－54所示。轮缘内侧缺损超限会降低该处轮缘强度，造成该处轮缘破裂。踏面外侧缺损影响车轮在钢轨上的安全搭载量。

(六)车轮轮辋外侧辗宽

这种故障是由于车轮材质过软引起的。轮辋外侧辗宽的危害是过道岔时，辗宽部分挤压基本轨而造成车辆脱线，与踏面磨耗的情况相似。段修时车轮辗宽超过 5 mm 时旋修。

(七)车 轮 裂 纹

车轮裂纹多发生使用时间过久，轮辋较薄的车轮。裂纹的部位多在辐板孔周围及辐板与轮辋交界处、轮辋外侧、踏面及轮缘根部。车轮裂纹须停止使用，更换车轮。车轮制造时辗压的重皮可铲去，铲槽深度及长度不超过限度时可继续使用。车轮同一半径断面上铲槽不得多于 3 条，铲槽两端应平缓过渡，全轮铲槽总长度不大于 300 mm；轮辋内侧面上不准有铲槽；辐板沿圆周方向铲槽深度不得超过 3 mm；轮辋及辐板上均不准有径向铲槽。

综合以上列出的车轮损伤的具体故障形式，客车轮对的允许运用限度应符合表 2－15 的要求。

表 2－15　客车车辆轮对运用限度表　　（单位：mm）

名称		限度：原型	限度：A1 修、辅修	限度：运用	备注
轴身打痕、碰伤、磨伤及弹伤深度				≤2	限度内将锐角消除继续使用，到限时更换车轴
轮辋厚度		65		≥25	
轮缘厚度		32		≥23	轮缘产生辗堆时须消除
轮缘缺损（内侧）	长			≤30	轻微掉皮可用砂轮打磨，但不得影响顶部线型。打磨平坦，凹痕深度不超过 1 mm
	宽			≤10	
轮缘垂直磨耗高度				≤15	轮缘不得形成锋芒
踏面圆周磨耗深度			≤7	≤8	
踏面擦伤及局部凹入深度	本属出库			≤0.5	
	外属出库			≤1	
	运行途中			≤1.5	
踏面剥离长度	1 处		≤30	≤30	（1）沿圆周方向测量。列检测量时，两端宽度不足 10 mm 的剥离尖端部分不计算在内；（2）长条状剥离，其最宽处不足 20 mm 者，不计；（3）两剥离外边缘相距小于 75 mm 时，每处长不得超过 20 mm，连续剥离长度不超过 350 mm；（4）剥离前期未脱落部分，客列检可不计算在内
	2 处		≤20	≤20	
踏面缺损	相对车轮轮缘外侧至缺损部距离		≥1 505	≥1 505	指缺损后的轮辋宽加轮对内侧距离，再加相对车轮轮缘厚度之总和；沿圆周方向测量
	缺损部之长度		≤150	≤150	
轮对外侧辗宽			≤5	≤5	超过时旋修或换轮
车轮直径之差	同一转向架			≤10	标记速度 160km/h 客车
				≤20	
	同一车辆			≤40	
轴箱定位橡胶堆转角				45°	
轴箱轮对提吊间隙				≥30	

注：1. 限度表内所规定的数字均为允许限度。
2. 限度表内的限度，系按名义尺寸计算，不包括公差。
3. 限度栏内无数据者可不掌握，但低级修程有数据而高级修程无数据者，高级修程不得发生。
4. 备注栏内未加说明者，可修理至限度要求以内，但配件磨耗超过限度加修时，应焊修至原型尺寸。
5. 限度表内所列运用栏，即为辅、临、库、列检统一执行的限度。

三、轮毂松弛及轮对内侧距离不合标准

车轮轮毂孔和车轴轮座组装前，机械加工精度不够和粗糙度不合要求，组装压力不合标准，在使用中由于车轮与车轴的相互作用力，车轮和车轴会发生松弛。一旦造成轮对内侧距离发生变化会造成车辆脱线或颠覆。当发现轮毂松弛或轮对内侧距离不合标准时，须停止使用。轮对内侧距离的段修限度为轮辋宽 127～135 mm 者最大 1 359 mm，最小 1 354 mm；轮辋宽 135 mm及以上者最大 1 356 mm，最小 1 350 mm。

第七节　轮对检查器

在轮对检查工作中，经常使用的有第四种检查器、车轮直径检查尺（轮径尺）、轮对内侧距离检查尺（轮背尺、轮距尺）、客车轮对轴颈中心尺、轮位差尺、轮径偏心尺、轮辋厚度检查器等。

一、第四种检查器

(一) 概　　述

第四种检查器,它是在铁道部规定的适用于车轮限度检测的第三种检查器基础上,改进研制而成的。第四种检查器比第三种检查器扩大了车轮检测范围,由原来第三种检查器能够测量六个部位的尺寸限度,增加到能测九个部位的尺寸限度,并包含了第三种检查器的检测功能。同时在测量方法上,能够与国际接轨,改变了过去轮缘厚度以轮缘顶点为基准的测量方法,使轮缘厚度的测量更具合理。在测量精度上,有些部位的尺寸,如轮缘厚度、踏面圆周磨耗可精确到0.1 mm,提高了检测精度。成为我国铁路车辆轮对第三代检测工具。第四种检查器于1999年1月1日起正式使用,轮缘厚度尺寸运用限度改为不小于23 mm,辅修限度改为不小于24 mm。在现场检测中如果发生限度检测争议,铁道部规定要以第四种检查器测量为准。

(二)关于轮缘厚度测量基本点的选择

轮缘是保证轮对在钢轨上运行不致脱轨的最重要部位,从作用上来讲,它不仅控制着轮对在钢轨上保持安全运行,而且对轮对的横向摆动、车轮在钢轨上的安全搭载量都有直接关系,当轮缘在运用中出现磨耗以后,就会加大轮对的横向位移量,车轮在钢轨上的安全搭载量减少,增大了轮对脱轨的不安全因素,所以过去规定轮缘磨耗后的剩余厚度,在运用中规定最小不得小于22 mm。对于这样一个尺寸限度,由于轮缘从顶部到根部不是等厚度形状,靠顶部薄、靠根部厚,但又不是成比例变化的由薄到厚的简单几何形状,特别是在运用过程中的磨耗,更不是按原形成比例的磨耗,过去第二种车轮检查器和第三种车轮检查器的测量,都是以轮缘顶点向下15 mm处做为轮缘厚度的基本测量点。这种测量方法对原形轮缘和踏面进行测量时,不存在什么问题,因为原形轮缘厚度的测量基本点,从理论上讲,正处在距轮缘顶点向下15 mm处。也就是说轮缘根部*R*14圆弧切点,在轮对横向作用时,轮缘的作用点基本处在这一位置,所以轮缘厚度测量基本点就确定在这一部位。但车轮在运用中出现磨耗以后,原形尺寸就会发生变化,轮缘顶部有时会出现棱角,以轮缘顶部为基础的测量方法会使轮缘厚度测量基本点上移,另外当踏面圆周出现磨耗以后,轮缘高度相对增加,而轮缘与钢轨受力的面和点相对向轮缘根部移动,此时,测量轮缘厚度仍以轮缘顶点向下15 mm处进行测量就不科学了。本来轮缘厚度不过限,用上述测量方法就可能过限。增加了车轮的旋削频次,减少了车轮使用寿命。因此,选择科学的测量方法,不仅能够保证车辆运行安全,也会减少轮对旋修的工作量。所以第四种检查器的问世,较好的解决了轮缘厚度测量基本点的选择问题。该种检查器是以踏面70 mm基准圆处,并向上12 mm作水平线交于轮缘,为测量轮缘厚度的基本点,这个基本点的确定是随踏面磨耗变化而变化,在运用中即使车轮踏面产生磨耗,轮缘高度相对增加,但轮缘厚度测量点也随之下移,并始终保持在踏面基准圆向上12 mm处。因此轮缘厚度的测量,从概念上有质的变化,这也是和国际通用测量轮缘厚度的方法相一致,这样测轮缘厚度更合理。

(三)第四种检查器的构造

第四种检查器的原型为LLJ－4型,随后又研发出LLJ－4A型和LLJ－4B型。

1. LLJ－4型检查器

由底板、测尺、样板三部分组成,如图2－55所示。

(1)底板部分

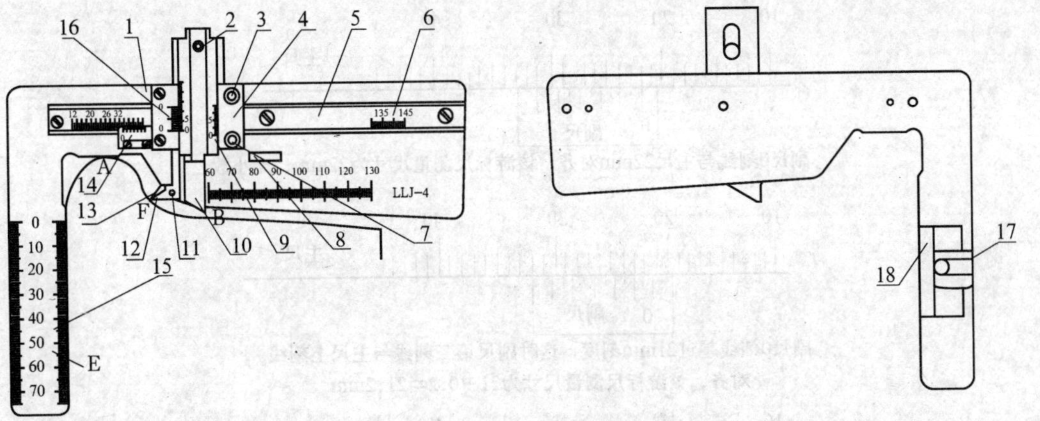

图 2-55　LJJ-4 型检查器

1—底板；2—螺钉；3—水平紧固钉；4—尺框；5—导板；6—轮辋宽度测尺；7—垂直紧固钉；8—定位块；9—锥型踏面 70mm 处磨耗刻度尺；10—踏面磨耗测尺；11— 垂直磨耗样板紧固孔；12—轮缘厚度测尺；13—卷边测量线；14—轮缘厚度游标；15—轮辋厚度测尺；16—踏面磨耗游标；17—垂直磨耗样板；18—定位角铁

底板是安装测尺、刻打测量线，构成第四种检查器主体形状的基础部分，在窄边内侧装有定位角铁，窄边上面刻有两段 0～75 mm 的刻线，分度值为 1.0 mm，用以测量踏面剥离长度和轮辋厚度；宽边底板上面刻有标准磨耗型踏面曲线即零位线（后来制造的检查器已取消）和 55～130 mm 刻线，分度值 1.0 mm；底板面距窄边内侧 70 mm 处，装有定位挡，方便了踏面测尺在 70 mm 处的定位，并提高了定位的准确性；底板面上侧用螺钉将导板及测尺固定于底板上，构成了以底板为基础的测量机构。

(2)测尺部分

①测尺及相关刻度尺

测尺有踏面测尺和轮缘测尺两种，这两种测尺均装在尺框内，可作上下移动，当推动踏面测尺上下移动时，能够带动轮缘测尺一起动作，但由于轮缘测尺背部开有一个长槽，使踏面测尺与轮缘测尺有一个相对移动量，而且当踏面测尺向下移到轮缘测尺背部长槽下端时，踏面测尺的 B 点距轮缘测尺的 F 点正好是 12 mm，这个 12 mm 的距离，就是确定轮缘测尺 F 点到踏面基准圆的高度的，使轮缘测尺有一个准确的定位。

安装测尺的尺框装在导板上，可沿导板作横向移动。导板左端刻有 12～35 mm 刻度，称为测轮缘厚度的主尺，在尺框左边配有游标尺，称为副尺，分度值可精确到 0.1 mm，主、副尺配合使用，用来测量轮缘厚度；导板右端刻有 130～145 mm 刻度，分度值为 1.0 mm。它与尺框左边游标尺配合使用，用以测量轮辐宽度；踏面测尺下部尖端称 B 点，测尺下部有 -3～9 mm 刻度，分度值为 0.5 mm，与零位线配合使用，用以测量磨耗型踏面圆周磨耗和踏面擦伤深度；测尺上部在尺框对应处右边有 0～10 mm 刻度，分度值为 0.5 mm 测量时与右侧尺框上的刻线相对应，用于测量锥型车轮踏面；测尺上部与尺框对应处左边有 0～20 mm 刻度，称为测量磨耗型踏面圆周磨耗的主尺，在左侧尺框上配有游标尺，称副尺，分度值可精确到 0.1 mm，这部分的主、副尺是专门用于测量磨耗型踏面 70 mm 处的圆周磨耗。

为了使踏面测尺方便、准确的定位于距第四种检查器 E 边 70 mm 处，在该处底板上设有定位挡，在踏面测尺定位时，将测尺调整靠紧定位挡左侧，即定位于测踏面 70 mm 基准圆的位置上。

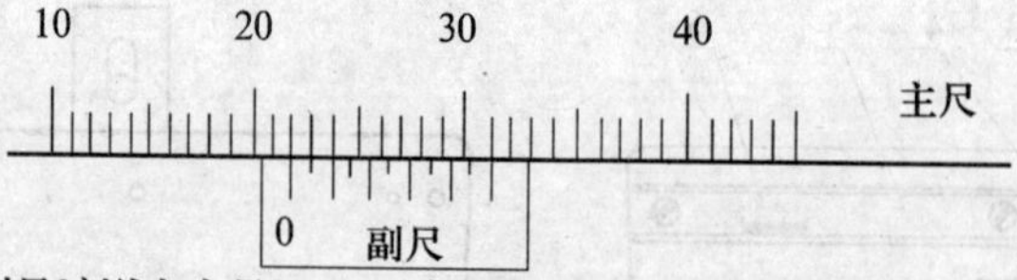

副尺0刻线与主尺22mm对齐，该游标尺测量尺寸为22mm，无小数

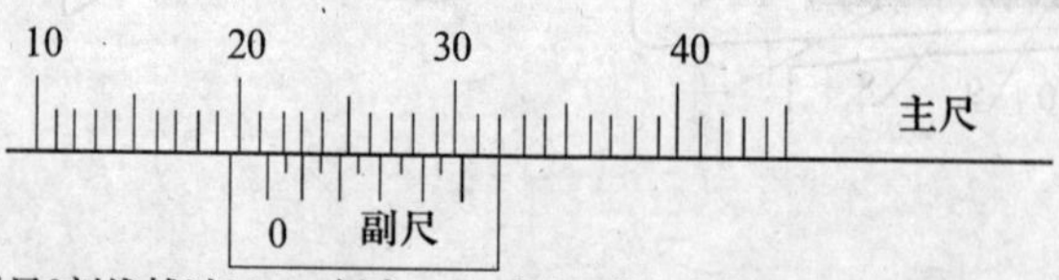

副尺0刻线越过21mm刻度，这时副尺第二刻线与主尺上刻线对齐，该游标尺测量尺寸为21＋0.2＝21.2mm

副尺0刻线越过21mm刻度，这时副尺第三刻线与主尺上刻线对齐，该游标尺测量尺寸为21＋0.3＝21.3mm

图 2－56　第四种检查器游标尺读数方法

②游标尺的精度及读数计算

第四种检查器上装有两个游标尺，此游标尺的精度，是在副尺上把实际长 9 mm 的线段分为 10 等份（格），这样副尺上每格与主尺每格（1 mm）相差为（10 mm－9 mm）/10＝0.1 mm，这就是第四种检查器可以确认的最小精度尺寸。确认测量尺寸时，先确认副尺 0 刻线对准或超过主尺上的整数毫米尺寸数，如果 0 刻线与主尺上某一整数毫米刻线正好对齐，这个测量尺寸就是该处的主尺整数尺寸，没有小数存在。如果 0 刻线没有和主尺上某一整数刻线对齐，则应先确认 0 刻线刚好越过的主尺整数尺寸数，余下不足一格（1 mm）的数值，再从副尺（游标）上看第几刻线与主尺上哪条刻线对齐，即为余下的小数毫米。如果副尺上第一刻线（不含 0 刻线）与主尺上刻线对齐，小数尺寸为 0.1 mm，如果副尺上第二刻线与主尺上刻线对齐，小数尺寸为 0.2 mm，依次类推。计算时，把主尺整数毫米尺寸加上副尺小数毫米尺寸，即为所测尺寸。请看图例说明。

四种检查器中，轮缘厚度、踏面圆周磨耗、轮辐宽度部分尺寸，可以按上述方法计算尺寸，其他尺寸因构造原因无法确定准确的小数尺寸，只能从测尺上直接读取数值。

（3）样板部分

样板部分主要是轮缘垂直磨耗检查样板，在样板上刻有 12～20 mm 刻度，使用时，将其安装在轮缘测尺下部的紧固孔上即可使用。第四种检查器的各部名称如图 2－55 所示。

（4）第四种检查器的用途

第四种检查器是铁路车辆车轮的专用检测量具，它用于检测：

①踏面圆周磨耗深度；

②轮缘厚度；

③轮辋厚度；

④踏面擦伤或凹下深度；

⑤轮缘垂直磨耗；

⑥踏面剥离长度；

⑦轮辋宽度；

⑧踏面辗宽；

⑨车钩闭锁位钩舌与钩腕内侧距离。

(5)第四种检查器的使用方法

①测量车轮踏面圆周磨耗

首先推动尺框4(参见图2－55,下同)避开定位块8,向左移,再推螺钉2带动踏面磨耗测尺和轮缘厚度测尺移到最上端,然后推动尺框4沿导板向右移至定位块8挡住,定于70 mm基线处。将第四种检查器置于车轮上,使检查器*A*点落于轮缘顶点,*E*边定位角铁靠紧车轮内侧,底板指向车轴中心线,再下推踏面磨耗测尺10,使其尖端*B*点与踏面接触,此时,可在测尺10下部刻度与零位线对准处直接读数(分度值0.5 mm),或在游标尺16上读数(精度可达0.1 mm),即为踏面圆周磨耗值。

②测量轮缘厚度

首先按测量踏面圆周磨耗的方法,测出踏面圆周磨耗(其数值可不记),使轮缘测尺F点定位于车轮踏面70 mm基准圆向上12 mm的高度处,实际推动踏面测尺下移,消除与轮缘测尺内部上下移动空隙后*B*点到*F*点的垂直高度就是12 mm,再上推踏面测尺10移动2～3 mm,轮缘测尺12保持不动,紧固垂直紧固螺钉7,然后向左推动尺框4带动轮缘测尺12左移,使*F*点接触轮缘外侧,此时可从游标尺14上读出轮缘厚度值,精确到0.1 mm,即为轮缘厚度尺寸。

③测量轮辋厚度

首先按测量踏面圆周磨耗的方法,测量出踏面圆周磨耗数值,记下该数并保持第四种检查器在车轮上的位置不动,再找出*E*边刻线与轮辋内棱角密贴处对应的尺寸,用对应处的读数尺寸减去车轮圆周磨耗尺寸,即为轮辋厚度尺寸。如辗钢轮,轮辋内有*R*8圆弧时,轮辋厚度尺寸应加4 mm为轮辋实际尺寸。

④测量踏面擦伤及局部凹下深度

将第四种检查器置于车轮上,*A*点接触轮缘顶点,*E*边紧靠车轮内侧,尺身底板指向车轴中心线。推动尺框4带动踏面测尺10,沿导板移至擦伤最深处,紧固水平紧固螺钉3,下移踏面测尺10使*B*点接触擦伤最深处,磨耗型踏面以零位线为基准,读出踏面测尺10与零位线所对准的尺寸(锥型踏面则读出尺框4右侧刻线对应处的尺寸)。然后将第四种检查器沿同一圆周方向移到末擦伤处,量出该处圆周磨耗值,用擦伤处的数值减去末擦伤处的圆周磨耗值即为车轮踏面擦伤深度,局部凹下深度测量方法与擦伤深度测量方法相同。值得指出的是:新型的第四种检查器因取消了零位线,上述尺寸都从测踏面磨耗游标尺上来确认刻度尺寸。

⑤测量轮缘垂直磨耗

将轮缘垂直磨耗样板,紧固在轮缘厚度测尺下端螺钉孔11处。然后将第四种检查器*A*点落于轮缘顶点,*E*边紧靠轮辋内侧,尺身底板指向车轴中心线,再推动尺框4靠近轮缘,使磨耗样板靠紧轮缘与踏面过渡圆弧中部,样板圆弧部分与过渡圆弧相吻合,这时观察轮缘外侧与样板竖直部分贴紧处的尺寸,即为轮缘垂直磨耗值。

⑥测量踏面剥离长度

用第四种检查器窄边外侧0～75 mm刻度尺,沿车轮圆周方向(不是剥离长度方向)测量踏面剥离两边缘之间的长度,为踏面剥离长度。列检测量时先测出剥离长度两端不足10 mm

的部分，划出测量线，然后用检查器窄边刻度尺沿车轮圆周方向测量两线之间的长度，即为踏面剥离长度。

⑦测量轮辐宽度

将尺框 4 及测尺向右推至导板端部，检查器 A 点落于轮缘顶点，E 边紧靠轮辋内侧，尺身底板指向车轴中心线。推动测尺向下移动，使轮缘厚度测尺对准轮辋外侧平面，再向左移动尺框 4 及测尺，轮缘测尺 12F 点靠紧轮辋外侧平面，看导板右端刻度尺与游标尺 14 零刻线对准处的尺寸，即为轮辐宽度尺寸。

⑧测量踏面辗宽

将检查器尺框 4 及测尺沿导板推向右端，检查器 A 点落于轮缘顶点，E 边紧靠轮辋内侧，尺身底板指向车轴中心线，推动测尺向下移动，使轮缘厚度测尺 12 越过卷边，再向左移动尺框 4 及测尺，直至轮缘测尺 F 点靠紧轮辋外侧平面，这时观察卷边（辗边）宽度是否超出轮缘测尺的卷边测量线 13，超出者即判定过限。

⑨测量车钩闭锁位钩舌与钩腕内侧面距离

在车钩处于闭锁位置时，用检查器窄边外侧底板（适用于运用、轴检、临修）水平插向钩舌与钩腕之间，上、中、下测三处，其中有一处能插入者即为过限。

2. LLJ－4A 型检查器

LLJ－4A 型铁道车辆车轮第四种检查器是国内测量车轮缘踏面相关尺寸及缺陷的一种专用检测量具，它具有 12 个测量功能。主要特点是根本改变了原我国铁路以车轮轮缘为基点的测量轮缘厚度的方法，该种检查器以车轮踏面滚动圆（即距车轮内侧面 70 mm 处的基线）为基点测量轮缘厚度，车辆轮对的轮缘厚度测量点始终距车轮滚动圆保持恒定距离值（12 mm），不会因踏面磨耗而变化。该种车轮检查器结构简单，功能齐全、操作方便、测量准确，能够满足车辆制造和检修部门对车轮轮缘踏面检测的需要。

（1）测量功能

该种检查器具有测量车轮踏面圆周磨耗、轮缘厚度、轮缘垂直磨耗、轮缘高度、轮辋宽度、轮辋厚度、车轮外侧辗宽、踏面擦伤深度和长度、踏面剥离深度和长度、车钩闭锁位钩舌与钩腕内侧距离等 12 种测量功能。

（2）结构型式

主尺 1 为直角形，其垂直尺身（又称轮辋厚度测尺 8）正面刻有长度双刻度线，水平尺身的背面刻有车轮滚动圆定位刻线 12。踏面圆周磨耗测尺 3 和轮缘厚度测尺 9，通过踏面圆周磨耗测尺框 2 和轮缘厚度测尺框 10 组合在一起，从而形成整体的联动结构形式。为保证车轮检查器测量操作的稳定和数据准确可靠，在轮辋厚度测尺 8 的背面装有定位角铁。其结构形式如图 2－57 所示。

（3）使用方法

测量车轮踏面圆周磨耗、轮辋厚度、轮缘高度时，首先将踏面圆周磨耗测尺框车轮滚动圆刻线 14 与主尺背面上的车轮滚动中心定位刻线 12 对齐，或用定位挡块 17 定位，方法是先把尺框 2 推向最左侧，再把踏面磨耗测尺 3 推向最上方后，将尺框 2 向右拉，拉不动为止。拧紧踏面圆周磨耗尺框紧固螺钉 5，将踏面圆周磨耗测尺 3 推向最上方，再将轮缘厚度测尺 9 推向最右侧。然后将车轮检查器立放在车轮踏面上，主尺的轮辋厚度测尺 8 贴靠在轮辋内侧面上，其尾端指向车轴中心线（即主尺平面通过轮心），使车轮检查器的踏面磨耗测量定位面 4 与车轮轮缘顶部接触，按下述步骤测量各部位尺寸。

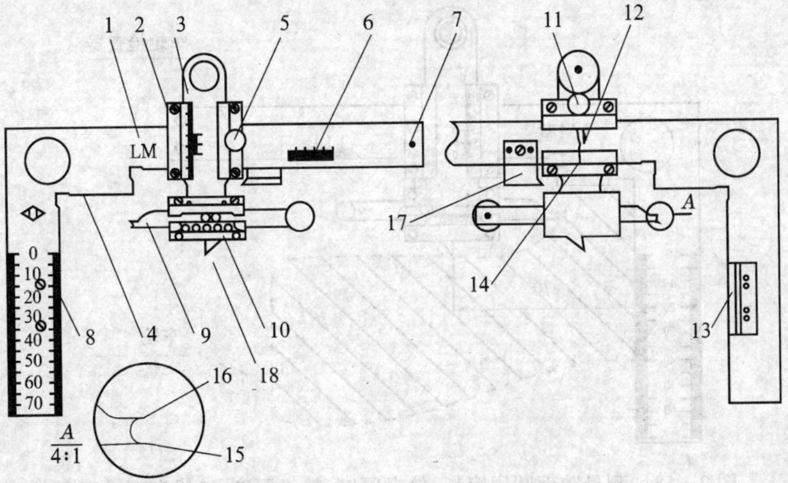

图 2-57 LLJ-4A 型第四种检查器

1—主尺;2—踏面磨耗测尺尺框;3—踏面磨耗测尺;4—轮缘高度测量定位面;5—尺框紧固螺钉;6—轮辋宽度测尺;7—止钉;8—轮辋厚度测尺;9—轮缘厚度测尺;10—轮缘厚度尺框;11—踏面磨耗尺紧固螺钉;12—主尺背面滚动圆定位线;13—定位角铁;14—踏面磨耗尺框背面滚动圆刻线;15—轮缘厚度测头;16—垂直磨耗测头;17—定位档块;18—踏面磨耗测头

①踏面圆周磨耗

推动踏面圆周磨耗测尺 3,使其测头 18 接触车轮踏面,读取踏面圆周磨耗测尺 3 上面刻线与踏面圆周磨耗尺框 2 刻线相重合的数值,即为踏面圆周磨耗数值(整数加游标值)。

②轮缘厚度

测量踏面圆周磨耗的同时,推动轮缘厚度测尺 9,使其测头 15 接触轮缘,读取轮缘厚度测尺 9 上面主刻线与轮缘厚度尺框 10 刻线相重合的数值,即为轮缘厚度数值(整数加游标值)。

③轮缘高度

用标准轮缘高度数值(27 mm)加上踏面圆周磨耗正、负数值,即为实际轮缘高度数值。

④轮辋厚度

读取轮辋内侧边缘与轮辋厚度测尺 8 内侧刻度线对应数值,再减去踏面圆周磨耗数值,即为轮辋厚度。

⑤垂直磨耗

测量轮缘厚度的同时,如果垂直磨耗测头 16 接触轮缘,说明车轮轮缘垂直磨耗到限。

以上五种数值的测量方法,参见图 2-58 所示。

⑥轮辋宽度

将踏面圆周磨耗尺框 2 推向右侧,使踏面圆周磨耗测尺 3 的测头 18 贴靠(或指向)车轮外侧面,读取踏面圆周磨耗尺框 2 左侧面对应轮辋宽度测尺 6 的数值,即为轮辋宽度。

如果踏面有辗宽,应减去踏面辗宽数值,即为轮辋实际宽度,如图 2-59 所示。

⑦车轮外侧辗宽

将踏面圆周磨耗尺框 2 推向右侧,使踏面圆周磨耗测尺 3 的测头贴靠(或指向)车轮外测边缘,用钢板尺接触轮辋外侧面,踏面圆周磨耗测尺 3 测头对应的刻度线,即为车轮辗宽数值,如图 2-60 所示。

⑧踏面擦伤深度

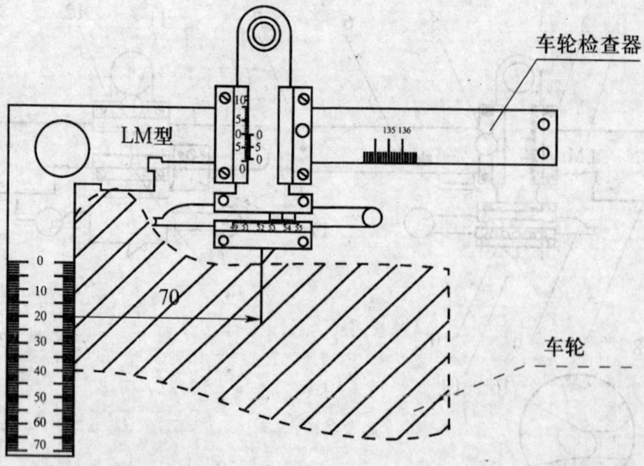

图 2－58　测量踏面圆周磨耗、轮辋厚度、轮缘厚度、轮缘高度示意图

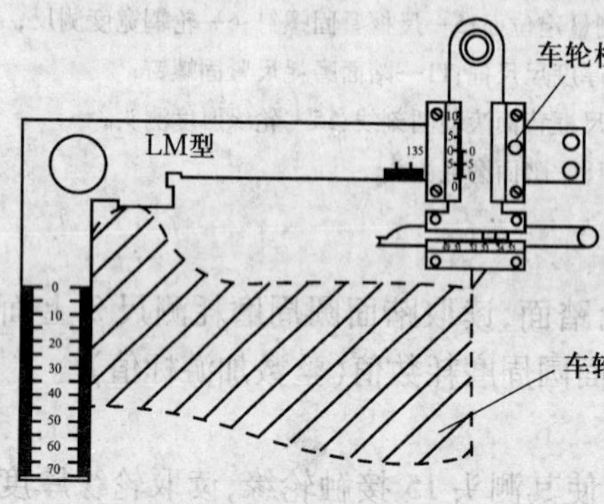

图 2－59　测量轮辋宽度示意图

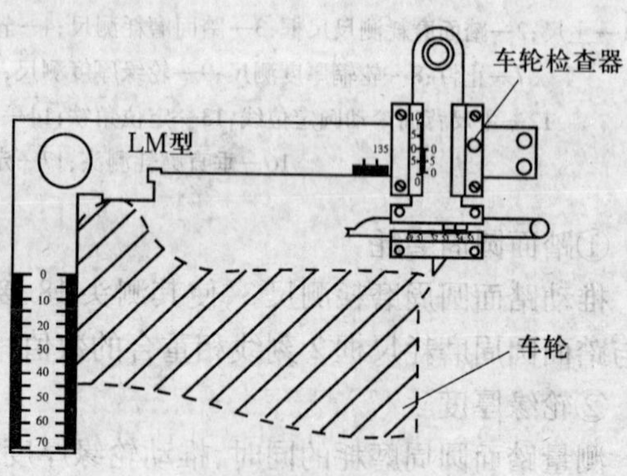

图 2－60　测量车轮辗宽示意图

移动踏面圆周磨耗尺框 2 和踏面圆周磨耗测尺 3 使踏面圆周磨耗测头 18 对准踏面擦伤部位最深处，并紧固踏面圆周磨耗尺框紧固螺钉 5，读取踏面圆周磨耗尺 3 上面刻线与踏面圆周磨耗尺框 2 刻线相重合的数值，做好记录，然后沿车轮圆周方向移动主尺 1，测量同一圆周未擦伤部位的踏面圆周磨耗深度，两个量值的差值，即为踏面擦伤深度。

⑨踏面擦伤长度

用车轮检查器的轮辋厚度测尺 8 的外刻线，沿车轮圆周方向测量擦伤部位的长度，即为踏面擦伤长度。

⑩踏面剥离深度

测量方法与踏面擦伤深度的测量方法相同。

⑪踏面剥离长度

测量方法与踏面擦伤长度的测量方法相同。

⑫车钩闭锁位钩舌与钩腕内侧距离测量

用检查器垂直尺身 8 外形尺寸 135 mm 的长度，水平插向钩舌与钩腕内侧之间，上、中、下位置测量三点，其中有一处能通过时即为不合格，如图 2－61 所示。

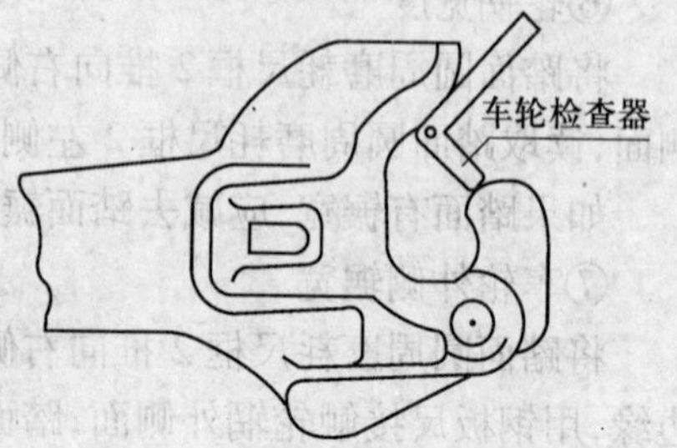

图 2－61　测量车钩闭锁位钩舌与钩腕内侧距离示意图

2. LLJ－4B 型检查器

LLJ－4B 型铁道车辆车轮第四种检查器是继 LLJ－4 型、LLJ－4A 型后新研制开发的车辆车轮检查器。该检查器采用新的结构和游标卡尺工艺，测量原理完全符合国际通用的测量轮缘厚度基准和铁道部标准，与原有第四种检查器相比，具有操作简便、长期使用稳定可靠、测量功能齐全的特点。该产品通过了铁道部产品定型试验的各项指标测试，其结构和性能得到铁道部专家的认可，是一种理想的车辆车轮检查器。

(1)测量功能

①车轮踏面圆周磨耗测量；

②轮缘厚度测量；

③踏面擦伤、剥离、凹陷深度测量；

④踏面擦伤、剥离、凹陷长度和宽度测量；

⑤轮辋厚度测量；

⑥轮辋宽度测量；

⑦踏面碾宽超限测量；

⑧轮缘垂直磨耗超限测量。

(2)结构特点

检查器的结构和各部件的名称如图 2－62 所示，该尺的结构特点在于与底板 1 相连的尺框 4 有上下两个导槽，下面的导槽使尺框在底板上左右移动，上面导槽用于装轮缘厚度测尺。踏面圆周磨耗测量基准点直接选在车轮踏面滚动圆中心，通过测量轮缘高度的变化，测得踏面磨耗值。轮缘厚度测点固定在滚动圆中心向上 12 mm 处，实现了以踏面为基准测量轮缘厚度的方案。

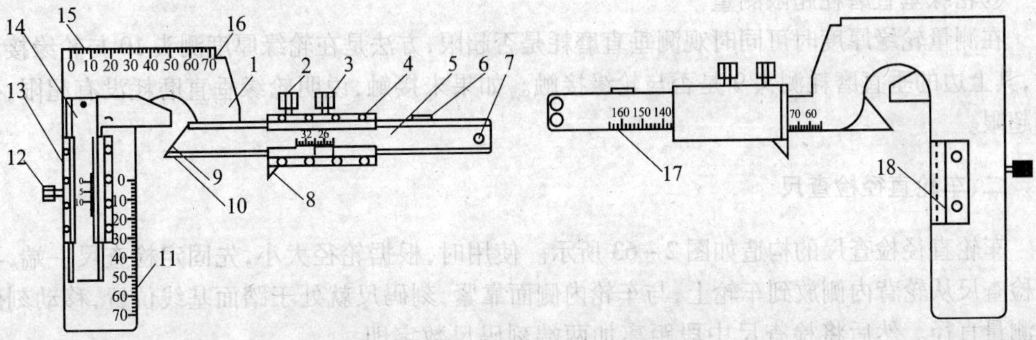

图 2－62　LLJ－4B 型第四种检查器

1—底板；2—尺框定位钉；3—轮缘厚度测尺紧固钉；4—轮缘厚度测尺尺框；5—轮缘厚度测尺；6—定位块；7—螺钉；8—踏面定位测头；9—垂直磨耗测头；10—轮缘厚度测尺测头；11—轮缘厚度测尺；12—踏面磨耗测尺紧固钉；13—踏面磨耗测尺尺框；14—踏面磨耗测尺；15—刻度尺；16—碾宽测量线；17—轮辋宽度刻度尺；18—定位角铁

(3)使用方法

①测量车轮踏面圆周磨耗

磨耗型车轮踏面 70 mm 处圆周磨耗的测量，移动轮缘厚度测尺尺框 4，使踏面定位测头 8 定位在滚动圆中心 70 mm 处，紧固尺框定位钉 2，或用定位块快速定位，向左推动螺钉 7 使轮缘厚度测尺 5 到达极限位置，同时，定位块带动尺框 4 向左移动到预定位置，即踏面定位测头 8 定位在滚动圆中心 70 mm 处，紧固尺框定位钉 2。将检查器置于车轮上，使定位角铁 18 和踏面定位测头分别与轮辋内侧面和踏面滚动圆中心靠紧，向下推动踏面磨耗测尺 14 使之与轮缘顶部接触，即可在游标上读出踏面磨耗值。

②测量轮缘厚度

完成上项操作后，向左推动轮缘厚度测尺 5，使之与轮缘接触，即可在游标上读出轮缘厚度值。

③测量踏面擦伤、剥离、凹陷深度

松开定位钉 2，移动轮缘厚度测尺尺框 4，使踏面定位测头 8 置于踏面擦伤、剥离、凹陷最深处，利用相对测量方法，测量磨耗型踏面局部擦伤、剥离、凹陷深度尺寸。

如在踏面擦伤、剥离、凹陷处测量为 3.5 mm，在同一直径线上未擦伤、剥离、凹陷处测量为 2 mm，则踏面擦伤、剥离、凹陷深度为 1.5 mm。

④测量踏面擦伤、剥离、凹陷长度和宽度

用刻度尺 15 在踏面擦伤、剥离、凹陷处进行长度和宽度测量。

⑤测量轮辋厚度

将检查器置于车轮上，同轮辋内侧面和滚动圆 70 mm 处靠紧，从轮辋厚度测尺 11 直接读出轮辋厚度值。

⑥测量轮辋宽度

将尺框 4 向右推至端部，把检查器置于车轮上，与车轮内侧面密贴，再向左移动尺框，使踏面定位测头 8 与轮辋外侧接触，从轮辋宽度刻度尺 17 读出轮辋宽度值。如踏面有碾宽，应减去踏面碾宽数值，即为轮辋的实际宽度。

⑦踏面碾宽超限测量

利用碾宽测量线 16 来判定。

⑧轮缘垂直磨耗超限测量

在测量轮缘厚度时可同时观测垂直磨耗是否超限，方法是在轮缘厚度测头 10 与轮缘接触时，其上边的垂直磨耗测头 9 是否与轮缘接触。如果未接触，说明轮缘垂直磨耗没有超限；否则超限。

二、车轮直径检查尺

车轮直径检查尺的构造如图 2－63 所示。使用时，根据轮径大小，先固定检查尺一端，再将检查尺从轮背内侧放到车轮上，与车轮内侧面靠紧，刻码尺就处于踏面基线位置，移动刻码尺测量直径。然后将检查尺中段距离加两端刻码尺数字即为车轮直径。同一车轮须检查三处，其最大与最小之差，即为车轮直径差。目前，现场还已普遍采用数显示轮径尺，该尺直接读数，操作方便。

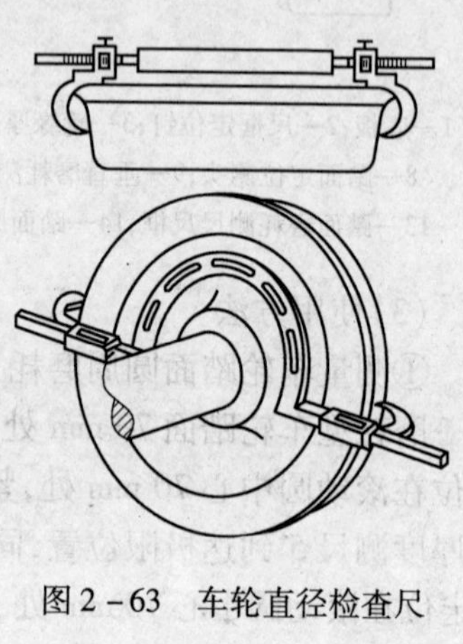

图 2－63　车轮直径检查尺

三、轮背内侧距离检查尺

轮背内侧距离检查尺的构造如图 2－64 所示。使用时将检查尺 C、D 两部分均放在轮缘顶点上，使 C 部先推向一侧车轮轮缘内侧面并靠紧 B 边，然后再推动 E 部，使 A 边靠紧另一侧轮缘内侧面，将 E 部螺丝拧紧，E 部上的中间刻线所对 D 部上的刻度即为轮对的轮背内侧距离的尺寸。测量时,须沿车轮圆周方向每120°测量一处,共测量三处。

四、轮缘垂直磨耗检查器

轮缘垂直磨耗检查器构造如图2-65所示。使用时,将主尺1紧靠轮缘内侧面,水平推动游标尺2,使其靠紧轮缘外侧,其底部A边接触踏面,检查轮缘外侧垂直磨耗的密贴程度。如密贴于游标,并超过游标刻线上规定限度(15 mm)时即为过限。

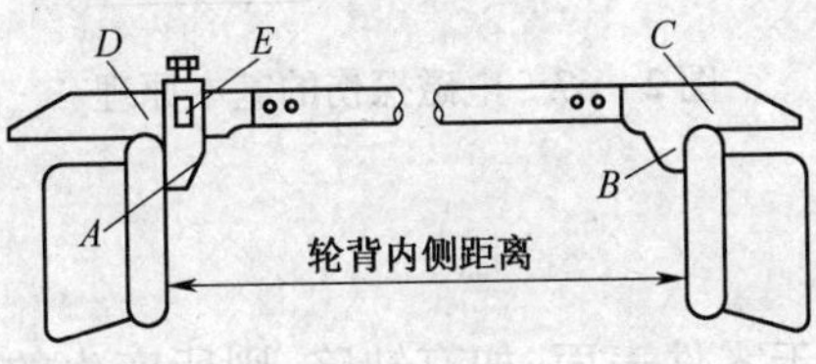

图2-64 轮背内侧距离检查尺

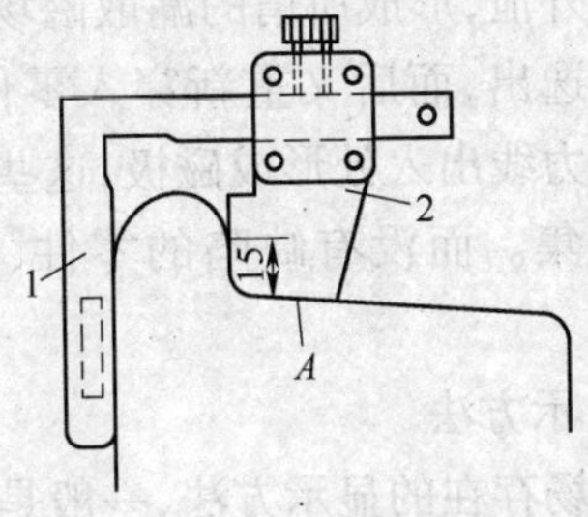

图2-65 轮缘垂直磨耗检查器

五、轮辋厚度检查器

轮辋厚度检查器的构造如图2-66所示。使用时,先将游标3在横尺2上移动,使其正对踏面基准线70 mm刻线,拧紧游标上的螺丝4,然后将尺杆1的下端弯钩托住轮辋的内弧处,使尺杆1紧靠轮缘内侧面,再沿尺杆1上下滑动横尺2,使游标3下部尖端接触踏面,拧紧横尺上螺丝5,读出尺杆1上的尺寸即为轮辋的厚度。该尺在使用上比较方便准确,但只能测量一种尺寸,不如第四种检查器用途多,所以较少使用。

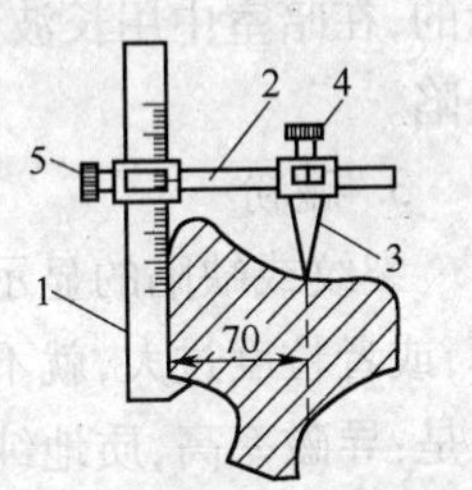

图2-66 轮辋厚度检查器

六、轮对检查器的管理

轮对检查器须保持清洁和干净,不得碰伤或生锈,刻度尺码必须明显准确。按规定检查器每3月或6个月须检查一次,并填入轮对检查器定期检查校对登记本以备存查。如发现不合格者,应即更换新品或加修。

第八节 轮对的探伤检查

为了及时发现轮对的内部缺陷,防止事故的发生,在检修时应对车轴各部位用探伤仪进行检查。目前轮对的探伤检查基本上采用两种方法,即电磁探伤与超声波探伤。电磁探伤用于检查轴颈、防尘板座以及轴身有无裂纹;超声波探伤用于检查已组装好车轮的车轴镶入部有无裂纹、接触不良以及透声不良。这两种方法均属于材料的无损检测方法。

一、电 磁 探 伤

(一)电磁探伤的基本原理

1. 基本原理

电磁探伤是利用电磁原理来发现金属缺陷的检查方法。这种探伤方法是将铁磁材料的零件磁化，零件缺陷处的磁阻就会增大，利用漏磁来发现缺陷。

如果有铁磁材料所制成的零件组织均匀，没有任何缺陷，则各处的导磁率均相同，磁化后磁力线的分布也将是均匀的。如果零件中存在缺陷，由于缺陷（空气、其他气体、真空、非磁性材料等）的导磁率较低，则磁力线通过这些地方时将遇到较大的磁阻，磁力线的分布发生变化。如图2－67所示，在缺陷部分磁力线会穿出零件的表面而外泄，形成所谓的漏散磁场。散逸的磁力线向外逸出，而后又重新穿入零件，因此在缺陷两侧磁力线出入处形成磁极，这些磁极吸引铁磁物质聚集。而没有缺陷的零件，则没有漏散磁场。

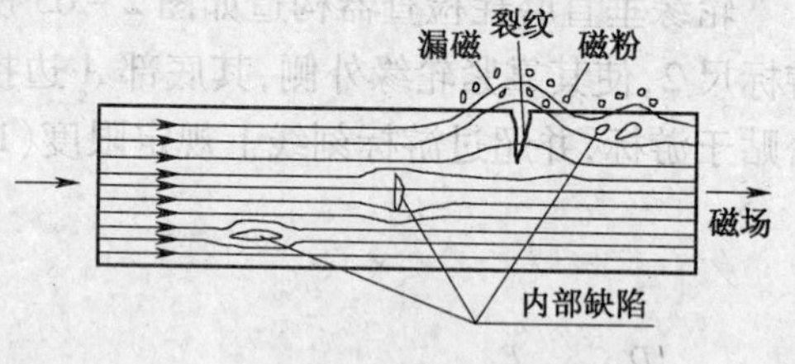

图2－67　电磁探伤的基本原理

2. 显示方法

漏磁场存在的显示方法，一般是将磁粉均匀散布于零件表面，如有缺陷，则所产生的漏磁通能吸引磁粉，造成磁粉的聚集。由于裂纹的长度与深度不同，其磁力线的漏泄也不同，磁粉聚集时各处的粗细就不一样。因此从聚集的磁粉形状便可以大致判断出裂纹的深度和长度。

用磁粉显示缺陷的方法有干法和湿法（磁悬液）两种。干法是将干磁粉撒在被磁化的零件上来发现缺陷；湿法是用磁粉和油、水、活性剂、防锈剂配置成磁悬液，把磁悬液喷撒在被探伤零件的表面或把零件浸入磁悬液中进行探伤检查。湿法对于小型零件或空心零件使用比较方便。湿法所用磁粉粒度较细，在液体中更易流动，其灵敏度也高。湿法还有使用荧光磁粉显示的，在暗室中用长波紫外线灯光照射，聚集在缺陷处的磁粉发生黄绿色的光带，更易发现缺陷。

3. 磁粉

裂纹或缺陷的显示是否清晰和作为媒质的磁粉有很大的关系。如果磁粉没有良好的导磁率，或者粒度过大，就不易或不能被漏磁通所吸引，因此，显示就不清晰。所以对探伤的磁粉要求是：导磁率高，质地纯净，粒度适中，不混合粘土和固定碳等非磁性氧化物质。

常用磁粉的化学成分为可溶铁含量68.00%～73.00%，化合碳含量小于0.20%。干法探伤时，用于车轴探伤的磁粉粒度为100～200目（使用标准铜丝筛筛选）。湿法探伤是，用于车轴探伤的磁粉粒度为小于320目。

4. 零件磁化

在电磁探伤时，当磁力线的方向与裂纹或缺陷方向垂直时，最容易发现裂纹。如果磁力线的方向和裂纹的方向一致，那么裂纹并没有阻碍磁力线通过，因此磁力线不弯曲也不漏泄，磁粉也不会集中，也没有探伤效果。所以必须根据零件的受力情况，采用纵向的磁场或横向的磁场，分别检验横裂纹和纵裂纹。图2－68（a）为周向磁化；图2－68（b）为纵向磁化。圆套状零

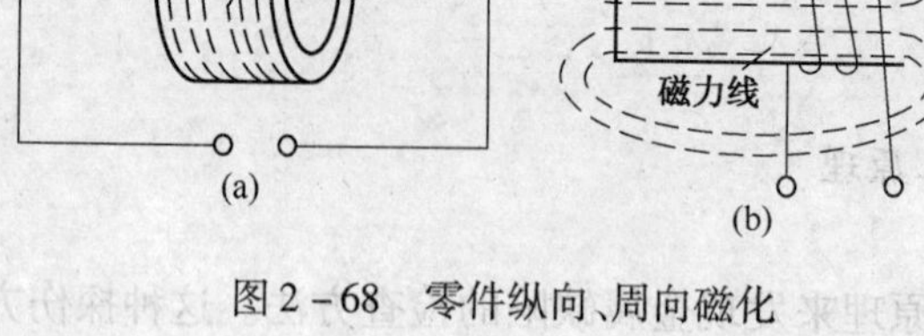

(a)　(b)

图2－68　零件纵向、周向磁化

件中心插入铜管后，当铜管上通过强电流，则磁力线沿圆套周向形成回路，圆套被周向磁化。

车轴总是受到由弯曲而引起的拉应力，最危险的裂纹是横裂纹，因此车轴的探伤检查是采用纵向磁化的方法。

无论是纵向磁化或者周向磁化，均可采用直流或交流电源。

根据零件的磁化和探伤是否同时进行，把零件的磁化方法分为两类，即外加磁场法和剩余磁场法。外加磁场法是在对零件磁化的同时，把磁粉撒在零件上进行探伤。车轴及其他大型零件多用此法。剩余磁场法是先加外磁场使零件磁化，撤销外磁场后，利用零件的剩磁进行探伤。剩余磁场法适用于矫顽力大的钢材制作的零件，其剩余磁感应强度必须大于0.8T，否则磁粉聚集所形成的磁痕不明显。在用交流电建立磁场时，必须考虑到断电的相位，否则不能保证剩磁的强度。滚动轴承的探伤常用剩磁法。轴承探伤机用交流电对零件充磁时，电路中设有断电相位控制器，使充磁电流最后的波形与充磁过程中电流波形一致，避免剩磁强度不稳定。轴承零件探伤后必须退磁。

5. 电磁探伤的不足之处

对于金属内部较深的裂纹与缺陷，采用电磁探伤是不大容易发现的。这时虽然磁力线遇到缺陷而弯曲，但由于缺陷与外表的距离较远，磁力线不可能泄漏到外表面，以致工件表面各处的磁力线密度相差不大，磁粉不会集中。但在离表面3～4mm以内的裂纹，也有少许磁力线外泄，因此有较微弱和不太清晰的磁粉集中，需要仔细辨认才能看出。

(二)电磁探伤器

最常用的有两种，即闭合环型和马蹄型。

1. 闭合环型电磁探伤器

这种探伤器的构造比较简单，是由直径4mm两根并排的裸铜线包以绝缘材料(白布带)绕成，闭合环直径为240～300mm，圈数为10～15圈，绕好以后扎紧，外面再包白布带，浸以绝缘漆，然后烘干，装上一个手柄和两个接线铜螺丝而成，如图2－69所示。

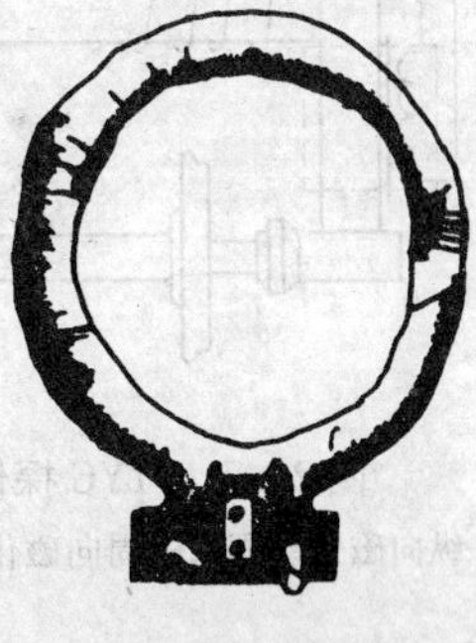

图2－69 闭合环型电磁探伤器

闭合环型电磁探伤器可用直流电源，也可用交流电源。其输入电压为4.5 V，电流为150～160 A，保证车轴探伤的灵敏度。

闭合环型电磁探伤器的特点是轻便，使用时在距离探伤器中心两侧50 mm范围以内的裂纹都可以清晰地显示出来。它专门用以检查车轴轴颈。

这种探伤器由于采用纵向磁化法，故只能检查横裂纹。如检查纵裂纹，需要用其它探伤器进行周向磁化法检查；也可在闭合环型探伤器沿车轴轴线移动时，将它绕成竖轴摆动，使磁场方向与车轴轴线成一夹角，以便发现斜裂纹和纵裂纹。但对于车轴来说纵裂纹对它的损伤并不严重，因此闭合环型探伤器使用较为广泛。例如在车辆段和车辆工厂，当车轴加工后，或轮对向车辆上安装时，采用这种探伤器进行第二次复探，既简便又不会划伤轴颈。

2. 开合马蹄型电磁探伤器

它是车辆部门常用的一种多用途电磁探伤器，如图2－70所示。这种探伤器的外形既与卡钳相似，又与马蹄相似。是由两个圆弧形的铁臂组成，铁芯断面为20mm×30mm，两臂上均绕有线圈，系用2.3 mm^2 的双砂包线绕120圈；臂的一端有一个支点(枢轴)，臂头制成与铅垂线成32°的斜坡，使臂头与被探工件成58°，电源为24 V或36 V，交、直流均可，电流约为15 A，功率为 300 W;在探伤器上有的还装有 24 V 照明灯及电源开关。

这种探伤器可为局部纵向磁化探伤,也可为局部周向磁化探伤。过去常用它检查车轴、车轮、拱板等,现在主要用它检查车钩零件和客车转向架的摇枕吊、摇枕吊轴及吊销等。

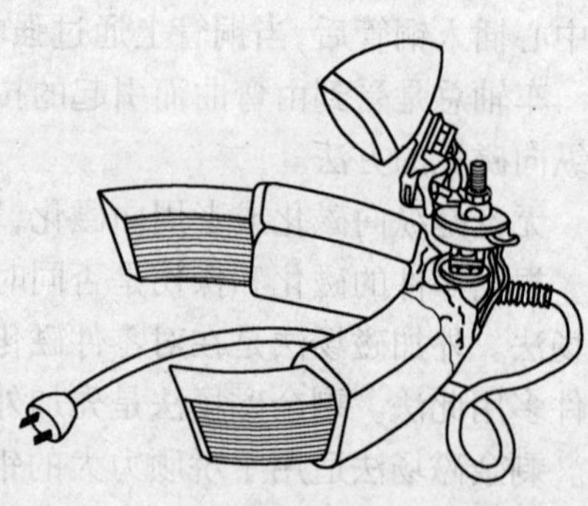

图 2-70 开合马蹄型电磁探伤器

目前,轮对的探伤已全部使用 TYC-3000 型荧光磁粉探伤机。

3. TYC-3000 型荧光磁粉探伤机

它是一种车辆轮对车轴表面探伤的专用设备。它设置了纵向和横向联合磁化装置,采用磁悬液荧光磁粉显示,在操作机械化和探伤灵敏度等方面比较先进,并便于实现流水作业。其主要部分工作原理如下:

(1)磁化装置

其主要结构示意图如图 2-71 所示,铁芯 3 设置在轮对上部,下部与轴端对应处有探头 4,磁化时探头与轴端夹紧,构成闭合的磁路,在铁心上部绕有直流纵向磁化线圈 1,可使车轴纵向磁化。在铁芯两侧设置了交流周向磁化变压器 2。铁芯 3 和探头 4 既是直流纵向磁化的磁回路,也是周向磁化的电流回路,相当于交流周向磁化变压器 2 的次级线圈。当初极线圈接通交流电时,铁芯、探头和车轴组成的回路中产生强大的交流电流,使车轴表面得到周向磁化。在直流和交流对应中各安设有退磁控制电路。

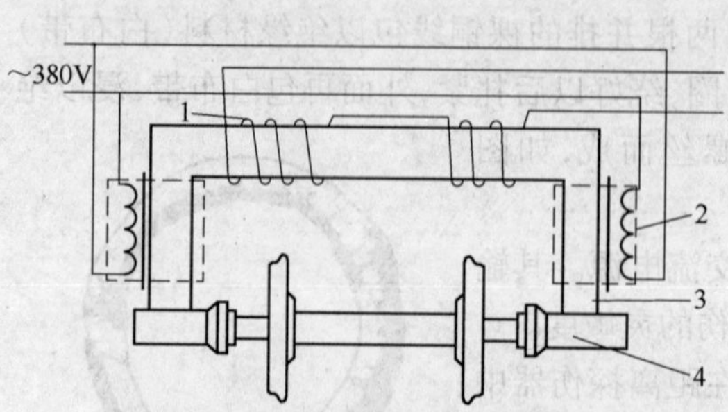

图 2-71 TYC 探伤机磁化机构

1—纵向磁化线圈;2—周向磁化装置;3—铁芯;4—探头

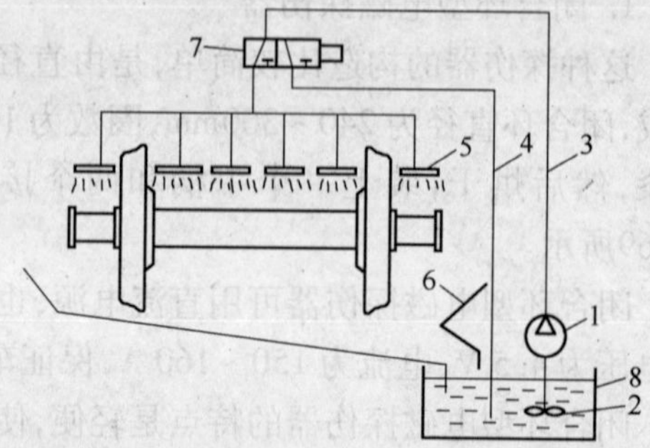

图 2-72 TYC 探伤机磁悬液喷洒、回收装置

1—液泵;2—搅拌器;3—输液管;4—输液管;5—喷头;6—回收槽;7—换向阀;8—储液槽

(2)显示装置

其主要结构示意图如图 2-72 所示。显示装置和磁化装置都安设在暗幕里面。输液泵 1 将磁悬液槽 8 中的磁悬液经过管路 3 输送至换向阀 7,再经管路到喷头 5,向车轴喷洒磁悬液,由车轴流下的磁悬液经轮对下部的回收装置 6 流回磁悬液槽。暂时不向车轴喷洒磁悬液时,可通过控制装置使换向阀 7 变换位置,使输液泵来的磁悬液直接流回储液槽。在轮对上方安设有紫外线灯,在轮对下方还设有运送轮对和使轮对定位回转的装置。

(3)操作过程

当轮对进入暗幕后,操作可分为三个步骤:第一步,使轮对定位回转,同时喷液,使磁悬液均匀覆盖全车轴;第二步,停止车轮回转,探头夹紧车轴通电磁化。这时如果车轴有裂纹等缺陷,产生的漏磁将把磁悬液中的磁粉吸引到缺陷的缝隙和表面,然后停止喷液,退磁,探头松开,这时磁粉仍吸附在缺陷处;第三步,轮对重新回转,紫外线灯照射车轴,操作者目视检查车轴表面的缺陷。检查完毕后将轮对送出暗幕。

目前,现场还有一种 HTK－T90 型黑磁粉湿法探伤机,只在显示方式上与 TYC－3000 型不同,其他方面基本相同。

(三)电磁探伤的操作方法

电磁探伤时能否发现金属零件的缺陷,除了要求有灵敏度很高的探伤器及良好的显示媒质外,在很大程度上还取决于操作工艺。方法不当,不仅探伤工作效率低,更重要的是容易造成漏探。即使有 1/10 000 的漏探,也往往会造成不可估量的损失。

轮对探伤的一般操作应按如下顺序进行:

1. 每日探伤之前,应先检查探伤器的灵敏度及性能。确认探伤器良好后,再进行探伤操作。

(1)进行常规检查:全面检查探伤器各部技术状态,须做到配件齐全、电器连接线无破损、折断、松动,电流、电压表鉴定不过期,灯光照度或辐射度符合规定标准,设备各部动作性能良好无故障。

(2)检验磁粉及磁悬液:干法探伤时须检查磁粉的干燥程度,不得有潮湿现象,流动性要好,磁粉烘干时的温度不得超过 100°C。湿法探伤时须检查磁悬液的浓度,取样检查前应先对磁悬液进行充分搅拌,然后用梨形沉淀管接取从喷嘴喷出的磁悬液 100 mL,进行沉淀试验,时间不得少于 30 min。观察梨形沉淀管中的磁粉,浓度不符合规定时必须重新调配,荧光磁悬液浓度应为 0.1～0.6 mL/100 mL,非荧光磁悬液应为 1.2～2.4 mL/100 mL(采用体积浓度)。配制车轴荧光磁悬液时,还应按规定比例添加乳化剂、消泡剂、防腐剂和防锈剂,推荐配制比例为:乳化剂(JFC)5 g/L;消泡剂(28 号)0.5～1.0 g/L;亚硝酸钠 15 g/L;三乙醇胺 5 g/L。

轮轴磁粉探伤所用磁粉,必须是经过铁道部认证的专业生产厂家的产品,经检验合格后方可投入使用。

(3)进行综合灵敏度校验:通常采用标准灵敏度试片来检验。标准试片是用软铁等铁磁材料制成。为适应不同工件的形状和探伤灵敏度的要求,标准试片有不同的规格。图 2－73 是我国金江机械厂生产的 Ala 型试片。试片中央刻有圆圈槽沟,试片右下脚刻有 15/50 A 字样,其分母表示试片的厚度(μm);分子表示圆圈槽深(μm);A 表示圆圈;槽中间有"＋"沟槽,图中其余尺寸单位为(mm)。

使用时须将车轴粘贴试片的部位擦拭干净,无锈蚀、油污及灰尘,露出基本金属面并保持干燥;试片表面也要擦拭干净;粘贴试片时,应将试片带沟槽面与车轴表面密贴,带有"＋"沟槽的试片,"＋"线中须有一条与车轴轴线平行,并用胶带纸将试片四周封闭,粘贴应平整、牢固,胶带纸不得遮盖试片沟槽部位。对车轴进行磁化,在试片上洒干磁粉或浇磁悬液。如果车轴磁化强度符合要求时,试片上即可显示出刻槽的磁粉痕迹。刻槽的磁粉痕迹清晰就证明探伤器(机)灵敏度良好。

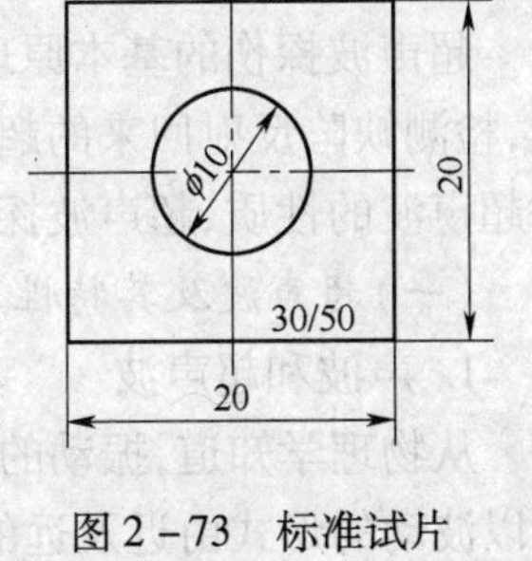

图 2－73　标准试片

2. 必须将轮对表面的锈垢、油污、灰尘及水分清除干净,露出基本金属面。因为锈垢、油污都是磁的不良导体,影响工作物磁化,使显示不够清晰,也不便于检查裂纹。清理工作物表面的同时和清理以后,应作外观检查,找出肉眼可以看到的缺陷及可疑的地方,作为探伤的重点。根据一般的规律,锈迹较厚的地方容易产生裂纹。目前统一要求轮对探伤必须配备轮对冲洗除锈机;车轴探伤应配备专用除锈机。

3. 干法探伤时,必须使用洒粉器向车轴表面均匀抛洒磁粉,不宜过多或过少。探伤器及变压器的通电时间一般以不发烫为限。湿法探伤时,须在全轴磁化前,对车轴被探测部位表面(不退轴承内圈时包括内圈表面)喷洒磁悬液,进行充分湿润;严格控制磁悬液的喷洒压力和覆盖面。应做到缓流、均匀、全面。探伤机探头夹紧轮对车轴时,磁轭与轴端面(或轴承前盖、密封座)接触必须严密。磁化时,周向磁化电流一般为 700 ~ 1 500 A,纵向磁化电流一般在 2. 0 ~ 4. 0A 范围内,纵向磁化磁势的选择范围为 $NI = 0 \sim 24\ 000$(安匝)。

4. 使用环形探伤器时,线圈内径面距车轴探测面的距离不大于 50 mm,探伤器的移动速度不大于 150 mm/s,分段探伤每段长度不得超过 300 mm,并往复施深 2 ~ 3 次。为了检查车轴各个方向的裂纹,探伤器应以其中线为中心,在可能的范围内作往复摆动,以产生纵向磁化与周向磁化两种效果,以便发现斜裂纹。但摆动与移动都不宜过快,应有一些短暂的停留,目的是使磁力线稳定,促使漏磁通稳定,有利于磁粉集中。

5. 在探伤过程中车轴出现磁粉聚集即缺陷磁痕时,须用标记笔在车轴上划出缺陷磁痕出现位置的范围,详细记录缺陷磁痕位置、尺寸和形状。然后抹除缺陷磁痕,重新磁化车轴(磁悬液探伤的车轴,先退磁,后磁化),进行重复确认,当缺陷磁痕再次显示,且其位置、尺寸和形状与第一次显示的磁痕相同是,方可判定为缺陷车轴。

缺陷磁痕的判断方法如下:

(1)裂纹的磁痕特征一般为锯齿形,两端呈尖角状,磁粉聚集的图像不规则,清晰、密集。

(2)发纹的磁痕特征呈直的或微弯的细线,磁粉聚集图像呈细长、平直。

(3)伪磁痕的磁痕特征是绝大部分的磁粉聚集图像都比较散乱,再次磁化检查时,一般复现状况不好或完全不复现。

6. 发现缺陷车轴时,须由有关人员共同参加鉴定并签章。

7. 每个轮对或车轴探测结束后,均应使用标记笔在车轮辐板内侧面或轴身上划出明显的磁粉探伤检查标记;发现车轴有缺陷时,必须使用白铅油做出标记,注明缺陷性质和位置。

8. 每个轮对或车轴探测结束后,探伤人员须分探测部位按规定格式详细填写轮对卡片(车统 – 51A、车统 – 51B、车统 – 51C)并签章。凡发现缺陷车轴,均须详细填写车辆轮对(车轴)超声波(磁粉)探伤发现缺陷记录卡(车统 – 52A),注明车轴缺陷性质、缺陷程度、缺陷位置及发现手段,并做出分析。参加鉴定人员须在卡片上签章。

除了对轴颈、防尘板座、轴身探伤外,车辆上的其他零件,如钩舌、摇枕吊、摇枕吊轴、吊销等的探伤也可比照上述顺序进行。

二、超声波探伤

超声波探伤的基本原理是:用超声波发生器向工件内发射超声波,超声波遇到缺陷时受阻,检测缺陷反射回来的超声波和超声波通过工件后衰减的程度,即可发现缺陷及位置。下面对超声波的性质、超声波探伤仪和轮对的超声波探伤工艺分别进行说明。

(一)超声波及其特性

1. 声波和超声波

从物理学知道,振动的物体形成声源,声源通过弹性介质(如车轴等金属部件)将这种振动以波动的形式由近及远的传播出去,这就是声波。

人的耳朵能够听到声波频率为 16 ~ 20 000 Hz。超过 20 000 Hz 的声波叫超声波。

超声波的频率、波长、波速三者之间的关系可用下式表示：

$$\lambda = \frac{c}{f} \tag{2-3}$$

式中　λ——波长(m)；

f——频率(Hz)；

c——波速(m/s)。

2. 超声波的特性

(1)超声波的指向性

对于超声波探伤来说，准确的确定声场(充满声波的空间)的形状及其大小有着重要的意义。

传播于介质中声束的指向性如何(尖锐或发散)，主要取决于辐射器(声源)的直径与超声波波长 λ 之比(D/λ)，如图 2-74所示。

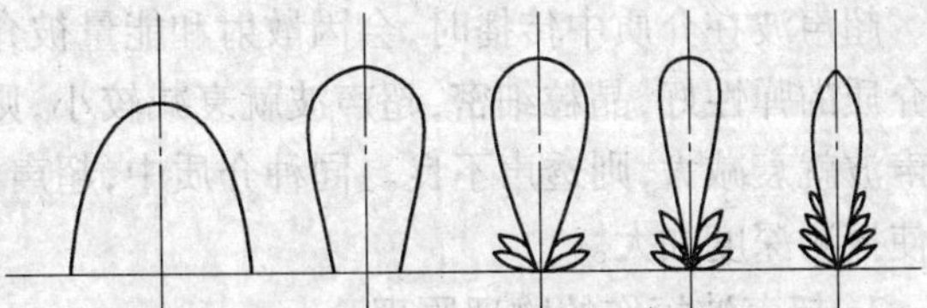

图 2-74　扩散角与 D/λ 的关系

由图中看出，当 D/λ 之值增加时主波束的张开角度(即扩散角)将减小，即称之为指向性好。

形成发射区的圆锥体张开角，即扩散角，习惯上都采用其值之半，即半扩散角，用 θ 表示。对于圆形的辐射器表面，其值大小可由下式求出：

$$\theta = \arcsin\left(1.22\frac{\lambda}{D}\right) \tag{2-4}$$

(2)超声波的绕射

声波在传播中遇到障碍物时，它的传播方向和声强都要受到影响而有所改变。如果声波在其传播途径中遇到障碍物，而障碍物和波长相比不甚大时，声波能绕过障碍物向后面继续传播，这叫做声波的绕射。

当障碍物远小于声波的波长时，绕射现象十分显著。如果障碍物尺寸比波长大得多，那么在它的后面将有一块没有声振动的区域叫声影。

超声波由于它的波长甚短，容易受障碍物的阻挡和反射。所以可以利用这个特点对物体进行探伤。但绕射现象的存在对探伤工艺是不利的。为了能发现工件中极小的缺陷，避免超声波在缺陷上产生绕射，就必须选择波长极短的超声波。

(3)超声波的反射、折射、反射率与穿透率

当超声波从一种介质向另一种介质传播时，在两种介质的分界面上，一部分能量入射到第二种介质中，另一部分能量将反射回来。超声波由第一种介质进入第二种介质时，其方向也发生改变，叫做折射。反射和折射的方向符合光学定律。

反射波的声强度和入射波的声强度之比称为反射系数(反射率)，以 k 表示。透射系数(又叫透过率)以 b 表示，即

$$b = 1 - k \tag{2-5}$$

两种介质的密度和其传播超声波的速度相差越大，透射系数越小。声源和工件之间有空

气层时，超声波很难透过，为了使超声波能够更好地向工件内部发射，要在探头和工件之间涂上一层耦合剂，耦合剂可以使用水和各种油类。

(4)超声波的波型

超声波在介质中传播时，根据质点振动方向和声波传播方向的状况可分为纵波、横波等波型。不同波型的传播速度不同，如纵波在钢内的传播速度为 5 810 m/s，横波的波速为 3 230 m/s，在其他介质中横波的速度也约为纵波速度的 1/2。只有纵波一种波型的超声波由一种介质向另一种介质传播时，在后一介质中除有纵波超声波外也将产生横波等形式的超声波，这种现象叫做波型的转换。当纵波超声波由有机玻璃向钢内发射时，如果入射角大于 28°时，纵波被全反射，只有横波折射到钢中去。所以一般用入射角较大的斜探头探伤时，是用横波探伤，用小角度斜探头和直探头时，是用纵波探伤。

(5)超声波在介质中的衰减

超声波在介质中传播时，会因散射和能量被介质吸收而逐渐衰减，传播距离受到限制。如果介质的弹性好，晶粒细密，超声波就衰减较小，则透声性能良好。若介质弹性差，晶粒粗大，超声波就衰减大，则透声不良。同种介质中，超声波的频率高则衰减大；频率降低时衰减就小，可使探测深度加大。

3. 超声波探伤的物理原理

根据上述超声波的性质，可以利用超声波对金属或其他材料进行探伤。由于超声波会被两种介质的界面反射(金属零件内的缺陷，如裂纹、气泡等常存在金属与空气的界面)根据反射波的情况可确定有无缺陷。利用超声波折射的性质可以确定缺陷与探头的方位关系。各种介质传播超声波有特定的波速，可由超声波反射回来所用的时间确定缺陷与探头的距离。根据工件的透声性能和缺陷的尺寸，可以恰当选择超声波的频率，以保证一定的探测深度和灵敏度。

(二)超声波探伤仪简介

1. 超声波探伤仪原理

目前国内外使用的探伤仪种类很多，但使用最广、效果最好的是脉冲反射式探伤仪。脉冲反射式探伤仪的原理如图 2－75 所示。

高频脉冲发生器每隔一定时间(约 1/200 s)发出一个脉冲电压，激发探头产生超声波。

探头在脉冲电压激发下产生超声波脉冲向工件发射，又将反射回来的超声波转换成脉冲电信号。

放大电路可接收高频脉冲发生器和探头的脉冲电信号，并进行限幅和放大，然后送至示波管的垂直偏转板。

示波管把放大电路送来的脉冲电信号显示在荧光屏上，使荧光屏上显示出竖直的亮线，并根据高频脉冲发生器的发射脉冲和探头送来的反射脉冲的先后时间间隔，使荧光屏上相应的竖直亮线沿水平方向分开一定距离。

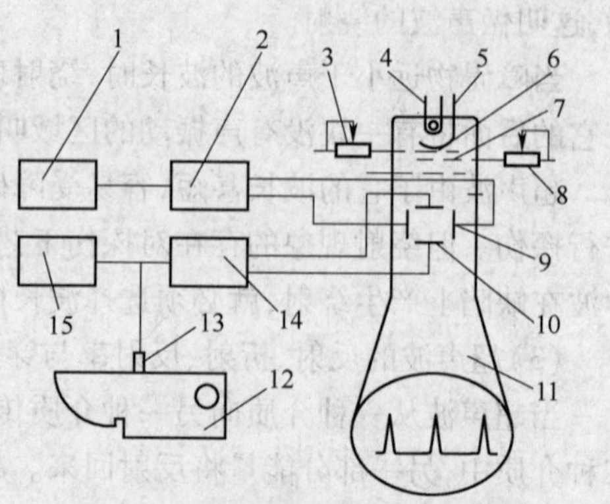

图 2－75　超声波探伤仪方框原理

1—同步电路；2—时基电路；3—辉度调节；4—灯丝；5—阴极；6—控制栅板；7—第一阳极；8—聚焦调节；9—水平偏转板；10—垂直调节板；11—荧光屏；12—试块；13—直探头；14—放大电路；15—高频脉冲发生器

时基电路(又叫扫描电路)产生锯齿波电压送

到示波管的水平偏转板上，使荧光屏上显示的脉冲信号间的水平距离与它们到达示波管的时间先后成正比例。

同步电路每隔一段时间，同时向高频脉冲发生器和时基电路发出一次触发信号，使两者同时工作，保证超声波发射脉冲在荧光屏的最左侧，反射脉冲依次向右排列。

由于超声波在钢中的传播速度很快，而且探测深度一般不大，超声波由探头发射至反射回探头的时间不超过 2×10^{-3}s。探伤仪在工作过程中，每秒钟可向工件发射几百次超声波，荧光屏也重复显示发射脉冲和反射脉冲几百次。荧光屏上可出现较亮的图像。由图 2－75 中可看出，荧光屏上最左面的竖线是发射的超声波图象叫做始波。超声波从工件底面反射回探头，荧光屏上的反射脉冲叫做底波。工件中如果有缺陷，则有超声波被缺陷反射回探头，因这部分超声波往返路程较短，在荧光屏上显示的反射脉冲（叫做伤波）则出现在发射脉冲（又叫始波）与底波之间。

2. 探头

（1）探头的声电转换原理

探头能在高频脉冲电压激发下产生超声波，并在反射超声波的作用下产生高频信号，主要靠探头内部的晶片起作用。晶片由压晶体制成，它可以产生压电效应，即在一定晶面间施加交变电压时，晶面间会发生相应频率的收缩和膨胀，这种振动频率很高，从而发出超声波；而沿一定晶面受到超声波的振动时，晶面间会产生相应频率的交变电压。晶片产生超声波的频率与晶片的材质和几何尺寸有密切关系。最常用的晶片材质是钛酸钡。

（2）常用探头种类及其适用范围

常用探头有以下两种（见图 2－76、图 2－77 所示）

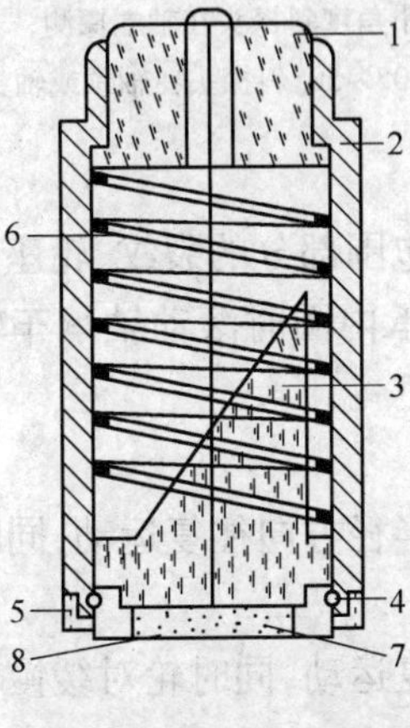

图 2－76　直探头

1—接触座；2—探头体；3—吸收块；
4—弹簧圈；5—保护圈；6—弹簧；
7—晶片；8—保护膜

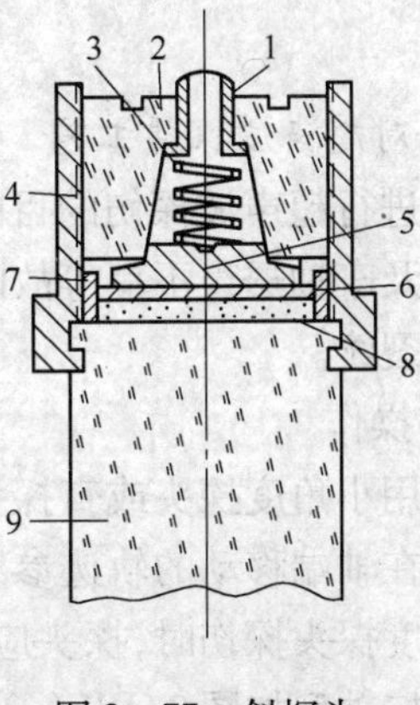

图 2－77　斜探头

1—接触顶；2—塑料压块；3—弹簧；
4—探头插座；5—铜压板；6—石棉；
7—绝缘圈；8—晶片；9—塑料块

① 直探头

直探头的晶片下面是金属保护膜，同时作接地的电极；晶片上面连有导线，接到接触座的电极。晶片上面吸收块用电木或有机玻璃等做成，对超声波的吸收能力强，使晶片振动受到一定的阻力，当触发脉冲停止后，晶片立即停止振动而形成非常短促的超声波。弹簧的作用是使晶片与吸收块和保护膜紧密接触。直探头发射超声波的方向与工件表面垂直，它适合探测工件中与工件表面平行的缺陷。当缺陷表面与工件表面垂直时，则不宜用直探头。

② 斜探头

斜探头与直探头的原理相同，主要不同的是晶片下面安装了有机玻璃块，以改变超声波对工件表面的发射方向。为了安装有机玻璃块，其余零件的结构作了相应的变化。有机玻璃块做成一定形状是为了保证从有机玻璃与工件分界面反射回来的超声波不致回到晶片引起干扰。有机玻璃的外形及反射波的情况如图 2－78 所示。

使用斜探头时，超声波要经过有机玻璃块，还要被有机玻璃表面发射，其强度要削弱很多，灵敏度要有所下降，所以只有在不能用直探头时才用斜探头。对车轴轮座部分探伤时，可采用入射角为 7°、8°、9°的斜探头在轴端探测，也可用入射角为 30°、40°、50°的斜探头在轴颈或轴身上探测，见图 2－79 所示。

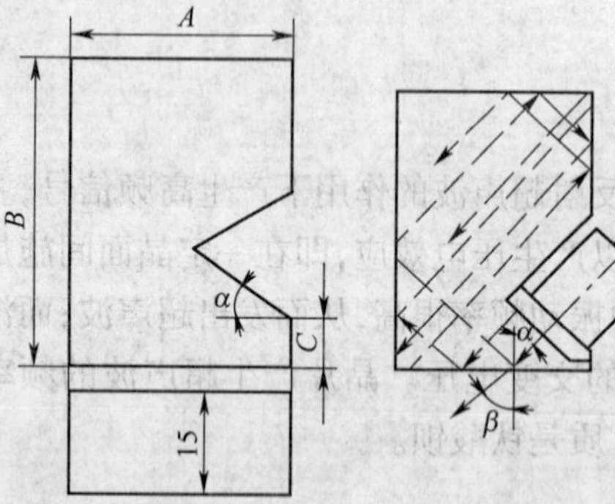

图 2－78　斜探头塑料块外形

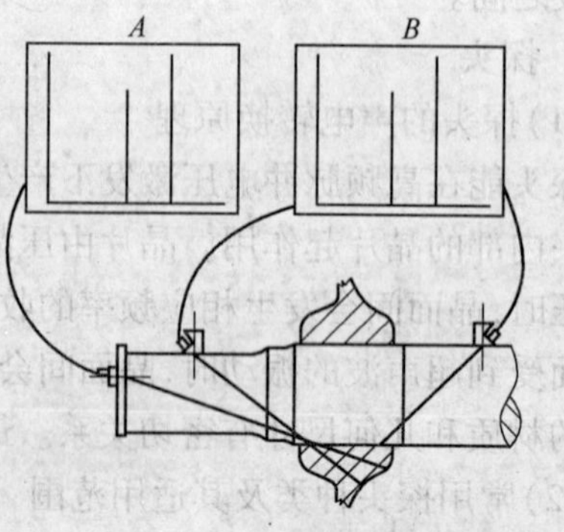

图 2－79　用斜探头对轮座探伤的方式

A—用小角度斜探头在轴端探测；

B—用 30°～50°斜探头在轴颈或轴身探测

(三) 轮对超声波探伤工艺

对轮对进行超声波探伤的目的，主要是发现轮座被轮毂包围部分的裂纹、轮座与车轮轮毂孔接触不良及车轴透声不良等故障，还有检查不退轴承或轴承内圈时滚动轴承车轴轴颈卸荷槽部位有无裂纹。

1. 探伤操作

在轴端用小角度探头或直探头探伤时，探头应沿轴端面半径方向往复运动，同时轮对缓慢转动。探头在轴端移动的轨迹参照图 2－80 所示的情况。

用大角度探头探伤时，探头应沿轴颈或轴身表面母线往复运动，同时轮对缓慢转动。探头移动的区域按轴型如图 2－81(a)、(b) 两种情况所示。

对退下轴承或轴承内圈的滚动轴承轮对轮座镶入部用斜探头探伤时，轮座内侧在轴身上，轮座外侧在轴颈上进行。探头的移动区域必须保证在两侧探测的区域之和大于轮座全长，即必须保证探头主声束扫查遍轮座全长。

对不退轴承或轴承内圈的滚动轴承轮对轮座镶入部用斜探头探伤时，轮座内、外侧均在轴身上进行，但必须使用两个不同 K 值的斜探头探测。探头的移动区域必须保证轮座内、外侧探测区域之和大于轮座全长，即也必须保证探头主声束扫查遍轮座全长。

图 2－80　探头在轴端移动轨迹示意图

在探测时探头应与车轴表面密贴，互相之间应有1.96～4.9 N的均匀压力，探头移动速度为20～50 m/s。

探头移动时应密切注意荧光屏上的图像，发现疑点时应反复探测或改变探测方式和探头角度来判断故障。

2. 判断故障波型

① 透声不良波形的判断

用直探头在轴端面检查，如发现底波高度达不到满幅30%的面积占轴端探测面积1/16以上时，可判为透声不良。

用斜探头检查，如探伤过程中发现没有轮毂反射波出现，且始波后面有林状波及杂波出现（或提高灵敏度后有林状波及杂波出现），影响正常探伤时，则应判该车轴局部有透声不良。

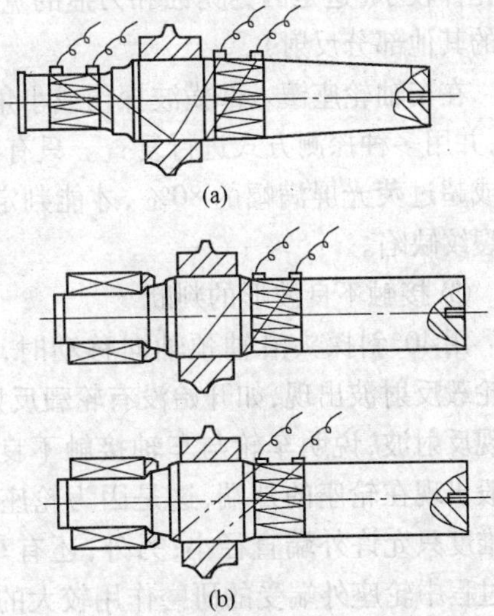

图2－81　探头沿轴领或轴身表面往复移动轨迹

(a)退下轴承（或内圈）的滚动轴承轮对斜探头移动区域及轨亦；

(b)不退下轴承的滚动轴承轮对斜探头移动区域及轨迹

② 裂纹波形的判断

轮座表面有裂纹或内部有缺陷时，在荧光屏上出现的反射波应在预定的探测深度之内，即裂纹波与始波的距离应在估算的范围之内，而且裂纹波两侧没有杂波（如图2－82所示）。

轮座上有锈蚀或有粗深的刀痕也能在荧光屏上出现反射波，但与裂纹反射波有所不同。裂纹的开口宽度很小，深度相对较大，所以裂纹波两侧没有杂波。而一般刀痕不只有一圈，锈蚀也有一定的宽度，它们的反射波两侧有杂波（如图2－83所示），这是由于超声波波束中心部分和边缘部分都会被锈蚀和刀痕反射，而波束中心和波束边缘被反射时其声程略有差别，波束中心能量大，边缘能量小，因而锈蚀，刀痕反射波中间波幅较高，两侧有波幅较低的杂波。当把探头在轴颈上稍微前后移动时，裂纹波波幅会逐渐减小，位置也稍有移动（这是因为原来裂纹反射波束的中心移动后变为反射波束的边缘部分），而锈蚀和刀痕反射波的波幅的位置的

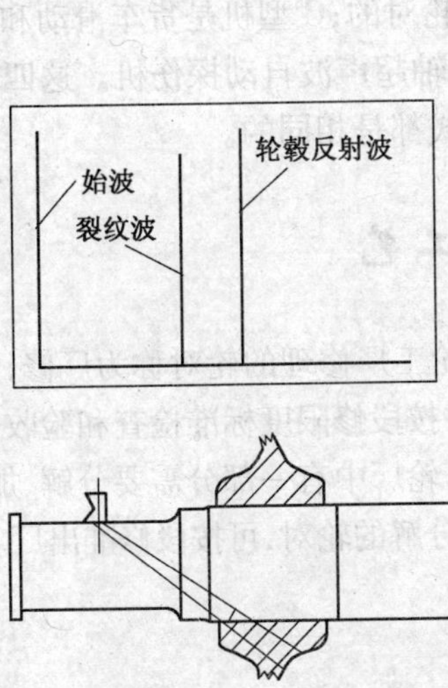

图2－82　裂纹波形图

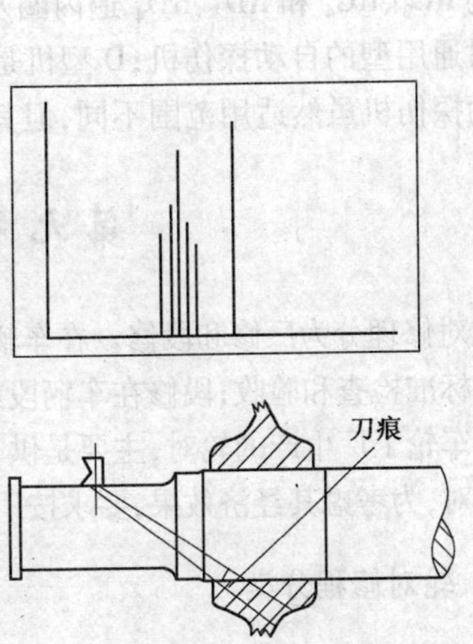

图2－83　锈蚀、刀痕反射波示意图

变化都较小(这是因为锈蚀和刀痕的宽度较大,探头移动时,波束的中心部分仍会被锈蚀和刀痕的其他部分反射)。

在车轴轮座镶入部横波探伤或小角度纵波探伤发现裂纹后,需重新对探伤灵敏度进行确认,并用多种探测方式进行复查。只有在规定的探伤灵敏度的基础上,所发现的裂纹波高度达到或超过荧光屏满幅的 80% ,才能判定该条轮对存在裂纹缺陷。

③ 接触不良波形的判断

用40°斜探头沿轴颈轴向移动时,荧光屏上应有轮毂反射波出现,如开始没有轮毂反射波,以后又出现反射波,说明车轮与车轴接触不良。接触不良一般出现在轮座的外端,这是因为轮座加工时造成的锥度只允许外端直径小;另外,还有车轴、车轮压装过程中轮座外端受的研磨作用较大的缘故。车轮与车轴接触不良长度的测量方法见图 2 - 84 ,探头在轴颈上有轴端向内移动,当出现轮毂反射波时,测量探头至轮毂外端面的距离 S',车轮与车轴接触不良长度 S 由下式得出:

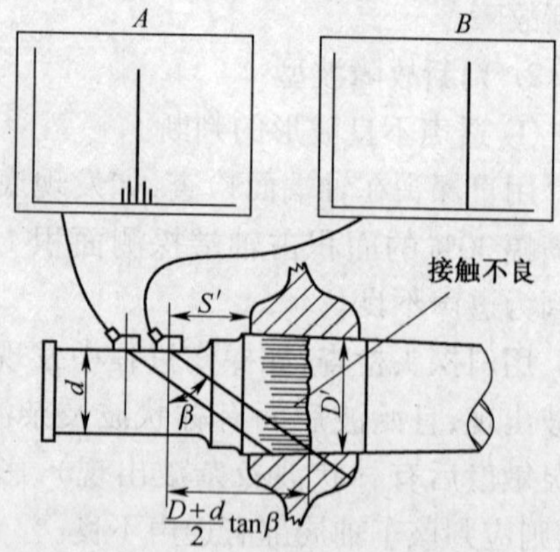

图 2 - 84 车轮与轮座接触不良波形示意图

A—接触不良处锈蚀的波形;B—接触良好部分的波形

$$S=\frac{D+d}{2}\times\tan\beta-S' \tag{2-6}$$

(四)轮轴微机控制超声波自动探伤机探伤工艺简介

为了保证车辆检修质量和行车安全,提高轮对超声波探伤的可靠性,促进超声波探伤技术的发展,铁道部车辆局组织郑州铁路局江岸车辆段开发研制了“轮轴微机控制超声波自动探伤机”,目前已在全路推广使用。铁道部于 1998 年 8 月 31 日公布了《轮轴微机控制超声波自动探伤机探伤工艺规程》,规定自 1998 年 11 月 1 日起执行。

已推广使用的 LWCZT 型轮轴微机控制超声波自动探伤机共有 4 个机型:A 型是专门探测滑动轴承轮对的,随着技术进步滑动轴承轮对已淘汰,此机型已停止制造。B 型机是专门探测客车的 RC_3、RC_4 和 RD_3、RD_4 退内圈及不退内圈滚动轴承轮对的;C 型机是货车滑动和滚动轴承轮对通用型的自动探伤机;D 型机是客、货车通用型的轮轴超声波自动探伤机。这四种超声波自动探伤机虽然适用范围不同,但其构造原理和探伤方式都是相同的。

第九节 轮对检修工艺

轮对修理分为厂修和段修。在车辆修理工厂或局属车轮工厂修理的轮对称为厂修,并按厂修限度标准检查和验收;段修在车辆段或段车轮车间进行,并按段修限度标准检查和验收。铁路局所属车轮工厂生产的轮对,主要是供车辆段做段修用,但车轮厂中有一部分需要分解、加工、组装的轮对,为考虑其经济效果,要求按厂修标准施行;对不需分解的轮对,可按段修准出厂。

一、轮对修程分类

轮对修程可分为:

(1)新组装:以新车轴、新车轮按新制技术标准组装成轮对。

(2)换件修:轮对的部分配件因缺陷或磨耗到限需更换新品,例如更换车轴或车轮者。

(3)检修:也称日常维修,包括退轮检查,旋削轮缘踏面、轴颈及防尘板座,加修轴颈、轴领及防尘板座等。

由车辆上卸下的不良轮对,经全面检查确定修程后,按表 2-16 所列标记用白铅油涂写在规定的位置以便识别。

表 2-16 轮对修程标记

修理名称	标记	涂打在轮对上的位置	修理名称	标记	涂打在轮对上的位置
换 1 个整体轮	△	需要更换的整体轮内侧	旋修踏面	Ⅱ	任一车轮内侧
换 2 个整体轮	$\triangle_2$	任一整体轮内侧	旋削压光轴颈	Ⅲ	任一车轮内侧
换车轴	Φ	任一车轮内侧	退轴检查	T	任一车轮内侧
轮毂松动	→	松动轮内侧指向松动处	重新组装	⊗	任一车轮内侧

轮对段修时不换任何配件,由车辆段轮轴工组负责;车轮厂(或车辆工厂的车轮车间)承担轮对的新组装、换件修、拼修和检修任务。

车轮厂轮对修理工艺过程分为两种:一种是新组装、换车轴、换车轮的工艺过程,一种是轮对检修工艺过程。

二、轮对各修程的技术要求

(1)新组装:新车轴、车轮应有合格证,并且均应符合原设计尺寸及规定公差。

(2)换件修

①换车轴:凡车轴弯曲或轴颈、防尘板座、轮座、轴身等有 1 处超限不能修复,或轴颈、防尘板座有电焊打火时,均需更换车轴。

②换车轮:新车轮应有合格证并应符合原设计尺寸及规定公差。对能继续使用的车轴,须详细测量各部尺寸,并用探伤器彻底检查有无裂纹,对不符合技术条件及超过限度者应加工修正。

(3) 检修

在检修中发现有下列情况之一者,须退轮检查:

①轴端无组成钢印时(进口轮对除外)。

②无检查员及验收员钢印时。

③经超声波探伤检查确认:轮座上有横裂纹;轮毂孔与轮座表面接触不良的轴向长度有 1 处或 2 处之和超过 80 mm 时(原轮与原轴不得重装)。

④经超声波探伤检查,难以判断或透声不良时。

⑤轮座与轮毂内侧面的红白铅油标记有移动迹象时。

上述不良状态经退轮检查和消除故障后再进行组装。

滚动轴承车轴的轴颈及防尘板座的加修技术要求如下:

①轴颈直径须按三个等级加修,其加工表面粗糙度要达到 $Ra = 1.6\ \mu m$,在轴颈端部 15 mm范围内的直径允许比轴颈其余部分小 0.3 mm,但应平滑过渡,以利于套装轴承内圈。

②防尘板座加工表面粗糙度应不低于 $Ra = 3.2\ \mu m$,轴颈及防尘板座的后肩圆弧应按规定过渡。

③对轴颈和防尘板座上的划痕、凹痕及擦伤加工时要妥善处理:轴颈上距防尘板座端面 50 mm 以外的纵向划痕、凹痕及擦伤,其中划痕、凹痕的深度不超过 1.5 mm 或擦伤深度不超过

1.0 mm、总面积不超过 60 mm^2 时，均允许沿纵向打磨，消除毛刺后继续使用；轴颈上距防尘板座端面 80 mm 以外部分，如有深和宽均不超过 0.5 mm 的横向划痕，经探伤确认无裂纹时，可磨修后使用，超过时旋修；防尘板座上允许有深度不超过 2 mm的擦伤、凹痕及纵向划痕存在，但须将棱角、毛刺清除后方可使用。

④轴颈及防尘板座有轻微的锈蚀印痕时要磨去。

车轮踏面及轮缘的加修技术要求如下：

①车轮踏面及轮缘的加工表面粗糙度应达到 $Ra = 25\mu m$。

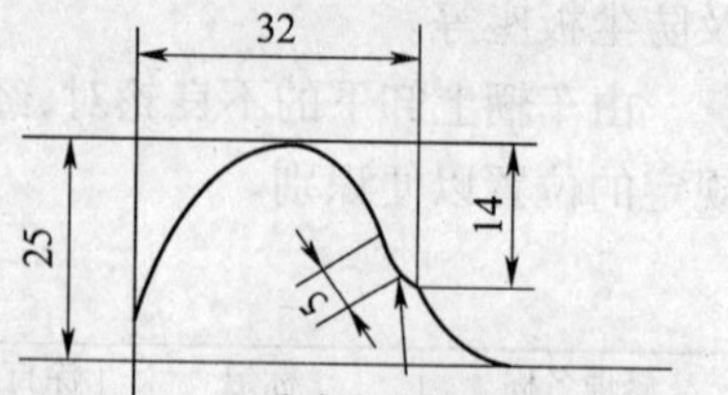

图 2－85　轮缘的残沟

②未经电焊的轮缘旋修时，距其顶点 14 mm 内允许留有宽不超过 5 mm 的残沟 1 圈，如图 2－85 所示。

③车轮旋修后，检查验收时，用第四种检查器测量，其轮缘高度应为(25 ± 1) mm，轮缘厚度应为 32^{-1}_{-2} mm 为宜。

④轮对组装后，因辗制不均造成内侧距三点差超过规定时，允许旋削轮缘内侧面，但必须将轮缘部分同时加工，使同一车轮的轮缘厚度相差不超过上述第③项之规定。

快速车轮对做 A3 级以上修程时，还应符合以下要求：

①车轮的磨耗部位超过限度、轮缘有垂直磨耗或辗堆、踏面有熔粘时须旋修，旋修后须用检查器检查符合限度；

②轴颈防尘板座有伤痕、轴身有电焊打火痕迹未超过限度时，须做消除处理；

③轮辋及轮毂有裂纹、轮座有透锈时更换；

④车轮踏面及轮缘加修后，须进行动不平衡试验，轮对残余动不平衡值≤0.75 N · m；超过时须用去重法进行校正，其去重法按 TB/T2708 中要求进行；

⑤车轴轴颈上距防尘板座 50 mm 以内不得有划痕，50 mm 以外允许有宽、深均不得超过 0.5 mm 的横向划痕或深不超过 1 mm 的纵向划痕。

三、轮对外观检查

轮对段修时，应在清扫前进行外观检查，判明轮毂有无松动，车轴、整体轮各部分有无裂纹及可疑迹象。

(1) 车轴裂纹的检查

车轴四面检查法：检查时，将车轴沿周向分为四部分，进行四面检查时，采取视线与车轴成 45°角，以避免漏检，且应注意车轴容易产生裂纹的部位。特别应注意的是，如轮座透锈或铅油层鼓破时，须测量轮对内侧距 3 处之差加以判断。

(2) 检查踏面有无剥离、擦伤、缺损及辗宽；轴身有无磨伤、碰伤、弹痕及电焊打火痕迹等。

四、轮对检修工艺过程

(一) 车辆段轮对检修工艺过程

轮对段修时不换任何配件，它由车辆段轮轴工班负责，其检修工艺过程如图 2－86 所示。车辆段轮轴工班使用的主要机械设备有车轮车床、车轴车床以及起重机、轮对冲洗机、超声波探伤仪(机)、电磁探伤器(机)、探伤用轮对支架(滚轮器)等。

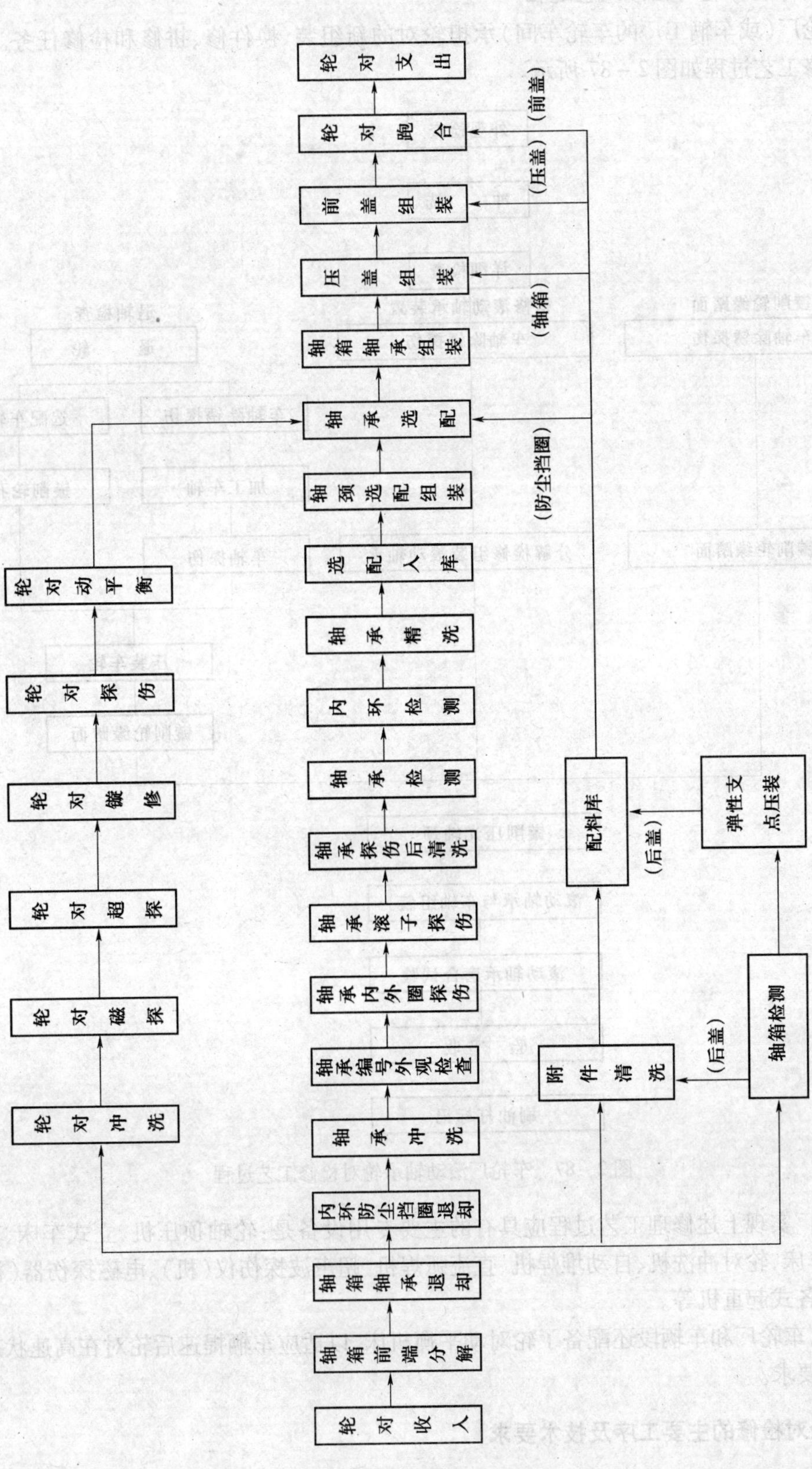

图2－86 车辆段滚动轴承轮对检修工艺过程

（二）车轮厂轮对检修工艺过程

车轮厂（或车辆工厂的车轮车间）承担轮对的新组装、换件修、拼修和检修任务。车轮厂轮对检修工艺过程如图 2－87 所示。

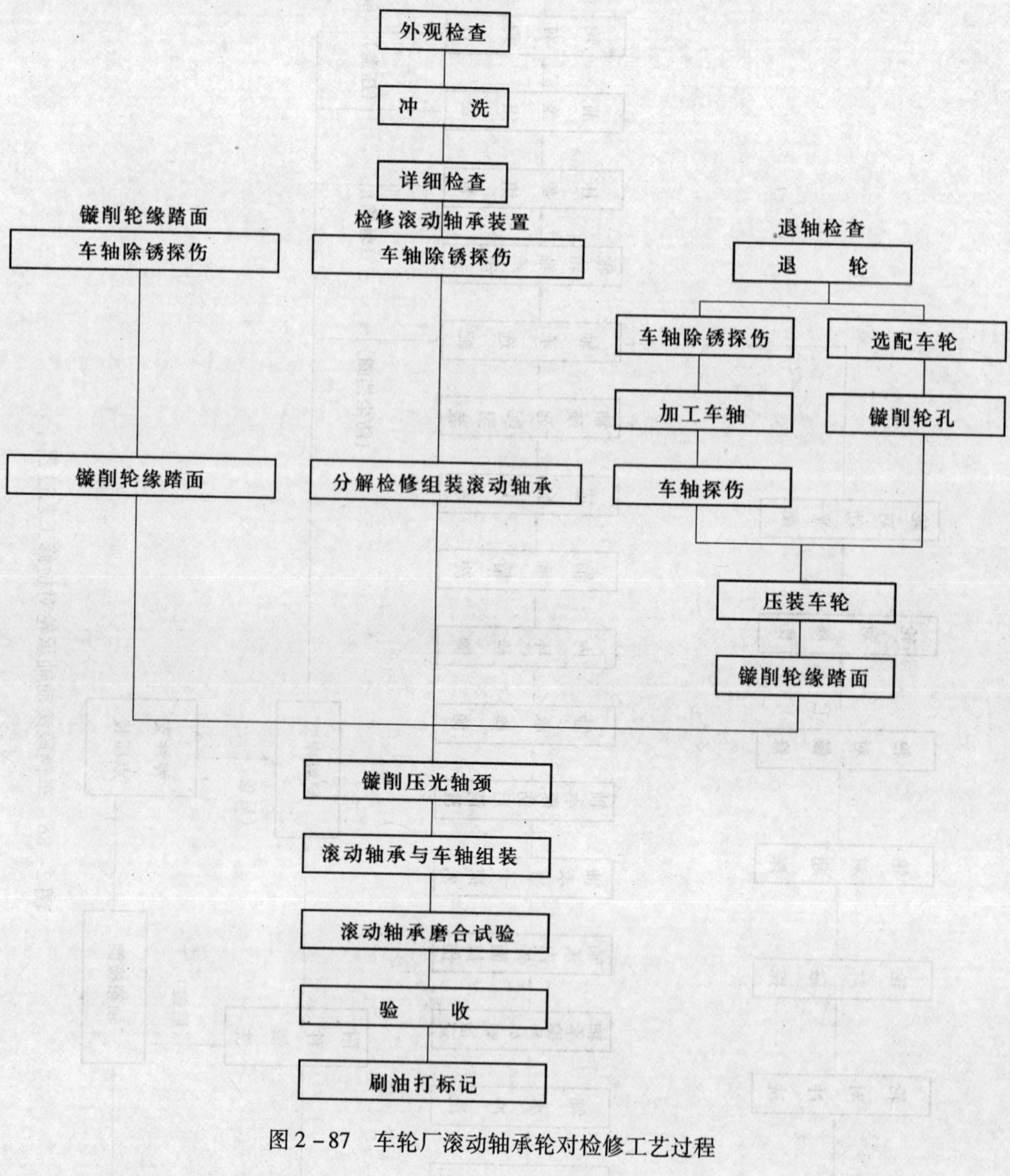

图 2－87　车轮厂滚动轴承轮对检修工艺过程

车轮厂实现上述修理工艺过程应具有的主要专用设备是：轮轴顶压机、立式车床、车轮车床、车轴车床、轮对冲洗机、自动堆焊机、直流弧焊机、超声波探伤仪（机）、电磁探伤器（机）、轮对转镐和各式起重机等。

目前，车轮厂和车辆段还配备了轮对动平衡机床，以适应车辆提速后轮对在高速状态下的动平衡的要求。

五、轮对检修的主要工序及技术要求

轮对各种修程中的各工序均应按预先规定的工艺规程及技术要求完成，并应符合《车辆轮对、轴承组装及检修规则》的规定。

(一)轮对的外观检查、冲洗及轴身除锈

轮对在从转向架上分解下来后,应先进行外观检查,检查时可将车轴沿纵向分为3部分,并采用视线与车轴成45°夹角的三面检查法进行。对于容易发生裂纹或松弛的部位应敲打听音响,对透油、透锈、油层鼓泡、内距改变等迹象详细判断。此外,还应检查车轮踏面有无剥离、擦伤、裂损、辗宽、裂纹,车轴有无弯曲、磨伤、擦伤及电焊打伤。

轮对经外观检查后,应送入轮对冲洗除锈机用高压热水进行冲洗,冲洗水温应为70~80℃,冲洗时间应在5 min以上。

轮对应用轴身除锈机进行轴身除锈,与冲洗同时进行,以免产生尘埃。为保证探伤质量,车轴各部位表面的油漆及锈垢必须彻底清除,车轴外露部位必须露出基本金属面(滚动轴承轮对如不退轴承或轴承内圈时,防尘板座及轮座外侧的外露部位除外)。

(二)轮对的尺寸测量

轮对在外观检查后必须测量各部尺寸,并按规定建立轮对卡片,确定施修范围。

应用第四种检查器、轮对内距尺、车轮直径尺、外卡钳、刚直尺及弧度样板测量轮对下述各部尺寸:轴颈直径、轴颈长度、轮座较原型减小量、轮座前肩弧度最小半径、轴颈后肩弧度最小半径、轮辋厚度、踏面圆周磨耗深度、擦伤及局部凹入深度、轮缘厚度、车轮直径及同一轮对轮径之差、轮对内侧距离及内距三处最大差和轮位差。测量时应将以上尺寸记录在轮对卡片上。

检查并记录轴端钢印,凡有下述任一情况者要进行超声波探伤:有轴箱滚动轴承轮对第一次组装时间达到4年,无轴箱滚动轴承轮对第一次组装时间达到5年,每次施行段修及以上修程时,均必须对车轴施行全轴超声波穿透探伤检查;对车轴的轮座镶入部施行超声波探伤检查;滚动轴承轮对如不退轴承和轴承内圈时,均必须对车轴的轴颈卸荷槽部位施行超声波探伤检查;车辆颠覆或重车脱轨时,均必须对全车轮对的车轴施行全轴超声波穿透探伤检查和轮座镶入部超声波探伤检查。凡有下述任一情况时,须退轮检查:轮对无组装及组装单位责任钢印(进口轮对除外);经超声波探伤检查确认轮座上有裂纹或车轴上的裂纹延伸进轮座镶入部;车轴透声不良或难以判断;轮对内侧距离及内距三处差超过规定限度或轮对的轮位差超过规定限度时须退轴检查。

经检查确认需要修理的轮对均应按表2-17的规定用白铅油或粉笔打上修程标记。

表2-17 轮对修程标记

修 程	标 记	涂打标记位置
换一个整体轮	△	打在该轮的内侧
换两个整体轮	$\triangle_2$	打在任一轮的内侧
换车轴	Φ	打在车轴轴身上
旋削踏面	Ⅱ	打在任一轮的内侧
旋修轴颈	Ⅲ	打在任一轮的内侧
重新组装	○	打在任一轮的内侧
轮毂松动 退轮检查	→	打在车轴上,指向松动处
超声波探伤	C	打在任一轮的内侧

(三)车轮的旋修

轮缘和踏面经一段时间的运用后,会发生磨耗或其他形式的损伤,因而使外廓标准形状遭到破坏。为了恢复轮缘和踏面的外廓标准形状,在厂、段修时必须对车轮进行经济合理的旋修。旋修时,车轮踏面及轮缘必须按磨耗型(LM型)踏面的外形加工及测量,车轮踏面及轮缘必须按不同的修程要求采用数控或仿形的方式加工(仅辗宽超限时,允许只旋除辗宽部分)。

凡车轮轮缘厚度不足 26 mm,轮缘垂直磨耗、裂纹、缺损、辗堆者;踏面缺损长度超过 150 mm或相对车轮轮缘外侧至缺损处的距离不足 1 508 mm 者;轮对内侧距离根据轮辋宽度小于最小内距 1 354 mm 或 1 350 mm 者;车轮外侧辗宽超过 5 mm 以及踏面上粘有熔化金属者均施行旋修。

对于货车车轮踏面圆周磨耗超过 5 mm;踏面擦伤深度及局部凹下滚动轴承轮对超过 0. 5 mm;踏面剥离长度滚动轴承轮对一处超过 20 mm,两处每处超过 10 mm(两处边缘距离须超过 75 mm);同一车轮直径差超过 1 mm,或同一车轮踏面与轴颈面的距离在同一直径线上测量的两点差超过 2 mm;未经旋修的同一轴相对车轮直径差超过 3 mm 者施行旋修。

对于客车车轮踏面圆周磨耗快车超过 4 mm、其他客车超过 5 mm,踏面擦伤深度及局部凹下超过 0. 5 mm,踏面剥离长度一处超过 20 mm、二处每处长超过 10 mm(25 型车及双层客车段修时有剥离),同一车轮相互垂直的直径差超过 0. 5 mm,未经旋修的同一轴相对车轮直径差超过 3 mm 者施行旋修。25 型客车及双层客车轮对内侧距离小于最小内距 1 350 mm、三点差大于 3 mm、轮位差大于 2 mm 时允许旋修车轮内侧面来调整,但旋修量须小于 2 mm。

轮缘内侧面如因辗制关系而厚度不匀时,应将内侧面加工削正,使其垂直于车轴中心线。

未经电焊的轮缘距顶点 14 mm 以内,允许留有宽不超过 5 mm、深不超过 1. 2 mm 的残沟一圈。

轮缘和踏面经旋修后,其加工部位的表面粗糙度必须达到 $Ra=25\ \mu m$,使用第四种检查器检查,轮缘厚度应为 30 ~ 33 mm 轮缘高度应为 26 ~ 28 mm。

旋修后,同一轴相对车轮直径之差不得超过 1 mm;同一车轮相互垂直的直径差不得大于 0. 5 mm。

(四)车轴的旋修

1. 轴身的旋修

车轴轴身的打痕、碰伤、磨伤及电焊打火深度在 2. 5 mm 及以上或轴身弯曲时,须将缺陷旋除,旋除后的轴身(包括轴中央部)尺寸允许比原型公称尺寸减少 4 mm,其表面粗糙度必须达到 $Ra=6.3\ \mu m$。

2. 滚动轴承车轴轴颈及防尘板座的旋修

轴颈(包括卸荷槽)及防尘板必须采用数控或仿形的方式加工。轴颈降等级时必须采用磨削的方法进行终加工;轴颈卸荷槽和防尘板座可采用磨削或车削的方法加工,轴颈卸荷槽经磨削加工后,表面必须进行滚压处理。

轴颈端部不允许存在墩粗的情况,否则应修复;轴颈端部引导斜坡处有碰伤时,允许消除局部高于原表面的堆积金属,并用 00 号砂布蘸油打磨光滑后使用。

防尘板座端面存在锈蚀或局部碰伤时,允许消除局部高于原表面的金属,并用 00 号砂布蘸油打磨光滑后使用。

车轴皮带轮安装座表面存在锈蚀或局部碰伤时,允许消除局部高于原表面的金属,并用 00 号砂布蘸油打磨光滑后使用。检修的车轴其皮带轮安装座直径允许比原型公称尺寸减小 0. 5 mm。

3. 轴端中心孔、轴端螺栓孔的检修

轴端中心孔必须逐个检查,中心孔有损伤时,允许消除局部高于原表面的金属,但修复后缺陷面积不得大于原中心孔圆锥面积的 1/8。

轴端中心孔允许堵焊,焊后重新加工。加工后各部尺寸必须符合图纸规定,并应测量车轮踏面与轴颈面在同一直径线上的距离差，其差值不得超过 0.6 mm。

轴端螺栓孔有损伤或滑扣时，累计不得超过 3 扣（不得连续），毛刺必须消除；螺纹磨损时，必须用止规测试，在距端面 5 扣以内止住，并且用手试止规不得有明显晃动。

轴端螺栓孔不能使用时，允许将原螺栓孔堵焊，并移位 60°加工。堵焊螺栓孔前必须清除螺栓孔内的铁削及杂物，将螺杆前端车制成 120°角后旋入螺栓孔中，后端距车轴端面为 2 ~4 mm，然后再堵焊，并做修平处理。轴端螺栓孔只允许移位加工一次。轴端螺纹不能使用时，该车轴不再使用。

（五）选配及压装

参考本章第四节。

（六）检　　验

轮对检修完毕后，须有专人负责，按厂修或段修的规程及轮对组装及检修规则的要求进行检验，经检查验收后方准装车使用。

检查合格的轮对，还须在轴身及车轮内外侧涂刷清油一遍。

复习思考题

1. 试述滚动轴承及滚动轴承车轴各部分名称及作用。
2. 说明标准车轴的种类。
3. 试述整体车轮的各部分名称及作用。
4. LM 型踏面与锥形踏面比较有何优点？
5. 试述轮对名称的确定方法及轮对类型。
6. 轮对的标记有哪些？含义是什么？
7. 轮对压装时有哪些技术要求？压装后如何进行检验？
8. 轮对压装时受哪些力？有哪些影响因素？
9. 为何规定轮对内侧距离为（1 353 ±3）mm？
10. 辗钢和铸钢整体车轮在外观上有哪些区别？
11. 车轴哪些部位出现裂纹的机会较多？引起车轴裂纹的原因是什么？
12. 车轴出现横裂纹应怎样处理？
13. 车轴出现纵裂纹应怎样处理？
14. 车轴弯曲有什么危害？如何判断车轴弯曲？
15. 车轮踏面圆周磨耗过大有什么危害？
16. 车轮轮缘有哪些磨耗形式？各有什么危害？轮缘厚度及轮缘垂直磨耗的限度是怎样规定的？
17. 车轮踏面剥离、擦伤有什么危害？它们的限度是怎样规定的？
18. 车轮踏面缺损、辗宽各有什么危害？它们的限度是怎样规定的？
19. 第四种检查器有哪些用途？使用第四种检查器测量轮缘、踏面时，检查器与车轮的相对位置应注意什么？
20. 说明零件电磁探伤的原理，电磁探伤的方法有哪些种类？对电磁探伤器和磁粉有什么技术要求？

21. TYC－3000 型荧光磁粉探伤机由哪些零部件组成？说明其磁化原理。

22. 使用 TYC－3000 型荧光磁粉探伤机对轮对进行探伤时，磁悬液的配制有何要求？

23. 说明轮对电磁探伤的操作过程。

24. 超声波探伤时，超声波频率的大小对探伤有什么影响？

25. 说明超声波探伤器探头的构造和作用。

26. 超声波探伤器探测轮对的目的是要发现什么故障？怎样判断？

27. 轮对修程有哪些？说明各修程的范围。

28. 轮对段修要经过哪些工序？各工序的目的是什么？

29. 轮对检修工艺中详细检查工序要检查哪些事项？什么情况下轮对要进行超声波探伤？什么情况下要退轴检查？

30. 段修时车轮在什么情况下要进行旋修？

第三章

滚动轴承及轴箱装置

本章主要介绍客车车辆上所用的滚动轴承及轴箱的构造及检修。主要内容有滚动轴承的一般知识、铁道车辆滚动轴承的种类和结构特点、客车所用的滚动轴承轴箱装置的构造、检修工艺和方法。学习完本章后,应掌握客车所用的滚动轴承轴箱装置的构造及检修工艺,并能进行滚动轴承轴箱装置的检修作业。

轴箱装置是铁路车辆的重要组成部分,它不仅将轮对和侧架或构架联结在一起,把车辆的垂直、水平载荷传给轮对,而且不断地保持轴承的正常润滑,减少摩擦、降低运行阻力、限制轮对过大的横向移动防止雨水、灰尘等异物侵入,使车辆不间断地运行。如果轴箱油润装置发生故障,轻微的会延误行车,严重的会使轴颈因激烈磨损而折断,造成严重事故。因此,车辆检修人员应加强对轴箱油润装置的维护和检修,切实防止燃轴事故,确保行车安全,保证车辆安全可靠运行。

轴箱装置按轴承摩擦性质的不同可以分为滑动轴承轴箱装置和滚动轴承轴箱装置。目前,我国铁路客车车辆已全部采用滚动轴承轴箱装置。

第一节 概 况

一、滚动轴承的一般知识

(一)滚动轴承的工作原理

运动物体与支承物之间的接触点是在不断地变化的摩擦叫滚动摩擦。滚动轴承的摩擦就是属于这种摩擦。

滚动轴承一般由外圈、内圈、滚动体(滚子)、保持架组成。滚动轴承是借助于在内、外圈之间的滚动体滚动实现传力和滚动的。内圈紧配合于轴颈上,外圈与轴箱之间允许有少许的转动,当车轮转动时内圈随轴颈转动,同时带动保持架与滚动体转动,滚动体一方面沿内外圈滚道作公转,另一方面绕自身轴心作自转,它们之间的接触点是在不断变化的,零件之间没有滑动摩擦,因此其摩擦阻力小,这是滚动摩擦主要特点,如图3-1所示。

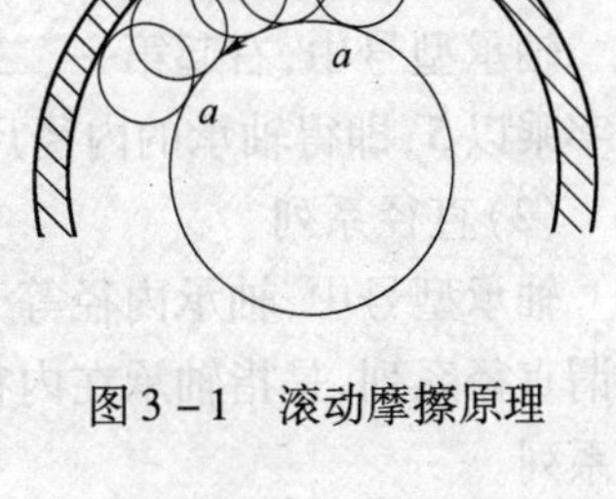

图3-1 滚动摩擦原理

滚动轴承有径向游隙和轴向游隙,以保证滚动体能自由转动。保持架用以维持各滚动体之间的位置,防止歪斜和相互碰撞,保证滚动体能沿滚道均匀分布。

(二)滚动轴承的特点

与滑动轴承比较,滚动轴承具有以下优点:

1. 减小列车起动和运行阻力,增大列车牵引质量

采用滚动轴承轴箱装置是铁路车辆技术现代化重要措施之一,采用滚动轴承后,显著地降低了车辆起动阻力和运行阻力。经验证明:采用滚动轴承,列车起动阻力约降低 85% 。当速度为 30 km/h、60 km/h、70 km/h 时,运行阻力分别降低 18% 、12% 、8% ,并且改善了车辆走行部分的工作条件。因此,采用滚动轴承后,在牵引力相同的条件下,可大大提高列车牵引质量。

2. 延长检修周期,减少材料消耗

滚动轴承具有密封性能好,使用寿命长的特点,且使用润滑脂不易甩出和挥发,一次加油可以保持长时间润滑。如货车用的无轴箱滚动轴承,一次注油可用一个厂修期,在正常情况下可在 4 年内不需退卸检修。而货车滑动轴承每 3 个月就需进行一次检修给油,且每次段修都需对轴瓦白合金、油卷进行更换施修,修理工作量较大。因而装用滚动轴承的车辆不仅可延长轴箱装置检查和检修的周期,还可以节约大量的润滑油和有色金属,大大减少材料消耗和检修工作量。

3. 滚动轴承承载均匀,燃轴事故少,安全可靠

滚动轴承较滑动轴承具有优良的技术性能,装用滚动轴承的车辆,燃轴事故率显著下降。大大地减少因燃轴甩车及切轴造成的列车颠覆事故,提高了运行的安全性和经济效果。

4. 提高运行速度,适应现代化运输

滚动轴承的车辆由于产生的热量少,可以持续运行的距离较长,列车容易启动和加速,因而能够满足高速行驶的要求,适合于电力机车或内燃机车牵引。所以说轴承滚动化是实现列车高速运行的必要条件之一。

(三)滚动轴承的代号

滚动轴承的种类及型号繁多,为了便于选择和使用,采用了代号来表示轴承的各种规格及特殊要求等。

我国铁路现在使用的国产滚动轴承有两种代号表示标准,一种是老标准 GB/T 272 – 1988(采用该表示标准的轴承有 42726QT、152726QT 等型);另一种是新标准 GB/T 272—1993(采用该表示标准的轴承有 NJ 3226X1、NJP 3226X1 等型)。现在新造轴承均采用后者作为表示标准。

1. GB/T 272 – 1988 标准表示法

轴承代号由汉语拼音字母和数字两部分组成,分前、中、后三段,见表 3 – 1。前段用数字和字母分别表示游隙系列和精度等级;中段用七位数字表示轴承基本型号;后段以字母和数字表示轴承结构改变和特殊技术要求。若为普通轴承,只标型号(中段),前后段省略不写。滚动轴承代号的详细说明如下:

(1)内径

轴承型号中,右起第一、二位数字,表示轴承内径。对于内径 20 ~ 495 mm 的轴承,此两位数字乘以 5,即得轴承的内径尺寸。

(2)直径系列

轴承型号中,轴承内径等于或大于 10mm 的轴承,其代号右起第三位数字表示直径系列。所谓直径系列,是指轴承在内径相同的条件下,按各种不同的外径,分为超轻、特轻、轻、中、重等系列。

表 3－1　滚动轴承代号的表示法

代号 项目	轴承代号							
符号在代号中的位置	前段		中段					后段
	游隙系列	精度系列	轴承型号					补充代号
表示方法	数字表示	字母表示	用七位数字表示					字母和数字表示
			七	六、五	四	三	二、一	
符号意义	基本系列代号为0,辅助系列代号为1～9	按字母 C、D、E、(F)、G 字母顺序排列	宽度系列	结构特点	轴承类型	直径系列	内径	见表 3－4

(3)宽度系列

轴承代号中右起第七位数字表示宽度系列。宽度系列是指同一内径而宽度不同的轴承，分特窄、窄、正常、宽、特宽等系列。

(4)轴承类型

轴承代号中右起第四位数字表示轴承类型，其表示方法见表 3－2。表中轴承的基本结构形状见图 3－2。

(5)结构特点

轴承代号中右起第五、六位数字表示轴承的结构特点。一般指内、外圈、列数以及密封部分等结构特点。几种常见的结构特点见表 3－3。

表 3－2　滚动轴承类型表示法

第四位数字	轴承类型	第四位数字	轴承类型
0	向心球轴承	5	螺旋滚子轴承
1	向心球面球轴承	6	向心推力轴承
2	向心短圆柱滚子轴承	7	圆锥滚子轴承
3	向心球面滚子轴承	8	推力向心球轴承
4	滚针轴承	9	推力向心滚子轴承

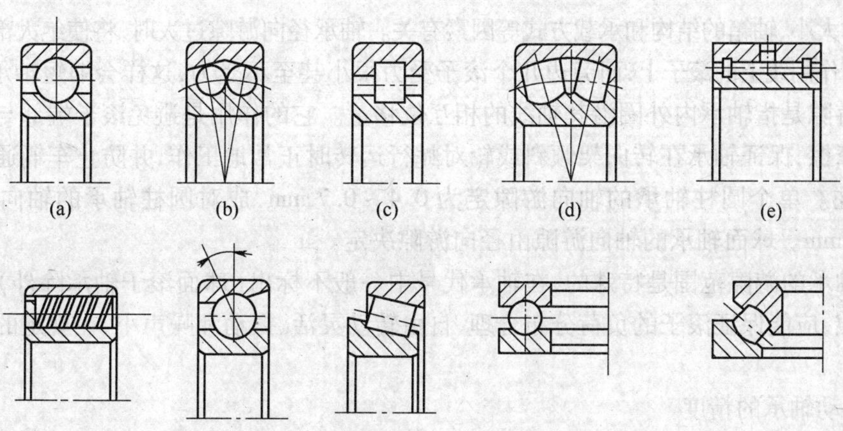

图 3－2　轴承基本类型结构

(a)向心球轴承；(b)向心球面球轴承；(c)向心短圆柱滚子轴承；(d)向心球面滚子轴承；(e)滚针轴承；(f)螺旋滚子轴承；(g)向心推力轴承；(h)圆锥滚子轴承；(i)推力向心球轴承；(j)推力向心滚子轴承

表3－3　滚动轴承的结构特点

轴承类型	结构特点	代号
单列向心短圆柱滚子轴承	外圈无挡边，内圈有挡边，轴承内径制成圆锥孔	30
	外圈有挡边，内圈无挡边	3
	外圈有挡边，内圈无挡边，轴承内径制成圆锥孔	33
	外圈有挡边，内圈有单挡边	4
	外圈有挡边，内圈无挡边并带有斜挡圈	5
	外圈有挡边，内圈有单挡边并带有斜挡圈	6
	外圈有挡边，内圈有单挡边并带有平挡圈	9
	外圈有挡边，内圈无挡边并带有平挡圈	15
	外圈无挡边，并带有双锁圈，无保持架，内圈有挡边，内外圈不可分离	10
圆锥滚子轴承	双列、双内圈并自带有密封装置	19(9)
	单列、大锥角	2
	单列、外圈有挡边	6
双列向心球面滚子轴承	轴承内径制成带圆锥孔	11
	轴承安装在紧固套上	1

(6)滚动轴承的游隙

每一个滚子轴承是由内圈、外圈、滚子及保持架四种零件组成。轴承内圈以一定的过盈量紧配合于车轴轴颈上，而外圈则是松配合于轴箱圆筒内。当车辆运行时，内圈与轴颈一同回转，并引导滚子一面绕其轴心自转，一面沿内外圈滚道滚转。轴承游隙是指轴承轴承内外圈与滚子之间的内部间隙，分为轴向游隙和径向游隙，滚子的自由转动由轴承的径向游隙和轴向游隙来保证。

径向游隙是指内外圈滚道与滚子之间的内部间隙。它是在轴承自由状态下，当外圈不动，内圈和滚子转动时，每转动120°测量一次径向间隙，共测量三次的数据的算术平均值。车辆滚动轴承的径向游隙值一般比机械轴承大，这是因为车辆滚动轴承负荷大，轴承工作时内外圈之间的温差较大，同时也考虑到内圈与轴颈的过盈配合会使轴承径向游隙相应减少的这一情况。圆柱轴承的径向游隙为0.12～0.17 mm。

轴承各滚子的负荷分布，与轴承径向游隙的大小、轴承和轴箱的制造精度、轴箱和轴承之间的配合游隙的大小、轴箱的结构和承载方式等因素有关。轴承径向游隙过大时，将使绝大部分负荷加在位于负荷作用线上的滚子上，而旁边几个滚子受力很小甚至不受力，这样会缩短轴承的寿命。

轴向游隙是指轴承内外圈沿其轴线的相互位移量。它的作用是避免滚子端部与内外圈挡边的经常摩擦，保证轴承在转向架倾斜或轮对蛇行运转时正常地工作，并防止车辆通过弯道时滚子被卡住。单个圆柱轴承的轴向游隙定为0.4～0.7 mm，成对圆柱轴承的轴向游隙定为0.8～0.14 mm。球面轴承的轴向游隙由径向游隙决定。

铁路轴承的游隙范围是特殊的，在轴承代号中一般不标出(球面滚子轴承除外)。正确选择轴承游隙，应能保证滚子的负荷分布合理、自由转动灵活、振动和噪声小、在规定的温度下能正常工作。

(7)滚动轴承的精度

滚动轴承的精度是指轴承的基本尺寸精度和旋转精度。轴承基本尺寸精度是指轴承内径(d)、外径(D)和宽度(B)的允许偏差。轴承的旋转精度是指内圈端面侧摆，内圈和外圈的径向摆动，内圈和外圈的滚道侧摆，内圈两端面平行差等。

轴承精度又分为C级(超精密级)、D级(精密级)、E级(高级)和G级(普通级)。铁道车辆用轴承一般均为普通级，一般在代号中不标出。但轴承制造工厂考虑到铁道车辆轴承运用条件恶劣的因素，有些精度作了特殊规定，有部分精度指标采用了E级标准。

轴承若有结构改变和特殊技术要求，在型号右边加注补充代号，其含义见表3－4。

表3－4　滚动轴承补充代号

项目＼名称	补充代号表示的意义	代号
材料改变	套圈、滚动体和保持架或仅是套圈和保持架用不锈钢制造	X
	套圈和保持架或仅是套圈用渗碳钢制造	S
	实体保持架用黑色金属制造（W—石墨钢；W1—碳钢；W2—球墨铸铁；W3—粉末冶金）	W
	实体保持架用青铜制造	Q
	实体保持架用铝合金制造	L
	实体保持架用黄铜制造	H
特殊技术要求	零件回火温度有特殊要求（T—200℃；T1—225℃；T2—250℃；T3—300℃；T4—350℃；T5—400℃；T6—450℃）	T
	轴承的游隙与标准不同	U
结构改变	零件的形状或尺寸改变	K

现以我国客车常用轴承为例说明其表示方法。每轴箱内一对轴承，其代号为152726QT（外边的）和42726QT（里边的），其表示方法和含义为：

1 5 2 7 2 6 Q T (K、K_1)

4 2 7 2 6 Q T (K、K_1)

- (K、K_1)：补充代号，表示回火温度为200℃；若在T后边加K或K_1，表示尺寸改变，内径分别比标准的小0.5和1mm
- Q：青铜实体保持架
- 26：表示内径26×5=130 mm
- 7：表示轴承直径系列为不定系列
- 2：表示轴承类型为向心短圆柱滚子轴承
- 4：4(或15)表示内圈固定(或活挡边)结构

注：以上两种轴承均为普通（G）级，所以前段均省去不写。

2. GB/T 272－1993 标准表示法

按照国标GB/T 272—1993规定，轴承代号由基本代号、前置代号和后置代号构成，其排列如下：

前置代号　基本代号　后置代号

基本代号表示轴承的基本类型、结构和尺寸，是轴承代号的基础；前置、后置代号是轴承结构形式、尺寸、公差、技术要求有改变时，在其基本代号左右添加的补充代号，轴承代号排列见表3－5。

表3－5　轴承代号排列表

<table>
<tr><th colspan="12">轴承代号</th></tr>
<tr><th rowspan="2">前置代号</th><th colspan="3" rowspan="2">基本代号</th><th colspan="8">后置代号</th></tr>
<tr><th>1</th><th>2</th><th>3</th><th>4</th><th>5</th><th>6</th><th>7</th><th>8</th></tr>
<tr><td rowspan="2">成套轴承分部件</td><td rowspan="2">类型代号</td><td>尺寸系列代号</td><td>内径代号</td><td rowspan="2">内部结构</td><td rowspan="2">密封与防尘套圈变形</td><td rowspan="2">保持架及其材料</td><td rowspan="2">轴承材料</td><td rowspan="2">公差等级</td><td rowspan="2">游隙</td><td rowspan="2">配置</td><td rowspan="2">其他</td></tr>
<tr><td colspan="2">配合安装代号</td></tr>
</table>

(1)基本代号

滚动轴承(滚针轴承除外)基本代号由轴承类型代号、尺寸系列代号、内径代号构成。其排列如下:

类型代号	尺寸系列代号	内径代号

① 类型代号:轴承类型代号用数字或字母表示,见表3-6。

② 尺寸系列代号:由直径系列代号和轴承的宽和高度系列代号组合而成。尺寸系列见表3-7。

表3-6 轴承类型表

代号	轴承类型	代号	轴承类型
0	双列角接触轴承	7	角接触球轴承
1	调心轴承	8	推力圆柱滚子轴承
2	调心滚子轴承和推力调心滚子轴承	N	圆柱滚子轴承 双列或多列用字母NN表示
3	圆锥滚子轴承		
4	双列深沟球轴承	U	外球面球轴承
5	推力球轴承	QJ	四点接触球轴承
6	深沟球轴承		

注:在表中的代号后或前加字母和数字表示该轴承中的不同结构。

表3-7 尺寸系列代号

直径系列代号	向心轴承								推力轴承			
	宽度系列代号								高度系列代号			
	8	0	1	2	3	4	5	6	7	9	1	2
	尺寸代号											
7	—	—	17	—	37	—	—	—	—	—	—	—
8	—	08	18	28	38	48	58	68	—	—	—	—
9	—	09	19	29	39	49	59	69	—	—	—	—
0	—	00	10	20	30	40	50	60	70	90	10	—
1	—	01	11	21	31	41	51	61	71	91	11	—
2	82	02	12	22	32	42	52	62	72	92	12	—
3	83	03	13	23	33	—	—	—	73	93	13	23
4	—	04	—	24	—	—	—	—	74	94	14	24
5	—	—	—	—	—	—	—	—	—	95	—	—

直径系列指对应同一轴承内径的外径尺寸系列。分别有7、8、9、0、1、2、3、4、5等外径尺寸依次递增的直径系列。

宽度系列指对应同一轴承直径系列的宽度尺寸系列。分别有8、0、1、2、3、4、5、6等宽度尺寸依次递增的宽度系列。

推力轴承以高度系列对应于向心轴承的宽度系列,有7、9、1、2等高度尺寸依次递增的四个高度系列。

③ 内径代号:表示轴承公称内径的内径代号,见表3-8。

表3-8 轴承公称内径的内径代号

轴承公称内径(mm)	内径代号	示例
0.6~10(非整数)	用公称直径毫米数直接表示,在其与尺寸系列代号之间用"/"分开	深沟球轴承 618/2.5 $d=2.5$
1~9(整数)	用公称直径毫米数直接表示,对深沟球轴承及角接触球轴承少7、8、9直径系列,内径与尺寸系列代号之间用"/"分开	深沟球轴承625 618/5 $d=5$

续上表

轴承公称内径(mm)		内径代号	示例
10～17	10 12 15 17	00 01 02 03	深沟球轴承 62 00　$d=10$
20～480(22、28、32 除外)		公称内径 5 的商数,商数位为个位数,需在商数左边加“0”,如 08	调心滚子轴承 232 08　$d=40$
≥500 以及 22、28、32		用公称内径 mm 数直接表示,但在尺寸系列之间用“/”分开	调心滚子轴承 230/500　$d=500$ 深沟球轴承 62/22　$d=22$

④ 基本代号编制规则:基本代号中当轴承类型代号用字母表示时,编排时应与表示轴承尺寸的系列代号、内径代号或安装配合特征尺寸的数字之间空半个汉字距。例:NJ 3226,NA 4 801。

⑤ 常用的轴承类型、尺寸系列代号、轴承代号,见表 3－9。

表 3－9　轴承名称类型代号

轴承类型	类型代号	尺寸系列代号	轴承代号
双内圈双列圆锥滚子轴承	35		350000
双外圈双列圆锥滚子轴承	37		370000
内圈无挡边圆柱滚子轴承	NU	23	NU2300
内圈单挡边圆柱滚子轴承	NJ	23	NJ2300
内圈单挡边并带平挡圈圆柱滚子轴承	NUP	23	NUP2300
双列圆柱滚子轴承	NN	30	NN3000
内圈无挡边但带平挡圈圆柱滚子轴承	NJP		NJP0000
无挡边的圆柱滚子轴承	NB		NB0000

(2)前置代号

前置代号是表示轴承的结构形状等特点的,增加在基本代号前的补充代号。前置代号用字母表示,见表 3－10。

表 3－10　前 置 代 号

代　号	含　义	示　例
F	凸缘外圈的向心球轴承(仅适用于 $d \leqslant 10$mm)	F618/4
L	可分离轴承的可分离的内圈或外圈	LNU207
R	不带可分离内圈或外圈的轴承(仅适用滚针轴承)	RNU207、RNA6904
WS	推力圆柱滚子轴承轴圈	WS81107
GS	推力圆柱滚子轴承座圈	GS81107
KOW－	无轴圈推力轴承	KOW－51108
KIW－	无座圈推力轴承	KIW－51108
LR	带可分离的内圈或外圈与滚动体组件轴承	—
K	滚子保持架轴承	K81107

(3)后置代号

后置代号表示轴承尺寸、公差、材料、技术要求有改变时在基本代号后增加的补充代号,用字母(或加数字)表示。由于轴承后置代号内容众多,在这里不再详细介绍,其大致内容参见表 3－5。

后置代号的编制必须符合下列规则:

① 后置代号置于基本代号的右边并与基本代号空半个汉字距(代号中有“—”“/”除外)。

当改变项目多,具有多组后置代号时按表 3-5 中 1-8 所列从左至右的顺序排列。

② 改变为 4 组(含 4 组)以后的内容,则在其代号前用“/”与前面代号隔开,例:6205—2Z/P6,22308/P63。

③ 改变内容为第 4 组的后 2 组,在前组与后组代号中的数字或文字表示含义可能混淆时,两代号间空半个汉字距。例:6208/P 62 Vl。

现以我国客车用新型轴箱轴承为例说明其表示方法。每轴箱内一对轴承,其代号为 NJP 3226X1(外边的)和 NJ 3226X1(里边的),其表示方法和含义为:

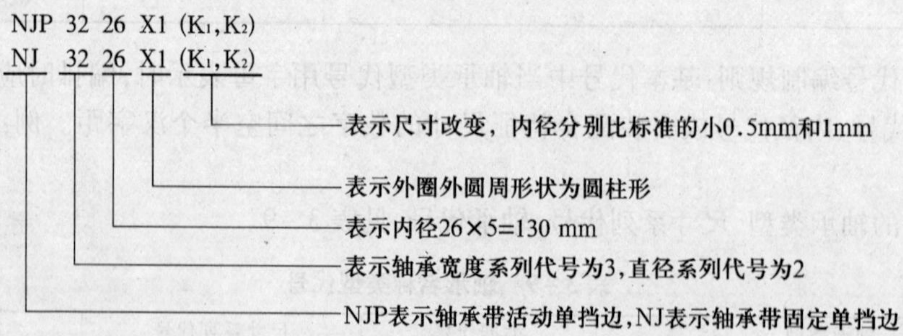

(四)滚动轴承的选型

车辆滚动轴承选型的方法很多,目前较通用的是根据额定动载荷来选取。

额定动载荷是指额定寿命为一百万转时,轴承所能承受的负荷,它是代表轴承负荷能力的主要指标。

所谓额定寿命是指一批同型号、同尺寸的轴承,在相同条件下转动时,其中 90% 的轴承在疲劳剥离前能够达到或超过的总转数,或在一定转速下的工作小时数。换句话说,能达到此寿命的可靠性(概率)为 90% 。一个滚动轴承的使用寿命多长,也是考核的主要指标。

轴承的型号和尺寸不同,其额定动载荷也不相同,各种轴承的额定动载荷可在《滚动轴承产品样本》中查到。

新设计或改装轴承部件时,需要选择适用的轴承。选用轴承的程序一般是:

1. 确定轴承的工作条件:

(1)轴承所承受负荷的大小和方向(径向、轴向或径向与轴向同时作用);

(2)负荷性质(稳定负荷、交变复荷或冲击负荷);

(3)轴承转速;

(4)轴承工作环境(温度、湿度、酸度等);

(5)机器部件结构上的特殊要求(调心性能、轴向位移、可调整游隙,以及对轴承的尺寸和旋转精度的要求等);

(6)轴承要求的寿命。

2. 根据轴承的工作条件,选择轴承类型及确定轴承精度等级。

3. 选用轴承:根据轴承的负荷、转速和要求的寿命,计算所需轴承额定动负荷,并按此值在轴承产品样本中选取适用的轴承(计算值≤“样本”的值)。需要注意,这里计算取的轴承负荷,当轴承同时承受径向和轴向负荷时,必须换算为当量动负荷进行计算。

二、铁路客车车辆滚动轴承的结构特点和种类

铁路车辆用滚动轴承均配置在簧下,除承受车辆载荷外,还直接承受着轮轨间发生的振

动、冲击,其可靠性直接关系行车安全。因此,要求轴承耐振、耐冲击、寿命高、维护检修方便而且要有较小的尺寸和重量。所以铁路车辆轴承均设计为非标准系列的形式,并多采用滚动体为向心滚子的轴承。我国铁路车辆主要采用圆柱滚子轴承和圆锥滚子轴承。

(一)圆柱滚子轴承结构

我国铁路客车上应用的滚动轴承均为单列向心短圆柱滚子轴承(简称圆柱轴承),主要有以下几种型式:42724QT,152724QT 型,42726QT,152726QT 型,NJ 3226X1,NJP 3226X1 型。42726QT,152726QT 型曾是我国铁路客车主型轴承,大量装用于各型客车车辆转向架上,但随着铁路运输的不断发展,列车运行速度的不断提高,该型轴承已不能满足运用要求。因此,铁道部规定:自 2001 年 1 月 1 日起停止生产 42726QT,152726QT 型轴承(现有库存产品允许继续使用,用完为止)而生产 NJ 3226X1, NJP 3226X1 型轴承,其外形尺寸与原 42726QT,152726QT 型相同。本章节将着重介绍 NJ 3226X1, NJP 3226X1 型新型轴承。

圆柱滚子轴承的结构如图 3－3、图 3－4 所示,由内圈、外圈、滚动体(滚子)、保持架组成,外圈两侧带有挡边,内圈只有一侧有固定单挡边(或活动平挡圈),保持架、滚动体和外圈组合成一个组件,与内圈可以互相分离。圆柱滚子轴承的基本尺寸见表 3－11 和图 3－4。

表 3－11　客车轴承的型式和基本尺寸　mm

轴承型号	外形尺寸			滚子			内圈外径
	d	D	B	数量	直径	高度	
4(15)2724	120	240	80	14	30	48	150
4(15)2726	130	250	80	14	32	52	158
NJ(P)3226X1	130	250	80	14	32	52	158
进口轴承	130	250	80	14	32	52	158

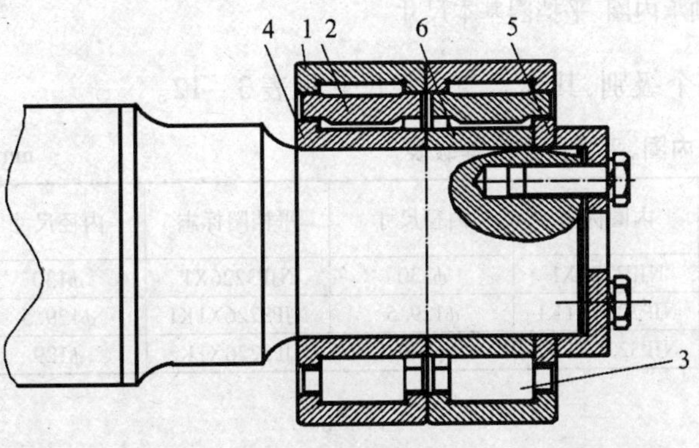

图 3－3　4(15)2726、NJ(P)3226X1 型滚动轴承装配示意图

1—轴承外圈; 2—保持架; 3—滚子; 4—内圈(有固定挡边); 5—平挡圈; 6—内圈(无固定挡边)

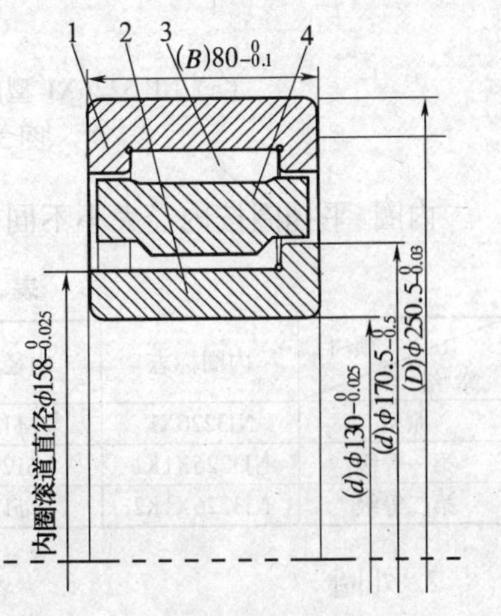

图 3－4　轴承的形式和基本尺寸

1—外圈;2—内圈;3—滚子;4—保持架

此外,近年来为了适应铁路运输大提速及准高速线路 160 km/h 及以上运行速度要求,同时为学习借鉴发达国家的先进技术,我国还引进了瑞典 SKF 公司生产的 BC1B322880,BC1B322881 型轴承和日本 NSK 公司生产的 NSK 42726T, NSK 152726T 型轴承,它们的外形尺寸与我国铁标 42726QT,152726QT 型轴承相同。

1. 内圈

内圈与轴颈为过盈配合。NJ3226X1 型的内圈有固定单挡边；NJP 3226X1 型的内圈没有固定挡边，而设有活动平挡圈，如图 3－5、图 3－6 所示。

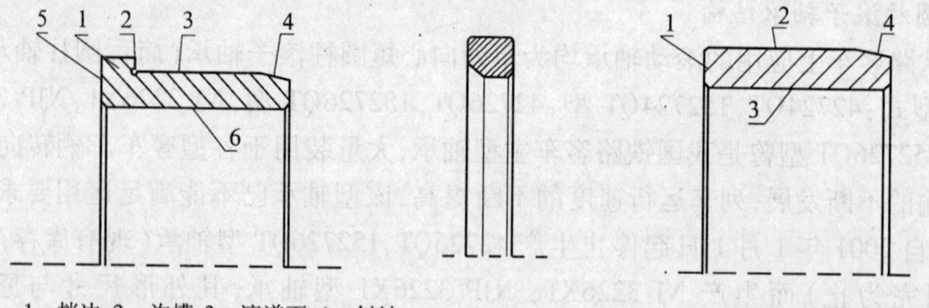

1—挡边；2—沟槽；3—滚道面；4—斜坡；
5—端面；6—内径面

1—端面；2—滚动面；
3—内径面；4—斜坡

（a）内圈（有固定挡边）　（b）平挡圈　（c）内圈（无固定挡边）

图 3－5　轴承内圈、平挡圈示意图

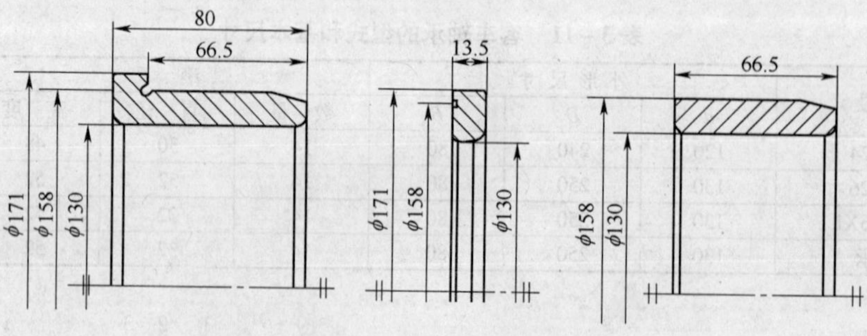

（a）NP 3226X1 型内圈　（b）平挡圈　（c）NJP 3226X1 型内圈

图 3－6　轴承内圈、平挡圈基本尺寸

内圈、平挡圈按内径大小不同分为三个级别，其标志与内径尺寸见表 3－12。

表 3－12　内圈、平挡圈分类等级表

mm

项目 等级	内圈标志	内径尺寸	内圈标志	内径尺寸	平档圈标志	内径尺寸
原型	NJ3226X1	$\phi130$	NJP3226X1	$\phi130$	NJP3226X1	$\phi130$
第一等级	NJ3226X1K1	$\phi129.5$	NJP3226X1K1	$\phi129.5$	NJP3226X1K1	$\phi129.5$
第二等级	NJ3226X1K2	$\phi129$	NJP3226X1K2	$\phi129$	NJP3226X1K2	$\phi129$

2. 外圈

外圈与轴箱筒体为间隙配合，外圈内滚道面为滚道，且两边都有固定挡边。NJ 3226X1 型与 NJP 3226X1 型外圈完全一致，可互换使用，如图 3－7 所示。

3. 滚子

滚子为圆柱形，为了使滚子受力后应力均匀分布，滚子两端允许按双点线（$\phi18.5$ mm）制作平端面，平端面的表面粗造度为 $Ra=0.2\ \mu m$，并可制作 $\phi14$ mm、深 1 mm 凹穴，如图 3－8 所示。滚子承受载荷并产生滚动作用，滚子处于轴径水平中心线上侧时受力，处于下侧时不受力。NJ 3226X1 型（NJP 3226X1 型）每套轴承由 14 个滚子组成滚动体，同一组滚子的直径变动量≤0.002 mm；同一组滚子长度变动量≤0.010 mm。

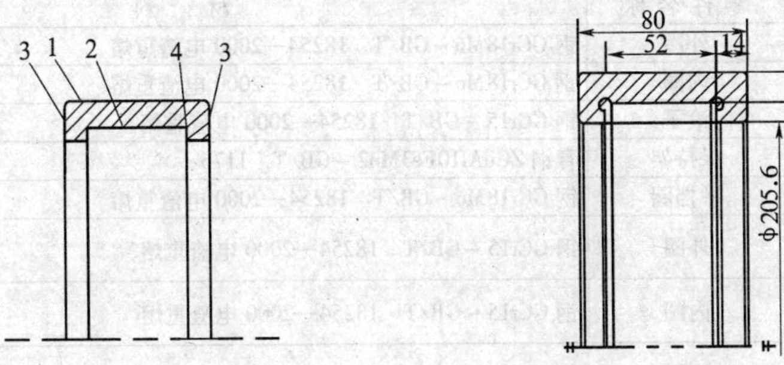

图 3－7　轴承外圈示意及基本尺寸图

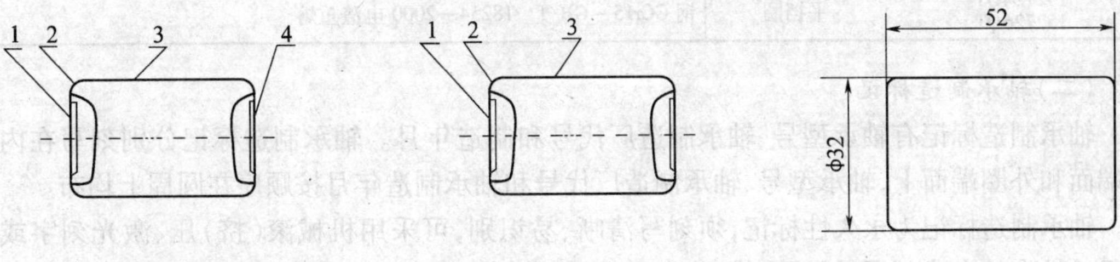

(a)普通轴承滚子
1—端面；2—倒角；
3—滚动面；4—凹窝

(b)国产提速、进口轴承滚子
1—端面；2—倒角；3—滚动面

(c)尺寸

图 3－8　轴承滚子示意及基本尺寸图

4. 保持架

保持架的作用是保持滚子沿滚道均匀分布，不发生偏斜，从而合理分布载荷，结构如图 3－9所示。

滚子从保持架兜孔外侧放入保持架正常位置后再向内移动一段距离，但不能从兜孔内侧脱出，使滚子装入后整体外圆直径小于外圈挡边内径。然后套上外圈，再装进内圈，使轴承成为一个整体。

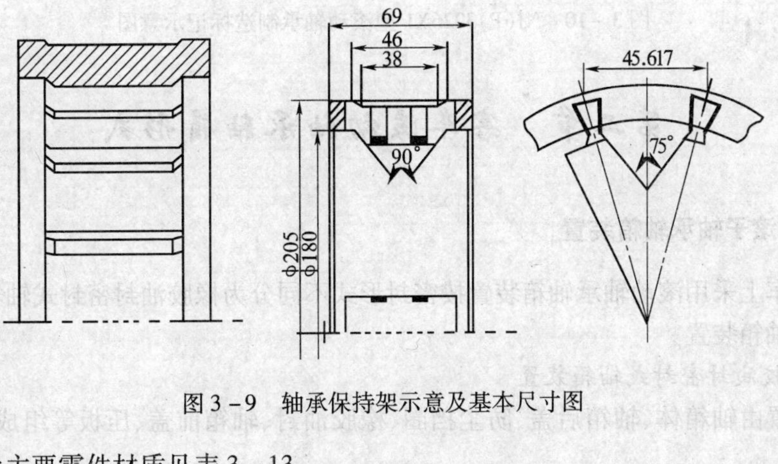

图 3－9　轴承保持架示意及基本尺寸图

客车轴承主要零件材质见表 3－13。

表 3－13　客车轴承主要零件材质

型　号	零件名称	材　料
NJ(P)3226 X1	外圈	钢 GCr18Mo－GB/T　18254—2000 电渣重熔
NJ(P)3226 X1	内圈	钢 GCr18Mo－GB/T　18254—2000 电渣重熔
NJ(P)3226 X1	滚子	钢 GCr15－GB/T　18254—2000 电渣重熔
NJ(P)3226 X1	保持架	青铜 ZCuAl10Fe3Mn2－GB/T　1176
NJP3226 X1	平挡圈	钢 GCr18Mo－GB/T　18254—2000 电渣重熔
4 (15)2724QT 4 (15)2726QT	外圈	钢 GCr15－GB/T　18254—2000 电渣重熔
4 (15)2724QT 4 (15)2726QT	内圈	钢 GCr15－GB/T　18254—2000 电渣重熔
4 (15)2724QT 4 (15)2726QT	滚子	钢 GCr15－GB/T　18254—2000 电渣重熔
4 (15)2724QT 4 (15)2726QT	保持架	青铜 QAl10－3－1.5－GB/T　8899
152724QT 152726QT	平挡圈	钢 GCr15－GB/T　18254—2000 电渣重熔

(二)轴承制造标记

轴承制造标记有轴承型号、轴承制造厂代号和制造年月。轴承制造标记分别刻写在内圈大端面和外圈端面上,轴承型号、轴承制造厂代号和轴承制造年月按顺序在圆周上均布。

轴承制造标记为永久性标记,须刻写清晰、易识别,可采用机械滚(挤)压、激光刻字或其它经过批准的方式刻写,标记字体高 5 mm,标记示例如图 3－10 所示。

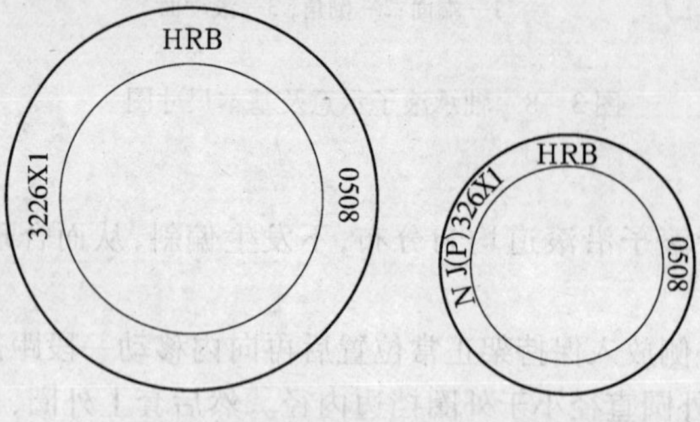

(a) 外圈端面上刻写标记;　　(b) 内圈大端面上刻写标记

图 3－10　NJ(P)3226X1 型滚动轴承制造标记示意图

第二节　客车滚动轴承轴箱形式

一、圆柱滚子轴承轴箱装置

我国客车上采用滚动轴承轴箱装置按密封形式不同分为橡胶油封密封式轴箱装置和金属迷宫密封式轴箱装置。

(一)橡胶油封密封式轴箱装置

这种装置由轴箱体、轴箱后盖、防尘挡圈、橡胶油封、轴箱前盖、压板等组成,如图 3－11 所示。

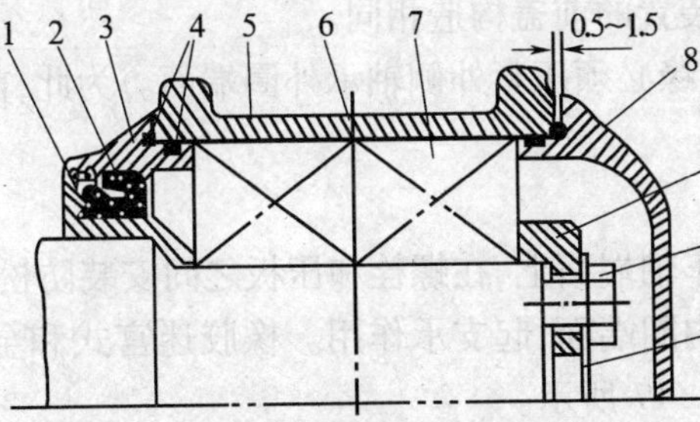

图 3－11　橡胶迷宫式轴箱装置

1—防尘挡圈；2—橡胶油封；3—轴箱后盖；4—密封圈；5—轴箱体；6—轴温报警器安装孔；7—圆柱滚子轴承；8—轴箱前盖；9—压板；10—压板螺栓；11—防松片

1. 轴箱体

轴箱体为铸钢筒形结构，两侧铸有弹簧托盘，用来安装轴箱弹簧等配件。筒两端各有 4 个轴箱耳，分别与轴箱前、后盖用螺栓连接，如图 3－12 所示。轴箱筒内安装滚动轴承，与轴承外圈为间隙配合。其主要作用是组装、支承各零件，连接构架，传递载荷。

2. 轴箱后盖

轴箱后盖如图 3－13 所示，内侧轴箱体筒内，支承内侧轴承外圈。在凸起缘外圆周面上和根部设有密封圈槽，用以安装密封圈。在内圆周面安装橡胶油封。

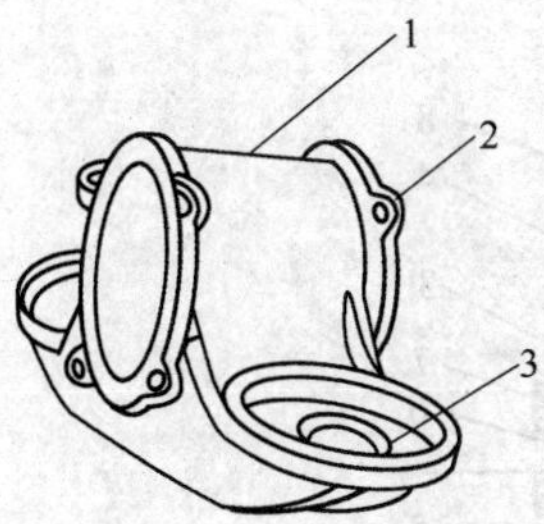

图 3－12　轴箱体

1—轴箱筒；2—轴箱耳；3—弹簧托盘

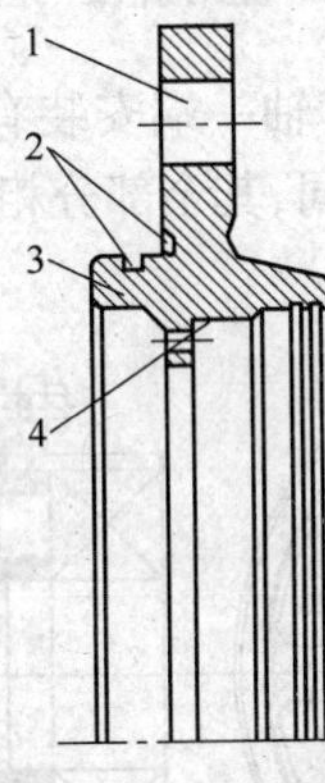

图 3－13　轴箱后盖

1—螺栓孔；2—密封圈槽；3—凸起缘；4—橡胶油封座

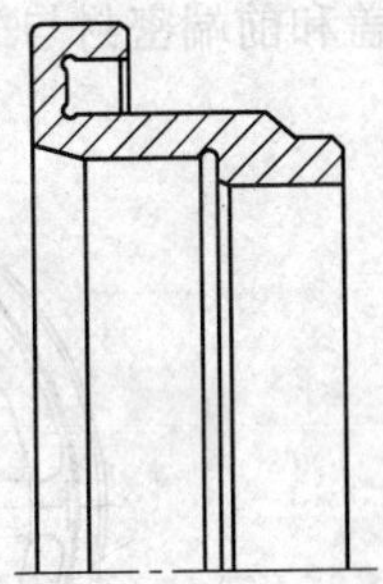

图 3－14　防尘挡圈

3. 防尘挡圈

防尘挡圈如图 3－14 所示，过盈配合于车轴防尘板座上，与橡胶油封配合起密封作用，其内圆周端面支承内侧轴承内圈端面。

4. 橡胶油封

橡胶油封如图 3－15 所示，橡胶油封内有钢骨架，以增加其刚度。橡胶油封安装在轴箱后盖内圆周面上，与防尘挡圈配合。

5. 轴箱前盖

轴箱前盖如图 3－16 所示，内侧凸起缘嵌入轴箱体筒内，支承外侧轴承外圈。在凸起缘外圆周上和根部设有密封圈槽，以安装密封圈。轴箱前盖的作用是密封轴箱前部。橡胶油封式和金属迷宫式两种轴箱密封装置的前盖构造相同。

轴箱前盖组装时，其凸起缘必须压紧外侧轴承外圈端面。为此，前盖外缘与轴箱体前端面必须留有 0.5 ~ 1.5 mm 间隙。

6. 压板

压板用 3 个螺栓固定在车轴端面上，在螺栓和压板之间安装防松片，以防止螺栓松动。压板内侧凸起缘顶在外侧轴承内圈端面，起支承作用。橡胶迷宫式和金属迷宫式两种轴箱密封装置的压板结构相同，如图 3 – 17 所示。

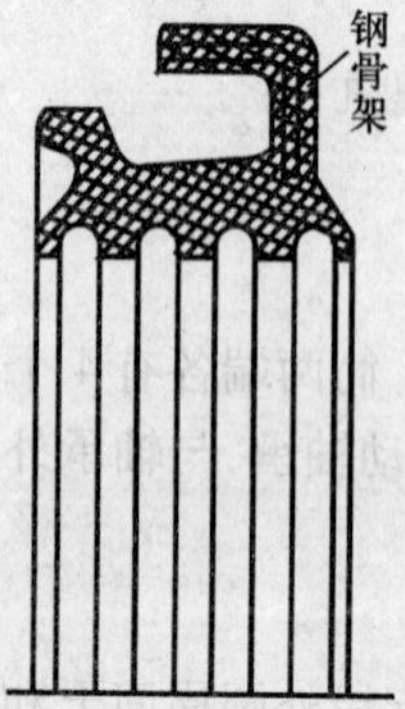

图 3 – 15　橡胶油封

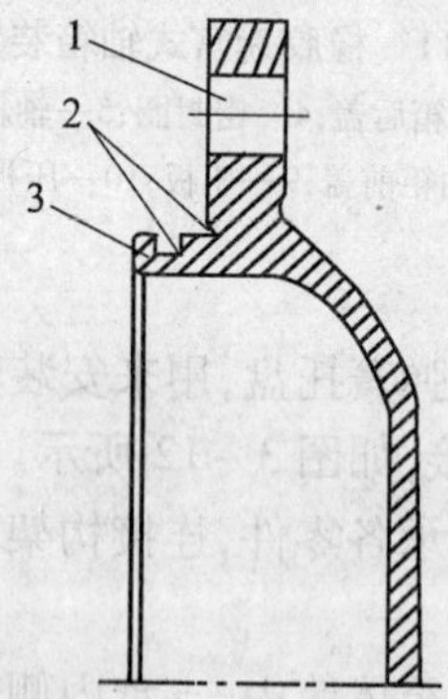

图 3 – 16　轴箱前盖

1—螺栓孔；2—密封圈槽；3—凸起缘

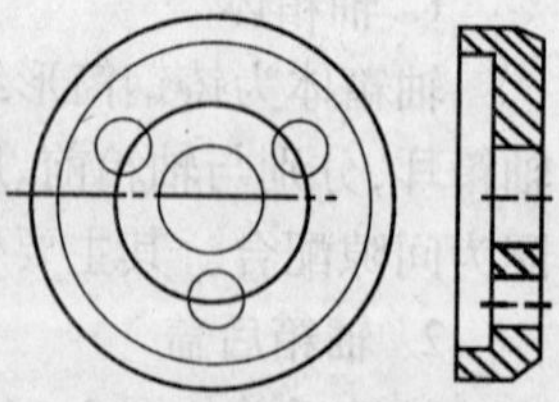

图 3 – 17　压板

采用 RD_4（RC_4）型车轴的轴箱装置，车轴一端安装有发电机皮带轮，如图 3 – 18 所示，除轴箱前盖和前端密封与 RD_3（RC_3）轴箱不同，其余部分相同。

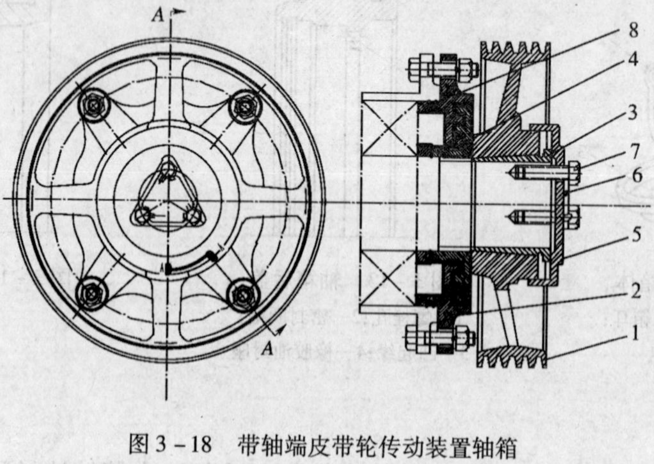

图 3 – 18　带轴端皮带轮传动装置轴箱

1—轴端三角皮带轮；2—轴箱前盖；3—退卸套；4—顶套；5—轴端压盖；6—防松片；7—螺栓；8—O 形密封圈

（二）金属迷宫密封式轴箱装置

这种结构的轴箱，不带轴箱后盖，在轴箱体后端设有迷宫槽，迷宫槽的底部设有排水孔。在圆筒内后端设有凸台，以支承内侧轴承的外圈，其结构见图 3 – 19。

1. 轴箱体

轴箱体与橡胶迷宫式轴箱装置的轴箱体基本相同。所不同的是轴箱体后端不设轴箱耳

(没有轴箱后盖),而设有迷宫槽,与防尘挡圈迷宫槽配合起密封作用,并在后端筒内设有台阶,以支承内侧轴承外圈,如图 3－20 所示。

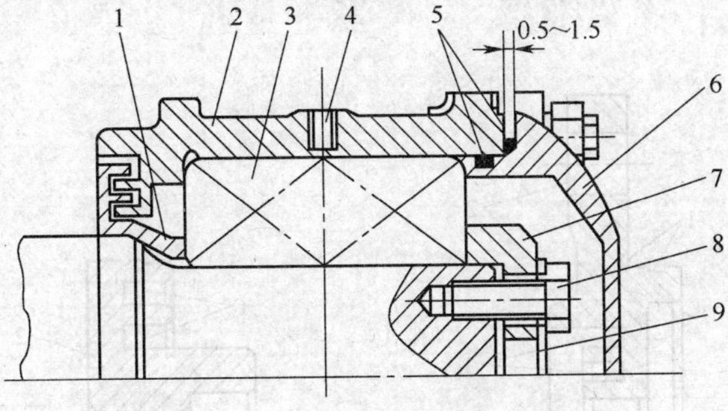

图 3－19　金属迷宫式轴箱装置

1—防尘挡圈;2—轴箱体;3—圆柱滚子轴承;4—轴温报警器安装孔;5—密封圈;6—轴箱前盖;7—压板;8—压板螺栓;9—防松片

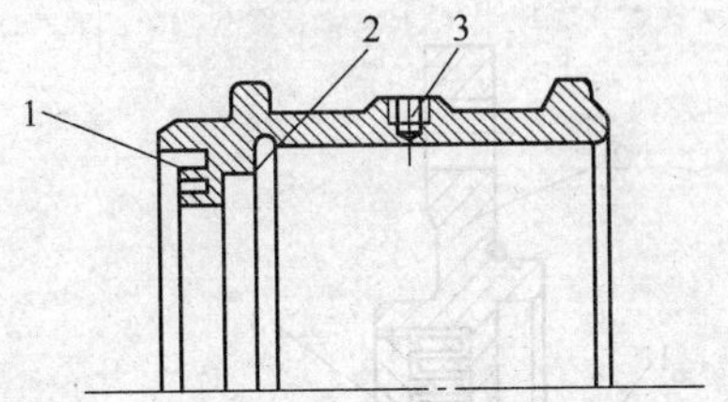

图 3－20　轴箱体

1—迷宫;2—台阶;3—轴温报警器安装孔

CW－2 型准高速客车转向架采用了转臂式轴箱定位装置,其轴箱装置采用金属迷宫式密封,轴承为短圆柱滚子轴承。轴箱只有一侧铸有弹簧托盘,弹簧托盘外侧铸有垂直液压减振器安装孔和轴箱控制杆定位销孔;轴箱的另一侧铸有弹性定位套孔。通过弹性定位套与构架上的定位座相连。轴箱结构的设计可使垂直载荷在轴箱弹簧和弹性定位套之间的分配比例为 2:1,这样可改善轴箱弹簧受力状态。转臂式轴箱的外形结构如图3－21所示。

2. 防尘挡圈

防尘挡圈与防尘板座过盈配合,其外圆设有迷宫槽,与轴箱体上迷宫槽配合。内圆端面支承内侧轴承内圈端面,如图 3－22 所示。

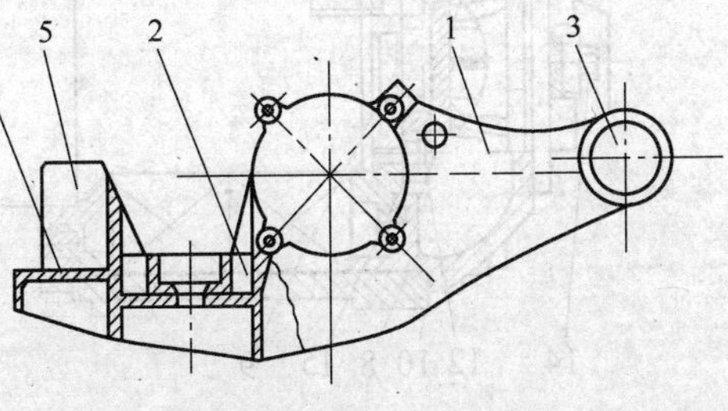

图 3－21　转臂式轴箱

1—轴箱体;2—弹簧托盘;3—弹性定位套孔;4—液压减振器安装孔;5—轴箱控制杆座

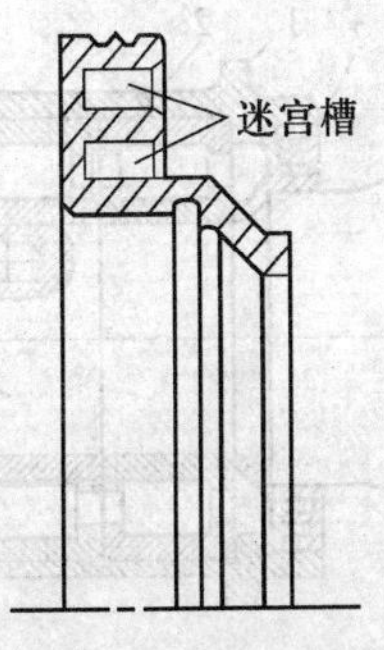

图 3－22　防尘挡圈

3. 安装发电机皮带轮车轴轴箱前盖装置

这种装置由前盖和顶套组成,如图 3－23 所示。

(1)前盖

与一般前盖基本相同,中间为一透孔,设有迷宫槽,与顶套迷宫槽配合起密封作用,如图 3－24所示。

(2)顶套

顶套外圆设有迷宫槽，与前盖迷宫槽配合。内圆端面支承外侧轴承内圈。外端面上设有密封圈槽，以安装密封圈，与皮带轮配合起密封作用，如图 3 - 25 所示。

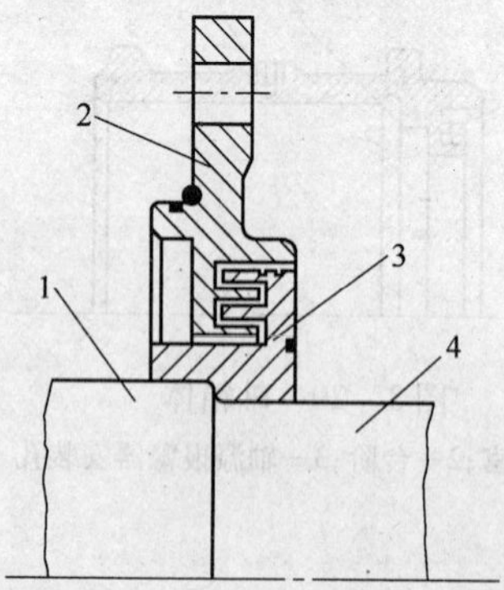

图 3 - 23　轴箱前盖装置

1—轴颈；2—前盖；3—顶套；4—皮带轮座

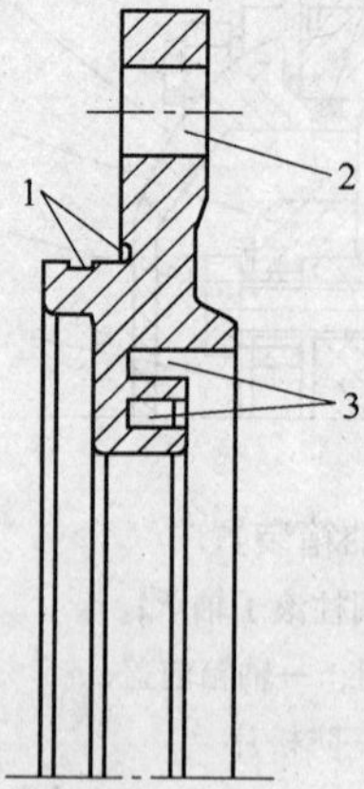

图 3 - 24　前盖

1—密封圈槽；2—螺栓孔；3—迷宫槽

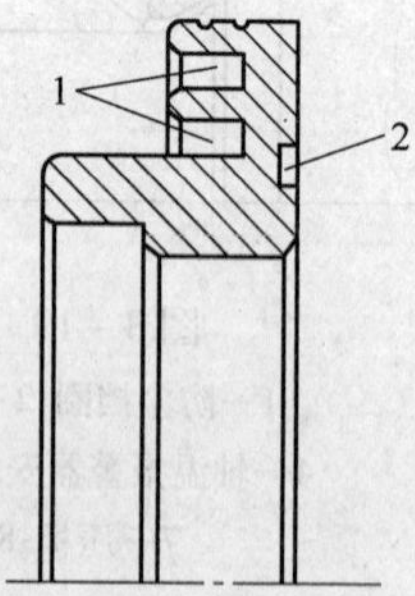

图 3 - 25　顶套

1—迷宫槽；2—密封圈槽

(三)其他类型的轴箱装置

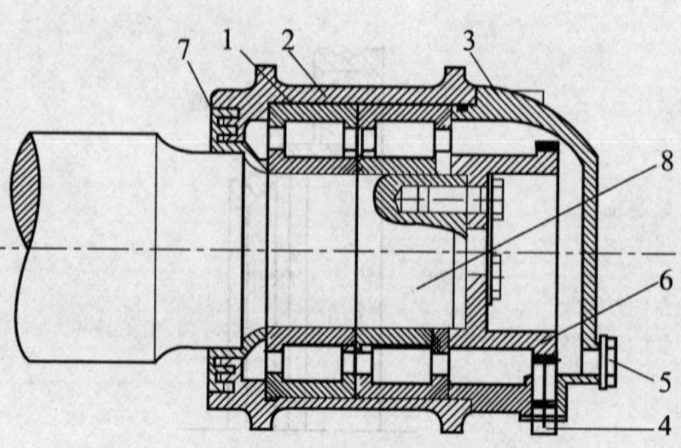

图 3 - 26　带测速齿轮的轴箱装置

1—轴承；2—轴箱体；3—轴箱前盖；4—传感器；
5—观察孔；6—轴端压盖(带测速齿)；
7—防尘挡圈；8—车轴

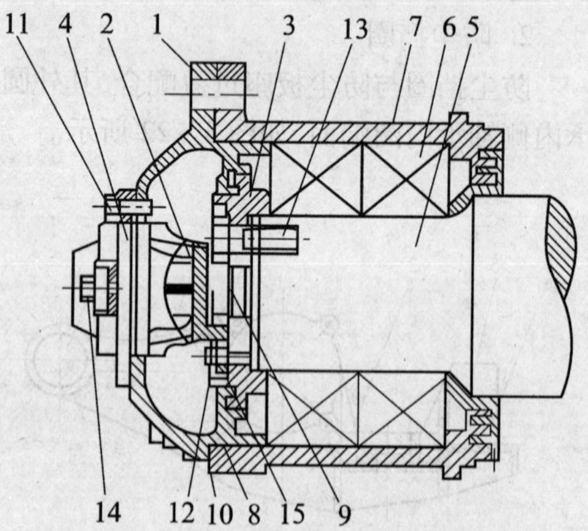

图 3 - 27　带接地装置轴箱

1—轴箱盖；2—摩擦片；3—轴承压盖；
4—接地装置；5—车轴；6—轴承；7—轴箱体；
8,10—密封圈；9—防松片；11—螺栓(1)M10×30；
12—螺栓(2)M10×30；13—螺栓(3)M22×55；
14—接地线螺栓；15—防松片

二、圆锥滚子轴承轴箱结构

国产25T型客车中的AM96型转向架是由加拿大“庞巴迪”公司在法国的ANF子公司提供的，其轮对轴箱装置采用的轴承为双列圆锥滚子自密封式轴承，青藏客车采用BT2－8690 D轴承，非青藏客车采用BT2－8690 D或TBU130(1639605E)轴承。轴承为冷压装配，安装时不需加注润滑脂。日常运用免维修，当运行达80万km时，将轴承拆下，由专业维修工厂负责更新润滑脂。润滑脂型号为SHELL ALVANIA 2760B，其轴箱结构如图3－29所示。

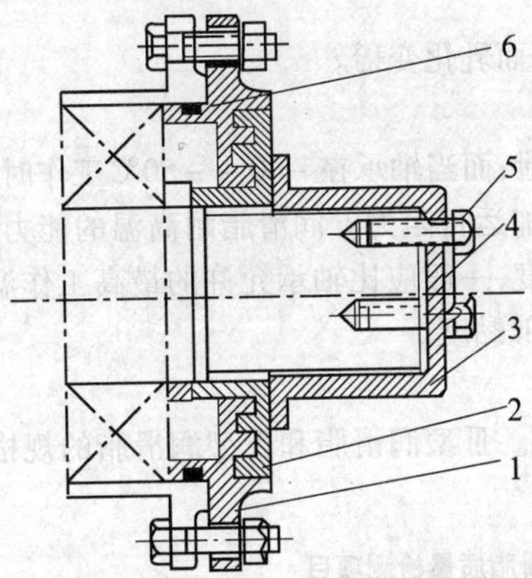

图3－28　轮对轴端皮带轮安装座保护装置

1—轴箱前盖；2—顶套；3—保护套；4—防松片；5—螺栓；6—O形密封圈

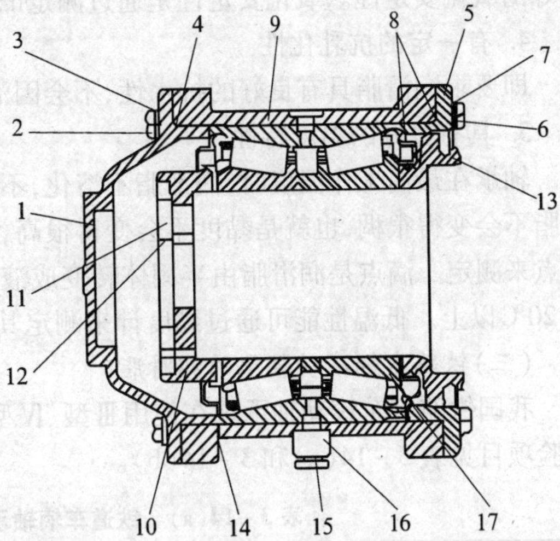

图3－29　圆锥滚子轴承轴箱装置

1—前盖；2—螺栓HM10×50；3—垫圈W10；4—O形密封圈；5—后盖；6—螺栓HM10×30；7—垫圈W10；8—O形密封圈；9—轴箱体；10—压盖；11—螺栓HM20×50；12—防松片；13—后挡；14—O形密封圈；15—润滑器；16—注油装置；17—轴承内圈

三、铁路车辆滚动轴承的润滑脂

(一)润滑脂润滑的特点

铁路车辆滚动轴承承受着较大负荷和冲击振动，且车辆运行于南北方之间，经常受温度变化的影响。所以，根据铁路车辆滚动轴承的结构和使用条件，一般均采用润滑脂润滑。

润滑脂是由润滑油稠化剂及添加剂组成的膏状混合物。它的特点是：油膜强度高、能承受较高的负荷；缓冲性能好，能承受较大的冲击和振动；黏附性能好，在低、中速时不易流失；密封和防护性能好，可有效地防止灰尘、水分及其他有害物质侵入轴承；黏温性能好，油脂黏度受温度变化的影响较小，故可在较大温度范围内使用。

(二)铁路车辆滚动轴承对润滑脂性能要求

1. 具有较好的机械安定性

轴承在工作过程中，润滑脂受到强烈的机械剪切作用，有可能使润滑脂的结构发生破坏，使润滑脂变稀，失去附着在轴承内起润滑作用的能力，轴承内的润滑脂将容易产生流失。因此，要求润滑脂要具有良好的机械安定性。

2. 具有良好的胶体安定性

润滑脂在存放或运用过程中,不应发生油皂分离而大量地析出润滑油,否则会使润滑脂变硬,影响润滑或不起润滑作用。胶体安定性的好坏,在运用中以析出润滑油量的多少和油脂是否变硬来衡量,在实验室里以压力分油法来测定。

3. 具有良好的氧化安定性

氧化安定性也叫抗氧防腐性。润滑脂在运用过程中,在强烈的搅拌和压力下,可能与轴承金属表面和磨耗下来的金属微粒,以及空气中的氧气互相作用而产生带酸性的氧化物,这种酸性氧化物中和润滑脂中的游离碱会使润滑脂变质、失效和腐蚀轴承。因此要求润滑脂要具有良好的氧化安定性。氧化安定性是通过测定旧油脂中游离酸和游离碱来判定。

4. 有一定的抗乳化性

即要求润滑脂具有良好的抗水性,不会因混入水分而乳化变稀。

5. 具有良好的温度特性

轴承在最高工作温度时,润滑脂不溶化,不变稀漏泄;而当轴承在 -40 ~ -50℃工作时,润滑脂不会变得很稠,也就是黏度不会变得很高,以免增加运行阻力。润滑脂耐高温的能力,用滴点来测定。滴点是润滑脂由半固体转变成液体的温度,一般应比轴承允许的最高工作温度高 20℃以上。低温性能可通过黏度计来测定其低温相似黏度。

(三)铁路车辆滚动轴承的润滑脂

我国铁路客车滚动轴承现在使用Ⅲ型、Ⅳ型润滑脂。Ⅲ型润滑脂和Ⅳ型润滑脂的规格和检验项目见表 3-14(a)和 3-14(b)。

表 3-14(a) 铁道车辆轴承Ⅲ型润滑脂质量检测项目

项　目	质量标准	试验方法
滴点(℃)不低于	190	GB/T 115—92
游离碱(NaOH%)不大于	0.10	SH/T 0329—92
游离有机酸	无	SH/T 0329—92
水分(%)不大于	痕迹	GB/T 512—65(90)
钢网分油(%)不大于	5.0	SH/T 0329—92
相似黏度(-20℃, $D=10s^{-1}$)(Pa·s),不大于	1 800	SH/T 0048—91
显微镜杂质(个/cm^3) 10 μm 以上,不大于 25 μm 以上,不大于 75 μm 以上,不大于 125 μm 以上,不大于	 3 000 1 000 200 0	SH/T 0336—92

表 3-14(b) 铁道车辆轴承Ⅳ型润滑脂质量检测项目

项　目	质量标准	试验方法
工作锥入度(0.1 mm)	265 ~ 295	GB/T 269
滴点(℃)不低于	180	GB/T4929
钢网分油(100℃,24h)(%)不大于	5.0	GB/T 0324
水分(%),不大于	痕迹	GB/T 512
相似粘度(-20℃, $D=10s^{-1}$)(Pa·s)不大于	1 800	SH/T 0048
杂质含量(个/cm^3) 10 μm 以上,不大于 25 μm 以上,不大于 75 μm 以上,不大于 125 μm 以上,不大于	 5 000 3 000 500 0	SH/T 0036

第三节　车辆滚动轴承及轴箱装置的检修

一、车辆滚动轴承常见的故障及程度分类

滚动轴承轴箱油润装置尽管故障较少，但由于材质、安装、搬运、振动、受力等原因，也会出现各种故障，这些故障都会对行车安全造成危害，因此，必须掌握、了解这些故障的特征及产生原因，以便在检修中加以消除。

滚动轴承的常见故障的定义、形态特征、所处在的部位、产生的原因及程度分类见表3－15。

二、客车短圆柱滚子轴承及轴箱装置的检修和组装

我国铁道客车车辆滚动轴承检修基本工艺流程如图3－30所示。

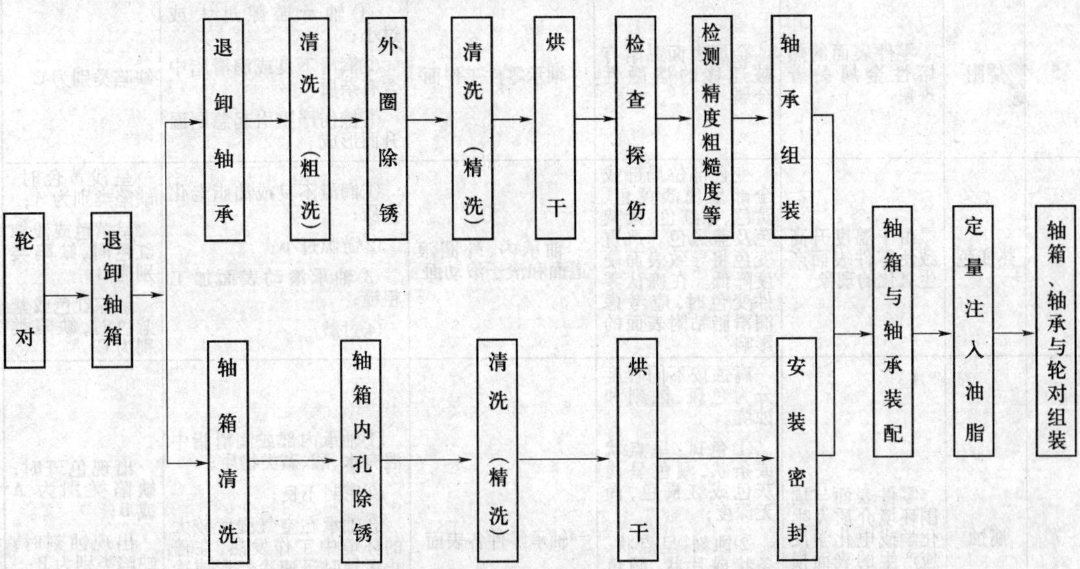

图3－30　客车圆柱滚动轴承检修的基本工艺流程

表3－15　铁道车辆轴承外观缺陷术语及程度分类

序号	缺陷名称	定义	形态特征	部位	原因分析	程度分类
1	麻点	零件表面呈分散或群集状的细小坑点	呈黑色针孔状凹坑；有一定深度；个别存在或密集分布	多出现在轴承内、外圈滚道面和滚子滚动面上，也出现在滚子球基面或内圈滚子引导面上	①金属表面疲劳：在滚动接触应力的循环作用下，在金属亚表层形成微观裂纹，并逐渐发展成凹坑状的微小剥离； ②金属的亚表层存在夹杂物或大颗粒碳化物形成应力集中，过早产生微观裂纹并逐渐发展成剥离； ③装配不当或润滑不良	麻点直径≤0.2 mm时，缺陷类别为A或B； 麻点直径>0.2 mm并有手感时，缺陷类别为C

续上表

序号	缺陷名称	定义	形态特征	部位	原因分析	程度分类
2	辗皮	零件表面由于疲劳而发生的极薄的金属起皮现象	在呈不规则形状的一定面积上产生的极薄的表面起皮或脱落；一般有手感；辗皮后的金属表面失去原有光泽	轴承内、外圈滚道面和滚子滚动面。尤以滚子滚动面上最为常见	①金属表面早期疲劳。由于滚动接触应力滑动摩擦的作用而产生的极浅层的疲劳剥落； ②材质热处理不良； ③润滑不良	辗皮深度≤0.25mm时，缺陷类别为A； 辗皮深度>0.25mm时，缺陷类别为B
3	剥离	零件表面在高接触应力的循环作用下产生的金属片状剥落现象	具有一定的深度和面积；表面呈凹凸不平鳞状；具有尖锐的沟角。通常呈现疲劳扩展特征的海滩状条纹	轴承内、外圈滚道面和滚子滚动面	①过载应力作用； ②材质不良或热处理不当； ③润滑不良； ④装配不当	滚动面出现剥离时，缺陷类别为C
4	擦伤	零件表面因滑动摩擦而产生的金属迁移现象	沿滑动方向，具有一定长度和深度的表面机械性损伤	轴承零件工作面	①轴承游隙过小； ②润滑不良及润滑脂中含有杂质； ③轴向预负荷过大	擦伤深度≤0.025mm时，缺陷类别为B； 擦伤深度>0.025mm时，缺陷类别为C
5	烧附	零件表面的热熔性金属黏着现象	金属表面黏附有被迁移的熔融性金属	轴承零件工作面	①轴承游隙过大或过小； ②润滑不良或润滑脂中含有杂质； ③擦伤严重引起急剧温升而形成	缺陷类别为C
6	热变色	由于温度升高致使零件表面产生氧化的现象	变色部位局部或全部呈现淡黄色、黄色、棕红色、紫蓝色及蓝黑色。严重变色将导致表面硬度降低。在确认零件变色时，应考虑润滑脂粘附表面的影响	轴承内、外圈滚道面和滚子滚动面	①润滑不良或油脂老化变质； ②游隙过小； ③轴承滚动表面加工粗糙； ④过载	呈浅黄色时，缺陷类别为A； 呈黄色或浅棕红色时，缺陷类别为B； 呈棕红色或紫蓝色时，缺陷类别为C
7	腐蚀	零件表面与周围环境介质发生化学或电化学反应产生的表面损伤现象	腐蚀按不同程度分为色斑、蚀刻和蚀坑。 ①色斑：呈点状或条状，颜色呈浅灰色或红褐色，尚无深度； ②蚀刻：呈点状、条状或片状，颜色呈灰黑色，稍有手感； ③蚀坑：呈点状、条状或片状，颜色呈红褐色或黑色，手感明显	轴承零件各表面	①轴承内部或润滑脂中混有水、酸、碱类物质； ②密封不良； ③轴承在空气湿度较大的环境中工作发热，在停止运转时迅速冷却形成冷凝水而导致腐蚀； ④清洗、组装、存放和使用不当	出现色斑时，缺陷类别为A或B； 出现蚀刻时，缺陷类别为B； 出现蚀坑时，缺陷类别为C
8	微振磨蚀	静止状态下的轴承受到小角度回摆和振动在滚子与滚道面间产生的磨蚀，或转动状态下的轴承在载荷循环作用下发生车轴挠曲，致使配合面间反复张合而产生磨蚀的现象	内、外圈滚道面上呈现等间距的褐色或黑色假压痕；配合接触表面产生磨损，表面附有黑色或红褐色的氧化铁粉末	轴承内、外圈滚道面；内圈端面及内径面	①装用轴承较长时间处于非转动状态并受振动影响； ②几何形状不良或配合过盈量不足； ③轴向紧固力不足	轻的微振磨蚀，缺陷类别为B； 严重的微振磨蚀，缺陷类别为C

续上表

序号	缺陷名称	定义	形态特征	部位	原因分析	程度分类
9	凹痕	轴承内混有金属或其他硬性颗粒而使零件表面产生的点状或条状塑性凹陷现象	形状、大小不规则;有一定深度;边缘光滑,略有手感	常出现在轴承内、外圈滚道面上,也出现在滚子滚动面上	①轴承清洁度不够,内部含有金属或其他杂物; ②轴承密封不良	点状凹痕无手感时,缺陷类别为A; 点状凹痕有手感但能修复时,缺陷类别为B; 点状凹痕有手感但无法消除时,缺陷类别为C
10	压痕	因受较大冲击载荷作用,滚子使轴承内、外圈滚动面产生的塑性凹陷。压痕不可修复	压痕呈条状,有深度,其中心线与滚子中心线平行,边缘光滑且与滚子轮廓相吻合	轴承内、外圈滚道面	①轴承受冲击载荷的作用; ②内、外圈滚道面硬度不足	缺陷类别为C
11	拉伤	轴承向轴颈上压装或从轴颈上退卸时,内圈内径及轴颈表面产生的机械性损伤	伤痕一般与轴线平行,严重时有金属移位或表面有附着金属	轴承内圈内径表面和轴颈表面	①压装或退卸轴承时,内圈内径面或轴颈表面有硬性颗粒; ②轴承内圈或密封座的内径倒角过渡不圆滑; ③轴承组装时不正位; ④过盈量过大	轴颈拉伤超过检修允许限度时,加工修理; 轴承内圈内径表面拉伤严重时,该零件报废
12	磕碰伤	轴承零件间或轴承零件与其他硬物间相互碰击而产生的零件表面机械性损坏	多呈棱角形或半月形的刻印状;边缘凸起,手感明显。有时在尖角处产生微裂纹	轴承零件各表面	粗鲁作业及相互碰撞而致	内圈、外圈及滚子碰伤长度≤0.5mm时,缺陷类别为A; 内圈、外圈碰伤面积≤3mm×3mm时,缺陷类别为B; 滚子碰伤面积≤1mm×1mm时,缺陷类别为B
13	划伤	硬性颗粒或物体尖刃部与轴承零件接触并有相对移动而产生的表面线状机械性损伤	呈线状,方向不定,有手感的光亮沟纹	轴承零件各表面	①粗鲁作业; ②油脂中含杂质	划伤无手感时,缺陷类别为A; 划伤有手感但能修复时,缺陷类别为B
14	裂损	轴承零件金属的连续性遭到破坏而产生的损伤	裂纹按其损伤程度可分为裂纹和破损 ①裂纹:呈线状;方向不定;有一定长度和深度;有时肉眼不可见,磁化后有聚粉现象。 ②破损:零件有局部掉块	可发生在轴承零件的任何部位	①材质不良(有夹杂物、折叠、白点等冶金缺陷); ②热处理中渗碳或淬火不当; ③磨削操作不当; ④轴承受非正常冲击力; ⑤材质疲劳; ⑥由其他缺陷诱发产生	缺陷类别为C
15	电蚀	当电流通过轴承时,在接触点或面击穿油膜放电,产生高热,造成金属表面局部熔融形成弧坑或沟蚀	一般呈斑点、凹坑、密集的小坑状;有金属熔融现象。电蚀产生的弧坑在放大境下观察呈火山喷口状。当电流通过运转中的轴承连续击穿油膜时,形成条状平行沟蚀(俗称洗衣板状)。电蚀降低蚀点周围区域金属的硬度,严重时形成剥离	轴承内、外圈滚道面和滚子滚动面	电流通过轴承	缺陷类别为C

续上表

序号	缺陷名称	定义	形态特征	部位	原因分析	程度分类
16	其他缺陷	(1)表面斑纹： 有些轴承的外圈滚道上存在形态不定的斑纹，目视纹理清晰，有浮雕感。由于材质成分偏析经锻造扩孔后分布不均造成。 (2)环形条纹： 在轴承内、外圈滚道面和滚子滚动面上同时呈现规则的周向环形条纹。同一列的轴承内、外圈滚道面和滚子滚动面上，条纹间距吻合，且同一列滚子都有轻重不同的环形条纹。由于机械加工、热处理和表面处理及其他原因造成				

说明：轴承零件外观缺陷程度分为 A、B、C 三类。

A 类——缺陷对轴承性能和使用安全性没有影响，修复与否均可使用，例如轴承内圈端面色斑，滚道面正常均匀磨耗等；

B 类——缺陷对轴承性能和使用安全性有一定影响，但经修复可再使用，例如轴承内圈、外圈滚道凹痕、锈蚀等；

C 类——缺陷对轴承性能和使用安全性有严重影响，不可再修复使用，例如轴承内圈、外圈滚道面压痕或剥离等。

在检修过程中，要重点抓好以下几点重要环节。

(一)轴箱装置的分解和清洗

1. 外部冲洗

滚动轴承和轴箱装置在分解前，应清除轴箱外部油垢或经转向架冲洗机冲洗，但不允许在碱水池中煮洗，以免碱水进入轴箱而腐蚀轴承。

2. 轴箱和轴承的拆卸

分解及拆卸时应注意避免擦伤、碰伤轴颈及轴承滚动表面。轴箱轴承分解过程和组装过程正相反，可参照图 3－31 所示。

拆卸 RC、RD 型轴箱时，先用油压机拔出前轴承楔套，然后再用多钩拆卸工具拆卸前轴承。

RC_0、RD_0、RD_{10} 型轴箱的拆卸比 RC、RD 型轴箱更为方便，开盖卸下轴端紧固装置后，轴箱体连同两轴承外圈和滚子便能轻易地从轴颈上一起取下。在使用感应加热器拆卸两轴承内圈及防尘挡圈时，应严格控制加热时间和温度，防止轴承过热变色，并须彻底退磁。拆卸时严禁锤打或冷拉。

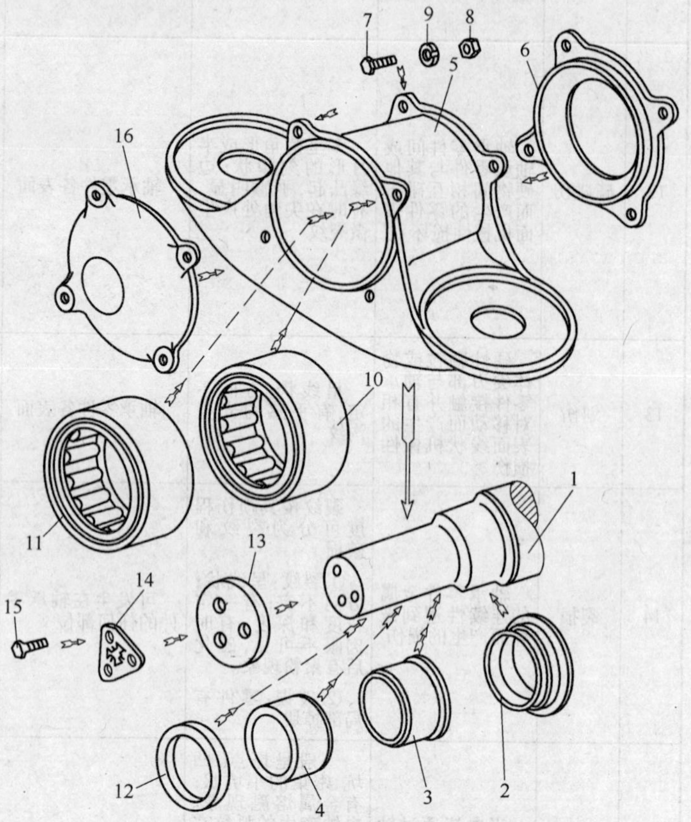

图 3－31　RD_3 型滚动轴承轴箱内各零部件

1—车轴；2—防尘挡圈；3—42726T 轴承内圈；4—152726T 轴承内圈；5—轴箱体；6—轴箱后盖；7—螺栓；8—螺母；9—弹簧垫圈；10—42726T 轴承外圈；11—152726T 轴承外圈；12—152726T 轴承挡圈；13—压板；14—防松片；15—螺钉；16—轴箱前盖

在轴箱轴承拆卸过程中，应仔细观察轴端螺母的紧固状况、轴承与轴箱配合状况、楔套、内圈和轴颈相互之间的配合情况、轴箱后部密封情况、油脂状态等。如有不良现象应分析原因并消除之。卸下的轴箱零件应整齐地放置在架上，废油脂收于专用油桶。

《轮轴规则》对于圆柱滚子轴承及轴箱装置的退卸要求如下：

(1)轮对段(A2、A3)修时，厂(A4)修、轴承、轴箱及其附属配件均须从轴颈上全部退卸。非盘形轮对段修时，轴承内圈及防尘挡圈状态良好并且前次装用时间不超过两个段修期者可不退卸，但 RC_4、RD_4 等型车轴的长轴端其内圈及防尘挡圈每次段修时必须退卸；

(2)轴承内圈及防尘挡圈退卸时须使用感应加热器，加热温度不得超过150℃，凡加热温度超过150℃导致严重变色及变形的内圈不得使用。

3. 轴承和轴箱的清洗

滚动轴承和轴箱分解后，轴承零件须清洗，清洗后各表面及沟角处不得有目视可见的油污、水分、灰尘、纤维物和其他污物。外圈外径面锈蚀时须清除锈垢，允许局部留有除锈后的痕迹。轴承零件清洗后整套轴承的清洁度须符合有关规定要求。

轴箱及其附件须清洗，清洗后各工作表面手感不得有颗粒物存在，非工作表面不得有易脱落的物质，清洁度须达到规定标准。

《轮轴规则》规定，轴承、轴箱及其附件清洗时应选用对轴承零件无腐蚀、具有防锈作用的清洗介质。新轴承一般先在煤油或柴油中清洗，然后在掺有6%～8%变压器油的汽油内清洗。清洗后汽油很快挥发掉，而在轴承表面上遗留一层很薄的变压器油，以防止轴承锈蚀。拆下来的轴承，应先在清洗机内冲洗，再在汽油或煤油槽中清洗。也可使用三氯乙烯蒸气洗涤法来清洗轴承。轴承清洗后用干净抹布拭净，再送检查室分解检查。

(二)轴承的检修

滚动轴承厂修时，必须全部分解检查、探伤、抛光和修理。但客车圆柱轴承采用的铆接保持架及滚子，如状态良好，可不分解。

段修时，整体保持架的圆柱轴承须全部分解检查，带铆接保持架的圆柱轴承外圈滚道不能直接检查，但要转动滚子观察其转动灵活性，听其声音是否正常，并检查滚子与内圈滚道上有无压痕与麻点，以此来判断外圈滚道是否有麻点及剥离，若有可疑现象，或有半数以上的铆钉松动，则应拆卸保持架铆钉检查。

所有滚动轴承不得有裂纹、破损、擦伤、麻点、剥离、锈蚀、电蚀、保持架严重磨耗、保持架铆钉松动或折断和过热变色而使硬度降低等缺陷。

圆柱滚动轴承检修工艺过程如下所述。

1. 轴承分解

分解整体保持架时，将轴承平放，把滚子逐一向中心移动，全部移出外圈滚道后，滚子便随同保持架一起落下。

分解的轴承零件要编号成套摆放，不得与其他轴承的零件混合。

2. 轴承检查

轴承分解后用细布擦净，检查各个零件，若发现有裂纹等不允许的缺陷时，则应更换。

轴承内、外圈及滚子须施行复合磁化磁悬液探伤检查，内圈如不退卸时，须在轴颈上施行复合磁化磁悬液探伤检查。轴承零件探伤后须经过退磁处理，剩磁强度不得大于0.3 mT(3 Gs)，不退卸的内圈在车轴中心孔处测量时不得大于1 mT(10 Gs)。新轴承装用前(进口轴承除外)，须清洗后进行外观检查，并对内圈、外圈、滚子等零件进行全面检测，符合尺寸限度要求。轴承零件须全数进行外观检查，并根据缺陷类别和程度进行判断处理。

3. 轴承修理

轴承内、外圈工作表面和滚动体表面有深度不超过 0. 1 mm 的少量浅压痕、锈点时，可用油石或 00 号砂布蘸油打磨，经处理的轴承零件工作表面及配合面须光滑，有清除压痕、锈点的残留痕迹时，允许继续使用。

轴承的非工作表面允许存在锈痕及深度不超过 0. 3 mm 的划痕、擦伤，超过时须消除，在不影响轴承零件的轮廓尺寸时，允许使用。

轴承内圈表面有裂纹、剥离、擦伤、麻点、严重锈蚀及过热变色后硬度不足 58 ~ 62 HRC 时，须更换新内圈。

保持架不允许存在毛刺、裂纹、严重锈蚀和变形等缺陷。

轴承零件的尺寸精度须按规定项目进行检测，同时在轴承上按规定书写标记，并将检测结果填入记录单中，签字备查。

轴承零件实行原套检修，但因内圈损坏或等级修而需要更换内圈时，须更换同厂家、同型号、同材质新品。

检修轴承中凡有下列情况之一时，须整套报废：

(1)轴承超过寿命管理要求时；

(2)车辆颠覆或脱轨后的全车轴承；

(3)轴承发生热轴或被火灾损伤时；

(4)轴承转动不灵活时；

(5)轴承零件发生电蚀时；

(6)外圈裂损或滚道表面有剥离、擦伤、麻点、严重锈蚀时；

(7)滚子表面有剥离、擦伤、麻点、严重锈蚀及过热变色后硬度不足 58 ~ 62 HRC 时；

(8)保持架严重变形影响滚动时；

(9)轴承零件经外观检查和尺寸检测，出现其他无法修复的故障时。

4. 轴承的组装

经检查修理确认符合要求的轴承零件，应原套组装使用。组装后的轴承检查其转动灵活性，用检测仪器测量轴承外径、内径、径向游隙和轴向游隙等数值并填入检查记录卡片，以便向轴颈上组装时选配。

轴承自由状态下的径向游隙，应测量 3 处，每转 120° 测量一处，其平均值应为 0. 12 ~ 0. 20 mm。单个轴承的轴向游隙，应为 0. 4 ~ 0. 9 mm。

经检验确认合格的轴承，应在刻写制造标记的外圈端面和内圈斜面上，书写检修标记，标记内容为“检修年月，检修单位代号”。年、月分别用 2 位数字表示，如图 3 – 32 所示。标记书写时，不得损伤滚道。采用酸笔书写时须用中和液擦拭；字体高 5 mm，字体端正、笔划清楚、排列整齐。

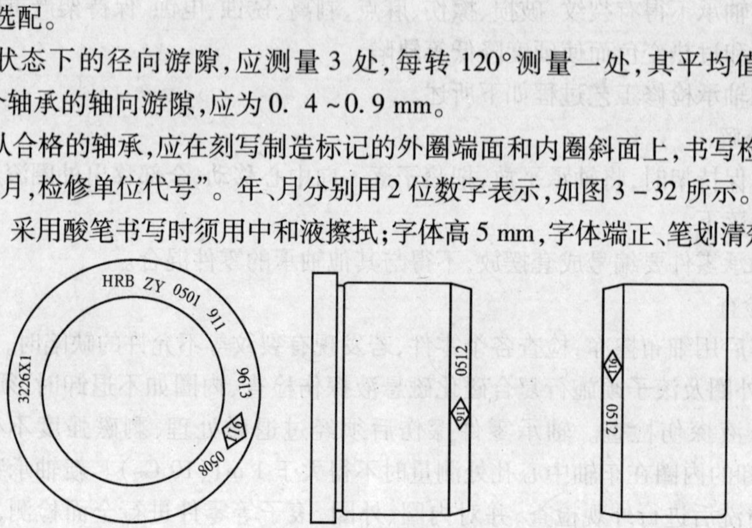

图 3 – 32　滚动轴承检修标记示意图

（三）轴箱及其附件的检修

轴箱及其附属配件检修时须进行除垢、除锈处理，进行外观检查，并按规定项目进行检测，其要求如下：

1. 轴箱体检修

轴箱体有破损、裂纹时更换，弹簧座磨耗过限时允许焊修，焊修后焊缝须打磨处理。

轴箱体内径表面有纵向擦伤或划痕的深度段（A2，A3）修不超过 1.0 mm，厂（A4）修不超过 0.5 mm 时，允许将边缘棱角磨除后使用；局部磨耗深度不超过 0.3 mm 时允许使用，超过时加修或更换，加修后内径表面粗糙度须达到 $Ra = 3.2\ \mu m$；如有锈蚀时须清除锈垢，但允许留有除锈后的痕迹。

轴箱体内孔表面段（A2，A3）修时允许有 5 个直径不大于 3 mm，深度不超过 2 mm 的砂眼或气孔等缺陷存在。

金属迷宫轴箱体密封沟槽上不得有凹陷、变形，有锈蚀、尖角及毛刺时须磨除，密封沟槽局部有轻微变形时，将突出部位磨除处理，经检测合格后使用，尺寸超限时更换新品。

轴箱体上的轴温测孔须清洁，符合图纸规定，螺纹无破损、滑扣。

轴箱弹簧托盘圆孔磨耗不得超过 4 mm，超过时焊修或更换。

CW－2 型轴箱定位销的圆锥表面有擦伤、划痕或锈蚀时须处理。螺纹磨平无法恢复或定位销弯曲变形时须更换。

CW－2 型轴箱弹性节点不得松动，橡胶不得老化、裂损或与金属件脱胶，A3、A4 修时须更新，并对定位销探伤。

SW－160 型轴箱底部轴温报警器连线固定座状态良好。

测量轴箱孔直径时，须在距轴箱体内孔端面 20～40 mm 处测量，同一端面应测量相互垂直的两个直径，其平均值须符合规定限度。

2. 其他零件的检修

（1）轴箱前盖

前盖不得有凹陷、变形，有锈蚀、尖角或毛刺时须消除。裂纹、腐蚀超过限度时更换。所有橡胶件更新。

（2）接地装置

①段（A2，A3）修时须清洗电流回路的外侧，检查接地体与车体接地线的导电性能，所有螺栓无锈蚀、松动，零部件齐全，配线无破损老化；清理接地体中的碳粉。检查碳刷状态，须能自由的滑动，状态不良及碳刷长度距磨耗线小于 5 mm 时须更换。检查弹簧、导线和连接体的连接状况，更换损坏零件，检查弹簧压力的变化，碳刷压强减小量不低于出厂时压强的 10%，摩擦片没有明显的凹凸感，摩擦片的表面平行度大于 0.05 mm 时更换。剩磁不得超过 0.2 mT(2 Gs)。所有弹簧垫圈须使用新品，螺栓须按规定力矩紧固，并涂中强度螺纹锁固胶，标示防松标识。

②厂（A4）修时，接地体、摩擦片、车体接地线、弹簧垫圈、防松片、螺栓和密封圈须使用新品。检验摩擦片剩磁不得超过 0.2 mT(2 Gs)，接地装置碳刷压强不低于 35 kPa，且所有碳刷压强与平均值的偏差不超过 10%。螺栓须按规定力矩紧固，并涂中强度螺纹锁固胶，标示防松标识。

③接地装置螺栓紧固力矩须符合表 3－16 要求。

表 3－16　接地装置螺栓紧固力矩

螺栓规格	M6	M8	M10	M12
紧固力矩（N·m）	8.8	15	45	55

(3)橡胶迷宫式轴箱后盖、骨架油封检查及安装

后盖不得有气孔、夹砂、缺肉等铸造缺陷,有破损、裂纹、翘曲变形及磨耗过限时更换;后盖螺栓不得松动;后盖排水孔应朝下,不可堵塞,排水孔处有毛刺须清除;后盖的骨架油封有装配松动、移位、唇口破损、撕裂、堆磨缺肉,内、外排水沟根部连续裂纹,长度超过全周的1/4或裂纹裂透(见骨架)时须更换;后盖内骨架油封装用两个段修后,须更换新品;每次段修时,O形橡胶密封圈全部更换新品。

骨架油封透光检查:

①内唇口透光检测——将骨架油封放置在仪器上,内唇口应有光线透出;

②内唇口不透光检测——将骨架油封放置在仪器上,内唇口不得有光线透出,但允许有圆周方向累计不超过1/4周长,宽度不超过0.2 mm的透光现象;

③外唇口透光检测——将骨架油封放置在仪器上,外唇口应有光线透出;

④外唇口不透光检测——将骨架油封放置在仪器上,外唇口不得有光线透出,但允许有圆周方向累计不超过1/4周长,宽度不超过0.2 mm的透光现象。

骨架油封压装:压装前检查密封座,倒角处无棱角、毛刺,表面须光滑,在骨架油封外径及后盖密封座表面均匀涂刷一层变压器油。压装时使用专用胎具将骨架油封压入后盖,骨架油封压入后不得有偏斜和不到位现象,如有间隙不得超过0.8 mm。

向轴箱体安装后盖:在后盖与轴箱体接触面上涂刷一层变压器油,沟槽内嵌入O形橡胶密封圈,将后盖排水孔朝下。螺栓丝扣部分涂少量润滑脂,放上弹簧垫圈均匀对角紧固,力矩为176~186 N·m,使两者端面密贴,如有间隙其局部不得超过0.5 mm。

(4)防尘挡圈

防尘挡圈沟槽上不得有裂纹、凹陷、变形,有锈蚀、尖角及毛刺须消除。

(5)测速齿轮及压盖

测速齿轮及压盖均不得有碰伤、腐蚀及变形,组装后作用良好。

(6)轴端螺栓

轴端螺栓材质须为35号钢,无锈蚀、破损、滑扣。

(7)摩擦片

摩擦片表面须清洁,不得有油膜及横向划痕。

(8)O形密封圈及防松片

O形密封圈及防松片不得重复使用。

(四)轮对轴箱装置的组装选配

组装工作间温度必须达到16~30 ℃及以上,轴承、轴箱、轮对与检测量具在组装前必须同温8 h及以上,如不能同室存放时,两室温差不得超过5 ℃。轴承、轮对、轴箱及其附件清洁度须符合有关规定的要求。

1. 测量轴颈及防尘板座的直径

检查轴颈、防尘板座和轴端部,其表面应无毛刺、锐边、碰伤、划伤等缺陷。用外径千分尺按车统58—1“滚动轴承轴箱装置组装记录”(见表3-18)中插图所示的位置测量轴颈和防尘板座的直径。轴颈每断面的直径以该断面上周向相距60°的三点测量值的算术平均值计算,轴颈直径以Ⅰ、Ⅱ两断面直径的算术平均值计算。防尘板座直径以断面Ⅳ所测的两垂直直径的算术平均值计算。所测结果如实记入组装记录表中。

2. 选配轴承及防尘挡圈

为使同一轴颈上的两轴承有同样的工作条件、受力均匀,应尽量使两轴承内圈与轴颈的过盈量和径向游隙相同或接近。同一轴箱内不得组装不同厂家生产的轴承。

防尘挡圈与防尘板座的组装过盈量:新组装轮对为 0.08 ~0.15 mm,检修轮对为 0.04 ~0.15 mm。轴承内圈与轴颈组装过盈量:RC 型新组装轮对为 0.037 ~0.070 mm,检修轮对为 0.030 ~0.070 mm;RD 型新组装轮对为 0.043 ~0.075 mm,检修轮对为 0.035 ~0.075 mm。防尘挡圈及轴承内圈加热温度不得超过 150 ℃,并保温 10 min 以上。

3. 轴承装用标记及轴承编号

新品轴承首次装用时一律在内、外圈上书写装用年月标记、装用单位代号和轴承编号,严禁刻打,如图 3 -33 所示,无装用标记或检修标记轴承,不得装用。

具体规定如下:

(1)装用标记:由汉语拼音字母 ZY 组成,ZY 分别是"装用"两字是汉语拼音的第一个字母。

(2)装用年月标记:由四位数字组成,四位数字中前两位表示年份,后两位表示月份。

(3)装用单位标记:用装用单位代号表示,在装用年月标记后面,如图 3 -33(a)、(b)所示。

(4)轴承编号为装用单位自编的顺序号,排列在装用单位代号后面,如图 3 -33(a)、(b)所示。

(5)更换新内圈时,除在新换的内圈上书写装用年月标记及与外圈相同的轴承编号外,在装用年月的尾部增写字母"H",表示某年某月换装的,以与原内圈有所区别,"H"书写在装用年月与装用单位代号之间,如图 3 -33(c)所示。

(6)标记书写部位:内圈在斜面上,外圈在有字的端面制造厂代号右侧并与制造厂代号间隔约 30°,其书写圆周的平均直径与轴承原有制造标记相同。如 ZY0 510 H 911 000,见图 3 -33(c)。

(7)标记书写时,不得损伤滚道。采用酸笔书写时须用中和液擦拭;字体高 5 mm,要求字体端正、笔划清楚、排列整齐。装用标记须永久保留至该件报废为止,检修时发现标记字迹不清时须重新书写。

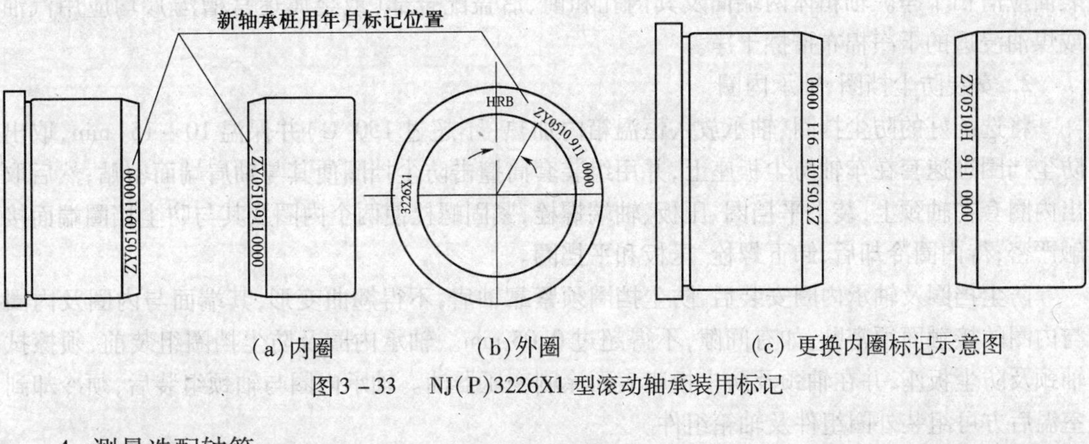

(a)内圈　　(b)外圈　　(c) 更换内圈标记示意图

图 3 -33　NJ(P)3226X1 型滚动轴承装用标记

4. 测量选配轴箱

将轴箱体前端向下放在干净的木板上,擦净内孔,按表 3 -17 中图示位置测量轴箱圆筒内径,以Ⅰ、Ⅱ两断面所测直径尺寸的算术平均值作为轴箱孔内径。

车辆轴颈、防尘板座、轴承、防尘挡圈和轴箱孔的全部选配组装尺寸均应填入车统58—1“滚动轴承轴箱装置组装记录”(见表3－17)。

表3－17 滚动轴承轴箱装置组装记录

mm

<table>
<tr><th rowspan="3">顺号</th><th rowspan="3">组装日期</th><th rowspan="3">车轴型号及轴号</th><th rowspan="3">轴颈位置</th><th colspan="4">车轴直径
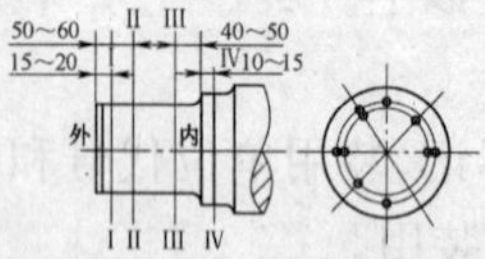
</th><th rowspan="2">车轴防尘板座直径</th><th rowspan="3">防尘挡圈孔径</th><th colspan="3">轴箱圆筒直径
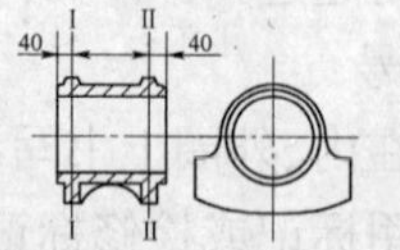
</th><th colspan="8">轴承</th><th colspan="5">选配状态</th><th rowspan="3">备注</th></tr>
<tr><th colspan="4"></th><th colspan="3"></th><th colspan="2">编号</th><th colspan="2">内圈内径</th><th colspan="2">外圈外径</th><th colspan="2">原始径向游隙</th><th colspan="2">轴承内圈与轴颈配合过盈</th><th colspan="2">轴承外圈与轴箱配合间隙</th><th rowspan="2">防尘挡圈与防尘板座配合过盈量</th></tr>
<tr><th>Ⅰ－Ⅰ</th><th>Ⅱ－Ⅱ</th><th>Ⅲ－Ⅲ</th><th>平均$\left(\frac{Ⅱ+Ⅲ}{2}\right)$</th><th>Ⅳ－Ⅳ</th><th>Ⅰ－Ⅰ</th><th>Ⅱ－Ⅱ</th><th>平均$\left(\frac{Ⅰ+Ⅱ}{2}\right)$</th><th>外</th><th>内</th><th>外</th><th>内</th><th>外</th><th>内</th><th>外</th><th>内</th><th>外</th><th>内</th><th>外</th><th>内</th></tr>
<tr><td>1</td><td>2</td><td>3</td><td>4</td><td>5</td><td>6</td><td>7</td><td>8</td><td>9</td><td>10</td><td>11</td><td>12</td><td>13</td><td colspan="2">14</td><td colspan="2">15</td><td colspan="2">16</td><td colspan="2">17</td><td colspan="2">18</td><td colspan="2">19</td><td>20</td><td>21</td></tr>
<tr><td rowspan="2">1</td><td></td><td></td><td>左</td><td></td><td></td><td></td><td></td><td></td><td></td><td></td><td></td><td></td><td></td><td></td><td></td><td></td><td></td><td></td><td></td><td></td><td></td><td></td><td></td><td></td><td></td><td></td></tr>
<tr><td></td><td></td><td>右</td><td></td><td></td><td></td><td></td><td></td><td></td><td></td><td></td><td></td><td></td><td></td><td></td><td></td><td></td><td></td><td></td><td></td><td></td><td></td><td></td><td></td><td></td><td></td></tr>
<tr><td rowspan="2">2</td><td></td><td></td><td>左</td><td></td><td></td><td></td><td></td><td></td><td></td><td></td><td></td><td></td><td></td><td></td><td></td><td></td><td></td><td></td><td></td><td></td><td></td><td></td><td></td><td></td><td></td><td></td></tr>
<tr><td></td><td></td><td>右</td><td></td><td></td><td></td><td></td><td></td><td></td><td></td><td></td><td></td><td></td><td></td><td></td><td></td><td></td><td></td><td></td><td></td><td></td><td></td><td></td><td></td><td></td><td></td></tr>
<tr><td rowspan="2">3</td><td></td><td></td><td>左</td><td></td><td></td><td></td><td></td><td></td><td></td><td></td><td></td><td></td><td></td><td></td><td></td><td></td><td></td><td></td><td></td><td></td><td></td><td></td><td></td><td></td><td></td><td></td></tr>
<tr><td></td><td></td><td>右</td><td></td><td></td><td></td><td></td><td></td><td></td><td></td><td></td><td></td><td></td><td></td><td></td><td></td><td></td><td></td><td></td><td></td><td></td><td></td><td></td><td></td><td></td><td></td></tr>
<tr><td rowspan="2">4</td><td></td><td></td><td>左</td><td></td><td></td><td></td><td></td><td></td><td></td><td></td><td></td><td></td><td></td><td></td><td></td><td></td><td></td><td></td><td></td><td></td><td></td><td></td><td></td><td></td><td></td><td></td></tr>
<tr><td></td><td></td><td>右</td><td></td><td></td><td></td><td></td><td></td><td></td><td></td><td></td><td></td><td></td><td></td><td></td><td></td><td></td><td></td><td></td><td></td><td></td><td></td><td></td><td></td><td></td><td></td></tr>
<tr><td colspan="3">选配签字</td><td colspan="3"></td><td colspan="2">组装签字</td><td colspan="6"></td><td colspan="6">检查签字</td><td colspan="7"></td></tr>
</table>

(五)轴箱装置的组装

滚动轴承轴箱装置的组装质量直接影响着轴承的运用性能,因而组装时必须认真检查并确保各项工序符合技术要求。

1. 组装准备工作

车轴轴颈和防尘板座表面应用汽油或煤油洗擦干净后涂抹一层变压器油,轴承应在加入6%~8%变压器油的汽油中清洗干净,其余零件需在煤油或柴油中洗净。轴箱体和前、后盖外表面应清扫干净。轴箱体两端面及其内孔和前、后盖配合部(或金属迷宫槽沟),均应用汽油或煤油浸透的干净棉布揩擦干净。

2. 安装防尘挡圈、轴承内圈

将选配好的防尘挡圈、轴承放入恒温箱内加热(不超过150 ℃)并保温10~15 min,取出防尘挡圈迅速套在车轴防尘板座上,并用组装套筒撞击防尘挡圈使其与轴肩端面密贴;然后取出内圈套在轴颈上,装上平挡圈、压板、轴端螺栓,紧固螺栓使两个内圈及其与防尘挡圈端面接触严密;待内圈冷却后,卸下螺栓、压板和平挡圈。

防尘挡圈及轴承内圈安装后,防尘挡圈须紧靠轴肩,不得翘曲变形,其端面与内圈及内圈与内圈的接触面须密贴,如有间隙,不得超过0.05 mm。轴承内圈及防尘挡圈组装前,须擦拭轴颈及防尘板座,并在轴颈及防尘板座表面涂刷变压器油。轴承内圈与轴颈组装后,须冷却到室温后方可组装外圈组件及轴箱组件。

同一轴箱内应组装同厂家、同形式、同材质的轴承,两轴承内圈内径差不得超过0.015 mm,组装后外侧轴承内圈外径不得大于内侧轴承内圈外径,厂(A4)修为0.025 mm,段

(A2、A3)修为0.03 mm。

轴颈中心距须符合规定要求，RC_3，RC_4型为(1 930 ±1) mm；RD_3，RD_4，RD_{3A}，RD_{4A}型为(1 956 ±1) mm；RD_{1x}型为(2 036 ±1)mm；RD_{3C}，RD_{3A1}，AM96型为(2 000 ±1) mm。

3. 轴箱体与后盖、轴承外圈组成

将轴箱体倒放在干净的木板上，使后端面向上，在轴箱后盖与轴箱体接触面上涂一层变压器油，把两个O形橡胶密封圈嵌入后盖凸缘外径上的沟槽内，然后将轴箱后盖盖在轴箱孔上，均匀拧紧螺栓，使两者端面密贴，局部间隙不得大于0.5 mm。

轴承外圈组件与轴箱组装时，轴承要在外圈滚道涂一层部定铁道车辆轴承脂，外圈外径和轴箱内径表面涂变压器油。将轴承外圈组件放入轴箱孔内时，不得用铁锤敲打(允许用铜棒轻敲外圈端面)，两轴承外圈的非打字面须相靠，不得装反。轴承内必须填注经理化检验合格的部定铁道车辆轴承脂，油脂应均匀分布。注油量须符合要求。

测量前轴承外圈端面至轴箱前端面的距离，选配轴箱前盖凸缘高度，以保证轴箱前盖压紧轴承外圈端面。

4. 轴箱装置总组装

将轴颈上内圈、防尘挡圈和轴端螺纹孔擦拭干净后均匀涂抹上一层润滑脂，在轴箱后部密封的环形曲路处也涂以适量油脂。向轴箱内填充润滑脂，每个轴箱填充量为：RC_3、RC_4轴箱0.5~0.7 kg，RD_3、RD_4轴箱0.7~0.9 kg。

将填好油脂的轴箱体连同轴承外圈和滚子抬起，在两列滚子间插入一个较内圈外径小0.05 mm的衬套，待轴箱对准轴颈中心后，将其推到轴颈的两个内圈上，衬套则被前轴承内圈顶出。向轴颈上套装轴箱组件时应平稳、正位，防止碰伤轴承滚子、滚道和密封部位。在橡胶油封的唇口和防尘挡圈上均匀地涂抹部定铁道车辆轴承脂。测速齿轮缺损、裂纹时更新；接地装置碳刷磨擦片双耳止动垫圈每次分解后更新。

放入活动挡圈，套上压板，在压板与三个紧固螺栓之间装上防松片，用扭矩扳手紧固螺栓。轴端压盖的螺栓须使用35号钢制品，并有明显的锻造35号钢标记、制造厂标记和制造年标记。轴端压盖螺栓用弹簧垫圈者紧固后封以ϕ1.6~2.0 mm的铁丝并施封，防松片须使用新品。轴端螺栓紧固后，防松片的所有止耳须撬起，每组两个止耳中至少有一个贴靠轴端螺栓的六方平面上，紧固力矩为200~240 N·m。装有接地装置一端的轴端压盖螺栓须用防松片止锁。

轴箱前盖须选配组装，前盖凸缘端面应压紧轴承外圈端面，轴箱前盖必须装用新品O形橡胶密封圈，并在轴箱前盖凸缘处表面涂变压器油，组装后前盖与轴箱体端面间隙为：新组装时橡胶密封式0.5~1.0 mm，金属迷宫式0.5~1.5 mm，检修时0.2~1.5 mm。

轴箱前、后盖的螺栓组装时须加装弹簧垫圈，螺栓须均匀紧固，但最高运行速度120 km/h以上客车的轴箱前盖螺栓须用防松螺母，螺栓及螺母须符合规定。车轴左端的轴箱前盖右上角的螺栓上须安装标志板并施封，标志板须用0.5~1.0 mm的镀锌板按图纸规定制做，安装时须按规定刻打标记，标记须清晰准确。

5. 轴箱窜动量检验和磨合试验

轮对、轴承、轴箱装置组装后须检查技术状态，轴箱转动须灵活，轴向窜动量为0.8~2.0 mm，并进行不少于15 min的磨合试验，不得有异音、卡死、温升异常等现象，并做好记录。

6. 标记

组装竣工后应加施封锁，并在车轴“左”字端面右上角安装轴承标志板牌，轴承标志板标记规定如下。全部工作完成后应详细填写组装记录，见表 3－18、表 3－19。

表 3－18 轴承检修记录单

检修单位：

<table>
<tr><td>检修日期</td><td colspan="2">年 月 日</td><td>轴承编号</td><td></td><td>轴承型号</td><td></td><td>新轴承□
检修轴承□</td><td>进口轴承□
国产轴承□</td></tr>
<tr><td rowspan="15">检修探伤</td><td rowspan="7">轴承</td><td rowspan="2">基本情况</td><td>制造工厂</td><td></td><td>制造年份</td><td colspan="3"></td></tr>
<tr><td>装用年月</td><td></td><td>保持架材质</td><td colspan="3">1. 铜□ 2. 塑钢□</td></tr>
<tr><td rowspan="3">外观检查</td><td>外圈</td><td colspan="3">1. 合格□ 2. 裂损剥离□ 3. 麻点□4. 凹痕压痕□5. 碰伤划伤□
6. 腐蚀□7. 电蚀□8. 热变色□ 9. 超年限□ 10. 其他□</td><td>检查者</td><td></td></tr>
<tr><td>滚子</td><td colspan="3">1. 合格□ 2. 裂损剥离□ 3. 麻点□4. 凹痕压痕□5. 碰伤划伤□
6. 腐蚀□7. 电蚀□8. 热变色□ 9. 其他□</td><td>检查者</td><td></td></tr>
<tr><td>保持架</td><td colspan="3">1. 合格□2. 裂损□3. 变形□4. 其他□</td><td>检查者</td><td></td></tr>
<tr><td rowspan="2">探伤检查</td><td>外圈</td><td colspan="3">1. 合格□2. 裂纹□3. 不探伤□</td><td>探伤者</td><td></td></tr>
<tr><td>滚子</td><td colspan="3">1. 合格□2. 裂纹□3. 不探伤□</td><td>探伤者</td><td></td></tr>
<tr><td rowspan="4">内圈</td><td rowspan="2">基本情况</td><td>制造工厂</td><td></td><td>制造年份</td><td colspan="3"></td></tr>
<tr><td>装用年月</td><td colspan="5"></td></tr>
<tr><td>外观检查</td><td colspan="6">1. 合格□ 2. 裂损剥离□ 3. 麻点□4. 凹痕压痕□5. 碰伤划伤□6. 腐蚀□7. 电蚀□
8. 热变色□ 9. 超年限□ 10. 其他□</td></tr>
<tr><td>探伤检查</td><td colspan="3">1. 合格□2. 裂纹□</td><td>探伤者</td><td colspan="2"></td></tr>
<tr><td rowspan="2">更换内圈</td><td>制造工厂</td><td></td><td>制造年份</td><td></td><td>装用年月</td><td></td><td>更换原因</td></tr>
<tr><td>探伤检查</td><td colspan="3">1. 合格□ 2. 裂纹□</td><td>探伤者</td><td colspan="2"></td></tr>
<tr><td rowspan="3">检测</td><td>项目</td><td>外圈外径</td><td>内圈内径</td><td>内圈外径</td><td>组装前径向间隙</td><td>组装前轴向间隙</td><td></td></tr>
<tr><td>尺寸</td><td></td><td></td><td></td><td></td><td></td><td></td></tr>
<tr><td>工作者</td><td></td><td></td><td></td><td></td><td></td><td></td></tr>
<tr><td>工长</td><td colspan="3"></td><td>质检员</td><td colspan="4"></td></tr>
<tr><td>存放</td><td>库位</td><td colspan="2"></td><td>走行公里</td><td colspan="2"></td><td>等级</td><td></td></tr>
<tr><td>备注</td><td colspan="8"></td></tr>
</table>

表 3－19　轴承与轴颈组装记录单

检修单位：

轴　号		厂代号		轴型	
组装日期	年　月　日	轴箱型式			

车轴尺寸				轴承				
				项目	左		右	
项目		左	右		左外	左内	右外	右内
轴颈直径	1			轴承编号				
	2			装用年月				
	3			外圈外径				
	平均			内圈内径				
轴颈长度				组装后内圈外径				
轴颈圆度				组装后径向间隙				
轴颈圆柱度				防尘挡圈内径				
防尘板座直径				挡圈定位台长度				
轴肩距				组装后轴向间隙				
轴颈中心距				注油量				

轴箱体尺寸				配合情况					
				项目		左		右	
项目		左	右			外	内	外	内
轴箱体内径	1			过盈量	轴承与轴颈				
	2				挡圈与板座				
	平均								
圆筒长				轴端剩余量					
圆筒圆度				轴箱前盖间隙					
圆筒圆柱度				轴箱后盖间隙					
前盖凸缘高度				轴箱窜动量					
最大压装力				终止贴合压力					

轴颈及防尘板座检测者		轴承工长		注油人员	
轴承选配人员		质检员		总组装者	
防尘挡圈选配人员		内圈、防尘挡圈组装人员		组装工长	
轴承发放人员		轴承组装人员		质检员	
防尘挡圈发放人员		活动挡圈组装人员		验收员	
备注					

轴承标志板标记:标志板共分 A、B、C 三栏,如图 3－34 所示。A 栏刻打轮对轴号,B 栏刻打轴承本次组装单位代号,C 栏刻打轴承本次组装年月日。标志板上的标记字高 5 mm,行间距 3 mm。标志板标记刻打示例,如图 3－35 所示。

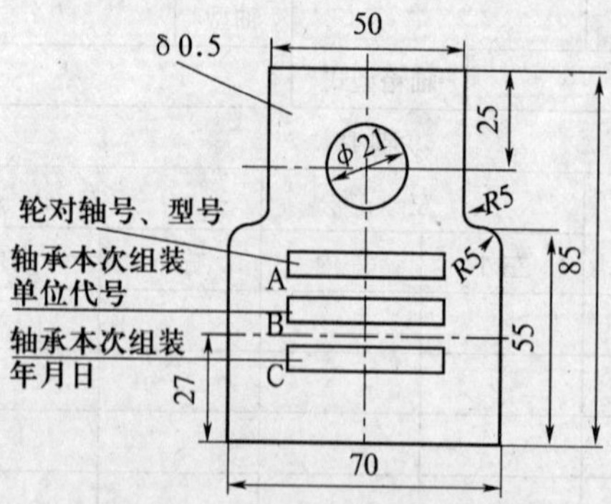

图 3－34 标志板示意图

注:(1)分栏线可以不设,也可以设虚线;

(2)字母 A、B、C 不打在标志板上

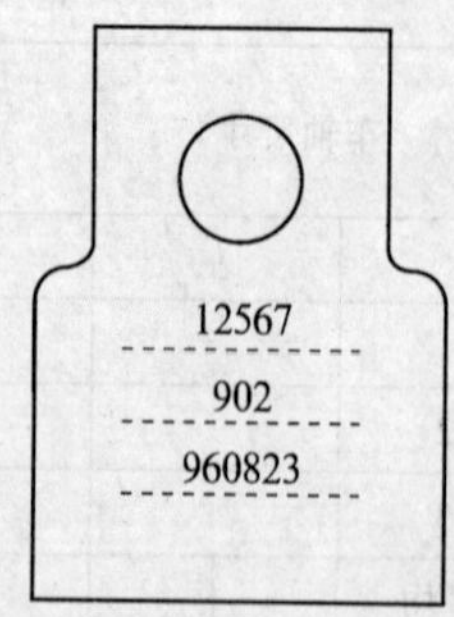

图 3－35 标志板标记示意图

三、客车圆锥滚子轴承及轴箱装置的检修和组装

(一)A2 级检修的要求

1. 轮对各部位必须进行外观检查,并测量各部尺寸,按规定建立轮对卡片,确定施修范围。

2. 轴箱须开盖检查,有下列情况之一者,须对轮对轴箱装置分解进行 A3 修。

(1)轴承(包括外圈、密封座、密封罩、密封胶圈、前盖、后挡、轴端螺栓等)外观有裂纹、碰伤、松动、变形和其他异状时;

(2)轴承密封失效,有甩油、混砂、混水或油脂变质现象时;

(3)轴承有异音、卡滞或其他不正常现象时;

(4)轴承的轴向游隙超过规定限度时;

(5)电焊作业导致电流通过轴承时;

(6)客车颠覆或脱轨时,全车轮对的所有轴承;

(7)轮对遭受水浸或火灾时的轴承;

(8)车轮踏面擦伤、局部凹陷深度达到 2 mm 及以上,或踏面剥离、缺损超过运用限度的轮对上的所有轴承;

(9)发生热轴故障的轴承。

3. 轮对必须清除各部位表面的油漆及锈垢,车轴外露表面必须露出基本金属面(轮座外侧的车轴外露部位除外)。

4. 轮辋须施行超声波探伤检查,发现裂纹等缺陷时可以旋修,超限时报废。

5. 轮对外露部位施行电磁探伤(轮毂外侧车轴外露部位除外)。第 1 次组装时间达到或超过 4 年或剩余组装保证期不足 2 年,施行 A2 修时均须对车轴施行全轴超声波穿透探伤检查,并对车轴的卸荷槽、盘座镶入部施行超声波探伤检查。

6. 对车轴和轮辋实施探伤后,必须按规定填写记录,签字备查。

7. 轮对旋修前，须在轴箱上加装专用防护套，防止铁屑溅入轴箱内。旋修后，测量轮对各部尺寸，符合轴承和轴箱装置检修限度要求，并将车轮踏面滚动圆径向跳动值填入《轮对卡片》(车统—51K)记事栏。

8. 轴箱、前盖须无裂纹，轴端压板、测速齿轮等轴端零件无裂损、变形，轴端零件组装须按A3修有关要求执行。

9. 清理接地装置中磨耗下的碳粉，检查碳刷磨耗量。接地装置检修符合相关要求。

10. 制动盘检修符合相关要求。

11. 测量轴向游隙和窜动量，应为0.1～0.4 mm。

12. 轮对须按A3修标准进行磨合试验。

13. 轮对检修合格后在轴身和车轮内外侧涂刷清漆。

14. 检修完毕的轮对，在轮对左侧轮辐板内侧用白铅油标注"A2"字样。

(二) A3级检修的要求

1. 轮对、轴承及轴箱须进行全面分解检修。

2. 轮对、制动盘、轴箱等附属件检修及要求同装用圆柱轴承检修要求。

3. 轴承、轴箱的退卸(见图3－36)

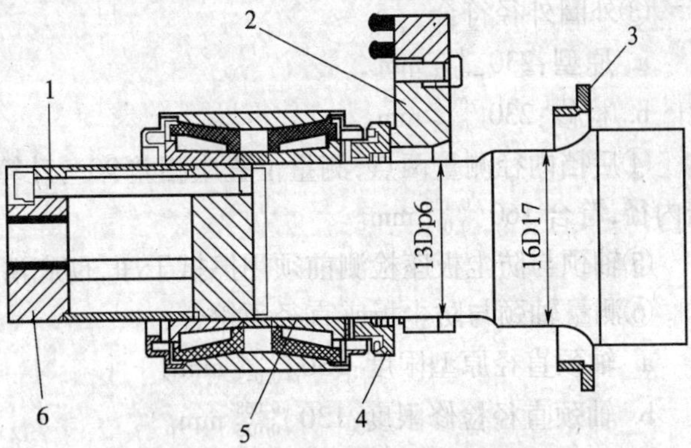

图3－36　圆锥滚子轴承退卸示意图

1—固定螺栓；2—拉板；3—后盖；4—后挡；5—轴颈；6—引导套

(1)轴承及后挡退卸时应保证压力机活塞中心与车轴中心在同一直线上。

(2)退卸过程中应仔细观察，有卡阻等异状时应立即停止作业，查明原因。退卸及运输中严禁野蛮作业，防止零件磕碰。

(3)经判断后的良好轴承送有资质单位进行检修。

4. 滚动轴承凡属下列情况之一时，必须由退卸单位就地报废：

(1)车辆颠覆或脱轨后的全车轴承；

(2)由于电流通过引起的局部放电而造成的斑点、凹槽或槽纹等表面电蚀损伤的轴承；

(3)锈蚀严重，不能正常转动的轴承；

(4)发生燃轴或火灾被损伤的轴承；

(5)外圈破损的轴承；

(6)轴承使用达到280万km公里或10年；

(7)其他无修复价值的轴承。

5. 测量轴箱内径：内径分别在距其两端55～65 mm处测量，同一断面应测量相互垂直的两个直径，符合下列要求：

原型内径：$230^{+0.046}_{0}$ mm

检修内径：$230^{+0.15}_{-0.02}$ mm

圆柱度：≤0.075 mm

圆度：≤0.15 mm

注：轴箱内径椭圆的长径应在垂直方向上。

6. 总组装的要求

(1)检查、测量轮对各部尺寸,符合轴承和轴箱装置检修限度要求。

(2)同一车轴上不允许混装不同型号轴承。压装间温度在 16 ~ 30 ℃之间,待选配的轮对、轴承及附件和量具必须同温存放 8 h 以上,若无同温条件,存放室温差不得大于 5 ℃。

(3)轴承、后挡选配

①检修轴承压装前必须复测内圈内径和外圈外径,新轴承以检测数据为准。

②轴承内径符合:

a. 原型:$130_{-0.025}^{0}$ mm。

b. 检修:$130_{-0.025}^{+0.005}$ mm。

③外圈外径符合:

a. 原型:$230_{-0.13}^{0}$ mm。

b. 检修:$230_{-0.15}^{0}$ mm。

④后挡内径测量两点,测量位置应相差 90°,计算圆度应小于 0.03 mm,取两者平均数为后挡内径,符合 $160_{+0.043}^{+0.125}$ mm。

⑤轴颈与防尘板座检测前须用擦拭干净,彻底清除各部毛刺。

⑥测量轴颈与防尘板座直径须符合:

a. 轴颈直径原型限度:$130_{+0.043}^{+0.068}$ mm。

b. 轴颈直径检修限度:$130_{+0.025}^{+0.068}$ mm。

c. 防尘板座直径原型限度:$160_{+0.134}^{+0.174}$ mm。

d. 防尘板座直径检修限度:$160_{+0.06}^{+0.174}$ mm。

e. 轴颈直径须分 3 处测量(分别距轴端 30 ~ 40 mm、85 ~ 95 mm 和 140 ~ 150 mm),每处测量 2 点,每点均须相差 90°,按平均值确定直径 ϕⅠ、ϕⅡ 和 ϕⅢ,轴颈圆度及圆柱度须小于0.015 mm。

f. 防尘板座直径测量位置距轴颈后肩为 10 ~ 15 mm 处,测量 2 点,两点须相差 90°,两点测算圆度须小于 0.025 mm,以两点平均数确定直径。

⑦轴承内圈与轴颈过盈量:0.043 ~ 0.093 mm。

⑧防尘板座与后挡过盈量:0.009 ~ 0.131 mm。

(4)轴承压装(见图 3 - 37)

①压装间清洁度须符合有关要求。

②轮对轴端螺栓孔内须清洁,不得有颗粒物及污垢。

③配件各部无毛刺,轴颈各部干净。

④轴承压装前,外圈环带部位必须刻写装用标记和轴承编号。

⑤在轴颈及防尘板座上均匀涂抹一层油脂(型号:

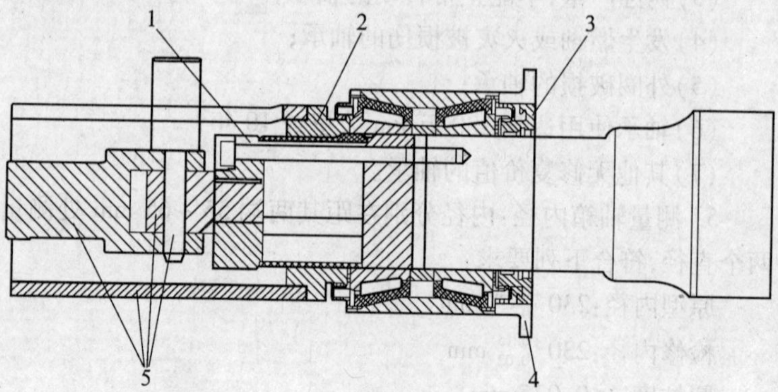

图 3 - 37　圆锥滚子轴承压装示意图

1—组合件轴套;2—定位轴套;3—后挡;4—后盖;5—压力机

MOLYKOTE G－N PLUSPASTE 或 MOLYKOTE DX)。

⑥按选配好的后挡、轴承一一对号确认位置。

⑦压装前检查轴承中隔圈须正位。待中隔圈压入引套后,开始人工转动轴承2～3圈。压装过程中,轴承外圈应能旋转自如。压装压力为58.8～215.6 kN,终止贴合压力为274.4～313.6 kN,压力超过313.6 kN时,须更换聚酰胺挡板。

⑧测量轴端剩余量,符合(11.5±0.5) mm。

⑨测量轴承压装后的轴向游隙值,推(拉)力为294～490 kN,游隙须为0.10～0.40 mm。

(5)安装轴箱前须在其内壁涂抹一薄层LGAF 3E型专用润滑脂,轴箱内外方向须正确。

(6)在轴承内密封罩上涂抹一层油脂(型号:SKF LGMT 3/5)。

(7)压板和测速齿轮组装必须使用防松片新品,螺栓采用8.8级,扭矩145 N·m。防松片止耳须贴紧螺栓平头的某一平面。

(8)有接地装置时须安装接地摩擦片,防松片使用新品,防松片止耳须贴紧螺栓平头的某一平面,螺栓扭矩20 N·m。

(9)组装轴箱前、后盖,O形密封圈须用新品,前盖螺栓扭矩45 N·m后盖螺栓扭矩50 N·m。

(10)测量轴箱窜动量、前盖与轴箱体间隙,须为0.1～0.4 mm。

(11)轴箱前盖组装后,须在车轴左端轴箱前盖右下角安装标志牌,标志牌上须刻打轴号、段代号及组装年、月、日。

7. 磨合试验

(1)轴箱组装竣工后,须进行磨合试验。

(2)磨合试验时,轮对的转速应不小于200 r/min。

(3)磨合试验时间不少于15 min,不得有异音、卡死、温升异常等现象,并做好记录。

8. 检修完毕的轮对,在轮对左侧轮辐板内侧用白铅油标注"A3"字样。

复习思考题

1. 滚动轴承有哪些优点?
2. 试述滚动轴承的工作原理。
3. 说明用GB/T273—1988标准表示的滚动轴承的各段代号的含义。
4. 说明用GB/T272—1993标准表示的滚动轴承的各段代号的含义。
5. 车辆滚动轴承有哪些特点?
6. 铁路车辆用滚动轴承的种类和型号有哪些?
7. 铁路车辆用的滚动轴承对润滑脂的性能有哪些要求?
8. 圆柱滚动轴承轴箱装置和无轴箱圆锥滚动轴承装置各由哪些零件组成?
9. 滚动轴承有哪些损伤?哪些是可以修复的?
10. 圆柱滚动轴承轴箱的损伤有哪些?如何修理?
11. 圆柱滚动轴承轴箱装置组装选配时应测量哪些尺寸,有何技术要求?
12. 圆柱滚动轴承轴箱前盖与轴箱体组装后它们之间为什么要有一定间隙?
13. 圆锥滚动轴承装置在什么情况下应实施一般检修?
14. 圆锥滚动轴承压装时有何技术要求?

第四章

弹簧及减振装置

本章主要内容有弹簧的作用分类及主要特性、钢弹簧的结构及检修；橡胶弹簧、空气弹簧、高度控制阀、差压阀、油压减振器的结构及检修。学习完本章后，应对客车弹簧及减振装置的构造及作用原理有一个全面的认识，能对弹簧及减振装置进行检修作业。

车辆在轨道上运行时，将伴随产生复杂的振动现象。列车运行速度越高，这些振动和冲击的危害就越严重。为减少有害的车辆冲动，提高车辆运行的平稳性，车辆必须在走行部分安装缓和冲击和衰减振动的装置，即弹簧减振装置。

车辆上采用的弹簧减振装置，按其主要作用的不同，大体可分为三类：一类是主要起缓和冲击的弹簧装置，如中央及轴箱的螺旋圆弹簧；二类是主要起衰减（消耗能量）振动的减振装置，如垂向、横向减振器；三类是主要起定位（弹性约束）作用的定位装置，如轴箱轮对纵、横方向的弹性定位装置，摇动台的横向缓冲器及纵向牵引拉杆。

上述各类装置在车辆振动系统中又称为弹性悬挂装置。这些装置对车辆运行是否平稳，能否顺利通过曲线并保证车辆安全运行，都起着重要的作用，故应合理地设计其结构，选择适宜的各项参数。

第一节　弹簧的作用、分类及主要特性

一、弹簧装置的主要作用

铁道车辆弹簧装置的作用主要体现在二个方面：一是使车辆的质量及载荷比较均衡地传递给各轮轴，并使车辆在静载状况下（包括空、重车），两端的车钩距轨面高度应满足《铁路技术管理规程》规定的要求，以保证车辆的正常连挂；二是缓和因线路的不平顺、轨缝、道岔、钢轨磨耗和不均匀下沉，以及因车轮擦伤、车轮不圆、轴颈偏心等原因引起车辆的振动和冲击。由于有弹簧装置，使车辆的弹簧以上部分和弹簧以下部分分成既有联系又有区别的两个部分。即簧上、簧下的作用力既相互传递，而运动状态（位移、速度、加速度）又不完全相同。车辆内设置弹簧装置可以缓和轮轨之间相互作用，可以提高车辆运行的舒适性和平稳性，保证旅客舒适，安全，保证货物完整无损，延长车辆零部件及钢轨的使用寿命。

二、弹簧的分类

车辆上采用的弹簧种类很多，按其材质可分为钢质弹簧、橡胶弹簧、空气弹簧三类。

1. 钢质弹簧：主要包括叠板弹簧、螺旋弹簧、环弹簧、抗侧滚扭杆等，其结构形状如图 4－1、

图 4－2、图 4－3 所示。另外，组合使用的弹簧，可多个、多种弹簧组合在一起：有的串联使用，有的并联使用，有的同类弹簧使用，有的异形弹簧组合。图 4－4 所示为叠板弹簧与螺旋弹簧组合的形式。

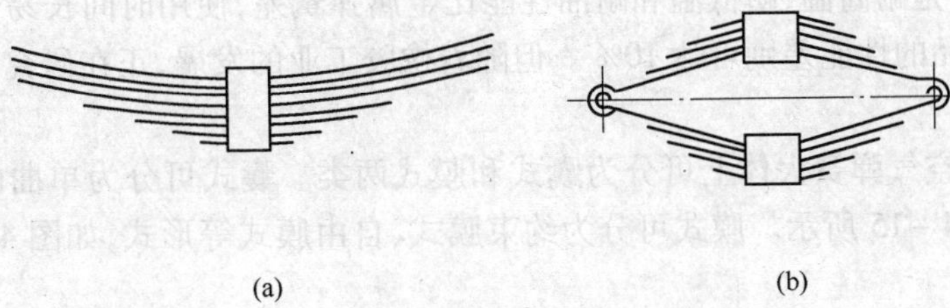

图 4－1　叠板弹簧结构形状

(a)弓形弹簧；（b)椭圆弹簧

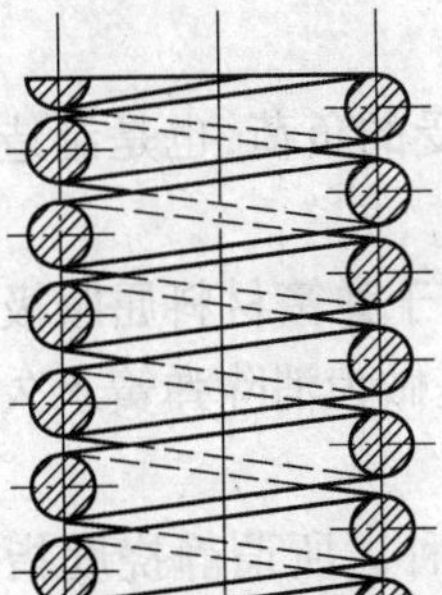

图 4－2　圆柱螺旋弹簧

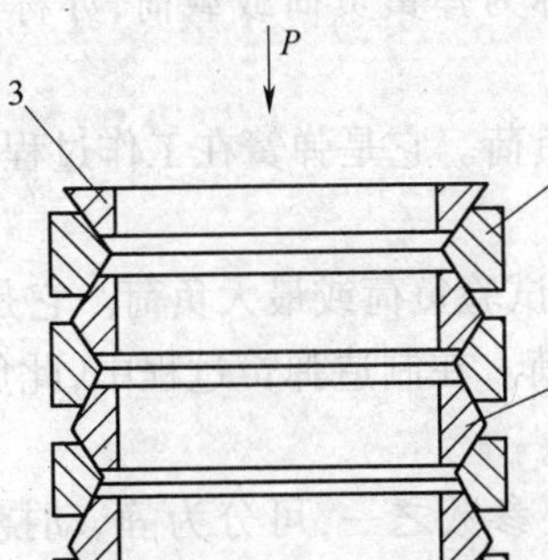

图 4－3　环形弹簧

1—外环簧；2—内环簧；3—半面环簧

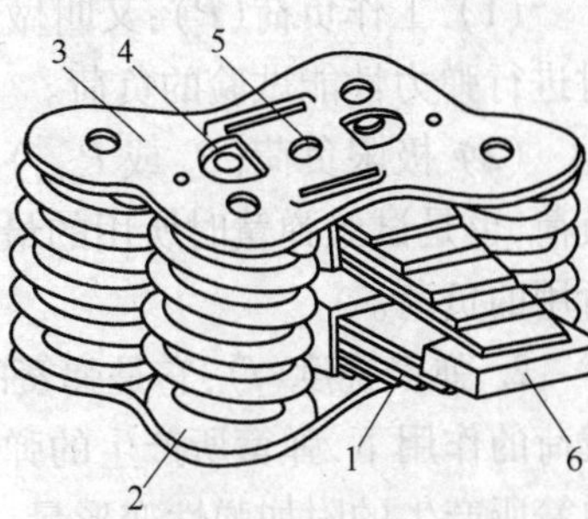

图 4－4　多个弹簧的组合

1—叠板弹簧；2—螺旋弹簧；3—弹簧夹板；4—螺栓；5—垫环；6—端垫

2. 橡胶弹簧：车辆上橡胶元件主要用于定位装置。此外车体与摇枕、摇枕与构架、轴箱与构架、弹簧支承面等金属件接触部位之间，常采用橡胶衬垫、衬套、止挡等橡胶元件。如图 4－5 所示为常见的橡胶元件的形式。

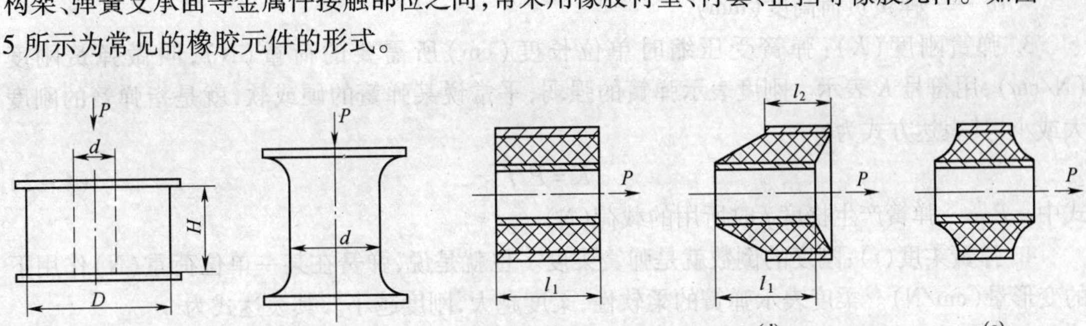

图 4－5　橡胶弹簧

(a)直柱形橡胶弹簧；(b)带圆角的圆柱形橡胶弹簧；(c)、(d)、(e)衬套式橡胶弹簧

铁道车辆上采用橡胶元件具有下列优点：①可以自由确定形状，使各个方向的刚度根据设计要求确定。利用橡胶的三维特性可同时承受多向载荷，以便于简化结构。②可避免金属件

之间的磨耗，安装、拆卸简便，并无需润滑，故有利于维修，降低成本。③可减轻自重。④具有较高内阻，对高频振动的减振以及隔音性有良好的效果。⑤弹性模量比金属小得多，可以得到较大的弹性变形，容易实现预想的良好的非线性特性。

它的缺点主要是耐高温，耐低温和耐油性能比金属弹簧差，使用时间长易老化，而且性能离散度大，同批产品的性能差别可达10%。但随着橡胶工业的发展，正在研究改进橡胶性能，以弥补这些不足。

3. 空气弹簧：空气弹簧大体上可分为囊式和膜式两类。囊式可分为单曲的、双曲的和多曲的等形式，如图4－15所示。膜式可分为约束膜式、自由膜式等形式，如图4－16、图4－17所示。

三、弹簧的主要特性参数

弹簧的主要特性是挠度、刚度和柔度。下面介绍几个与弹簧主要特性有关的概念。

1. 弹簧负荷：弹簧承受的外力，称为弹簧负荷或载荷，亦称荷重，单位为N。弹簧负荷通常有以下两种：

（1）工作负荷（P）：又叫做常用负荷。它是弹簧在工作过程中承受的负荷，也是制造弹簧时进行弹力性能试验的负荷。

（2）极限负荷（P_S或P_{max}）：又叫试验负荷或最大负荷。它是对应于弹簧材料屈服极限的负荷，也是试验弹簧时所用的最大负荷。在制造弹簧过程中，此负荷是做为消除弹簧永久变形所用的负荷。

2. 弹簧挠度（f）：它是弹簧的重要参数之一，可分为静、动挠度两种。所谓静挠度指在静载荷的作用下，弹簧所产生的弹性变形量。所谓动挠度指车辆在运行中，在动载荷的作用下，弹簧所产生的附加弹性变形量。

弹簧挠度的计算公式为

$$f = H_0 - H_p \tag{4-1}$$

式中 f——弹簧挠度（mm）；

H_0——弹簧自由高度（mm）；

H_p——弹簧负荷高度（mm）。

3. 弹簧刚度（K）：弹簧受压缩时单位长度（cm）所需要的荷重（N），叫做弹簧刚度（N/cm），用符号K表示。刚度表示弹簧的强弱，平常说某弹簧的硬或软，就是指弹簧的刚度大或小，其表达方式为

$$K = P/f \tag{4-2}$$

式中 P——弹簧产生挠度f时所用的载荷（N）。

4. 弹簧柔度（i）：刚度的倒数就是弹簧柔度。也就是说，弹簧在某一单位荷重（N）作用下的变形量（cm/N）。柔度表示弹簧的柔软性，柔度越大，刚度越小。其表达式为

$$i = 1/K = f/P \tag{4-3}$$

5. 弹簧挠度裕量：在最大计算载荷下弹簧的挠度与其静挠度之差。

6. 挠度裕量系数：弹簧挠度裕量与弹簧静挠度之比值。

弹簧的特性可用弹簧挠力图表示，设纵坐标表示弹簧承受的载荷P，横坐标表示其挠度f，如图4－6所示（不考虑内部阻力的情况）。

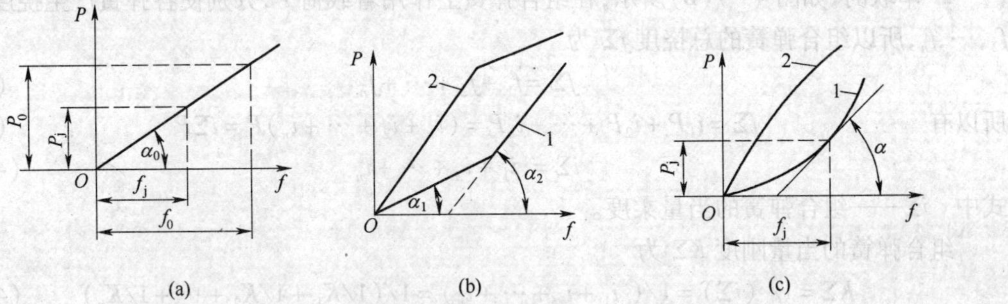

图 4－6　弹簧挠力图

(a)线性弹簧特性;(b)分段线性弹簧特性;(c)非线性弹簧特性

图(a)表示力与挠度呈线性关系,即弹簧刚度为常量。螺旋圆弹簧的特性就是如此。

图(b)表示力与挠度呈分段线性关系,属于非线性弹簧,又称准线性。图(b)曲线 1,刚度特性为“先软后硬”,如一些重载货车上采用的两级弹簧的特性就是这样情况。

图(c)表示力与挠度呈曲线关系,即刚度随着载荷的变化而变化。为非线性特性。图(c)中曲线 1 的刚度,随载荷增加而逐渐增大,如车辆上采用的一些橡胶弹簧,横向缓冲器的特性就是属于这种特性。

显而易见,在车辆悬挂系统中,为了减小振动,控制振动位移在一定范围内,不能使用图中曲线 2 的特性(“先硬后软”或随载荷增加,刚度逐渐变小)弹簧。

弹簧刚度特性的表达式为

线性弹簧
$$K=\frac{P}{H_0-H}=\frac{P}{f}=\tan\alpha_0=常量 \tag{4-4}$$

非线性弹簧
$$K=\frac{\mathrm{d}P}{\mathrm{d}f}=\tan\alpha \tag{4-5}$$

式中　α、α_0——挠力线(或挠力线某点的切线)与横坐标轴的夹角;

K——弹簧刚度(N/m);

i——弹簧柔度(m);

H_0——弹簧自由高度(m);

H——静载荷作用下弹簧高度(m);

P——弹簧承受的静载荷(N);

f——静载荷作用下弹簧的挠度(N)。

四、弹簧组合的刚度及柔度

为了改善弹簧的特性,适应安装位置及空间大小的需要,在铁路车辆上时常采用组合弹簧。这些弹簧有并联,串联和串并联三种。组合弹簧的总(当量)刚度计算方法如下:

1. 并联时,如图 4－7(a)所示,一般弹簧为对称分布。由于各弹簧在载荷 P 作用下产生相同的挠度 f,所以 n 个弹簧中的每个弹簧上分布的载荷分别为

$$P_1=K_1f, P_2=K_2f, \cdots, P_n=K_nf$$

所以有
$$P=P_1+P_2+\cdots+P_n=(K_1+K_2+\cdots+K_n)f=K\Sigma f \tag{4-6}$$

式中
$$K\Sigma=K_1+K_2+\cdots+K_n \tag{4-7}$$

并联布置的弹簧系统的当量刚度等于各个弹簧刚度的代数和。

2. 串联时，如图 4－7(b)所示，在组合弹簧上作用着载荷 P，分别使各弹簧产生挠度为 f_1，f_2，…，f_n，所以组合弹簧的总挠度 $f\Sigma$ 为

$$f\Sigma = f_1 + f_2 + \cdots + f_n \tag{4-8}$$

所以有

$$f\Sigma = i_1P + i_2P + \cdots + i_nP = (i_1 + i_2 + \cdots + i_n)P = i\Sigma P \tag{4-9}$$

$$i\Sigma = i_1 + i_2 + \cdots + i_n \tag{4-10}$$

式中 $i\Sigma$——组合弹簧的当量柔度。

组合弹簧的当量刚度 $K\Sigma$ 为

$$K\Sigma = 1/(i\Sigma) = 1/(i_1 + i_2 + \cdots + i_n) = 1/(1/K_1 + 1/K_2 + \cdots + 1/K_n) \tag{4-11}$$

当 $K_1 = K_2 = \cdots = K_n = K$ 时，有

$$K\Sigma = K/n \tag{4-12}$$

串联布置的弹簧系统的总柔度等于各弹簧柔度的代数和。

3. 串并联时[图 4－7(c)]，可先将各级并联弹簧当量刚度用式(4－7)计算出来，然后简化成串联布置的当量弹簧系统，再用式(4－11)计算其当量刚度，就是整个系统的当量刚度。

在讨论弹簧系统的总柔度或总刚度时，弹簧自重忽略不计。在车辆静载荷作用下的挠度称为静挠度，弹簧装置刚度小，静挠度大，使得车体自振频率低，这对车辆运行平稳性有利。所以，在条件允许的情况下，应尽可能采用较大的弹簧静挠度。

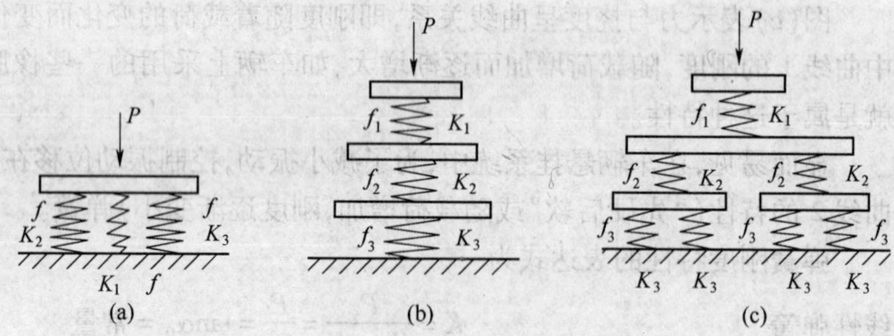

图 4－7 弹簧系统布置

(a)并联；(b)串联；(c)串并联

第二节 钢弹簧的结构

钢质弹簧主要包括叠板弹簧、螺旋弹簧、环弹簧、抗侧滚扭杆。考虑到客车更新换代较快，只介绍现有客车中使用的螺旋弹簧、环弹簧、抗侧滚扭杆等几种弹簧的结构。

一、弹簧的结构

(一)螺旋弹簧

弹簧呈螺旋状，有圆柱形和圆锥形。

在铁路车辆上通常采用簧条截面为圆形的圆柱压缩螺旋弹簧，故又称圆簧，如图 4－8 所示。常用的弹簧材质有 55Si2Mn 和 60Si2Mn 两种。这种硅锰弹簧钢热处理时有较高的淬透性，加热时氧化皮较少，能获得较好的表面质量与较高的疲劳强度，而且与其他合金弹簧钢相比价格低廉，其化学成分见表 4－1。

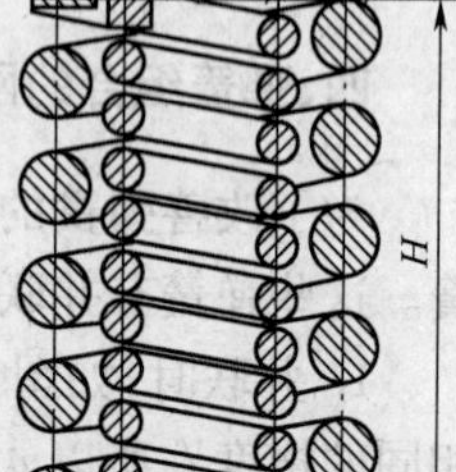

图 4－8 双卷螺旋弹簧

1—外层簧；2—内层簧

此外，车辆上也有某些弹簧采用碳钢或铬锰钢。

制造弹簧时分为冷卷与热卷，车辆转向架上采用的簧条直径一般都较粗，故多为热卷。另外，制造时还要将簧条每端约有3/4圈的长度制成斜面，使弹簧卷成后，两端成平面，以保证弹簧平稳站立，并尽量减少偏载。两端的3/4圈作为支持平面，是弹簧辅助部分，起传递载荷作用。

表4－1　车辆用弹簧钢化学成分

牌号	元素含量(%)						
	w(C)	w(Mn)	w(Si)	w(Cr)	w(Ni)	w(S)	w(P)
					不大于		
55SiMn	0.50～0.60	0.60～0.90	1.50～2.00	0.30	0.50	0.05	0.05
60SiMn	0.55～0.65	0.60～0.90	1.50～2.00	0.30	0.50	0.05	0.05

（二）环弹簧

由多个具有锥面配合的弹性环组成的弹簧叫做环形弹簧，简称环弹簧，其结构形状如图4－3所示。内环的外面和外环的内面都做成V形锥面，组装时，要求有一定的初压缩力，以保证环弹簧锥面间的密贴配合。当环弹簧受力压缩时，由于内、外环为锥面配合，受力后外环扩张，内环缩小，产生轴向弹性变形，起到缓冲作用。与此同时，内、外环锥面间有相对滑动，因摩擦而做功，从而使部分冲击能量变为摩擦功而消失。当外力去除后，各内、外环由于弹力而复原，此时同样也要消耗部分冲击能量。

（三）抗侧滚扭杆

1. 抗侧滚扭杆装置组成

高速车辆为了改善垂向动力学性能，克服转向架的二系弹簧刚度较低而导致车辆在运动中的侧滚幅度加大的缺点，从而增加舒适度，在转向架中增设了抗侧滚扭杆装置。抗侧滚扭杆装置由1根扭杆，2个扭臂，1个可调节连杆，1个固定连杆和2个支承座组成，如图4－9所示。

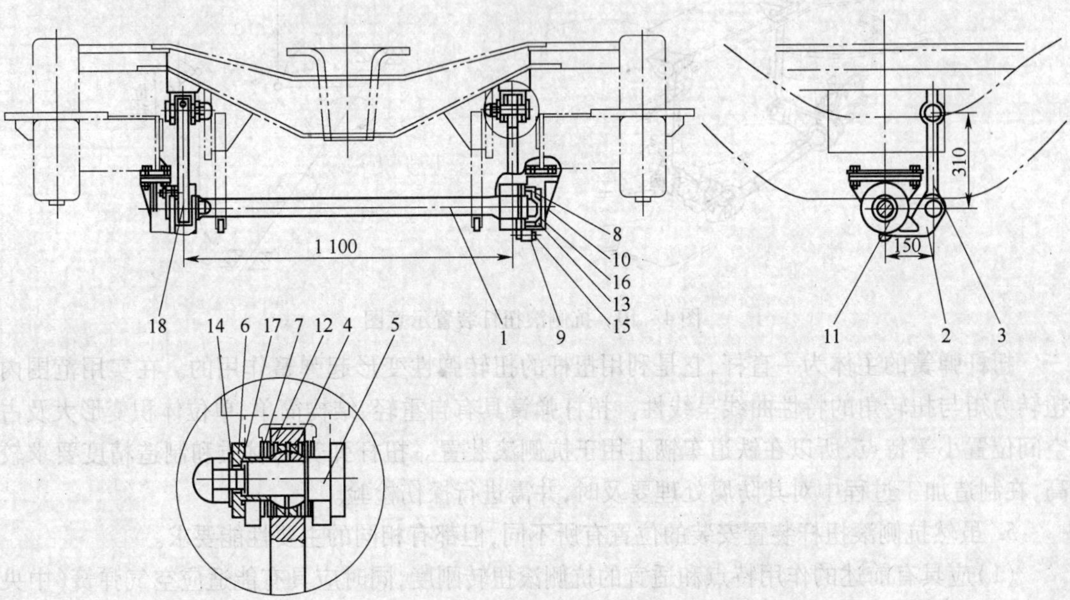

图4－9　抗侧滚扭杆装置

1—扭杆；2—杠杆；3—连杆；4—关节轴承；5—销轴；6—销套；7—防尘体；8—向心球轴承；9—轴承座；10—轴承座盖；11—键；12—挡圈；13—垫圈；14—垫圈；15—毛毡密封圈；16—挡圈；17—O形密封圈；18—油标

2. 结构特点

（1）扭杆与扭臂的连接采用圆锥直齿渐开线花键连接及外加防松垫圈和圆螺母紧固，该连接能使扭杆与扭臂之间紧密无间隙，连杆便于安装与拆卸。

（2）在支承座中采用了自润滑聚四氟纤维关节轴承，避免了因扭杆弯曲而影响轴承的使用寿命。

（3）连杆与扭臂及连杆与连杆座的连接均采用自润滑聚四氟纤维杆端关节轴承。

（4）连杆采用单杆可调结构，安装时只须调节 1 根可调连杆的长度即可使平衡位置时扭杆不受扭矩的作用。

3. 侧滚扭杆装置的设置位置

抗侧滚扭杆装置的作用特性，确定它应设置在空气弹簧（中央弹簧）的上、下支承部分之间。因转向架结构形式不同，它可以设置在摇枕与弹簧托梁之间，如设有摇动台装置的 209HS 型和 CW－2C 型客车转向架；或者设置在摇枕与构架之间，如采用无摇动台装置的 206KP 型和 SW－160 型客车转向架；还可以设置在车体与构架之间，如无心盘，无旁承，无摇动台装置的高速客车转向架。

4. 工作原理

如图 4－10 所示，当车体发生侧滚时，一根连杆向上运动，另一根连杆向下运动，这时带动扭臂的一头分别向上和向下运动即作用于扭杆一个力矩，使得扭杆发生扭转变形，其扭杆产生的反力矩抵抗车体侧滚，从而改善车体侧滚性能。

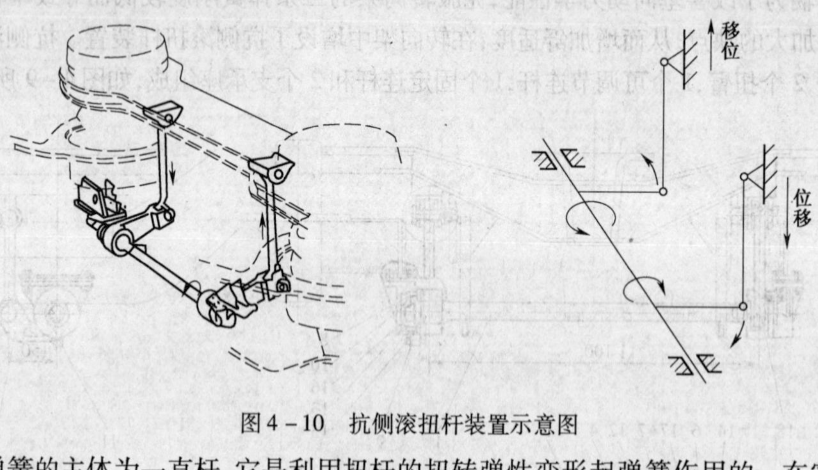

图 4－10　抗侧滚扭杆装置示意图

扭杆弹簧的主体为一直杆，它是利用扭杆的扭转弹性变形起弹簧作用的。在实用范围内扭转力矩与扭转角的特性曲线呈线性。扭杆弹簧具有自重轻、结构简单、单位体积变形大及占空间位置小等特点，所以在铁道车辆上用于抗侧滚装置。扭杆弹簧的材质和制造精度要求较高，在制造加工过程中对其防腐处理要及时，并需进行探伤检验。

5. 虽然抗侧滚扭杆装置安装的位置有所不同，但都有相同的主要性能要求。

（1）应具有前述的作用特点和适宜的抗侧滚扭转刚度，同时应具有能适应空气弹簧（中央弹簧）上、下支承两部分之间相对运动的随动性。

（2）在垂向、横向及纵向的三个方向上，均应尽量减小对中央悬挂装置刚度的影响。

（3）扭杆与转臂之间应有足够大的刚度。

（4）应注意防止车辆高频振动的传递。

实践证明，正确、合理的设计与制造，取得了良好效果。

抗侧滚扭杆装置的最佳抗扭刚度值如何选择，应根据车辆结构及车体重心的高低、转向架结构及悬挂参数、运行速度、线路条件、通过道岔的型号及速度等诸多因素来考虑。应进行必要的理论计算和试验工作来确定。已运行的双层客车抗侧滚扭杆装置的扭转刚度最佳值为 1.5 ~2 MN · m/rad。

二、弹簧的名词术语

弹簧的名词术语是指弹簧各部名称以及与它相关的一些单位名词的概括总称，为了使用记忆方便起见，弹簧名词术语常用符号表示。

因弹簧结构不同，各类型弹簧的名词术语不尽相同，下面介绍螺旋弹簧的名词术语（如图 4 – 11 所示）：

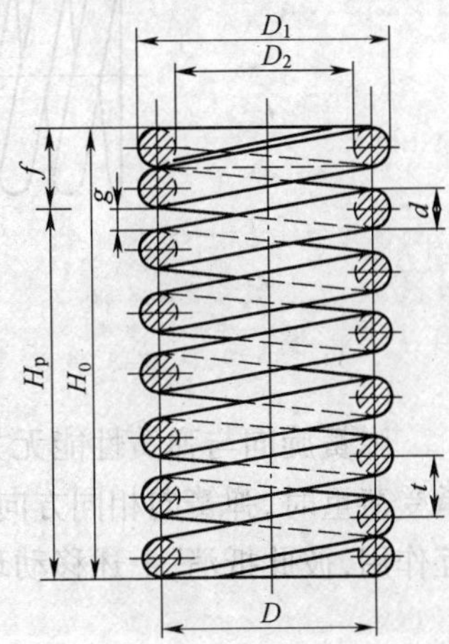

图 4 – 11　螺旋弹簧术语、代号

(1) 有效圈数(n)：弹簧实际工作部分的簧圈数。

(2) 支持圈：螺旋弹簧的辅助部分，它不起弹力作用，仅起支撑作用，以保证弹簧平稳直立。其圈数为每端 3/4 圈，两端共计 1.5 圈。

(3) 总圈数(N)：有效圈数与支持圈数的总和，即

$$N = n + 1.5 \tag{4-13}$$

(4) 弹簧料径(d)：螺旋弹簧的钢料直径。

(5) 弹簧直径(D)：螺旋弹簧直径分三种，即弹簧外径 D_1；弹簧内径 D_2；弹簧中径 D——螺旋弹簧内径和外径的平均值。三者之间的关系为

$$D_1 = D + d = D_2 + 2d \tag{4-14}$$

$$D_2 = D_1 - 2d = D - d \tag{4-15}$$

$$D = D_1 - d = D_2 + d \tag{4-16}$$

(6) 弹簧间隙(g)：螺旋弹簧相邻两簧圈之间的空隙。

(7) 螺距(t)：螺旋弹簧相邻两簧圈上，对应位置之间的距离称螺距，也叫节距。其公式为

$$t = (H_0 - d)/n \tag{4-17}$$

$$t = d + g \tag{4-18}$$

式中符号如前所述。一般弹簧的螺距为 $t = (1/3 - 1/2)D$。

(8)旋绕比(m)：螺旋弹簧的中径与料径之比值。其公式为

$$m = D/d \tag{4-19}$$

(9)螺旋角(α)：螺旋弹簧钢料卷制时倾斜的角度。其公式为

$$\alpha = \arctan[t/(\pi D)] = \arctan[(H_0 - d)/(n\pi D)] = \arctan[(d+g)/\pi D] \tag{4-20}$$

(10) 螺旋弹簧高度(H)：两端面之间的距离。可分为自由高度(H_0)和荷重高度(H_P)。

(11) 全压缩高度(H_{min})：螺旋弹簧受压力作用时，各簧圈完全密贴的高度，又称实体高度。它是弹簧荷重高度的一种特殊形式，也是弹簧的最小高度。其公式为

$$H_{min} = (n + 1.5)d \tag{4-21}$$

$$f_{max} = H_0 - H_{min} \tag{4-22}$$

(12) 弹簧的旋向：螺旋弹簧的旋转方向。可分为右旋和左旋两种，如图 4 – 12 所示。所谓右旋是指用眼睛正对弹簧端面簧条旋制方向为顺时针旋转的，否则为左旋。

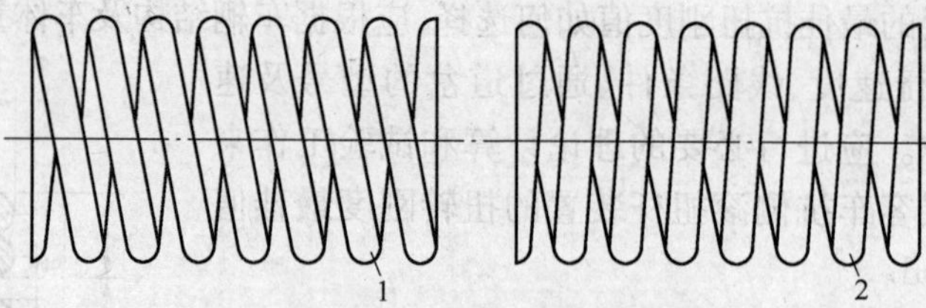

图 4－12　弹簧的旋向

1—右旋弹簧；2—左旋弹簧

弹簧旋向与弹簧性能无关。如使用多卷弹簧，则相邻弹簧的旋向必须相反。因为弹簧在承受荷重时，弹簧向相同方向旋转，从而使弹簧产生移动。如果相邻两簧旋向相反，则由于相互作用，彼此抵消，上述移动现象即不存在或很微小。

第三节　钢弹簧的检修

弹簧是转向架上的一个重要零件，它不仅能缓和振动而且还能承受和传递载荷。如若弹簧发生了故障。轻者失去缓和车辆振动的作用，重者会造成车体倾斜影响安全行车，甚至引起车辆颠覆事故。因此，对弹簧装置不能忽视，必须认真检查，发现故障及时处理。

一、圆弹簧的故障形式及检修要求

1. 裂纹和折损

圆弹簧的裂纹和折损易发生在弹簧两端的 1.5～2 圈内，裂纹一般自簧条内侧开始。这是因为弹簧受扭转和剪切的最大合成应力产生在簧条截面内侧边缘。此外，当弹簧受冲击载荷作用时，支持圈及其附近又首当其冲，这些情况都使此处最易发生折损。

圆弹簧裂纹和折损的原因，主要是在运用中经受大的冲击，超载或偏载过大，超出了弹簧的负荷能力所致；其次是由于在弹簧制造或修理时，未能达到工艺要求所引起；另外，在检修和更换弹簧时，过多地用力锤击造成伤痕也是一个重要原因。

在检修弹簧时，应注意观察圆弹簧的螺距是否一致，相邻两圈簧条是否接触和听锤敲击的音响来判断圆弹簧是否裂纹或折损。发现裂纹和折损的弹簧应予更换。

2. 弹簧衰弱

弹簧经过长期运用，特别是经过多次修理之后，弹簧易产生自由高降低的现象称为弹簧衰弱。

弹簧衰弱的主要原因是由于在长期使用中，弹簧承受超载和偏载，负荷过大；或因弹簧腐蚀，磨耗后使截面积减小，成为最薄弱的一环；由于多次修理进行加热，造成弹簧表面氧化和严重脱碳，从而降低了弹簧材质的强度极限。

客车圆弹簧自由高度低于基本尺寸 3 mm 时调修。

对自由高度低的圆弹簧唯一修理方法，就是重新进行热处理，以使其恢复自由高度。

客车轴箱、摇枕圆弹簧的调修工艺如下：

(1)劈距

圆钢直径大于 25 mm 的圆弹簧可一次加热到 900～980 ℃，加热时间越快越好，以减少氧化。劈好螺距后，按下列方法立即进行淬火，但淬火温度不得低于 850 ℃。

(2)淬火

油中淬火:圆弹簧放入不超过 90 ℃的油槽中。应在油中游动,不得露出油面,至完全冷却后取出。

水中淬火:圆弹簧放入不超过 30 ~45 ℃的水槽中,应在水中游动,至完全冷却后取出。

水油两段淬火:圆弹簧放入水中冷却,待表面不现红色(350 ~400 ℃)迅速移至油槽中,至完全冷却为止,由水中取出移至油中在空气中停留的时间不得超过 3 s。

(3)回火

将圆弹簧放入炉膛内,各圆弹簧之间须留有间隙,炉温控制在 440 ~530 ℃,回火时间按圆钢直径计算,不少于 1.5 min/mm,到弹簧整个回火时间的一半时,将弹簧旋转 180°使回火均匀。将回火后的弹簧置于空气中缓冷。

淬火与回火的间隔时间越短越好,要求在当天完成。

圆弹簧检修工艺过程如图 4 -13 所示。

煮洗 → 检查 → 簧条材质鉴定 → 加热 → 调整螺距 → 淬火 → 回火 →

检查及硬度试验 → 压力试验 → 检查验收 → 油漆

图 4 -13　圆弹簧检修工艺过程

3. 腐蚀及磨耗

圆弹簧的腐蚀主要表现在簧条直径减小。产生腐蚀的原因主要是氧化腐蚀;其次是由于弹簧在多次修理时因加热,弹簧表面产生氧化皮脱落而造成。

圆弹簧的磨耗主要发生在弹簧上、下两端支承面处。这主要由于弹簧在载荷作用下发生转动摩擦所造成。

客车段修规程规定圆弹簧圆钢直径腐蚀、磨耗超过原型 10% 时应予更换。圆弹簧支承圈不足 5/8 圈时应予更换。

二、转向架圆簧组装要求

客车转向架圆簧组装要求如下:

1. 摇枕圆簧外圈自由高同侧相差不得超过 5 mm,同一转向架不得超过 8 mm。
2. 轴箱圆簧自由高同一轴箱相差不得超过 4 mm,同一转向架不得超过 6 mm。
3. 组装时同组弹簧内、外圈旋向须相反。
4. 安装夹板螺栓时须给油并加 5 mm ×40 mm 的开口销。
5. 摇枕弹簧组装后高度须符合图纸规定。

三、圆弹簧的压力试验

1. 经过热修的钢弹簧要按图纸规定的最大试验载荷压缩不少于三次,再压缩时不应有永久变形。

2. 不作热修的圆弹簧以常用荷重进行试验,符合规定要求。

四、抗侧滚扭杆检修要求

1. 列检作业时应检查销轴上的开口销是否脱落;连杆及支承座螺母是否松动。
2. 段修时应将扭杆拆下,分解扭杆座,清洗并加润滑脂。

3. 段修时，连杆应拆除并更换橡胶密封圈，清洗轴承。

4. 段修时扭杆应进行电磁探伤，检查是否有裂纹。

5. 厂修时除进行 1 ~ 3 项，还要检查轴承径向间隙，当间隙大于 0.15 mm 时，更换轴承或连杆。

第四节 空气弹簧

一、空气弹簧装置的应用及特点

铁道车辆悬挂装置采用空气弹簧主要优点是：

1. 空气弹簧的刚度可选择低值，以降低车辆的自振频率。

2. 空气弹簧具有非线性特性，可以根据车辆振动性能的需要设计成具有比较理想的弹性特性曲线。在平衡位置振动幅度较小时（正常运行时的振幅）刚度较低，若位移过大，刚度显著增加，以限制车体的振幅，弹性曲线的形状可设计成图 4 – 6(c) 中曲线 1 的挠力图。

3. 空气弹簧的刚度随载荷而改变，从而保持空、重车时车体的自振频率几乎相等，使空、重车不同状态的运行平稳性接近。

4. 空气弹簧和高度控制阀并用时，可按车体在不同静载荷下，保持车辆地板面距轨面的高度不变。

5. 同一空气弹簧可以同时承受三维方向的载荷。利用空气弹簧的横向弹性特性，可以代替传统的转向架摇动台装置，从而简化结构，减轻自重。

6. 在空气弹簧本体和附加空气室之间装设有适宜的节流孔，可以代替垂向安装的液压减振器。

7. 空气弹簧具有良好的吸收高频振动和隔音性能。

采用空气弹簧的缺点是：由于它的附件（如高度控制阀、差压阀）较多，使成本较高，并增加了维护与检修的工作量。

然而，采用空气弹簧的显著特点，使它在地铁车辆与高速客车上得到广泛应用。

二、空气弹簧装置系统的组成

空气弹簧装置的整个系统如图 4 – 14 所示，主要是由空气弹簧本体，附加空气室，高度控制阀，差压阀及滤尘器等组成。空气弹簧所需要的压力空气，由列车制动主管 1 经 T 形支管 2，截断塞门 3，滤尘止回阀 4 进入空气弹簧储风缸 5，再经纵贯车底的空气弹簧主管向两端转向架上的空气弹簧供气。转向架上的空气弹簧管路与其主管用连接软管 6 接通，压力空气再经高度控制阀 7 进入附加空气室 10 和空气弹簧本体 8。

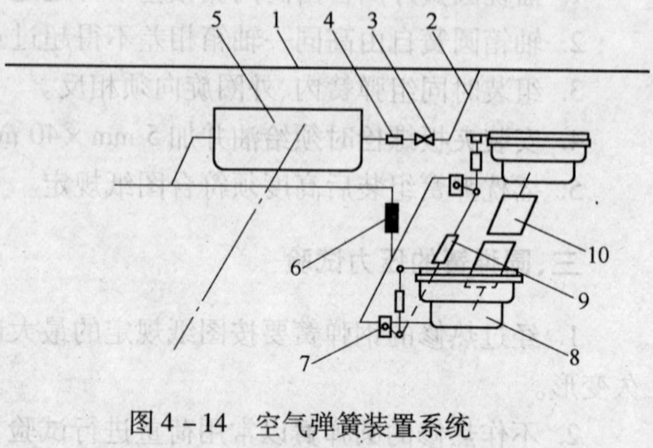

图 4 – 14 空气弹簧装置系统

1—列车主风管；2—支管；3—截断塞门；4—止回阀；5—储风缸
6—连结软管；7—高度控制阀；8—空气弹簧；
9—差压阀；10—附加空气室

三、空气弹簧的分类及组成

空气弹簧大体上可分为囊式和膜式两类。

（一）囊式空气弹簧

囊式空气弹簧可分为单曲，双曲和多曲等形式。双曲囊式空气弹簧的结构如图 4－15 所示，这类空气弹簧使用寿命长，制造工艺比较简单。但刚度大，振动频率高，所以铁道车辆上已不采用。

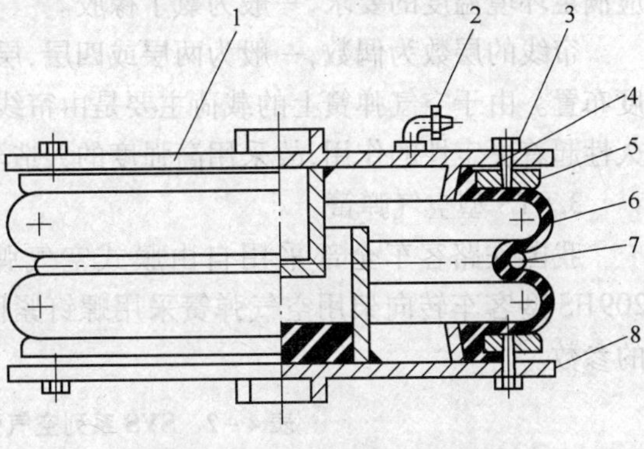

图 4－15　双曲囊式空气弹簧

1—上盖板；2—气嘴；3—紧定螺钉；4—钢丝圈；5—法兰盘；6—橡胶囊；7—中腰环钢丝圈；8—下盖板

（二）膜式空气弹簧

膜式空气弹簧，可分为约束膜式、自由膜式等形式。

1. 约束膜式空气弹簧

约束膜式空气弹簧的结构如图 4－16 所示，它由内筒，外筒和将两者联结在一起的橡胶囊等组成。这种形式的空气弹簧刚度小，振动频率低，其弹性特性曲线容易通过约束裙（内、外筒）的形状来控制，但橡胶囊工作状况复杂，耐久性较差。

2. 自由膜式空气弹簧

自由膜式空气弹簧的结构如图 4－17 所示，由于它没有约束橡胶囊变形的内，外筒，可以减轻橡胶囊的磨耗，提高了使用寿命。它本身的安装高度比较低，可以明显降低车辆地板面距轨面的高度。重量轻，并且其弹性特性可以通过改变上盖板边缘的包角加以适当调整，使弹簧具有良好的负载特性。所以，在无摇动台装置的空气弹簧转向架上应用较多。

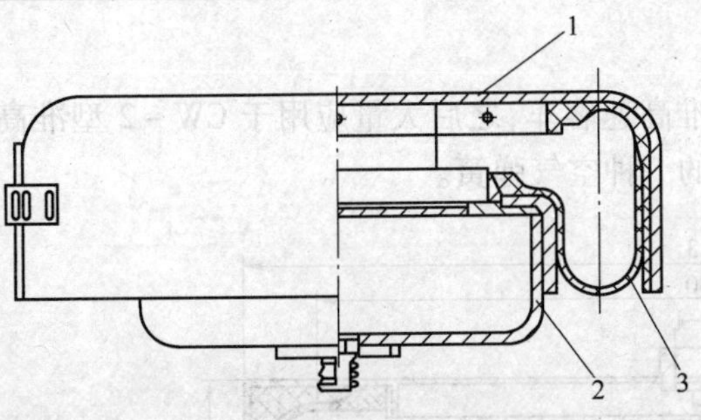

图 4－16　约束膜式空气弹簧

1—外筒；2—内筒；3—橡胶囊

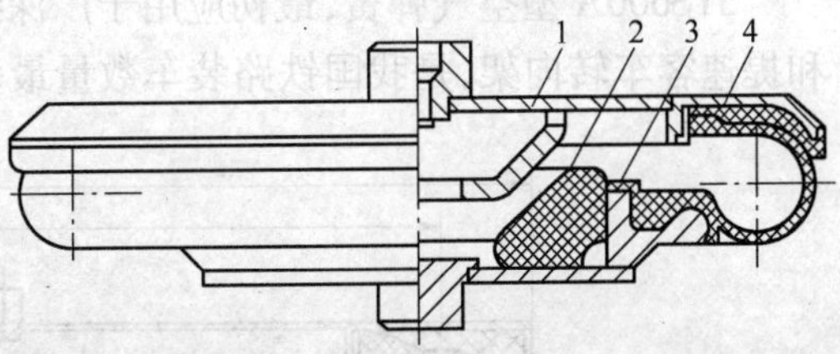

图 4－17　自由膜式空气弹簧

1—上盖板；2—橡胶垫；3—下盖板；4—橡胶囊

空气弹簧的密封要求高，以保证弹簧性能稳定和节省压缩空气。一般采用压力自封式和螺钉紧封式两种密封式。压力自封式是利用空气囊内部的空气压力将橡胶囊的端面与盖板（或内、外筒）卡紧加以密封；螺钉紧封式，是利用金属卡板与螺钉夹紧加以密封。压力自封式的结构简单，组装检修方便，应用较多。

空气弹簧橡胶囊是由内、外橡胶层、帘线层和成型钢丝圈组成。

内层橡胶主要是用以密封，需采用气密性和耐油性较好的橡胶材质，外层橡胶除了密封外，还起保护作用。因此，外层橡胶应采用能抗太阳辐射和臭氧浸蚀并耐老化的橡胶材质，还应满足环境温度的要求,一般为氯丁橡胶。

帘线的层数为偶数,一般为两层或四层,层层帘线相交叉,并与空气囊的经线方向成一角度布置。由于空气弹簧上的载荷主要是由帘线承受,而帘线的材质对空气弹簧的耐压性和耐久性起着决定性的作用,故采用高强度的人造丝,维尼龙或卡普隆作为帘线。

3. SYS 型空气弹簧

我国铁路客车全部采用自由膜式空气弹簧,其中绝大多数为压力自封式结构,仅有209HS 型客车转向架用空气弹簧采用螺钉紧固式结构。表 4-2 列出了 SYS 系列空气弹簧的参数。

表 4-2 SYS 系列空气弹簧产品型号及主要参数

序号	空簧型号	有效直径(mm)	最大行程(mm)		最大工作压力(载荷)(MPa)	最大外径(mm)	工作高度(mm)	密封方式	应用范围
			垂向	横向					
1	SYS550A	550	30	60	0.5	686	200	全压力自封	206KP
2	SYS550B	550	30	60	0.5	686	200	全压力自封	206KP
3	SYS550C	550	30	60	0.5	686	200	全压力自封	206KP
4	SYS550D	550	30	60	0.5	686	200	全压力自封	SW-160 SW200
5	SYS600	600	30	40	0.5	710	196	螺钉紧固	209HS
6	SYS600A	600	30	40	0.5	713	150	全压力自封	CW-2
7	SYS600F	600	30	60	0.5	735	196	全压力自封	PW-200
8	SYS600P	600	30	40	0.5	710	196	螺钉紧固	209PK 209HS
9	SYS630	630	30	60	0.5	740	196	全压力自封	双客和 发电车
10	SYS640	640	30	60	0.5	790	200	全压力自封	SW-160 行李车 发电车

(1)SYS600A 型空气弹簧

SYS600A 型空气弹簧,最初应用于广深线准高速客车,之后大量应用于 CW-2 型准高速和提速客车转向架,是我国铁路装车数量最多的一种空气弹簧。

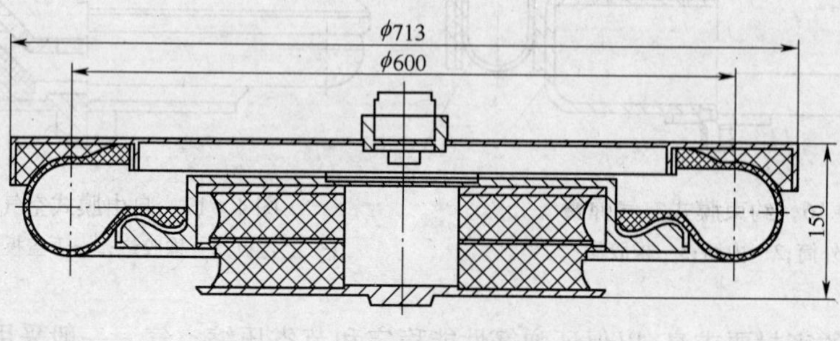

图 4-18 SYS600A 型空气弹簧

SYS600A 型空气弹簧是压力自封式密封结构的自由膜式空气弹簧,其结构如图 4-18 所示,主要由上盖、橡胶囊、下座、橡胶堆和可调阻尼节流阀等组成。其主要特点是:

①全压力自密封方式,因而结构简单,组装维修方便,重量轻;

②下座为橡胶堆结构,以实现弹性支承,可以通过有效利用橡胶堆的剪切与弯曲变形而降低空气弹簧的横向刚度,并可在空气弹簧无气状态时,保证车辆具有一定的运行品质;

③设有可调阻尼节流阀,可在较宽的振动频率范围内提供适中的减振阻尼。

(2)SYS600 型空气弹簧

SYS600 型空气弹簧是一种采用螺钉紧固式密封结构的自由膜式空气弹簧,主要应用于 209HS 型提速客车转向架。其结构如图 4－19 所示,主要由上盖、扣环、橡胶囊下座、橡胶堆和可调阻尼节流阀等组成。其主要特点是:

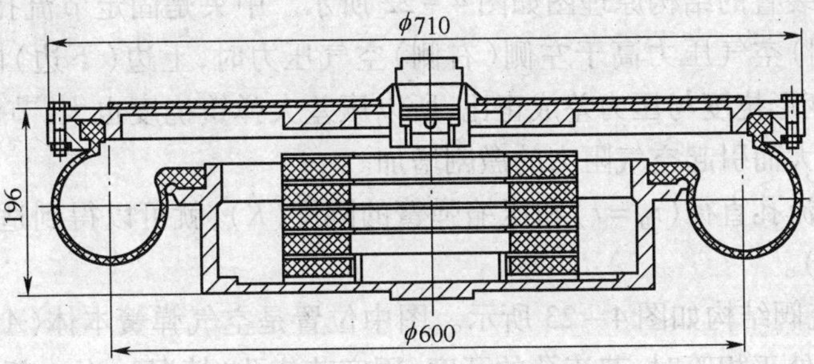

图 4－19　SYS600 型空气弹簧

①螺钉紧固密封方式,较可靠,但结构复杂,组装麻烦,且重量重;

②下座为刚性支承结构,不利于进一步改善空气弹簧悬挂的振动性能;

③下座钢筒内设有橡胶堆,可以在空气弹簧无气状态时保证车辆具有一定的运行品质;

④设有可调阻尼节流阀,可在较宽的振动频率范围内提供适中的减振阻尼。

四、空气弹簧节流孔

在空气弹簧本体和附加空气室之间装设有适宜的节流孔(参见图 4－20)当空气弹簧垂向变位时,上述两者之间将产生压力差。若空气弹簧处于静态变位(缓缓变位)过程,其压力差较小,若是在振动过程(快速变位)则其压力较大。空气流过节流孔由于阻力而耗散部分的振动能量,使之具有减振作用。一般采用空气弹簧悬挂装置的车辆,都采用这种减振方式。

空气弹簧采用的节流孔也可分为固定节流孔和可变节流孔。节流孔形式的不同,使车体振动特性不同,从实验结果比较两者可知:当采用固定节流孔时在低频振动范围,无论振幅或大或小,对于振动的衰减效果,都存在相对阻尼不足(即节流孔开孔过大)或相对阻尼过大(即节流孔开孔不足)的区域;在高频振动范围,因节流孔相对开孔不足(可类比过硬的弹簧一样),当振动速度(振幅)大时,存在着对于高频振动隔振不好的区域;当采用可变节流孔时,由于可依据振动速度的变化而改变节流孔的大小,使之处于最佳节流效应的状态;在低频振动范围,对于不同幅值的振动都可以获得适宜的减振;在

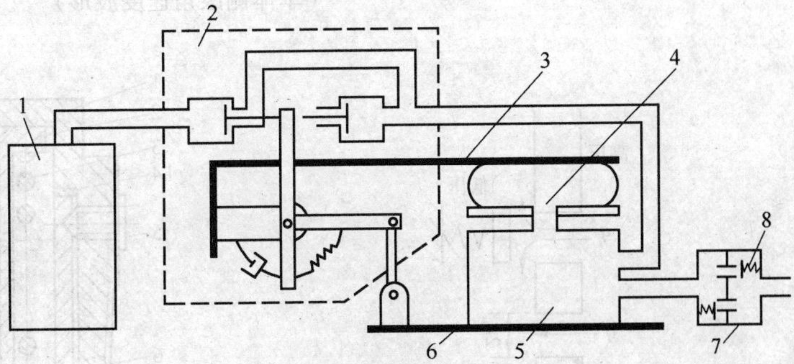

图 4－20　空气弹簧装置示意图

1—空气源;2—高度控制阀;3—地板面;4—节流孔;
5—辅助空气室;6—构架;7—差压阀;8—单向阀

高频振动范围，由于节流孔孔径加大(增加了一个节流孔)，而不会发生过硬弹簧的现象，使隔振有良好效果。

在空气弹簧试验台上得到的试验结果如图 4 - 21 所示。在车辆上采用可变节流孔的空气弹簧，不仅可使车辆垂直方向的低、高频振动均有适宜的阻尼，并且对车体侧滚的低频振动也有良好的衰减特性。所以，在我国准高速客车转向架上采用了可变节流孔的空气弹簧。

板阀式节流孔装置的结构原理图如图 4 - 22 所示。中央是固定节流孔，两侧为板阀式节流孔，当右侧(左侧)空气压力高于左侧(右侧)空气压力时，上边(下边)的板阀式节流孔开通，由于压缩弹簧变形挠度与压力差成正比，所以压差大弹簧挠度也大，节流孔开度也大。这样就可避免压差过大而引起空气阻力的激剧增加。

选择适宜的节流孔直径($r_0 = r$)和压缩弹簧的刚度(K)，就可以得到适宜的阻尼特性(近似为线性流量特性)。

SYSZ16 型节流阀结构如图 4 - 23 所示。图中位置是空气弹簧本体(A 部)与附加空气室(B 部)的空气内压处于相等时，节流孔的开度(固定节流孔)情况。当 A 部内压力高出时，将

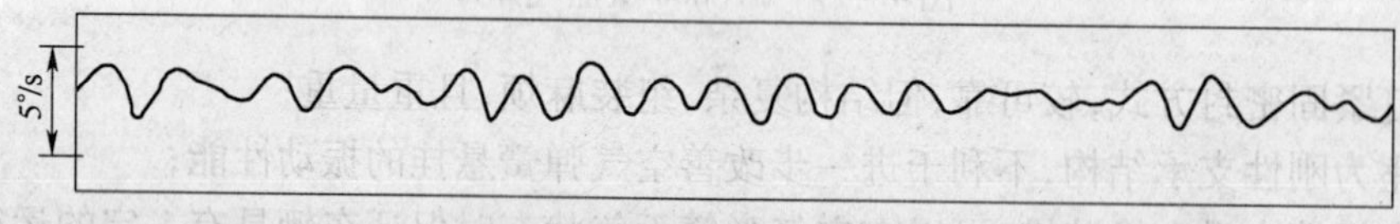

固定节流孔

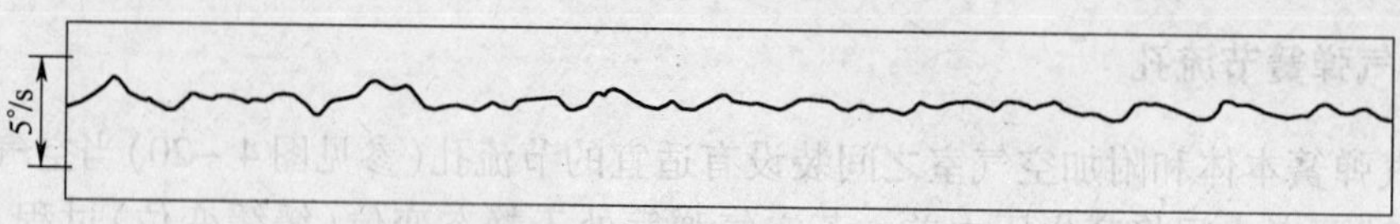

可变节流孔

图 4 - 21　固定节流孔和可变节流孔的空气弹簧的比较实例

(车体侧滚角速度波形)

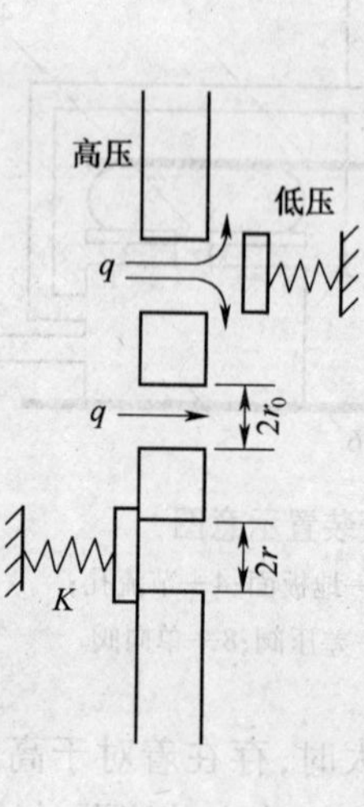

图 4 - 22　可变节流孔的工作原理

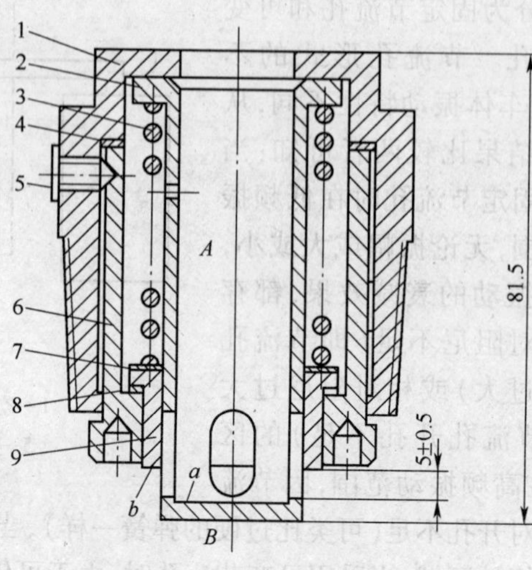

图 4 - 23　SYSZ16 型节流阀结构

1—阀座；2—心阀；3—弹簧；4—调整垫；5—螺钉；6—阀盖；7—调整垫；8—调整垫；9—套阀

加压在心阀2下端内 a 面上，使心阀压缩弹簧3并下移，节流孔开度加大。当 B 部内压力高出时，将加压在套阀9下端 b 面上，使套阀压缩弹簧3并上移，节流孔开度加大，实现了可变节流孔的特性，空气弹簧内压差与节流阀节流孔当量直径之间的关系参见图4-24。

五、空气弹簧的检修

(一)空气弹簧的试验

为了考察空气弹簧的特性，应按照《空气弹簧技术条件(暂行)》的要求，对其进行有关的性能试验。试验方法如下：

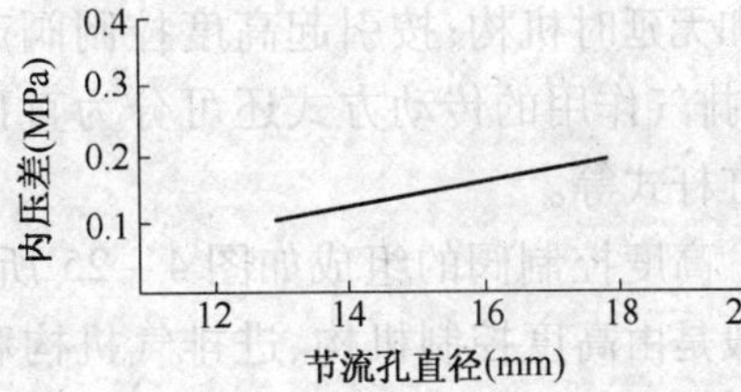

图4-24　空气弹簧内压差与节流阀节流孔当量直径间的关系

1. 气密性试验。将空气弹簧保持在标准高度，充入0.5 MPa的气压后，放入充满水的槽内保压10 min，不得有气泡出现。

2. 垂向静特性试验。将空气弹簧保持在标准高度，分别充入0.1、0.2、0.3、0.4和0.5 MPa的气压，在每种压力下，测定+30～-30 mm垂向行程内的载荷和位移关系，由此确定空气弹簧的垂向刚度。

3. 横向静特性试验。将空气弹簧保持在标准高度，分别充入0.1、0.2、0.3、0.4和0.5 MPa的气压，在每种压力下，测定+30～-30 mm横向行程内的载荷和位移关系，由此确定空气弹簧的横向刚度。

4. 耐压强度试验。将空气弹簧保持在标准高度，充入高压水，使其内压慢慢上升至2 MPa，若未发生破坏则认为该空气弹簧具有足够的耐压强度。

5. 疲劳寿命试验。将空气弹簧保持在标准高度，充入0.5 MPa的气压后，使其处在+30～-30 mm的垂向和横向行程内，以频率1～3 Hz进行振动，当垂向和横向振动次数分别达到 10^6 和 2×10^5 后检查，其外观不得出现泄漏、剥离和异常变形等现象。

(二)空气弹簧的其他检修要求

1. 空气弹簧上盖与摇枕间胶垫破损老化时更换。锥形密封胶圈裂纹、缺损、失效时更换。胶囊老化、龟裂、破损漏气时更换。

2. 上盖裂纹时分解焊修，加工平整，弯曲变形影响安装和密封时更换。胶囊安装座、扣环须光滑、平整、清洁。组装螺栓丝扣部分不得与胶囊接触。

3. 底座裂纹时焊修并加工平整，漏泄分解时，内侧须涂刷防锈漆。

4. 橡胶支持座脱胶时更换，节流阀作用不良时更换。

5. 经分解检修的空气弹簧均须按上述第(一)条要求进行风压试验并须符合要求。

第五节　高度控制阀

铁道车辆上采用的高度控制阀是空气弹簧悬挂系统装置中一个重要组成部件。空气弹簧的优点只有在采用良好的高度控制阀情况下，才能充分体现出来。

一、高度控制阀的作用与组成

高度控制阀的主要作用及要求是：维持车体在不同静载荷下都与轨面保持一定的高度；在直线上运行时，车辆在正常的振动情况下不发生进、排气作用；在车辆通过曲线时，由于车体的倾斜，使得转向架左右两侧的高度控制阀分别产生进、排气的不同作用，从而减少车辆的倾斜。

高度控制阀一般可分为机械式和电磁式两种，按组成的不同又可分为有延时机构和无延时机构；按引起高度控制阀产生进、排气作用的传动方式还可分为直顶式和杠杆式等。

高度控制阀的组成如图 4 - 25 所示。一般是由高度控制机构、进排气机构和延时机构等部分组成。

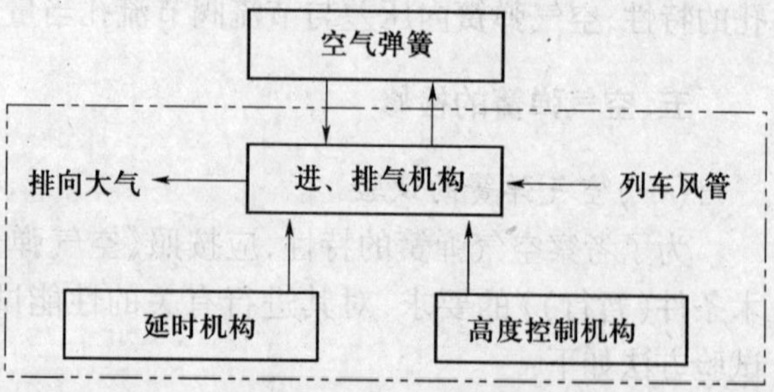

图 4 - 25　高度控制阀组成

二、高度控制阀的工作原理

由于车体静载荷的增加（或减小），空气弹簧被压缩（或伸长）使空气弹簧高度降低（或增高）。随之，车体距轨面高度发生改变，这样，高度控制机构使进、排气机构工作，向空气弹簧充气（或排气），当空气弹簧内压与所承受的静载荷相平衡时，空气弹簧恢复到原来高度，高度控制机构停止工作，进、排气机构处于关闭状态，充气（或排气）停止。

延时机构一般是由缓冲弹簧和阻尼减振器（油阻尼或空气阻尼）组成，该机构使得车辆运行时，空气弹簧在正常的振动情况下，即空气弹簧高度（幅度）虽有变化，但不发生进、排气作用。此时仅仅是该机构的缓冲弹簧伸缩变形，而进排气阀并不作用。但是，当振动的频率低于某一值时（该频率值要低于车辆正常振动的频率，又称为截止频率），进排气阀工作，使空气弹簧进、排气，为此，需选取适宜的缓冲弹簧刚度和减振器阻尼值。这样，就可实现车辆运行时在正常振动中（振动频率高于截止频率），空气弹簧不进气或不排气，而当静载荷变化或车辆通过曲线时（变化频率低于截止频率）空气弹簧要充气或排气的要求。

进排气机构一般是由几组阀门组成，而阀门的开启或关闭受到高度控制机构和延时机构的控制。

高度控制机构一般是由杆件组成的。按传动方式不同，可分为直顶式和杠杆式。直顶式是由高度控制阀的接触杆直接把空气弹簧高度（即车体距轨面高度）的变化情况（幅值和频率）传递给进排气机构和延时机构。杠杆式是把空气弹簧高度变化情况，通过杠杆机构，将空气弹簧的大位移（振幅）转换成小位移，再传递给进排气机构和延时机构。直顶式比杠杆式减少了一套杠杆传动机构，使结构简单，并克服了杠杆传动中销套连接产生的误差，但对其安装的垂直度要求比较严格。

设有延时机构的高度控制阀结构比较复杂，为保证其性能稳定，对各件参数的配合要求较严，其工艺加工要求较高，无延时机构的高度控制阀在车辆运行中进气阀和排气阀不断地开启、关闭，因而空气消耗量大，虽然结构简单，但在车辆上较少采用。

电磁式高度控制阀作用灵敏，高度调整迅速，但运用维护比较麻烦，工作时需要电源，所以平时调车或长途回送车辆不方便。为节省压力空气的消耗，在行车时需采用切断电源的措施，故对长途车辆是不适合的，所以在干线车辆上几乎不采用，而在市郊和短途车辆上有所采用。

三、高度控制阀的主要特性及参数

1. 截止频率：为保证在直线运行时，车辆在正常振动过程中，空气弹簧不发生充、排气作用，要求高度控制阀工作的频率必须低于车辆的垂直低主振频率，称为截止频率。只有车辆高度变化的频率低于该值时（如静止状态车辆载荷的变化及车辆通过曲线时）高度控制阀才充、排气。对于高速车辆，因弹簧悬挂装置的刚度非常柔软，则要求较低的截止频率。由上可以看出，截止频率是延时机构正常工作的重要参数。一般该值为 1 HZ 左右。

2. 无感区：为避免车辆载荷发生微小变化而高度控制阀就发生充、排气作用，以及为安装高度控制阀必然存在的高度差确定所允许的适宜值，需要该阀有无感区，在无感区高度变化的范围内，高度控制阀不发生充、排气作用。一般无感区约为 ±4 mm。

3. 延迟时间：高度控制阀设有延时机构，目的是使高度控制阀具有"截止频率"和"无感区"的性能。为此需要有确定的延迟时间，一般为 1 s 左右。

4. 充、排气时间：设有该参数值是为保证转向架左右高度控制阀充气快慢尽可能一致，以减小空气弹簧承载的不均衡性，并保证在规定的时间内，空气弹簧的充、排气量的多少，符合所规定的要求。所以，它是保证高度控制阀充、排气的快慢符合规定要求的特性参数。例如规定某容积为 12 L 的空气弹簧，内压从零升到 0. 42 MPa 时，充气时间为 5. 5 s，而从 0. 42 MPa 降至 0. 2 MPa 时，排气时间为 7. 75 s。

5. 供风风压：要求列车供风的风压符合高度控制阀正常工作所需的数值，铁道车辆列车管风压一般为 0. 6 MPa。

6. 检修期：为保证高度控制阀的正常工作，减少维修量，延长使用寿命，保证质量，要规定无检修期。例如：对某型高度控制阀规定车辆运行 20 万 km 之内无检修。

在确定上述各主要特性参数值时，应注意要结合车辆悬挂参数、运行速度、空气弹簧类型、线路条件及高度控制阀的结构形式等具体条件选择。

四、LV－3 型高度调整阀的结构

普通双层客车和准高速客车采用的 LV－3 型（国产型号为 GTF－Ⅱ）高度调整阀的结构如图 4－26 所示。高度调整阀由高度控制机构、进排气机构和延时机构等三部分组成，高度调整阀的控制机构主要包括连杆套筒 18、连杆 17 和主轴 6。它们主要是完成进、排气的控制作用。

高度调整阀的进、排气机构主要由高度调整阀体 1、过滤网 10、空气节流阀 11、进气阀体 12、进气阀 13、单向阀 14、排气阀体 15 和排气阀 16 等组成。进气阀的低压侧和排气阀的高压侧（即空气弹簧侧）组成通道并进行联系。通过控制机构的控制，即打开或关闭进、排气阀来完成进、排气作用。

高度调整阀的延时机构主要由活塞 3、吸入阀 4、缸盖 5、缓冲弹簧 7、弹簧支架 8 和减振器支架 9。延时机构以硅油作为阻尼介质，使得车辆运行时，空气弹簧在正常的振动情况下，即空气弹簧高度虽有变化，但不发生进、排气作用，仅是该机构的缓冲弹簧扭转变形，而进、排气阀并不工作，这样一方面可减少高度调整阀的误动作，另一方面可起到节省压力空气的作用。

另外高度调整阀的主轴 6、活塞 3、吸入阀 4 和缸盖 5 等部件全部浸泡在硅油中。在主轴上装有弹簧支架 8 和减振器支架 9，可在主轴上自由回转，弹簧支架和减振器支架同时接触缓

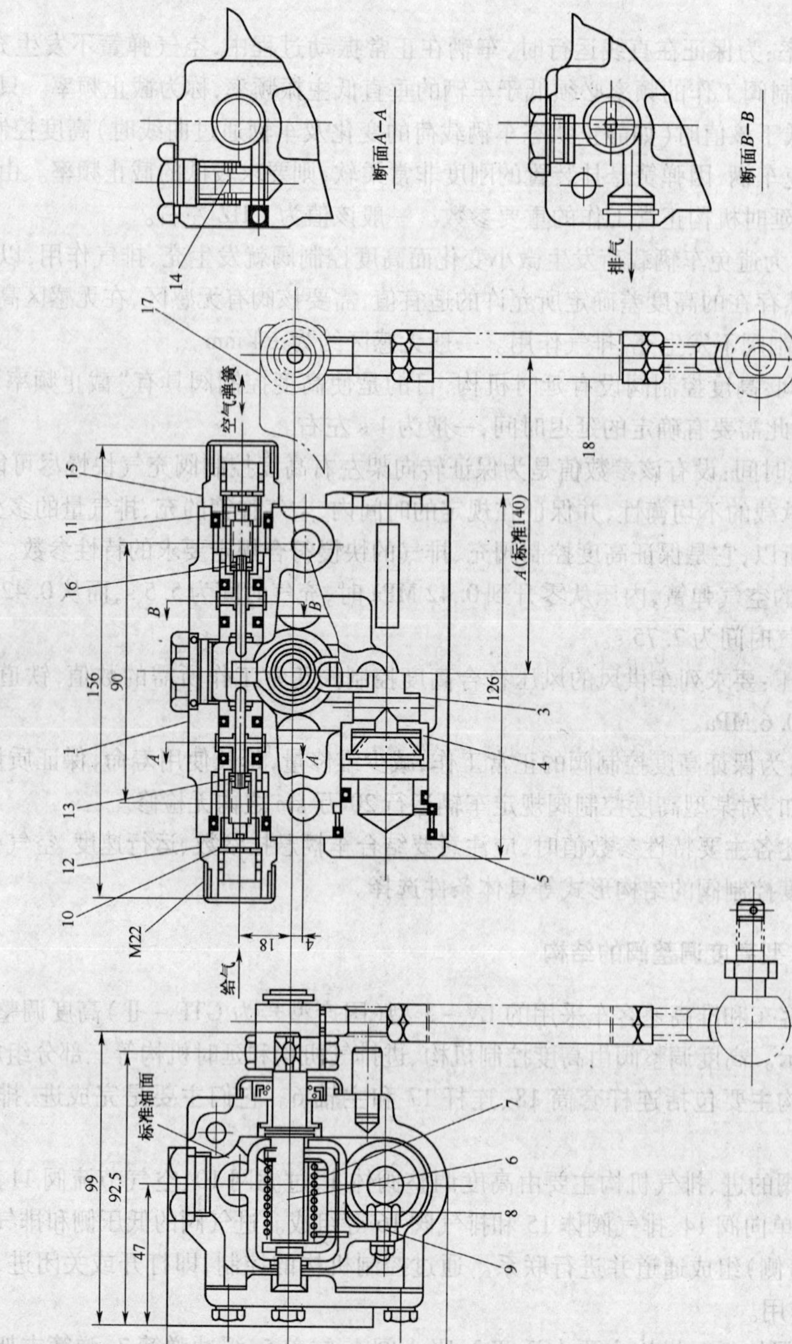

图 4－26　LV－3 型高度调整阀的结构

1—阀体；3—活塞；4—吸入阀；5—缸盖；6—主轴；7—缓冲弹簧；8—弹簧支架；9—减振器支架；10—过滤网；11—空气节流阀；12—进气阀体；13—进气阀 14—单向阀；15—排气阀体；16—排气阀；17—连杆；18—连杆套筒

冲弹簧。在主轴旋转时，转动缓冲弹簧，由此产生的力，带动减振器支架，连动突起的活塞，使进气阀和排气阀动作。连杆在水平位置约 ±45°范围内旋转时，设在本体内的限位机构能够限制缓冲弹簧产生过度动作。

五、LV－3 型高度调整阀的作用原理

空气弹簧在车体载荷增加时（如图 4－27 所示），空气弹簧的内压顶不住，因而被压缩，高度降低。此时控制机构的连杆向上动作，带动主轴旋转，由于延时机构的作用，一定时间后打开进气阀，空气弹簧风缸中的高压空气进入空气弹簧，使空气弹簧高度增加，并使连杆逐渐恢复到水平状态，此时进气阀迅速关闭，空气弹簧恢复至原来设定高度。

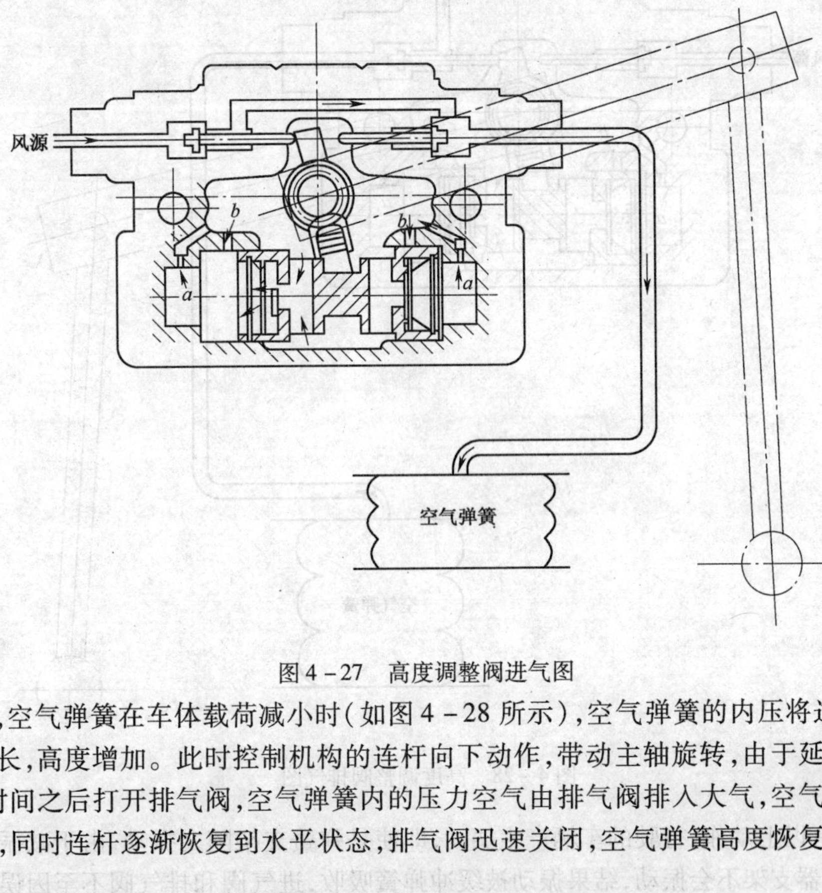

图 4－27　高度调整阀进气图

相反，空气弹簧在车体载荷减小时（如图 4－28 所示），空气弹簧的内压将过剩，因而空气弹簧伸长，高度增加。此时控制机构的连杆向下动作，带动主轴旋转，由于延时机构的作用，一定时间之后打开排气阀，空气弹簧内的压力空气由排气阀排入大气，空气弹簧的高度随之下降，同时连杆逐渐恢复到水平状态，排气阀迅速关闭，空气弹簧高度恢复至原来设定位置。

进气阀和排气阀的开启动作，需要一定时间的间隔。相比之下，进气阀和排气阀的关闭动作却要迅速得多，这便是高度调整阀的最大特点。这种效果的产生，是由于延时机构的作用。为加深对进、排气阀动作的理解，稍做以下说明。

如图 4－26 所示，连杆向上动作，带动主轴旋转，转动缓冲弹簧，由此产生的力将减振器支架下的活塞向右侧推动，活塞的吸入阀上有单向阀。由于活塞的动作，活塞的右侧成为液压室，在油缸盖上设有液压节流孔 a，形成减振作用，液压油经节流孔 a 排出，从高度调整阀的侧面通路流回中心油室。正是由于节流孔的节流作用产生了抵抗力，使打开进气阀的动作得到延时。

此时活塞的左侧呈负压状态，吸入阀的单向阀开启，来自中心油室的油作为补充。随着活塞的动作，减振器支架转动，进气阀打开，进行充气。

相反，在进气阀关闭过程中，缓冲弹簧和减振支架突起部分动作，使活塞往中心部位归位。这时减振器成了不起作用的机构，活塞右侧前面几乎不存在反作用力，左侧油室的油可不经过压缩从通道孔 b 流出，进入中心油室。同时右侧吸入阀的单向阀开启吸入油，活塞逐渐返回中心部位时，两侧通道孔 b 均被堵死。这样在下次活塞动作时，又可形成时间上的延迟。由此可见，进气阀关闭比开启迅速。同样排气阀的开启与关闭，原理与进气阀的开启与关闭相同，可参见图 4－28。

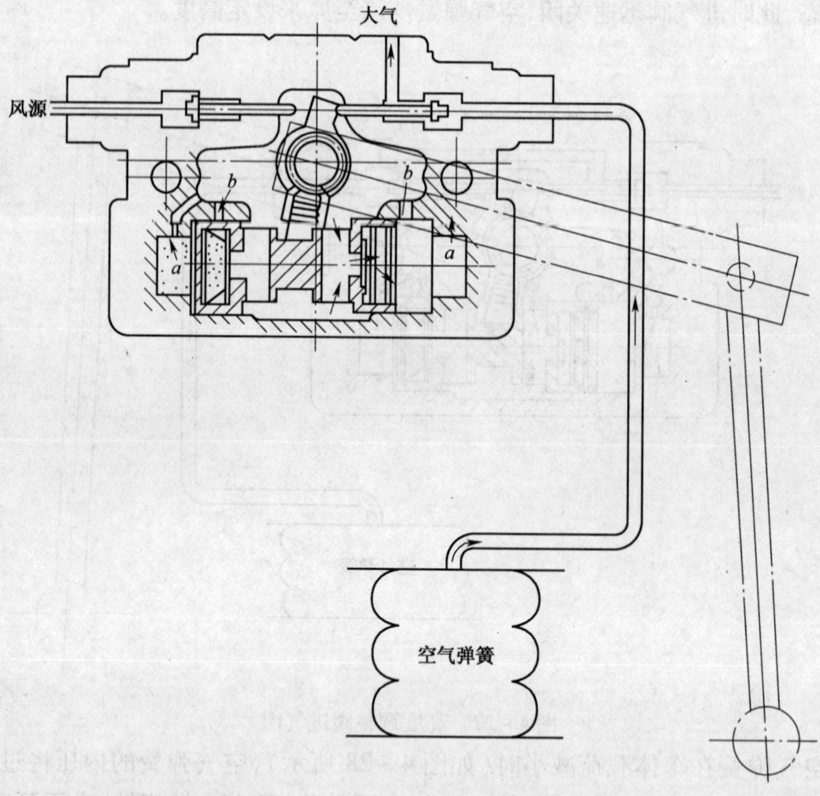

图 4－28　高度调整阀排气图

由于具有以上动作，行驶的车辆产生振动，即使是弹簧支架随之振动，由于减振器产生的抵抗力，减振器支架不会振动，结果振动被缓冲弹簧吸收，进气阀和排气阀不至因误动作而开启。从而防止了压缩空气的浪费，另外进、排气阀的复位迅速，使振动性能稳定。

六、高度调整阀的使用注意事项

1. 运输、搬运必须小心谨慎。如发生碰撞，可能使固定部分松动，造成调整困难，产生难以预料的事故。

2. 连杆在停止回转时，禁止施加过度外力。连杆的动作极限位置，从中心水平位置开始约 ±45°范围内，这一设计是为了防止缓冲弹簧产生过大的力量。如果回转到极限位置，仍旧人为地施加力量，连杆、套筒及阀体将可能受损。因此吊起车体时，必须先将连杆从连杆套筒中取出来（吊起车体时，空气弹簧必然伸长）。

3. 在阀体装配时,用两个 M10 的螺栓认真紧固,并检查螺栓是否妨害连杆的动作。

4. 安装时,认真清扫管道部分,消除管道内部的尘屑。为减少管道附着物,对管道须退火,采用无酸化退火及类似效果的退火方法。

5. 管道方向的正确安装。安装管道时,阀体上铸有箭头的方向是空气弹簧一侧,反方向则是与空气弹簧风缸连接。若管道方向装反,连杆即使处于水平位置,也会发生空气泄漏。

6. 安装管道时,阀体上的进、排气阀体不能转动。因为不灵敏区域的调整是根据阀体固定的位置进行调整的,因此为了避免阀体移动须将管道螺母固紧。

7. 连杆套筒应尽量垂直安装。尽管在允许的倾斜度内,不会产生不良现象,但安装倾斜后,车辆行驶过程中连杆在重量倾斜情况下振动,会影响套管的寿命,所以应尽量垂直安装。

8. 螺帽、盖之类及其他元件无特殊必要,不得随便变动改制。

七、高度调整阀的检修

1. 空气泄漏检查

(1) 管道部分的空气泄漏检查

在管道部分检查泄漏,可采用肥皂水和听排气的方法。管道部分空气的泄漏,可能是管道螺母紧固不好。

(2) 排气孔处空气泄漏检查

一般情况下,可以达到排气孔完全不发生泄漏现象。但即使是在正常情况下,略微泄漏是可能的(产品说明书中标明 20 mL/min 以下是允许值),如果产生较大泄漏时,应按下列各点检查:

① 车辆是否位于不平坦区。

② 连杆套筒的长度是否调整得适当。

③ 管道是否安装正确。

如以上均正确,仍然有泄漏时,应考虑高度阀是否异常。

2. 油泄漏检查

确认阀体的盖子、缸体盖、排气孔等处有无油液泄漏。如有,可能是紧固不良,或密封材料有损伤,或密封材料老化,应及时进行处理。

3. 油面检查

油面通常在指定面 (进、排气阀中心) ±5 mm 处。如果从外表看不到油泄漏,可不需特别检查。

(1)油液不足,性能受影响,耐久性也会降低。此时按指定规格 (硅油 10 mm^2/s) 补充加油,绝对禁止使用代用油脂。

(2)油量过多,因为膨胀对油产生压缩,对性能亦会产生影响。另外,对检查其他工作也带来不利因素。

4. 高度调整阀动作检查

连杆一端从套筒往外伸长经过一定时间后,车体会发生上升或下降现象,连杆恢复水平后,车体的动作即停止,进、排气阀的动作则无异常。但是,如果连杆处于倾斜状态而停止进、排气,空气弹簧伸长到极限,可能发生事故,因此必须特别注意。

5. 高度调整阀性能试验

高度调整阀性能试验是在三阀试验台上进行。主要检查无感带区域 (不灵敏区域)、作用延迟时间和压力空气流量。各项检查方法和指标可参见“三阀一杆试验台”中的有关内容。

需要特别注意的是,空气泄漏及油液的泄漏须定期检查,检查拆装时,要防止尘埃混入。高度调整阀必须3年进行一次分解检查,更换受损元件,重新组装试验。但是需配有试验台。

第六节 差压阀

一、差压阀的作用

差压阀是保证一个转向架两侧空气弹簧的内压之差,不能超过为保证行车安全规定的某一定值,若超出时,则差压阀自动沟通左右两侧的空气弹簧,使压差维持在该定值以下。所以差压阀在空气弹簧悬挂系统装置中起保证安全的作用。

在由4个空气弹簧直接支承于车体的车辆悬挂系统中,即使是车辆的几何尺寸、重量等都为对称的参数及结构,空气弹簧的内压也往往不是均衡的,即当车辆斜对角两处的空气弹簧内压增大时,而另一对角两处的空气弹簧内压将减小。把这种斜对角之间内压不均衡状况称为“对角压差”。该状态下各空气弹簧上的承载也是斜对称形的。这是因为在实际中,由于各空气弹簧充排气时间及速度的差别,线路不平顺,各高度控制阀的高度控制杆有效长度(高度差)的不同及车辆载荷的不均衡等原因,使得静止或运行中的转向架的左右两侧空气弹簧内压力有区别。当不采用差压阀时,其压差可达0.1~0.15 MPa左右。这会使转向架两侧的垂直载荷很不均衡,使减载侧抵抗脱轨的能力明显降低。为保证车辆平稳、安全的运行,防止脱轨,必须在空气弹簧悬挂系统中设有差压阀。

差压阀的结构示意如图4-29所示,当左右两侧空簧压差小于某一定值时(一般为≤0.08 MPa)左右两个阀都处于关闭状态,左右两个空簧均不相通。若左边空簧压力增高,并超过该定值时,即阀中下室空气压力大于上室空气压力,左阀的弹簧受压缩,打开阀门,使压力空气从左边流向右边。反之,上室压力高时,右阀弹簧压缩,打开阀门,使压力空气从右边流向左边,由于差压阀的这种安全作用,使得空气弹簧的承载符合安全要求。

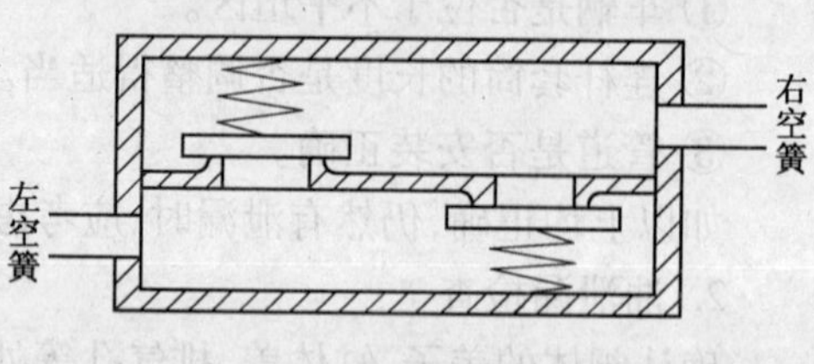

图4-29 差压阀的结构示意

二、差压阀差压值的选择

在选择差压阀的差压值时,应注意以下几点:

1. 在转向架左右两则空气弹簧为均载条件下,车辆正常运行时,该压差值应不影响由于车辆振动所引起的空气弹簧内压变化的值。

2. 差压阀的差压值应高于车辆在曲线(包括过渡曲线)上运行时,仅是由于车体两侧增减载的载荷变化,使左右两个空气弹簧内压变化的压差值(包括高度控制阀的充、排气作用)。

3. 在上述两个要求的允许条件下,尽量取较小的压差值,使各空气弹簧承载不会发生过分的不均衡,以提高车辆的运行平稳性和抗脱轨性能。

4. 当转向架一侧空气弹簧发生破裂事故时,另一侧空气弹簧内压不能过高,并仍使车辆能以较低速安全运行,以便于事故的处理。

一般差压阀的压差值取为 0.08～0.12 MPa。在取值时应根据车型的结构形式、载重、车体重心高度、运行条件、运行速度以及采用空气弹簧和高度控制阀的形式等因素考虑确定。

三、DP_3 型差压阀的结构

DP_3 型差压阀的结构如图 4－30 所示，阀体 1 上有两个直径 11 mm 的螺栓孔，可用两个 M10 螺栓固定在转向架上。从空气弹簧来的压力空气管道，通过活节 9 连接在阀体 1 上并压入阀座 2，用橡胶制的单向阀 3 被弹簧 4 顶在阀座 2 上。另外接头 5 将过滤网 7 四周固定，而接头 5 穿过密封件 6 被固定在阀体 1 上。活节 9 和连接螺帽 10 又将密封件 11 紧固在接头 5 上。另外单向阀 3 和弹簧 4 之间有垫片 12（厚 0.1 mm），垫片 13（厚 0.2 mm），通过改变垫片的数量，可进行压力值的微调。

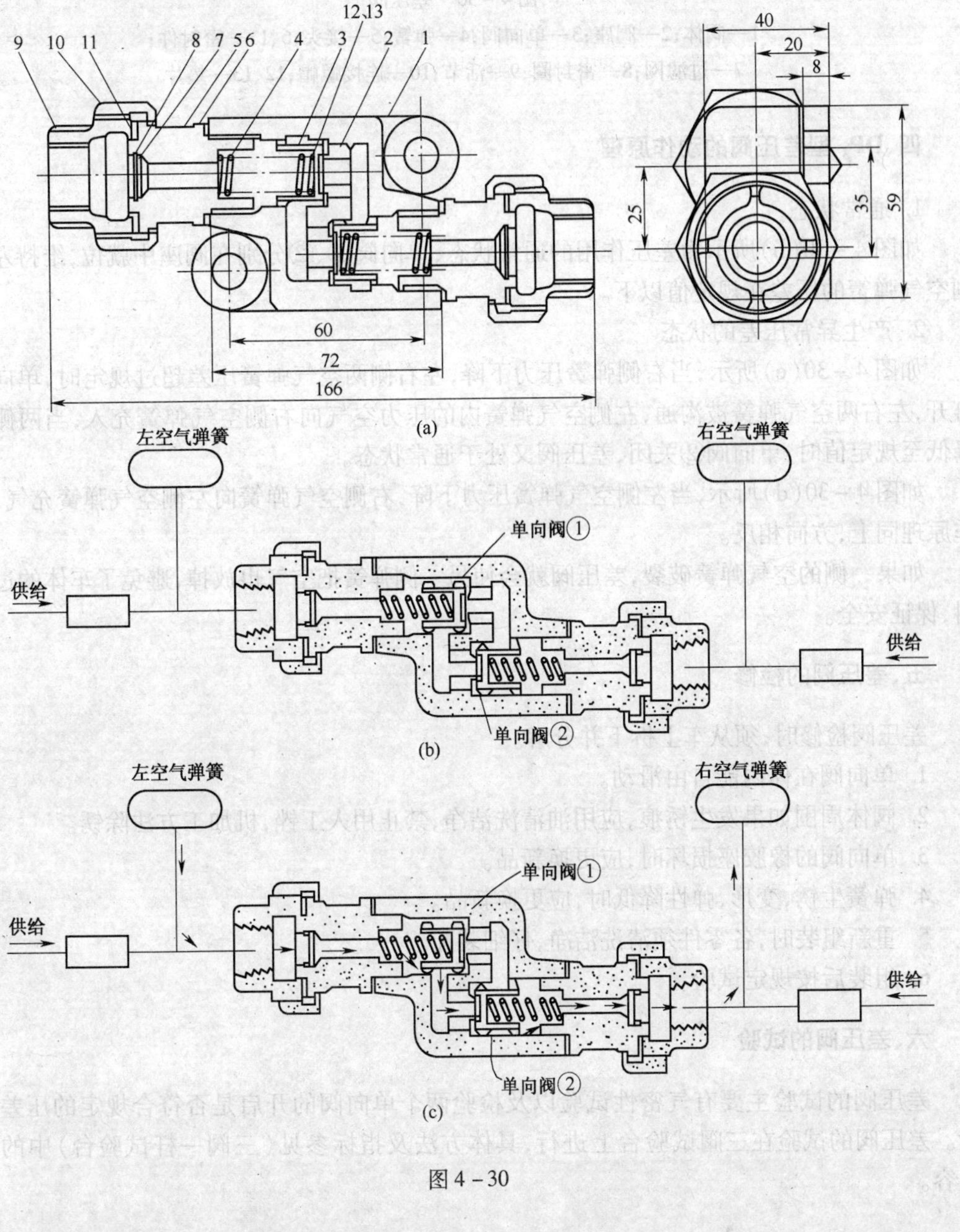

图 4－30

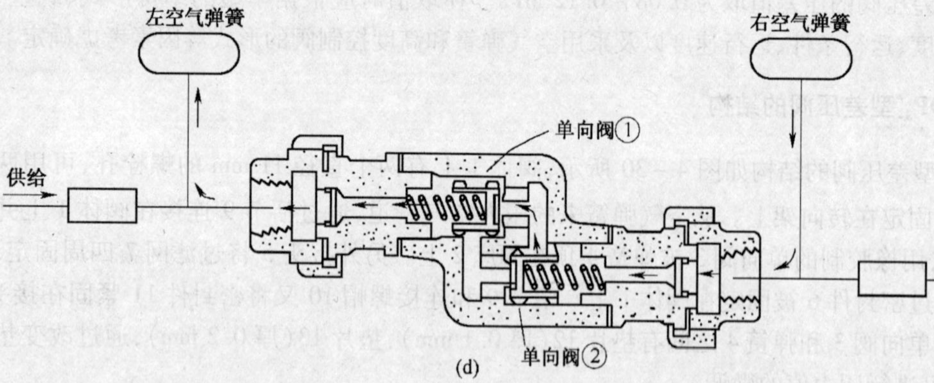

图 4－30　差压阀

1—阀体;2—阀座;3—单向阀;4—弹簧;5—接头;6、11—密封件;
7—过滤网;8—密封圈;9—活节;10—连接螺帽;12、13—垫片

四、DP_3 型差压阀的动作原理

1. 通常状态

如图 4－30(b)所示为差压作用的通常状态,单向阀①、②分别在阀座中就位,维持左右两则空气弹簧的压差在规定值以下。

2. 产生异常压差的状态

如图 4－30(c)所示,当右侧弹簧压力下降,左右侧两空气弹簧压差超过规定时,单向阀②打开,左右两空气弹簧被沟通,左侧空气弹簧内的压力空气向右侧空气弹簧充入,当两侧压差降低至规定值时,单向阀②关闭,差压阀又处于通常状态。

如图 4－30(d)所示,当左侧空气弹簧压力下降,右侧空气弹簧向左侧空气弹簧充气,其工作原理同上,方向相反。

如果一侧的空气弹簧破裂,差压阀就会使另一侧弹簧把空气也放掉,避免了车体的过大倾斜,保证安全。

五、差压阀的检修

差压阀检修时,须从车上拆下并分解。

1. 单向阀在体内能自由滑动。
2. 阀体周围如果发生锈痕,应用油清洗洁净,禁止用人工锉,机加工方法除锈。
3. 单向阀的橡胶座损坏时,应更换新品。
4. 弹簧生锈,变形,弹性降低时,应更换新品。
5. 重新组装时,各零件须清洗洁净,仔细装配。
6. 组装后按规定试验。

六、差压阀的试验

差压阀的试验主要有气密性试验以及检验两个单向阀的开启是否符合规定的压差值试验。差压阀的试验在三阀试验台上进行,具体方法及指标参见(三阀一杆试验台)中的有关内容。

第七节　三阀一杆试验台

随着旅客列车速度的不断提高，以25K型列车为代表的新型客车在减振和制动方式上采用了空气弹簧减振和单元制动缸制动形式，具有独特的优点，而高度阀、差压阀、空重车阀是控制它们的重要部件，直接关系到旅客列车的安全。为保证客车检修质量，三阀一杆试验台是关键设备之一（参见图4－31）。

根据铁道部25K型客车检修规程，25K型提速客车A3级修程必须进行换件修。通过三阀一杆试验台对三阀（高度阀、差压阀、空重车阀）一杆（高度阀调整杆）进行工作性能试验。三阀在试验过程中共使用几十个阀门，所要检测的技术数据或控制的物理量较多，所以人为控制繁琐，难以保证质量。因此，采用PC机自动控制监控试验过程。自动处理试验数据，并具有打印、存储、查询试验结果及工艺流程图屏幕显示等功能，以解决25K型车A3级检修的关键技术。

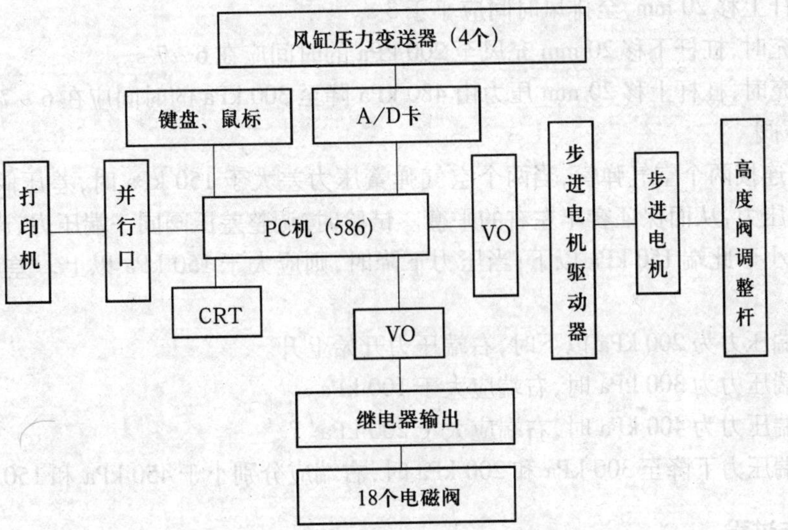

图4－31　三阀一杆试验台结构框图

一、作用与功能

1. 全过程自动控制：PC机程序控制所有阀门的准备和试验动作的全过程，压力由压力传感器检测，其中高度阀和杠杆由步进电机拖动，打印、存储试验结果。操作人员只进行一次按键工作即可完成。

2. 试验台精度：试验台绝对误差（压力为5 kPa，时间为0.1 s，位移为0.1 mm）。

3. 压力变送器自动较准功能：试验台压力变送器零点可以自动较准。

4. 补偿动能：可以对高度阀杆的游隙进行软件补偿。

5. 界面显示功能：试验时，从屏幕上可以看到各个阀门的状态、风缸压力、动作时间、工作流程及气体流动的方向等工艺流程。

6. 故障诊断功能：可以对试验台故障部位进行判断、维护，使用方便。

7. 试验数据存储、查询功能：以本段实际发生检修任务来讲，5年之内所有试验数据均会被保留，方便于管理和资料的查找。

二、试验项目

1. 高度阀

高度阀有一杠杆，杠杆与车体相联接，左右两端分别与副风缸、空气弹簧相联。当空气弹簧压力减小时，车体带动杠杆向上移动，由副风缸经高度阀的压缩空气便会补充给空气弹簧；反之当空气弹簧压力过大，杠杆下移，空气弹簧中压缩空气便会经高度阀向大气排掉一部分，使空气弹簧高度始终在一定范围之内。试验时，主要检测高度阀杠杆在 10 mm 范围内移动有无死区；在 20 mm 处移动滞后时间是否小于 5 s；能否保证空气弹簧由无压力充至 100 kPa 的时间在 11 s 以下，即流量试验。高度阀试验过程如下：

(1) 杠杆下移 5 mm，给空气弹簧充风，无动作不准使用。

(2) 杠杆上移 5 mm，应排风，否则不合标准。

(3) 杠杆下移充风滞后时间应小于 3 s。

(4) 杠杆上移 20 mm，至排风时间应小于 3 s。

(5) 快充时，杠杆下移 20 mm 充风至 200 kPa 的时间应在 6 ~ 7 s。

(6) 快充时，杠杆上移 20 mm 压力由 480 kPa 降至 300 kPa 的时间应在 6 ~ 7 s。

2. 差压阀

差压阀连接两个空气弹簧，当两个空气弹簧压力差大于 150 kPa 时，差压阀打开，以平衡它们之间的压力，从而保证客车左右的平衡。试验时，调整差压阀同一端压力，当压力上升时，另一端压力小于此端 150 kPa 以下；当压力下降时，则应大于 150 kPa 以上。差压阀试验过程如下：

(1) 左端压力为 200 kPa 以下时，右端压力开始上升。

(2) 左端压力为 300 kPa 时，右端应大于 100 kPa。

(3) 左端压力为 400 kPa 时，右端应大于 200 kPa。

(4) 左端压力下降至 300 kPa 和 200 kPa 时，右端应分别小于 450 kPa 和 150 kPa。

三、操作过程

开机后，用鼠标双击“三阀一杆试验台”图标，出现三阀一杆试验台主界面。

1. 单击“参数设计”按钮，出现“口令验证”界面。输入口令后，单击“确定”按钮，出现“试验参看设定”。

2. 单击“高度阀”钮，出现“高度阀参量设定”界面，设定高度阀试验参量后，击“确定”按钮，返回“试验参量设定”。

3. 单击“差压阀”按钮，出现“差压阀试验参量设定”界面，设定差压阀试验参量后，单击“确定”按钮，返回“试验参量设定”界面。

4. 单击“校准”按钮，出现“口令”界面，输入口令后，单击“确定”按钮，返回主界面，且“校准”按钮变为“结束校准”按钮。

5. 单击“高度杆”按钮，出现“高度杆位置”界面。连续击“向上调整”按钮或“向下调整”按钮，可使高度杆上移或下移，调整高度杆在中间位置后，单击“调整完毕”按钮，返回主界面。

6. 单击“高度阀”，“差压阀”，“空重车阀”按钮，单击“高度阀”，“差压阀”，“空重车阀”图标，可分别自动进行高度阀，差压阀，空重车阀试验。

7. 单击“管理”按钮,出现“试验结果管理”界面。单击“本次数据”按钮,出现“试验结果”界面。单击“型号输入”按钮,出现“型号输入”界面。输入型号后,单击“确定”按钮,返回“试验结果”界面。

8. 单击“打印”按钮,若要存盘,单击“存盘按钮”。

9. 单击“退出”按钮,返回“试验结果管理”。

10. 单击“历次试验”按钮,出现“往次试验结果管理”。

11. 单击“选择”钮,选某一次试验结果。单击“退出”按钮,返回“试验结果管理”界面。再单击“退出”按钮,返回主界面。

12. 上述操作中,单击“放弃”按钮会放弃界面面内的所有设置。全部操作完成后,单击主界面“退出”按钮,结束试验后自动关机。

第八节　减 振 装 置

一、车辆减振元件的作用及分类

车辆上采用的减振器与弹簧一起构成弹簧减振装置。弹簧主要起缓冲作用,缓和来自轨道的冲击和振动的激挠力,而减振器的作用是减小振动。它的作用力总是与运动的方向相反,起着阻止振动的作用。通常减振器有变机械能为热能的功能,减振阻力的方式和数值的不同,直接影响到振动性能。

铁路车辆采用的减振器按阻力特性可分为常阻力和变阻力两种减振器;按安装部位可分为轴箱减振器和中央(摇枕)减振器;按减振方向可分为垂向和横向减振器;按结构特点又可分为摩擦减振器和油压减振器。

摩擦减振器结构简单,成本低,制造维修比较方便,故广泛应用在货车转向架上。但它的缺点是摩擦力随摩擦面的状态的改变而变化,并且由于摩擦力与振动速度基本无关,有可能出现以下情况:当振幅小时,摩擦阻力可能过大而形成对车体的硬性冲击;当振幅大时,摩擦阻力又显得不足而不能使振动迅速衰减。

油压减振器主要是利用液体黏滞阻力所做的负功来吸收振动能量,它的优点在于它的阻力是振动速度的函数,其特点是振幅的衰减量与幅值的大小有关,振幅大时衰减量也大,反之亦然。这种“自动调节”减振的性能,正符合铁路车辆的需求。因而,为了改善客车的振动性能,广泛采用性能良好的油压减振器。但它具有结构复杂、维护比较困难、成本较高及受外界温度影响等缺点。下面只介绍客车上使用的油压减振器。

二、油压减振器的分类

用于机车车辆上的油压减振器一般为双筒、不充气、活塞式、阻尼力不可随机控制。

按作用原理分为:液流循环和非液流循环两类。循环式减振器结构较复杂,阻力对称性好。非循环式减振器结构简单,检修方便。QY—K 和 QY—J 系列油压减振器为循环式结构。现生产的其他型号的油压减振器都属于非循环式结构。

按用途分为:与轴箱弹簧并联的轴箱减振器,与中央(摇枕)弹簧(如空气弹簧)并联的中央(摇枕)减振器,摇枕与车体之间的横向减振器,构架与车体之间的抗蛇行减振器,车体之间的偶合减振器等。

表 4－3　主要油压减振器型号、生产厂家及应用范围

型　号	生产厂、所	种　类	阻尼系数（kN·s·m⁻¹）	用　途	生产年份
SFK1	四方所等	垂向	60～100	机、客车转向架	1960
SFKZ13	四方所	垂向	—	机、客车转向架	
SYST11	四方所	垂向	100	德国进口客车转向架	1984
SYSK70	四方所	垂向	100	机、客车转向架	1985
SYSK71（MSP603）	四方所	垂向	100	机、客车转向架	1985
SYST19	四方所	垂向	50	客车转向架	1988
YSYJ4	四方所	抗蛇行	—	机车转向架	1988
SYSJ25	四方所	抗蛇行	—	机车转向架	1988
SYSJ52	四方所	垂向	—	机车转向架	1989
SYST27	四方所	垂向	110	德国进口客车转向架	1991
SYSY31	四方所	垂向	100	客车转向架	1992
SYST37	四方所	垂向	—	客车转向架	1994
3A1 系列	四方所	垂向、横向	30～100	机、客车转向架	1997
3A2 系列	四方所	垂向、横向	15～100	机、客车转向架	1998
MSP601	眉山工厂	垂向	100	客车转向架	20 世纪 60 年代
MSP602	眉山工厂	垂向	100	机、客车转向架	20 世纪 70 年代
ZS 系列	株洲所	垂向、横向	100～120	机车转向架	
QY－K 系列	戚所	垂向、横向	15～100	客车转向架	1998
QY－J 系列	戚所	垂向、横向		机车转向架	1998

SFK1 型、SFKZ13 型和 MSP602 型减振器，简称为 1A 型减振器（包括横向油压减振器）。1A 型减振器为 20 世纪的 60～80 年代初的主型减振器，并一直应用至今。1A 型减振器的密封性能、阻力稳定性等方面尚不够完善。

SLK70 型和 SLK71 型减振器，简称为 2A 型减振器（包括横向油压减振器），适用于 120 km/h以下的运行速度。2A 型减振器与 1A 型减振器相比较，阻力稳定性、密封性、防锈性能有较大改进。

3A 型（系列）高速机车车辆油压减振器结构方面以改善压缩卸荷特性为主。安装于准高速列车运用后，经过改进，1996 年又研制了 3A1 型（系列）减振器。该种减振器以改进密封性能为目的，结构和材料有较大改进。

3A2 型（系列）油压减振器充分吸取了国内外减振器结构的特点，采用先进的密封材料和动密封技术，具有体积小（较 3A1 型减小 38%）、重量轻、阻力衰减率小、密封性好等优点。3A2 型油压减振器可改换 6 种端部联结形式，阻尼系数由 15～100 kN·s/m，改变阻尼系数和安装长度后，可以满足大多数机车车辆的使用要求。

表 4－3 列出了主要油压减振器的型号、生产厂家及应用范围。

三、油压减振器的基本原理

油压减振器的基本原理如图 4－32 所示。

它是一个密封、充满油液的油缸，油缸内有一活塞，把油缸分为上下两部分。活塞上有一小孔称为节流孔。如果把油缸固定在弹簧托板上，活塞固定在摇枕上，当摇枕作上下振动时，活塞杆向上运动时，油缸上部分体积缩小，而油缸下部分的体积增大，油缸下部油液的压力降低。油缸上下两部分的压力不同，于是压力高的上部分的油液通过节流孔流到油缸下部分去填充活塞移动后产生的空间。油液通过微小的节流孔时要产生阻力，阻力大小和油液流动的

速度以及节流孔的形状和大小有关。油液流动的速度越大,阻力也越大。当活塞向下运动时,则油缸上部体积逐渐增大,而油缸下部体积减小,油液通过活塞上的节流孔由下部流向上部,产生阻力。因此,车辆振动时,油压减振器起减振作用。

以上所说的情况是在假设活塞杆不占据油缸体积的情况下的作用,而实际的活塞杆具有一定的体积,当减振器工作时,油缸上部和下部体积的变化是不相等的。

设油缸直径为 D,活塞杆直径为 d。若活塞杆动作向下运动,最初位置为Ⅰ,后来移动一段距离 S 后到达Ⅱ的位置,则油缸下部体积缩小 $\pi SD^2/4$,而油缸上部分体积增大 $\pi S(D^2-d^2)/4$,上下两部分体积之差为 $\pi Sd^2/4$。因此油缸下部分排出油液至储油缸中,上部不足油液由储油缸补充。反之,当活塞杆动作向上运动时,活塞上部排出的油液不足填充油缸下部体积增大的部分,便会产生真空,影响减振器的正常工作。为了避免上述现象产生,在减振器油缸外,增加一储油缸,在油缸底部有一进油孔,当减振器工作时,不足的油液由储油缸补充,多余的油液存在储油缸中。

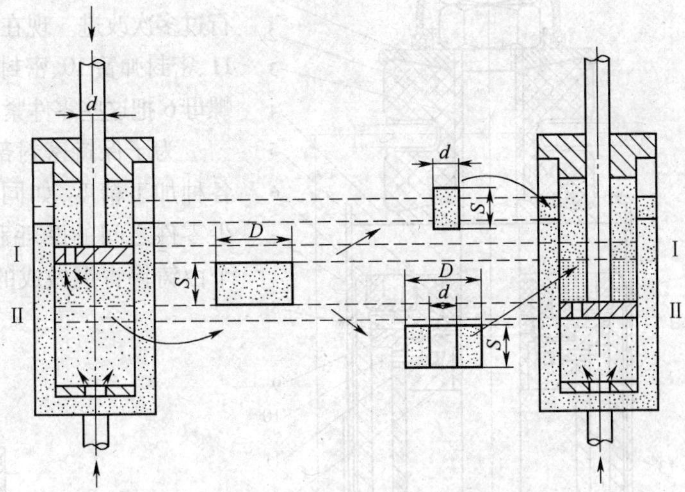

图 4－32　油压减振器工作原理

四、垂向油压减振器

在客车转向架中采用的 SFK1 型减振器,其实际结构要复杂得多。因为要采用复杂结构来防止减振器的泄漏和保证减振器各部分工作可靠、耐用。图 4－33 所示为 SFK1 型油压减振器的组成图。

SFK1 型油压减振器的结构主要由下列部分组成:活塞部分、进油阀部分、缸端密封部分和上下联部分。此外还有防尘罩、油缸和储油缸。减振器内部装有油液。

1. 活塞部分

它是产生阻力的主要部分,由活塞 26、芯阀 15、芯阀弹簧 16、阀套 19、调整垫 27、29、阀座 17 等组成,如图 4－34 所示。在芯阀侧面下部开有两个进径为 2 mm 和两个直径为 5 mm 的节流孔。组装后,节流孔的一部分露出阀套,露出部分的节流孔称为初始节流孔,减振器的阻力主要决定于初始节流孔的大小。为了调整阻力的大小,在芯阀、阀套和阀座的底部,没有 0.2 和 0.5 mm 厚的调整垫 27、29。在活塞的头部装有涨圈 18,它的主要作用是提高活塞的密封性,防止活塞磨耗以后过大的阻力变化。

2. 进油阀部分

装在油缸的下端,主要作用是补充和排出油液的一个通道。在进油阀体上装有阀瓣 22 和锁环 21。在阀瓣和阀体座上的阀口之间,以及进油阀体 20 和油缸筒之间都要求接触严密,防止漏泄,如图 4－35 所示。

3. 缸端密封部分

油缸端部有专门的密封结构，一方面使活塞上下运动时起导向作用，使活塞中心和油缸中心线路始终保持一致；另一方面，防止油液流出和灰尘流入减振器内，影响减振器正常工作。当减振器工作时，油缸内油压最高可达 25×10^2 kPa，所以密封是一个很重要的问题。SFK1 型液压减振器的密封部分，曾进行过多次改进。现在采用的结构是在油缸筒上装缸端盖 11、密封弹簧 10、密封托垫 9、密封圈 5，并通过密封盖 7 及螺母 6 把这些零件紧紧压住，如图 4－36 所示。

为了保持密封部分的性能，必须特别注意零件的各种加工精度，如同心度、垂直度和表面粗糙度等，减少零件之间的摩耗和变异。另外，在缸端上还压装一个由铸锡青铜做成的导向套。

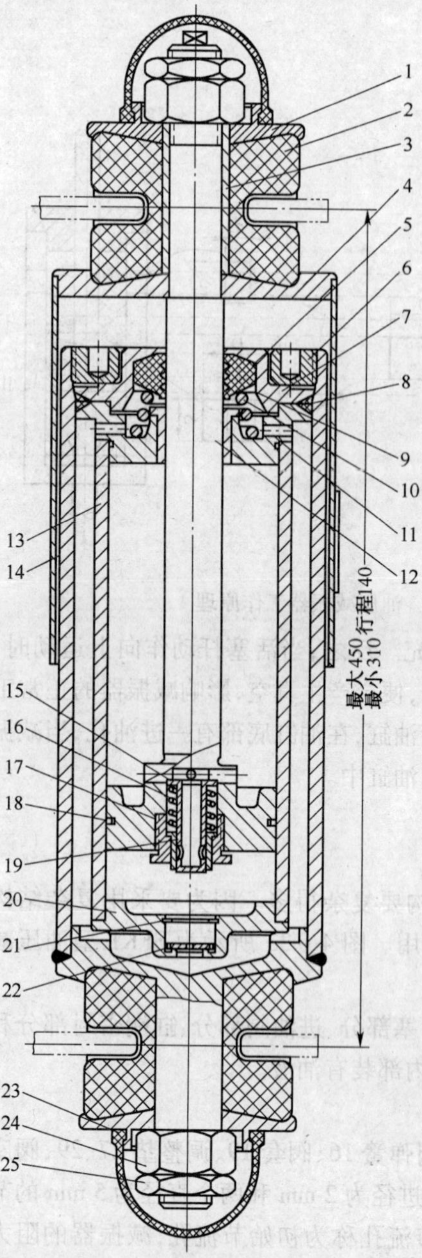

图 4－33　SFK1 型液压减振器

1—压板；2—橡胶垫；3—套；4—防尘罩；5—密封圈；6—螺盖；7—密封盖；8—密封圈；9—密封托垫；10—密封弹簧；11—缸端盖；12—活塞杆；13—缸体；14—储油筒；15—芯阀；16—弹簧；17—阀座；18—涨圈；19—阀套；20—进油阀座；21—锁环；22—阀瓣；23—防锈帽；24、25—螺母

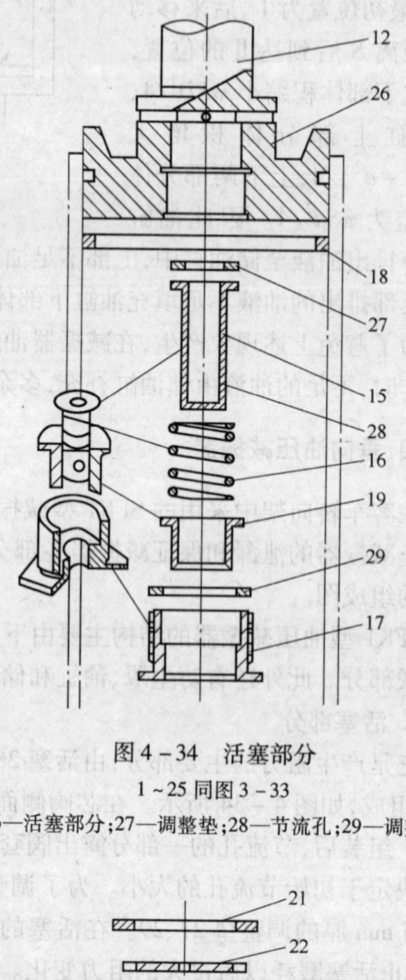

图 4－34　活塞部分

1～25 同图 3－33

26—活塞部分；27—调整垫；28—节流孔；29—调整垫

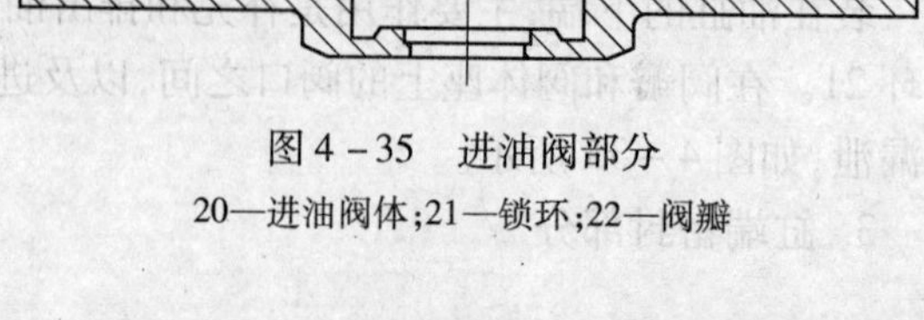

图 4－35　进油阀部分

20—进油阀体；21—锁环；22—阀瓣

密封圈的作用是把漏过导向套和活塞杆之间缝隙的小量油液从活塞的杆上刮下来，经过缸端盖上的回油孔 8，回到储油缸中。密封圈的材质必须用耐寒耐油的橡胶，要求橡胶在汽油中浸泡 24 h 后没有膨胀和油蚀现象，并要求在低温下保持一定的弹性。密封圈的刮油齿要有合理的形状和高度，齿根应防止裂纹。

4. 上下联结部分

它是油压减振器上下两端与转向架的摇枕和弹簧托板上的安装座相联结的部分。橡胶垫 2（图 4－34）的作用：一方面可缓和上下方向的冲击；另一方面，当摇枕和弹簧托板在前后左右方向有相对偏移时，橡胶垫可有变形，减少活塞与油缸、活塞与导向套之间的偏心，使活动顺滑减小偏磨。减振器两端加装防锈帽 23（因经常丢失，起不到应有的作用，现已取消）后可防止雨水侵入端部，避免螺母 24、25 锈蚀。

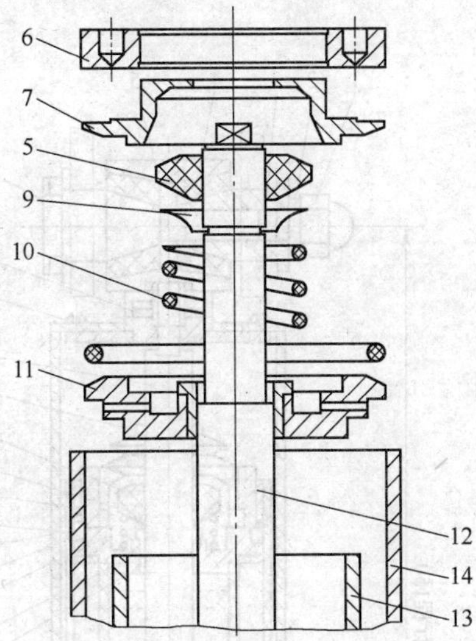

图 4－36　缸端密封部分

5—密封圈；6—螺盖；7—密封盖；8—密封圈；9—密封托垫；10—密封弹簧；11—缸端盖；12—活塞杆；13—缸体；14—储油筒

5. 油压减振器的油液

由于我国南北气温相差很大，东北地区冬季严寒而南方地区夏季炎热，温度变化范围为 －40 ～ ＋40 ℃。减振器要在不同温度下正常工作，而且还要保证减振器在长期使用中性能不变，就必须合理选择减振器油液。减振器油液应满足以下要求：在 －40 ～ ＋40 ℃范围内黏度变化不大，－40 ℃不凝固；不应混入空气或产生气泡，无腐蚀性；润滑性能好，沥青、胶质、灰渣、杂质少；物理化学性能稳定，不易变质；价格便宜。经过试验，认为 SYB1207— 56 号仪表油具有较好性能。但在冬季温度不低于 －15 ～ －20 ℃地区运用的客车，可使用 22 号透平油各半的混合油。每一油压减振器内规定装油 0.9 dm^3。

五、单向油压减振器

虽然减振效果是油压减振器优于摩擦减振器，但在实际应用中若设计不当，油压减振器同样会把轴箱簧下冲击力传给转向架和车体。车辆在运行中轮轨的垂直冲击过程对减振器来说是压缩过程，为了防止减振器传递这类冲击，采用单向油压减振器。这种单向油压减振器只在拉伸过程产生阻力，而在压缩过程不产生阻力或只产生很小的阻力。

1979 年四方车辆研究所为客车转向架设计、试制、试验了单向油压减振器，并且现车已采用。其结构如图 4－37 所示。

轴箱减振器上端与转向架构架相连，下端联接在轴箱部分，联接形式采用橡胶套的销接式。在正常使用情况下，减振器相对销和套的转角都不大，橡胶套产生的弹性变形使磨耗不存在。但要考虑到便于更换轴箱弹簧，应允许松开螺母之后，减振器可作大角度的转动。

减振器节流装置的结构如图 4－38 所示。它的节流孔是由在顶面开有宽度 1.5 mm、深度 B(0.3 ~1.0 mm)的沟槽的卸荷阀 25 和下部为平面的阀片 24 组成，当两者处于密贴状态时，“沟槽”与“平面”共同形成矩形截面的槽形节流孔。左右共两个槽形节流孔。减振器阻力可以通过选择不同沟槽深度（B）的卸荷槽来调整。

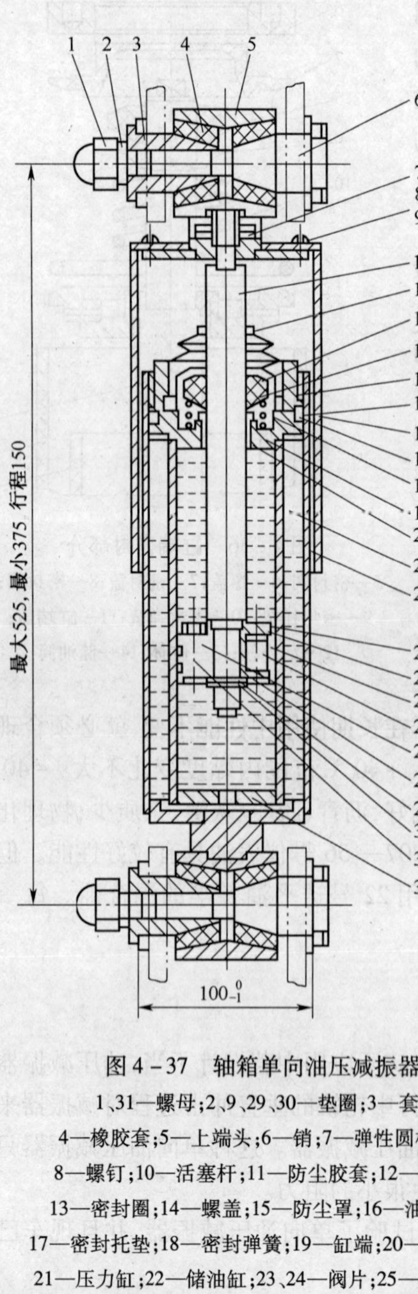

图 4－37　轴箱单向油压减振器

1、31—螺母；2、9、29、30—垫圈；3—套；4—橡胶套；5—上端头；6—销；7—弹性圆柱销；8—螺钉；10—活塞杆；11—防尘胶套；12—压盖；13—密封圈；14—螺盖；15—防尘罩；16—油封圈；17—密封托垫；18—密封弹簧；19—缸端；20—导向套；21—压力缸；22—储油缸；23、24—阀片；25—卸荷阀；26—弹簧；27—定位销；28—活塞；32—进油阀

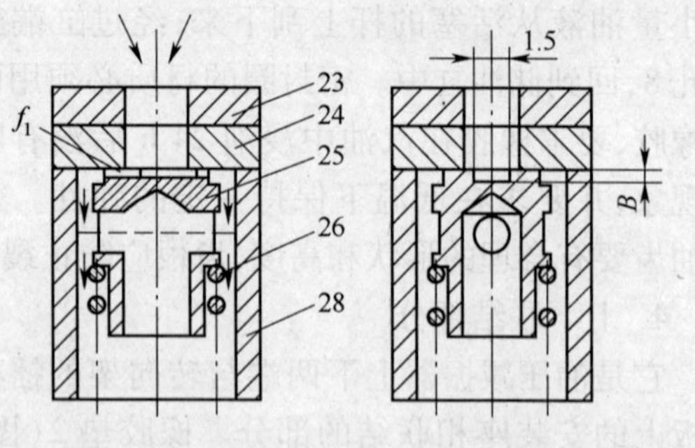

图 4－38　节流孔结构

23、24—阀片；25—卸荷阀；26—弹簧；28—活塞

减振器作用原理如图 4－39 和图 4－40 所示。图 4－41 表示减振器处于拉伸状态，当减振器被拉伸时，活塞向上移动，在储油缸 C 腔内油液经过进油阀孔 f_2 流入压力缸 B 腔内。与此同时，阀片 23 与阀片 24 处于密贴状态，压力缸 A 腔内的油液经左右两个节流孔 f_1（槽形节流孔）形成阻力，并被压入压力缸 B 腔内。当振动速度过高，阻力过大时，卸荷阀 25 被压开，此时它与阀片 24 不处于密贴状态而卸荷。图 4－41 表示减振器的压缩状态。当减振器被压缩时，活塞向下移动，此时压力缸 B 腔内油液的一部分经进油阀孔 f_2，被压入储油缸 C 腔内，另一部分经过活塞上 4 个卸荷孔 f_3，并冲开阀片 23 而被压入压力缸 A 腔内。应该注意的是，这时仍有部分油液会经过 2 个节流孔 f_1 也流入压力缸 A 腔内，但已起不到节流作用。这是因为 4 个卸荷孔 f_3 的横截面大大超过 2 个节流孔 f_1 的横截面。前者才是造成压缩阻力大小的重要条件。所以，减振器在压缩过程产生的阻力很小，故称之单向油压减振器。

某单向油压减振器的示功图与特性曲线如图 4－41 和图 4－42 所示。

六、横向油压减振器

图 4－43 为横向油压减振器，它的内部结构与垂向油压减振器基本相同，结构上的特点是增加了一个空气包。空气包的作用是为了使进油阀完全浸在油中，不露出油液面，防止空气进入缸筒内部。横向油压减振器一般是水平的安装于摇枕与构架之间。

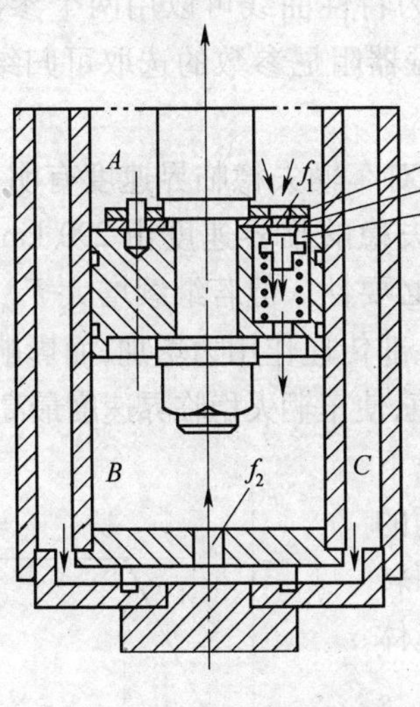

图 4－39　拉伸状态作用图

23、24—阀片；25—卸荷阀

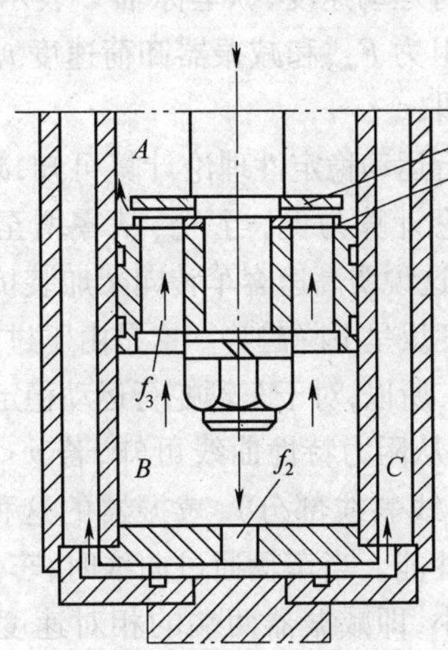

图 4－40　压缩状态作用图

23、24—阀片

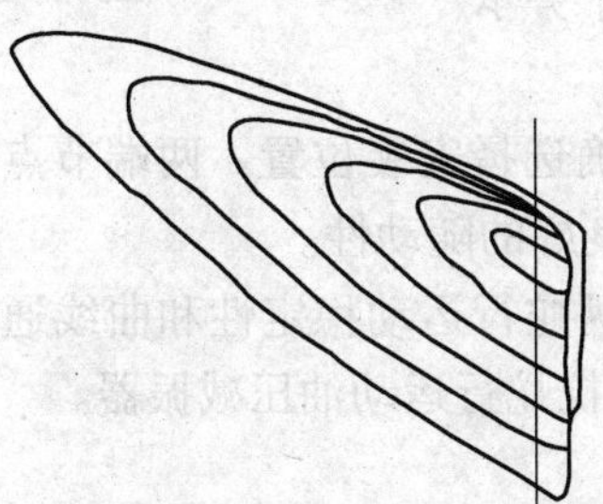

图 4－41　减振器示功图

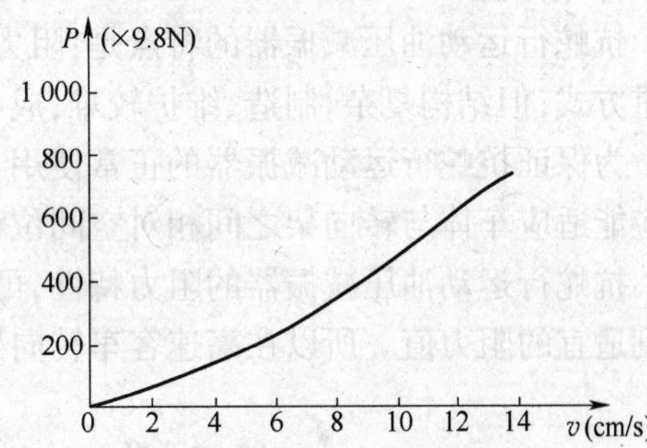

图 4－42　减振器特性曲线

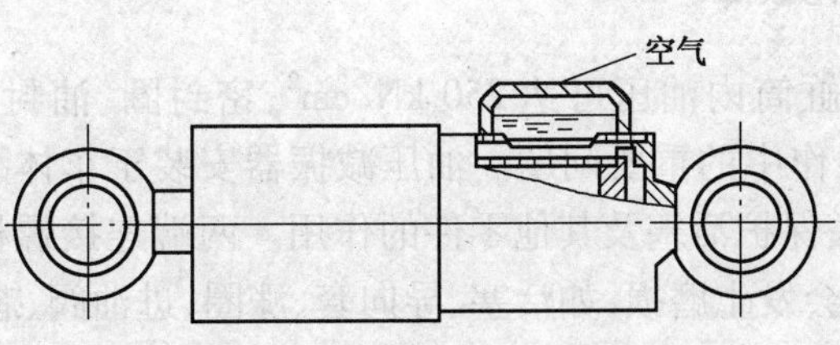

图 4－43　横向油压减振器

七、抗蛇行油压减振器

抗蛇行运动油压减振器又可称为纵向油压减振器。它安装在车体与转向架之间。目前高速客车转向架都采用的装置。它具有一般油压减振器的特点，只是节流结构与节流特性不同于其他形式油压减振器。

抗蛇行运动油压减振器典型的阻力特性曲线如图 4－44 所示。横坐标轴 v 表示减振器两端点的相对运动速度，纵坐标轴 F 表示减振器的阻力。阻力特性曲线可以用两个参数，即减振器饱和阻力 F_{max} 和减振器卸荷速度 v_0 来表示。所以，减振器阻尼参数的选取可归结为 F_{max} 和 v_0 的选取。

从蛇行运动稳定性理论计算可知，减振器饱和阻力 F_{max} 对车辆失稳临界速度有明显影响。以某车理论计算为例，当 F_{max} 从零增至 10 kN ~ 12 kN 时，失稳的临界速度由 290 km/h 增至 490 km/h，这说明高速客车转向架加装抗蛇行运动减振器的必要性。但若继续增大 F_{max} 值则失稳临界速度反呈下降趋势。这是由于过大的阻力导致车辆各部传递作用力增加，而影响蛇行运动稳定性。所以，对于车辆蛇行运动稳定性存在最佳的 F_{max} 值，使车辆失稳临界速度最高。

另外，从阻力特性曲线可知，若 $v < v_0$，则减振器阻力呈下降趋势（曲线斜线部分），减振器的这种特性又有利于车辆的曲线通过性能。当车辆通过曲线时，车体与转向架之间的回转角速度较小，即减振器两端的相对速度 v 也较小，所以在车体与转向架之间所产生的较小的阻力矩使车辆容易通过曲线。

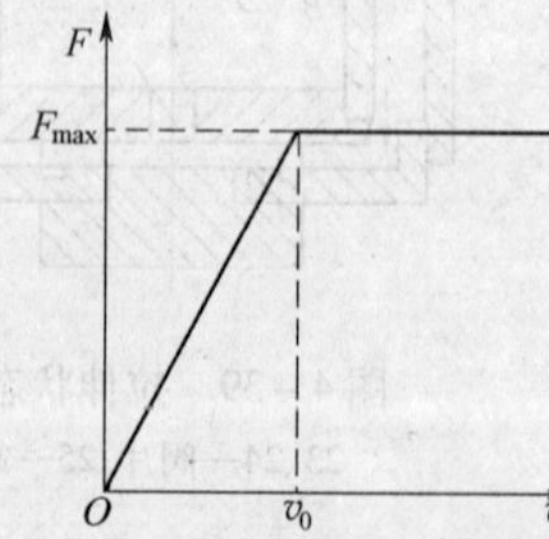

图 4－44　阻力特性曲线

分析图 4－44 可知，当 F_{max} 为定值时，从蛇行稳定性方面来看，v_0 取值小为好。但考虑曲线通过性能时，v_0 不宜取得过小。总之，F_{max} 和 v_0 的取值，应进行理论计算和试验来确定。

抗蛇行运动油压减振器的特点是：阻力特性明显优于旁承支重方式，但结构复杂，制造、维护较难，成本较高。

为保证抗蛇行运动减振器的正常使用，还需注意正确选择安装位置。两端节点的连接装置应能适应车体与转向架之间相对空间位移，使之具有良好的随动性。

抗蛇行运动油压减振器的阻力特性，可以同时使车辆蛇行运动稳定性和曲线通过性能都得到适宜的阻力值。所以在高速客车转向架上广泛采用抗蛇行运动油压减振器。

第九节　油压减振器的检修

一、油压减振器的常见故障

由于减振器工作时，缸筒内油压可达 250 kN/cm^2，密封圈、油封圈磨损和裂损易造成漏油，故密封性能是检修工作中的重要问题。油压减振器安装于车体下部，很易遭受污水等腐蚀。防尘罩锈穿后会失去保护活塞及其他零件的作用。两端连接螺栓腐蚀则造成拆装困难。经长期使用后，内部零件会发生磨损，如活塞、导向套、涨圈、进油阀、芯阀等磨损后会使阻力系数变得不合要求。磨损下来的微粒及侵入的尘土会使油液污染变质，也使阻力变化。油量不足时，减振器会失去作用。

二、检修要求及检修过程

车辆在段修时要对油压减振器分解检修，组装后进行阻力试验和漏油试验。

减振器从车上拆下以后，应记录编号和所属车号。铭牌丢失或钢印不清者，应重新编号，以免检修试验时混乱。分解之前，最好先在试验台上试验，并记录示功图，根据示功图的形状，分析其内部有关零件的缺陷和检修时应注意的处所。分解时，零件应成套放在一起，以免互相调换，造成配合不严密。

1. 减振器的分解顺序

(1)拆卸上、下端螺母、压板、胶垫、套和防尘罩；

(2)分解缸端密封部分；

(3)取出活塞部分并分解阀座、芯阀和阀套；

(4)分解缸体与进油阀体。

减振器分解后，除胶垫和上、下端螺母外，均应进行清洗；防尘罩、储油缸和压板可进行煮洗；其他零件需放在汽油中清洗。清洗后对各零件进行检查，按限度规定进行修理或更换。

2. 油压减振器各零件的检修限度和修理方法

(1)防尘罩：直径为 112 mm 的圆柱表面因碰撞而凹凸不平者，应修整。因腐蚀而有局部破损者应挖补，严重破损者更换。

(2)上、下胶垫凡有明显裂纹、老化变硬、残余变形或局部磨损时，应更换。

(3)储油缸：下端 M22 丝扣损坏，可堆焊旋削。如下端连接部分因弯曲，锈蚀或磨损而严重破坏时，可将损坏的螺纹割下，焊接上一段圆钢，然后进行旋削。

(4)活塞：上端(12 mm × 12 mm)的方头经使用和锈蚀后，如有损坏，应用锉刀修成方形；丝扣如有损坏，用板牙修理。活塞禁止焊修，镀铬表面如有锈蚀、局部磨耗或弯曲等现象，应更换。如有微小划痕，或因与密封胶垫偏磨而局部发亮，可以继续使用，但磨耗限度不应超过 0.05 mm。

(5)涨圈：检修减振器时涨圈一般可以不分解，但必须进行检查。涨圈长期工作后，常由于油液变脏，涨圈与活塞结成一体，此时应用毛刷在汽油中洗去涨圈与活塞之间缝隙中的油垢，使涨圈得以自由张开。若经过清洗，仍不能使涨圈在活塞上活动，则应更换新涨圈。涨圈失去弹性、磨耗过大或开口在自由状态下小于 4 mm，工作状态大于 0.5 mm 时，应更换。

(6)芯阀、阀套与阀座：这三个零件在互相接触的圆柱表面磨耗 0.05 mm 时应更换。如表面有锈斑和油垢，应用 12 号砂布打磨，使粗糙度 Ra 在 0.2 ~ 0.8 μm 范围内。

(7)芯阀弹簧：经使用后少数出现衰弱现象，自由高度降低，初压缩力不足，造成示功图畸形，其自由高比原形降低 1 mm 以上者，应更换。

(8)进油阀座：进油阀座与缸体配合过松(即组装时不用轻击，就自由落下)应更换。进油阀座与阀瓣接触的阀口表面常因油液中的杂质冲刷而磨损变毛，检修时应进行研磨，磨损严重的，可经旋削后再研磨。

(9)阀瓣：使用后，阀瓣与阀口的接触表面经油液中杂质的冲刷而变毛，或由于多次互相碰撞产生明显的圆环痕迹，这两种情况都应进行研磨，粗糙度应小于或等于 0.8 μm。

(10)密封圈：常见损伤是刮油齿磨耗，当磨耗量过大时，会影响密封性能，内孔直径大于 24.5 mm 时，予以报废。如有变形，膨胀或裂纹等情况应更换。

(11)油封圈：其断面变成三角形或沿圆周方向伸长，均应更换。

(12)缸端盖：缸端盖导向孔偏磨后，会影响阻力系数和密封性能，其内表面直径磨耗 0.06 mm时更换铜套，对未镶铜套的缸端盖，应扩孔镶铜套。

(13)缸体：破裂或内表面直径磨耗超过 0.06 mm 时，应更换。有时由于油液中含有水分，在缸体内表面出现锈痕，应用 12 号砂布打磨除锈。

(14)油液：经使用后变黑变脏，段修时，旧油可以回收再用，但需经过沉淀 24 h 以上，取上部较清洁油液，再经过 1 200 ~ 1 300 个孔/cm^2 的金属网过滤，除去旧油中杂质和水分后，即可使用。

复习思考题

1. 车辆上采用弹簧装置的作用是什么？车辆上采用了哪些弹性元件？
2. 说明弹簧的主要特性参数。
3. 圆弹簧名词术语的含义、度量方法及用途是什么？
4. 为什么要用双卷螺旋弹簧？根据哪些原则设计双卷螺旋弹簧？
5. 为什么采用两级刚度弹簧？它有什么特点？
6. 说明抗侧滚扭杆装置的结构组成和工作原理。
7. 圆弹簧的主要故障有哪些？试分析其发生的原因有哪些？
8. 对圆弹簧的主要故障各有哪些检修要求？
9. 说明弹簧衰弱的检修工艺过程。
10. 车辆上采用橡胶元件具有哪些优缺点？
11. 空气弹簧有什么特点？与空气弹簧配套使用的有哪些装置？
12. 说明 SYS 型空气弹簧的构造组成。其主要特点是什么？
13. 说明空气弹簧上采用可变节流孔的原因。
14. 空气弹簧装置中高度控制阀的主要作用及要求是什么？
15. 空气弹簧装置中高度控制阀的结构及工作原理是什么？
16. 试述空气弹簧高度控制阀的工作过程。
17. 为什么在空气弹簧悬挂系统中设有差压阀？
18. 空气弹簧悬挂系统中差压阀的结构及工作原理是什么？
19. 在选择空气弹簧悬挂系统中差压阀的压差值时应注意什么？
20. 说明利诺尔摩擦减振器的减振作用原理。
21. SFK1 型油压减振器主要由哪几部分组成？各部分的主要作用是什么？各由哪些配件组成？
22. 分别说明油压减振器的拉伸行程和压缩行程时的减振作用原理。
23. SFK1 型油压减振器在什么情况下“卸荷”？为什么要“卸荷”？
24. 说明单向油压减振器的作用原理。
25. 说明油压减振器的分解顺序。
26. 油压减振器在段修时有哪些检修要求？油压减振器常发生什么故障？

第五章

客车转向架

本章主要介绍209系列、206系列、CW系列、AM96等新型客车转向架的技术特点、结构及运用检修。学习本章内容之后,要求学生能够了解各种客车转向架的技术特点,掌握其结构及相关检修知识,特别与运用有关的知识要作为学习掌握的重点。

第一节 概 述

近十多年来,随着我国经济、科技、贸易的振兴,文化和人员交流的增多,旅游事业的发展,促进了我国客货列车提速和准高速、高速列车等各项工作的研制及实施。1994年12月实现了广州 至深圳160 km/h的准高速客运列车开行,1997年至2007年实现了六次铁路运输的全面提速,同时有关单位也正在进行200 km/h和300 km/h高速客车的研制生产。2007年4月18日在京哈、京沪、京广、陇海、胶济、沪昆等繁忙干线上大量开行了时速200 km/h的动车组。铁路运输所创造的宏观社会经济效益,远远超出了部门和地区的微观效益。铁路运输事业对促进社会和谐、国民经济实现又好又快的跨越式发展,正发挥着越来越大的作用。

客车是运送旅客的车辆,为保证旅客运输的安全性及舒适性,对客车转向架的要求比货车转向架的要求更严格。客车转向架不仅要有足够的强度,而且还要有良好的运行平稳性和较高的运行速度,以便将旅客安全、迅速、平稳、舒适地送到目的地。

客车转向架作为支承客车车体并担负客车走行任务的部分,其结构的合理性、动力性能的好坏等直接影响着客车的运行平稳性及运行速度。

一、对客车转向架的基本要求

(1)具有符合速度要求的运行安全性、平稳性与舒适性和曲线通过性能,并符合有关国家标准。

①为了改善和提高客车在垂直方向的动力性能,客车转向架上宜采用柔软的弹簧。一般客车转向架的弹簧静挠度要求为170~200 mm。为此,客车转向架通常采用两系弹簧,在轴箱与构架间设轴箱弹簧,又称第一系悬挂弹簧;在摇枕和构架间设摇枕弹簧,又称中央弹簧、第二系悬挂弹簧。

②为了改善和提高客车的横向动力性能,客车转向架上专门设置了横向弹性复原装置、横向减振装置;高速客车转向架中,通过采用各种形式的轴箱定位装置,抑制转向架在线路上的蛇行运动。

(2)转向架各零部件应有足够的强度和适宜的刚度。

(3)尽可能实现轻量化,尤其是减少簧下质量。

(4)尽量减少轮轨之间的作用力,减少轮轨磨耗及各部位的磨耗。

(5)具有减少噪音、吸收高频振动的能力。

(6)具有良好的制动性能,保证在规定的制动距离内安全停车。

(7)积极开发、采用新技术、新材料、新工艺。

(8)各零部件要尽可能实现通用化、标准化和产品系列化。

(9)转向架结构简单、运用可靠、检修方便、制造容易、成本低廉。

二、客车转向架基本作用与要求

一般而言,客车转向架可分为轮对轴箱装置、弹性悬挂装置、构架、基础制动装置、转向架支承车体的装置等部分。由于所装用的客车车型的不同和性能等方面的差别,各型转向架在结构上大都有一定的差别。

1. 客车转向架基本作用

(1)减少车辆运行阻力;

(2)车辆通过高低不平处,能减少车体的垂直位移;

(3)安装多系弹簧及减振器,保证车辆有良好的运行品质,以适应不断提高的行车速度;

(4)转向架容易从车体下推出,便于检修;

(5)传递和放大制动缸产生的制动力,使车辆具有良好的制动效果;

(6)支承车体并将车体上的各种作用力和载荷传递给钢轨。

2. 快速客车对转向架的要求及其发展趋势

(1)降低轴重,尤其是减少簧下质量,以减少轮轨之间垂向动力作用。

(2)尽力采取各种措施,保证高速客车有较高的失稳临界速度。同时兼顾车辆的曲线通过能力,减少轮轨之间的横向动力作用。

(3)为了使高速运行的车辆有良好的运行平稳性,应以超临界的观点进行设计和选择有关参数。

(4)在高速转向架中采用空气弹簧和橡胶件,以降低噪音和隔离、吸收高频振动。同时尽量形成相关零部件之间的无磨耗接触,以减少磨耗、延长寿命和便于维修,研究轮轨噪声的成因,并采取相应措施防止、减少噪声的污染。

(5)为实现高速运行中的列车能在规定的距离内安全停车,转向架基础制动装置部分在传统的双侧闸瓦踏面制动的基础上,采用盘形制动、磁轨制动等方式,改善制动性能、提高制动功率。根据需要确定采取单一式还是复合式。在制动装置中采用防滑装置。

第二节 209 系列转向架

209 型转向架自 1972 年定型以来,经过不断的改进和发展,已形成 209T 型(T 表示踏面制动)、209P 型(P 表示盘形制动)、209PK 型(K 表示空气弹簧)、209HS 型、PW－200 型等系列。

一、209T 型转向架

209T 型转向架最大的特点就是采用了纵向牵引拉杆装置，用以代替传统的纵向摇枕挡，其结构如图 5－1 所示。该型转向架主要用于 25G 型客车上。

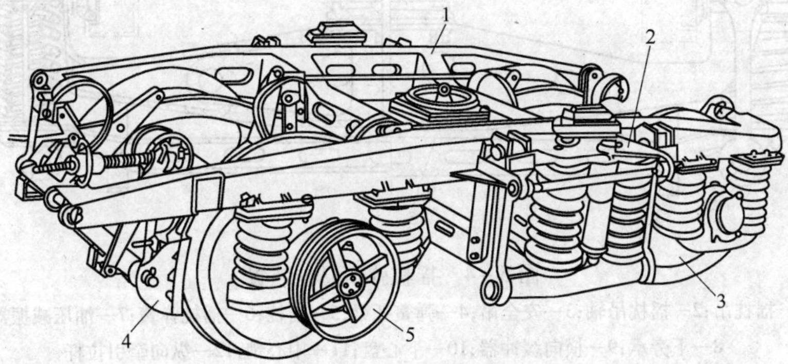

图 5－1　209T 型转向架

1—构架；2—摇枕弹簧装置；3—轮对轴箱弹簧装置；4—基础制动装置；5—发电机皮带传动装置

1. 构架

209T 型转向架的构架为铸钢一体式 H 形构架，如图 5－2 所示。在构架侧梁外部装有横向缓冲器，它由挡轴、缓冲橡胶组成（见图 5－3）。组装时，将缓冲橡胶压人构架侧梁外部的缓冲器座内即可。横向缓冲器和摇枕每侧间隙为（25 ±2）mm，两侧间隙之和不大于 50 mm。

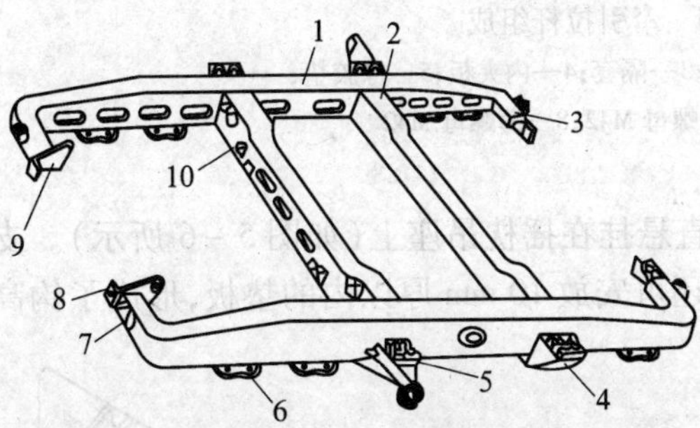

图 5－2　H 形构架

1—侧梁；2—横梁；3—小端梁；4—摇枕吊座托架；5—摇枕吊座；6—轴箱弹簧支柱座；7—闸瓦托吊座；8—缓解弹簧座；9—固定杠杆支点座；10—制动拉杆吊座

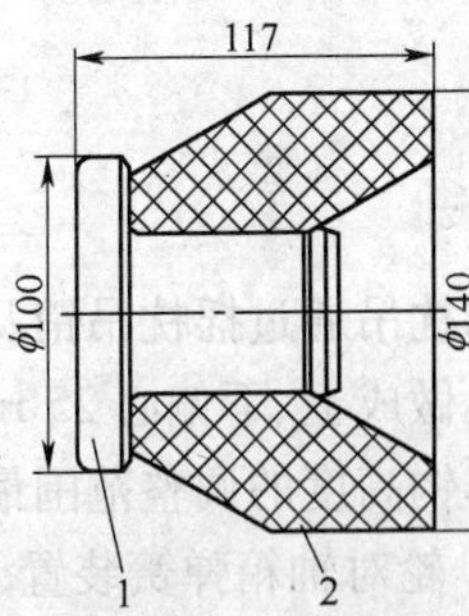

图 5－3　横向缓冲器

1—挡轴；2—缓冲橡胶

构架两侧梁中心距为 1 943 mm。

2. 摇枕弹簧悬挂装置

209T 型转向架的摇枕弹簧悬挂装置为摇动台式，采用单节长吊杆、构架外侧悬挂、带油压减振器的摇枕圆弹簧组。其结构如图 5－4 所示

下旁承用螺栓组装在摇枕端部，位于构架侧梁外侧，两旁承中心距为 2 390 mm。

在构架侧梁外侧和摇枕两端斜对称焊有牵引拉杆座，用具有橡胶弹性节点的牵引拉杆（见图 5－5）将摇枕和构架相连。牵引拉杆的组装应在落车找平后进行。

摇枕弹簧装置由圆弹簧组和油压减振器组成。摇枕弹簧横向中心距为 2 510 mm。

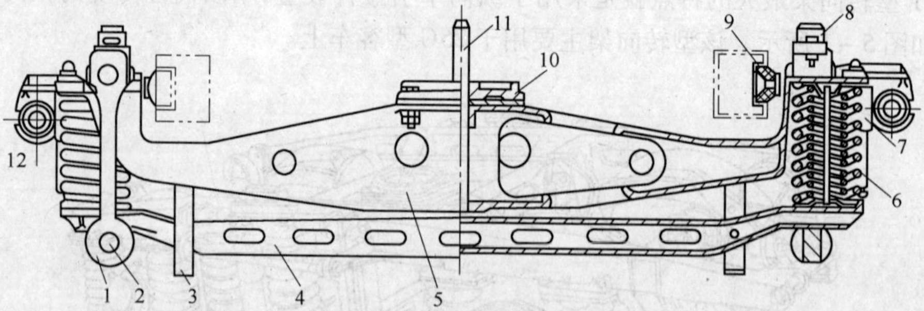

图 5－4 摇枕弹簧悬挂装置

1—摇枕吊;2—摇枕吊轴;3—安全吊;4—弹簧托梁;5—摇枕;6—摇枕弹簧;7—油压减振器;8—下旁承;9—横向缓冲器;10—下心盘;11—中心销;12—纵向牵引拉杆

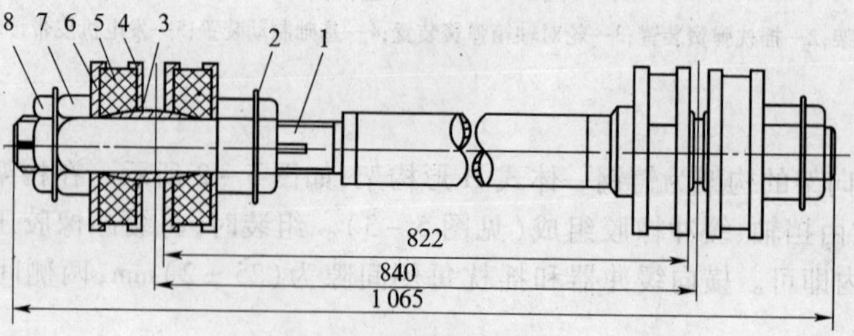

图 5－5 牵引拉杆组成

1—拉杆;2—止推垫圈;3—隔套;4—内夹板;5—橡胶垫;6—外夹板;7—螺母 M42;8—薄螺母 M42

摇枕吊通过摇枕吊销及两块支承板垂直悬挂在摇枕吊座上(如图 5－6 所示)。支承板上的圆孔做成上、下偏心 25 rnm,支承板下部还可安放 10 mm 厚以内的垫板,形成了钩高调整装置。车钩高度的调整范围最大可达 30 mm。

3. 轮对轴箱弹簧装置

209T 型转向架的轮对轴箱弹簧装置为无导框式结构,采用 RD_3 型滚动轴承轮对,装用的轴承型号为 42726QT、152726QT 单列向心短圆柱滚子轴承,轴箱弹簧采用单卷圆柱螺旋弹簧,轴箱定位装置采用了干摩擦导柱式弹性定位结构,如图 5－7 所示。

4. 基础制动装置

209T 型转向架的基础制动装置采用杠杆传动,双侧闸瓦制动,为双片吊挂直接作用式。

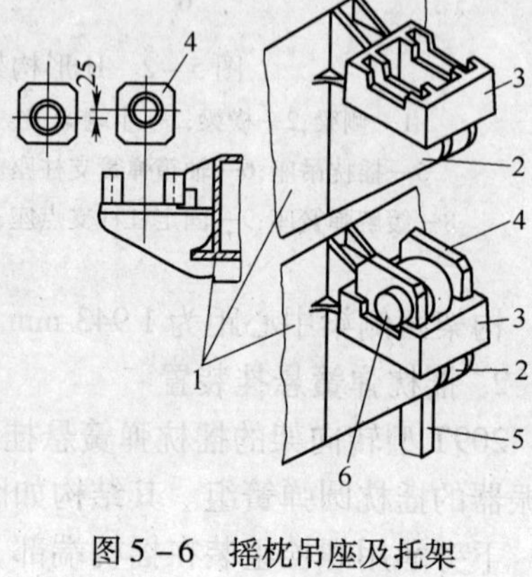

图 5－6 摇枕吊座及托架

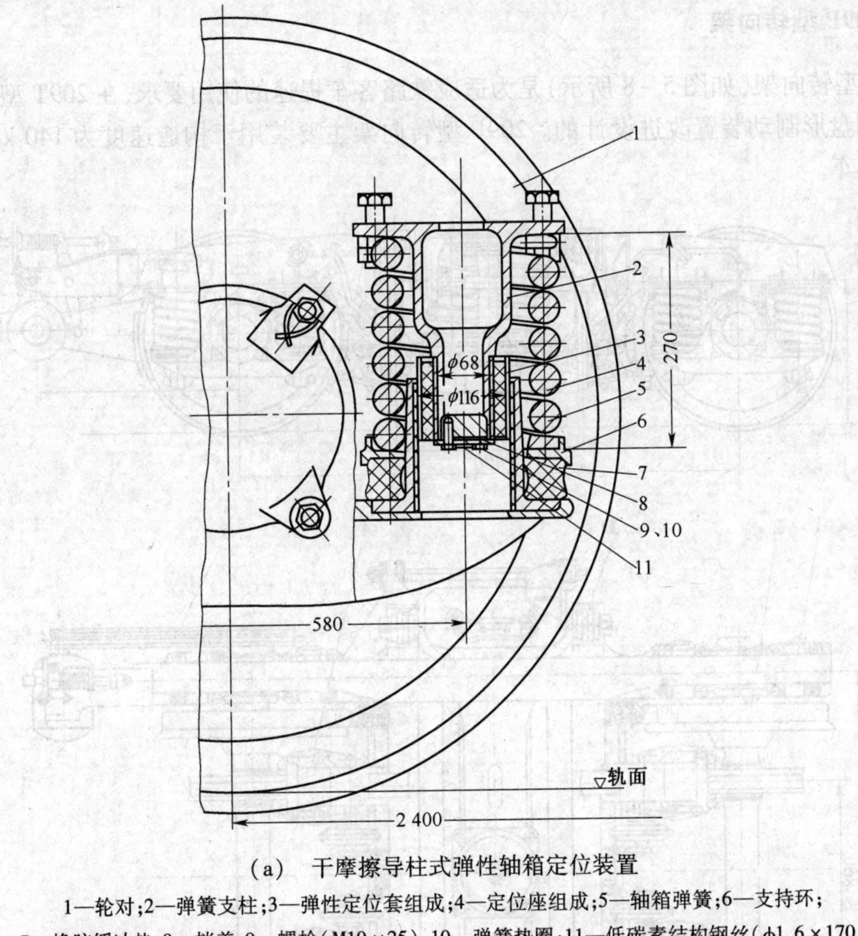

（a）　干摩擦导柱式弹性轴箱定位装置

1—轮对；2—弹簧支柱；3—弹性定位套组成；4—定位座组成；5—轴箱弹簧；6—支持环；7—橡胶缓冲垫；8—挡盖；9—螺栓（M10×25）；10—弹簧垫圈；11—低碳素结构钢丝（φ1.6×170）

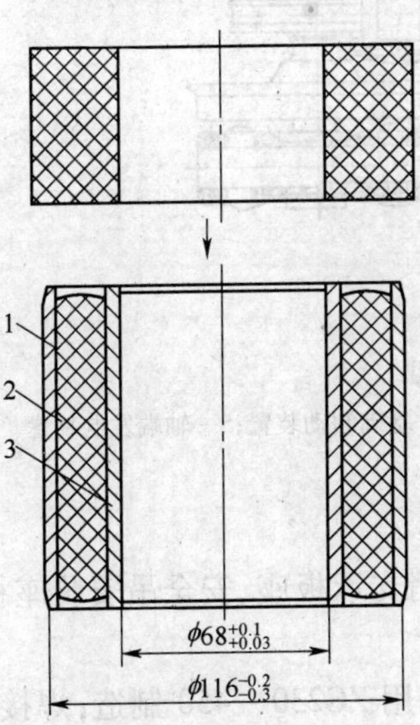

（b）　干摩擦导柱式弹性轴箱定位装置

1—外套；2—橡胶套；3—内套

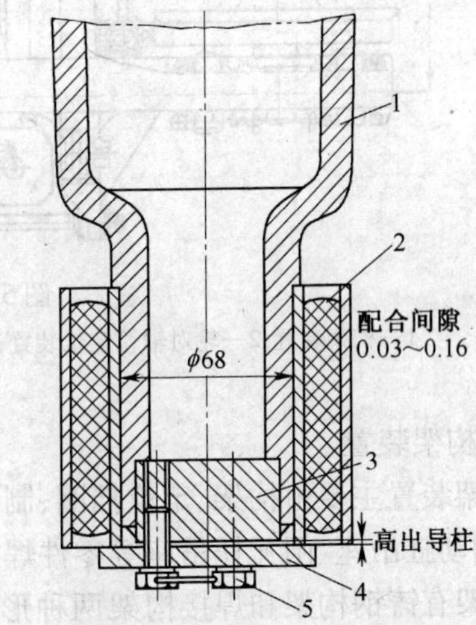

（c）　弹性定位套与支柱组装

1—弹簧支柱；2—弹性定位套组成；3—端盖；4—挡盖；5—螺栓、垫圈、钢丝

图5－7　轮对轴箱弹簧装置

二、209P 型转向架

209P 型转向架(如图 5－8 所示)是为适应铁路客车提速的使用要求,在 209T 型转向架基础上,采用盘形制动装置改进设计的。209P 型转向架主要装用于构造速度为 140 km/h 的各种 25 型客车。

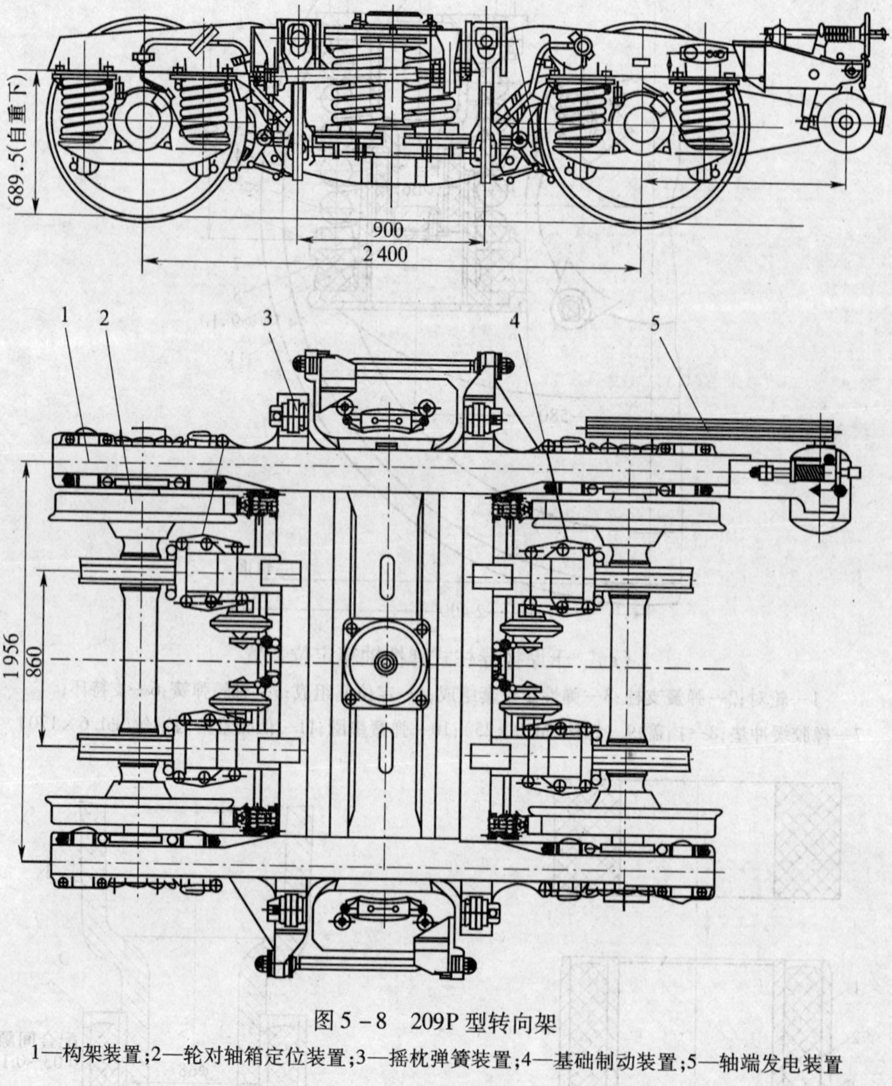

图 5－8　209P 型转向架

1—构架装置;2—轮对轴箱定位装置;3—摇枕弹簧装置;4—基础制动装置;5—轴端发电装置

1. 构架装置

构架装置主要由构架、定位挡圈、制动吊座、摇枕吊销支承板座、安全吊安装座板、牵引拉杆座、制动缸吊座、闸瓦托吊座等零件焊接而成。

构架有铸钢构架和焊接构架两种形式。铸钢构架采用 ZG230－450 制造;焊接构架由侧梁、横梁、摇枕吊座及发电机吊架等零部件组成,侧梁、横梁均采用压型结构,各零部件所用板材采用 Q235A 低碳钢钢板。

2. 轮对轴箱定位装置

209P 型转向架轮对轴箱定位装置由轮对轴箱装置、轴箱弹簧装置及轴箱定位装置三部分组成。

209P 型转向架的轮对采用 RD_{3A}、RD_{4A} 车轴，在车轴中部 860 mm 中心距上设有 2 个宽 180 mm、粗 ϕ198 mm 的制动盘座；采用 GB 8601—1998 规定的 PD 型 A 级全加工辗钢整体车轮。轮对需做动平衡试验，以减少轮轨之间的动作用力。轮位差不大于 2 mm，同一轮对两车轮的滚动圆直径之差不大于 1 mm。

轴箱装置采用整体金属迷宫式密封轴箱，内装 NJ 3226X1/NJP 3226X1 型轴承以及新的橡胶密封元件。

轴箱定位采用干摩擦导柱式弹性定位结构。采用整体硫化一次成型的弹性定位套，通过 3 个 M12 的螺栓将弹性定位套固定在导柱上，以提高运用可靠性；定位座组成中装有内表面覆聚四氟乙烯的钢背摩擦套或奥—贝球铁摩擦套，这两种摩擦套均具有自润滑性能，适于在干摩擦的环境中使用，无需加油润滑。组装后定位座与弹性定位套之间的间隙为 0.5 ~ 0.8 mm。

在轴箱两侧弹簧托盘上依次安放有定位座、缓冲胶垫、支持环、轴箱弹簧，以提高缓冲、吸振能力。轴箱弹簧采用综合性能良好的 60SiZMn 弹簧钢制造。

3. 摇枕弹簧悬挂装置

209P 型转向架摇枕弹簧悬挂装置与 209T 型转向架的基本相同。

摇枕弹簧采用双圈螺旋钢弹簧，内外圈的旋向相反，内外圈弹簧均采用综合性能良好的 60Si2Mn 弹簧钢制造。为降低车体的自振频率，增加平稳性，在载重条件下，转向架两系弹簧的静挠度不小于 160 mm（邮政车、行李车、特种车除外）。

采用国产或进口的新型油压减振器。这类减振器具有密封、防尘、防锈性能好、阻力稳定、调整、拆卸容易、重量轻等特点。减振器阻尼系数为 100 kN · s/m。

采用座式中心销，以利防腐。

摇枕、托梁均为铸钢件。摇枕为等强度箱形鱼腹梁，托梁为多孔箱形梁，既保证了强度，又减轻了质量。针对 209T 型转向架摇枕与牵引拉杆座连接的筋板处强度相对薄弱的缺点，209P 型转向架的摇枕将该处筋板加强，提高了运用可靠性。

4. 基础制动装置

209P 型转向架基础制动装置（如图 5 – 9 所示）采用盘形制动单元和踏面清扫单元。

每个制动盘有一个盘形制动单元，由单元制动缸、手制动杠杆、内外侧杠杆、杠杆吊座、闸片托、闸片、闸片托吊、闸片吊销等零部件组成，以三点悬挂式悬挂在构架制动吊座上。根据车重不同，将杠杆比分为 4 个挡次，见表 5 – 1。

表 5 – 1　杠杆比档次对照表

自重范围(t)	杠杆比(L_2/L_1)		杠杆吊座 A 值		使用车型
	104 阀	F8 阀	104 阀	F8 阀	
42 ~ 46	146/154	134/166	33	21	XL_{25G}，UZ_{25G}，YZ_{25G}，XL_{25B}，UZ_{25B}，YZ_{25B}
46 ~ 50	155/145	143/157	42	30	YW_{25G}，RW_{25G}，CA_{25G}，YW_{25B}，RW_{25B}，CA_{25B}
50 ~ 55	163/137	150/150	50	37	宿营 YW_{25B}，RW_{25B}
55 以上	171/129	160/140	58	47	KD_{25G}

每个车轮有一个踏面清扫单元，由踏面清扫器、闸瓦托吊及其横向连接杆等零部件组成。

5. 5 kW 发电机轴端传动装置

在 1 位转向架的 3 位轴端 5 kW 感应子交流发电机，采用 L – B1 型联组带传动，传动比为 3.5。

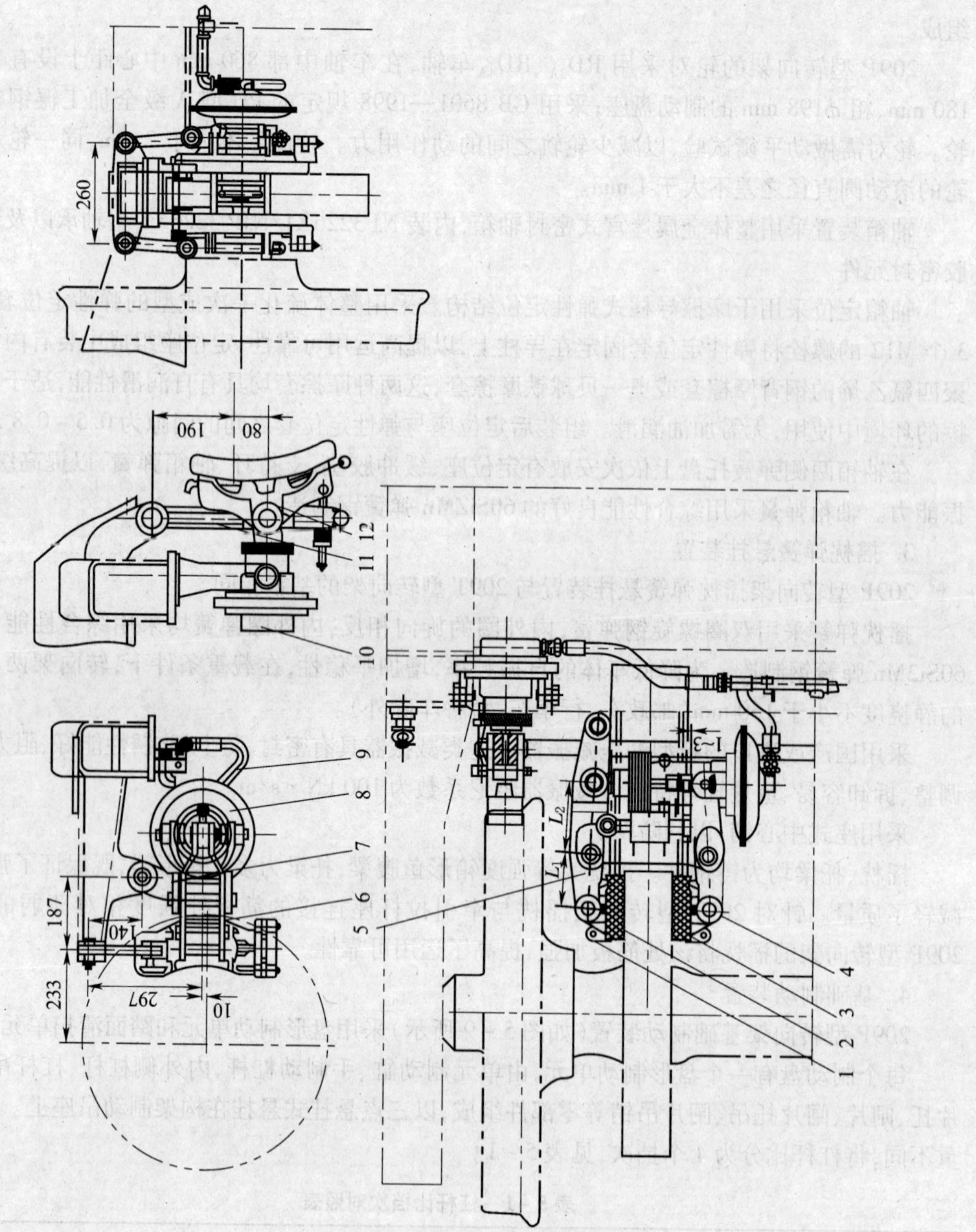

图 5-9 209P 型转向架基础制动装置

1—左闸片托装置;2—闸片组成;3—右闸片托组成;4—内侧杠杆;5—手制动杠杆;6—外侧杠杆;7—杠杆吊座;8—8 英寸单元制动缸;9—软管组成;10—6 英寸单元制动缸;11—闸瓦托吊及横向连接装置;12—闸瓦托组成

三、209PK 型转向架

209PK 型转向架(如图 5-10 所示)是在 209T 型的基础上,采用了空气弹簧、盘形制动单元和抗侧滚扭杆等改进设计的客车转向架。209PK 型转向架主要用于双层客车上。

1. 构架

209PK 型转向架的构架与 209T 型构架相似。不同之处主要表现为:割去了侧梁端部的小端梁,在端部用厚 L2 mm 钢板焊接封闭,使构架的长度由 3 700 mm 缩短为 3 294 mm;将摇枕吊

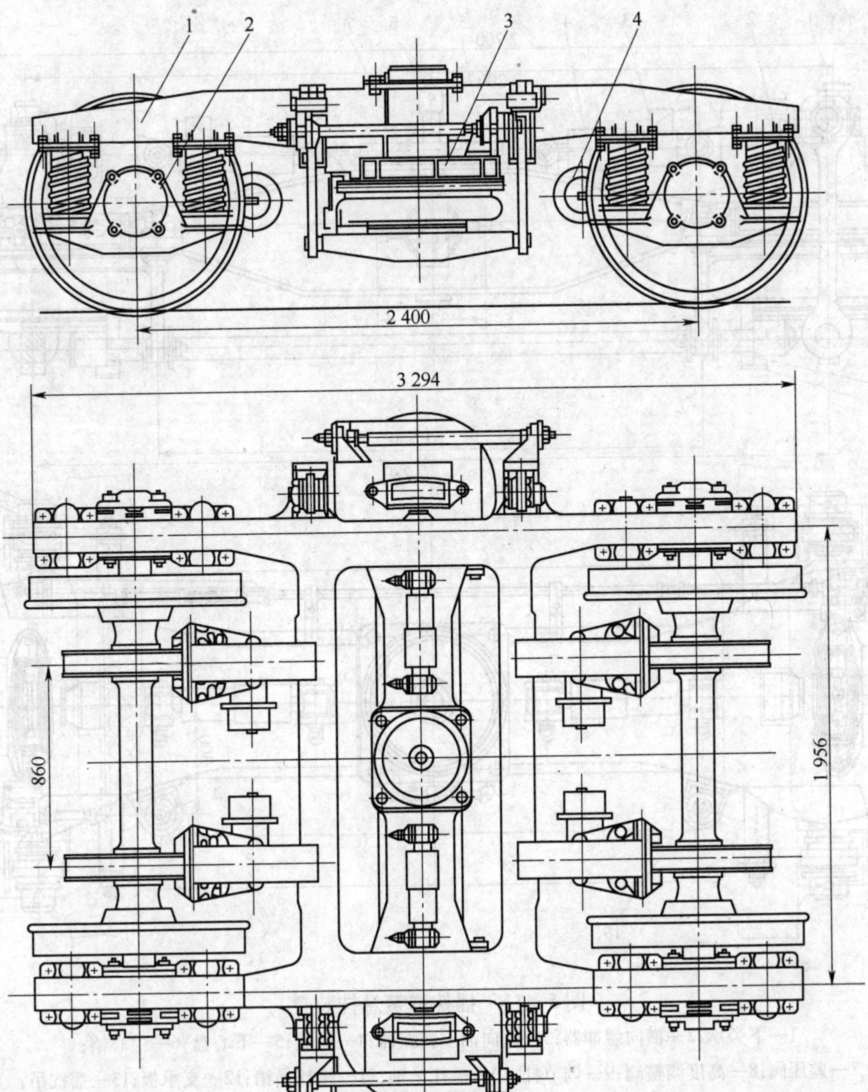

图 5－10　209PK 型转向架

1—构架；2—轮对轴箱弹簧定位装置；3—摇枕弹簧悬挂装置；4—基础制动装置

座端部切割和焊接处理，使摇枕吊座中心距由 2 410 mm 缩短为 2 280 mm，形状保持不变；原来采用踏面制动时在构架上焊接的各种制动吊座均取消，改为两根横梁上焊接 4 个盘形制动缸吊座及 4 个踏面清扫器吊座；在构架侧梁的中部内侧焊有横向油压减振器安装座。

2. 摇枕弹簧悬挂装置

209PK 型转向架的摇枕弹簧悬挂装置的组成如图 5－11 所示。

与 209T 不同，209PK 型的弹簧托梁采用两端托盘形铸钢弹簧座与中间 3 根无缝钢管连接组成，其中外侧一根为活动连接，在管子上焊有转臂和加强套，作为抗扭侧滚装置的扭杆。为了减少车体的侧滚，在摇枕和托梁之间加装了扭杆式横向稳定器。扭杆式横向稳定器采用连杆装置，将上端与摇枕用螺栓连接，下端与抗扭侧滚装置的扭杆销接。

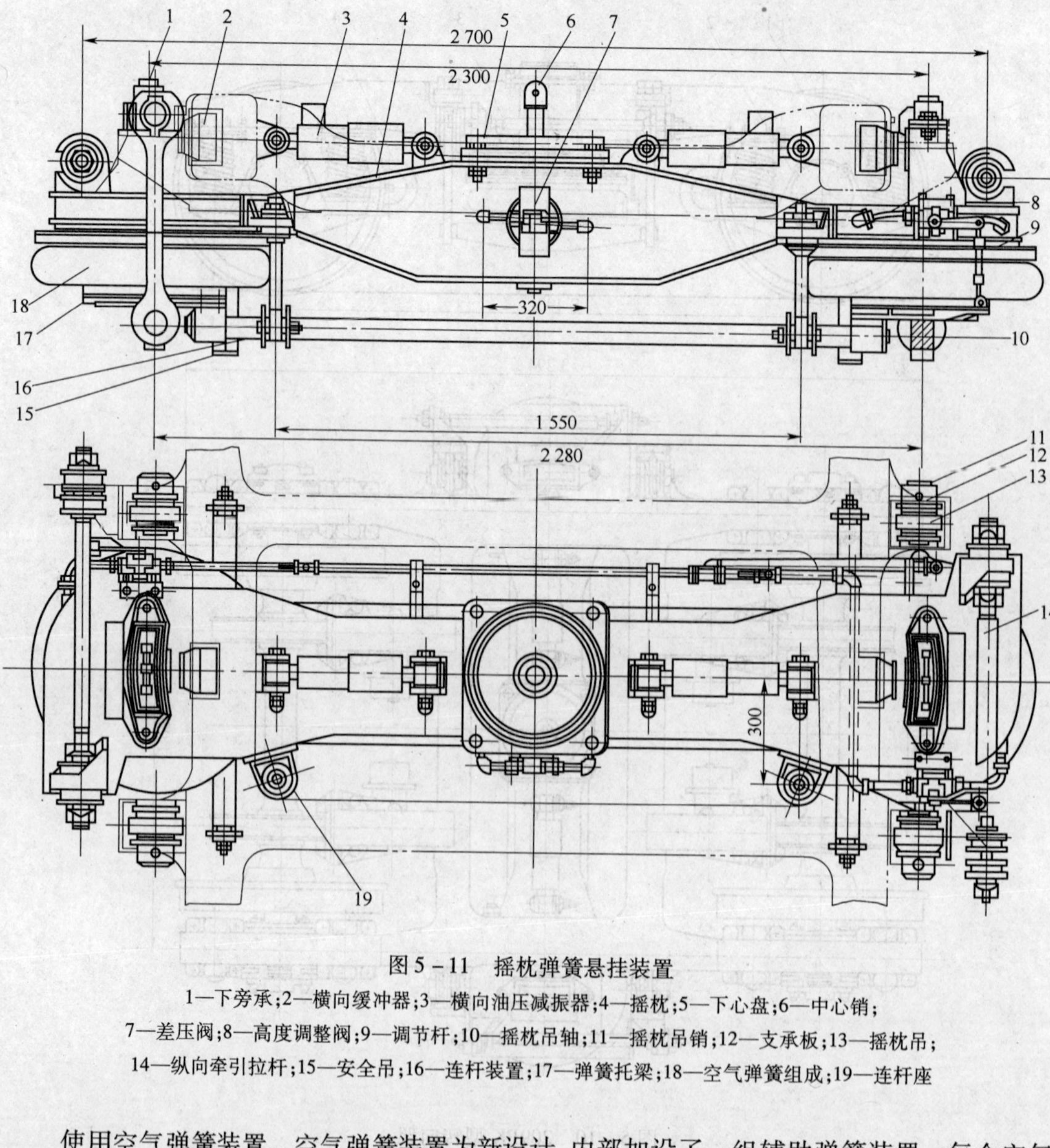

图 5－11　摇枕弹簧悬挂装置

1—下旁承；2—横向缓冲器；3—横向油压减振器；4—摇枕；5—下心盘；6—中心销；7—差压阀；8—高度调整阀；9—调节杆；10—摇枕吊轴；11—摇枕吊销；12—支承板；13—摇枕吊；14—纵向牵引拉杆；15—安全吊；16—连杆装置；17—弹簧托梁；18—空气弹簧组成；19—连杆座

使用空气弹簧装置。空气弹簧装置为新设计，内部加设了一组辅助弹簧装置。每个空气弹簧都有一个高度调整阀，标准状态时的高度为 192 mm。高度调整阀采用 LV－3 型，安装在摇枕端部的侧面，主要来维持车体在不同载荷下都能与轨面保持一定的高度。当载荷发生变化时，高度调整阀根据载荷的增减，自动增减空气弹簧中空气量，从而使空气弹簧的高度保持最佳状态，保证前后车之间的可靠连接。空气弹簧和附加空气室之间设有节流孔，利用节流孔的阻尼作用有效地代替了垂直减振器。

摇枕为钢板焊接结构，分成左、右两个各自独立的空气弹簧附加空气室，每个附加空气室容积为 59 L，在左、右附加空气室之间加装了一个差压阀。差压阀是保证一台转向架两侧空气弹簧的内压之差不超过行车安全规定的某一定值的装置。

3. 轮对轴箱弹簧装置

除轴箱弹簧规格按车体重量选用不同外，其余均和 209T 型相同。

4. 基础制动装置

209PK 型采用盘形制动单元，每根轴上装有两个直径为 640 mm 的制动盘，中心距为 860 mm。每一个制动盘有一个盘形制动单元，悬挂在构架横梁上的制动缸吊座上。制动缸为膜板式，段修期内无需分解检查。

四、209HS 型客车转向架

209HS 型客车转向架（图 5－12）是在 209PK 型的基础上改进而来，主要采用了以下几项新技术：①全旁承支重；②无磨耗的橡胶堆轴箱定位；③弹性吊杆；④电子防滑器。

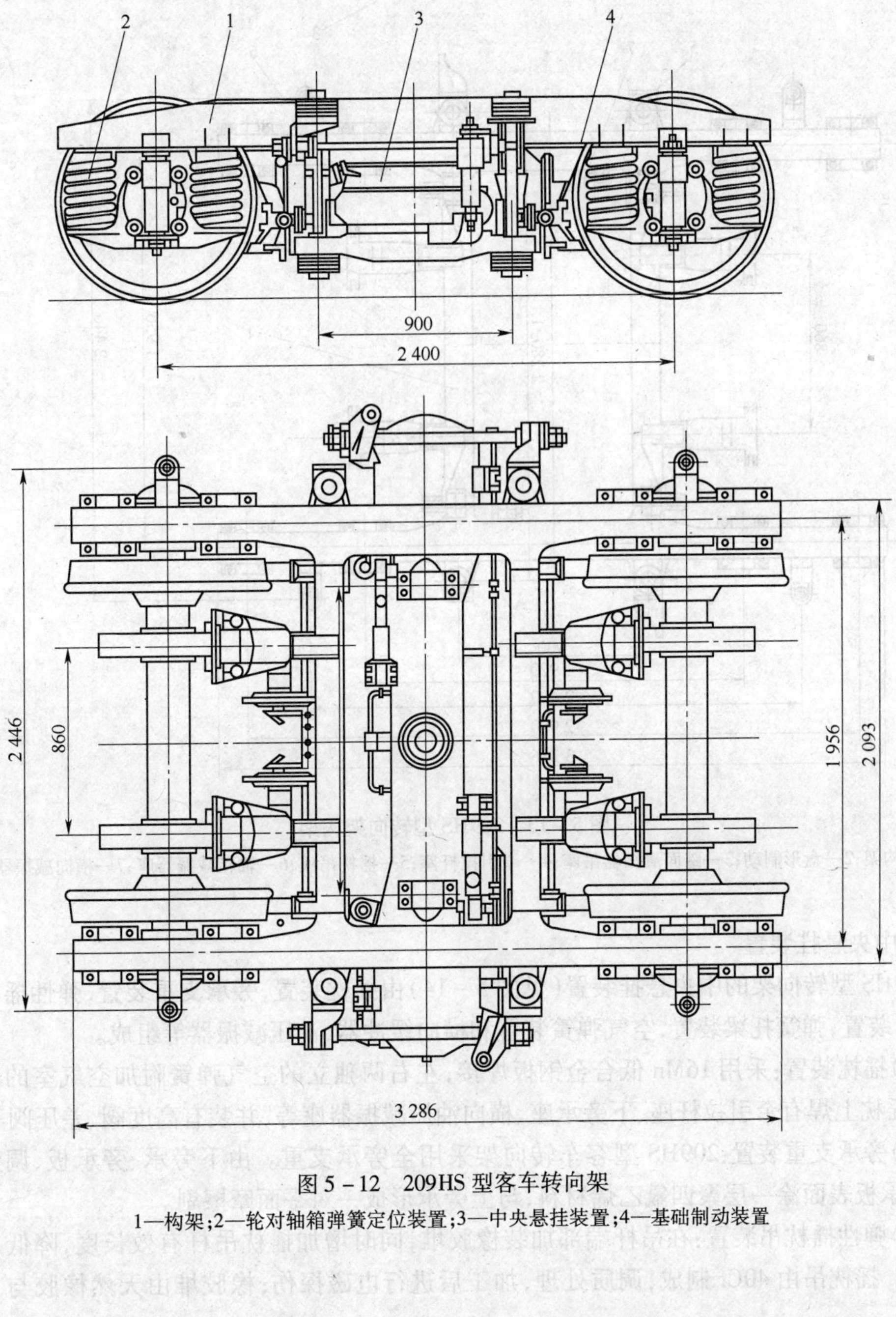

图 5－12 209HS 型客车转向架

1—构架；2—轮对轴箱弹簧定位装置；3—中央悬挂装置；4—基础制动装置

1. 构架

209HS 型转向架的构架(如图 5－13 所示)采用 16 Mn 低合金钢,各梁断面为箱形结构,无端梁;总长 3 286 mm,摇枕吊座中心距 2 280 mm,两侧梁中心距 1 956 mm;侧梁内侧面焊有横向减振器座,外侧面焊有垂直减振器座。

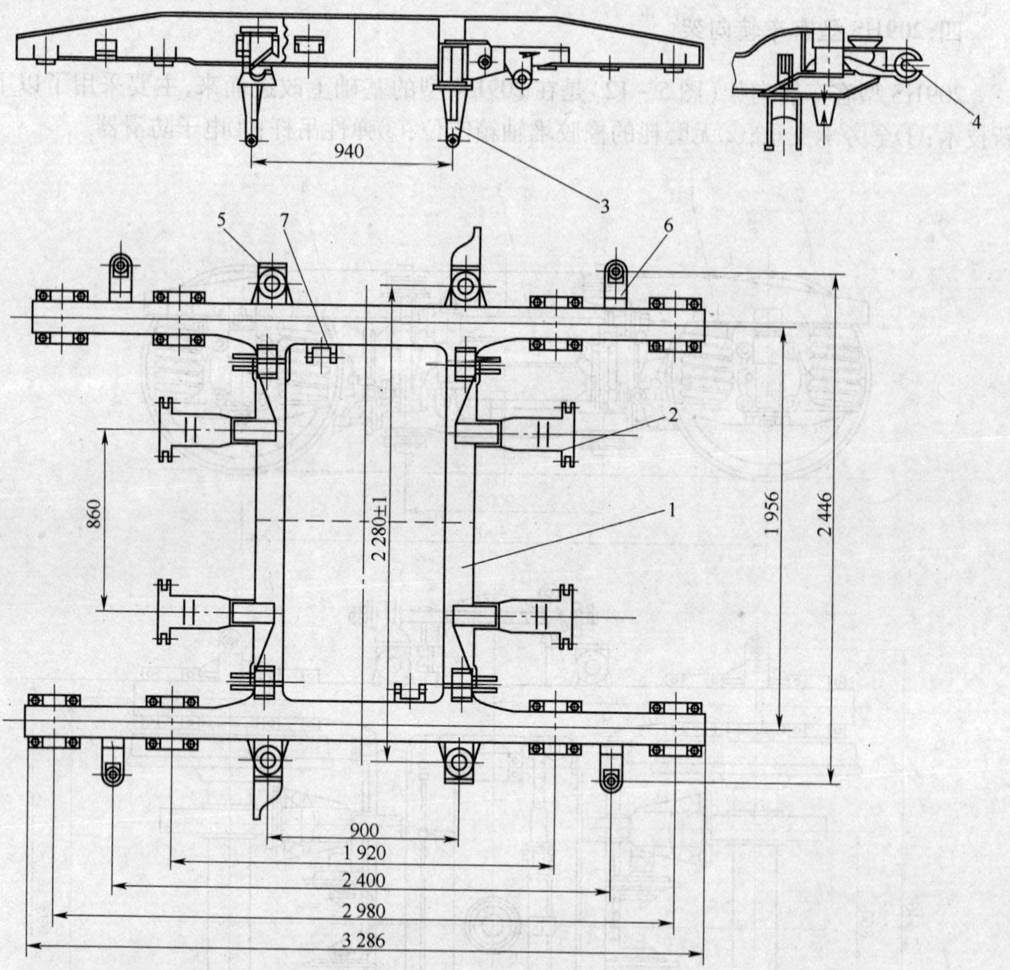

图 5－13　209HS 型转向架构架

1—构架;2—盘形制动;3—踏面清扫器吊座;4—牵引拉杆座;5—摇枕吊座;6—轴箱减振器座;7—横向减振器座

2. 中央悬挂装置

209HS 型转向架的中央悬挂装置(见图 5－14)由摇枕装置,旁承支重装置,弹性摇枕吊装置,牵引装置,弹簧托梁装置,空气弹簧装置和横向缓冲器,油压减振器等组成。

(1)摇枕装置:采用 16Mn 低合金钢板焊接,左右两独立的空气弹簧附加空气室的容积为 57 L。摇枕上焊有牵引拉杆座、下旁承座、横向油压减振器座等,并装有高度阀、差压阀等。

(2)旁承支重装置:209HS 型客车转向架采用全旁承支重。由下旁承、旁承板、调整垫组成。旁承板表面涂一层聚四氟乙烯材料,与上旁承形成一对平面摩擦副。

(3)弹性摇枕吊装置:在吊杆端部加装橡胶堆,同时增加摇枕吊杆有效长度,降低二系横向刚度。摇枕吊由 40Cr 制成,调质处理,加工后进行电磁探伤;橡胶堆由天然橡胶与 Q235A

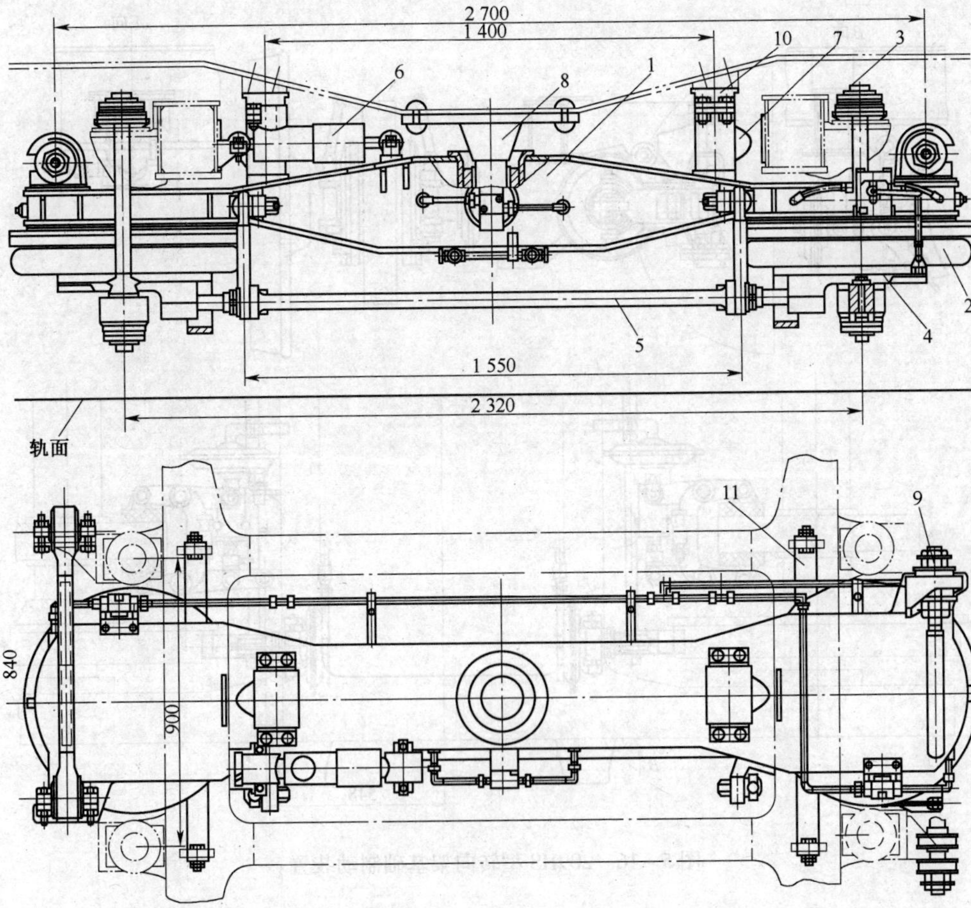

图 5－14　中央悬挂装置

1—摇枕；2—空气弹簧；3—弹簧摇枕吊装置；4—弹簧托梁装置；5—抗测滚扭杆装置；6—横向油压减振器；7—横向缓冲器；8—中心销牵引装置；9—牵引拉杆装置；10—旁承支重装置；11—安全吊

用特种黏结剂黏结硫化而成。

(4)牵引装置：采用枕梁上的中心销穿人装于摇枕中部的橡胶套，实现弹性牵引。弹性橡胶套由天然橡胶钢板硫化而成。

3. 无磨耗橡胶堆轮对定位装置

车轮和车轴配合采用突悬结构，采用橡胶堆定位器(见图 5－15)。为实现纵向刚度大于横向刚度，定位器在横向开有缺口(安装时对着车轴方向)，并由定位块定位。

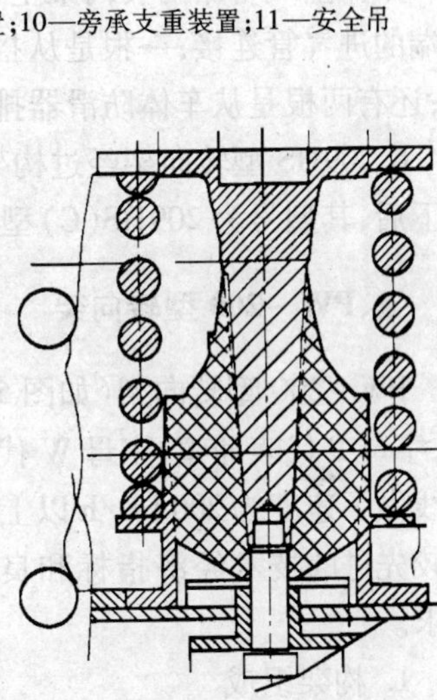

图 5－15　209HS 型转向架轮对定位装置

4. 基础制动装置(见图 5－16)

采用盘形制动加电子防滑器。

5. 空气管路系统

空气弹簧系统使用列车总风管的压力空气为风源，为了减少空气压力波动的影响，在摇枕的两个附加空气室的基础

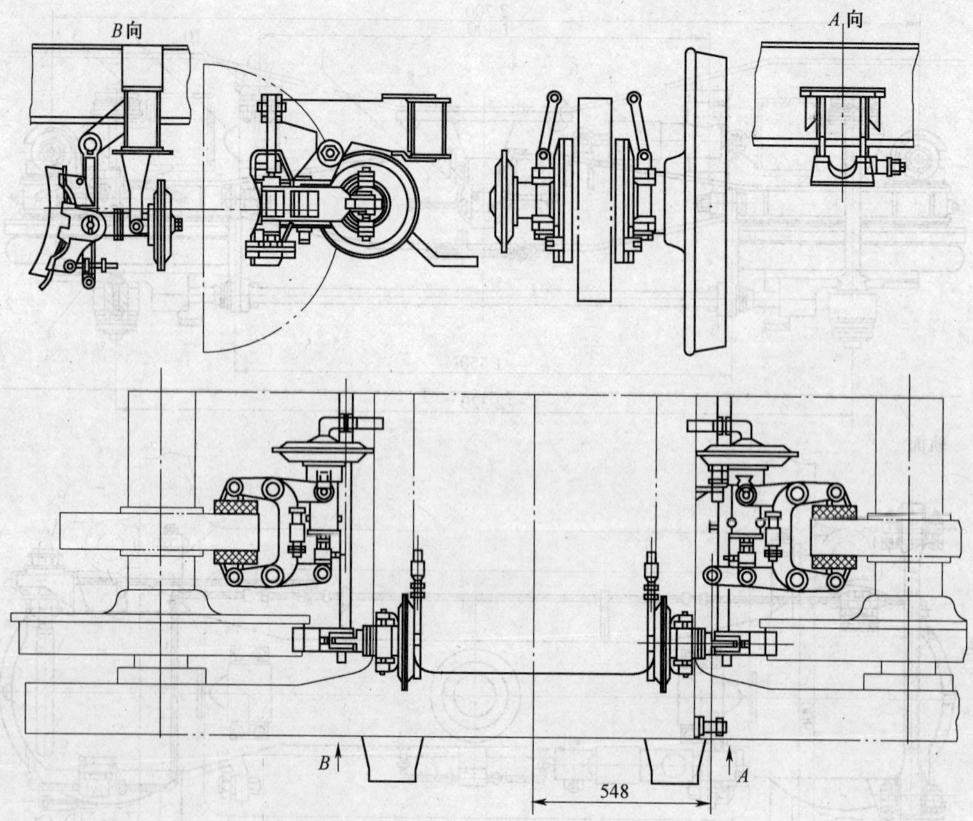

图 5－16　209HS 型转向架基础制动装置

上，还增加一个空气弹簧储风缸。

车体空气管路与转向架空气管路用四根软管连接，一根是空气弹簧储风缸和转向架摇枕一端的进气管连接；一根是从摇枕一端引出接车体上空重车阀，作为空重车阀动作的压力信号；还有两根是从车体防滑器排风阀引出，分别接到转向架两条轮对的制动缸管路进口处。

6. 209HS 型转向架经过构架改造已有 209HS(A)型和(B)型两种。将踏面清扫器的吊架拆下后，其型号为 209HS(C)型。

五、PW－200 型转向架

PW－200 型转向架(如图 5－17 所示)是浦镇车辆厂在 209HS 型转向架基础上重新研制的，字母 P 代表浦镇，字母 W 代表工厂，“200”代表车辆最高运行速度。1998 年 6 月下旬在郑武线做了速度为 200 km/h 以上正线试验，最高试验速度达 240 km/h，经试验表明，该转向架具有较先进的技术经济指标和良好的动力学性能，能较好地满足 200 km/h 以上高速运行的要求。

1. 构架组成

PW－200 型转向架构架组成采用 H 形焊接构架，构架侧梁上焊有摇枕吊座、牵引拉杆座、垂向油压减振器座，在 2 根横梁外侧各焊有 3 个制动缸吊座。PW－200 型转向架构架质量较 209HS 型的减轻了 40 kg，实现了轻量化。

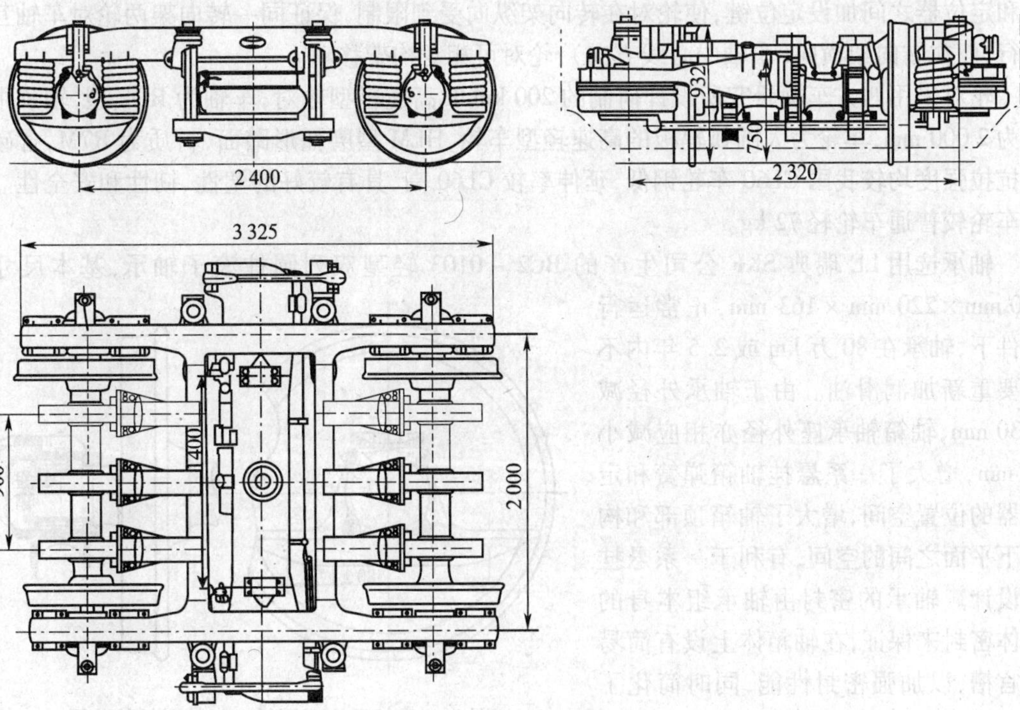

图 5－17　PW－200 型转向架

2. 轮对轴箱装置

PW－200 型转向架的轴箱定位采用无磨耗的橡胶堆弹性定位装置，如图 5－18 所示。PW200 型转向架轮对轴箱定位装置的垂向刚度由钢弹簧的垂向刚度和定位器的垂向刚度并联而成，其垂向载荷由钢弹簧和定位器共同承受。由于钢弹簧纵、横向刚度很小，一系悬挂的纵、横向刚度由橡胶堆定位器的纵、横向刚度值决定。

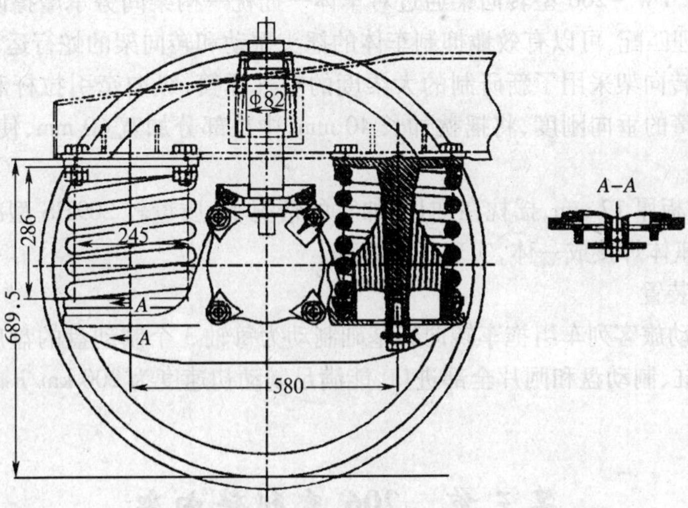

图 5－18　PW－200 型转向架轮对轴箱定位装置

为提高轴箱定位的精度和转向架动力学性能，提高相关参数和尺寸的对称性，在轴箱弹簧座和定位器之间加设定位键,使轮对在转向架纵向受到限制,保证同一转向架两轮对车轴互相平行;而在转向架横向(车轴中心线方向),轮对可相对构架移动。

轮对采用四方车辆研究所设计研制的200 km/h 高速轻型轮对,车轴为 RD_{3B} 型,轴颈中心距为2 000 mm,车轮为大圆弧辐板的高速轻型车轮,HLM 型磨耗形踏面,材质为 R7M,含碳量和抗拉强度均较我国 CL60 车轮钢低,延伸率较 CL60 高,具有较好的塑性、韧性和安全性。每个车轮较普通车轮轻 72 kg。

轴承选用 LE 瑞典 SKF 公司生产的 BC2 - 0103 轻型双列圆柱滚子轴承,基本尺寸为130 mm × 220 mm × 163 mm,正常运行条件下,轴承在80 万 km 或2.5 年内不需要重新加润滑油。由于轴承外径减小30 mm,轴箱轴承座外径亦相应减小30 mm,增大了一系悬挂轴箱弹簧和定位器的位置空间,增大了轴箱顶部和构架下平面之间的空间,有利于一系悬挂的设计。轴承的密封由轴承组本身的整体密封来保证,在轴箱体上设有简易迷宫槽,以加强密封性能,同时简化了轴箱体结构,如图 5 - 19 所示。

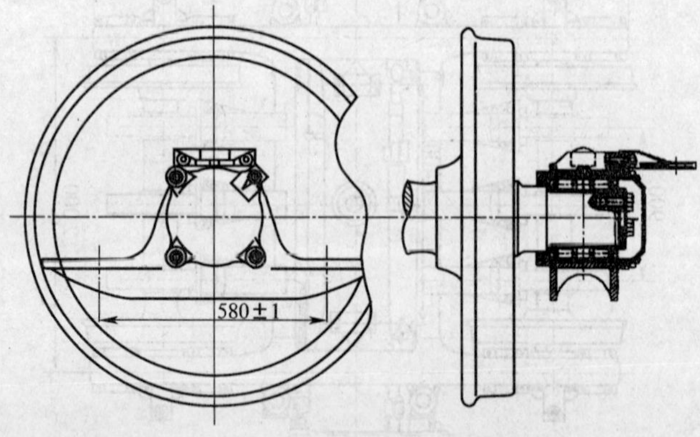

图 5 - 19　PW 200 型转向架轮对轴箱装置

为克服 209HS 型转向架轴箱减振器安装中的缺点,将轴箱减振器安装在轴箱顶部和构架侧梁之间,这种安装方式结构紧凑,便于轴箱盖的开启,是比较理想和合理的安装方式。减振器选用德国 SACHS 公司专门为 PW - 200 型转向架生产的 85 mm 短行程减振器,在轴箱顶部设有橡胶止挡,轴箱弹簧座下面的防松吊座,对短行程减振器起安全保护作用。

3. 中央悬挂装置

PW - 200 型转向架中央悬挂装置由摇枕装置、弹性摇枕吊、旁承支重装置、牵引装置、弹簧托梁装置组成。PW - 200 型转向架通过对车体—摇枕—构架间旁承摩擦阻力矩、纵向牵引拉杆刚度值的合理匹配,可以有效地抑制车体的摇头振动和转向架的蛇行运动。

PW - 200 型转向架采用了新研制的大柔度的空气弹簧,纵向牵引拉杆和抗侧滚扭杆等。为了降低空气弹簧的垂向刚度,将摇枕加长 40 mm,中央部分加宽 60 mm,使附加气室容积增加了 10 L。

摇枕上、下盖板厚 12 mm,摇枕在加长、加宽的情况下,质量较 209HS 型减轻 10 kg。托梁将连接轴与弹簧座体焊接成一体,实现了无磨耗。

4. 基础制动装置

200 km/h 电动旅客列车组拖车转向架基础制动为每轴 3 个制动盘的盘形制动,整套基础制动装置的制动缸、制动盘和闸片全部进口,能满足制动初速度为 200 km/h 时,制动距离小于1 900m 的要求。

第三节　206 系列转向架

206 型转向架是为国际联运客车设计制造的新 U 形转向架,经过不断改进和发展,已形成206G 型、206P 型、206KP 型、SW - 160 型、SW - 200 型等系列转向架。

一、206G 型转向架

206G 型转向架（如图 5－20 所示）分铸钢结构和钢板焊接结构两种形式，除构架组成、摇枕组成及弹簧托梁不同外，其他零部件可以互换。

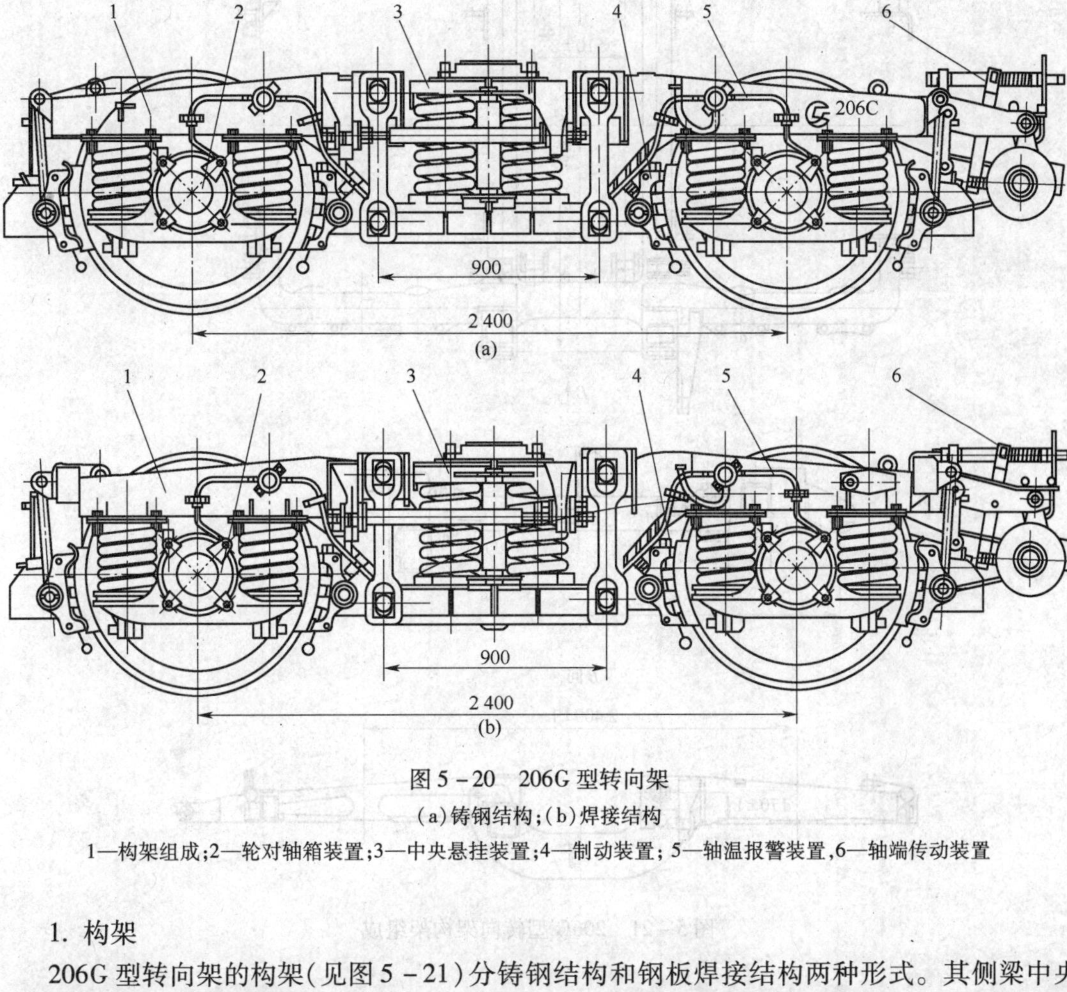

图 5－20　206G 型转向架

（a）铸钢结构；（b）焊接结构

1—构架组成；2—轮对轴箱装置；3—中央悬挂装置；4—制动装置；5—轴温报警装置，6—轴端传动装置

1. 构架

206G 型转向架的构架（见图 5－21）分铸钢结构和钢板焊接结构两种形式。其侧梁中央下凹成 U 形，也称 U 形构架。和 206 型不同的是取消了纵向摇枕挡座和磨耗板，在每侧的左边一个摇枕吊座附近焊有牵引拉杆座；在侧梁中部内侧增设了油压减振器座等。

2. 中央悬挂装置

206G 型转向架的中央悬挂装置（图 5－22）属于小摇动台结构，使用无磨耗的牵引拉杆，加设横向油压减振器（阻尼值为 2 × 25 kN · s/m）等。垂向油压减振器的阻尼值为80 kN · s/m。

3. 轮对轴箱装置

206G 型转向架采用导柱式弹性定位装置。定位套材质采用粉末冶金（铸钢型式）、氟塑料金属材质。

4. 基础制动装置

206G 型转向架采用双侧闸瓦踏面制动。

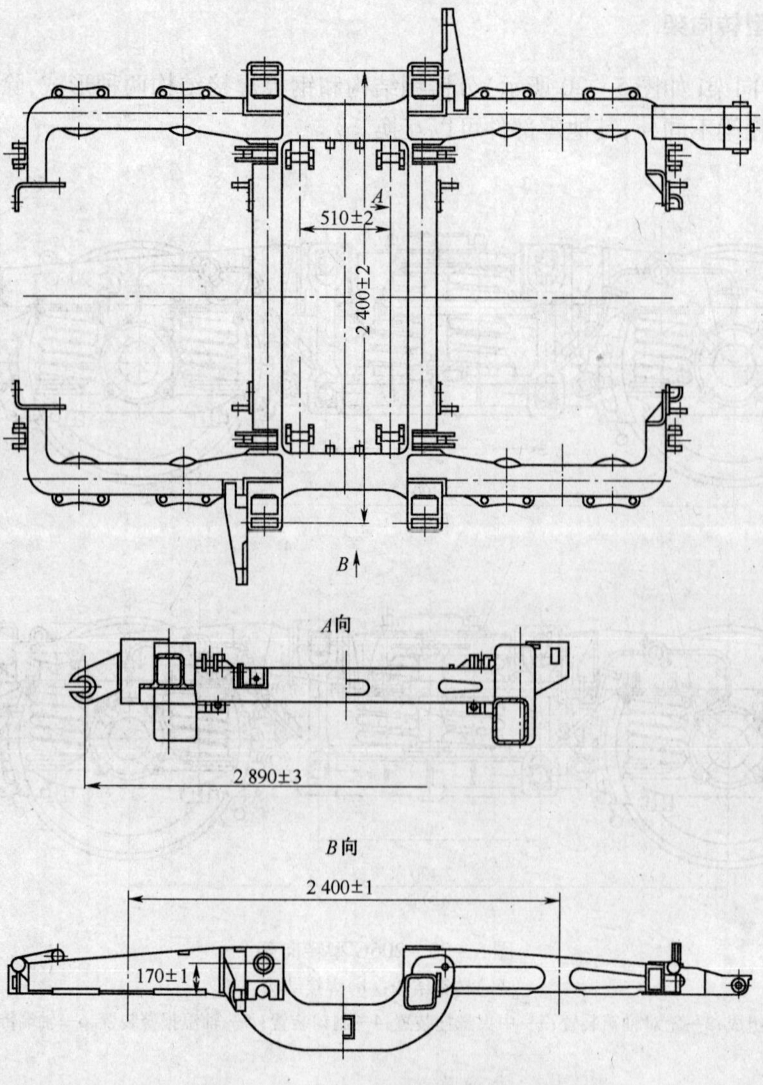

图 5－21　206G 型转向架构架组成

二、206P 型转向架

206P 型转向架(如图 5－23 所示)是在 206G 型转向架基础上,加装盘形制动装置设计而成,它可用于 25B、25G 型的各式客车。

1. 构架组成

构架为钢板压型后组焊而成的 U 形结构,保留了其安全可靠及组装分解方便的特点。

2. 中央悬挂装置

中央悬挂装置与 206G 型转向架基本相同。垂向、横向油压减振器采用进口件。

3. 轮对轴箱装置

轮对轴箱装置与 206P 型转向架基本相同。其弹性定位套和定位座可与 209P 型转向架的互换;采用部统 RD_{3A}、RD_{4A}型车轴。

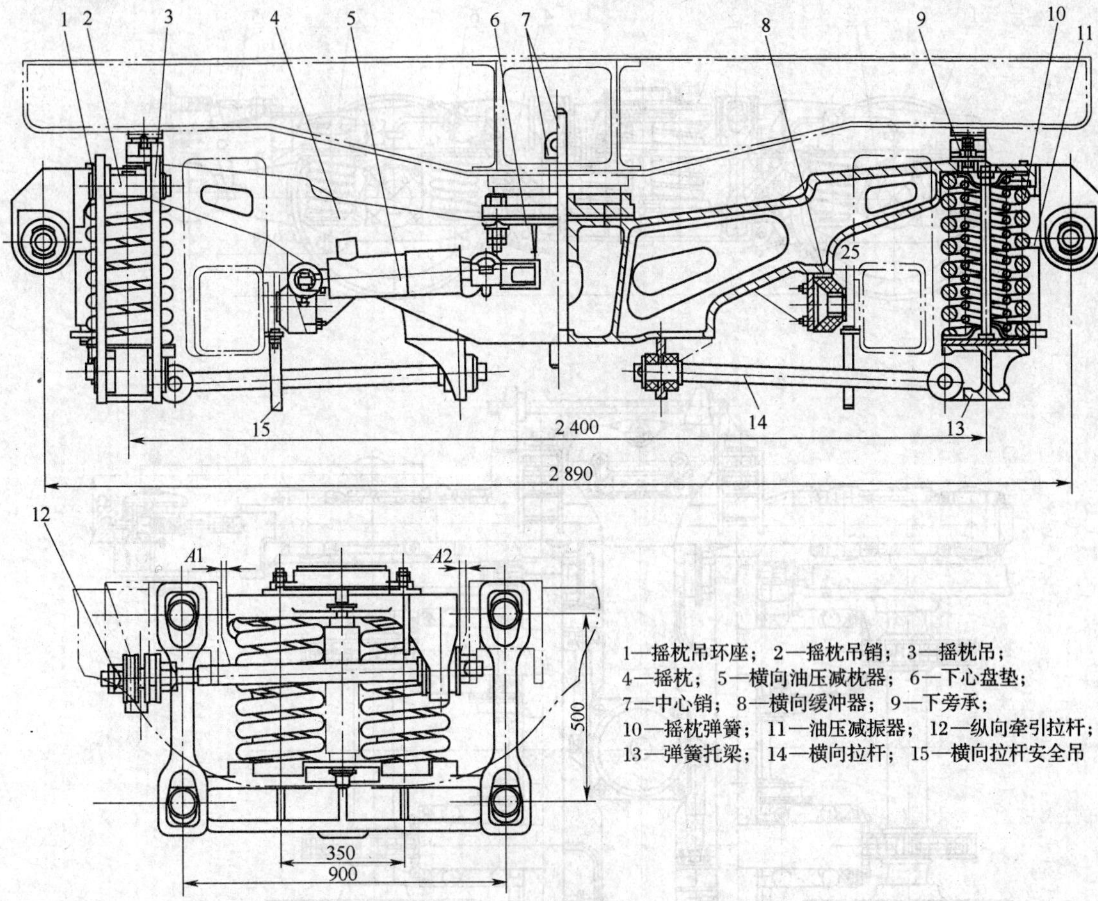

图 5－22　206G 型转向架中央悬挂装置

三、206KP 型转向架

206KP 型转向架（如图 5－24 所示）为无摇动台结构的转向架，是四方厂为广深线准高速客车配套设计的。目前主要用于快速空调客车上。

1. 构架组成

206KP 型转向架的构架组成（如图 5－25 所示）由焊接结构的构架、制动梁吊座、减振器座、拉杆座、扭杆座及轴箱定位转臂等组焊而成。构架组焊后，经退火处理。

其侧梁由 2 块厚 14 mm 的钢板热压成槽形的梁体对焊而成，中部上面焊有空气弹簧承载座，侧梁内腔为封闭式，作为空气弹簧的附加空气室，容积约为 2×65 L。

横梁由壁厚为 12 mm 的圆钢管制成。

2. 中央悬挂装置

206KP 型转向架采用结构简单的无摇动台空气弹簧悬挂形式（如图 5－26 所示），全旁承支重；装在车体枕梁上的牵引销只起传递牵引力、制动力及横向力的作用。空气弹簧装置系统与 209PK 型的作用原理基本相同，只是结构尺寸有所不同。

考虑到空气弹簧垂向刚度低、横向跨距小（1 956 mm）及其抗侧滚能力差的特点，安装了抗侧滚扭杆装置。该装置由扭杆、扭臂、连杆（或称吊杆）、支承座、纤维轴承及球关节轴承组成。

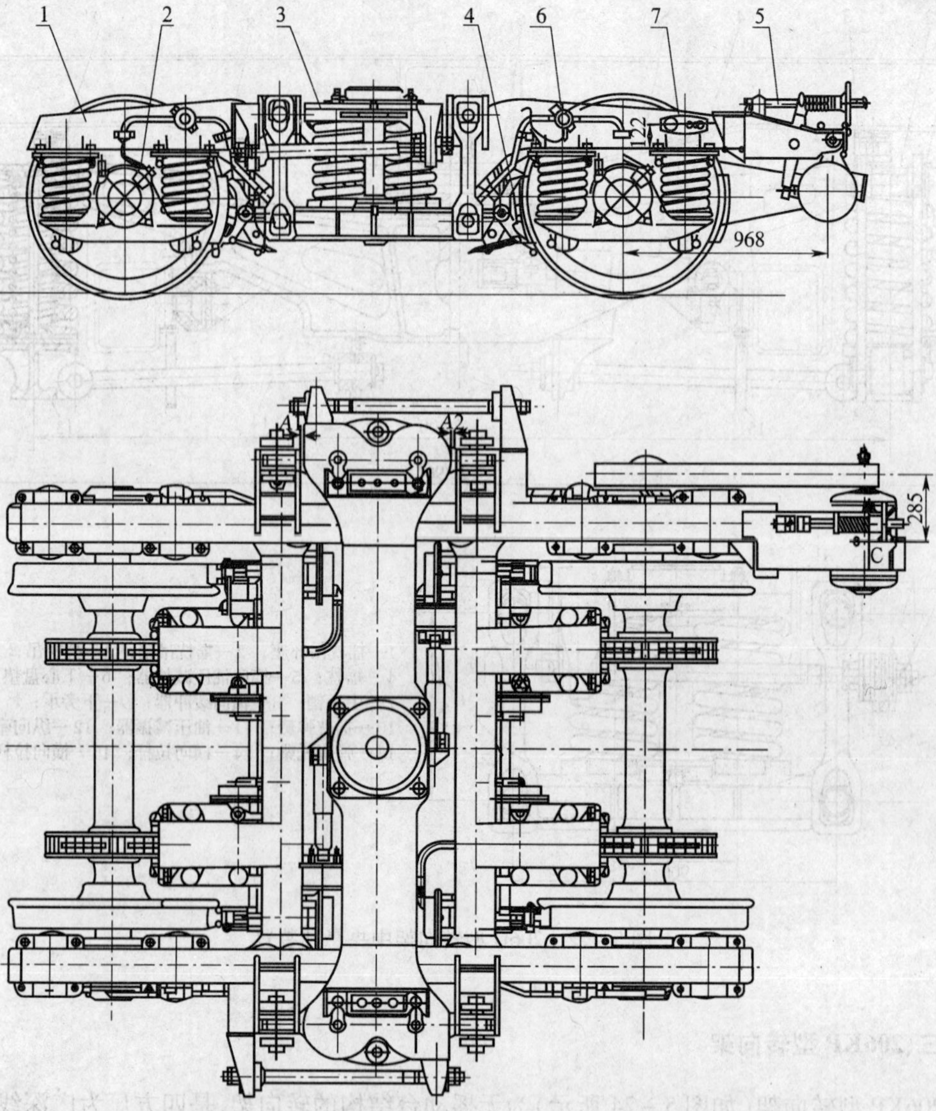

图 5－23　206P 型转向架

1—构架组成；2—轮对轴箱装置；3—中央悬挂装置；4—制动装置；5—轴端传动装置；6—轴温报警装置；7—铭牌

旁承由旁承体、摩擦块（超高分子聚乙烯材质）、橡胶缓冲垫及调整垫等组成。当摩擦块磨耗后，可通过改变调整垫的厚度使旁承面保持在一定高度。

空气弹簧装置系统与 209PK 型的作用原理基本相同，只是结构尺寸有所不同。空气弹簧为 SYS550C 型，充气状态下的标准高度为 200 mm。

摇枕与构架之间设有 2 个横向油压减振器。

3. 轮对轴箱装置

206KP 型转向架的轴箱定位（如图 5－27 所示）采用单转臂无磨耗弹性定位装置，轴箱顶部为单组双圈螺旋弹簧加橡胶垫及垂向油压减振器。

定位转臂与轴箱体承载座之间加一层薄的石棉橡胶垫起防滑作用，通过 4 个 M20 螺栓固定；定位转臂与夹紧箍通过 4 个 M16 螺栓夹紧弹性定位套外圈。

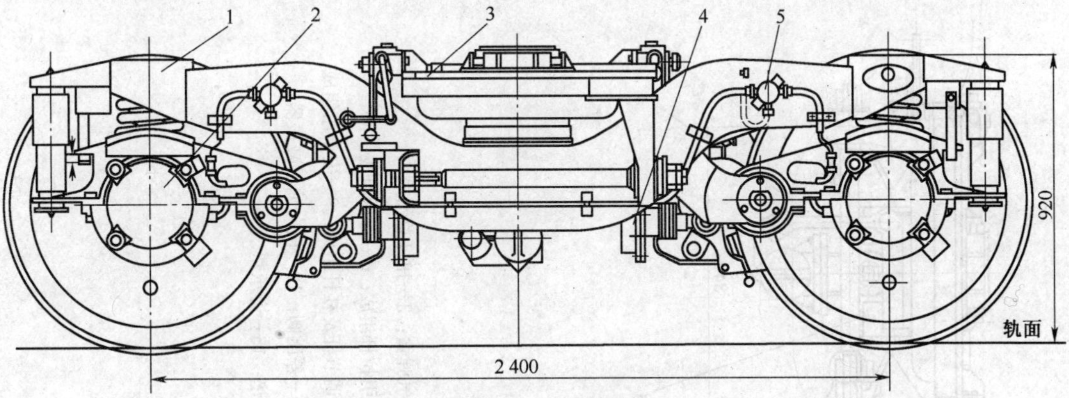

图 5－24　206KP 型转向架

1—构架组成；2—轮对轴箱装置；3—中央悬挂装置；4—制动装置；5—转向架轴温报警装置

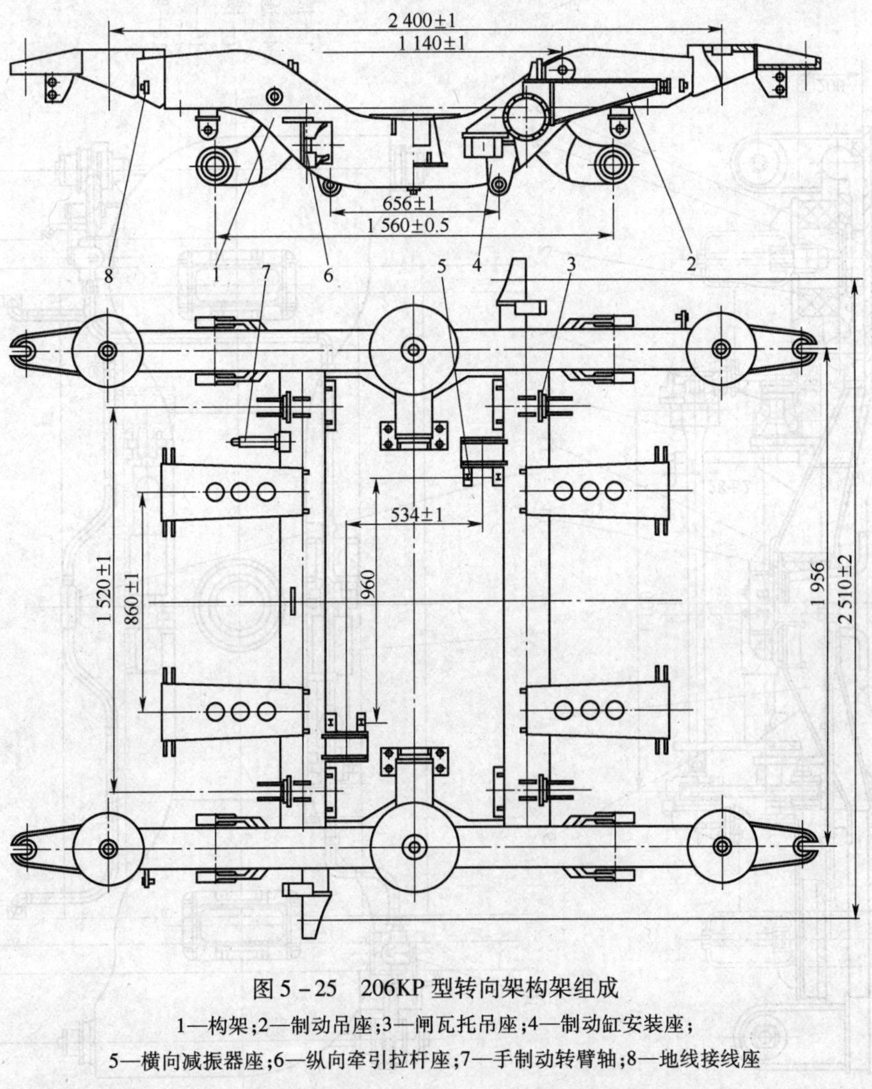

图 5－25　206KP 型转向架构架组成

1—构架；2—制动吊座；3—闸瓦托吊座；4—制动缸安装座；

5—横向减振器座；6—纵向牵引拉杆座；7—手制动转臂轴；8—地线接线座

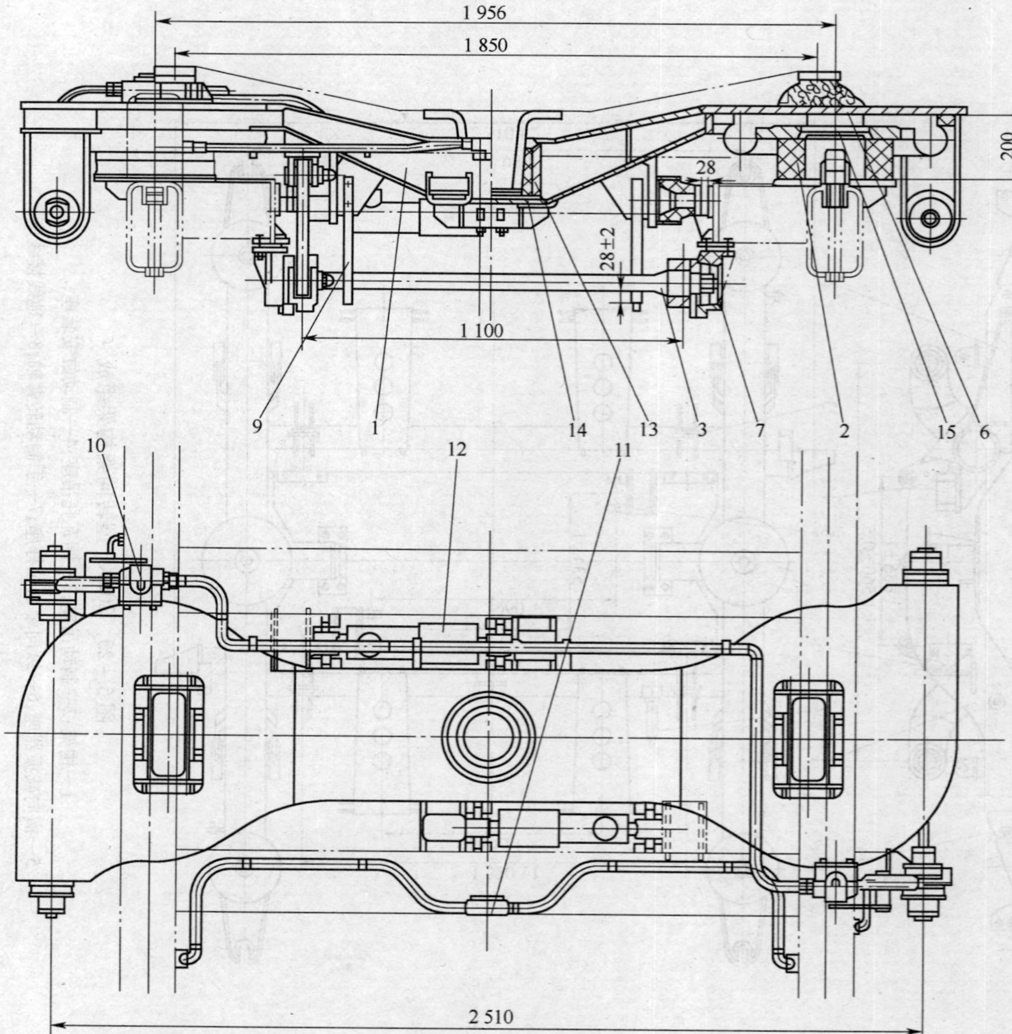

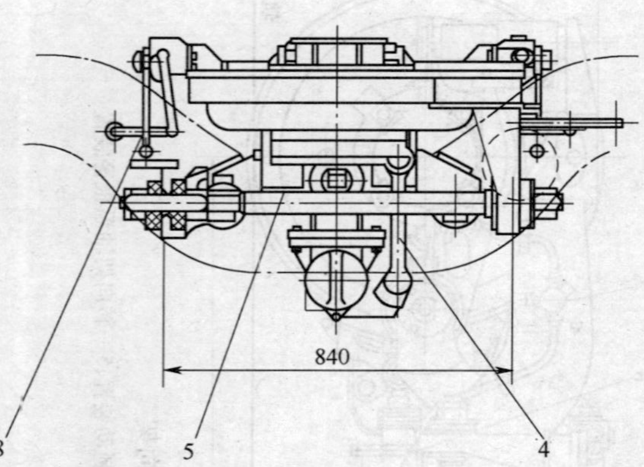

1—摇枕组成；2—空气弹簧；3—扭杆总组成；
4—连杆组成；5—牵引拉杆组成；6—旁承组成；
7—横向缓冲器；8—调节杆及杠杆组成；9—安全吊组成；
10—高度控制阀；11—差压阀；12—横向油压减振器；
13—胶套；14—胶套垫；15—旁承垫

图 5－26　206KP 型转向架中央悬挂装置

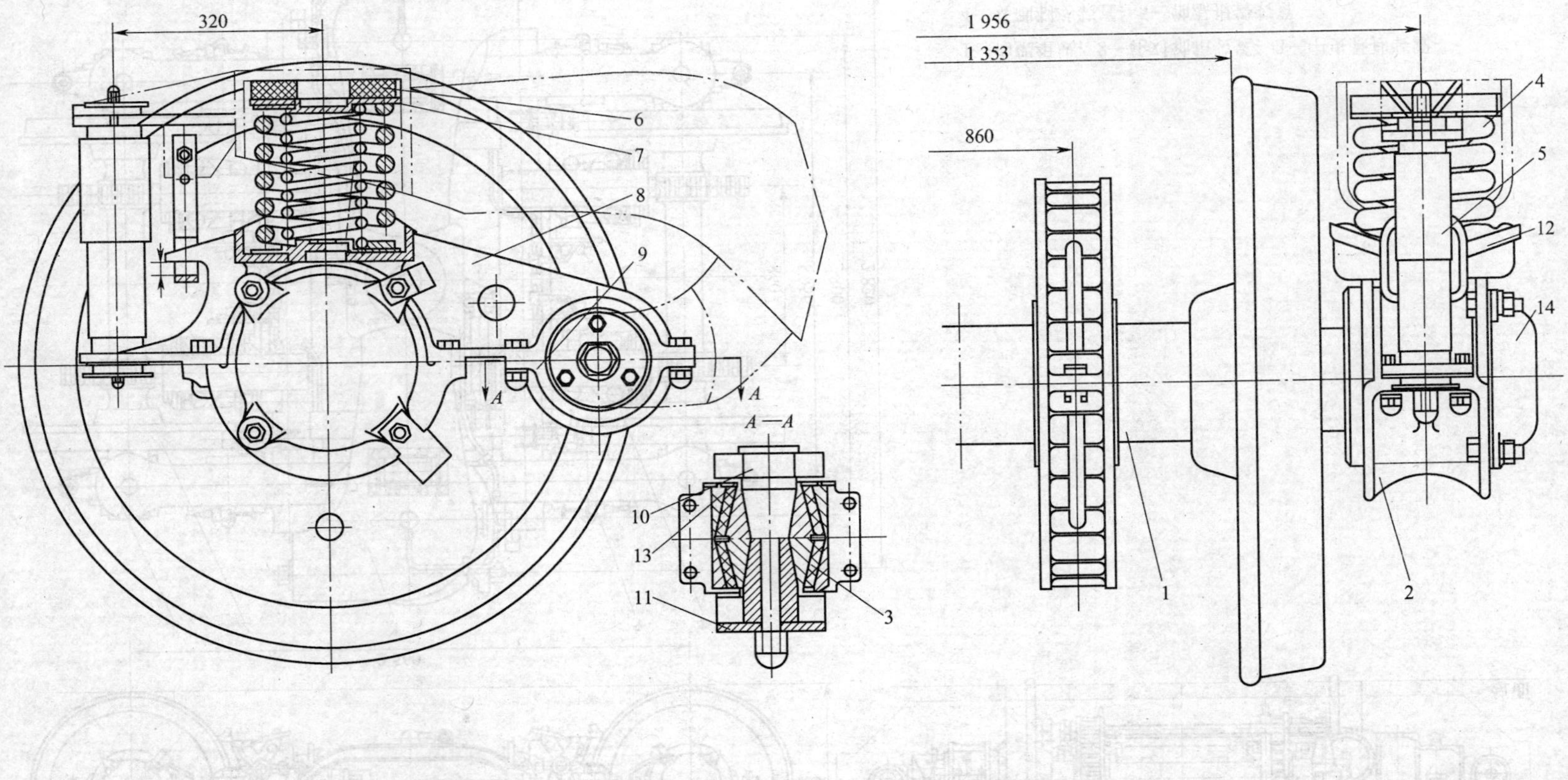

图 5－27 206KP 型转向架轮对轴箱装置

1—轮对组成;2—轴箱体组成;3—弹性定位套组成;4—轴箱弹簧组;5—单向油压减振器;6—缓冲胶垫;7—弹簧夹板;8—定位转臂;9—夹紧箍;10—定位轴;11—定位套;12—轮对提吊;13—调整垫圈;14—轴箱前盖

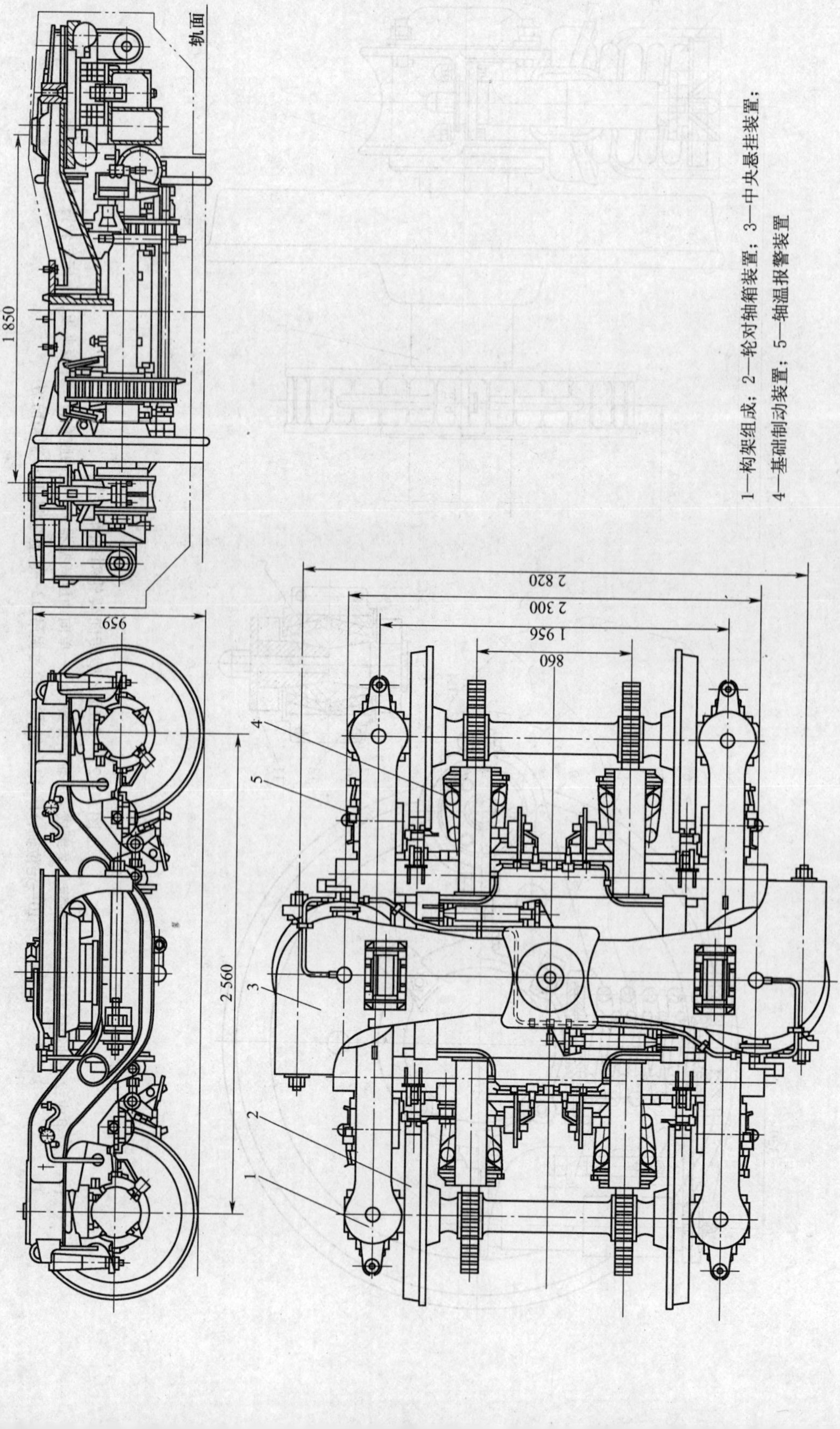

1—构架组成；2—轮对轴箱装置；3—中央悬挂装置；
4—基础制动装置；5—轴温报警装置

图 5-28 SW-160 型转向架

为适应 160 km/h 运行速度要求，轴承选用 BClB322880/BClB322881 型轴承。

在 2、4、6、8 位轴箱端上安装有防滑器用齿轮盘，相应处轴箱前盖留有防滑器传感器安装座。

4. 基础制动装置

206KP 型转向架基础制动装置作用原理与 209PK 型转向架的相同。

四、SW－160 型转向架

SW－160 型转向架（如图 5－28 所示）是在 206KP 型转向架的基础上开发研制的，构造速度为 160 km/h 的快速客车转向架。

1. 构架组成

SW－160 型转向架构架组成采用焊接结构，如图 5－29 所示。其侧梁由 4 块钢板拼焊而成；空气弹簧侧梁外侧坐置，以增大空气弹簧支点横向距离；在侧梁之外的两横梁间设一箱形空管支承梁，并和横梁相连通作为附加空气室；侧梁仍采用圆管型材，贯通并延伸出两侧梁之外；加设二纵向辅助梁；将构架上的定位臂根部与侧梁焊接处改为圆弧过渡结构，定位臂的定位面改为梯形槽形结构。

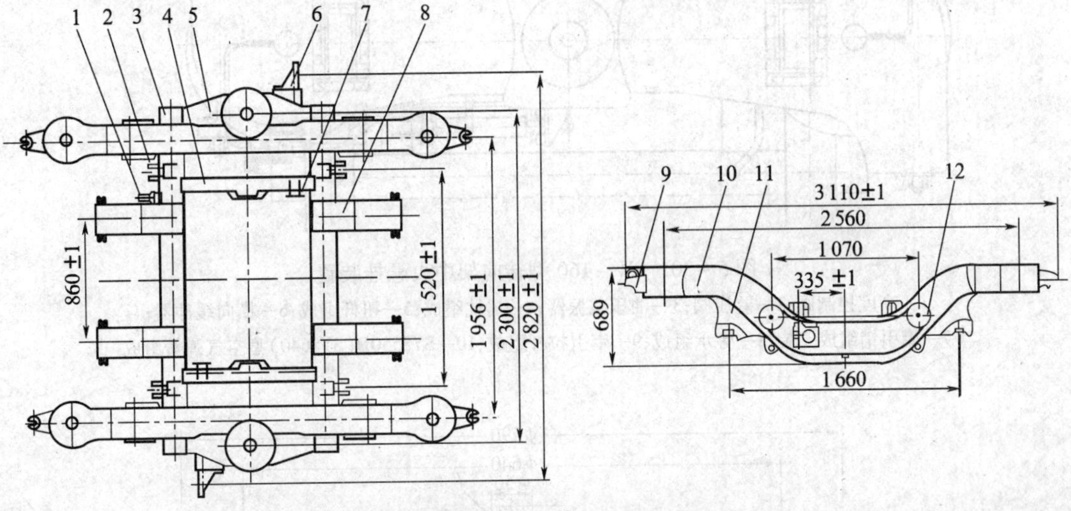

图 5－29　SW－160 型转向架构架组成

1—手制动转轴座；2—闸瓦托吊座；3—横梁；4—纵向辅助梁；5—空气弹簧支承座；6—牵引拉杆座；7—横向减振器座；8—制动吊座；9—轴箱减振器座；10—侧梁；11—定位臂；12—制动梁吊座

2. 中央悬挂装置

SW－160 型转向架中央悬挂装置采用无摇动台结构（如图 5－30 所示）。

采用新研制的 SYS640 型自密封式空气弹簧（如图 5－31 所示），并将空气弹簧横向间距增大至 2 300 mm 构成外侧悬挂，增大了转向架的抗侧滚刚度，使取消抗侧滚扭杆装置成为可能（通过试验决定是否安装）。

摇枕采用封闭式箱形结构，增强了承载部位的强度和刚度，并将空气弹簧的供风改为上进式。

采用全旁承支重，选用 65Mn 上旁承与具有自润滑特性的氟塑料金属摩擦块；采用圆柱截面牵引销、套(内、外钢套中间为硫化橡胶)配含的新型结构,使其只传递水平载荷。

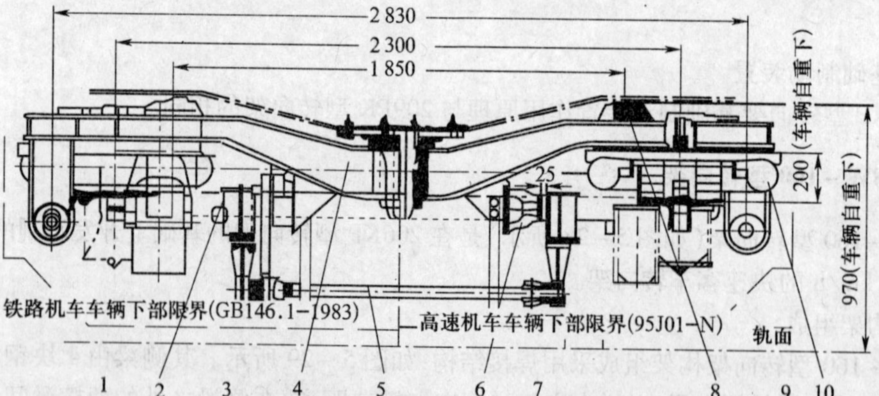

图 5-30　SW-160 型转向架中央悬挂装置

1—高度控制阀;2—差压阀;3—油压减振器;4—摇枕组成;5—扭杆组成;6—横向缓冲器;7—牵引销组成安装;8—旁承组成;9—牵引拉杆组成;10—SYS550D(SYS640)型空气弹簧组成

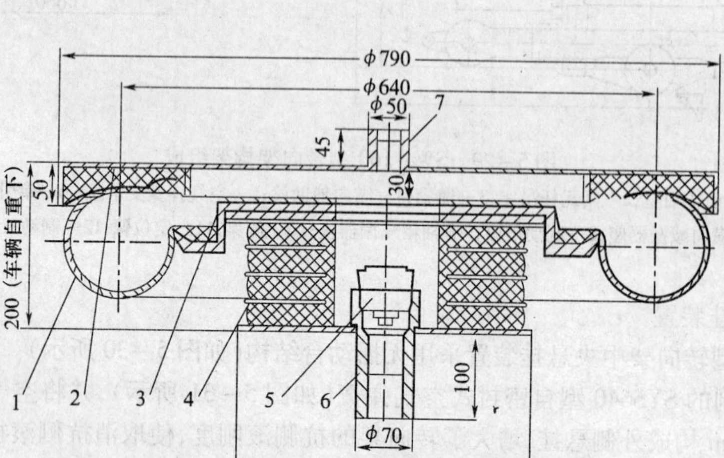

图 5-31　SYS640 型自密封式空气弹簧

1—橡胶囊;2—上盖组成;3—下盖组成;4—橡胶堆;5—节流阀;6—O 形密封圈;7—O 形密封圈

3. 轮对轴箱装置

SW－160 型转向架轮对轴箱装置(如图 5－32 所示)采用和 206KP 型相同的单转臂无磨耗弹性轴箱定位和轴箱顶部单组双圈螺旋弹簧加橡胶垫及垂向油压减振器的形式。

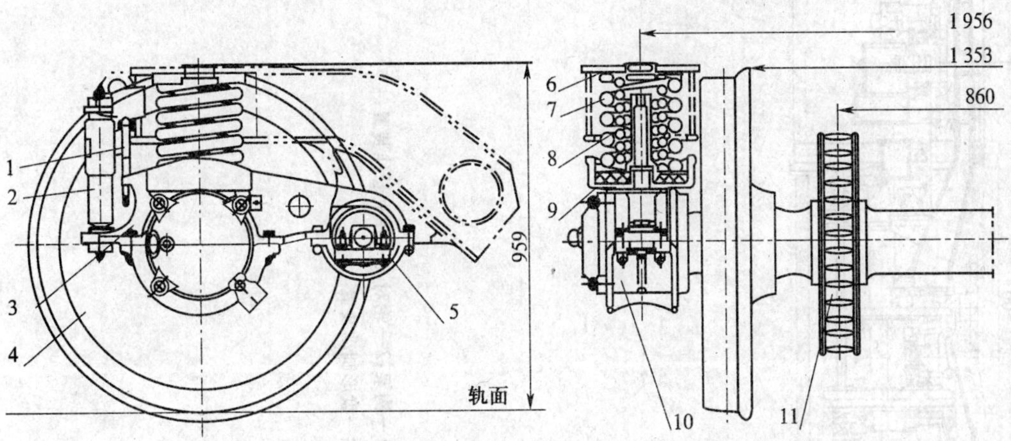

图 5－32　轮对轴箱定位装置

1—轮对提吊；2—垂向油压减振器；3—定位转臂组成；4—轮对；5—定位挡板；6—上弹簧夹板组成；7—轴箱弹簧组；8—下夹板组成；9—缓冲胶垫；10—轴箱；11—制动盘

将原 206KP 型的圆形销轴改为梯形槽结构；在轴箱底部、两侧均设轴温传感器安装位；大大增加了轴箱弹簧筒和轴箱弹簧间的间隙，尤其是纵向方向，将原圆形断面改为长圆孔断面；轴箱弹簧两端设有弹簧夹板，使在组装、分解定位转臂时，避免弹性定位套产生过大的扭转角。

4. 基础制动装置

SW－160 型转向架基础制动装置基本结构同 206KP 型的。盘形制动缸为浮动式吊挂，两种单元制动缸均设有单向自动闸瓦间隙调整器，1 位转向架 1 位盘形制动单元具有手制动作用。

五、SW－200 型转向架

SW－200 型转向架(如图 5－33 所示)是四方机车车辆厂在 206KP 型转向架基础上，为适应速度 200 km/h 的运营要求，对结构和参数进行优化而设计的。

SW－200 型转向架通过采用新结构、新技术，优化转向架构架、摇枕、轴箱定位等结构及一系、二系悬挂参数，提高了运行稳定性和平稳性，使抗蛇行失稳临界速度达到 350 km/h 以上。本节括号内数据用于运用速度为 180 km/h 的客车。

1. 构架组成

SW－200 型转向架构架(见图 5－34)采用焊接结构，侧梁仍为 U 形，为 4 块钢板拼焊形成。构架组焊后经退火处理，以消除焊接应力。

采用空气弹簧外侧支承，增大了空气弹簧支点的横向距离，由 206KP 型转向架的 1 956 mm改为 2 400 mm(2 350 mm)，为此在侧梁之外的两横梁间设一箱形支承梁以支承空气弹簧，并和横梁相连通作为附加空气室。横梁仍采用圆管型材，延伸出两侧梁之外。为了方便轮对轴箱定位节点的安装和拆卸，定位臂的定位面采用梯形槽形；在侧梁之内的横梁之间设 2 根纵向辅助梁用于安装扭杆及差压阀和横向减振器座。

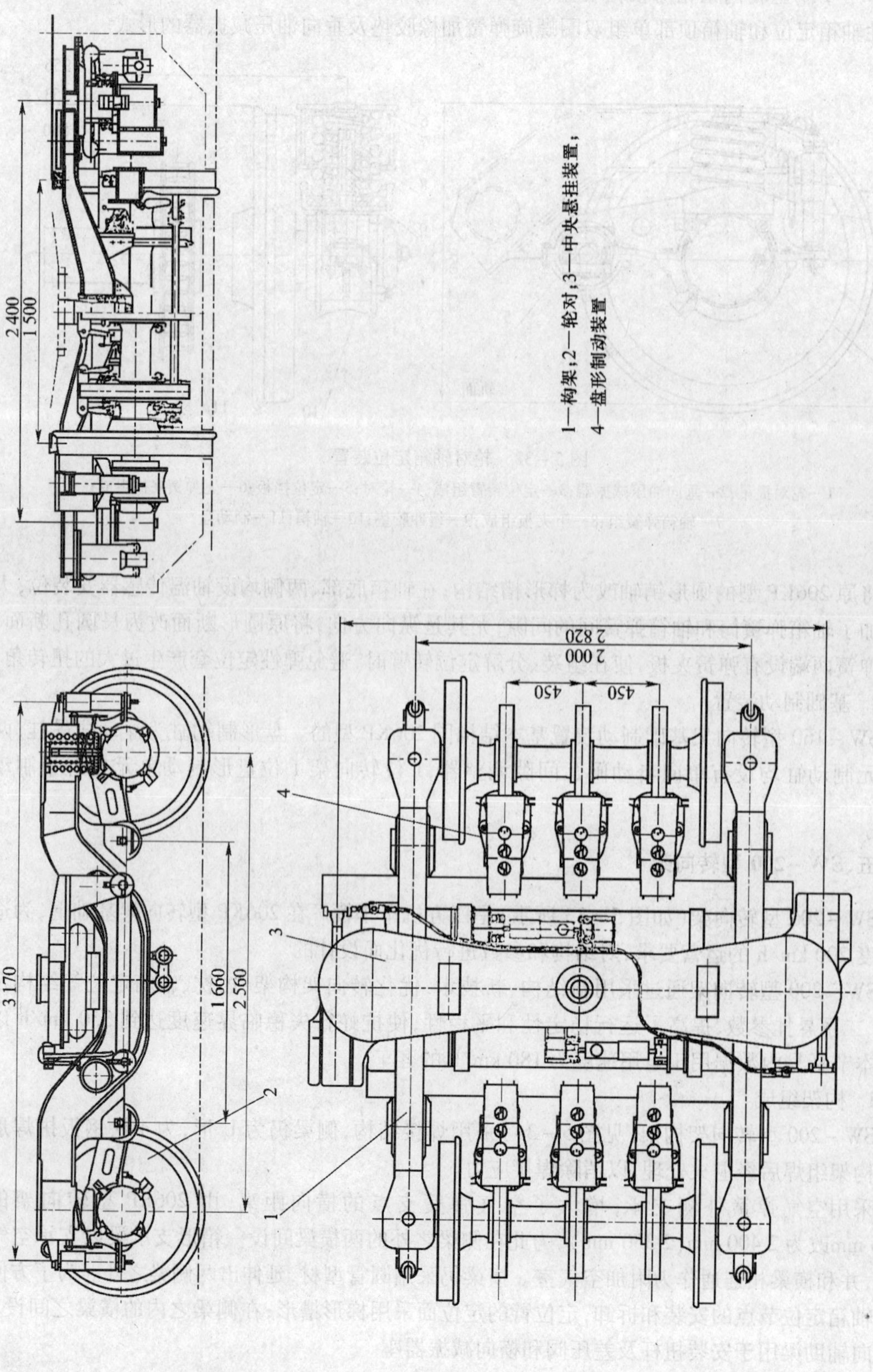

1—构架；2—轮对；3—中央悬挂装置；
4—盘形制动装置

图 5－33　SW－200 型转向架

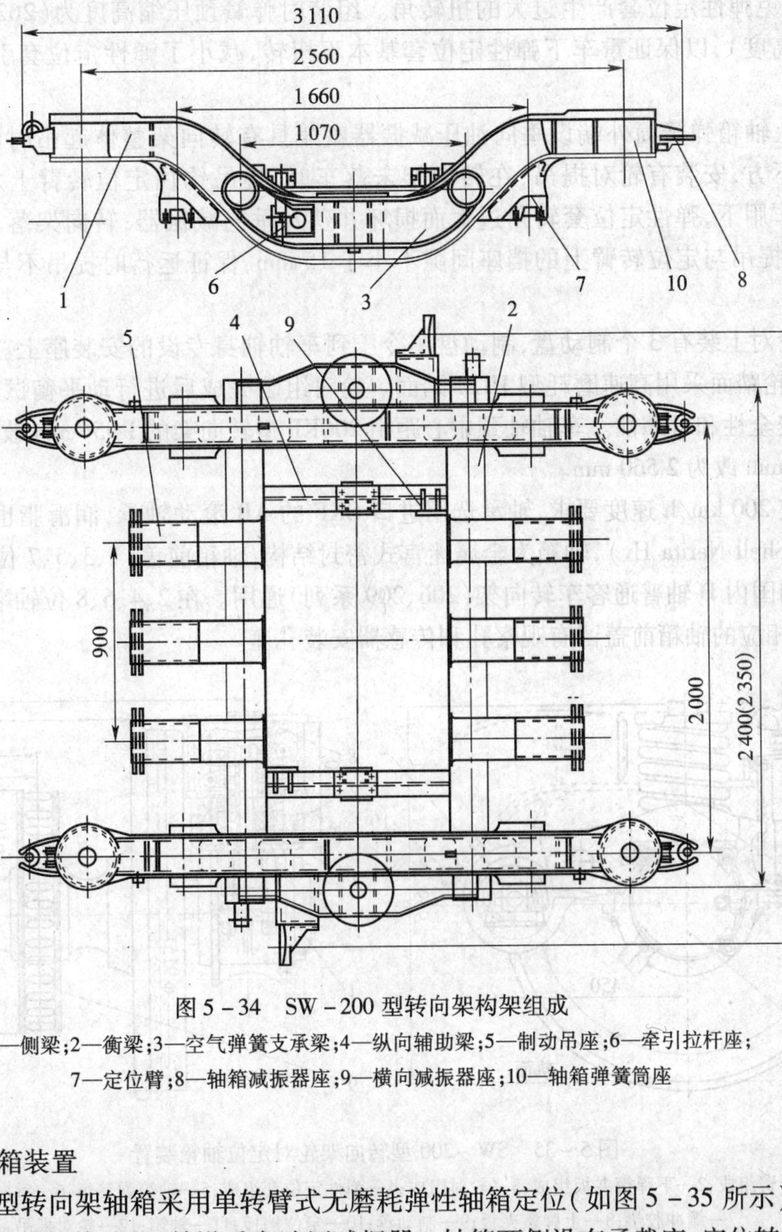

图 5－34　SW－200 型转向架构架组成

1—侧梁；2—衡梁；3—空气弹簧支承梁；4—纵向辅助梁；5—制动吊座；6—牵引拉杆座；
7—定位臂；8—轴箱减振器座；9—横向减振器座；10—轴箱弹簧筒座

2. 轮对轴箱装置

SW－200 型转向架轴箱采用单转臂式无磨耗弹性轴箱定位（如图 5－35 所示），轴箱顶部支悬双圈螺旋弹簧加橡胶垫，并设垂向油压减振器。轴箱两侧设有承载座，定位转臂通过其上设有的定位销和承载座上的定位销孔来保证定位；定位转臂与轴箱体承载座之间加一层薄的石棉橡胶垫起防滑作用，再通过 4 个 M20 螺栓固定，更换轮对时只须将 4 个 M20 螺栓卸下，顶起构架即可推出轮对，无需分解定位转臂及弹簧悬挂系统。

定位转臂的另一端通过弹性定位节点和构架上定位臂形成轮对轴箱纵、横方向的弹性定位。它由定位轴、定位套和弹性定位套组成，轮对轴箱相对构架位移时，弹性定位套中的橡胶层发生变形，因而是无磨耗的。为了使定位节点和定位臂的组装更加方便，定位轴采用梯形结构。为了提高轴箱体的通用性，将轴箱底部两侧均设轴温传感器安装位，使轮对轴箱组成不分位数。

轴箱弹簧两端面设有弹簧夹板，其作用是组装、分解定位转臂时，使弹簧有一定的预压缩,从而避免弹性定位套产生过大的扭转角。组装时弹簧预压缩高度为(262±2)mm(相当于重车下高度),以保证重车下弹性定位套基本不扭转,减小了弹性定位套引起的附加垂向刚度。

构架上轴箱弹簧筒外端设垂向油压减振器座兼具有转向架整体起吊时的吊钩作用,在减振器座下方,安装有轮对提吊,在转向架未落车时,提吊钩住定位转臂上之挡座,以免在轴箱弹簧作用下,弹性定位套转角过大而损坏并殃及垂向减振器;转向架落车后,轴箱弹簧压缩、轮对提吊与定位转臂上的挡座间隙不小于15 mm,保证运行时提吊不与挡座发生刚性接触。

每条轮对上装有3个制动盘,制动盘座冷压到车轴轴身专设的安装座上。车轮为高速轻型车轮,车轮踏面采用高速磨耗型HLM踏面。轮对组装完成后进行动平衡试验,以提高高速运行时的安全性和可靠性。车轴轴颈中心距由206KP型转向架的1 956 mm改为2 000 mm;轴距由2 400 mm改为2 560 mm。

为适应200 km/h速度要求,轴承选用进口SKF的AB滚动轴承,润滑脂也是配套使用壳牌轴承脂(Shell Nerita Hv),轴箱为金属迷宫式密封结构,轴箱前盖(1、3、5、7位)、防尘板及轴端压盖等和国内D轴普通客车转向架(206、209系列)通用。在2、4、6、8位轴端上安装防滑器测速齿轮,相应的轴箱前盖留有观察孔和传感器安装孔座。

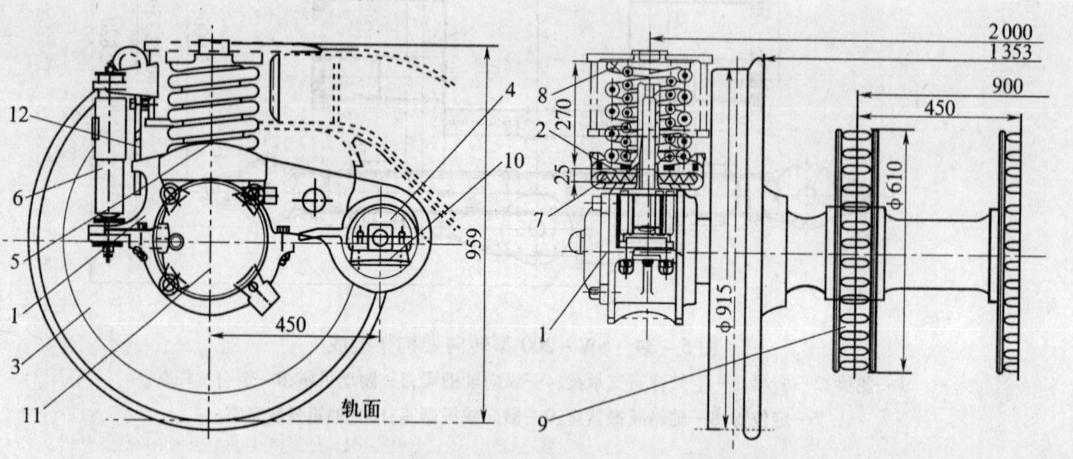

图5-35　SW-200型转向架轮对定位轴箱装置

1—定位转臂组成;2—下弹簧夹板组成;3—轮对组成;4—弹性定位套组成;5—轴箱弹簧组;6—垂向油压减振器;7—缓冲胶垫;8—上弹簧夹板;9—制动盘;10—定位挡板;11—轴箱;12—轮对提吊

3. 中央悬挂装置

SW-200型转向架中央悬挂装置(如图5-36所示)采用无摇动台结构,具有结构简单、无磨耗,零部件少、方便检修等特点。

(1)空气弹簧

采用SYS550D或SYS640 m自密封式空气弹簧。

(2)摇枕

摇枕仍采用焊接形式,整体为封闭式箱形结构,增强了承载部位的强度和刚度。空气弹簧供风为上进气式,使摇枕与空气弹簧的定位也更加方便。

(3)牵引装置及其他

采用旁承支重。为得到稳定适当的回转阻尼,选用了65 Mn 上旁承与超高分子聚乙烯(氟塑料金属)的下旁承。其牵引销部分采用了圆柱截面牵引套(内、外钢套中间为硫化橡胶)配合的结构,使其只传递水平载荷,客车的落车也十分方便。

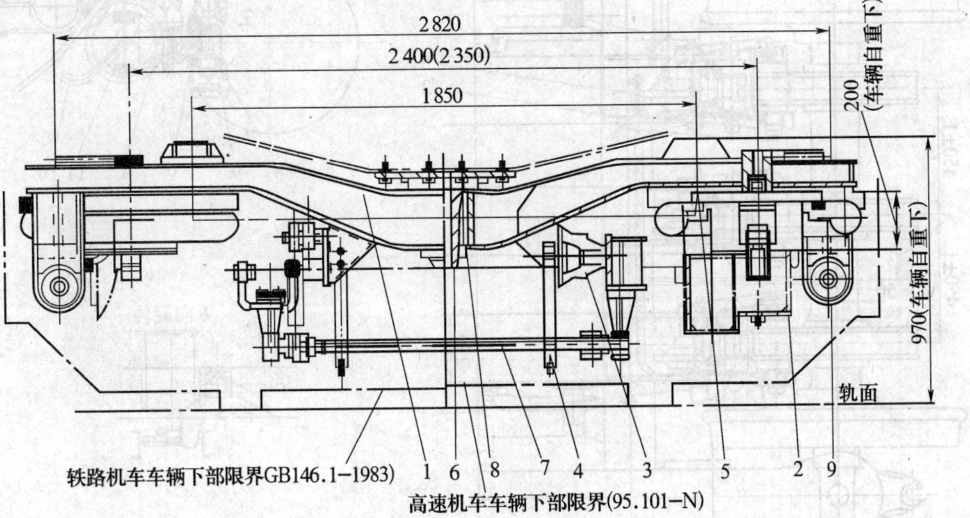

图5－36　中央悬挂装置

1—摇枕组成;2—空气弹簧组成;3—横向缓冲器;4—安全吊组成;5—旁承组成;
6—牵引销组成安装;7—扭杆组成;8—牵引套组成;9—牵引拉杆组戚

抗侧滚扭杆由扭杆、扭臂、连杆、支承座、纤维轴承及球关节轴承等组成,当车体(摇枕)发生侧滚时,通过连杆、扭臂的传递使扭杆发生扭转变形从而限制车体的侧滚角度;而当车体发生其他振动时,扭杆不发生扭转,对车体不产生作用力。

高度调整阀和差压阀仍采用日本进口 NABCO 产品,在自重状态下,空气弹簧无气时的高度约为170 mm,此时构架上之测量座顶面与空气弹簧上平面为(30 ±5) mm,空气弹簧充气后的标准高度为200 mm,可以通过调整调整阀杆长度,使上述高度差保持在(0 ±5) mm 范围内(同一摇枕两侧之差不大于3 mm)。差压阀的开启压差为150 kPa,目的是防止两侧空气弹簧产生过大的压差。

牵引拉杆起到传递构架和摇枕之间的纵向力的作用,同时通过调整拉杆的安装长度,使摇枕处于构架的纵向中心位置。

为了提高空气弹簧供风软管的可靠性,采用了外罩不锈钢丝网之软管,减轻了橡胶胶管的磨损。

4. 制动装置

SW－200 型转向架制动装置(如图5－37 所示)为全盘形制动,不设踏面清扫器。制动形式为单元制动,每轴装有3 个203 mm 单元制动缸。制动缸为浮动式吊挂,以保证车轴(制动盘)产生横向移动时也能使闸片压力均匀。单元制动缸设有单向自动闸瓦间隙调整器随着闸片的磨耗,制动缸活塞自动伸长,保证制动缸工作行程在6 ~8 mm。1 位转向架1 位盘形制动单元具有手制动作用。

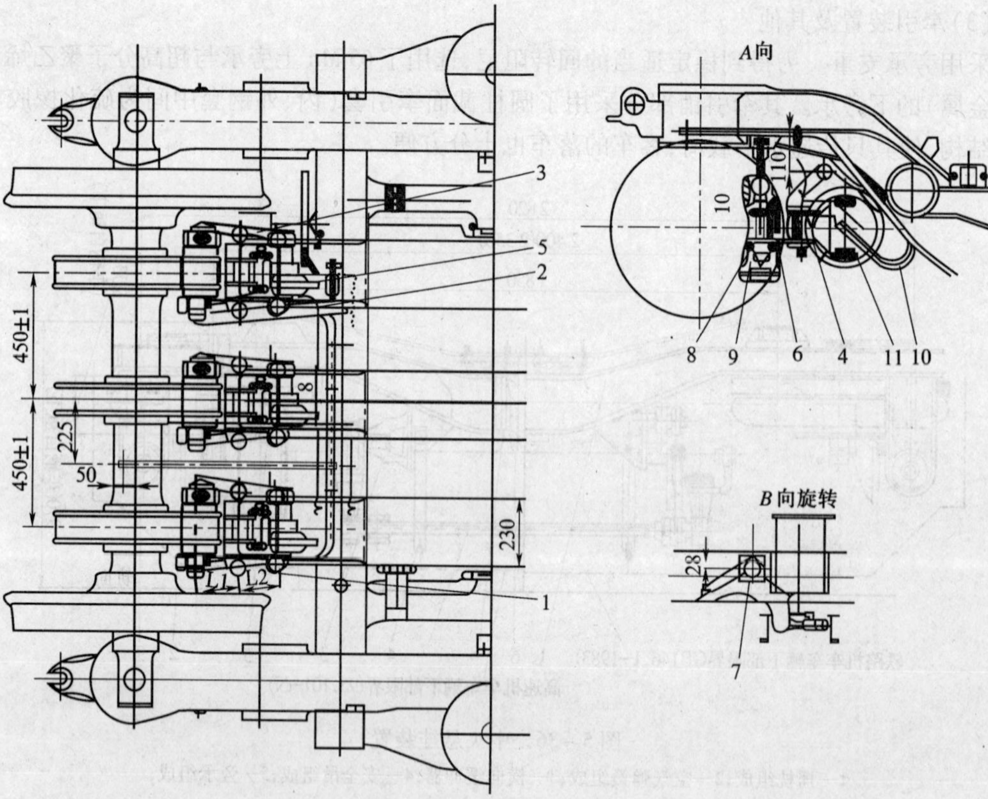

图 5－37　SW－200 型转向架基础制动装置

1—杠杆组成；2—内侧杠杆组成；3—外侧杠杆组成；4—连杆组成；5—连杆组成（手制动用）；6—闸片托吊组成；7—转臂组成；8—闸片托销；9—闸片托组成；10—软管组成 A（Dg15×650）；11—203 mm 制动缸

六、SW－220K 型转向架

SW－220K 型转向架采用无摇动台、无摇枕、单转臂无磨耗弹性轴箱定位、空气弹簧、盘形制动等技术。SW－220K 型转向架可适应各种 160 km/h 速度等级的客车（除制动装置外，该转向架可满足 220 km/h 的运用要求）使用。

SW－220K 型转向架主要技术参数如下所述：

可持续运行速度（km/h）	160
最高试验速度（km/h）	250
轨距（mm）	1 435
轴距（mm）	2 500
轴重（t）	≤15.5
轮径（mm）	新 ϕ915/旧 ϕ845
车轮车轴型式	KKD 车轮，RD_{3A1} 轴
轴承型号	进口 SKFBC1B322880（AB）/BC1B322881（AB）或 FAG804468A/804469A
限界	符合 GB 146.1－1983、95J01—N
减振器	

一系垂向阻尼系数(kN·s/m)	15
二系横向阻尼系数(kN·s/m)	40
抗蛇行运动阻尼系数(kN·s/m)	600
制动形式	膜板或皮碗活塞式单元制动

SW－220K型转向架是由构架组成、轮对轴箱定位装置、中央空气弹簧悬挂系统、盘形制动装置及轴温报警装置等组成,如图5－38所示。

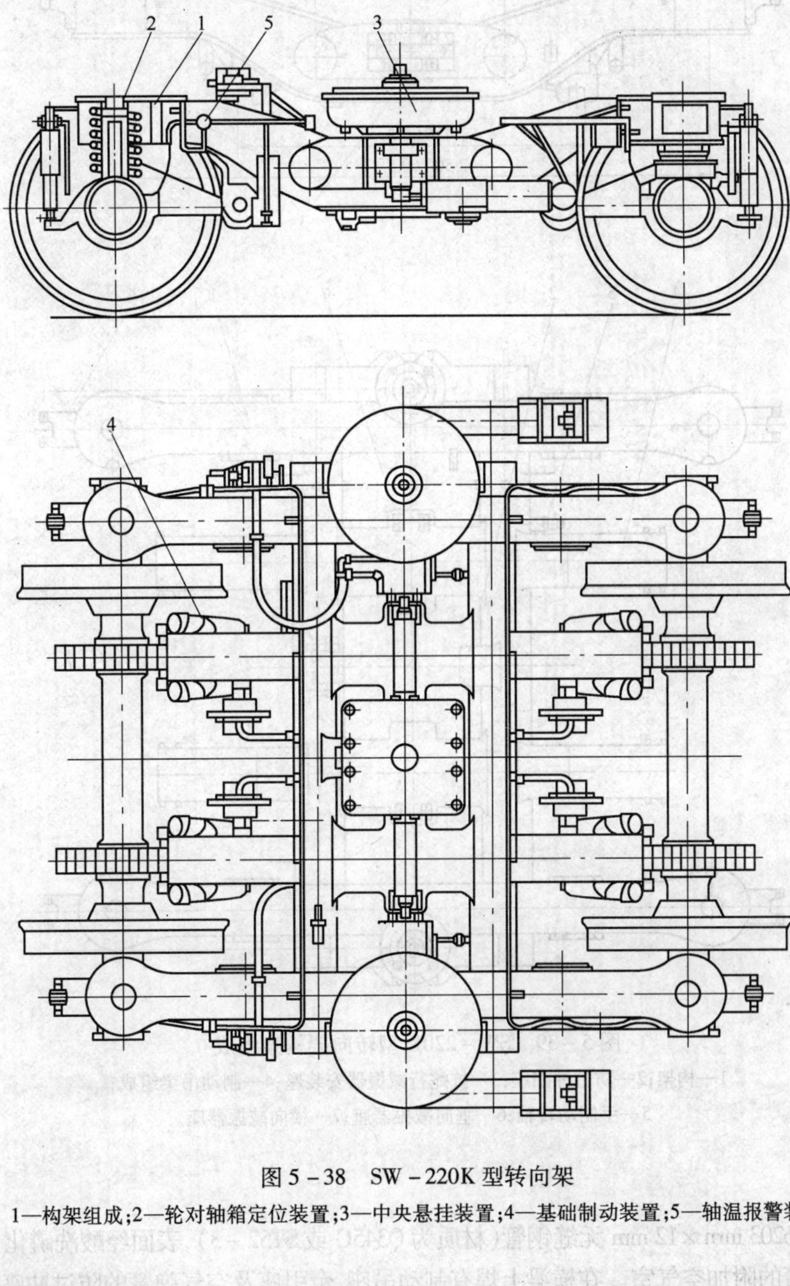

图5－38　SW－220K型转向架

1—构架组成;2—轮对轴箱定位装置;3—中央悬挂装置;4—基础制动装置;5—轴温报警装置

1. 构架组成(图5－39)

(1)构架为钢板焊接结构,平面呈H形。主要由侧梁组成、横梁组成、纵向辅助梁、空气弹簧支撑梁和定位臂等组成。侧梁的中部为凹形,横梁的内腔与空气弹簧支撑梁的内腔组成空气弹簧的附加空气室。

(2)侧梁

侧梁采用由四块钢板组成箱形断面的焊接结构,上、下盖板厚分别为 12 mm、16 mm,腹板厚 12 mm,侧梁中部为 U 形。采用 Q345C(或 ST52－3)焊接结构用轧制钢板。

与弹性节点连接的定位臂为铸钢件(ZG25MnNi),其与侧梁连接部为圆滑过渡,力求应力缓和。

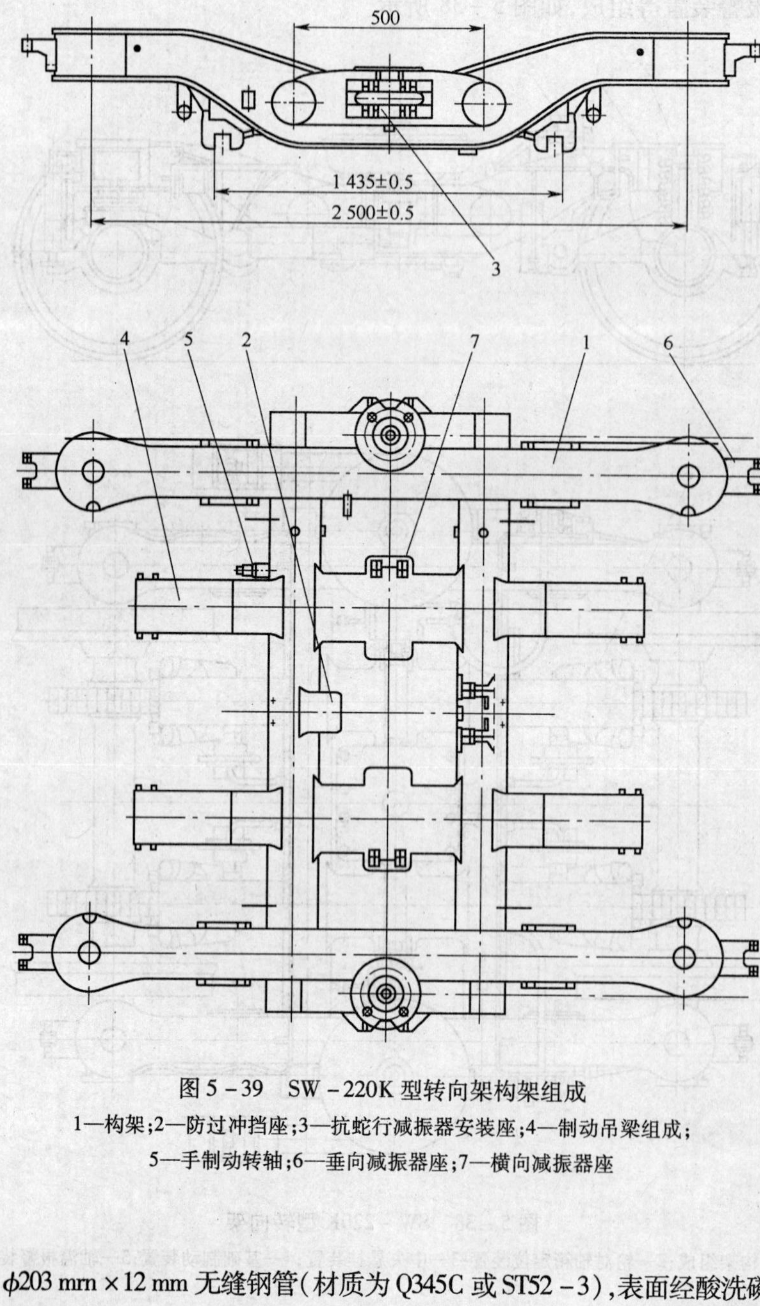

图 5－39　SW－220K 型转向架构架组成

1—构架;2—防过冲挡座;3—抗蛇行减振器安装座;4—制动吊梁组成;5—手制动转轴;6—垂向减振器座;7—横向减振器座

(3)横梁

横梁采用 ϕ203 mm × 12 mm 无缝钢管(材质为 Q345C 或 ST52－3),表面经酸洗磷化处理。其内腔作为空气弹簧的附加空气室。在横梁上焊有制动吊座、牵引座及空气弹簧的防过冲座等。

(4)辅助梁组成

为提高构架刚度,在两横梁之间由纵向辅助梁连接,其上安装有横向减振器座和横向缓冲器座等。辅助梁采用箱形断面的焊接结构。

(5)空气弹簧支撑梁

位于侧梁外侧的两横梁之间,由三块板组焊而成的槽形结构,它与侧梁外侧腹板组成的密闭腔,与横梁内腔相通,共同组成空气弹簧的附加空气室。

2. 轮对轴箱定位装置

(1)轮对轴箱

轮对轴箱采用 KKD 车轮、RD_{3A1} 车轴、轴装制动盘、804468/804469(进口 FAG),或 BC1B322880/BC1B322881(进口 SKF)轴承。

另外,轮对轴箱的轴端有三种:普通轴端、带防滑速度传感器轴端和接地轴端,转向架的 1、2、4、6、7、8 位轴端接有接地电阻;2、4、6、8 位轴端装有防滑器传感装置;3、5 位轴端装有接地装置,如图 5-40 所示。

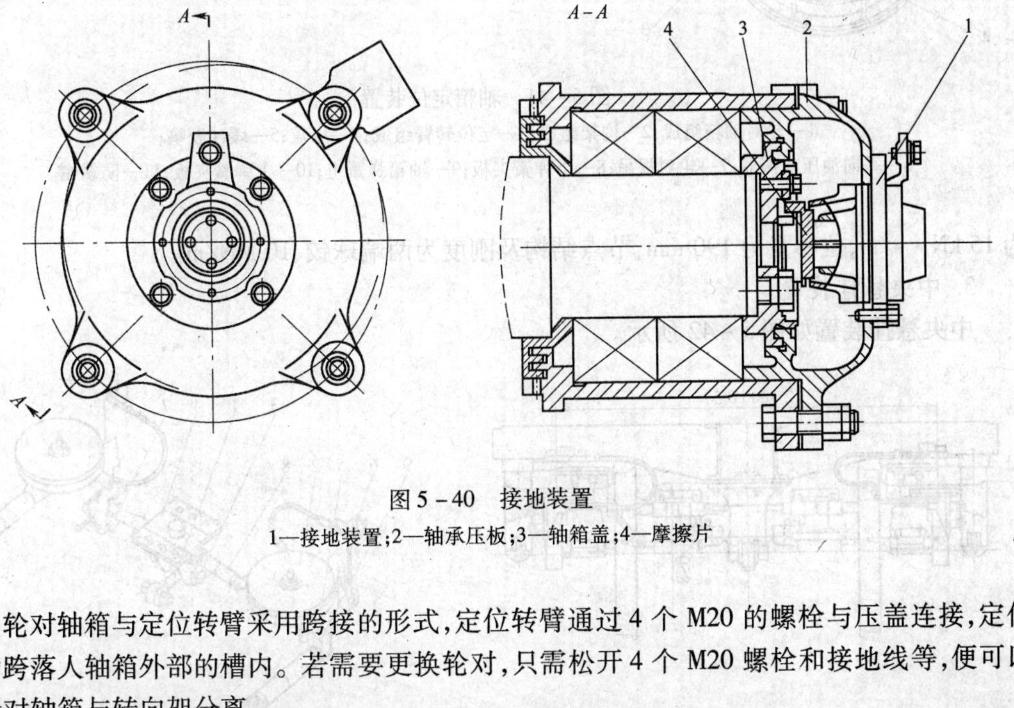

图 5-40　接地装置

1—接地装置;2—轴承压板;3—轴箱盖;4—摩擦片

轮对轴箱与定位转臂采用跨接的形式,定位转臂通过 4 个 M20 的螺栓与压盖连接,定位转臂跨落人轴箱外部的槽内。若需要更换轮对,只需松开 4 个 M20 螺栓和接地线等,便可以使轮对轴箱与转向架分离。

(2)轴箱定位装置(图 5-41)

轴箱定位装置为单转臂无磨耗弹性定位,定位转臂是该装置中的骨架,是轮对轴箱与构架的联系纽带,为减小定位节点刚度对一系垂向刚度的附加影响,定位转臂选择尽可能长,为 550 mm,采用铸造件(ZG25MnNi)。本定位装置有如下特点:

①可利用弹性节点自由地选择纵向和横向的刚度。

②垂向采用轴箱顶置钢弹簧,弹簧刚度选择范围大,并且与纵向、横向刚度几乎无关,可以单独设计。

③没有滑动和摩擦部分,橡胶件几乎不外露,延缓老化,可以长期运用并免维修。

④与其他定位方式相比,零部件少,不必进行轴距控制,因此组装、分解中均不需特殊工装。

(3)一系垂向减振器

一系垂向减振器设在定位转臂和构架弹簧座之间,型号为 DISPEN 或 KONI 型,阻尼系数

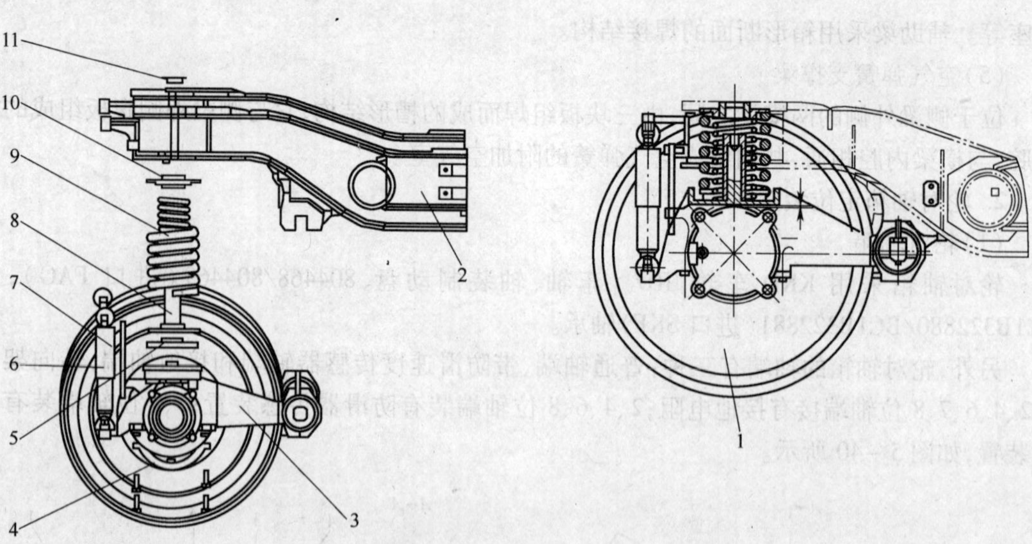

图 5－41　轴箱定位装置

1—轮对轴箱组成;2—构架组成;3—定位转臂组成;4—压盖;5—缓冲胶垫;
6—垂向油压减振器;7—轮对提吊;8—下弹簧夹板;9—轴箱弹簧组;10—上弹簧夹板;11—防锈帽

为 15 kN · s/m,位移量为 190 mm,节点结构及刚度为两端球铰,10 MN/m。

3. 中央悬挂装置

中央悬挂装置如图 5－42 所示。

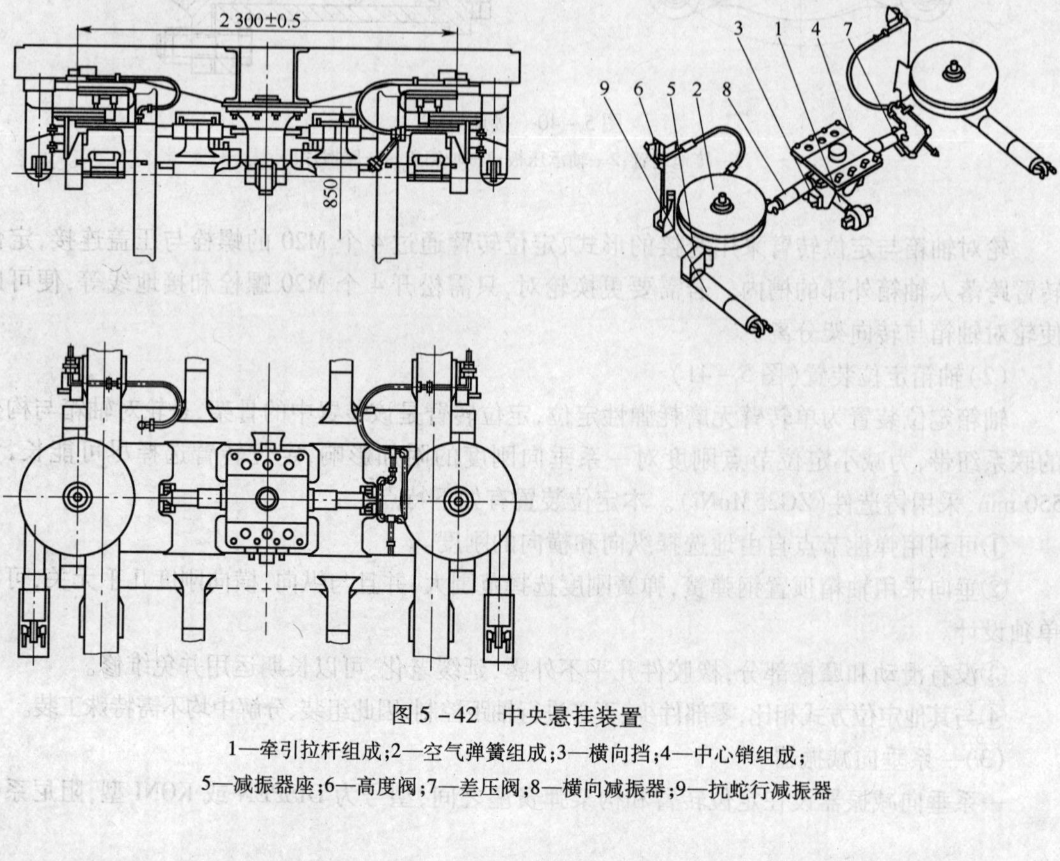

图 5－42　中央悬挂装置

1—牵引拉杆组成;2—空气弹簧组成;3—横向挡;4—中心销组成;
5—减振器座;6—高度阀;7—差压阀;8—横向减振器;9—抗蛇行减振器

(1)空气弹簧

空气弹簧由气囊和附加的橡胶弹簧组合而成的自由膜形式,适用于水平位移大的无摇枕转向架。空气弹簧组成如图5-43所示。

气囊的上下支口为自密封结构。上盖板上设有定位柱,与车体相连,下部通气口与构架相连,为圆柱面并用O形圈密封结。为使空气弹簧无气状态时转向架能够运行,在下支座上面设有特殊的滑板;以提高转向架的曲线通过性能。当空气弹簧破损无气时,附加的橡胶弹簧提供二系垂向刚度,确保车辆运行安全。本空气弹簧在附加弹簧内设置了固定阻尼孔,以提供二系垂向阻尼。

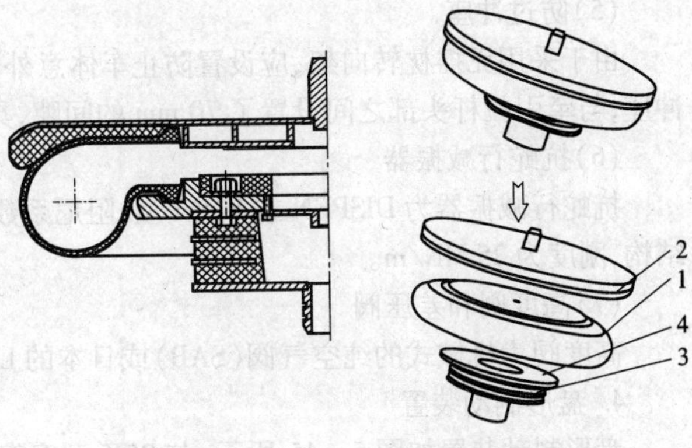

图5-43 空气弹簧组成

1—橡胶囊;2—上盖组成;3—橡胶堆;4—下座组成

(2)二系横向减振器

二系横向减振器为DISPEN或KONI型,阻尼系数为40 kN·s/m,行程为160 mm,节点为球铰结构,刚度为10 MN/m。

(3)牵引装置(见图5-44)

采用单拉杆结构,安装在车体的中心销组成与带缓冲的拉杆连接传递牵引力和制动力。为降低转向架传递给车体的振动,每台转向架的前后牵引刚度设置为5 MN/m。

本牵引装置具有如下特点:

①转向架相对于车体的回转依靠牵引杆端部节点中橡胶的弹性变形。

②转向架横向(垂向)移动时的回复力,除依靠空气弹簧横向(垂向)刚度外,还依靠两拉杆两端橡胶节点的刚度,但这部分的作用很小。

③牵引装置内无相对滑动部分,为无磨耗结构。

④转向架和车体的分离应先拆卸牵引杆两端螺栓。

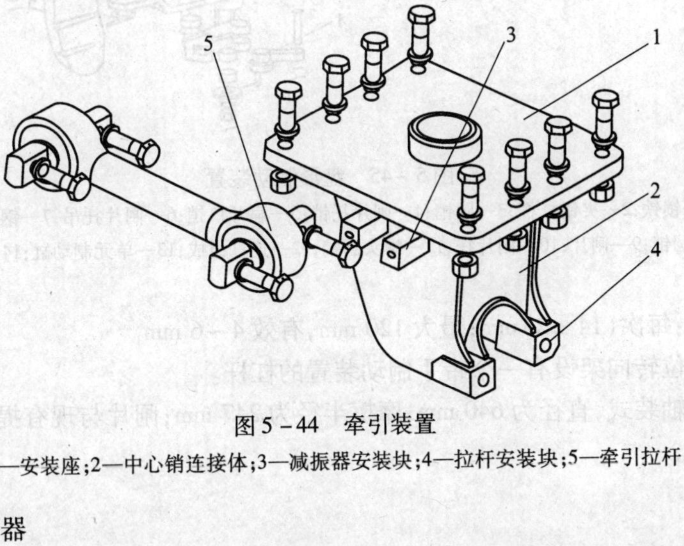

图5-44 牵引装置

1—安装座;2—中心销连接体;3—减振器安装块;4—拉杆安装块;5—牵引拉杆

(4)横向缓冲器

横向缓冲器作为限制车体运行中(特别是曲线上)过大的横移而设置的。为了避免运行中车体频繁碰撞缓冲器或者接触后出现硬性冲击，本系统中将缓冲器与止挡的间隙设置为(40±2)mm，同时缓冲器设计成非线性特性，它与空气弹簧的横向刚度共同完成限制车体的横移，且位移较大时，可提供非线性增长的复原力。

(5)防过冲座

由于采用无摇枕转向架，应设置防止车体意外过大的上升。本转向架在横梁上设有防过冲座，与牵引拉杆头部之间设置了70 mm的间隙，具有阻止车体过高上升的功能。

(6)抗蛇行减振器

抗蛇行减振器为DISPEN或KONI型，阻尼系数为600 kN·s/m，行程320 mm，节点为球交结构，刚度为25 MN/m。

(7)高度阀和差压阀

高度阀为机械式的纯空气阀(SAB)或日本的LV-3型。差压阀设定的压力差为150 kPa。

4. 盘形制动装置

盘形制动装置如图5-45所示，与25K型客车SW-160型转向架相同，配件可以互换。制动缸为203 mm皮碗活塞式，内有间隙自动调整器，可调整闸片与制动盘的间隙，制动缸最大压力：F8型阀为480 kPa，104型阀为420 kPa。活塞最大行程为(28±2)mm。

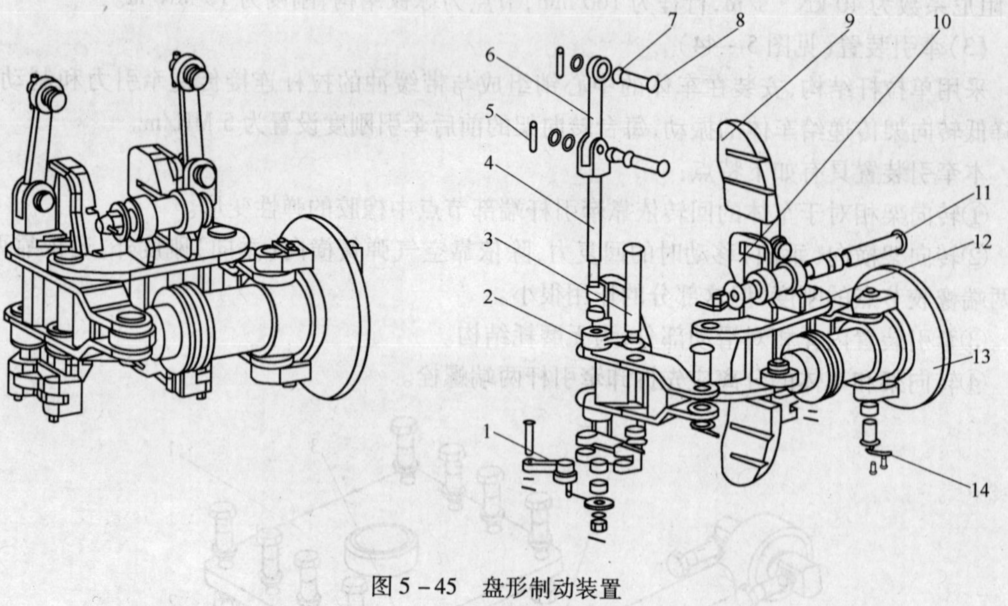

图5-45 盘形制动装置

1—锁铁；2—夹钳杠杆；3—圆销；4—闸片托销；5—扁开口销；6—闸片托吊；7—钢衬套；8—扁孔圆销；9—闸片；10—闸片托；11—螺头圆销；12—连杆组成；13—单元制动缸；14—锁紧压板

丝杆伸出量：每次(14±2)mm；最大120 mm，有效4~6 mm。

每辆车的一位转向架设有一个带手制动装置的杠杆。

制动盘采用轴装式，直径为640 mm；摩擦半径为247 mm；闸片与现有提速客车闸片相同，可完全互换使用。

第四节　CW 系列转向架

CW 系列转向架有 CW－1 型、CW－2 型、CW－200 型、CW－200K 型转向架等。CW－1 型转向架摇枕弹簧采用钢弹簧，CW－2 型转向架则采用空气弹簧。快速客车上使用 CW－2C 型转向架和 CW－1B 型转向架；CW－2 型转向架经过对构架改进和加强，在目前国内客车上已装用有 CW－2B、CW－2C 和 CW－2E 型三种转向架。CW－200 型和 CW－200K 型转向架为高速客车转向架。

一、CW－2C 型转向架（如图 5－46 所示）

1. 构架组成

CW－2C 型转向架采用 16MnR 或 16Mn 低合金结构钢焊接 H 形构架（如图 5—47 所示）。构架由 2 个直侧梁和 2 个直横梁组成，两侧梁端部斜对称焊接 2 个横向控制杆安装座，两侧梁

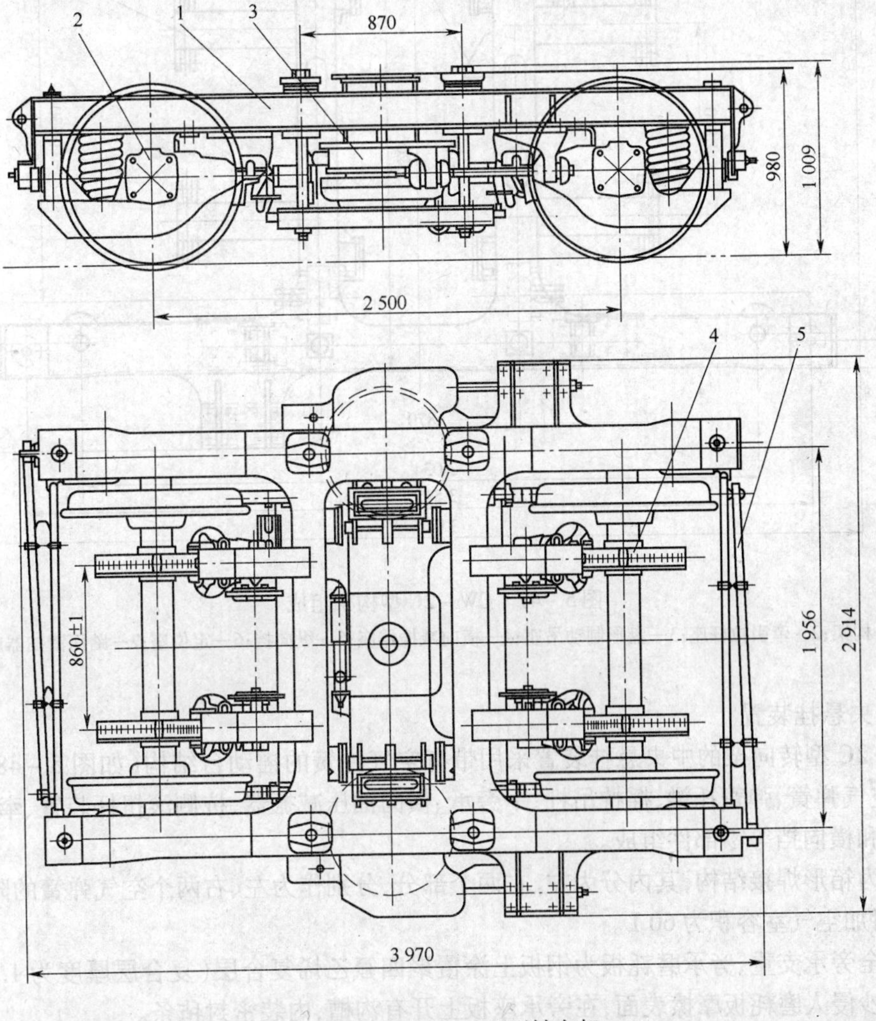

图 5－46　CW－2C 型转向架

1—构架；2—轮对轴箱弹簧装置；3—摇枕弹簧装置；4—基础制动装置；5—横向控制杆

中部4个116 mm×116 mm方孔是为安装摇枕吊杆而设。4个轴箱节点定位座和2个牵引拉杆座用螺栓固定在侧梁上。横梁外侧焊有盘形制动吊座，侧梁下部焊有踏面清扫器座。

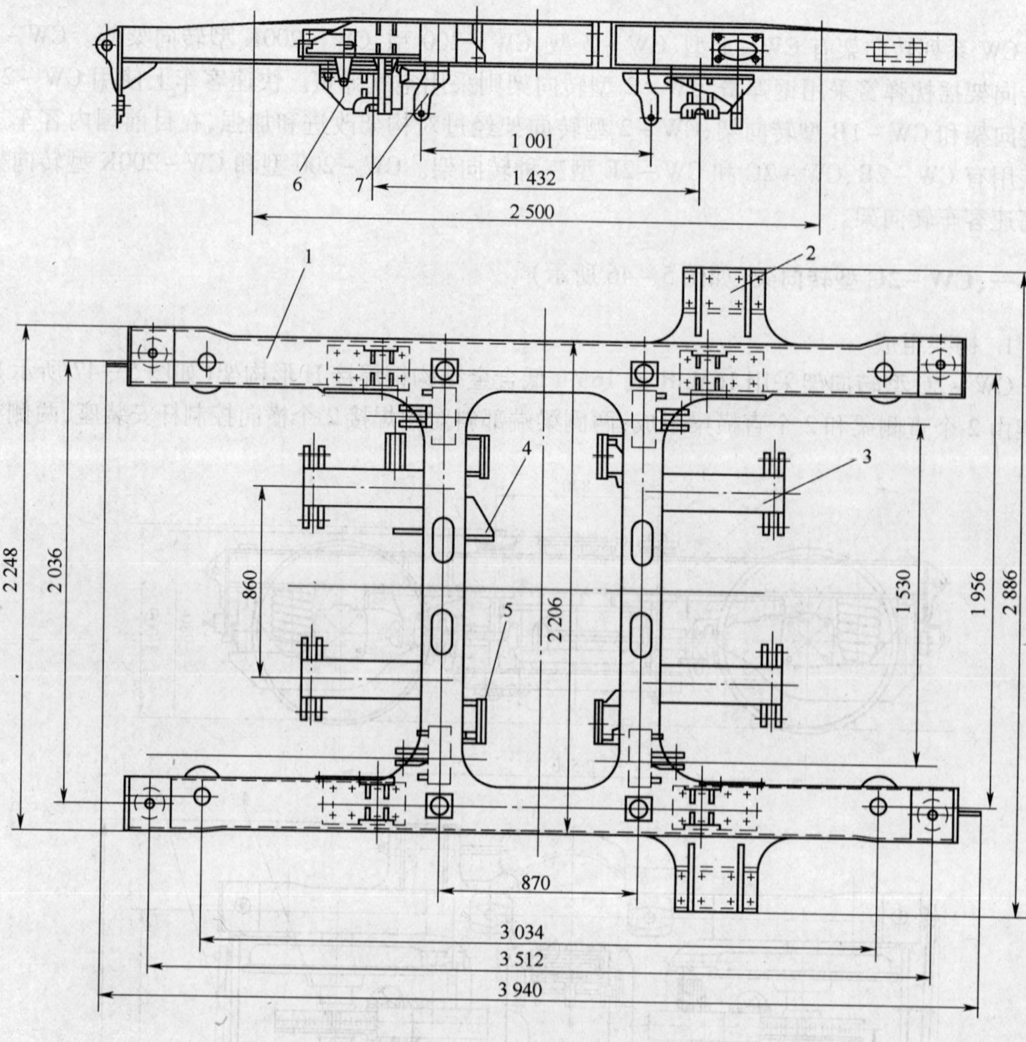

图5－47　CW－2C型构架组成

1—构架；2—牵引拉杆座；3—盘形制动吊座；4—横向减振器座；5—纵向挡；6—定位座；7—踏面清扫器座

2. 中央悬挂装置

CW－2C型转向架的中央悬挂装置采用带有空气弹簧的摇动台结构（如图5－48所示），由摇枕、空气弹簧、弹簧托梁、摇枕吊杆、下旁承、横向油压减振器、抗侧滚扭杆装置、牵引拉杆、横向拉杆和横向挡等零部件组成。

摇枕为箱形焊接结构，其内分为左、右两个部分，分别作为左、右两个空气弹簧的附加空气室，每个附加空气室容积为60 L。

采用全旁承支重，旁承磨耗板为钢板上涂覆聚四氟乙烯复合层（复合层厚度为1.5 mm）；为防止灰沙侵入磨耗板摩擦表面，在旁承座板上开有沟槽，内装密封毡条。

摇枕两端与构架间装有弹性横向挡，以限制摇枕的横向位移。摇枕与构架间装有牵引拉杆起牵引作用，牵引拉杆端部均为橡胶套连接。摇枕与构架间还装设1个横向油压减振器以

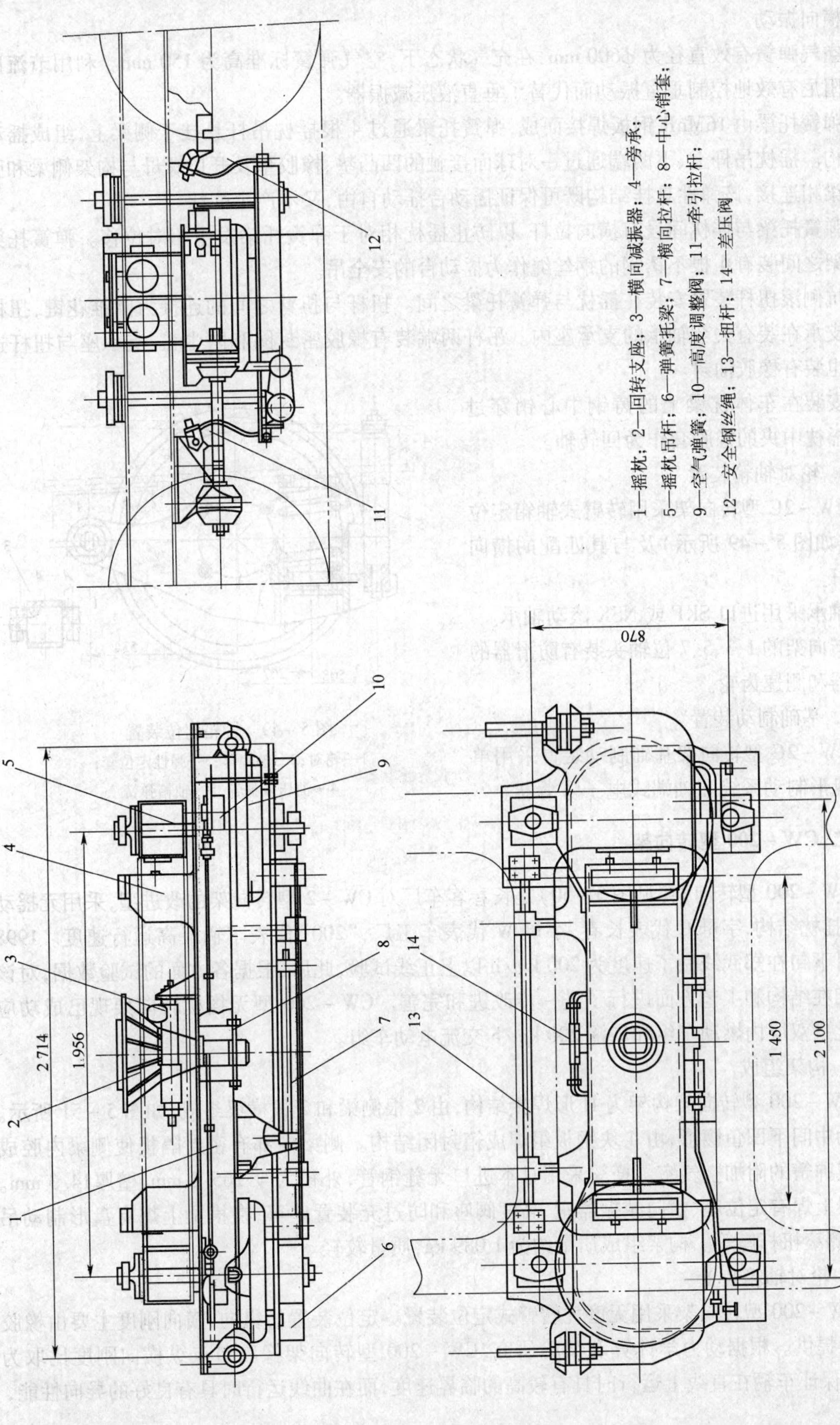

1—摇枕；2—回转支座；3—横向减振器；4—旁承；5—摇枕吊杆；6—弹簧托梁；7—横向拉杆；8—中心销套；9—空气弹簧；10—高度调整阀；11—牵引拉杆；12—安全钢丝绳；13—扭杆；14—差压阀

图5-48　CW-2C型转向架中央悬挂装置

控制横向振动。

空气弹簧有效直径为 ϕ600 mm，在充气状态下，空气弹簧标准高为 150 mm。利用节流阀可调阻尼有效地控制垂直振动而代替了垂直液压减振器。

弹簧托梁由 16MnR 钢板焊接而成，弹簧托梁通过 4 根摇枕吊杆悬挂于侧梁上，组成摇动台结构。摇枕吊杆上、下两端通过一对球面接触的凹凸垫、橡胶垫及开口螺母与构架侧梁和弹簧托梁相连接，该弹性悬挂结构既可保证摇动台摇动自由，又不产生磨耗。

弹簧托梁与摇枕间设有横向拉杆，以防止摇枕相对于弹簧托梁发生相对位移。弹簧托梁与构架之间装有 4 根不锈钢的钢丝绳作为摇动台的安全吊。

抗侧滚扭杆装置安装在摇枕与弹簧托梁之间。扭杆与扭臂之间的连接为圆锥花键，扭杆两端支承在装有关节轴承的支承座内。吊杆两端装有橡胶密封圈和防尘盖，支承座与扭杆连接处也装有橡胶油封。

安装在车体枕梁上的铸钢中心销穿过装于摇枕中央的橡胶套作为回转轴。

3. 轮对轴箱装置

CW－2C 型转向架采用转臂式轴箱定位装置（如图 5－49 所示）及与其匹配的横向控制杆。

轴承采用进口 SKF 或 NSK 滚动轴承。

转向架的 1、3、5、7 位轴头装有防滑器的传感器和测速齿轮。

4. 基础制动装置

CW－2C 型转向架基础制动装置采用单元式盘形制动系统和轴端式电子防滑器。

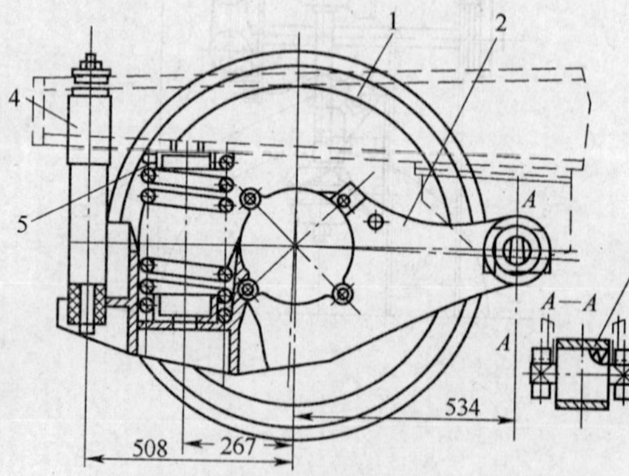

图 5－49　轴箱定位装置

1—轮对；2—轴箱体；3—弹性定位套；
4—油压减振器；5—轴箱弹簧

二、CW－200 型转向架

CW－200 型转向架（见图 5－50）是长春客车厂对 CW－2 型转向架的改进型，采用元摇动台、无摇枕结构，字母 C 代表长春，字母 W 代表车工厂，“200”代表车辆最高运行速度。1998 年 6 月下旬在郑武线做了速度为 200 km/h 以上正线试验，此后，根据各方面的试验数据，对该转向架在结构和工艺方面进行了进一步改进和完善。CW－200 型无摇枕转向架现已成功应用于北京双层内燃动车组和广深 200 km/h 交流电动车组。

1. 构架组成

CW－200 型转向架构架为 H 形焊接结构，由 2 根侧梁和 2 根横梁组成，如图 5－51 所示。侧梁为中间下凹鱼腹形，由 4 块钢板组焊成箱封闭结构。侧梁内部有密封隔板使侧梁内腔成为空气弹簧的附加空气室。横梁采用日本进口无缝钢管，外径为今 165.2 mm，壁厚14.3 mm。在侧梁上焊有定位座、横向减振器座、高度阀座和防过充装置座等，在横梁上焊有盘形制动吊座、抗侧滚扭杆座等。构架组成质量约为 1 089 kg，质量较轻。

2. 轮对轴箱装置

CW－200 型转向架采用无磨耗转臂式定位装置。定位装置的纵向、横向刚度主要由橡胶节点来提供。根据动力学计算和试验研究，CW－200 型转向架橡胶节点纵横向刚度比取为 2:1，以保证车辆在直线上运行时具有较高的临界速度，而在曲线运行时具有良好的导向性能，

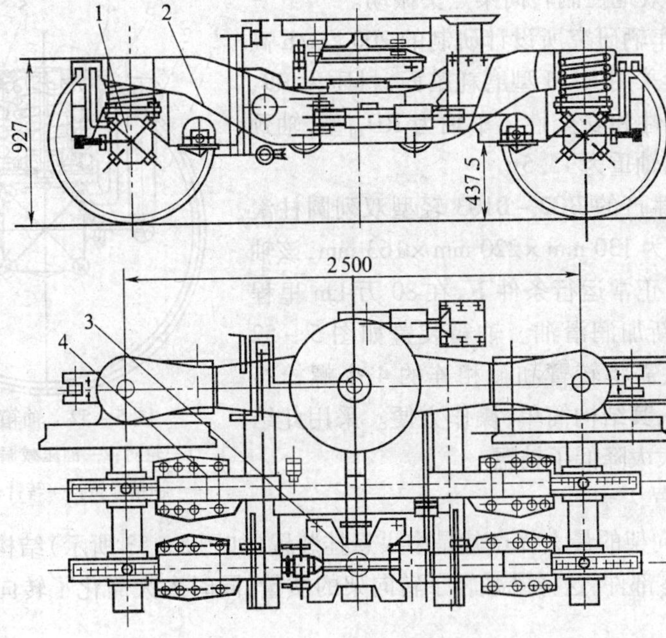

图 5-50　CW-200 型转向架

1—轴箱定位装置;2—构架组成;3—中央牵引装置;4—基础制动装置

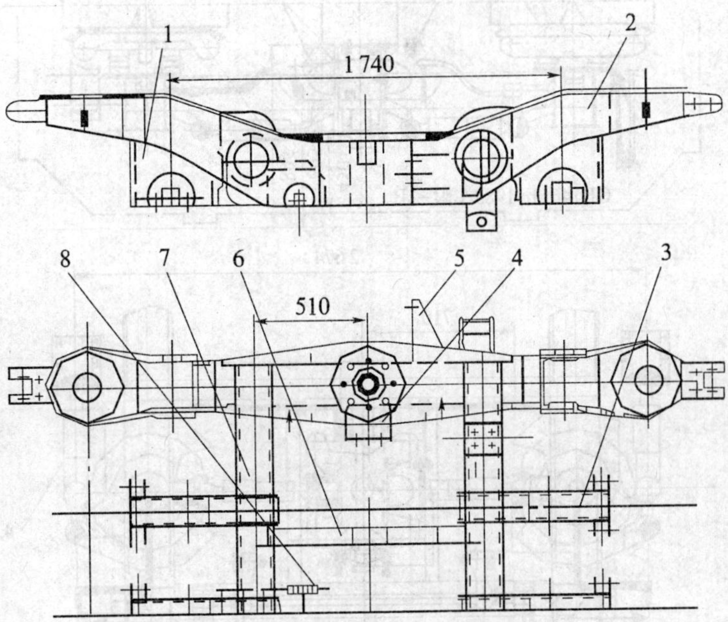

图 5-51　CW-200 型构架组成

1—轴箱定位装置;2—侧梁;3—盘形制动吊架;4—横向减振器座;

5—抗蛇行减振器座;6—纵向梁;7—横梁;8—牵引拉杆座

从而减少轮轨间的侧向力,减轻轮缘磨耗。一系悬挂的垂向刚度主要取决于轴箱顶部的双圈圆簧,设计时尽量增大其静挠度,以提高转向架的垂向动力性能。在轴箱弹簧外侧设有垂向减振器,该减振器可有效地控制转向架点头振动。

轮对采用四方车辆研究所设计研制的200 km/h 高速轻型轮对,其车轮采用 HLM 型磨耗踏面,材质为 R9,具有较好的塑性、韧性和安全性。车轴为 RD_{3B} 型,轴颈中心距为2 000 mm,轴重为15.5t。

选用 SKF 公司生产的 BC2－0103 轻型双列圆柱滚子轴承,其基本尺寸为130 mm×220 mm×163 mm,该轴承为整体自密封式,正常运行条件下,在80万 km 里程或2.5年内不需重新加润滑油。轴箱装置如图5－52所示,旋修车轮时只需将转臂和箍相连的4个螺栓打开,即可将轮对推出,其结构简单,操作方便。采用此结构轴装置和轴承后大大降低了轴温。

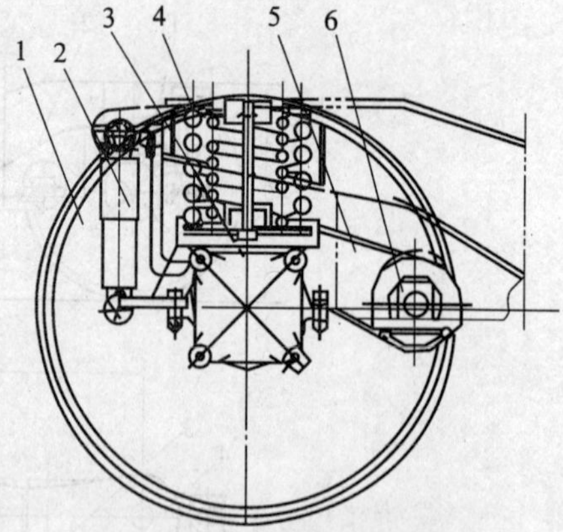

图5－52 轴箱定位装置

1—轮对;2—油压减振器;3—轴箱体;4—轴箱弹簧;5—转臂;6—弹性定位套

3. 中央悬挂装置

CW－200型转向架的最大优点就是中央悬挂装置(如图5－53所示)结构简单,取消了传统的摇枕和旁承等零部件,这样既减轻了转向架的质量,同时大大简化了转向架的结构,便于检修。

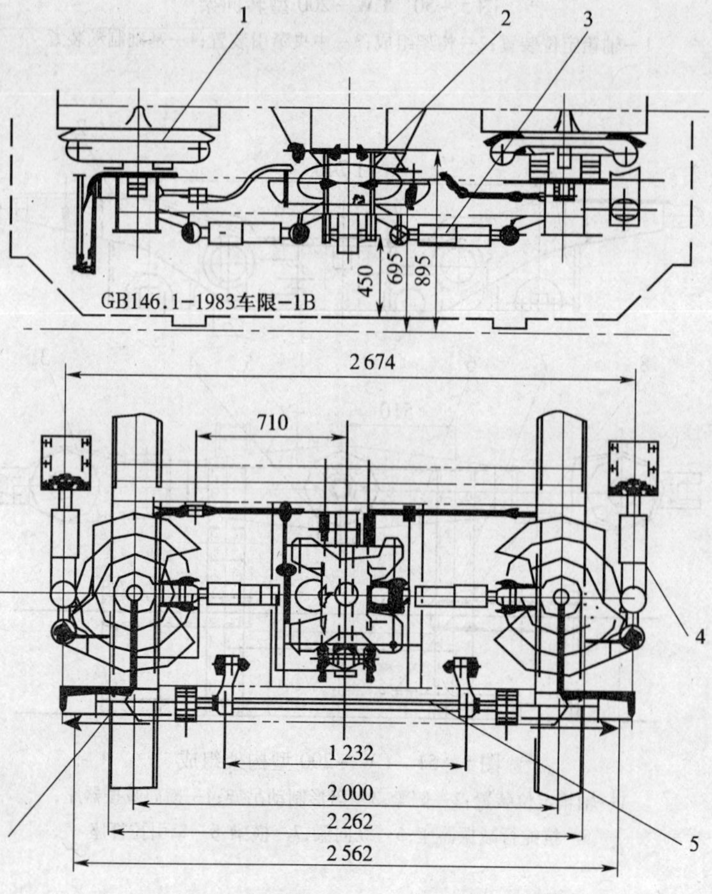

图5－53 CW－200型转向架中央悬挂装置

1—空气弹簧;2—牵引支座组成;3—横向减振器;4—抗蛇行减振器;5—抗侧滚扭杆;6—高度控制阀

车体通过 4 个空气弹簧直接支承在转向架侧梁上，车体和转向架间对称地装有 2 个横向减振器和横向缓冲器，以改善车辆横向振动性能。横向缓冲器和止挡单边的自由间隙为(40 ±2)mm。空气弹簧采用日本进口的高柔性空气弹簧，横向变位可达 110 mm 以上；垂向最大可伸长 40 mm，压缩 30 mm，当量静挠度 304 mm，内部带有节流阀，替代垂向油压减振器起减振作用。每个空气弹簧设一个高度控制阀，用于维持车体在不同静载荷下都与轨面保持一事实上的高度，在直线上运行时，车辆正常振动下不发生进排气作用。在侧梁上两个附加空气室间装有日本产 DP_3 型差压阀，起安全作用。在车体与构架间设有空气弹簧防过充用的钢丝绳，在车体与构架间还装有抗侧滚扭杆，防止车体通过曲线时发生过大侧滚。

车体与转向架间纵向力的传递，主要由安装在车体枕梁和构架横梁上的单牵引拉杆来完成，单牵引拉杆两端是由球形钢套和橡胶硫化为一体的弹性节点，牵引拉杆垂向、横向、纵向刚度对转向架临界速度及车辆的纵向振动性能有很大影响，该转向架对这些参数都进行了优化设计并降低了牵引点的高度。

4. 基础制动装置

CW－200 型转向架基础制动(如图 5－54 所示)采用盘形制动＋电子防滑器，每轴设有 3 个制动盘。制动缸、闸片和钳夹均采用 KNORR 或 SAB 公司的进口件。

目前用于速度在 200 km/h 以下的 CW－200 型转向架，其每轴为 2 个制动盘，转向架上为 4 个盘形制动吊架。

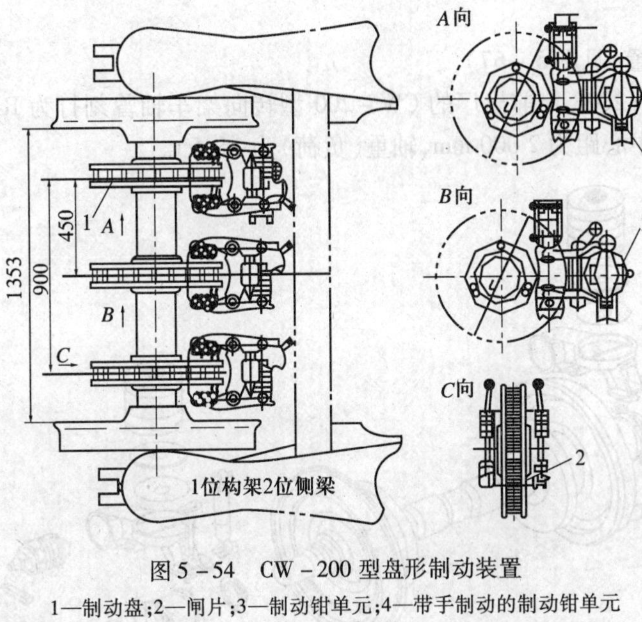

图 5－54　CW－200 型盘形制动装置

1—制动盘；2—闸片；3—制动钳单元；4—带手制动的制动钳单元

三、CW－200K 型转向架

CW－200K 型转向架是在 CW－200 型转向架的基础上改进并借鉴和吸收国外高速转向架结构，自主研制开发的，用于运行速度 160 km/h 的转向架。

CW－200K 型转向架为无摇枕、无摇动台、无旁承型式。轴箱定位采用可分离式轴箱转臂定位方式。中央悬挂采用空气弹簧及减振器。牵引方式为单牵拉杆。基础制动为每轴两个制动盘的单元制动方式。转向架主要由构架组成、轴箱定位装置、中央悬挂装置、盘形制动装置

等组成,如图 5-55 所示

1. 构架(见图 5-56)

构架为 H 形钢板焊接结构,由两根侧梁和两根横梁组成。侧梁为中间下凹的鱼腹形,由 4 块钢板组焊成箱形封闭结构。侧梁内有密封隔板,使内腔成为空气弹簧的附加气室。横梁采用日本进口无缝钢管。在侧梁上焊有定位座,横向减振器座,高度阀座和防过充装置等。在横梁上焊有盘形单元制动吊座,抗侧滚扭杆座,牵引拉杆座等。构架组成质量约为 1 435 kg。

图 5-55 CW-200K 型转向架

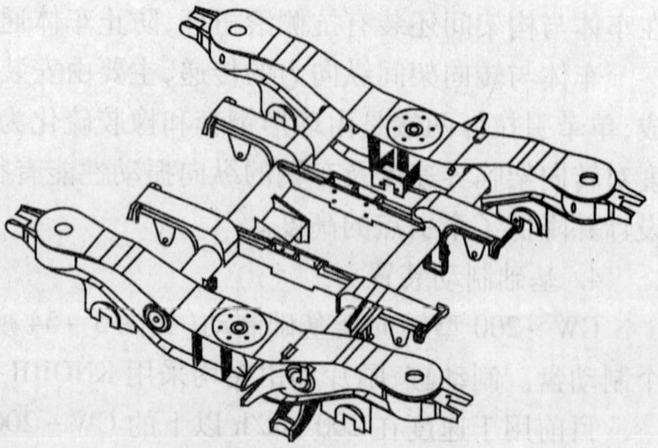

图 5-56 构架组成

2. 轮对轴箱装置(见图 5-57)

车轴为 RD_{3A1} 型(2002 年前出厂的 CW-200 型转向架车轴曾刻打为 RD_{3B} 型,而轴身为两个制动盘座),轴颈中心距为 2 000 mm,轴重(负荷)为 16.5 t。

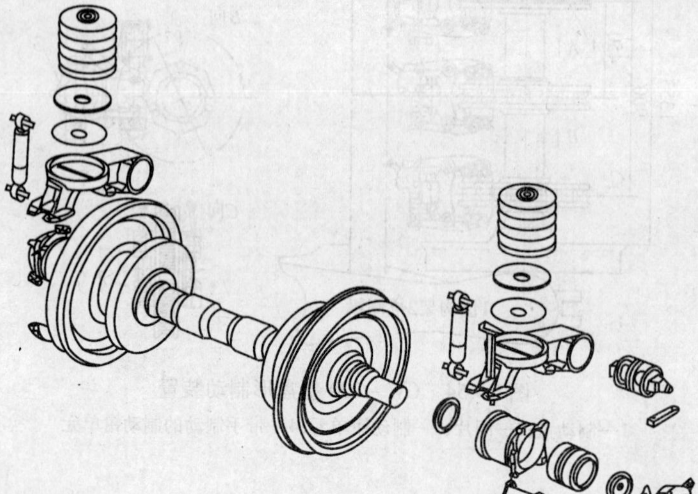

图 5-57 轮对轴箱装置

车轮为 KKD 型、LM 磨耗型踏面。轮对组装后动平衡值不大于 0.75 N·m。

轴承采用 SKF 短圆柱滚子轴承,外形尺寸为 130 mm×250 mm×(2×80) mm。轴承脂为国产Ⅲ型滚动轴承润滑脂。轴承与轴箱如图 5-58 所示。

轴箱体上装有轴温传感器,每个车轴的一端装有用于防滑器的测速齿轮以及防止轴承发生电蚀用的接地装置。

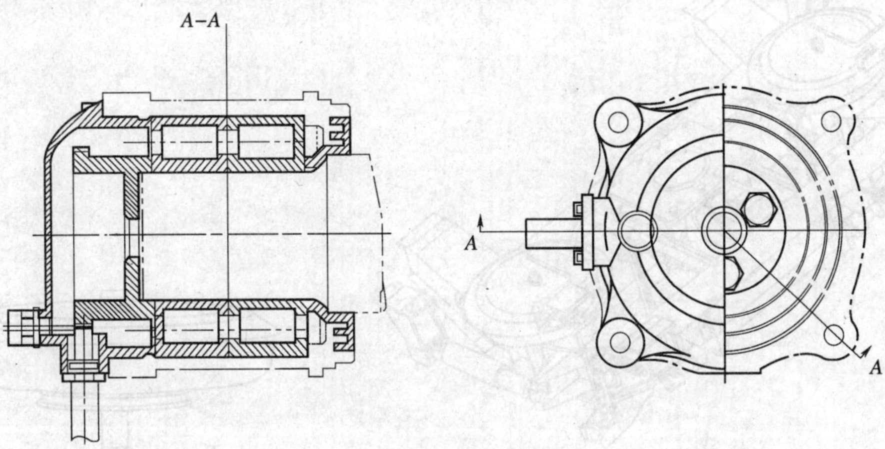

图 5－58 轴承与轴箱

3. 轴箱定位装置(见图 5－59)

轴箱定位采用分体式轴箱结构的无磨耗转臂式结构。轴箱转臂一端与轴箱体连接,另一端压装于定位节点并通过定位座与构架相连。

图 5－59 轴箱定位装置

轴箱定位节点组成包括轴箱定位转轴、定位套,是轮对轴箱与构架联系的纽带,它决定轮对轴箱对于构架定位的刚度并承受两者交变的纵向和横向力。

轴箱弹簧由内、外圈弹簧,上、下夹板及预压紧螺栓组成为一体,螺母上有一销孔,弹簧组装后用销子穿入螺母销孔内,整套轴箱弹簧装在轴箱顶部。

在轴箱转臂和构架间还设有垂向油压减振器,采用进口产品,阻尼系数为 15 kN · s/m。

4. 中央悬挂装置

中央悬挂装置包括空气弹簧及其附属的高度阀、差压阀,以及横向挡、横向减振器、抗蛇行减振器、抗侧滚扭杆、牵引装置等主要部件,如图 5－60 所示。

空气弹簧由上盖板、空气胶囊、底座橡胶垫和可变节流阀组成,其外观如图 5－61 所示。

横向挡设在中央牵引座上,与纵向梁间隙为 40 mm。横向减振器分别连在中央牵引座和构架上的减振器座上,共设两个,从图 5－62 的右上角处可见其分解后的外观状态。

抗蛇行减振器为两个,分别设在转向架的两侧,一端与构架上的减振器座连接,另一端与本体下的减振器座连接,图 5－62 的右下角为抗蛇行减振器由转向架分解下来的情况。

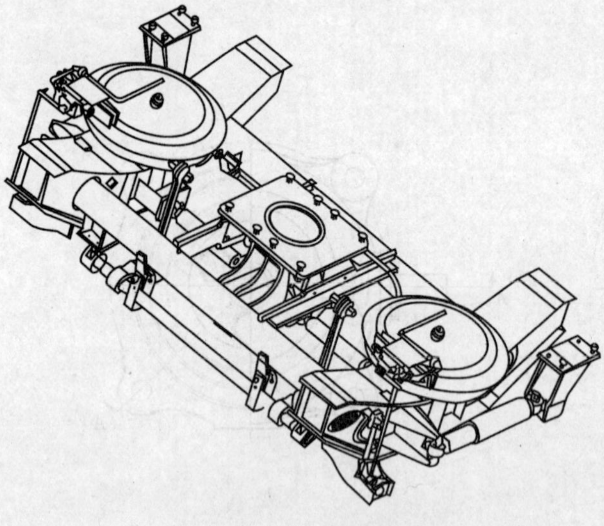

图 5-60　中央悬挂装置

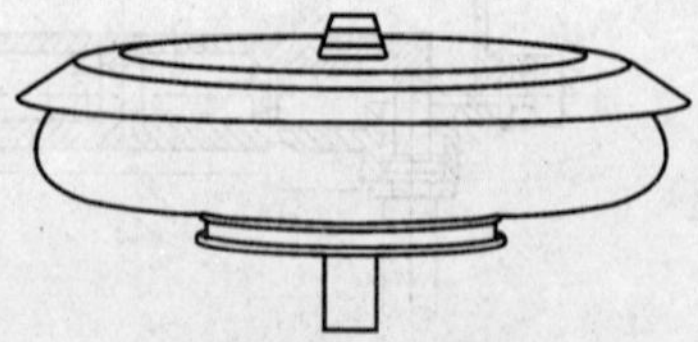

图 5-61　空气弹簧

牵引装置采用单拉杆结构、杆身为锻件,两端装有相同的球形橡胶关节,一端与构架连接,另一端与车辆牵引座连接,其分解后状态由图 5-62 的右上角下方可见。

抗侧滚扭杆主要由扭杆、扭臂、连杆和支承座等组成。扭臂一端与构架上的扭杆座连接,另一端与车体枕梁下的扭杆座连接。扭杆与扭臂间采用圆锥形渐开线花键连结,能传递较大扭矩。连杆与扭臂及车体之间采用带防尘密闭装置的自润滑关节轴承连接,抗侧滚扭杆及扭臂由中央悬挂装置分解后如图 5-62 中左下角所示。

转向架中还设有附加空气室、高度阀和差压阀的管路设施和两根防止空气弹簧过充用的安全钢绳。

5. 基础制动装置

基础制动装置包括每根车轴安装的两个制动盘和两个带有闸片间隙自动调整的盘形制动单元。闸片为粉末冶金制品。

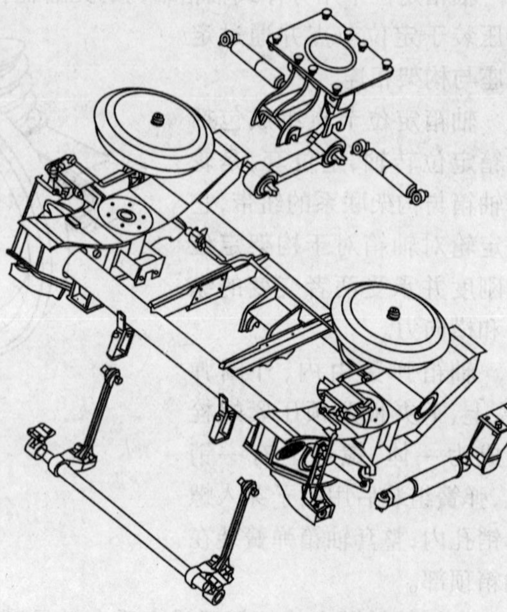

图 5-62　中央悬挂装置的分解

第五节　AM96 型转向架

国产 25T 型客车中的 AM96 型转向架,是由加拿大庞巴迪公司在法国的 ANF 子公司提供的。AM96 型转向架在比利时国有铁路(SNCB)已运营 20 多年。

AM96 型转向架采用 U 形构架无摇枕结构。其构架可以加装磁轨制动装置。目前我国 25T

型客车所用 AM96 型转向架为无磁轨制动装置并撤出车轴上的中间制动盘，完全适应 200 km/h 运行要求。

一、AM96 型转向架的技术特点

(1)模块化设计，适应于多种需求。

(2)易于升级为 200 km/h 转向架。

(3)采用无摇枕的二系悬挂系统。

(4)采用吸振型牵引装置。

(5)设置独立的空气弹簧储风缸。

(6)所有材料选用欧洲标准，来自欧洲供货商。

(7)符合 UIC 标准及中国铁标。

二、主要技术参数

固定轴距(mm)	2 560
构架中心距(mm)	2 000
二系悬挂跨距(mm)	2 000
一系悬挂跨距(mm)	2 000
车轮滚动圆直径(mm)	ϕ915 ~ 835
构造速度(km/h)	160
一系悬挂最大挠度(mm)	40
二系悬挂最大挠度(mm)	65
车体纵向自由间隙(mm)	15
车体横向最大移动量(mm)	60
轴重(t)	16.5
转向架自重(t)	<6.5
二系悬挂高度(mm)	1 020

三、结构特点

如图 5－63 及图 5－64 所示，AM96 型转向架主要由构架、轮对组成、一系悬挂装置、二系悬挂装置、手制动系统(一位转向架有)、基础制动系统、牵引装置及辅助装置等组成。

(一)构 架 组 成

如图 5－65 所示，AM96 型转向架采用 H 形焊接构架，其侧梁为 U 形，构架中心跨距为 2 000 mm。构架用钢牌号为 P275NL1。

(二)轮 对 组 成

如图 5－66 所示，轮对采用弹性辐板，其载荷中心与构架载荷中心重合 2 000 mm，采用 UIC 系列车轮踏面。车轮踏面硬度与中国轨道表面硬度匹配。

转向架采用 SKF 整体密封式圆锥滚子轴承，采用冷压装形式，拆卸需专用工具。轴承设计寿命 800 万 km，轴承跨距为 2 000 mm，转向架构架、一系悬挂、轴箱轴线重合。

(三)一系悬挂系统

如图 5－67 所示，AM96 型转向架的一系悬挂采用 KONI 垂向减振器、内外双螺旋钢弹簧、

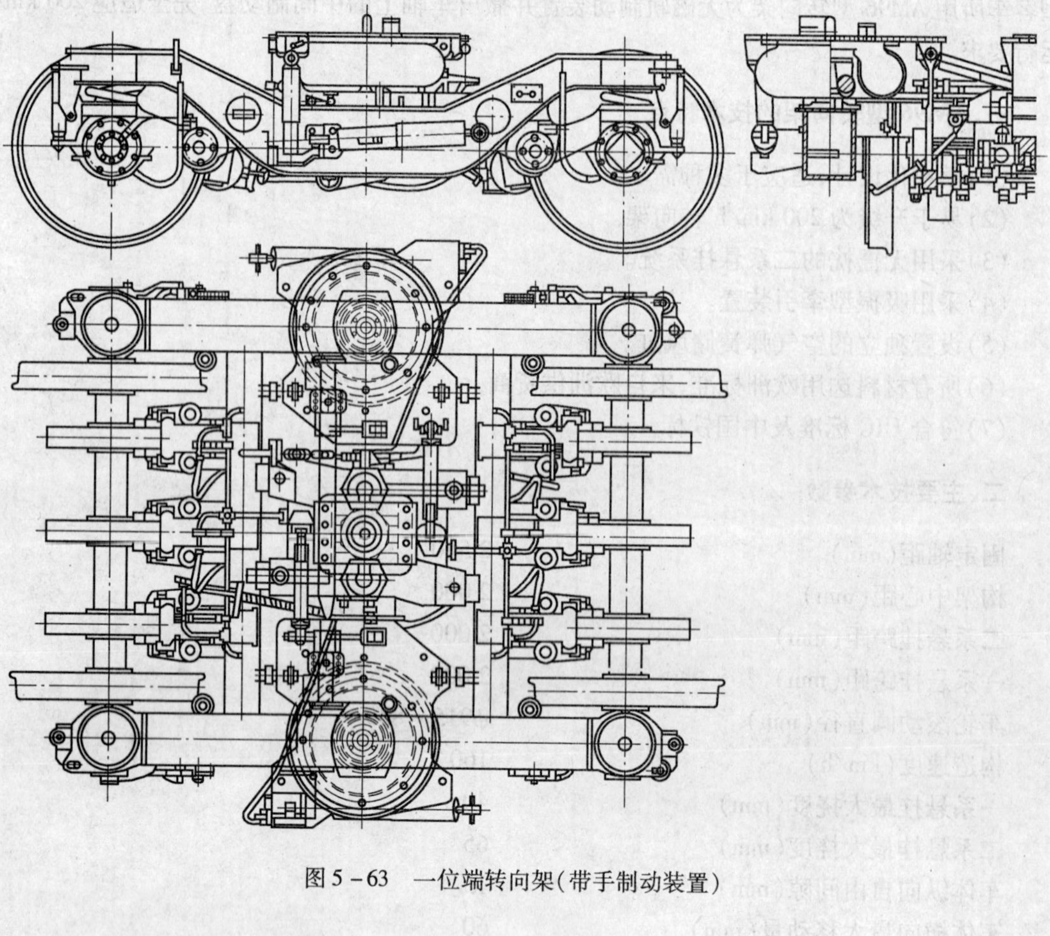

图 5－63　一位端转向架(带手制动装置)

弹性橡胶节点及垂向弹性止档。

构架与轴箱间设置弹性橡胶节点,如图 5－68 所示。

快速更换轮对操作如下:

1. 将轮对固定,掩牢;
2. 将待拆卸轮对轴箱上的轴温报警电缆,防滑器电缆,接地线电缆拆下;
3. 将二系空气弹簧空气排空;
4. 抬车机将车体架起,但轮对不脱离轨面;
5. 只需将 4 个紧固螺栓拆下,轴箱下扣板拆下;
6. 将车体抬至使轮对可以滚动离开转向架的高度;
7. 检查至少有两根钢丝绳被拉紧,将新轮对推至转向架轮对位置;
8. 抬车机下落,使轮对轴箱导入轴箱上座,暂停抬车机;
9. 检查轴箱上的防转止档与定位转臂上的止挡对中;
10. 抬车机完全落下,检查防转止档之间间隙 0.2 ~0.7 mm;
11. 将轴箱下扣板重新安装,4 个紧固螺栓重新安装并锁紧,锁紧力矩 105 N·m;
12. 重新安装轴温报警电缆,防滑器电缆及接地电缆;
13. 恢复空气弹簧充气状态。

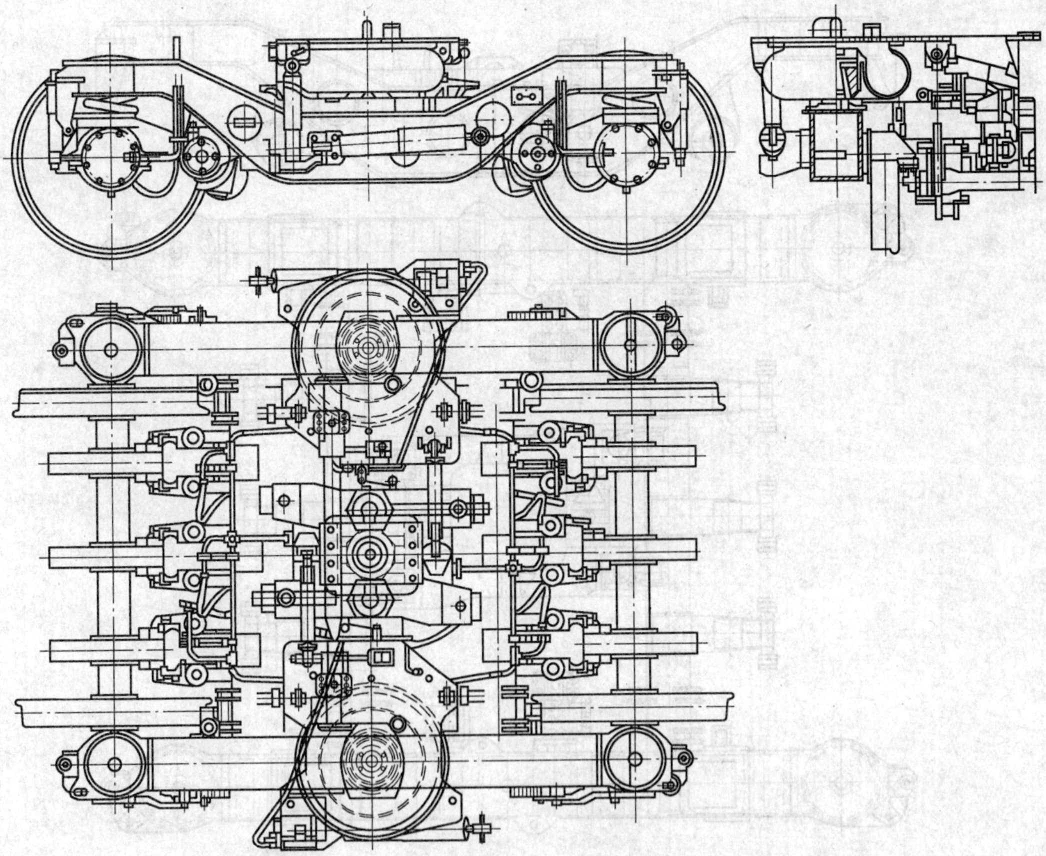

图 5－64　二位端转向架(不带手制动装置)

(四)二系悬挂系统

如图 5－69 所示,二系悬挂系统采用无摇枕悬挂系统,主要由空气弹簧、横向减振器、横向止档、抗侧滚扭杆、放风阀、高度控制阀、垂向减振器、抗蛇形减振器等结构组成。

(五)手制动系统

转向架的手制动装置安装在一位转向架上,本装置采用伞形齿轮操纵传动系统及 CBA 专用操纵钢缆,在 33% 的坡道上,手制动机可将一辆满负荷的客车制动。

(六)基础制动系统

如图 5－70 所示,基础制动系统采用盘形制动,在每个车轴上安装三个制动盘。满足 160 km/h初速下及重载状态下 1 400 m 紧急制动距离的要求。

(七)牵引装置

为使转向架适应于高速运营需求,转向架上安装有牵引装置,如图 5－71 所示。

(八)辅助装置

1. 防滑器测速传感器:安装于转向架 1、3、5、7 位。
2. 转向架转动限位止档:安装于转向架 3、4、5、6 位。
3. 轴报传感器:安装于转向架 1～8 位轴箱。
4. 轴箱－构架跨接电缆:安装于转向架 1、3、4、5、7、8 位。
5. 接地装置:安装于转向架 2、8 位。

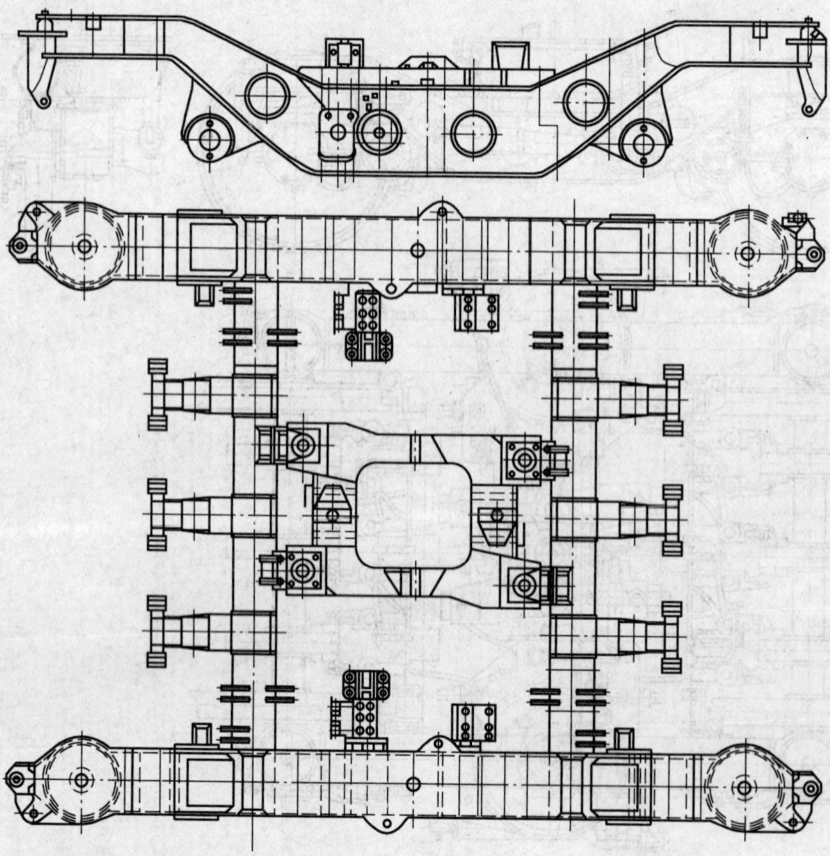

图 5－65　构架组成

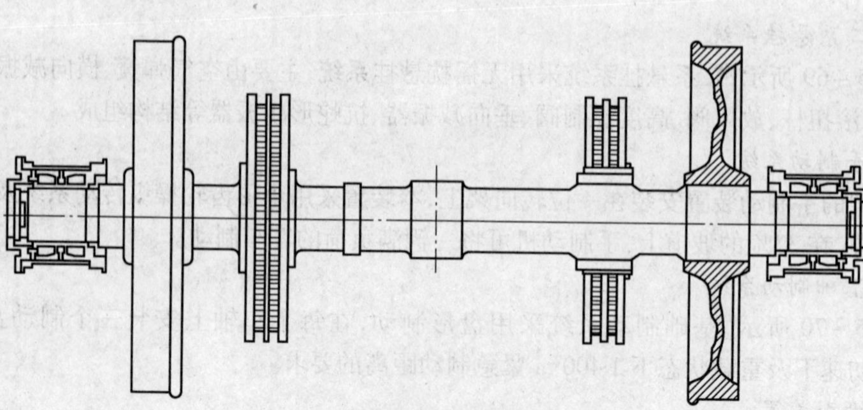

图 5－66　轮对组成

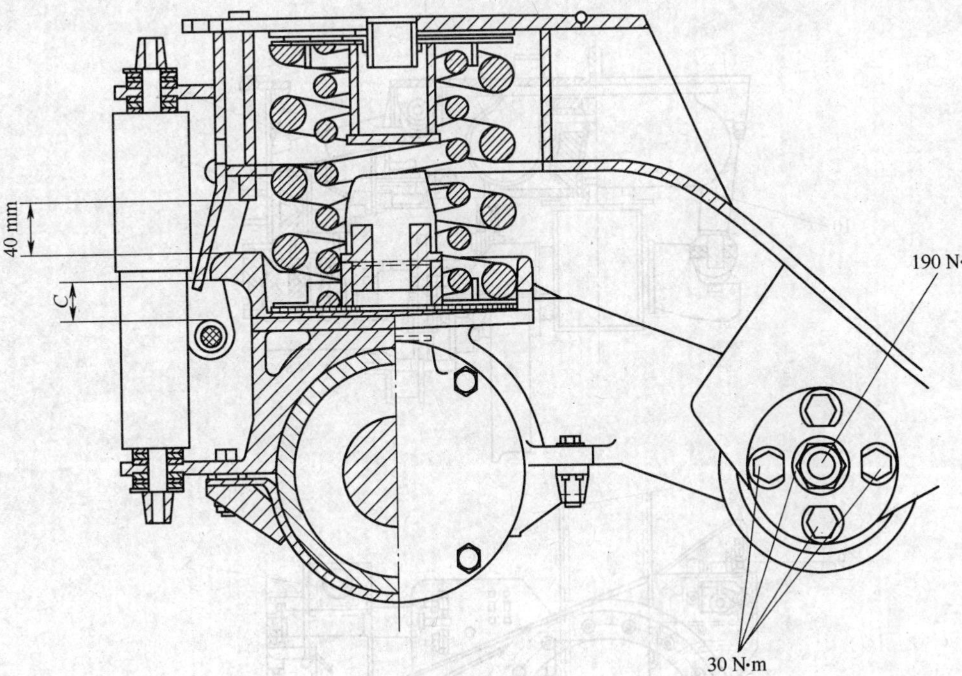

图 5－67　一系悬挂系统

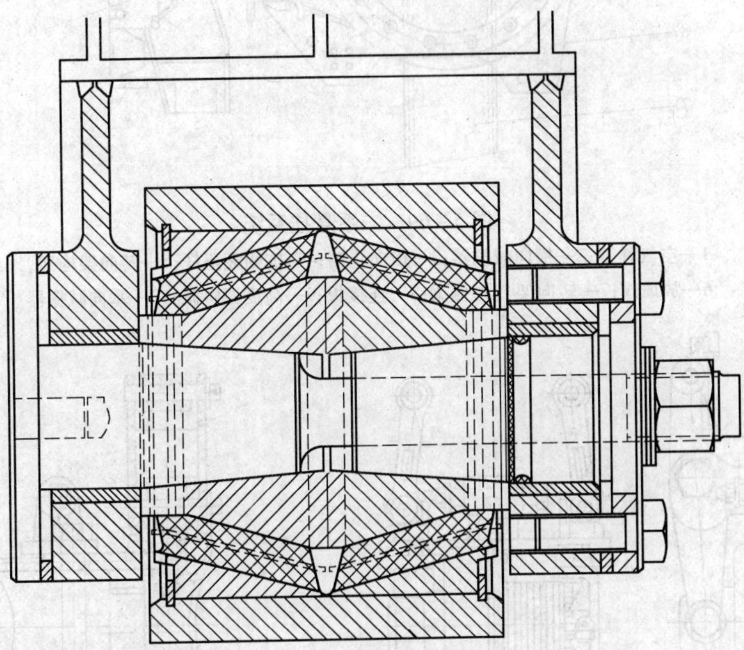

图 5－68　弹性橡胶节点

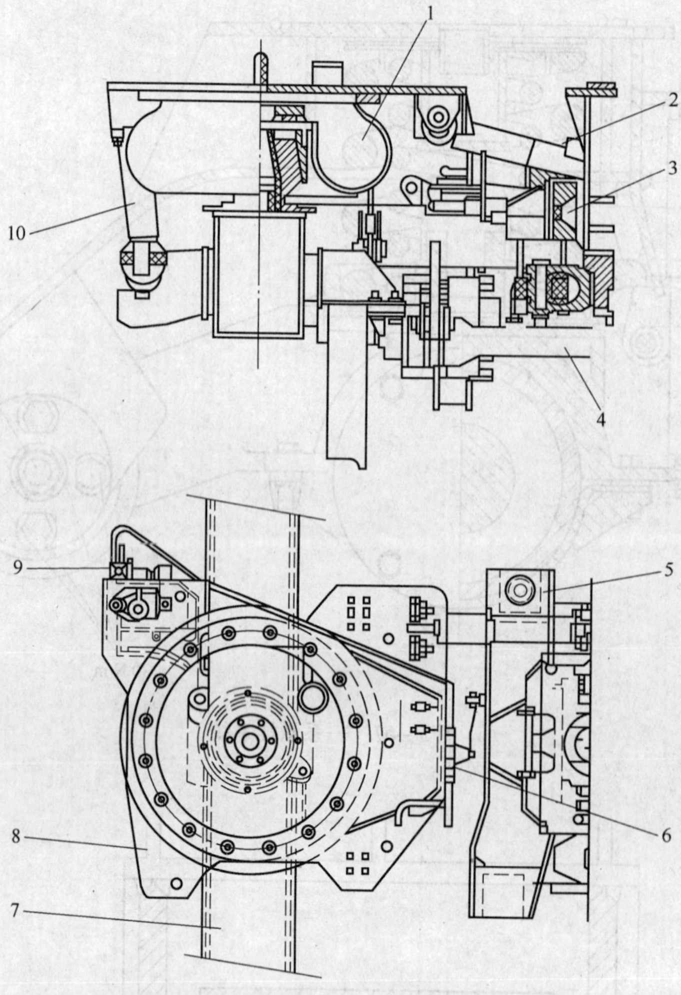

图 5－69　二系悬挂系统

1—空气弹簧;2—横向减振器;3—横向止挡;4—抗侧滚扭杆;5—转向架构架;6—放风阀;7—转向架 U 形侧梁;8—连接板;9—高度调整阀;10—垂向减振器

图 5－70　基础制动系统

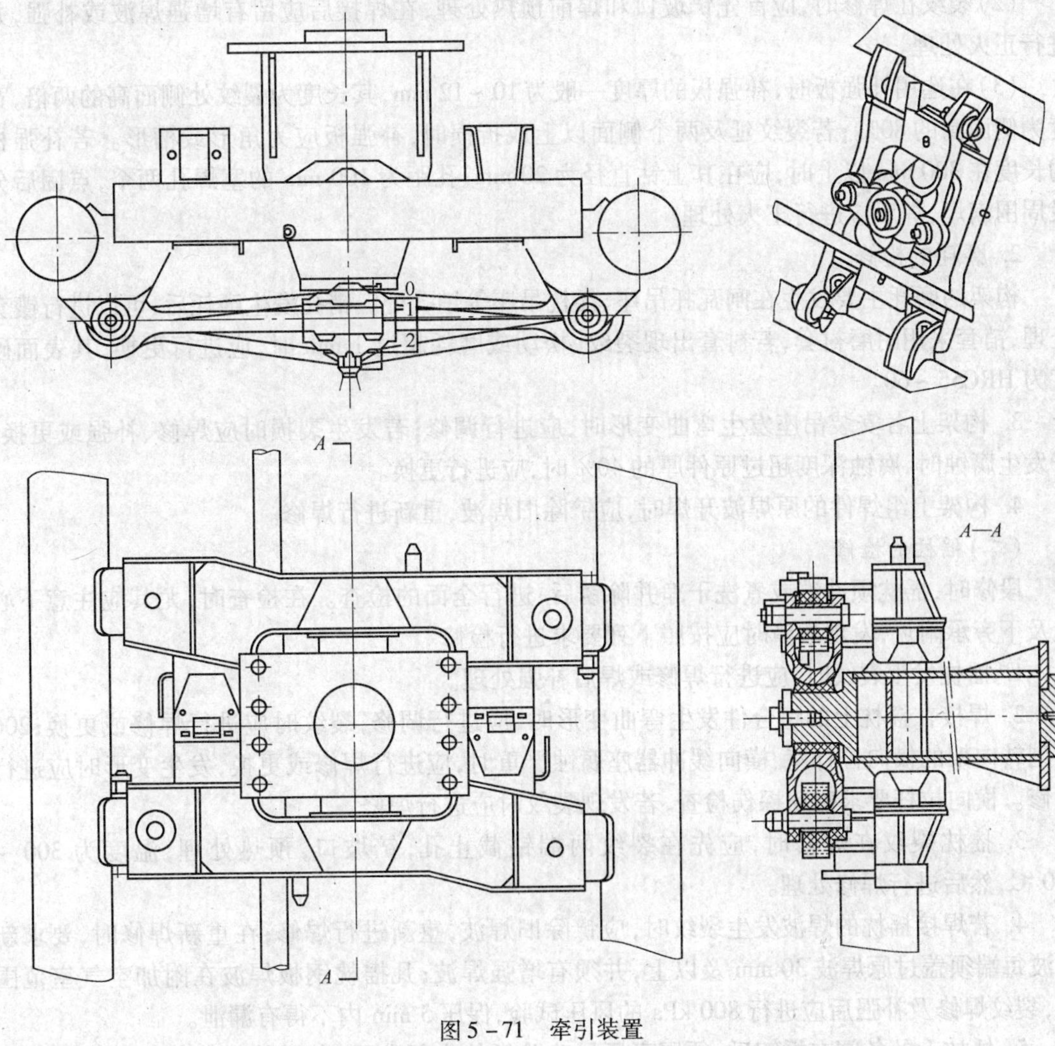

图5－71　牵引装置

第六节　客车转向架主要零部件的检修

一、普通客车转向架的段修要求

客车转向架在段修时，要求在清除锈垢后进行详细检查，除弹簧支柱状态良好者可以不拆下外，其他配件均须分解检查。

(一)构架的检修

普通客车转向架的构架在段修时，主要有裂纹、磨耗、弯曲变形、腐蚀等故障。

1. 裂纹的检修

普通客车转向架的构架出现裂纹时，应按照下列要求施行焊修或焊后补强处理。

(1)客车转向架的构架发生裂纹，若裂纹长度不超过截面周长的30%时，进行焊修，焊后进行正火处理，以消除其内应力，超过周长的30%时报废。

(2)裂纹在焊修时,应首先铲坡口和焊前预热处理,在焊接后应留有增强焊波或补强,并进行正火处理。

(3)在选用补强板时,补强板的厚度一般为10~12 mm,其长度为裂纹处侧面高的两倍,宽度为侧面高的80%;若裂纹延及两个侧面以上或折损时,补强板应为角形或槽形。若补强板的长度在300 mm以上时,应在其上钻直径为20 mm、孔距为100 mm的塞焊孔两个,点固后分段周围满焊,焊后应进行正火处理。

2. 磨耗的检修

构架的磨耗主要发生在闸瓦托吊座、摇枕吊座等销孔处。销孔发生磨耗后,可以进行镶套处理,销套采用耐磨衬套,若衬套出现裂纹、松动或磨耗超过1 mm时,应进行更换,其表面硬度为HRC55~60。

3. 构架上各安装吊座发生弯曲变形时,应进行调修;若发生裂损时应焊修、补强或更换;若发生腐蚀时,腐蚀深度超过原件厚的40%时,应进行更换。

4. 构架上组焊件的原焊波开焊时,应铲除旧焊波,重新进行焊修。

(二)摇枕的检修

段修时,摇枕须冲洗或煮洗干净并除锈后,进行全面的检查。在检查时,尤其应注意下心盘及下旁承附近,发现故障时应按照下列要求进行检修。

1. 摇枕发生裂纹时,应进行焊修或焊后补强处理。

2. 焊接在摇枕上的组合件发生弯曲变形时,应进行调修,裂纹时应进行焊修或更换;206系列转向架的横向拉杆座、横向缓冲器座腐蚀严重时,应进行焊修或更换,发生变形时应进行调修。横向拉杆要求磁粉探伤检查,若发现裂纹时应进行焊修。

3. 摇枕裂纹在焊修时,应先在裂纹两端钻截止孔,铲坡口,预热处理,温度为300~350 ℃,然后进行焊修处理。

4. 若焊接摇枕的焊波发生裂纹时,应铲除旧焊波,重新进行焊修;在重新焊修时,要求新焊波每端须盖过原焊波30 mm及以上,并须有增强焊波;凡摇枕钢板焊波在附加空气室范围内,裂纹焊修及补强后应进行800 kPa的风压试验,保压5 min内不得有漏泄。

5. 摇枕上的各阀在拆卸后,须用高压风吹除摇枕内部杂质;各风管连接状态良好时可不分解,损坏时应更换,风管的壁厚腐蚀超过40%时应进行更换。

(三)摇枕吊、摇枕吊轴及摇枕吊销的检修

摇枕吊、摇枕吊轴及摇枕吊销是转向架中受力大并且关系到行车安全的重要零件。在检修时,上述零件在清除锈垢后,进行磁粉探伤检查,若发现裂纹时应进行更换。

1. 摇枕吊的检修

摇枕吊的主要损伤有裂纹、上下吊销孔的磨耗及锻造皱纹等。段修中,当摇枕吊发生裂纹时应进行更换。摇枕吊上原有的锻造皱纹应消除,消除后凹入深度不得超过2 mm。摇枕吊上下吊销孔磨耗后,圆孔超过2 mm时进行镶套处理;椭圆孔超过4 mm时焊修,焊后进行热处理(退火或回火);磨耗超过6 mm时应更换;球面套不进行热处理,镶套后局部间隙不得超过2 mm。对于同一转向架各摇枕吊上下吊销孔磨耗面间距之差不得超过5 mm,209型转向架还要求在同一侧不得超过2 mm。206型转向架要求摇枕吊吊孔支承处断面高不得小于48 mm,侧面不得小于36 mm;同一组摇枕吊上下孔磨耗面距离之差不得超过0.5 mm。

2. 摇枕吊轴的检修

摇枕吊轴的主要损伤是裂纹和端轴轴颈磨耗。摇枕吊轴发生裂纹时应更换,摇枕吊轴的轴身有横向锻造皱纹时须消除，消除后凹入深度不得超过 3 mm，段修规程规定吊轴的轴颈根部须有圆弧，圆弧半径不小于 2 mm。

3. 摇枕吊销的检修

摇枕吊销的主要损伤是裂纹和磨耗。段修规程规定摇枕吊销发生裂纹时应更换。摇枕吊销发生磨耗时，磨耗深度超过 3 mm 更换。

（四）心盘的检修

1. 首先清除心盘表面的锈垢，若发现心盘发生裂损时应更换新品，发生裂纹时应进行焊修处理。上下心盘直径磨耗超过 4 mm 时进行加修。

2. 下心盘的垫板铁木（或竹胶）可以混合使用，但不得超过二层，若都采用铁垫板时允许不超过三层。下心盘垫板的总厚度不得超过 50 mm。在使用中，若垫板的总厚度在 12 mm 以下时，应采用铁垫板。心盘木垫板不得有纵向贯穿裂纹，组装螺栓孔外侧破损应粘补牢固平整。

（五）旁承的检修

1. 滑块式下旁承的旁承体发生裂纹时进行焊修处理。磨耗后堆焊，焊修前须先将其预热至 300 ℃以上，然后进行堆焊，焊后缓冷处理，焊修后应刨削至原型。

2. 旁承垫板不得使用木垫板，旁承滑块须分解并涂抹油脂，胶垫老化、变质时更换；滑块裂纹时更换。

（六）弹簧托板（梁）的检修

1. 裂纹的检修

弹簧托板（梁）发生纵裂纹时应焊修，焊后磨平处理；发生横裂纹时焊修后进行补强。裂纹在焊修前，首先应在裂纹两端钻截止孔，并沿裂纹铲 V 形坡口，然后进行施焊。焊修后，凡需补强者，裂纹处必须焊修，焊后磨平，使其与原基面一致。选用补强板的要求如下：

（1）弹簧托板的立面有横裂纹但未延及底面者，焊修后在外侧加补强板，其形状、尺寸如图 5－72（a）所示。

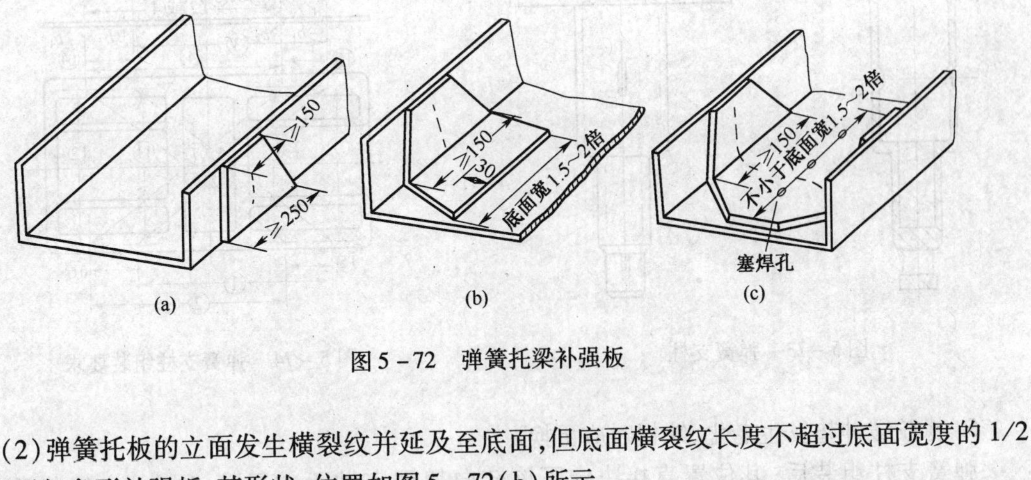

图 5－72　弹簧托梁补强板

（2）弹簧托板的立面发生横裂纹并延及至底面，但底面横裂纹长度不超过底面宽度的 1/2 时，焊后加角形补强板，其形状、位置如图 5－72（b）所示。

（3）弹簧托板立面的横裂纹延及至底面且底面横裂纹长度超过底面宽度 1/2 时，焊后加槽形补强板，如图 5－72（c）所示。

（4）选用补强板时，其厚度应为弹簧托板厚度的 70% ~90%，并应超过裂纹末端 30 mm 以上。

（5）206 型转向架弹簧托梁发生裂纹时更换，有铸造缺陷时焊修处理，各衬套裂纹、松动或磨耗超过 2 mm 时更换。

2. 腐蚀的检修

段修时，弹簧托板（梁）腐蚀深度超过其厚度的 50% 时，应进行焊修、挖补或补强处理。腐蚀补强时，补强板须盖过腐蚀边缘 50 mm 以上，点焊后进行逆向分段施焊。

3. 弯曲变形的检修

弹簧托板（梁）发生弯曲变形时，段修规程规定超过 10 mm 或影响组装时应予以调修。若发现裂纹和弯曲变形同时存在者，则应先调修后再进行焊修和补强。

（七）轴箱弹簧支柱的检修

轴箱弹簧支柱是客车转向架轴箱弹簧的顶部支承和轴箱体的定位装置，其形状如图 5 - 73 所示。在段修时，弹簧支柱的主要故障是裂纹、腐蚀和磨耗。

1. 裂纹主要发生在弹簧支柱的根部，发生裂纹时应予焊修，组装面须平整圆滑；磨耗主要发生在圆柱面和扁销孔处，圆柱面磨耗深度段修限度为 3 mm，厂修限度为 2 mm，超过时应予以焊修，扁销孔磨耗段修限度为 4 mm，厂修限度为 2 mm，超过时应予以焊修；弹簧支柱弯曲发生变形时应更换。

2. 支柱环裂纹时进行焊修，并加工平整；变形时进行整修，腐蚀大于厚度 1/2 时应更换。

3. 客车转向架弹簧支柱定位座体裂纹时应焊修，摩擦套脱壳、裂纹、缺损或磨耗超过 1.5 mm时更换。

4. 弹性定位套发生松动损坏时应更换，挡盖螺栓松动时应紧固，并采用 ϕ1.6 mm 低碳钢丝将螺栓拴牢，组成后的弹性定位套必须高出弹簧支柱。

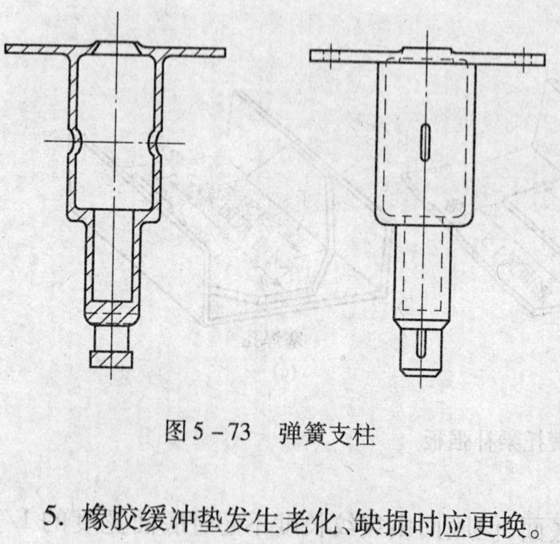

图 5 - 73　弹簧支柱

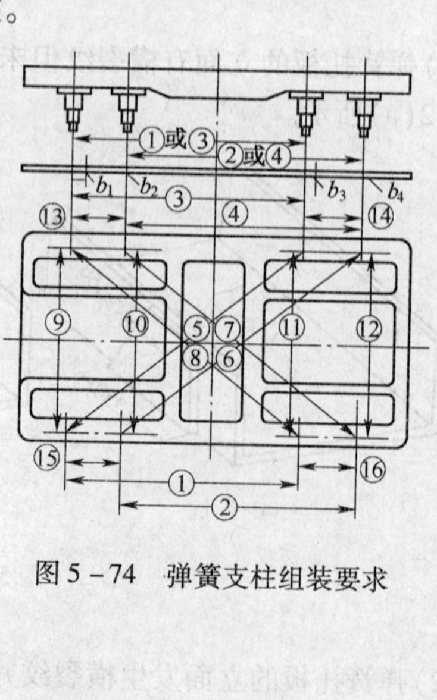

图 5 - 74　弹簧支柱组装要求

5. 橡胶缓冲垫发生老化、缺损时应更换。

弹簧支柱组装后，其位置直接决定了该转向架固定轴距的尺寸，因此，在组装后应先测量弹簧支柱的位置是否准确，安装后的尺寸偏差不得超过图 5 - 74 及表 5 - 2 的规定范围。

表5－2　弹簧支柱位置允许偏差

测量部位	允许偏差(mm)
①②③④	按固定轴距 ±3
⑤⑥⑦⑧	尺寸之差不超过5(脱轨或颠覆时测量)
⑨⑩⑪⑫	1. 不超过设计尺寸 ±2;2. 尺寸之差不超过2
⑬⑭⑮⑯	不超过设计尺寸 ±2
b_1、b_2、b_3、b_4	间隙不超过2
①/2 + ②/2 与③/2 + ④/2	尺寸之差不超过2

(八)弹簧的检修

客车转向架用圆弹簧的损伤主要有裂损、衰弱、腐蚀及磨损等形式。空气弹簧的主要故障有胶囊破损漏气,胶垫及密封圈裂纹、老化、破损等。

1. 客车转向架圆弹簧检修的主要技术要求

(1)成组的圆弹簧应分解检修。

(2)圆弹簧支持圈折损后剩余支持圈长度少于5/8圈者更换。

(3)圆弹簧裂纹时更换。

(4)圆弹簧衰弱,自由高不足时可进行热修,经热修的圆弹簧按图纸规定的最大试验载荷压缩3次,再压缩时不应有永久变形。

(5)全车圆弹簧应以常用载荷进行试验,试验载荷下的高度必须符合设计要求。

(6)摇枕弹簧内外圈的卷绕方向应相反,用夹板及螺栓组装后的高度须符合图纸规定,螺栓须给油并加装开口销。

(7)同一转向架同侧摇枕圆弹簧各外圈的自由高相差不得超过5 mm。

2. 空气弹簧检修的主要技术要求

(1)空气弹簧应进行外观检查,无异状时可以不分解,但要求在标准高度下进行600 kPa风压试验,保压20 min时其漏泄不得超过10 kPa。

(2)空气弹簧的上盖与摇枕间胶垫破损、老化时须更换。锥形密封胶圈裂纹、破损、失效时须更换。胶囊破损漏气时,可以进行修补,但不得超过一处;其边缘缺损时可以进行修补。

(3)空气弹簧上盖发生裂纹时,须焊修并加工平整;若发生弯曲变形而影响其安装和密封时应更换。

(4)空气弹簧的上盖胶囊安装座和扣环须光滑、平整、清洁。要求组装螺栓丝扣部分不得与胶囊接触。

(5)底座裂纹时应焊修并加工平整,发生漏泄进行分解时,其内侧须涂刷防锈漆,胶囊安装座须光滑、平整、清洁。

(6)空气弹簧分解时须对辅助弹簧进行检查,组装螺栓须紧固。圆弹簧折断时更换,自由高超过(259 ±6)mm时调修。橡胶支持座脱胶1/2以上时更换。

(九)纵向牵引拉杆的检修

1. 牵引拉杆应在落车后找平完毕、制动处于缓解状态下安装,摇枕中心线应与构架上左右两摇枕吊座中心一致。

2. 牵引拉杆的钢管焊缝发生开裂时,应进行焊修;发生弯曲变形时,应进行调修;橡胶垫老化、损坏时应更换新品。

(十)油压减振器的检修

客车转向架用垂向及横向油压减振器在段修时应分解检修,具体见第四章第九节。

二、普通客车转向架组装及落成要求

(一)组装要求

1. 转向架上安装的各零部件技术状态须良好,组装尺寸正确,转动部分灵活,轴箱油润良好。

2. 各组装接触面须涂防锈漆,各组装螺栓及滑动摩擦部分须涂润滑脂。

3. 各组装螺栓紧固后,须留有一扣以上的余量。

4. 摇枕吊、摇枕吊轴、圆弹簧、闸瓦托吊、制动梁及安全吊均须涂防锈漆。

5. 25 型车及双层客车转向架闸瓦托吊上部圆销必须安装扁开口销并卷起,吊座上圆销帽一侧应焊有防止闸瓦托吊销窜出的安全挡,并安装有圆开口销。

6. 组装时,各开口销均应使用新品,劈开后凡是受结构限制而不能转动一周时应卷起。

7. 各杠杆、拉杆的圆销在安装时,竖孔应从上向下装入,横向孔应由里向外装入。

8. 除轮对外,转向架各金属表面须全部涂刷灰色或黑色醇酸磁漆;焊接构架(或其他焊接部件)在涂刷面漆前均应除净锈垢,涂刷防锈底漆。

9. 组装后的主要尺寸应符合以下要求:

(1)弹簧支柱安装后的尺寸按图 5－74 所示测量,测量的基准是弹簧支柱的圆柱面及其中心,尺寸偏差不得超过表 5－3 中的规定。

(2)横向缓冲器与构架横向间隙:206 型转向架每侧为(25 ± 5)mm,两侧之和为(50 ± 2)mm。209 型转向架每侧为 25^{+2}_{-5} mm,两侧之和不大于 50 mm。

(3)转向架的纵向牵引拉杆两端螺母须等落车后方能紧固。

(4)206 型转向架摇枕吊组装后不得有松动,摇枕吊须垂直。

(5)各开口销的劈开角度为 60° ~70°。

(6)基础制动装置的圆销直径磨耗不得超过 2 mm。各圆销组装时横向间隙大于 3 mm 者均应在铁圈内侧加装相应厚度的橡胶垫。销套配合间隙符合规定:普通销套 3 mm,耐磨销套 5 mm。

(7)同一制动梁两端闸瓦厚度之差不得大于 5 mm,闸瓦厚度应大于或等于 30 mm。

(二)落成要求

1. 保证车辆在运行中,转向架各零件不因振动而发生抵触、碰撞。

(1)转向架侧梁下部与轴箱顶部的距离不小于 38 mm(包括轴温传感器的传感器部分)。

(2)转向架上部与车底架下部各零件的垂直距离不小于 75 mm(手制动拉杆及托除外)。

2. 各弹簧受力均衡,保证车体运行平稳。

(1)同一转向架摇枕两侧扁弹簧内高差不得超过 10 mm,同组两外侧扁簧内高差不超过 6 mm。偏重车允许在弹簧托板下垫厚度 12 mm 以内的整体铁垫板调整,但同一转向架两侧扁簧的内高差不得超过 20 mm,扁簧与摇枕、弹簧座间不得压片。

(2)同一轴箱的两个圆弹簧高度差不得超过 6 mm,支持环下边缘与轴箱弹簧座间隙不小于 5 mm。

(3)转向架构架两端与轨面的垂直距离,左右相差不得超过 10 mm,前后相差不超过 12 mm。

(4)车体上旁承与转向架下旁承间隙两侧之和为 4 ~6 mm,一侧最小不得密贴。

(5)车体倾斜不得超过 30 mm。

3. 车钩中心线与轨面的垂直距离为(880 ± 10)mm(下心盘使用铁垫板者为 860 ~ 890 mm),空气弹簧未充气状态为 840 ~ 860 mm,同一车辆两车钩高度相差不得超过 10 mm。

4. 安装牵引拉杆时,不得用其调整摇枕偏倚。

5. 空气弹簧转向架车辆找平后,须将高度调整阀调节螺母锁紧,丝扣、杆均须涂油脂,并用人造革布捆固。

三、普通客车转向架的运用检修及维护要求

(一)209T 型客车转向架

209T 型转向架在运用检修中,应特别注意以下几点:

1. 更换轮对时,轮对需做动平衡实验,要求任一轮对的不平衡值不大于 0.75 N · m,在同一轮对上的车轮滚动圆直径差不大于 0.5 mm,轮位差不大于 1 mm。

2. 组装轮对时,严格控制轴箱和防尘挡圈的迷宫槽配合,其径向间隙为 1.6 ~ 2.2 mm(直径差),轴向间隙内侧面为 1.86 ~ 4.1 mm,外侧面为 1.86 ~ 4.43 mm。

3. 在平直道上车体落成时,在牵引拉杆松开的情况下,摇枕中心线及构架中心线需与左右两摇枕吊座的中心线一致。若摇枕偏离时,严禁用牵引拉杆来拉动摇枕,应起车用旋转摇枕弹簧的办法来调整摇枕的中心位置。

4. 横向缓冲器与摇枕之间隙,每侧为(25 ± 2)mm,两侧之和不小于 50 mm。

5. 改进的零件,如制动圆销、钢衬套、橡胶件等,在检修中严禁和普通配件混装,更换的配件应符合设计要求。

6. 基础制动装置作用要灵活,不应有卡死现象。由于采用 J 型闸瓦间隙调整器且装有缓解弹簧,故缓解状态时,闸瓦一定要离开车轮踏面。

209T 型转向架在维修保养时,应按如下要求:

1. 转向架应每 8 个月辅修一次,允许提前或延后 10 天施修。辅修主要是进行制动装置、滚动轴承轴箱及牵引拉杆等的检修。

2. 施行辅修后,按辅修轴检标记在转向架第二、三位侧梁上涂打辅修标记,标记应清晰端正。

3. 制动装置维修质量要求

(1)配件齐全,无裂纹,磨耗不过限。

(2)销套无窜出、裂损,各部拉杆、杠杆不抗劲。

(3)衬套与销子间隙不超过规定值,各部分螺栓无松动。

(4)闸瓦调整螺栓上的背帽须拧紧。

(5)各磨耗部位要给油(制动销子可除外)。

4. 滚动轴承轴箱检修质量要求

(1)轴箱应清除外部尘垢,各部无裂纹,无甩油现象;橡胶密封圈无老化、变质、破损,组装后密封良好,螺栓无松动。

(2)轴端压板螺栓无折损,无松动。

(3)前轴承保持架内圈,其他零件的可见部分应无破损、松动和异状。

(4)油脂无缺油、混砂、混水、变质和金属粉末。

5. 运用客车应在列检实行全面检查并消除故障,经库列检检查后的 209T 型转向架应达到如下出库要求:

(1)转向架构架、心盘、轴箱、导柱等零部件无裂纹,轴箱无漏油。

(2)上、下旁承间隙应符合规定。

(3)摇枕、摇枕吊杆、摇枕吊轴、弹簧、弹簧托梁、安全吊及牵引拉杆无裂纹。

(4)油压减振器配件齐全,不漏袖,作用良好。

(5)牵引拉杆配件齐全,螺母紧固状态良好。

(6)心盘、旁承、轴箱、安全吊的螺栓无松动。

(7)弹性定位套及固定螺栓配件齐全,弹性定位套及摩擦套的状态良好。

(8)各拉杆、杠杆均无裂纹。

(9)制动梁及制动吊座、闸瓦及闸瓦托、调整弹簧等无裂损或磨耗超限,各圆销、开口销无丢失或磨耗超限。各圆销与衬套配合间隙不超限,销套不窜出、裂损。各垂下品件距轨面高度符合规定。

(10)各磨耗部位给油良好。

(二)206G 型客车转向架

206G 型转向架在运用中,应注意以下问题:转向架应在技术状态正常的情况下投入运用,运用过程中应做好日常维修工作,并按规定期限进行检修,检修时应尽可能恢复原设计,以延长转向架的使用寿命。206G 型转向架的故障处理及注意事项与一般转向架基本相同。

206G 型转向架在检修时,应符合以下要求:

1. 分解

(1)分解转向架与车体连接的制动拉杆等部件。

(2)架车,推出转向架,冲洗除锈。

(3)卸下轴箱上的轴温传感器。

(4)取出弹簧支柱下的支柱销,卸下轴端三角皮带及发电机,吊起构架,推出轮对,构架落在4个支撑上。

(5)轮对及轴箱送到专用地方分解。

(6)分解各制动零件。

(7)分解摇枕弹簧装置,顺序如下:纵向、横向拉杆→ 垂直、横向油压减振器→ 摇枕 → 摇枕弹簧→外侧摇枕吊杆装置 → 弹簧托梁 → 上部摇枕吊销 → 内侧摇枕吊杆装置 → 分解各部件上的零件(注:摇枕吊杆装置前应编号,组装时按编号安装在原位内)。

转向架上需探伤的零件包括摇枕吊杆、摇枕吊销、车轴、横向拉杆、电机吊销及弹簧托梁等,须进行外观检查,若有缺陷可施行电焊焊补。

2. 组装

各零件分解后,按检修标准进行检查、修理或更换,合格后再进行组装,顺序如下:

(1)构架座落在四个支撑上,安装各制动零件。

(2)安装上部摇枕吊销,并将内侧摇枕吊杆悬挂于上部吊座内。

(3)弹簧托梁部件吊装在内侧摇枕吊杆上,并安装好外侧摇枕吊杆。

(4)放置摇枕弹簧、摇枕。

(5)安装横向、纵向拉杆及垂直、横向油压减振器。

(6)构架组成后,落于轮对轴箱上,安装弹簧支柱销子。

(7)对于一位转向架,安装电机及三角皮带。

四、提速客车转向架的A3修要求

提速客车转向架主要包括209HS型、CW－2C型、SW－160型及206KP(206WP)型等几种转向架,其A3修的技术要求如下:

提速客车转向架在进行A3修时,必须清除修垢后,进行分解检修。

(一)轴箱定位装置的检修

1. 209HS型转向架的弹簧导柱状态良好时,可以不分解,而其它配件必须分解。弹簧导柱发生裂纹、弯曲变形时应更换,组装面要求平整圆滑,橡胶堆定位器的开口必须沿车轴方向。导柱的尺寸偏差不得超过图5－75及表5－3规定范围。

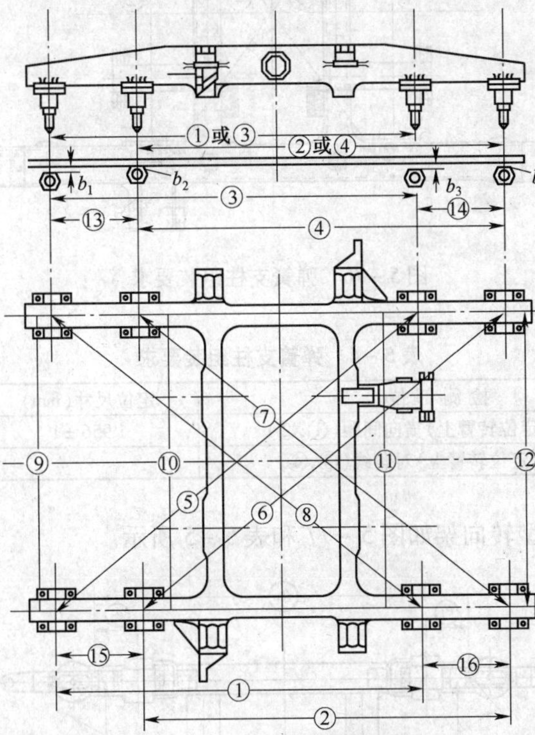

图5－75　弹簧支柱组装要求

表5－3　弹簧支柱组装要求

测量部位	允许偏差(mm)
①②③④	2 400 ±1
⑤⑥⑦⑧	尺寸之差不超过3(脱轨或颠覆时测量)
⑨⑩⑪⑫	1. 1 956 ±1;2. 尺寸之差不超过2
⑬⑭⑮⑯	580 ±1
b_1、b_2、b_3、b_4	间隙不超过1
①/2＋②/2与③/2＋④/2	尺寸之差不超过1

2. 206KP、SW－160及CW－2系列转向架的定位转臂要求作用良好,发生裂纹时应进行焊修,有变形时进行更换。其定位尺寸要求如下:

(1)CW－2型转向架如图5－76和表5－4所示。

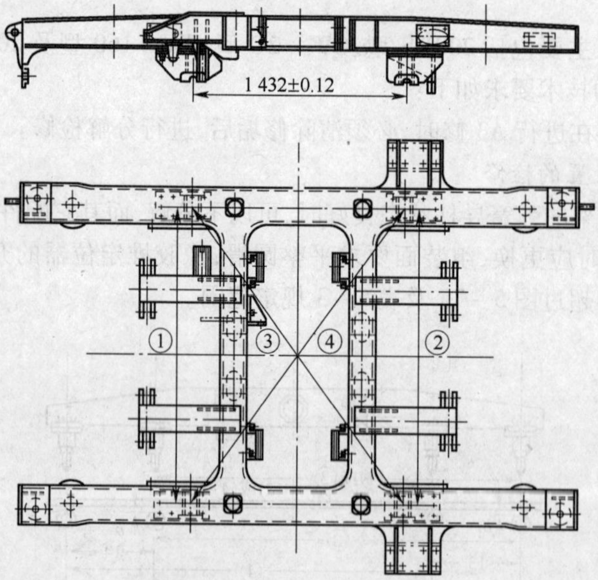

图5－76　弹簧支柱组装要求

表5－4　弹簧支柱组装要求

序　号	检测部位	定位尺寸(mm)	尺寸要求
1	定位销(定位转臂上)横向间距(①,②)	1 956±1	
2	定位销(定位转臂上)对角线(③,④)		尺寸之差|③－④|≤3

(2)206KP(206WP)型转向架如图5－77和表5－5所示。

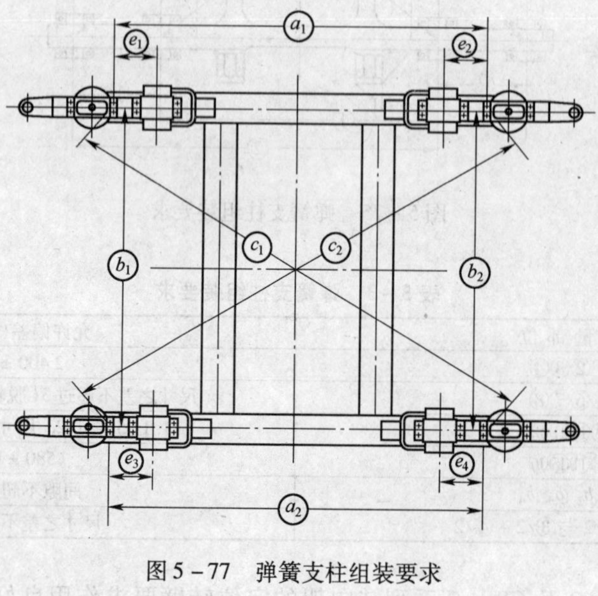

图5－77　弹簧支柱组装要求

表 5-5 弹簧支柱组装要求

序 号	检 测 部 位	定位尺寸(mm)	尺 寸 要 求
1	定位销(定位转臂上)纵向间距(a_1,a_2)	2 020 ±2	$\|a_1-a_2\|\leq 1$
2	定位销(定位转臂上)横向间距(b_1,b_2)	1 956 ±1.5	$\|b_1-b_2\|\leq 1.5$
3	定位销(定位转臂上)对角线(③,④)		$\|c_1-c_2\|\leq 2$
4	固定轴距	2 400 ±2	两侧之差≤2
5	同一转向架定位转臂尺寸(e_1,e_2,e_3,e_4)	230 ±0.2	各尺寸之差≤0.2

(3)SW-160 型转向架如图 5-78 和表 5-6 所示。

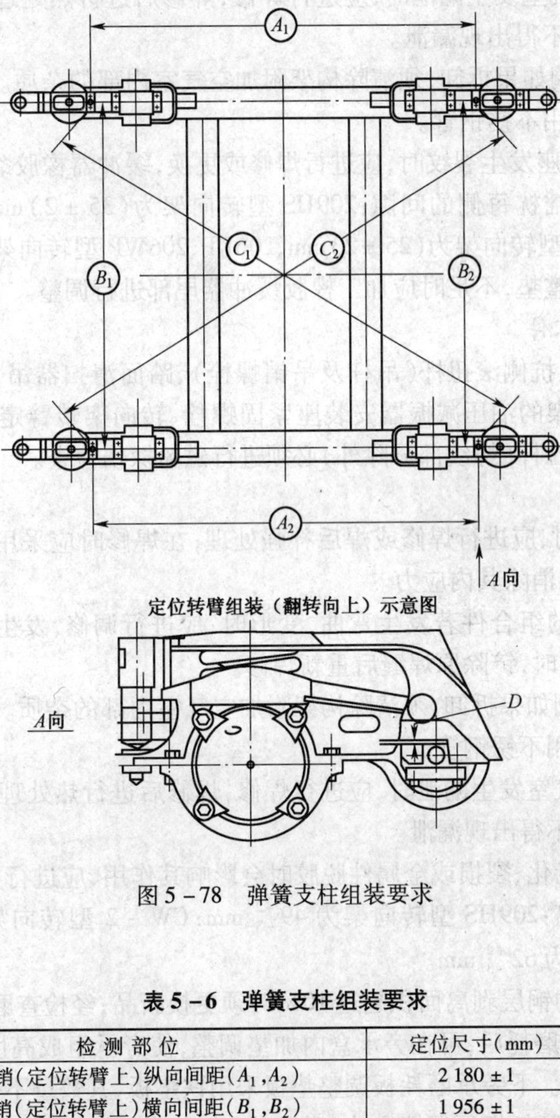

图 5-78 弹簧支柱组装要求

表 5-6 弹簧支柱组装要求

序 号	检 测 部 位	定位尺寸(mm)	尺 寸 要 求
1	定位销(定位转臂上)纵向间距(A_1,A_2)	2 180 ±1	$\|A_1-A_2\|\leq 1.5$
2	定位销(定位转臂上)横向间距(B_1,B_2)	1 956 ±1	$\|B_1-B_2\|\leq 1$
3	定位销(定位转臂上)对角线(C_1,C_2)		$\|C_1-C_2\|\leq 3$
4	定位套(轴)与定位臂 V 形槽的间隙(D)	$D=-3\sim+1$	

3. CW 系列转向架的横向油压减振器安装座、纵向摇枕挡、轴箱定位座和牵引拉杆安装座要求紧固,状态良好者可以不分解,其他配件均要求分解。

4. 在轴箱定位装置中,各橡胶元件老化、脱胶、裂损时应更换新品。

(二)构架的检修

1. 构架发生裂纹时,若裂纹的长度不超过截面周长的30%时,进行焊修或焊后补强处理。在进行焊修时,所选用的焊条要求与构架钢材配套的焊条,焊后应进行热处理,以消除其内应力。

2. 构架上的各安装座发生弯曲变形时,应进行调修;发生裂损时应焊修、补强或更换;若发生腐蚀时,腐蚀的深度超过原件厚度的30%应更换新品。

3. 构架上的各衬套发生裂纹、缺损、松动时必须按规定更换。

4. 构架的附加空气室发生漏泄时,应进行焊修,焊修后进行热处理,并进行600 kPa的压力空气充气试验,要求不得出现漏泄。

5. 转向架上的各阀如果拆卸,须清除构架附加空气室内部的杂质。各风管若损坏或裂损时进行更换,并要求采用不锈钢管。

6. 横向缓冲器体、座发生裂纹时,应进行焊修或更换,缓冲器橡胶裂损时应更新。转向架组装时,横向缓冲器与摇枕每侧的间隙:209HS型转向架为(35 ±2)mm,CW-2型转向架为(45 ±2)mm,SW-160型转向架为(25 ±2)mm,206KP、206WP型转向架为(35 ±2)mm。若超过时,须在侧梁上加调整垫,不足时应加工橡胶缓冲器尾部进行调整。

(三)磁粉探伤的零件

摇枕吊、摇枕吊轴、抗侧滚扭杆(吊杆及吊销螺栓)、踏面清扫器吊及吊销、基础制动装置各圆销、209HS型转向架的油压减振器安装座紧固螺栓、转向架转臂定位轴、CW系列转向架横向控制杆、纵向牵引拉杆(螺纹部分除外)必须进行磁粉探伤检查。

(四)摇枕的检修

1. 摇枕发生裂纹时,应进行焊修或焊后补强处理;在焊修时应采用与摇枕钢材配套的焊条,焊后进行热处理,以消除其内应力。

2. 焊接在摇枕上的组合件若发生弯曲、变形时,应进行调修,发生裂纹时进行焊修或更换。原焊缝处发生裂纹时,铲除原焊缝后重新焊修。

3. 转向架上的各阀如果拆卸,须清除构架附加空气室内部的杂质。各风管若损坏或裂损时进行更换,并要求采用不锈钢管。

4. 摇枕的附加空气室发生漏泄时,应进行焊修,焊修后进行热处理,并进行600 kPa的压力空气充气试验,要求不得出现漏泄。

5. 中心销橡胶套老化、裂损或金属件脱胶时会影响其作用,应进行更换,组装时橡胶套距中心销座上平面的距离:209HS型转向架为49^{+2}_{-3} mm;CW-2型转向架为347^{+2}_{-3} mm;206KP型、SW-160型转向架为62^{+2}_{-3} mm。

6. 下旁承磨耗板的铜层剥离面积超过10%时须更换新品;经检查磨耗层状态不良者应进行更换。聚乙烯磨耗板磨耗后,可在旁承盒内加垫调整,使旁承组成高度为(54 ±1)mm,磨耗板厚度≤20 mm时更新。下旁承磨耗板调整垫板采用铁垫板,其数量不得超过3块,总厚度不得超过40 mm。上旁承磨耗板须保持光洁,不得存在杂物和锈蚀。

(五)摇枕悬吊装置的检修

1. 摇枕吊发生裂纹时,应更换新品;摇枕吊橡胶堆橡胶发生老化、裂纹、脱胶时须更新,在更新时,要求同一转向架同侧摇枕吊上部或下部橡胶堆同时进行。

2. 摇枕吊轴发生裂纹时,应更换新品;轴身的横向锻造皱纹须消除,消除后留下大凹入深度不得超过 2 mm。

3. 209HS 型转向架的摇枕吊锁紧圈、CW 系列转向架吊杆螺栓开口螺母要求无裂纹、变形，安装时须成对使用。

4. 橡胶防尘套须全部更换新品。

（六）弹簧托梁的检修

弹簧托梁发生裂纹时，应进行焊修；变形时应更换；发生腐蚀时进行补强焊修；连接轴发生腐蚀时，若腐蚀的深度超过原型的 20%、其他各件腐蚀深度超过原件厚度的 30% 时应进行焊修、补强或挖补、更换。209HS 型转向架的弹簧托梁连接轴松动时应紧固。

（七）抗侧滚装置的检修

转向架的抗侧滚组杆装置要求进行换件检修，检修后转动须灵活；连杆座开焊处应重新焊修，变形时进行调修；扭杆的关节轴承更新；胶垫更新，组装时每块橡胶件应有 2～3 mm 的预压缩量。

（八）空气弹簧的检修

1. 空气弹簧应进行外观检查，无异状时可以不分解，但要求在标准高度下进行 600 kPa 风压或气密性试验。风压试验时，保压 15 min 时其漏泄不得超过 10 kPa；气密性试验时，保压 3 min，不得有气泡出现，合格后才可以装车。

2. 空气弹簧的上盖与摇枕间胶垫破损、老化时须更换。锥形密封胶圈裂纹、破损、失效时须更换。胶囊老化、龟裂、破损漏气时应更换新品。

3. 空气弹簧上盖发生裂纹时，须焊修并加工平整；若发生弯曲变形而影响其安装和密封时应更换。空气弹簧的上盖胶囊安装座和扣环须光滑、平整、清洁。要求组装螺栓丝扣部分不得与胶囊接触。

4. 底座裂纹时应焊修并加工平整，发生漏泄进行分解时，其内侧须涂刷防锈漆。

5. 橡胶支持座脱胶时应更换，节流阀作用不良时应进行更换。

（九）钢弹簧的检修

1. 钢弹簧若发生裂纹、折损及腐蚀过限时，应更换新品。

2. 全车的钢弹簧都必须按照规定载荷进行试验。

3. 经过热修的钢弹簧要按图纸规定的最大试验载荷压缩不少于 3 次，再压缩时不应有永久变形。

4. 206KP 型、206WP 型、SW－160 型转向架的轴箱弹簧须用螺栓压缩到（262 ±2）mm（不包括夹板厚度）后再装车。

（十）牵引拉杆及横向拉杆的焊缝发生开裂时，应重新进行焊修；发生弯曲变形时，应进行调修；牵引拉杆的橡胶垫及防松片应更换新品。管壁腐蚀深度超过 3 mm 时应更新。

（十一）油压减振器的检修

1. 油压减振器在检修时，其橡胶减振垫必须进行更新，防尘罩发生变形时检修；油压减振器要求做性能试验，其阻力系数值若超过标准值的 ±15%、示功图不对称率超过 10%、示功图有畸形或突变、平放 24 h 发生漏油、筒体变形时应送修。装车后要求配件齐全。转向架所用油压减振器的位置、型号、阻力系数见表 5－7。

2. 209HS 型转向架轴箱油压减振器安装座紧固和各转向架横向减振器紧固须用 8.8 级高强度螺栓和螺母。

表 5-7 油压减振器的参数表

适用转向架	功能分类	阻力系数 (kN·s·m^{-1})	阻尼力/速度 (kN/m·s^{-1})	拉伸/压缩 (mm)	最大行程 (mm)	接头形式	DISPEN 法国	KONI 荷兰
206KP 206WP	1 系垂向	15	4.5/0.3	451/311	140	杆/杆	2167-00	02A-1597-011 02A-1597
	2 系垂向	60	6/0.1	602/418	184	环/环	2168-01	02V-1597-011 02V-1596
SW-160	2 系横向	20	3/0.15	602/418	184	环/环	2168-00	02H-1595-011
	2 系横向	25	3.75/0.15	521.5/351	170.5	环/环	2218-00	96H-1797
	1 系垂向	10	1/0.1	409.5/296.5	113	杆/杆	2217-00	96A-1675-011
209HS	1 系垂向	15	4.5/0.3	480/330	150	杆/杆	2113-00	02A-1641-011
	1 系垂向	20	6/0.3 5/0.25	480/330	150	杆/杆	2113-01 2113-03	02A-1641-021
	2 系垂向	70	7/0.1	480/330	150	杆/杆	2113-02	02V-1642-01

第七节 提速客车转向架的分解与组装

一、209HS 型转向架的分解与组装

(一)分解、组装要点

1. 制动盘与车轴的压装吨位要求为 20~37t,并需有合格压力曲线图,压力曲线 参照轮轴压装有关技术要求种曲线形状。

2. 轮对轴箱组装技术条件应符合《铁道新造车辆短圆柱滚子轴承轴箱组装技术条件》及《铁道客车轴箱金属迷宫式密封装置组装、检修技术条件》。

3. 轮对组成应符合《铁道车辆轮对组成技术条件》和《准高速客车轮对组成技术条件》。同一轮对轮径差不大于 0.5 mm,同一转向架轮径差不大于 2 mm,同一辆车轮径差不大于 10 mm。

4. 轴箱弹簧以试验载荷下高度选配安装,同一轴箱上高度差不大于 2 mm,同一转向架上不大于 4 mm。

5. 中心销橡胶套需平稳地压在摇枕上的中心销座内,其钢套上口距中心销座上平面的距离应控制在图纸规定的范围内。

6. 导柱和构架组装后,按"209T 导柱组装技术要求"进行检查,并记录测量结果。

7. 高度调整阀、差压阀安装前需经试验台试验合格,作用良好方可装车,各空气管路组装前应将内部灰尘、杂质吹净,以保证必须的清洁度。

8. 弹性摇枕吊橡胶堆垂向刚度值应进行选配,同一转向架上橡胶堆垂向刚度差不超过 1.5 MN/m。组装摇枕吊杆装置时,应尽量使两片锁紧圈均匀受力,使其处于同一平面,保证摇枕吊杆处于良好的受力状态。

9. 抗侧滚扭杆的连杆组装时,每块橡胶的预压缩量为 2~3 mm,以保证抗侧滚刚度值要求。

10. 横向缓冲器与构架侧梁内侧间隙应满足(35±2)mm,若超过可以在横梁上焊接调整垫来调整。

11. 牵引拉杆应在车体落车找平时安装,需在平直道上,并使制动处于缓解状态,摇枕中

心应与构架上左右两摇枕吊座中心一致，绝不允许用牵引拉杆来牵动摇枕。

12. 各制动圆销及组装用螺栓应由上向下、由内向外侧安装，各配合面及销子、螺栓组装时应涂润滑脂，保证基础制动各转动部分转动灵活、无卡滞现象。

13. 转向架组装后，空气弹簧及制动管路系统需进行通风试验，高度调整阀、制动缸作用需良好，并进行500 kPa保压试验，20 min内压力下降不超过10 kPa。

14. 转向架落成前，检查定位器的缺口方向应沿车轴线方向，并由定位块定位。竣工的转向架暂不装轴箱处减振器及导柱下的防松吊座及附属件，待车体落成后组装。

（二）转向架落车找平技术要求

1. 车辆落成后，中心销圆锥面端部与橡胶套钢套端部不允许接触，车体找平工作首先应在空气弹簧无压力情况下进行，要求车钩高(855 ±5)mm，允许用旁承垫来进行调整。

2. 空气弹簧充气后，车体要再次找平，调节高度调整的调节杆，杠杆上翘不应该超过45°，高度调整阀调节杆的铰节点中心距应调正到232 mm，使自重下空气弹簧在标准状态下的名义尺寸为196 mm（包括4 mm橡胶垫厚度），摇枕端部上平面与构架侧梁下平面间隙值为(30 ±5)mm。调整时兼顾车钩高度和车体找平，空气弹簧高度在185 ~ 200 mm范围内变化，允许左右空气弹簧高度不完全一致，用旁承加垫和调整车钩垫来调整车钩高度达到875 ~ 890 mm。车体找平后须将调节杆螺帽拧紧，经检验后禁止随意调节。

3. 车体找平后，在空气弹簧充气状态下紧固牵引拉杆，并保证摇枕基本处于构架横向中心位置。

4. 车辆落成找平后，同一轴箱弹簧高度差不大于4 mm，同一转向架上轴箱弹簧高度 差不大于8 mm。

5. 车辆落成找平后，转向架四角高度差前后不大于10 mm，左右差不大于8 mm。

6. 落车找平后，确认定位器的安装位置正确，而后组装轴箱下部的防松吊座，螺栓的紧固应使定位器与导柱止口顶死，以保证在空车状态下定位器不承受垂直载荷，全部自重由轴箱弹簧承受，并保证定位器与导柱间在运行中无相对运动。

二、206KP(206WP)型转向的分解与组装

（一）分解要点

转向架在架车之前，首先应确定各轮对提吊状态良好，在各轮对提吊与定位转臂挡座之间加一块厚25 mm的硬木块。架起车体后，达到一定高度时，卸下各空气软管、手制动链条及有关电气配线。继续抬高车体，推出转向架（注意：架车时，空气弹簧处于无气状态）。

转向架分解时，先将轮对轴箱装置与定位转臂各紧固螺栓卸下，吊起构架及构架的连接部件，放在预先准备好的四点支承台上（应有一定高度，以便分解和组装），依次分解减振器、牵引拉杆、空气软管、连杆连接，吊下摇枕和空气弹簧，然后分解构架上的基础制动各零件。

构架与定位转臂的分解应将构架倒置，用工艺螺栓及螺母将轴箱弹簧压缩至定位转臂不受力、轮对提吊处硬木块能抽出的状态，然后卸下定位转臂与构架定位座的紧固螺栓，抽出定位轴、定位套，取下定位转臂与弹性定位套、夹紧箍的组成体、轴箱弹簧（压缩状态）及缓冲橡胶垫。用工装对弹性定位套进行固定，然后分解其与定位转臂、夹紧箍的组成体。

（二）组装要求

1. 车轴、车轮压装执行铁道部标准。制动盘座与车轴压装的最终吨位为20 ~ 40t，压力曲线应在起点与终点处对应的20t一点线的上方。制动盘安装时，应保证弹性圆柱销切口方向

与盘直径方向垂直。

2. 轮对、轴承、轴箱等的组装执行铁道部标准。

3. 定位转臂与构架的组装要求：如图 5－79 所示，轴箱弹簧用弹簧夹板及工艺螺栓预压到(262±2)mm(不包括夹板厚度)状态。定位转臂组成与构架组装前按基准尺寸(230±0.2)mm 选配，同一转向架四个定位转臂尺寸之差小于 0.2 mm。弹性定位套安装前须按下列要求选配：纵向刚度之差——同一定位转臂≤100 kN/m；同一轮对＜200 kN/m；同一转向架＜450 kN/m；横向刚度之差——同一定位转臂≤50 kN/m；同一轮对＜100 kN/m；同一转向架＜225 kN/m。定位转臂、弹性定位套组成(须用工装进行预压缩)及夹紧箍先组成一体。定位转臂等安装到构架定位转臂座时须先将定位轴、定位套用盖形螺母紧固，然后紧固定位套上的三个 M16 螺栓。通过改变内侧弹性定位套内圈与定位转臂内侧之间马蹄形调整垫的厚度，使组成后的定位转臂上定位销尺寸满足规定。值得注意的是，该定位销尺寸应在各螺栓、螺母紧固及预压弹簧工艺螺栓不卸状态下测量，预压弹簧的工艺螺栓卸下之前，须先安装轮对提吊，并在提吊与定位转臂挡座之间加一厚度为 25 mm 的硬木块，并调整轴箱弹簧正位。

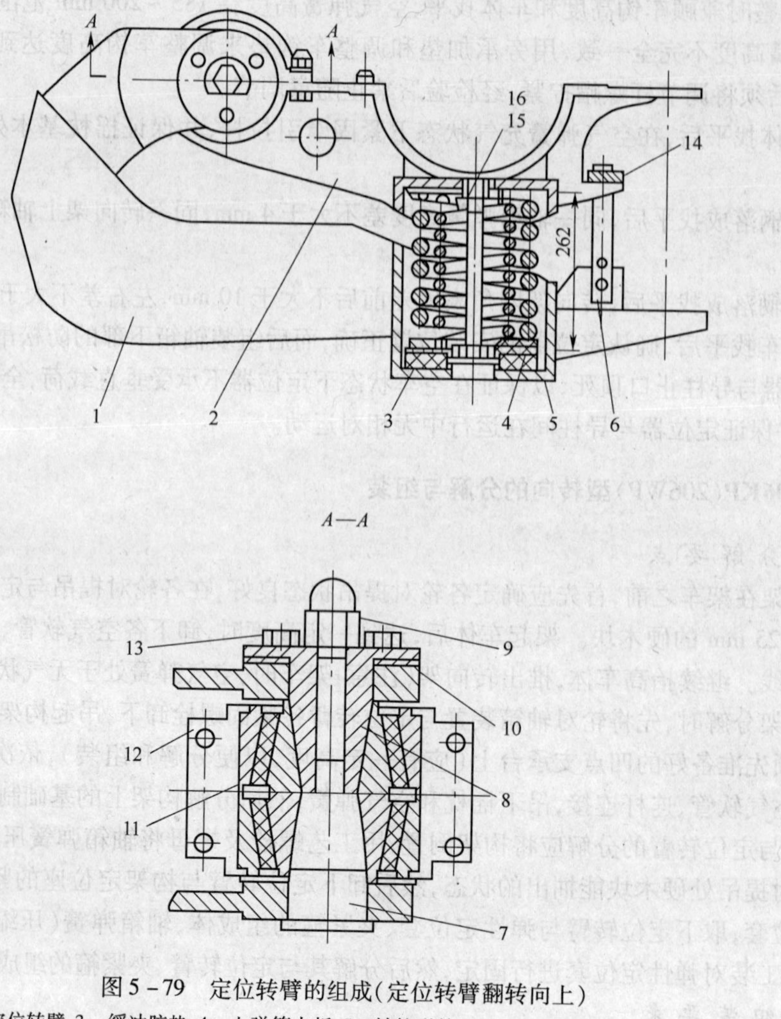

图 5－79 定位转臂的组成(定位转臂翻转向上)

1—构架；2—定位转臂；3—缓冲胶垫；4—上弹簧夹板；5—轴箱弹簧组；6—轮对提吊；7—定位轴；8—定位套；9—盖形螺母；10—调整垫圈；11—弹性定位套组成；12—夹紧箍；13—M16×45；14—垫木；15—夹板螺栓；16—螺母

4. 定位转臂与轴箱组装时，须将定位转臂上定位销落入轴箱体承载座上定位销孔之内，然后测量调整两侧固定轴距之差满足 <1.5 mm 的要求，检查定位转臂承簧盘下面与轴箱体上部间隙是否大于等于 1 mm，最后将定位转臂与轴箱紧固在一起。

5. 同一轮对两轮直径之差不大于 0.5 mm，同一转向架各轮直径之差不大于 2 mm。

6. 轴箱弹簧按车辆试验负荷下的高度选配安装，同一轮对左右两组轴箱弹簧高度之差不大于 1 mm，同一转向架各轴箱弹簧高度之差不大于 2 mm（允许加垫调整）。高低簧排放按车辆偏载情况而定。

7. 空气弹簧组装后须进行气密性试验，在标准高度下充气 500 kPa，然后将空气弹簧整体浸入水中，保压 3 min，不得有水泡出现，合格后方可装车。

8. 高度调整阀、差压阀须经试验台试验合格后才可以装车，试验按高度调整阀、差压阀试验台试验方法进行。

9. 横向挡与构架内侧间隙应满足每侧（35 ± 2）mm，两侧之和为（70 ± 2）mm。

10. 高度调整阀、差压阀与各管路连接前须将空气管路内杂质、灰尘等吹干净。

11. 转向架各螺纹及销子转动摩擦部分表面均匀涂润滑脂。

12. 在空气弹簧无气状态下，紧固牵引拉杆，并保证摇枕位于构架纵向中心位置。

13. 转向架落成后，须对单元制动缸进行动作试验。试验时先将闸片（瓦）间隙调到最大，然后向制动缸充入 400 ~ 600 kPa 压力空气，制动后施行缓解，此时闸片间隙应缩小 10 ~ 12 mm。上述动作重复 3 ~ 4 次后，闸瓦间隙应达到 6 ~ 8 mm。闸片间隙（两位之和）应在 2 ~ 5 mm之间。

14. 转向架组装完工后，进行空气弹簧及其管路系统的气密性试验（压磅试验）。将两侧空气弹簧及附加空气室同时充气 400 ~ 600 kPa，保压 15 min，压力下降不大于 25 kPa。同时检查各管路不得有泄露，试验合格后将高度调整阀调节杆两关节之间长度调到 230 mm。

（三）落成技术要求

1. 客车落成须在转向架空气弹簧无气状态下进行。

2. 牵引销轴胶套垫比旁承垫厚 6 mm，胶套厚度新车 0 ~ 12 mm 范围内选配，车轮磨耗后允许到 40 mm。旁承垫厚度新车 0 ~ 6 mm 范围内选配，车轮磨耗后允许到 34 mm。

3. 客车落成后在空气弹簧无气状态下，测量构架上测量座与摇枕上侧量板的高度差应满足（28 ± 2）mm；空气弹簧充气后调整高度阀调节杆长度，使上述高度差满足（28 ± 2）mm 的要求，检查空气管路不得有漏泄发生，保压 1 min，上述间隙变化不大于 3 mm。各项要求合格后将高度调整阀调节杆一端的防松螺母紧固。

4. 客车落成后须抽出各轮对提吊与定位转臂挡座之间的硬木块，其间隙不小于 25 mm。

5. 客车落成后转向架四角高度之差应满足左右不大于 6 mm，前后不大于 8 mm 的要求。

6. 各闸瓦与车轮踏面间隙上下应调整一致。

（四）厂、段修的技术要求

（1）转向架在检修时须清除锈垢后，详细检查。

（2）轮对、轴承、轴箱的检修按铁道部有关标准进行。制动盘须分解检查，安装座部分不得有裂纹，有裂纹者焊修处理，无法焊修或磨耗到限的制动盘更换新品。每个制动盘重新组装时必须按原配对组成。

（3）定位转臂夹紧箍出现裂纹时焊修处理，焊修时尽量避免引起焊接变形。

（4）轴箱圆弹簧检修要求

①经热修的圆弹簧按图纸规定的最大试验载荷压缩 3 次,再压缩时不应有永久变形。

②全部圆弹簧以试验载荷(自重下载荷)进行试验,试验载荷下高度须符合设计要求。

③折损弹簧剩余支持圈长度不得小于 5/8 圈。

(5)构架、摇枕上制动吊座、牵引拉杆座等产生变形时须调修,若发生裂纹时焊修。

(6)作为附加空气室的构架侧梁内腔须排出积水,并用压力空气将内部灰尘、锈垢、杂质等吹出。厂修时,对侧梁内腔要进行气密性检查,充入 500 kPa 压力空气,不允许发生漏泄,发现漏泄时进行补焊处理。

(7)构架、摇枕有裂纹时进行焊修处理,焊修时应避免引起焊接变形,焊修后应消除内应力。厂修时,构架和摇枕组成上平台检查,各部尺寸要符合要求。

(8)基础制动装置的各圆销、衬套磨耗过限、裂纹或松动时应更换,衬套应采用氟塑料金属衬套,圆销为铁标 1 级精度销。

(9)转向架的组装及落成要求参照新造车的要求。其中旁承垫、牵引销轴胶套垫的厚度厂修时最大差别不超过 30 mm 和 24 mm,段修时最大差别不超过 40 mm 和 24 mm。旁承组成的高度须调整在 +2 mm 范围内,而且两侧旁承组成的高度差应小于 2 mm。

三、SW-160 型转向架的分解与组装

(一)分解要点

架车前应先将轴箱弹簧预压工艺螺栓放入轴箱弹簧座孔中,拧入弹簧夹板,抬起车体到一定高度,卸下各空气软管、手制动链条及有关电气配线。继续抬高车体,推出转向架(注意:架车时,空气弹簧须处于无气状态)。

转向架分解:先将轮对轴箱装置与定位转臂各紧固螺栓卸下,吊起构架及安装在构架上的零部件(构架上四角设有起吊钩孔),放在预先准备好的四点支承台上(应有一定高度,以便分解、组装),依次分解减振器、牵引拉杆、空气软管、扭杆装置的连杆的连接,吊下摇枕、空气弹簧,然后分解构架上的基础制动悬挂等各件。

构架与定位转臂分解时应将构架倒置,轮对提吊和转臂挡座处应有间隙,卸下定位转臂与构架定位座的紧固螺栓,抽出定位轴、定位套,拿下定位转臂与弹性定位套、夹紧箍的组成体、轴箱弹簧(压缩状态)以及缓冲橡胶垫。

(二)组装要求

1. 车轴、车轮压装执行铁道部运输局“铁路客车盘形制动轮对组装及检修技术条件”的要求。

2. 轴承、轴箱等的组装按照图纸技术要求和有关技术条件执行,其余可参照铁道部标准。轴箱体与轴箱盖之间螺母拧紧力矩为(200 ±5)N·m。

3. 定位转臂与构架的组装要求

轴箱弹簧用弹簧夹板及工艺螺栓预压至(262 ±2)mm(不包括夹板厚度)。定位转臂组成与构架组装前须按基准尺寸(260 ±2)mm 选配,同一轮对两个定位转臂之差≤0.2 mm。弹性定位套安装前须按下列要求选配:纵向刚度之差,同一轮对≤200 kN/m,同一转向架≤450 kN/m。横向刚度之差,同一轮对≤100 kN/m,同一转向架≤225 kN/m。定位转臂、弹性定位套组成(需用工装进行预压缩)及夹紧箍先组成一体。弹性定位套内孔、定位轴、定位套梯形外表面及定位臂梯形槽部分涂 Y00-1 清油,弹性定位套外表面、定位转臂、夹紧箍内表面在组装前涂植物油。定位转臂等安装时须先将定位轴、定位套穿入弹性定位套,定位轴、套的梯形斜面

安装于构架定位臂两梯形槽内,然后安装并紧固定位挡板上两个 M16 螺栓,梯形槽顶面应有间隙,拧紧力矩为(100 ±5)N·m。预压弹簧工艺螺栓卸下之前,须先安装轮对提吊,工艺螺栓在转向架组成后取出,并调整轴箱弹簧正位。

4. 定位转臂与轮对轴箱组装时,须将定位转臂上定位销落入轴箱体承载座上定位销孔之内,然后测量、调整两个固定轴距之差≤1.5 mm,并检查定位转臂承簧盘下面与轴箱体上部间隙。最后,将定位转臂与轴箱紧固一起,螺母的拧紧力矩为(220 ±10)N·m。

5. 同轴两车轮直径之差不大于0.3 mm,同一转向架不大于2 mm,同一辆车不大于5 mm。

6. 轴箱弹簧以车辆试验负荷下高度来选配组装,要求同一轮对左右两组轴箱弹簧高度之差不大于1 mm,同一转向架各轴箱高度之差不大于2 mm(允许加垫调整)。高低簧的排放按车辆编载情况而定。

7. 空气弹簧组装后要进行气密性试验,在标准高度下充入500 kPa压力空气,将空气弹簧整体浸入水中,保压3 min,不得有气泡出现。

8. 高度调整阀、差压阀需经试验台按规定方法试验合格后方可装车。

9. 横向挡与构架内侧间隙满足每侧为(25 ±2)mm,两侧之和为(50 ±2)mm,当间隙增大时,可以在横向挡盒内加垫调整。

10. 高度控制阀、差压阀与各管路连接时,须用600 kPa压力空气将管路内部杂质、灰尘等吹净。

11. 转向架各螺栓及销子转动摩擦部分表面均匀涂润滑脂。

12. 在空气弹簧无气状态紧固牵引拉杆,并保证摇枕在构架纵向中心位置。

13. 转向架落成后,需对制动缸及管路系统进行气密性试验。充入500 kPa压力空气,保压10 min,压力下降不大于20 kPa,同时检查各管路不得有漏泄。单元制动缸要进行动作试验,试验时先将闸片间隙调至最大,然后向制动缸内充入400～600 kPa的压力空气,制动后施行缓解,此时闸片间隙应缩小10～12 mm,经3～4次上述动作循环之后,闸片间隙(二位之和)应在2～5 mm之间(允许虚抱)。单元制动缸动作应灵活。

14. 转向架组装完工后,须进行空气弹簧及其管路系统的气密性试验(压磅试验)。两侧空气弹簧及附加空气室(支承梁、横梁内腔)同时充至400 kPa压力(空气弹簧在标准高度),保压15 min,压力下降不大于25 kPa,同时检查管路不得有漏泄。试验合格后将高度调整阀调节杆两关节之间长度调至230 mm以下,在客车落车前不允许调长。

在构架倒置状态下组装,轴箱弹簧预先用弹簧夹板与工艺螺栓压缩到(262 ±2)mm(不包括夹板厚度),定位转臂、弹性定位套(需用工装进行预压缩)、夹紧箍先组成一体(定位转臂、夹紧箍与弹性定位套接触面涂清漆),将缓冲胶垫、轴箱弹簧组成放入构架轴箱弹簧承载座内,定位转臂组成一端放在弹簧上,另一端与构架定位臂座组装。测量组装后的定位转臂尺寸,符合要求后,安装轮对提吊并检查各轴箱弹簧是否正位,不得与轴箱弹簧相碰。

构架与定位转臂组成后,将构架正落到四点支承的组装台位上,依次组装基础制动装置各部件、扭杆及中央悬挂装置各部件,扭杆装置的连杆组成应事先与摇枕组成一起组装,组装各制动缸时应注意进气口的方向,各盘形制动缸进气口均朝上,踏面制动缸进气口朝内沿水平方向。

装在构架上的各件组装完成后,再与轮对轴箱组装,即转向架落成。先将两条轮对轴箱位置调正,然后将定位转臂上的定位销落入轴箱体承载座上的定位销孔之内,测量并调整两侧固定轴距之差并满足≤1.5 mm,将轮对与定位转臂紧固在一起。

(三)落成技术要求

1. 客车落成须在转向架空气弹簧无气状态下进行。

2. 转向架牵引销与牵引套中心偏差不大于5 mm。为调整车钩高度,旁承调整垫在0~6 mm范围选配,当车轮磨耗后,调整垫最大厚度为40 mm。

3. 客车落成后,在空气弹簧无气状态下测量构架上测量座顶面与空气弹簧上平面之高度差应满足(30±5)mm。空气弹簧充气后调整高调整阀调节杆长度,使上述高度差仍满足(30±5)mm,要求(同一摇枕两侧之差不大于3 mm),同时兼顾车体倾斜及车钩高度需符合要求,检查空气管路不得有泄漏发生,保压10 min后,上述间隙变化不大于3 mm。各项要求合格后,将高度调整阀调节杆调整在高度调整阀各盲区中值处(即调节杆在充气位时缩短4 mm,调整杆在排气位时加长4 mm),两螺母紧固、包扎,严禁随意调节。

4. 客车落成后检查各轮对提吊与定位转臂挡座处的间隙不小于15 mm。

5. 客车落成后转向架四角高度之差应满足左右不大于6 mm,前后不大于8 mm的要求。

6. 客车落成后进行轮重称重试验,同一轮对轮重差小于4%。

四、SW-220K型转向架的分解与组装

(一)分解要求

1. 在转向架与车体之间未分开之前,首先将轴箱弹簧座上的防尘盖揭开,然后将工艺螺栓拧入弹簧下夹板的座上。在架车推出转向架时,应注意首先将空气弹簧内的压力空气排尽,然后拆除抗蛇行减振器、横向减振器、高度调整阀调节杆和牵引拉杆与车体的连接,卸下各种配管及配线(2、4、6、8位的防滑器速度传感器接联,1、3、5、7位轴温报警器传感器界线,3、5位接地装置的接地电缆,4、6位加速度传感器接线,空气弹簧和制动缸管路),注意对空气弹簧进气口和减振器等采取适当保护和固定。

如果转向架事先已与车体分离,在分解转向架之前,同样应先拧入工艺螺栓,并将弹簧高度拧至自重下的高度范围(保持轮对提吊与定位转臂的间隙不变,约为25 mm左右),以方便转向架下一步的分解。

2. 卸下压盖与定位转臂间的紧固螺栓,然后吊起构架及其以上部分,置于支承台上,推出轮对轴箱部分。

3. 由于中央悬挂装置相对独立,可在分解构架与轮对轴箱之前拆卸。空气弹簧取出后应适当保护构架上的进气口。从构架上可分解基础制动装置。

4. 定位转臂与构架的分解。拆除垂向减振器、轮对提吊、卸下弹性节点定位轴的固定螺栓,使定位节点轴从构架定位臂梯形槽中脱出,然后吊开构架,依次取出轴箱弹簧组、胶垫。构架倒置状态更有利于分解。定位转臂从构架上分解时,应编号检修,组装时原位安装。

5. 从定位转臂中拆卸定位节点,定位节点编号,与定位转臂一一对应,组装时原位安装。

(二)组装要求

SW-220K型转向架的组装的顺序是分解的逆过程。

1. 定位节点通过螺栓和压盖压装在定位转臂上,它的安装接触面(包括夹紧箍等)应涂清油。

2. 轴箱弹簧组通过弹簧夹板用工艺螺栓压缩至(270±2)mm(不包括夹板厚度)。

3. 构架置于支承座上,依次组装转向架制动装置(杠杆、连杆、制动缸及闸片托等各件提前组成在一起)、空气弹簧、横向缓冲器、差压阀及管路等。

4. 组装完的定位转臂与轮对组装在一起，在定位转臂上部放置缓冲胶垫、轴箱弹簧组(定位转臂的定位节点一端用支承座承起)，将"3"完成的部分吊起，构架轴箱弹簧座落在轴箱弹簧上，轴箱弹簧上夹板的定位凸台进入定位孔，定位转臂一端与构架定位臂梯形槽相连，梯形槽及定位轴安装面均应涂清油。然后安装垂向减振器、轮对提吊等，并紧固各连接螺栓。

5. 组装完工的轮对轴箱置于滚动试验台上进行空载跑合试验。以车轴转速为准，在速度不小于 25 km/h 下滚动 15 min，检查记录各轴承的运转温度、检查记录轴承、润滑油、轴箱体温度、密封的情况。

6. 跑合试验完工的轮对轴箱装置置于组装台上，将组装完毕的定位转臂组装在轴箱上，将构架落装于轮对轴箱上，定位转臂上的定位节点装入构架定位臂的槽内，然后紧固有关螺栓螺母等。

7. 落装后的转向架置于压磅试验台上，在每个空气弹簧上，分别施加 100 kN 的载荷后，冲入 500 kPa 压力空气，进行保压试验，保压 10 min，压力下降不得超过 20 kPa。

8. 客车落成时，先在空气弹簧无气状态下测量构架上的测量基准与空簧上盖上平面之高度差，其值应满足(360 ±5) mm。空气弹簧充气之后，调节高度阀调节杆长度至 590 mm 左右(高度阀调节杆下端安装：新造车安装在调节杆座下孔处，车轮磨耗后，再将调节杆安装在调节杆座上孔处)，使上述高度差满足[(400 ± t) ±3] mm(t 指空气弹簧下调整垫厚度，车轮磨耗后，该厚度允许到 30 mm)。然后测量车钩高度应满足 875 ~ 890 mm[密接式车钩为(880 ±30) mm]的要求，并检查车体倾斜须符合要求。上述要求完成后应关闭空簧进风管路，检查空簧及管路的泄漏。最后连接牵引装置、扭杆装置、油压减振器等。

五、CW -2C 型转向架的分解与组装

1. 轴箱弹簧根据自重试验高度选配，同一转向架上其差不得大于 4 mm，同一轮对及转向架同一侧上其高度差不得大于 2 mm。对于偏重车，允许将上述要求放宽一倍。

2. 同一轮对上车轮滚动圆直径之差不大于 0.5 mm，同一转向架上及同一辆车上，车轮滚动圆直径之差不大于 1 mm(检修时，可按同一轮对轮径差不大于 0.5 mm，同一转向架轮径差不大于 2 mm，同一辆车车轮径差不大于 10 mm 控制)。

3. 轮对组成应符合 TB/T 1718 -91《铁道车辆轮对组装技术条件》和工辆[1993]10 号文件所批复的《准高速客车轮对组成技术条件》。

4. 轮对轴箱组装应符合 TB 1716 -86《铁道新造车辆短圆柱滚子轴承组装技术条件》及《铁道客车轴箱金属迷宫式密封装置检修技术条件》。

5. 制动盘与车轴采用热装方式。

6. 高度调整阀、压差安全阀组装前均需经试验台测试其性能，符合下列要求才能装车：

高度调整阀：不感带　　3 ~ 5 mm

延时　　(3 ±1) s

从 500 kPa 降压 200 kPa 的时间为 40 s(容积为 40 L)。

压差安全阀：压差为 (150 ±10) kPa

从 500 kPa 降至 400 kPa 的时间为 14 s。

7. 空气簧组装前必须做气密性试验。在标准高度下，充以 500 kPa 空气，保压 24 h，漏泄不得超过 20 kPa。

8. 转向架组装后，基础制动装置必须运用灵活，闸片与摩擦盘间的间隙为 1 ~ 3 mm。

9. 转向架组装后，须对空气弹簧，摇枕气室及各管系进行 500 kPa 风压试验，保压 20 min，漏泄不得超过 10 kPa。

六、CW－200K 型转向架分解与组装

(一)分 解 要 求

转向架的分解分为转向架与车体的分解和转向架本身的分解两部分。

1. 转向架与车体的分解

该型转向架由于结构原因，车体与构架间接口较多，当分离车体与转向架时，以下部件均需拆开：

(1)抗侧滚扭杆；

(2)牵引拉杆；

(3)横向减振器；

(4)防过充装置；

(5)高度阀调整杆；

(6)抗蛇行减振器；

(7)相关的电器连线和制动管路。

2. 转向架的分解

(1)构架组成与轴箱定位装置的分解

①将构架定位座节点下方锁紧板处螺栓分解。

②将轴箱减振器下端螺栓分解。

③将吊勾处螺栓分解。

上述项目完成后即可起吊构架组成。

(2)轴箱定位装置的分解

将转臂和箍连接处的 4 个螺栓分解即可将转臂、箍和轮对组成分离。

注：①分解时转臂、箍和弹簧应作标记，恢复时按原位恢复。

②分解时对各处所加调整垫数量应作好记录，以便按原样恢复。

3. 转向架更换轮对

转向架运行中难免出现轮对擦伤的故障，转向架更换轮对有两种方案。

(1)在有落轮坑的场地。

可将轴箱转臂与箍之间的螺栓拆开，将箍拆下，再将轮对直接落在落轮坑内。

(2)在没有落轮坑的场地。

可采用如图 5－80 所示的起吊装置，该装置包括钢绳、吊、销轴、开口销等结构。在转向架及车体上已预留吊装孔。

更换轮对前，先用钢丝绳和销轴将车体与构架联接好，在销轴端部插上开口销并劈开，并完成以下工作：

①将需更换轮对的转臂与箍之间联接螺栓全部拆掉；

②将轴温传感器探头拆掉；

③将高度阀杆其中的一端拆开；

④将轴报线拆下。

完成上述工作后，可以缓慢吊起车体，在车轮将要离开轨面时，仔细察看轴箱和转臂是否

分离，同时确认减振器处吊钩是否已钩住转臂，此时可继续升起车体（构架也同时升起），再推出需更换的轮对。

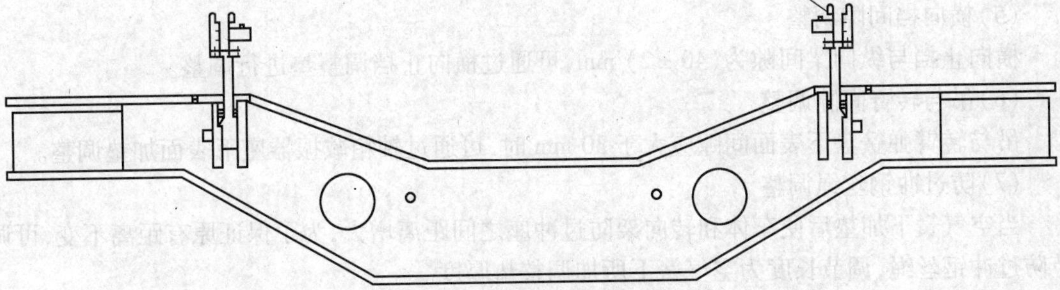

图 5－80　起吊装置

注：①车体起吊后，车体下不允许站人。

②安装起吊钢丝绳前，应仔细检查钢丝绳不应有断股现象。

换装新轮对时，先将轮对推到转向架下面，将车体连带构架组成缓缓落下，当构架落在轮对上时（此时，车体重量还未压到构架上），调整构架位置，使转臂挡边落在轴箱顶部槽内，待转臂与轴箱落实后再将车体落下，再完成其他组装工作。

（二）组 装 要 求

1. 转向架组装要求

（1）轴箱弹簧根据自重试验高度选配，同一转向架上其高度差不得大于 4 mm，同一轮对及转向架同一侧上其高度差不得大于 2 mm。

（2）同一轮对上车轮滚动圆直径之差不大于 0. 3 mm，同一转向架上及同一辆车上，车轮滚动圆直径之差不大于 1 mm。

（3）转向架两侧固定轴距之差不大于 1 mm，其对角线差不大于 1. 5 mm。

（4）调整同一轮对上两车轮外侧面分别与构架上定位块的间隙差不大于 2 mm，然后紧固橡胶节点的螺母，紧固力矩为 450 ~ 500 N · m，并上紧压板。

（5）轮对及其组装除图纸规定外，其余应符合 TB/T1718 – 91“车辆轮对组装技术条件”的规定。

2. 落车调整

（1）四角高调整

调整轴箱弹簧下调整垫板的厚度，保证构架定位块下表面距轨面高度（437. 5 ±4）mm，但同一转向架高度差不大于 4 mm，同一辆车不大于 8 mm。

（2）高度阀杆调整

高度阀体安装在车体上，高度阀水平杆应与地面平行（空气簧充气状态），可通过高度阀竖杆联接螺栓调整。

（3）空气簧高度调整

落车调整后空气簧高度为（210 ±2）mm（充气状态），同一转向架两空气簧的高度差不得大于 2 mm。检验后用胶管及铁丝将高度阀调整杆包扎好，以后不得随意拧动调整杆。空气弹簧（210 ±2）mm 的测量可量基准块与空气弹簧上板（150 ±2）mm 尺寸（如果空气弹簧下加调整垫时测量高度应再加上调整垫的厚度)。

(4)车钩高调整

旋轮后保证不了车钩高时,可优先考虑在轴簧下加调整垫,簧下最多可加 20 mm,簧上可加 5 mm,如果仍满足不了钩高时可在空气簧下加垫,但厚度不允许超过 20 mm。

(5)横向挡间隙调整

横向止挡与纵向梁间隙为(40 ±2) mm,可通过横向止挡调整垫进行调整。

(6)吊与转臂间隙调整

吊与转臂弹簧盘下表面间隙应大于 30 mm 时,可通过轴箱减振器座下表面加垫调整。

(7)防过冲钢丝绳调整

当空气簧下加垫后便车体和转向架防过冲座之间距离增大,为了保证原有距离不变,可调节防过冲钢丝绳,调节长度为空气簧下所加调整垫厚度。

3. 性能要求

(1)高度阀:每个高度阀均需测试其性能:

高度阀:不感带:(±3 ~5)mm

延　时:(3 ±1)s

从 500 kPa 降低到 200 kPa 的时间为 40 s(容积为 40 L)。

(2)压差阀:动作压差 120 kPa ±10 kPa

流量在 10 s 以下,从 500 kPa 降到 400 kPa,时间不大于 14 s。

(3)所有有性能要求的橡胶件每批量抽检其性能。

(4)其他要求

①落车前将牵引支座组成与车体相联,再将车体落于转向架上。

②由于转臂和箍为整体组装后加工,因此更换时须整体更换,不允许只更换其中一件。

③单车调车时空气弹簧必需按规定要求充风。

④作修程时构架除垢,除锈不允许采用水煮,以防构架内腔防腐层被破坏。

七、提速客车转向架的组装要求

提速转向架组装后,应满足下列要求:

(1)转向架各螺栓在组装前,均须涂油脂(涂紧固胶件除外),紧固后须加装紧定螺母,并要求留有 1 扣以上的余量。抗侧滚扭杆连杆与关节轴承组装面、定位轴与套的组装面、螺栓各组装面等均要求涂抹润滑油脂。

(2)转向架的各圆、扁开口销均要求使用新品,在安装时,若劈开后因为受结构的限制而无法转动 1 周时须卷起。踏面清扫器上部的圆销须安装扁的开口销,并要求卷起。

(3)转向架各金属配件的组装结合面(配合面除外)及补强板,在组装前均要求涂刷防锈漆。

(4)206KP、206WP、SW -160 型转向架的定位转臂与构架组装螺栓应拧紧,其拧紧力矩为(110 ±5)N · m;定位转臂与轴箱组装螺栓的拧紧力矩为(220 ±5)N · m。

(5)转向架在落成后,须对其空气弹簧、附加空气室及管系进行 600 kPa 的风压试验,保压 20 min,要求其漏泄不得超过 10 kPa(SW—160 型、206KP 型转向架落车后试验)。

(6)转向架的纵向牵引拉杆要求在落车前安装,保证摇枕中心线与构架横向中心线一致后才能紧固。

(7)转向架落成后,对209HS型转向架暂不安装轴箱处的油压减振器、导柱下的防松吊座及附属零件,待车体落成后方能组装。

(8)在转向架的表面须喷涂底漆和面漆(轮对、橡胶件及油压减振器除外)。

第八节　提速客车转向架的运用检修

一、209HS型转向架运用检修要求

(一)对运用维修的基本要求

1. 车辆段、厂应具备地沟和单车试验设备等设施,以便检修和检查。

2. 各列检处应配备必要的转向架零部件,对高度阀、差压阀原则上实行整件更换。

3. 第一、二个段修期时需卸下制动缸,按《SP系列产品检验标准》中有关内容进行性能试验,若符合要求可不分解,否则应对相应部分分解检修,并更换橡胶件。第三个段修期对制动缸进行分解检修,更换损坏零件和所有橡胶件,并按有关标准进行性能试验。

4. H300型制动盘检修规程按《客车低合金铸铁制动盘运用检修办法》进行。在正常工作条件下,制动盘的使用寿命与车轮的使用寿命相近。制动盘表面不允许有深度大于1 mm的凹槽,摩擦面如出现偏磨,最高点和最低点差值不应超过2 mm,如超限应车削平整,超过最大磨耗限度应更换摩擦盘。

5. 制动盘在摩擦面中心区热裂纹只要不是从内径到外径的通长裂纹均可使用,裂纹数量不限。热裂纹距摩擦面内外边缘的距离不小于10 mm,由内外边缘开始的热裂纹长度不得超过60 mm,超过者允许旋削消除。散热片上不允许有通长裂纹,两半盘的连接部位和盘毂均不允许有裂纹。

6. 轮对定位装置和中心销牵引橡胶套在正常运行状态下寿命暂定为4年。弹性摇枕吊的橡胶堆使用寿命暂定2年。

7. 轮对经旋轮、旋摩擦盘或更换制动盘后,需重新进行动平衡试验,动平衡要求应符合《准高速客车轮对组成技术条件》。

8. 在段上架车时,应注意各连接管线长度,以免发生扯断现象。

(二)转向架的辅修

1. 辅修周期为8个月,主要对制动、空气弹簧系统和滚动轴承轴箱进行检查。

2. 辅修按《铁路客车运用维修规程》的要求涂打辅修标记。

3. 制动、空气弹簧系统检修要求如下:

(1)管系以600 kPa风压吹扫除尘,取出高度阀、差压阀等滤尘网除垢,各管、卡、螺栓无松动。

(2)制动软管均应按《双层客车段修规程》要求进行检修。

(3)制动缸不需分解检查,单车试验时,制动、缓解作用须良好;如作用不良,应检查制动缸大排气孔的滤尘网是否受堵,闸片间隙是否符合要求等。

(4)进行高度调整阀现车试验,通过调节调节杆的高低来检查进排气作用状态。

(5)进行差压阀现车试验,调整两个空气弹簧压力,压差150 kPa时须作用良好。

(6)盘形制动单元配件齐全,杠杆吊无裂纹,磨耗不超过限,销套无窜出裂损,杠杆、悬吊无卡滞,销套间隙不超过规定限度,螺丝无松动,各摩擦轴转动部位需润滑。

(7)检查制动盘螺丝不松动,开口销不掉,摩擦盘磨耗不过限,裂纹长度不超限。

(8)按《单车试验办法》进行单车试验。

4. 滚动轴承检修质量要求

轴箱应清除外部尘垢,各部无裂纹,无甩油,橡胶密封圈无老化、破损,组装后密封状态良好,螺丝无松动。打开轴箱前盖,轴端压板螺丝无松动、折损,防滑器传感器安装位置和作用正常,轴承保持架、内圈及其他可见部分应无破损、松动和异状。轴箱和轴承内不缺油、混砂、混水、变质和夹杂金属粉末。

5. 牵引拉杆的防松垫片和螺母须齐全。

6. 检查轴箱橡胶定位器、中心销橡胶套、摇枕吊橡胶堆、横向缓冲器是否有开裂、脱胶现象。

7. 检查旁承板面聚四氟乙烯及铜层有无剥离和缺陷。

(三)转向架库列检要求

库列检应对使用中的客车转向架全面检查,排除故障。

1. 轮轴各部不得有肉眼可见裂纹,踏面不得有明显擦伤。

2. 制动盘磨耗未到限,盘面裂纹不超限,盘毂及各螺栓、销套不得松动。

3. 转向架构架、中心销、轴箱、导柱、摇枕吊杆、吊轴、轴箱弹簧、托梁装置、牵引拉杆、扭杆及连杆等零件均无裂纹,轴箱无漏油。

4. 空气弹簧在充气状态下高度符合185~200 mm,且调节杆上翘不超过45°。

5. 各油压减振器配件齐全,不漏油,减振器安装螺丝不松动。

6. 牵引拉杆、抗侧滚扭杆及连杆配件齐全,螺母紧固状态良好。

7. 中心销、旁承、轴箱、吊轴及安全吊螺栓无松动。

8. 检查橡胶堆定位器、摇枕吊橡胶堆无裂开、脱胶及老化现象。

9. 轴箱定位下部的螺栓、防松吊座及开口销等配件应齐全。

10. 盘形制动单元的杠杆和悬吊装置无裂纹,各杠杆转动灵活、不抗劲。缓解状态下,用手摇动闸片可以左右摇动,各圆销、开口销无丢失折损。

11. 检查制动缸活塞头部的定位销无松动,即制动缸螺杆转不动。

12. 检查闸片和制动装置,闸片厚度不小于5 mm。

13. 各软管的连接状态良好,管卡齐全,无松动。

14. 各磨耗部位应给油。

(四)客列检要求及作业范围

1. 检测轴温。

2. 若车轮缺损,踏面剥离、擦伤(擦伤深度在0.5 mm以内),准许以普通客车的速度运行到终点站换轮。

3. 若摇枕吊杆、摇枕吊轴、轴箱弹簧的裂损及折断,不允许继续运行。

4. 若空气弹簧破裂,允许以普通客车速度一次运行到终点。

5. 若基础制动装置配件脱落、损坏,各部圆销、开口销丢失等可进行不摘车更换。

6. 软管的连接状态不良,可不摘车处理。

7. 在处理轴温故障时,若其轴温超过外温40 ℃,应摘车修理。

二、206KP 型转向架的运用检修

(一)运用检修的基本要求

转向架应在技术状态正常情况下投入运用。投入运用后应做好维修工作,并按规定期限进行检修,检修时应尽可能恢复原设计,以保证转向架的性能并延长其寿命。转向架在正常运用过程中,应密切注意各部件的状态,如制动缸活塞行程调整装置是否起作用,各零部件是否产生裂纹等损伤,各连接紧固螺栓是否松动,空气弹簧高度调整阀充排气是否正常,其高度调整是否符合规定等,若发现问题应及时处理。空气弹簧胶囊应注意保护,不得用锐器敲击,以防损坏。运用中若有空气弹簧以外破损泄露,或高度调整阀失灵无法短时修复时,应将全部空气弹簧供气通路切断(关闭车体下弹簧储风缸通路),同时将空气弹簧压力空气排出,使车辆处于空气弹簧无气状态下运行,车辆运行速度应根据情况降低。对于运用过程中磨耗到限的闸片(瓦)应及时更换,油压减振器发生漏油时应更换检修。空气弹簧充气时间为 5 ~ 10 min,若发现充气缓慢应检查高度调整阀进气口处的滤尘网外面是否堆积杂物,若有杂物则清除后即可恢复正常充气。

1. 各车辆段应配备必要的转向架零件,对高度阀、差压阀原则上整体换件。

2. 制动盘表面不允许有深度大于 1 mm 的凹槽,摩擦面如果出现偏磨,最高点与最低点之间的差值不应超过 2 mm,如超限时应加工平整,超过最大磨耗限度时应更换制动盘。

3. 制动盘在摩擦面中心区域出现热裂纹,只要不是从内径到外径的通长裂纹均可使用,裂纹的数量不限,热裂纹距摩擦面的内外边缘距离不小于 10 mm,由内外边缘开始的热裂纹长度不得超过 60 mm,超过者允许旋削消除。散热片上不允许有通长裂纹,两半制动盘的连接部位及制动盘座连接部均不允许有裂纹。

4. 弹性定位套和引导套在正常运行状态下,其使用寿命暂定为 6 年。

5. 轮对经过旋轮、旋轴或更换制动盘后,须重新进行动平衡试验,满足不平衡量小于 0.75 N · m 的要求。

6. 检修架车时,应注意各连接管、线的长度,以免发生零部件的损伤。

(二)客列检作业范围及要求

1. 检测轴温,轴温度超过外界温度 40℃时应甩车进行检修,严禁带故障运行。

2. 检查车轮状态,车轮的缺损、踏面剥离、擦伤(擦伤深度在 0.5 mm 以内准许以普通客车的速度运行到终点站换轮),甩车检修。

3. 检查各受力件的表面状态,转向架构架、牵引销、轴箱、定位转臂牵引拉杆、摇枕、轴箱弹簧等发生裂损及折断时,甩车检修。

4. 检查空气弹簧及高度调整阀状态,如发生空气弹簧胶囊破裂或高度调整阀失灵(现车无法修复者),应将本车的空气弹簧的供气路切断(关闭车体下空气弹簧储风缸通路),允许在空气弹簧无压力状态下以低于 80 km/h 的速度一次运行到终点更换。

5. 检查基础制动装置各件,如发生配件脱落、损坏,各部圆销、开口销丢失等可以进行现车更换。

6. 检查软管的连接状态,如发生连接不良,可现车进行处理。

7. 检查各连接紧固螺栓状态,松动时现车进行处理。

(三)库列检作业范围及要求

库列检应对使用中的客车转向架全面检查,排除故障。

1. 轮轴各部不得有肉眼可见的裂纹,踏面不得有明显的擦伤、剥离。

2. 制动盘磨耗及摩擦面状态不得超过限度要求,制动盘及座、各螺栓、销套不得有松动。

3. 转向架构架、牵引销、轴箱、定位转臂、轴箱弹簧、牵引拉杆、摇枕、扭杆等零件不得有裂纹。

4. 空气弹簧在充气状态下高度符合要求,不得有橡胶囊严重磨损、表面异状等缺陷。高度调整阀的调节杆应处于正常状态。

5. 各油压减振器配件齐全,不得有漏油、安装螺栓松动等问题存在。

6. 牵引拉杆、抗侧滚扭杆配件齐全,螺母紧固状态良好。

7. 牵引销、扭杆、旁承、轴箱、定位臂与定位转臂的连接螺栓及安全吊螺栓不得松动,各开口销无丢失和折损。

8. 盘形制动单元的杠杆和悬吊装置无裂纹,各杠杆转动灵活,不抗劲,各圆销及开口销无丢失或折损。

9. 检查制动缸,其状态良好。

10. 检查闸片、闸瓦厚度不得小于 5 mm(闸片)、10 mm(闸瓦)。

11. 各软管的连接状态良好,管卡齐全,无松动。

三、SW－160 型转向架运用检修要求

(一)运用维护的基本要求

1. 转向架应在技术状态正常情况下投入运用,投入运用后应做好日常维修工作,并按规定期限进行检修,检修时应尽可能恢复设计要求,以保证转向架的性能并延长其使命寿命。

2. 更换转向架零部件时,对高度阀、差压阀应整件更换。

3. 制动盘表面不允许有深度大于 1 mm 的凹槽,摩擦面如出现偏磨,最高点和最低点差值不应超过 2 mm,如果超限应车削平整,超过最大磨耗限度应更换制动盘。

4. 制动盘在摩擦中心区出现热裂纹,只要不是从内径到外径的通长裂纹均可使用,裂纹数量不限,热裂纹距摩擦面的内外边缘的距离不小于 10 mm,由内外边缘开始的热裂纹长度不得超过 60 mm,超过者允许旋削消除。散热片上不允许有通长裂纹,两半制动盘的连接部位及与制动盘座连接部均不允许有裂纹。

5. 在正常运行状态下,弹性定位套和牵引套的使命寿命为 4 年。

6. 轮对经旋削或更换制动盘后,需重新进行动平衡试验,其动不平衡量应小于 0.75 N·m。

7. 检修架车时,应注意各连接管、线的长度,以免发生零部件损坏。

(二)检修基本要求

1. 检测轴温时,轴温超过外温 +40℃时应甩车检修,严禁带病运行。

2. 检查车轮状态,若车轮缺损、踏面剥离、擦伤(擦伤深度在 0.5 mm 以内准许以普通客车的速度运行到终点站换轮),须甩车检修。

3. 检查各受力件表面状态,转向架构架、牵引销、轴箱、定位转臂、牵引拉杆、摇枕、轴箱弹簧等发生裂损及折断时,甩车检修。

4. 检查空气弹簧及高度调整阀状态,如发生空气弹簧胶囊破裂或高度调整阀失灵(现车无法修复者),应将本车空气弹簧供气通路切断(关闭车体下空气弹簧储风缸通路),允许在空气弹簧无气状态下以低于 80 km/h 的速度一次运行到终点更换。

5. 检查基础制动装置,各部如果发生配件脱落、损坏,各部圆销、开口销丢失等可进行现

车更换。

6. 检查软管的连接状态，如发生连接不良，可现车处理。

7. 检查各连接紧固螺栓状态，松动者现车处理。

（三）库列检转向架作业范围及要求

库列检应对使用中客车转向架全面检查，排除故障。

1. 轮轴各部不得有肉眼可见裂纹，踏面不得有明显擦伤、剥离。

2. 制动盘磨耗及摩擦面状态不得超过限度要求，制动盘及制动盘座、螺栓、销套不得有松动。

3. 转向架构架、牵引销、轴箱、定位转臂、轴箱弹簧、牵引拉杆、摇枕、扭杆等零件不得有裂纹。

4. 空气弹簧在充气状态下高度符合要求，不得有橡胶囊严重磨损、表面异状等缺陷，高度调整阀调节杆应处于正常状态。

5. 各油压减振器配件齐全，不得有漏油、安装螺栓松动等问题存在。

6. 牵引拉杆、抗侧滚扭杆配件齐全，螺母紧固状态良好。

7. 牵引销、扭杆、旁承、轴箱及定位臂与定位转臂的联接螺栓及安全吊螺栓不得松动，开口销无丢失折损。

8. 盘形制动单元的杠杆和悬吊装置无裂纹，各杠杆转动灵活，不抗劲，各圆销、开口销无丢失折损。

9. 检查制动缸，其状态应正常。

10. 检查闸片、闸瓦厚度不得小于 5 mm（闸片）、10 mm（闸瓦）。

11. 各软管的连接状态良好，管卡齐全，无松动。

四、CW－2C 型转向架运用检修要求

1. 轮轴各部分不得有肉眼可见裂纹，踏面不得有明显擦伤。

2. 轴箱无裂纹、无漏油、螺栓无松动。

3. 制动盘磨耗未到限、盘面裂纹不超限，闸片厚度不小于 5 mm。

4. 盘形制动单元配件齐全，杠杆、悬吊无裂纹，各杠杆不别劲。各圆销、开口销无丢失折损。

5. 转向架构架、摇枕、弹簧托梁、吊杆螺栓、轴箱弹簧、牵引拉杆、横向控制杆、抗侧滚扭杆等零部件均无裂纹。

6. 空气弹簧在充气状态下工作高度应符合(150 ± 2) mm 要求。

7. 牵引拉杆、横向控制杆、抗侧滚扭杆、横向拉杆配件齐全，螺母紧固状态良好。当牵引拉杆和横向拉杆在橡胶套（垫）发生永久变形而产生间隙时，可以加调整垫来消除间隙。

8. 安全钢丝绳无折断。

9. 各油压减振器配件齐全，不漏泄，减振器安装螺母不松动。

10. 检查轴箱节点橡胶套，横向控制杆橡胶套、牵引拉杆橡胶套有无开裂、脱胶及老化现象。

11. 各软管连接状态良好。各管路管卡齐全，无松动。

12. 各磨耗部件给油。

五、SW-220K 型转向架运用检修要求

(一)运用维护的基本要求

1. 转向架应在技术状态正常情况下投入运用。投入运用后应做好日常维修工作,并按规定期限进行检修,检修时应尽可能恢复原设计,以保证转向架的性能并延长其使用寿命。

2. 各车辆段应配备必要的转向架零部件,对高度阀、差压阀原则上整件更换。

3. 在制动盘表面不允许有深度大于1 mm 的凹槽,磨擦面如出现偏磨,最高点和最低点差值不应超过2 mm,如超限应车削平整,超过最大磨耗限度应更换制动盘。

4. 制动盘在摩擦制动区出现热裂纹,只要不是从内径到外径的通长裂纹均可使用,裂纹数量不限,热裂纹距摩擦面的内外边缘的距离不小于10 mm,由内外边缘开始的热裂纹长度不得超过60 mm,超过者允许旋削消除。制动盘座连接部不允许有裂纹。

5. 弹性定位套和牵引节点在正常运行状态下,其使用寿命暂定为6年。

6. 轮对经旋轮、旋轴或更换制动盘后,需重新进行动平衡试验,满足动不平衡量小于0.75 N·m之要求。

7. 检修抬车时,应注意各连接管、线的长度,以免发生零部件损坏。

8. 按部"25K 型客车检修规程"的有关内容执行。

(二)列检转向架作业范围及要求

1. 检测轴温,轴温超过外温+40 ℃时应甩车检修,严禁带病运行。

2. 检查车轮状态,车轮缺损,踏面剥离、擦伤(擦伤深度在0.5 mm 以内准许以普通客车的速度运行到终点站换轮)时,甩车检修。

3. 检查各受力件表面状态,转向架构架、牵引销、轴箱、定位转臂、牵引拉杆、轴箱弹簧等发生裂损及折断时,甩车检修。

4. 检查空气弹簧及高度控制阀状态,如发生空气弹簧胶囊破裂或高度控制阀失灵(现车无法修复者),应将本车空气弹簧供气通路切断(关闭车体下空气弹簧进风通路),允许在空气弹簧无气状态下以低于120 km/h 的速度一次运行到终点更换。

5. 检查制动装置各件,如发生配件脱落、损坏,各部圆销、开口销丢失等可进行现车更换。

6. 检查软管的连接状态,如发生连接不良,可现车处理。

7. 检查各连接紧固螺栓状态,松动者现车处理。

(三)库列检转向架作业范围及要求

库列检应对使用中的转向架进行全面检查,排除故障。

1. 轮轴各部不得有肉眼可见裂纹,踏面不得有明显擦伤、剥离。

2. 制动盘摩耗及摩擦面状态不得超过限度要求,制动盘及座、各螺栓、销套不得松动。

3. 转向架构架、牵引销、轴箱、定位转臂、轴箱弹簧、牵引拉杆、扭杆等零件不得有裂纹。

4. 空气弹簧在充气状态下高度符合要求,不得有橡胶囊严重磨损、表面异状等缺陷。高度控制阀调节杆应处正常状态。

5. 各油压减振器配件齐全,不得有漏油、安装螺栓松动等问题存在。

6. 牵引拉杆、抗侧滚扭杆配件齐全,螺母紧固状态良好。

7. 牵引销、扭杆、轴箱及定位臂与定位转臂之联接螺栓不得松动,各开口销无丢失折损。

8. 盘形制动单元的杠杆和悬吊装置无裂纹,各杠杆转动灵活,不抗劲,各圆销、开口销无丢失折损。

9. 检查制动缸,其状态应正常。

10. 检查闸片厚度不得小于 5 mm。

11. 各软管的连接状态良好,管卡齐全,无松动。

第九节　25T(19T)型客车转向架的检修要求

25T(19T)型客车是在 25K 型客车基础上进一步提升技术性能和设施功能并达到持续运行速度为 160 km/h 的铁路客车,是实现铁路新一轮提速、继续增强铁路在国内客运市场竞争能力的新型客车。随着现代化科学技术的发展,25T(19T)型客车的结构技术和设施档次均有了较大幅度提高,采用了更多的新技术、新工艺、新材料、新装置。为使该型客车在运用中保持良好性能和安全可靠,必须按技术状态进行定期检修。25T(19T)型客车转向架目前使用的主要是 CW－200K、SW－220K 和 AM96 三种转向架。

一、A1 级修程检修要求

1. 对构架组成、牵引拉杆、AM96 转向架牵引拉杆连杆、抗侧滚扭杆、轴箱弹簧及与车体连接的牵引支座、扭杆座、抗蛇行减振器座等进行外观检查,须无缺陷、裂纹,状态良好;牵引拉杆节点脱胶深度不得大于 20 mm,长度不得大于 1/4 圆周(BSP 客车转向架须冲洗,外观检查,各紧固螺栓防松标记不良者,须用扭力扳手进行检测,合格后须在螺母上涂打防松标记,各止挡作用良好)。

2. 各橡胶件须无明显裂纹、破损、脱胶现象;有下列情况之一者更换。

3. 橡胶与金属件结合面之间产生开裂且长度超过 1/4 圆周,深度超过 5 mm 时。

4. 橡胶表面产生周向裂纹且长度超过 1/4 圆周,深度超过 5 mm 时。

5. 橡胶表面产生周向贯通裂纹且深度超过 3 mm 时。

6. 橡胶表面产生溶胶现象且有明显的块状橡胶脱出。

7. 各油压减振器零部件齐全、安装牢固、作用良好,漏油时更换。

8. 高度调整阀、差压阀须作用良好,AM96 转向架空气弹簧排风阀阀杆处给油,作用良好,不漏泄。高度调整阀调整杆动作可靠,空气弹簧高度合格后用胶管包扎调整杆。

二、A2 级修程检修要求

(一)转向架检修要求

1. 清除构架表面锈垢(AM96 转向架除外)。

2. 构架表面裂纹长度不超过截面周长 20% 时焊修或焊后补强,焊修时须采用与构架材料配套的焊条,焊后局部热处理以消除热应力(AM96 转向架除外)。

3. 构架上各种吊座(定位座、制动吊座、各种减振器座、高度阀座、防过充座、扭杆座、抗蛇行减振器座)弯曲变形时调修,裂纹时焊修、补强或更换。构架上组焊件原焊缝裂纹时须清除焊波后焊修(AM96 转向架除外)。

4. 构架上各衬套裂纹、缺损、松动、磨耗过限时须按规定更换。

5. 构架附加空气室漏泄时焊修,焊后热处理,并进行 600 kPa 压力空气试验。

6. 清除构架附加空气室内的杂质和水分。

7. 构架组成检修后须按相关要求涂底、面漆,AM96 转向架局部补漆。

8. 与车体相连的牵引支座、抗蛇行减振器座等须无缺陷、裂纹,状态良好。

9. 转向架各零部件焊修须符合 TB/T 1581《机车车辆修理焊接技术条件》的要求。

10. 轴箱节点定位套、横向缓冲器、牵引拉杆橡胶套须无开胶、裂损、老化现象,有下列情况之一者更换:

(1)橡胶与金属件结合面之间产生开裂且长度超过1/4 圆周,深度超过5 mm 时;

(2)橡胶表面产生周向裂纹且长度超过 1/4 圆周,深度超过 5 mm 时;

(3)橡胶表面产生周向贯通裂纹且深度超过 3 mm 时;

(4)橡胶表面产生溶胶现象且有明显的块状橡胶脱出时。

11. 轴箱定位装置状态良好时可不分解。转臂、箍须状态良好、无裂纹。内孔表面重新涂底漆。定位转臂、箍、定位节点分解时编号,组装时须原套配装。

12. 轴箱弹簧有裂纹、折损及腐蚀超过簧条直径 6% 时更换。

13. 牵引拉杆须状态良好,有裂纹时焊修。橡胶件须无老化、破损现象。SW－220K 型转向架牵引拉杆 M30 安装螺栓探伤检查,有裂纹时更新。AM96 转向架牵引拉杆连杆须状态良好。

14. 横向挡体、座裂纹时焊修或更换。转向架与车体落成后横向挡与中心销组成每侧间隙为 (40±2) mm。超过时在纵向辅助梁上加调整垫,不足时加工横向挡端部进行调整。AM96 转向架横向止挡和中心销组成间隙两侧之和为(40±2) mm,纵向间隙每侧为 13～17 mm。不符合时,须将调整垫片安装在止挡后方调整。

15. 抗侧滚扭杆(CW－200K、AM96 转向架)外观检查,符合以下要求时可不分解。

(1)各连接部位螺母无松动;

(2)橡胶密封圈完好无损;

(3)连杆处关节轴承转动灵活,轴向游隙小于 2 mm;

(4)扭杆、连杆表面无裂纹,状态良好;

(5)扭杆安全吊无裂纹、变形。

16. 对装用轴套的扭杆须向支撑座内注适量润滑脂。

17. 轴承处橡胶保护套更新。

18. AM96 转向架卸下端部螺堵注油。

(二)转向架组装及整车落成

1. 组装

(1)定位节点、转臂和箍须原位组装。

(2)轴箱弹簧根据车辆自重试验高度选配,同一转向架高度差不大于 5 mm,同一轮对及转向架同一侧其高度差不大于 3mm。

(3)CW－200K 型转向架须调整同一轮对上两车轮外侧面分别与构架上定位块的间隙差不大于 2 mm。然后预紧橡胶节点盖形螺母,待落车后紧固螺母扭矩为 450～500 N·m,并上紧压板。

(4)螺栓组装前须涂油脂(涂锁固胶件除外),紧固后须留有 1 扣以上的余量。各螺母紧固扭矩符合附件 R《转向架防松螺母紧固件扭矩》要求。

(5)圆、扁开口销均须使用新品,劈开后因受结构限制,不能转动 1 周时须卷起。

2. 落成

(1)空气簧充气状态下转向架两端与轨面垂直距离:左右之差≤10 mm,前后之差≤

12 mm。

(2)转向架上部与车体底架下部各零件垂直距离：两横梁内侧不小于 50 mm，横梁外侧不小于 75 mm；BSP SW－220K 客车转向架上部与车体底架下部各零件垂直距离：两横梁内侧不小于 50 mm，横梁外侧不小于 55 mm。

(3)空气弹簧充气后，使自重下空气弹簧高度符合标准要求。AM96 型转向架空气弹簧盖板(包括调整板厚度)距轨面高度为(1 020 ±2) mm，不足时，须在空气弹簧上盖板加垫并不得超过 36 mm。

(4)横向止挡与纵向梁挡板之间间隙每侧为(40 ±2) mm。AM96 型转向架牵引销与横向止档间隙两侧之和为(40 ±2) mm；纵向间隙每侧为 13 ~ 17 mm。

(5)轮对提吊间隙：CW－200K 型转向架不小于 30 mm；SW－220K 型转向架不小于 15 mm。

安全钢丝绳(CW－200K)：安装后确保钢丝绳上端点上提 30 mm。

(6)空气簧下加垫后，使车体和转向架防过冲座之间距离增大，为保证原有距离不变，可调节防过冲钢丝绳，调节长度为空气簧下所加调整垫厚度(充风至空簧标准高度时，钢丝绳长度大于上、下防过充座距离 30 mm 时，可不调整)。

(7)落成后须对空气弹簧、附加空气室及管路系统进行 600 kPa 风压试验，保压 20 min，压降不得超过 10 kPa。

(8)车体倾斜不得超过 30 mm。

(9)空气弹簧排风阀、高度阀、差压阀试验须符合附件 C《电空制动机单车试验方法》要求。

三、A3 级修程检修要求

1. 抗侧滚扭杆装置(CW－200K)

(1)扭杆、扭臂、连杆和销轴须探伤检查，扭杆、连杆和销轴发现裂纹时报废。

(2)检查扭杆与扭臂是否松动，如无松动则无需分解。

(3)扭杆弯曲超过 8 mm 时须校直，进行热处理后须进行再次探伤。

(4)更换所有的轴承、橡胶密封圈和胶垫及轴套。对装用轴套的扭杆须向支撑座内注适量润滑脂。

2. AM96 型转向架抗侧滚扭杆装置

(1)清除抗侧滚扭杆装置外部锈垢，分解检查。

(2)抗侧滚扭杆组件的所有零部件无损伤、裂纹、磨痕、变形、凹陷或氧化痕迹等。

(3)尺寸测量：

①扭力杆：扭力杆的端部直径：$\phi49^{+0.025}_{+0.009}$。

②衬套：内径：$\phi56.65^{+0.05}_{0}$，外径：$\phi71^{+0.15}_{+0.1}$。当轴承/衬套间隙大于 2 mm 时，更换衬套。

③套圈：内径：$\phi49^{-0.003}_{-0.0421}$，外径：$\phi56^{0}_{-0.046}$。

④轴承：轴承内径：$\phi71^{+0.03}_{0}$。

⑤端部螺堵：更换 O 形密封圈。测量螺杆的内径：$\phi56^{+0.004}_{-0.015}$。

⑥杠杆：测量杠杆孔径：$\phi80^{-0.112}_{-0.150}$和 $\phi36^{+0.025}_{0}$。

⑦橡胶复合节点：内径：$\phi25^{+0.033}_{0}$，外径：$\phi55^{-0.02}_{-0.05}$。

⑧销子：外径：$\phi 25_{-0.053}^{-0.020}$。

3. 安全钢丝绳（CW－200K、AM96）须状态良好，钢丝折断、腐蚀严重时须更换。

4. 轴箱弹簧

(1)轴箱弹簧须分解检修，弹簧预压紧螺栓、螺母，开口销更换。

(2)钢弹簧须按图纸规定的最大试验载荷压缩不少于3次，每次压缩时不得有永久变形。

(3)全车钢弹簧按规定载荷进行试验。

(4)弹簧裂纹、折损、腐蚀过限时更换（超出原丝径的6%）。

(5)检修完的弹簧须按图纸要求的预压缩高度进行组装。

(6)各车型弹簧参数符合附件《各车型弹簧参数表》要求。

(7)AM96型转向架轴箱弹簧橡胶止挡出现以下情况时报废：橡胶蠕变或撕裂；橡胶高出金属支撑装置；引导面损坏。

5. 油压减振器

(1)减振器橡胶减振垫更新。

(2)防尘罩变形时调修。

(3)各种油压减振器须作性能试验，阻力系数值超出标准值的±15%，示功图不对称率超过10%，示功图有畸形或突变，平放24 h漏油，筒体变形时送修。各种减振器名称、型号及阻力系数见表5－8。

表5－8　减振器参数表

(1)SW－220K型转向架

减振器位置	型　号	试验速度（m·s^{-1}）	阻尼力（kN）
一系垂向	DISPEN：PV/2409－20 KONI：96A－1928－011	0.15	3×(1±15%)
二系横向	DISPEN：LS/2298－00 KONI：96H－1930－011	0.1	4×(1±15%)
抗蛇行	DISPEN：YAW/2299－01 KONI：04R－1693－011	0.01	6×(1±15%)

(2)CW－200K型转向架

名　称	型　号	阻力系数（kN·s·m^{-1}）	阻尼力/速度[kN/(m·s^{-1})]
一系垂向减振器	DISPEN 2170－00 KONI 96A－1842	15	3.75/0.25
二系横向减振器	DISPEN 2171－00 KONI 96H－1825	25	1.875/0.075
抗蛇行减振器	DISPEN 2172－00 KONI 04R－1613	250	10/0.04

(3)AM96型转向架

名　称	减振器型号	阻力系数（kN·s·m^{-1}）	阻尼力/速度[kN/(m·s^{-1})]
一系垂向	KONI 90－9887－9	3.733	1.12/0.3
二系横向	KONI 96H－1589－001	22.5	2.25/0.1
二系垂向	KONI 96V－1868	22.667	3.4/0.15
抗蛇行	KONI 04R－1481－001	148	5.18/0.035

6. 构架组成

(1)清除构架锈垢后并分解检修。

(2)构架表面裂纹长度不超过截面周长20%时焊修，或焊后补强，焊修时须采用与构架钢材配套的焊条，焊后须消除热应力（AM96型转向架除外）。

(3)构架上各安装座弯曲变形时调修，裂损时焊修、补强或更换。腐蚀厚度超过原件厚度

30% 时更换。构件上组焊件原焊缝裂纹时须清除焊波后焊修(AM96 型转向架除外)。

(4)AM96 构架四角水平高度差不大于 1 mm,如图 5－81 所示。

(5)AM96 构架定位转臂作用须良好,裂纹及变形时更换。定位尺寸要求:对角线尺寸之差小于 1 mm,如图 5－82 所示。

(6)构架附加空气室泄漏时焊修,焊后热处理,并进行 600 kPa 压力空气充气试验。

(7)各阀如有拆卸,须清除构架附加空气室内部杂质和水。各风管损坏或裂损更换时须采用不锈钢管。

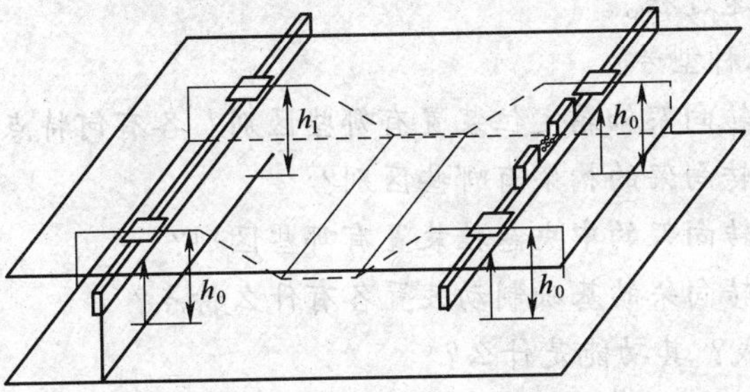

图 5－81　AM96 构架四角水平高示意图

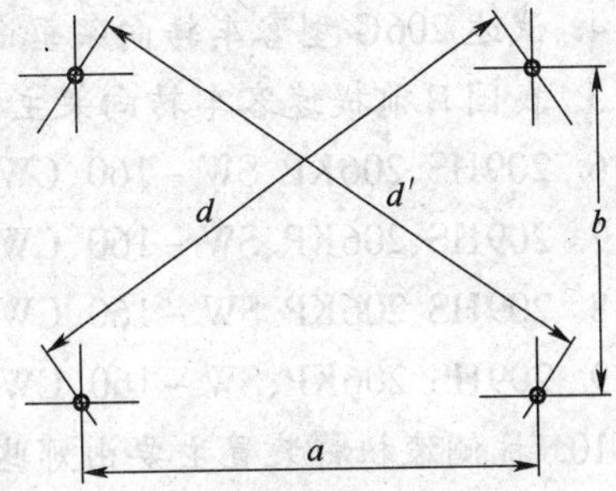

图 5－82　AM96 构架定位转臂对角线示意图

7. 与车体连接的牵引座、扭杆座和抗蛇行减振器座弯曲变形时调修,裂损时焊修、补强或更换。腐蚀厚度超过原件厚度 30% 时更换。构件上组焊件原焊缝裂纹时焊修。AM96 型转向架更换零部件。

8. 转向架各零部件焊修须符合 TB/T 1581《机车车辆修理焊接技术条件》的要求。

9. 轴箱节点定位套、横向缓冲器橡胶件无开胶、裂损、老化现象;有下列情况之一者更换:

(1)橡胶与金属件结合面之间产生开裂且长度超过 1/4 圆周,深度超过 5 mm 时;

(2)橡胶表面产生周向裂纹且长度超过 1/4 圆周,深度超过 5 mm 时;

(3)橡胶表面产生周向贯通裂纹且深度超过 3 mm 时;

(4)橡胶表面产生溶胶现象且有明显的块状橡胶脱出。

10. 牵引拉杆须进行探伤检查,有裂纹和弯曲时打磨或调修,有下列情况之一者更换:

(1)杆身部有横向裂纹时;

(2)杆身部有纵向裂纹且深度超过 2 mm,长度超过 30 mm 时;

(3)杆身弯曲超过 4 mm 时(弦高);

(4)SW－220K 牵引拉杆 M30 安装螺栓更新;

(5)牵引拉杆橡胶节点更新,其中 SW－220K 要求过盈量为 0.052～0.3 mm,安装前节点表面涂清油。

11. 转臂、节点装置

(1)外观检查转臂、箍须状态良好,无裂纹。检修完后内孔表面重新涂底漆。

(2)CW－200K 转向架转轴、转轴套须分解并探伤检查,不得有裂纹。转轴、转轴套圆锥表面及转轴杆部表面不得有偏磨痕迹,如有则须更换,更换时橡胶定位套、转轴、转轴套须成套更换。

(3)节点定位套外表面有裂纹时更新。

12. AM96 型转向架各橡胶节点外观检查无开胶、裂损、老化现象,状态须良好。

复习思考题

1. 试述 209T 型客车转向架的主要结构特点。
2. 试述 209T 型客车转向架垂向力的传递过程。
3. 试述 206G 型客车转向架的主要结构特点。
4. 试述 206G 型客车转向架垂向力的传递过程。
5. 我国目前提速客车转向架主要有哪几种型号?
6. 209HS、206KP、SW－160、CW－2C 型转向架轴箱定位装置有哪些区别? 各有何特点?
7. 209HS、206KP、SW－160、CW－2C 型转向架的构架有哪些区别?
8. 209HS、206KP、SW－160、CW－2C 型转向架的中央悬挂装置有哪些区别?
9. 209HS、206KP、SW－160、CW－2C 型转向架的基础制动装置各有什么特点?
10. 抗侧滚扭杆装置主要由哪些结构组成? 其功能是什么?
11. 纵向牵引拉杆由哪些结构组成? 其主要功能是什么?
12. 提速客车转向架抑制蛇行运动的措施有哪些? 各有何特点?
13. 提速客车转向架轴箱油压减振器属于哪种形式? 有什么功能?
14. 轴温报警装置在转向架上有哪些配件? 有什么功能?
15. 制动盘是如何与车轴安装的?
16. 普通客车转向架的主要故障有哪些? 如何进行检修?
17. 25K 客车转向架的主要故障是什么? 如何进行检修?
18. 25K 客车转向架分解及组装要求有哪些?
19. 25K 客车转向架运用检修的一般要求有那些?
20. AM96 型客车转向架有何结构特点?
21. 25T 客车转向架主要故障有哪些? 如何进行检修?

第六章

车钩缓冲装置

本章主要介绍车钩缓冲装置的构造与检修。主要内容有车钩缓冲装置的组成和作用、车钩装置的分类、组成及三态作用的形成、车钩装置的故障及检修、缓冲器的组成、结构及作用原理、缓冲器的故障及检修、车钩缓冲装置组装工艺及要求、车钩高度调整方法等。学习完本章后,应掌握车钩缓冲装置各部分的组成、作用及工作原理,能进行车钩缓冲装置的检修作业。

车钩缓冲装置是车辆最基本的也是最重要的部件之一,它是用来连接列车中各车辆使之彼此保持一定距离,并且传递和缓和列车在运行中或在调车时所产生的纵向力和冲击力。

如果上述的牵引、连挂和缓和冲击的作用是由同一装置来承担的,那么该装置称之为牵引缓冲装置。如果它们的作用分别由不同的装置来承担,则分别称之为牵引连挂装置和缓冲装置。牵引连挂装置用来实现车辆之间的彼此连接、传递和缓和牵引(拉伸)力的作用;缓冲装置(缓冲盘)用来传递和缓和冲击(压缩)力的作用,并且使车辆彼此之间保持一定的距离。

按照牵引连挂装置的连接方式,可分为自动车钩和非自动车钩。自动车钩不需要人工参与就能实现连接,非自动车钩则要由人工完成车辆之间的连接。我国铁路车辆均采用自动车钩。

自动车钩又可分为两种基本类型:非刚性车钩和刚性车钩。非刚性车钩允许两个相连接的车钩在垂直方向上有相对位移[见图6-1(a)],当两个车钩的纵轴线存在高度差时,连接着的两钩呈阶梯形状,并且各自保持水平位置。刚性车钩不允许两相连接车钩在垂直方向彼此存在位移,但是在水平方向可产生少许转角[见图6-1(b)],如果在车辆连接之前两车钩的纵向轴线高度存在偏差,那么在连挂后,两车钩的轴线处在同一直线上并呈倾斜状态。两车钩的尾端采用销接,从而保证了两连挂车辆之间的位移和偏角。

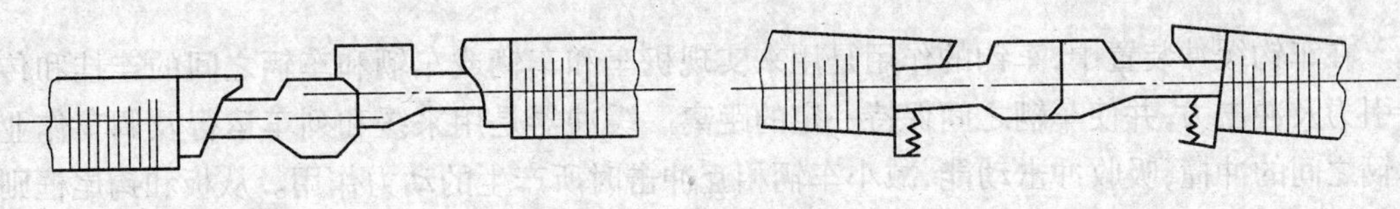

(a)　　　　(b)

图6-1　非刚性车钩与刚性车钩

(a)非刚性车钩;(b)刚性车钩

刚性车钩减小了两个连接车钩之间的间隙,从而大大降低了列车运行中的纵向冲动,提高了列车运行的平稳性,同时也降低了车钩零件的磨耗和噪声。另外,刚性车钩有可能同时实现车辆间的气路和电路的自动连接。非刚性车钩结构较简单,强度高,重量轻,与车体的连接较为简单。

我国铁路客车采用的是非刚性的自动车钩,对于高速列车和城市的地铁、轻轨车辆则应采用刚性的自动车钩,即密接式车钩。

第一节　概　　述

一、车钩缓冲装置的组成及功能

车钩缓冲装置是车辆最重要的部件之一,通过它使机车和车辆或车辆和车辆之间实现连挂,并且传递和缓和列车在运行或在调车作业时所产生的牵引力和冲击力。

车钩缓冲装置由车钩、缓冲器、钩尾框、从板等零部件组成。图 6－2 为车钩缓冲装置的一般结构形式。在钩尾框内依次装有前从板、缓冲器和后从板(有时不需后从板),借助钩尾销把车钩和钩尾框连成一个整体,从而使车辆具有连挂、牵引和缓冲三种功能。

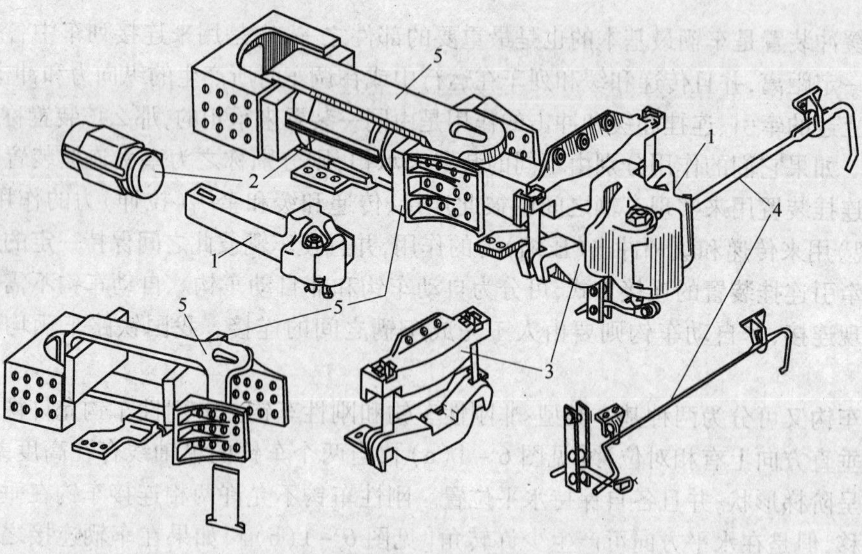

图 6－2　车钩缓冲装置

1—车钩;2—缓冲器;3—车钩复原装置;4—解钩装置;5—钩尾框及从板

在车钩缓冲装置中,车钩的作用是用来实现机车和车辆或车辆和车辆之间的连挂和传递牵引力及冲击力,并使车辆之间保持一定的距离。缓冲器是用来缓和列车运行及调车作业时车辆之间的冲撞,吸收冲击动能,减小车辆相互冲击时所产生的动力作用。从板和钩尾框则起着传递纵向力(牵引力或冲击力)的作用。

二、车钩缓冲装置在车辆上的安装及作用力的传递

车钩缓冲装置一般组成一个整体安装于车底架两端的牵引梁内,其前、后从板及缓冲器卡装在牵引梁的前、后从板座之间,下部靠钩尾框托板及钩体托梁(货车)或复原装置(客车)托住,各部相互位置如图 6－3(a)所示。

当车辆受牵拉时,作用力的传递过程为:车钩→钩尾框→后从板→缓冲器→前从板→前从板座→牵引梁,如图6－3(b)所示。当车辆受冲击时,作用力的传递过程为:车钩→前从板→缓冲器→后从板→后从板座→牵引梁,如图7－3(c)所示。由此可见,车钩缓冲装置无论是承受牵引力,还是冲击力,都要经过缓冲器将力传递给牵引梁,这样就有可能使车辆间的纵向冲击振动得到缓和和消减,从而改善了运行条件,保护车辆及货物不受损坏。

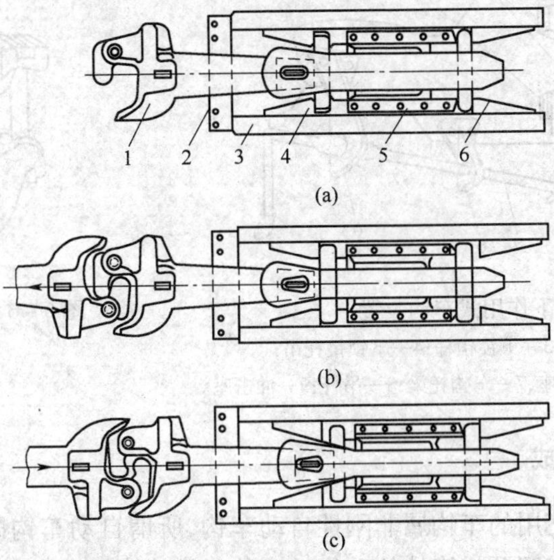

图6－3　车钩缓冲装置在车上的安装位置及受力状态

(a)在车上的安装位置;(b)牵拉状态;(c)压缩状态

1—车钩缓冲装置;2—冲击座或复原装置;3—中梁(牵引梁);

4—前从板座;5—钩尾框托板;6—后从板座

为了保证车辆连接安全可靠和车钩缓冲装置安装的互换性,我国机车车辆有关规程规定客车车钩中心线至钢轨顶面高度最小为830 mm,最大为890 mm;两连接车钩中心高度之差不得大于75 mm;牵引梁前、后从板座之间距离为625 mm。

三、车钩的开启方式及复原装置

车钩的开启方式分为上作用式及下作用式两种。上作用式车钩装置,车钩提升机构位于钩头上方;下作用式车钩装置,车钩提升机构位于钩头下方。对于客车,因车体端部有折棚和平渡板装置,故无法采用上作用式,而采用下作用式。这时,借助于设在钩头下部的推顶杆的动作来实现开启,它不如上作用式轻便。图6－4为上作用式车钩装置。图6－5为下作用式车钩装置。

客车车钩解钩提杆的安装在二、三位车端。

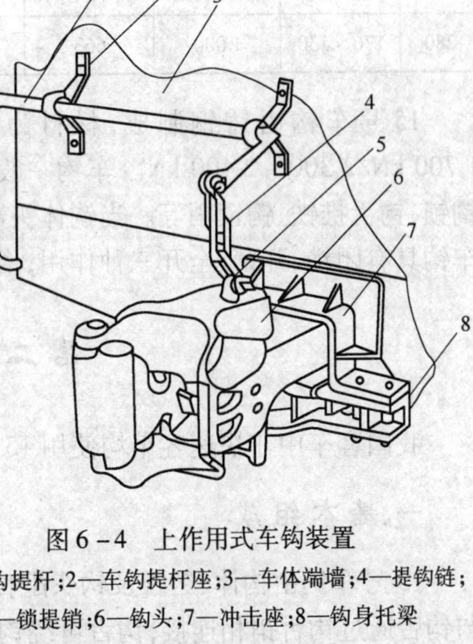

图6－4　上作用式车钩装置

1—车钩提杆;2—车钩提杆座;3—车体端墙;4—提钩链;5—锁提销;6—钩头;7—冲击座;8—钩身托梁

当车辆在曲线上运行时,车钩中心线与车体纵向中心线之间将产生一偏角。由于客车车体较长,在曲线上车钩的偏移量较大,如果车钩偏移后不能迅速地恢复到正常位置,势必会增加车辆运行时的摆动量,而且还会造成车辆摘挂困难。因此,在客车上均装有车钩复原装置,我国客车上采用摆块式车钩复原装置,它由吊杆和车钩托梁组成,其结构如图6-6所示。

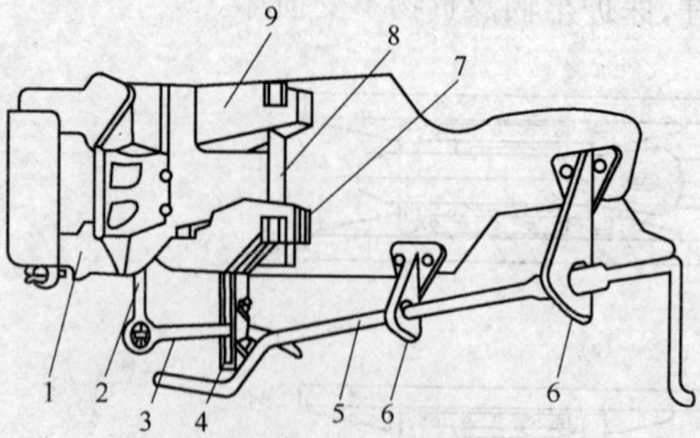

图6-5　下作用式车钩装置

1—钩头;2—锁推销;3—下锁销杆;4—下锁销托吊;
5—车钩提杆;6—车钩提杆座;7—车钩托梁;8—吊杆;9—冲击座

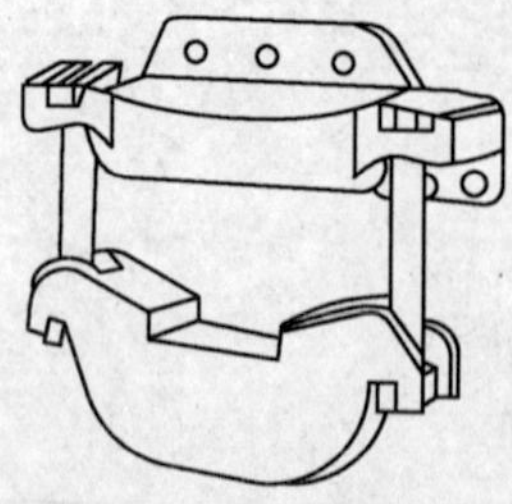

图6-6　摆块式车钩复原装置

四、车钩的种类及组成

我国铁路客车上所使用的车钩属非刚性自动车钩,所谓自动车钩即在拉动钩提杆或两车互相碰撞时就能自动完成解开或连挂的动作。这种车钩的特征为钩头上有可绕钩舌销转动的钩舌,所以也称为关节式车钩。

我国客车上采用1号、15号车钩。随着列车运行速度的提高,对车钩的强度提出了更高的要求,1号车钩已不能适应运输的要求,已经被淘汰,现在新造客车上全部采用15号车钩。15号车钩的结构特点及主要几何尺寸见表6-1。

表6-1　15号车钩的参数性能　　(未注单位者:mm)

钩舌高	钩颈(宽×高)	钩尾至钩舌连接线距	钩尾至钩头台肩距离	钩身壁厚	钩耳孔形状	钩舌销直径	钩尾(宽×高)	尾销孔	钩尾销	质量(kg)
280	176×130	1 000	663	25	$\phi 42^{+0.62}_{0}$	$\phi 42^{-0.17}_{-0.50}$	圆弧面 130×130	长圆孔 130×50	长圆 92×32	166.4

15号车钩由铸钢制成,材料为ZG230-450/ZG25 MNCrNiMo,抗拉强度为1 600~1 700 kN/2 300~2 400 kN。车钩一般可分为钩体、钩舌、钩舌销及钩体头部内的诸多零件,如钩锁、钩舌推铁、钩锁销等。当钩体头部内的零件处于不同的位置时,起着不同的作用,从而使车钩具有闭锁、开锁、全开三种作用,俗称车钩的三态作用。

第二节　15号车钩

我国客车中非快速客车均使用15号车钩,快速客车装用15号小间隙车钩。

一、基本组成

15号车钩由钩体、钩舌及钩头配件等组成,其中钩体分为钩头、钩身、钩尾三部分。钩头与钩舌通过钩舌销相连接,钩舌可绕钩舌销转动,钩头内部装有钩锁铁、钩舌推铁、钩推销等零件，如图6－7所示。

二、构造及作用

(一)构　　造

1. 钩体

钩体是车钩的基础部分，其他零件与其配合共同完成车钩的作用，可分为钩头、钩身和钩尾三部分，结构如图6－8所示。

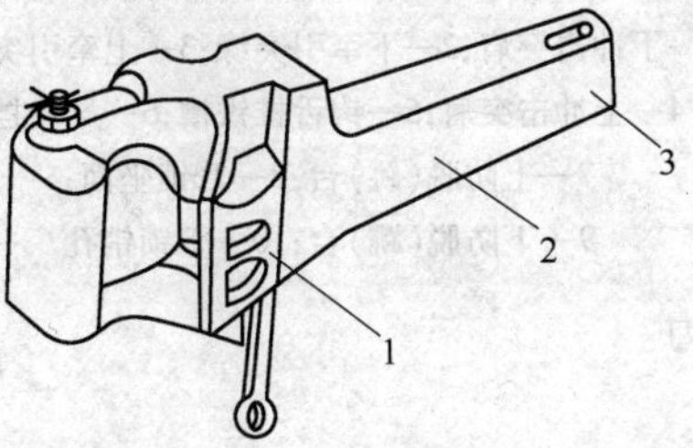

图6－7　15号车钩外形

1—钩头；2—钩身；3—钩尾

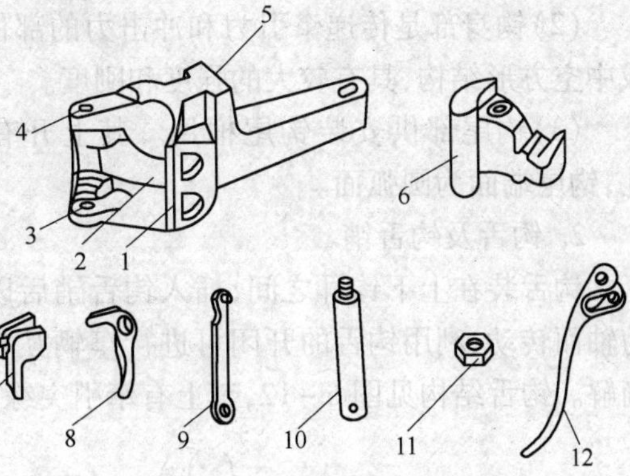

图6－8　15号车钩钩体及配件

1—钩腕；2—钩锁腔；3—下钩耳及孔；4—上钩耳孔；5—钩肩；6—钩舌；7—钩锁；8—钩舌推铁；9—下锁销；10—钩舌销；11—销螺母；12—圆棒形下锁销杆

(1)钩头部是车辆摘挂的重要部分。

①钩腕：在两车钩连挂时，可容纳对方钩舌并控制其横向移动，如图6－9所示。

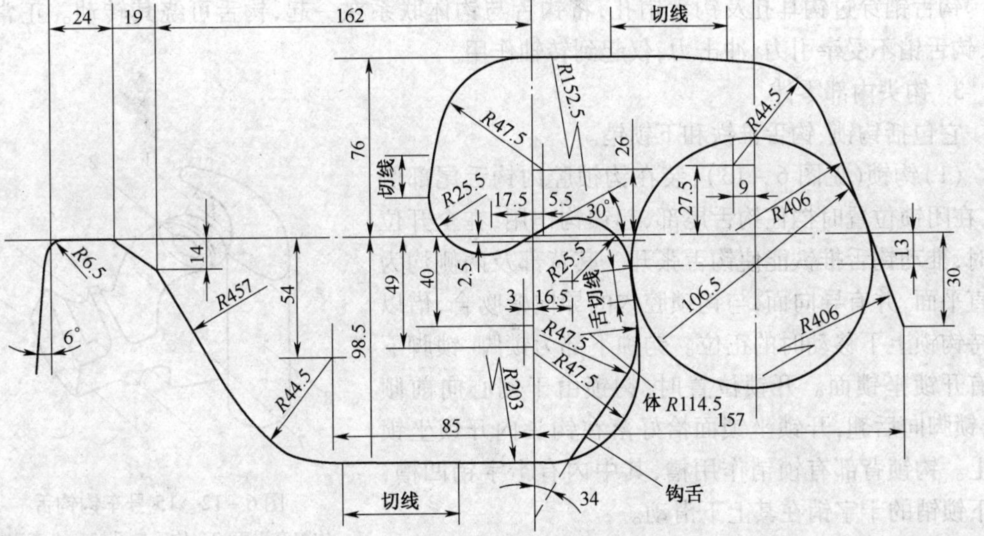

图6－9　自动车钩连接轮廓

②钩锁腔:钩头中空部,安装钩头配件,如图 6-10 所示。

③钩耳:安装钩舌用,分上下钩耳。

④钩耳孔:为安装钩舌销用。

⑤钩肩:车辆发生较大冲击时,钩肩与冲击座接触,使部分冲击力直接传递给底架,避免缓冲器破损。

⑥下锁销孔:安装下锁销用,也是锁脚起落的孔。

15 号车钩钩体上铸有型号等标志,见图6-11。

(2)钩身部是传递牵引力和冲击力的部位。它做成中空方形结构,具有较大的强度和刚度。

(3)钩尾部供安装钩尾框用。其上开有钩尾销孔,钩尾端面为圆弧面。

2. 钩舌及钩舌销

钩舌装在上下钩耳之间,插入钩舌销后以钩舌销为轴而转动,利用钩舌的开闭可进行车辆互相连挂和摘解。钩舌结构见图 6-12,其上有牵引突缘,传递牵引力。

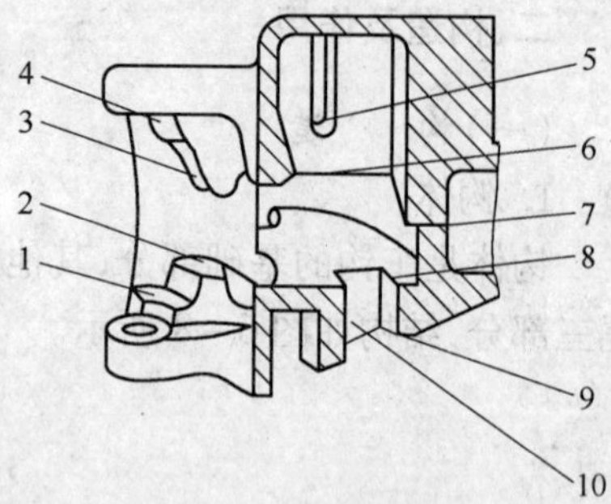

图 6-10　15 号车钩钩锁腔内部结构

1—下冲击突肩;2—下牵引突缘;3—上牵引突缘;4—上冲击突肩;5—钩舌推铁槽;6—导向挡;7—上防脱(跳)台;8—开锁坐面;9—下防脱(跳)台;10—下锁销孔

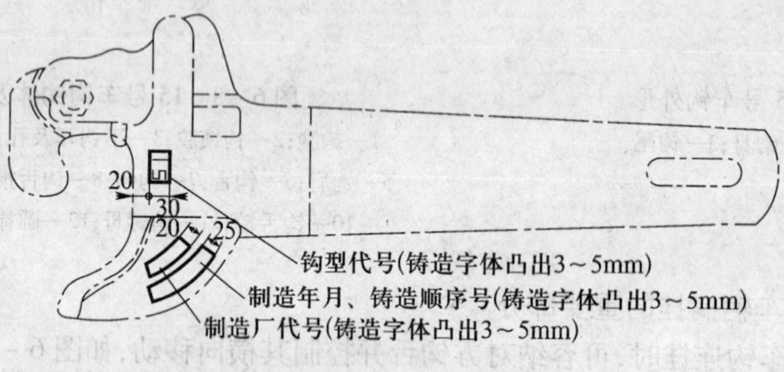

图 6-11　15 号车钩钩体铸造标志位置

钩舌销穿过钩耳孔及钩舌销孔,将钩舌与钩体联系在一起,钩舌可绕其转动。正常情况下,钩舌销不受牵引力、冲击力,仅起到转轴作用。

3. 钩头内部零件

它包括钩锁、钩舌推铁和下锁销。

(1)钩锁(见图 6-13):装在钩锁腔内钩舌尾部侧面,在闭锁位置时挡住钩舌尾部,起锁钩作用,在全开位置时,推动钩舌推铁能使钩舌张开。其背部及两侧均为垂直平面,并有导向面,与钩锁腔内的导向壁吻合,借以保持钩锁上下移动时的正位。钩锁下部为锁脚,锁脚下部有开锁坐锁面。开锁位置时,钩锁由于偏心向前倾斜,锁脚向后翘,开锁坐锁面恰好落在钩头内开锁坐锁面上。钩锁背部有锁销作用槽,其中内有十字销凹槽,使下锁销的十字销在其上下滑动。

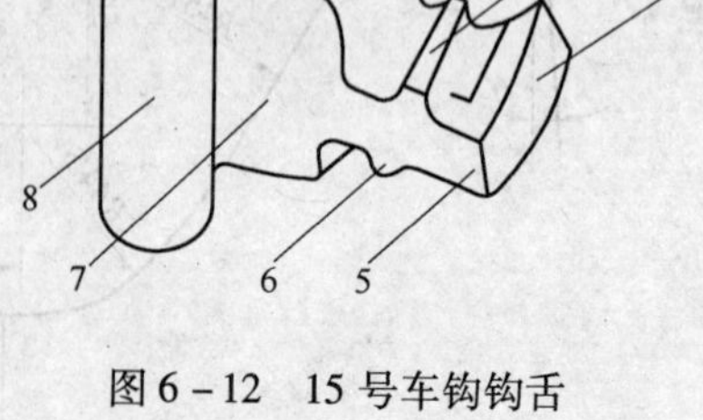

图 6-12　15 号车钩钩舌

1—钩腕牵引面;2—钩舌销孔;3—上牵引突缘;4—钩舌尾端面;5—钩舌锁面;6—下牵引突缘;7—内腕;8—钩舌鼻

(2)钩舌推铁(见图 6-14):悬挂在钩锁腔内,上部嵌入钩舌推铁槽内,下端靠在钩舌尾部侧面,全开位置时能踢动钩舌转动。

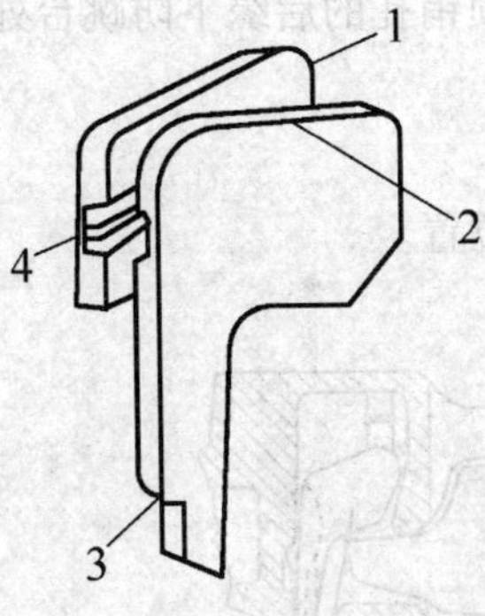

图 6－13　15 号车钩钩锁

1—导向角;2—全开作用面;
3—开锁坐锁面;4—锁销作用槽(十字销凹槽)

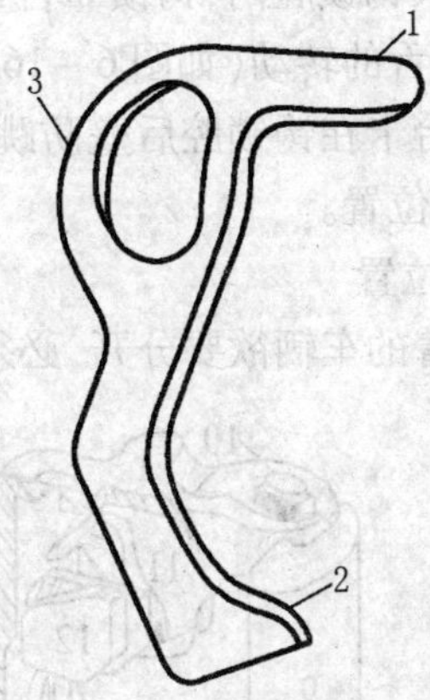

图 6－14　15 号车钩钩舌推铁

1—全开作用端;2—推铁踢足;3—全开支点

(3)下锁销及下锁销杆(见图 6－15):钩锁销在其一端两侧有圆柱形十字销,置于钩锁背部十字销凹槽内,以便推起钩锁。端部除十字销外,还有防脱(跳)止端,以便在闭锁位置起防脱(跳)作用。下锁销杆是下作用式车钩用以保持下锁销正确作用位置的配件。一端安装在钩舌销下部,另一端与下锁销及下作用式车钩提杆套装在一起。

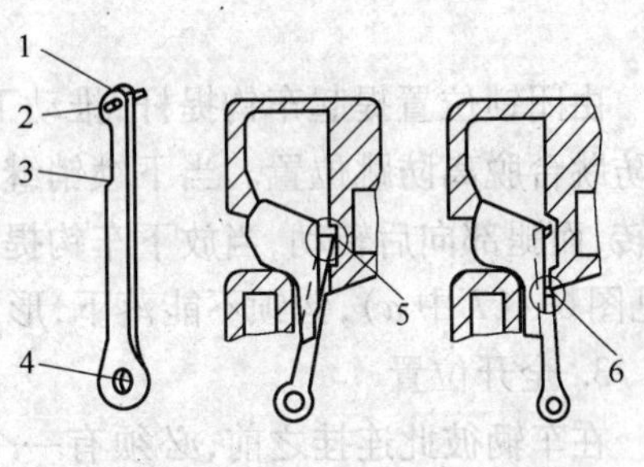

图 6－15　下锁销上、下防脱(跳)台及作用

1—上防脱(跳)止端;2—十字销;3—下防脱(跳)止端;
4—下锁销杆销孔;5—上防脱(跳)位置;6—下防脱(跳)位置

(二)三 态 作 用

车钩的自动连挂和自动摘解是通过它的“三态”作用完成的,当钩体内钩舌、钩锁铁、钩舌推铁、锁销等零件处于不同位置时,可使车钩具有开锁、闭锁、全开三种作用,俗称“三态”作用。

1. 闭锁位置

车辆连挂后,两个车钩均须处于闭锁位置时才能传递牵引力。

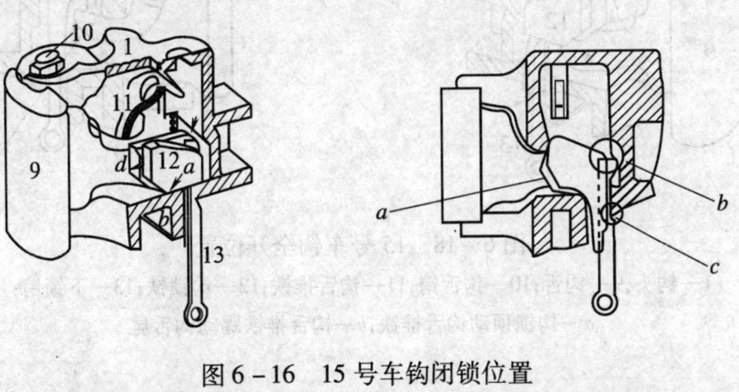

图 6－16　15 号车钩闭锁位置

1—钩头;9—钩舌;10—钩舌销;11—钩舌推铁;12—钩锁铁;13—下锁销;
a—钩锁位置;*b*—上防跳位置;*c*—下防跳位置

钩舌转入钩锁腔内，钩锁靠自重落下，坐在钩锁腔底部，卡在钩舌尾部侧面和钩锁腔侧壁之间，挡住钩舌的转动（如图 6－16 中 a 所示）。这时，下锁销沿着钩锁背部的锁销槽下滑，下锁销上防跳台卡在钩锁腔后壁防跳台下；下防跳台卡在下锁销孔的后缘下防跳台处，起防跳作用，形成闭锁位置。

2. 开锁位置

两连挂着的车辆欲要分开，必须有一个车钩处于开锁位置。

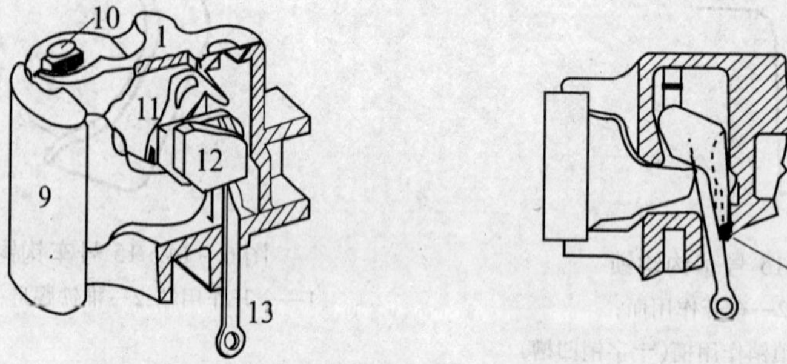

图 6－17　15 号车钩开锁位置

1—钩头；9—钩舌；10—钩舌销；11—钩舌推铁；12—钩锁铁；13—下锁销；
a—开锁坐锁面位置

由闭锁位置提起车钩提杆，推动下锁销，锁销轴沿着钩锁背部的锁销槽上移，使下锁销上下防跳台脱离防跳位置。当下锁销继续上移时，则顶动钩锁上移。由于钩锁的偏重上部向前倾转，而腿部向后转动，当放下车钩提杆时，钩锁的开锁坐锁面就坐在下锁销孔后部的锁座上（见图 6－17 中 a），钩锁不能落下，形成开锁位置，将相互连挂的车辆分开。

3. 全开位置

在车辆彼此连挂之前，必须有一个车钩处于全开位置在开锁位置，才能达到自动连挂的目的。

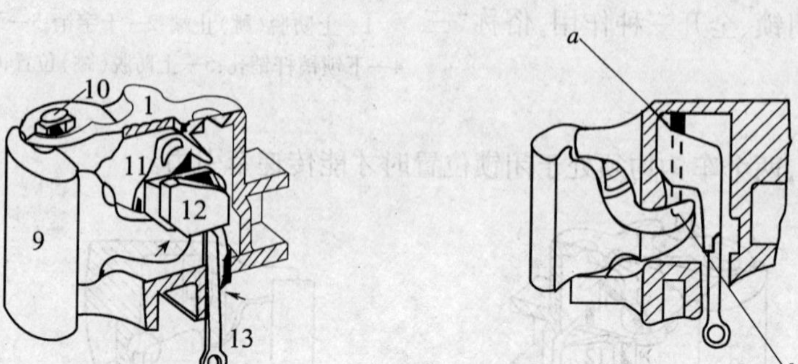

图 6－18　15 号车钩全开位置

1—钩头；9—钩舌；10—钩舌销；11—钩舌推铁；12—钩锁铁；13—下锁销；
a—钩锁顶动钩舌推铁；b—钩舌推铁踢动钩舌尾

由闭锁位或开锁位用力提起车钩提杆，使钩锁被充分顶起，钩锁的全开作用面顶动钩舌推铁的全开作用端，钩舌推铁以背部全开支点和钩锁腔内壁接触面为支点回转（见图 6－18 中

a)，其下部推舌端踢动钩舌尾部侧面（见图 6－18 中 b），使钩舌以钩舌销为轴转动张开，放下车钩提杆后，钩锁靠自重落下，坐在钩舌尾部上，形成全开位置。

三、15 号车钩的受力分析

15 号车钩在钩舌和钩头的钩锁腔处铸有牵引突缘（或冲击承面），牵引力或冲击力是依靠它们来传递，而不是通过钩舌销。但在长期使用中牵引突缘产生磨耗后又未进行加修时，会造成钩舌销承也承受部分牵引力和冲击力，因此钩舌销折损较多。

车钩受力情况如图 6－19 所示。

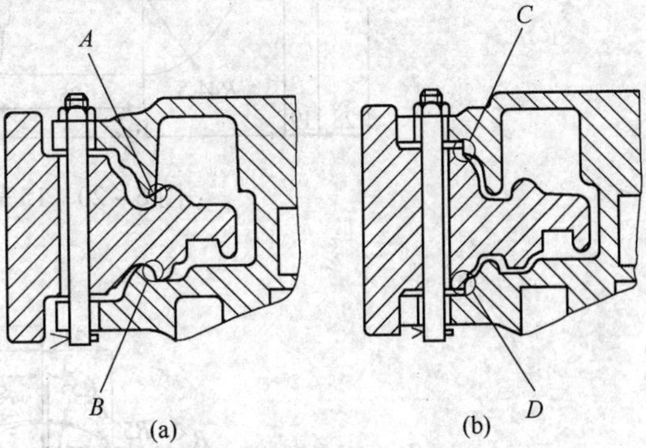

图 6－19　15 号车钩受力状态

(a)牵引时受力于 A、B 处；(b)冲击时受力于 C、D 处

根据我国《铁道车辆强度设计及试验鉴定规范》规定，在计算车辆强度时，列车在不稳定运行时，由车钩传递的纵向拉伸力为 1.0 MN，压缩力为 1.2 MN；对于货车还要考虑在车辆编组作业时车辆受到冲击力，计算时取纵向压缩力为 2.0 MN 车钩的弯曲强度按作用于钩肩后 76 mm 处垂直向上或向下 0.3 MN 来校核。根据我国 5 000 t 重载列车纵向动力试验结果，列车不稳定运行时（包括起动、匀速、常用或紧急制动等工况），沿着列车长度每一车钩的分布是不均匀的，最大的车钩压缩力发生于低速紧急制动时在机车后整个列车长度的 2/3～5/6 处。车钩的最大拉伸力发生于常用制动后即实施缓解的工况，一般在列车的前、中部较大，向后逐渐递减。运行中的断钩事故往往发生于这两种情况。

四、15 号车钩运用情况

15 号车钩钩头零件的结构简单，三态作用灵活、安全可靠；采用大钩肩，有效地保护了缓冲器；故障少，除磨耗和钩舌裂纹外，很少有其它故障。不足之处是钩头较重，加上钩身长，容易产生钩头下垂现象；钩舌上下弯角处易产生裂纹。

为提高普通客车的车钩缓冲装置的强度，对 15 号车钩的改进主要用高强度、低合金铸钢代替普通铸钢。目前，我国双层客车使用改进型 15 号车钩，其抗拉强度提高到 2 250 kN 以上。部分 25 型客车的 15 号车钩的钩体、钩舌和钩尾框的材质由原来的 ZG230－450 改为 QG－C3 钢，钩舌销，钩尾销改为 40 Cr 钢制造。其拉伸破坏强度不小于 2 256 kN。

五、15 号小间隙车钩

为提高普通客车的车钩缓冲装置的强度，对 15 号车钩的改进主要用高强度、C 级钢代替普通铸钢（ZGZ30－450）。最小破坏载荷达到 2 000 kN，钩舌销、钩尾销改为 40 Cr 钢制造。

15 号小间隙车钩轮廓如图 6－20 所示；15 号小间隙车钩钩舌原形尺寸及铸造标志如图 6－21所示。15 号小间隙车钩在结构方面、作用原理与 15 号车钩基本相同，不同之处是改变了车钩钩头轮廓图形，缩小了两车钩连挂之间的间隙。

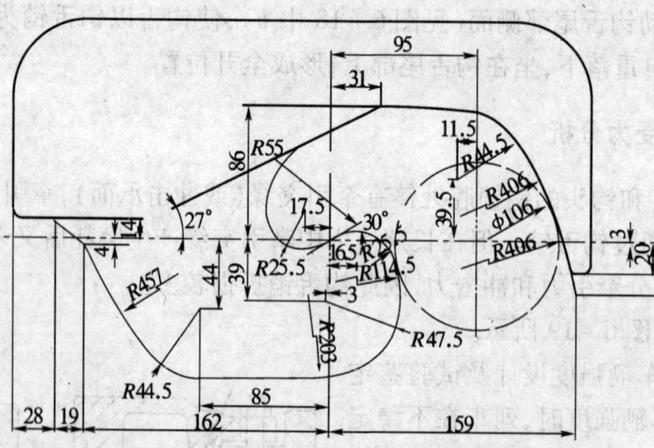

图 6－20　15 号小间隙车钩轮廓

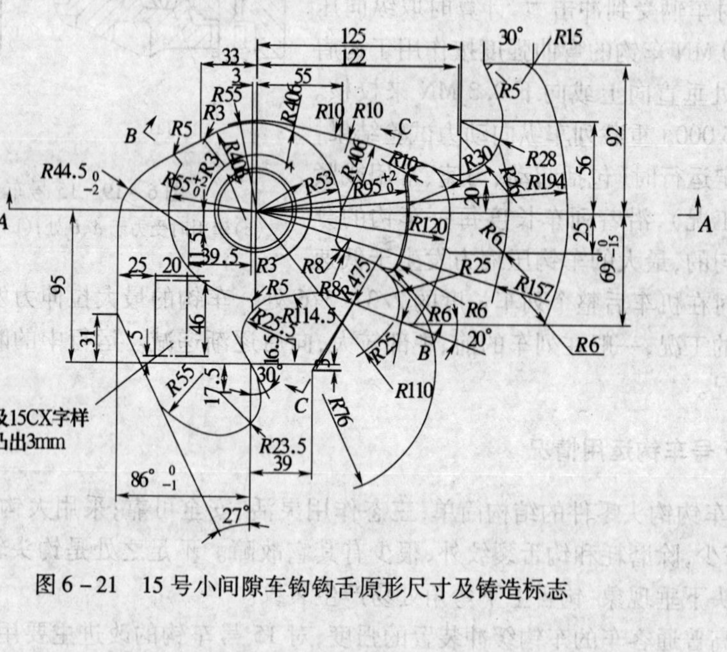

图 6－21　15 号小间隙车钩钩舌原形尺寸及铸造标志

第三节　密接式车钩

对于高速列车、城市地铁和轻轨车辆的车钩缓冲装置常采用机械气路、电路均能同时实现自动连接的密接式车钩。这种车钩属刚性自动车钩，它要求在两钩连接后，其间没有上下和左右的移动，而且纵向间隙也限制在很小的范围之内（约 1 ~ 2 mm）。这对提高列车运行平稳性、降低车钩零件的磨耗和噪声均有重要意义。

密接式车钩的构造和工作原理与上述的一般车钩完全不同，目前国内外常见的有四种结构形式：(1) MJGH－25T 型密接式车钩；(2) 日本新干线高速列车上所采用的柴田式密接式车钩，我国北京地铁车辆的车钩即属此列；(3) 德国的沙库（Schafenberg）型密接式车钩，常见于欧洲国家所制造的地铁、轻轨及高速车辆上，德国制造的上海地铁车辆亦装用这种车钩；(4) 德国的 BSI－CO MPACT 型密接式车钩。

一、MJGH－25T型密接式车钩缓冲装置

为了满足旅客列车提速的要求，25T型和19T型部分客车试用了MJGH－25T型密接式车钩缓冲装置。

（一）组　成

它主要由连挂系统、缓冲系统和安装吊挂系统三大部分组成。

1. 连挂系统主要作用是实现车钩自动连接和分解，25T型客车用密接式钩缓装置连挂系统只完成机械连挂功能；

2. 缓冲系统主要在列车运行过程中起吸收冲击能量、缓和纵向冲击和振动的作用；

3. 安装吊挂系统是对整个钩缓装置提供安装定位和支撑，并包含一个回转机构，保证钩缓装置在各自由度方向上能产生足够的动作量，动作和复位灵活。

密接式车钩缓冲装置安装在车体底架牵引梁的专用安装板上，以4个M38螺栓固定，安装和拆卸工作量小。为了保证车钩解钩后自动连挂，密接式钩缓装置具有水平面内自动对中功能，以便解钩后车钩纵向中心线能保持在与列车纵向中心线平行的位置。

MJGH－25T型密接式车钩缓冲装置的组成见图6－22。

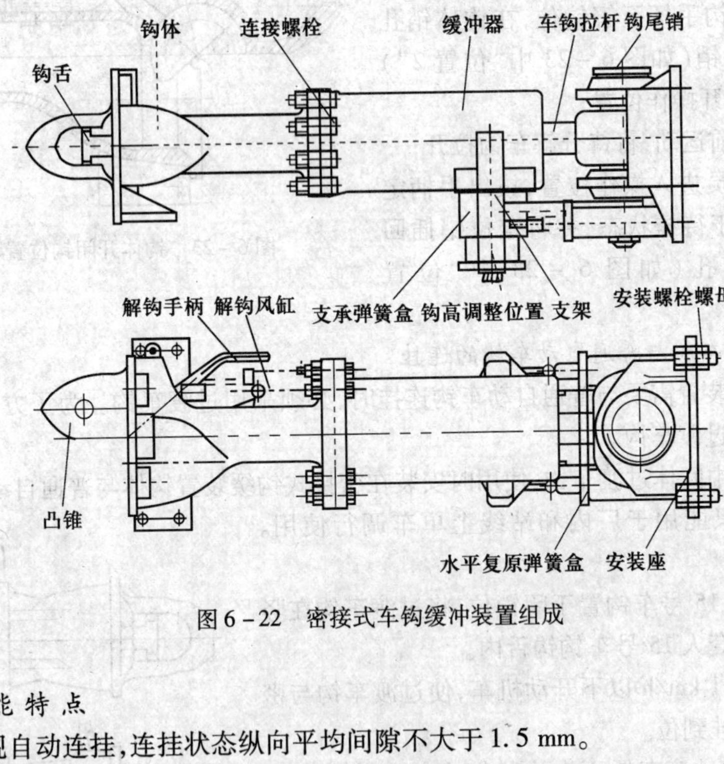

图6－22　密接式车钩缓冲装置组成

（二）性 能 特 点

1. 可实现自动连挂，连挂状态纵向平均间隙不大于1.5 mm。

2. 在使两车可靠连挂的同时，保证列车能顺利通过现有线路所有平、竖曲线。

3. 缓冲和吸收列车运行过程中车辆之间的纵向冲击能量。

4. 解钩采用人工作业。

5. 密接式车钩不能直接与普通车钩连挂，如特殊情况下要求车组与装普通车钩的机车车辆连挂，可采用配备的专用过渡车钩。

(三)主要技术指标(见表6-2)

表6-2 密接式钩缓装置主要技术指标

整体抗拉伸破坏强度	缓冲器性能参数				车钩平均连挂间隙	转角	
	初压力	阻抗力	容量	行程		水平	垂直
≥2 000 kN	≤30 kN	≤800 kN	≥30 kJ	73 mm	≤1.5 mm	≥ ±17°	≥ ±4°

(四)使　用

1. 列车连挂要求

密接式车钩缓冲装置可以实现列车自动连挂。连挂时,要求连挂速度不大于5 km/h。

2. 列车解钩方法

密接式车钩缓冲装置的解钩由人工完成。具体操作过程如下:

(1)确认手柄定位销位于解钩手柄的销孔中(如图6-23中"位置1"),不能位于钩体的销孔中(如图6-23中"位置2");

(2)机车向后微退,使待分解车钩处于受压状态;

(3)扳动解钩手柄至解钩位,在钩体销孔内插上手柄定位销(如图6-23中"位置2")之后操作人员离开操作位置;

(4)机车向前运动,将待分解车钩拉开;

(5)操作人员进入操作位置,拔出手柄定位销,使车钩处于待挂状态,并将定位销插回解钩手柄的销孔(如图6-23中"位置1")中。

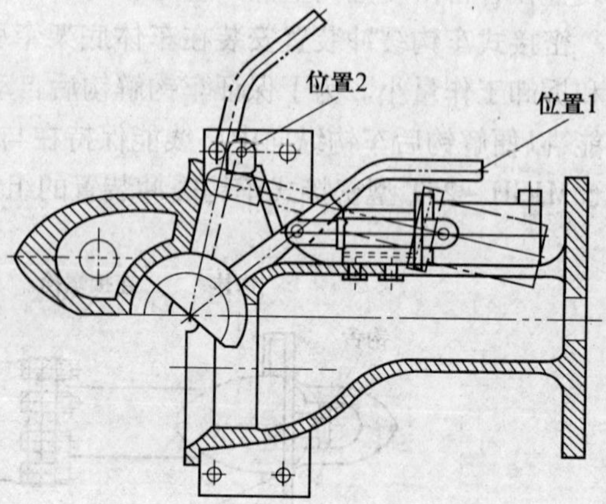

图6-23 钩体开闭钩位置示意图

(五)密接式车钩与普通自动车钩的连挂

密接式钩缓装置需要与普通自动车钩连挂时,必须采用过渡车钩。为了方便运用可使用两种不同形式的过渡车钩。

图6-24是中间体过渡车钩,使用时安装在密接式钩缓装置钩体与普通自动车钩之间,运用比较方便,但只能用于厂内和站线上单车调行使用。使用方法如下:

1. 使待挂的15号车钩置于闭锁位,将过渡车钩在竖直面内从上到下套人15号车钩钩舌内。

2. 保持速度1 km/h以下开动机车,使过渡车钩与密接式钩缓装置连挂到位。

注意:中间体过渡车钩不允许长期直接安装在处于分解状态的密接式钩缓装置钩体上,以免压坏支撑弹簧盒。

图6-25是15号法兰盘过渡车钩,这种过渡钩结构简单,抗拉强度达到1 800 kN。使用时需将密接式钩缓装置的钩体部分拆下,换装15号法兰盘过渡车钩。

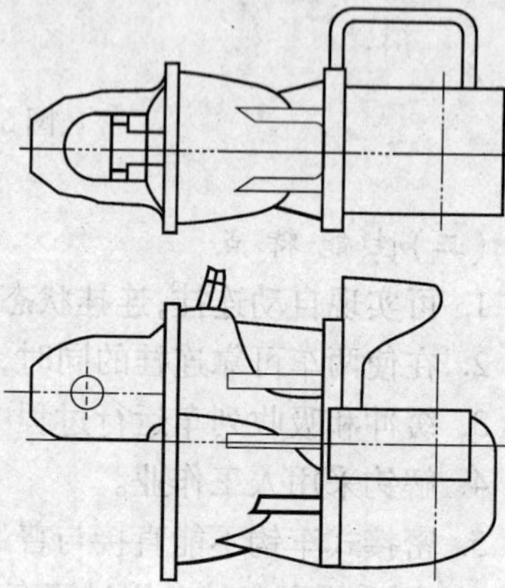

图6-24 中间体过渡车钩

二、北京地铁密接式车钩

我国最早使用的密接式车钩是20世纪60年代长春客车厂研制、用于北京地铁车辆的密接式车钩缓冲装置，主要由密接式车钩、橡胶缓冲器、风管连结器、电气连结器和风动解钩系统等几部分组成，其结构如图6－26所示。车辆连挂时，依靠两车钩相邻钩头上的凸锥和凹锥孔相互插入，起到紧密连接作用，同时自动将两车之间的电路、空气管路接通，并起到缓和连挂中车辆间的冲击作用。在两车分解时，亦可自动解钩，并自动切断车辆间的电路和空气通路。

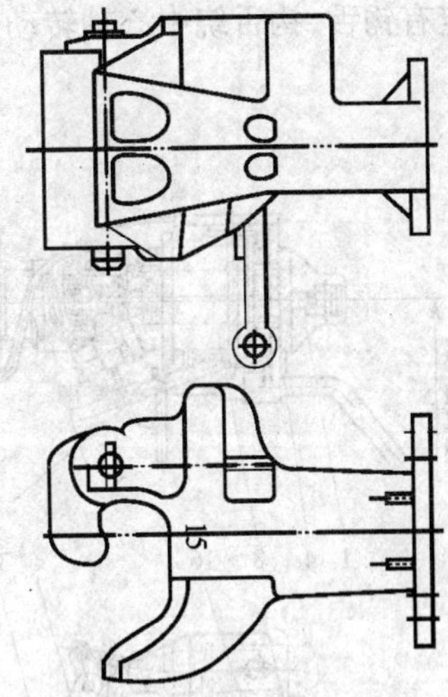

图6－25　15号法兰盘过渡车钩

车钩的连挂与分解作用原理如图6－27所示。

两钩连挂时，凸锥插进对方相应的凹锥孔中。这时凸锥的内侧面在前进中压迫对方的钩舌转动，使解钩风缸的弹簧受压，钩舌沿逆时针方向旋转40°。当两钩连接面相接触后，凸锥内侧面不再压迫对方的钩舌，此时，由于弹簧的作用，使钩舌顺时针向旋转恢复到原来的状态，即处于闭锁位置。

要使两钩分解，需由司机操纵解钩阀，压缩空气由总风管进入前车（或后车）的解钩风缸，同时经解钩风管连结器送入相连挂的后车（或前车）解钩风缸，活塞杆向前推并带动解钩杆，使钩舌逆时针向转动至开锁位置，此时两钩即可解开。如果采用手动解钩，只要用人力推动解钩杆，也能使钩舌转动至开锁位置实现两钩的分解。

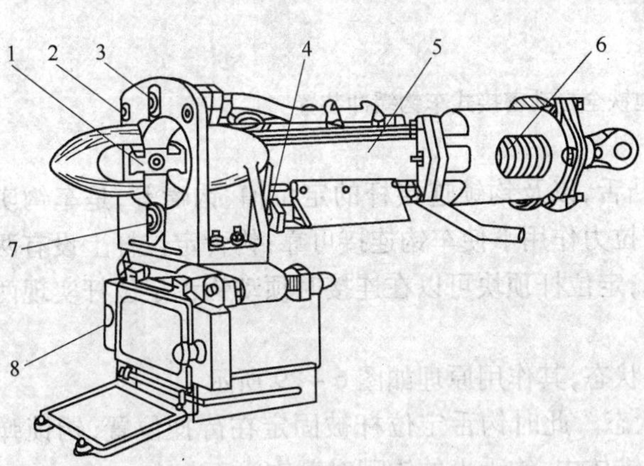

图6－26　密接式车钩缓冲装置

1—钩舌；2—解钩风管连结器；3—总风管连结器；4—截断塞门；5—钩身；6—缓冲器；7—制动风管连结器；8—电气连结器

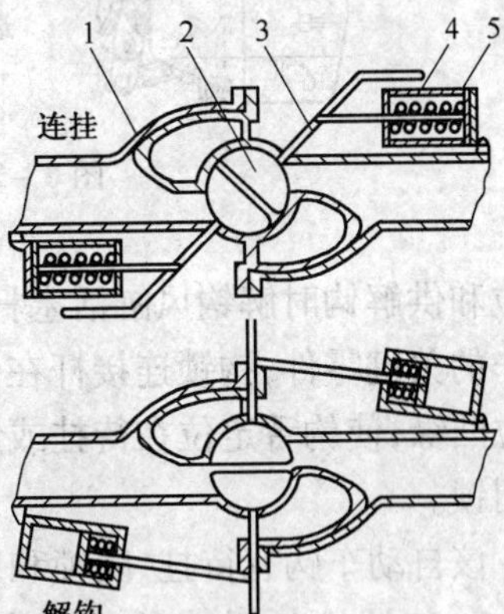

图6－27　密接式车钩作用原理

1—钩头；2—钩舌；3—解钩杆；4—弹簧；5—解钩风缸

三、上海地铁密接式车钩

上海地铁车辆所采用的全自动密接式车钩缓冲装置由机械连接、电气连接和气路连接三部分组成。机械连接部分设于钩头中央，电气连接箱分设在左右两侧，中心轴下方设气路连结器，其结构如图6－28所示。车钩相对于车体最大水平摆角为±40°，最大垂向摆角为±5°，以满足车辆过水平曲线和竖曲线的要求。

钩头机械连接部分如图 6－29(a)所示，它由壳体 1、钩舌 2、中心轴 3、钩锁连接杆 4、钩锁弹簧 5、钩舌定位杆 6 及弹簧 7、定位杆顶块 8 及弹簧 9 和解钩风缸 10 等组成。壳体的前部，一半为凸锥体，一半为凹锥孔，两钩连挂时相邻车钩的凸锥体和凹锥孔互相插入；中心轴上固定有钩舌，钩舌绕中心轴转动可带动钩锁连接杆动作；钩舌呈不规则几何形状，设有供连接时

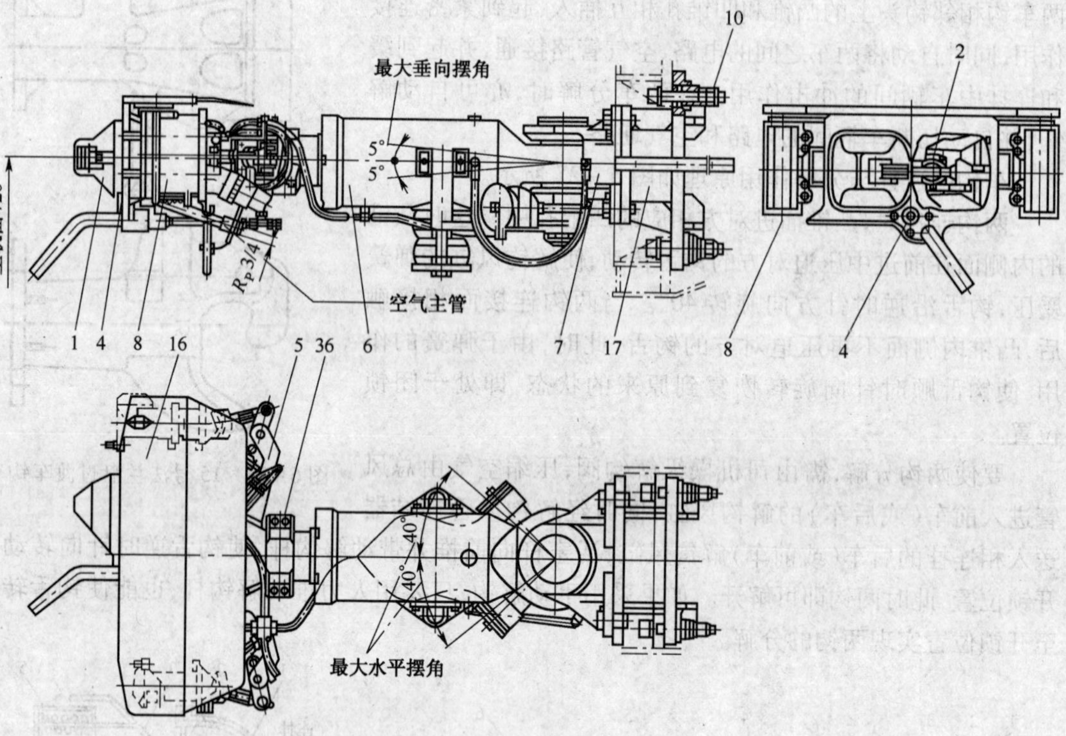

图 6－28　上海地铁全自动密接式车钩缓冲装置

定位和供解钩时解钩风缸活塞杆作用的凸舌，以及钩锁连接杆的定位槽、钩嘴等，是车钩实现动作的关键零件；钩锁连接杆在钩锁弹簧拉力作用下使车钩连接可靠；钩舌定位杆上设有两个定位凸缘，使钩舌定位在待挂或解钩状态；定位杆顶块可以在连接时顶动钩舌定位杆实现两钩的闭锁。

该自动车钩有待挂、闭锁和解钩三种状态，其作用原理如图 6－29 所示。

1. 待挂状态：为车钩连接前的准备状态。此时钩舌定位杆被固定在待挂位置，钩锁弹簧处于最大拉伸状态，钩锁连接杆退缩至凸锥体内，钩舌上的钩嘴对着钩头正前方。

2. 闭锁状态：相邻两钩的凸锥体伸入对方的凹锥孔并推动定位杆顶块，定位杆顶块摆动迫使钩舌定位杆离开待挂位置，这时钩锁弹簧的回复力使钩舌作逆时针转动，并带动钩锁连接杆伸进相邻车钩钩舌的钩嘴，完成两钩的连接闭锁。这时两钩的钩锁连接杆和钩舌形成平行四边形连杆机构，当车钩受牵拉时，拉力由两钩的钩锁连接杆均匀分担，使钩舌始终处于锁紧状态，当车钩受冲击时，压力通过两车钩壳体凸缘传递。

3. 解钩状态：司机操纵按钮，控制电磁阀使解钩风缸充气，风缸活塞杆推动钩舌顺时针转动，使两钩的钩锁连接杆脱开对方钩舌的钩嘴，同时使钩锁连接杆克服钩锁弹簧的拉力缩入钩头锥体内，这时定位杆顶块控制钩舌定位杆使钩舌处于解钩状态。两钩分离后，解钩风缸排

气，定位杆顶块由于弹簧作用复位，钩舌回至待挂位，车钩又恢复到待挂状态。

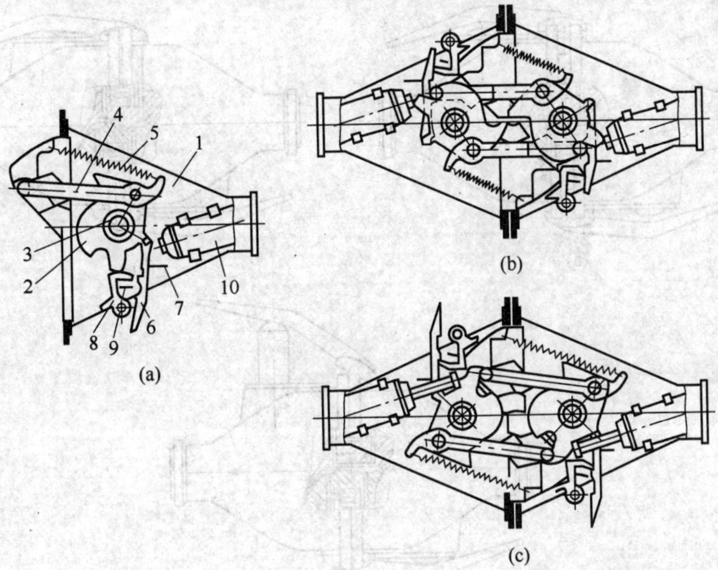

图 6－29　上海地铁自动车钩的作用原理

(a)待挂状态；(b)闭锁状态；(c)解钩状态

1—壳体；2—钩舌；3—中心轴；4—钩锁连接杆；5—钩锁弹簧；6—钩舌定位杆；7—钩舌定位杆弹簧；8—定位杆顶块；9—定位杆顶块弹簧；10—解钩风缸

四、BSI－COMPACT 型密接式车钩

德国制造的 BSI－COMPACT 型密接式车钩在欧洲、巴西等许多国家的地铁、轻轨车辆和城郊列车上获得广泛应用。这种车钩钩头的壳体设有凸锥体和凹锥孔，在凸锥的内侧面配备有用于车钩机械连接的锁栓，锁栓由高强度钢制成，置于钩头前端的套筒中，利用弹簧使其保持正常位置。在凸锥体的外侧设有解钩杠杆，它与气动的(或液压的)解钩控制装置相连接。其结构如图 6－30 所示。钩头也被用来作为空气管路连结器和电气连结箱的支承体。

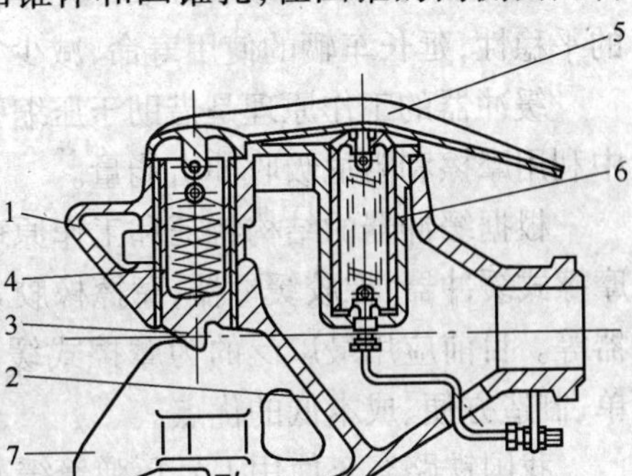

图 6－30　BSI－COMPACT 型密接式车钩

这种车钩也有待挂、闭锁和开锁三个位置。其作用原理如图 6－31 所示。

当两钩连挂时，两钩的锁栓侧面相互挤压，压缩各自的定位弹簧，直至两锁栓的鼻子彼此咬合，弹簧回复原位，达到两钩连挂闭锁。

欲将两连挂的车钩分解，操纵电磁阀，使解钩风缸充气，风缸活塞顶起解钩杠杆，将一个钩的锁栓回拉到与另一个钩的锁栓能够脱开为止，或者也可同时操纵两个钩的解钩风缸，使两钩的锁栓同时动作，彼此脱开。也可用人工扳动解钩杠杆，使两钩分解。

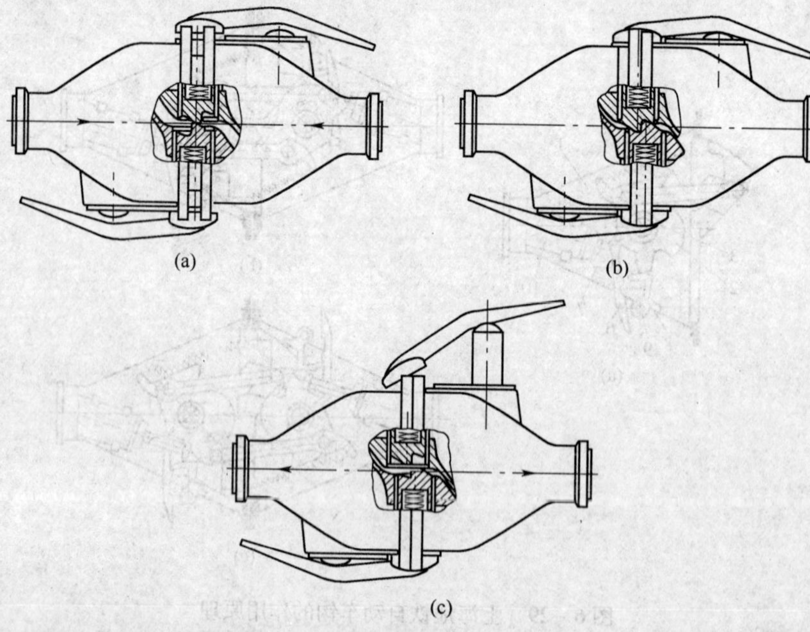

图 6-31　车钩的连挂、闭锁和开锁位

第四节　缓　冲　器

一、概　　述

缓冲器的作用是缓和并衰减列车在起动、制动及调车作业时产生的冲击力，提高车辆运行的平稳性，延长车辆的使用寿命，减少货物的损坏及增加旅客旅行的舒适感。

缓冲器的工作原理是借助于压缩弹性元件来缓和冲击作用力，同时在弹性元件变形过程中利用摩擦和阻尼吸收冲击能量。

根据缓冲器的结构特征和工作原理，一般可将缓冲器分为以下几种类型：弹簧式缓冲器；摩擦式缓冲器；橡胶缓冲器；摩擦橡胶式缓冲器；粘弹性橡胶泥缓冲器；液压缓冲器及空气缓冲器等。目前应用最广泛的为摩擦式缓冲器和摩擦橡胶式缓冲器。这两种缓冲器具有结构简单、制造方便、成本低的优点。

我国铁路客车使用 1 号环弹簧缓冲器，为了满足铁路运输发展的要求，近些年来提出了多种改进方案，形成了 G1 型缓冲器，在保持原 1 号环弹簧缓冲器结构形式基本不变的前提下，增大了容量，改善了性能；G1 型缓冲器主要用于双层客车和新造客车上。

二、缓冲器的主要性能参数

缓冲器的性能直接影响着列车的牵引总重、运行速度、车辆的总重、编组作业效率、货物的完好率等涉及铁路运输效能的主要技术经济指标。决定缓冲器特性的主要参数是：缓冲器的行程、最大作用力、容量及能量吸收率等。

1. 行程：缓冲器受力后产生的最大变形量称为行程。此时弹性元件处于全压缩状态，如再加大外力，变形量也不再增加。

2. 最大作用力：缓冲器产生最大变形量时所对应的作用外力。

3. 容量：缓冲器在全压缩过程中，作用力在其行程上所作的功的总和称为容量。它是衡量缓冲器能量大小的主要指标，如果容量太小，则当冲击力较大时就会使缓冲器全压缩而导致车辆刚性冲击。

4. 初压力：缓冲器的静预压力。初压力大小将影响列车起动加速度。

5. 能量吸收率：缓冲器在全压缩过程中，有一部分能量被阻尼所消耗，其所消耗部分的能量与缓冲器容量之比称为能量吸收率。吸收率愈大，则表明缓冲器吸收冲击能量的能力愈大，反冲作用就愈小，否则，缓冲器必须往复工作几次方能将冲击能量消耗尽，这将导致车钩、车底架过早疲劳损伤，并且加剧列车纵向冲动。一般要求能量吸收率不低于 70%。

表 6-2　客车缓冲器的性能参数

缓冲器型号	1 号	G1 型
类型	摩擦式	摩擦式
外形尺寸(mm)	514×317×228	514×317×228
最大作用力(kN)	580	800
行程(mm)	61~68	73
容量(kJ)	14	18
吸收能量(kJ)	10	13.5
能量吸收率(%)	72	75
重量(kg)	106	106

表 6-2 为客车缓冲器的性能参数。

三、客车常用缓冲器的类型、结构与性能

(一)1 号缓冲器

1 号缓冲器为一种摩擦式缓冲器，它由前、后两部分组成。前部为螺旋弹簧，后部为内、外环弹簧，彼此以锥面相配合，两部分之间有弹簧座板分隔。金属弹簧用来缓和冲击作用力，环弹簧两滑动斜面间的摩擦力用来消耗冲击动能，起到吸收能量的作用。

缓冲器的结构如图 6-32 所示。弹簧盒借助螺栓将两个半环状盒体连成一体，前端有一盒盖，其中部有六角形凸缘，与盒盖的折缘部分卡住，从而保证盒盖受压后沿盒体方向移动。弹簧盒的后端有底板，构成一封闭的缓冲器盒。盒内前端为双卷螺旋弹簧，后端装环弹簧，共有 6 个外环弹簧、5 个内环弹簧及两个半环弹簧，内环的外面和外环的内面都做成 V 形锥面，锥度为 15°。组装时，要求有 15 kN 的初压缩力，以保证环弹簧锥面间的密贴配合。

当缓冲器受冲击力时，盒盖向内移动，压缩螺旋弹簧，并将力通过弹簧座板传递给环簧。由于内、外环为锥面配合，受力后外环扩张，内环缩小，产生轴向弹性变形，起到缓冲作用。与此同时，内、外环锥面间有相对滑动，因摩擦而作功，从而使部分冲击能变为摩擦功而耗散。当外力去除后，各内、外环由于弹力而复原，此时同样也要消耗部分冲击能量。

该型缓冲器由于具有刚度较小的螺旋弹簧，灵敏性好，初始刚度小，在受到较小的冲击力时也能起到缓冲作用，故较适合于客车的要求。但是 1 号缓冲器容量仅为 14 kJ，不能满足扩编旅客列车和双层客车对缓冲器容量的要求。另外 1 号缓冲器维修工作量大，使用寿命短，在新生产的客车上已停止使用。

(二)G1 型缓冲器

为提高原 1 号缓冲器的容量，有关科研单位和制造工厂设计、生产了改进型缓冲器——G1 型缓冲器，G1 型缓冲器可用于双层旅客列车和扩编旅客列车。

G1 缓冲器在保持原 1 号缓冲器外形尺寸和簧盒内的内、外环簧总数不变的前提下，将环簧的材料由原来的 60Si2 Mn 弹簧钢(屈服极限 1 200 MPa)改为高强度的 60Si2CrVA 弹簧钢

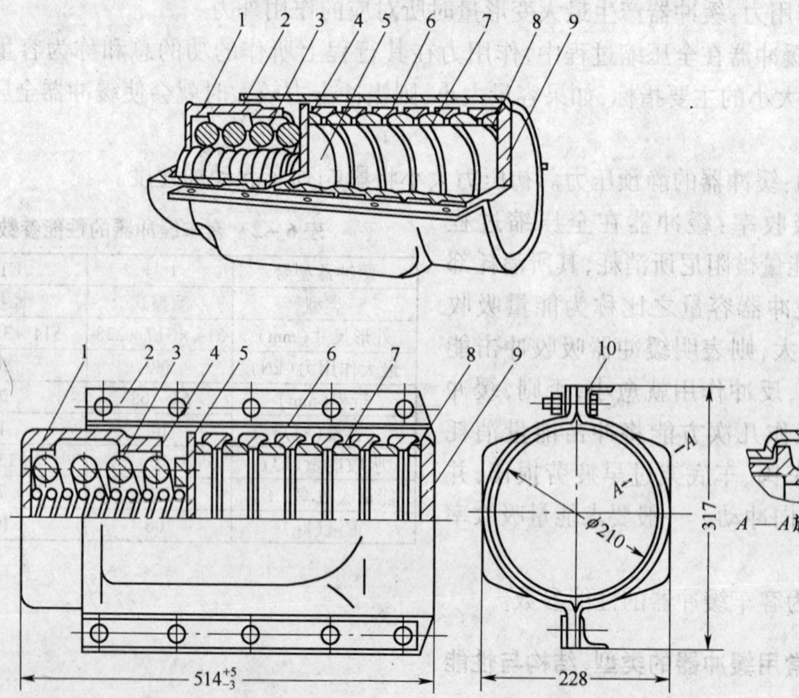

图6－32　1号缓冲器

1—盒盖;2—弹簧盒;3—外卷圆簧;4—内卷圆簧;5—弹簧座板;
6—外环弹簧;7—内环弹簧;8—半环弹簧;9—底板;10—角铁、螺栓

(屈服极限1 700 MPa)。适当改变环簧断面及缓冲器的结构尺寸,行程从原来的68 mm增加至73 mm,最大作用力分别达到0.8 MN和1.33～1.63 MN,从而使G1型缓冲器的容量达18 kJ,较之原1号缓冲器容量有较大幅度的提高。

G1型缓冲器环簧的受力较为合理,其最大的工作应力在内环簧断面。

(三)弹性胶泥缓冲器

弹性胶泥缓冲器是近年来欧洲新开发的一种新型缓冲器,在法国、德国、波兰的高速列车、客车和货车上应用获得成功,现已被纳入UIC标准(UIC526－1;UIC526－3),我国现在投入运用的25T型客车密接式钩缓装置所采用的就是弹性胶泥缓冲器。这种缓冲器取用一种未经硫化的有机硅化合物,称弹性胶泥作为介质,它具有弹性、可压缩性和可流动性,其物理化学性能在－50～＋250 ℃范围内具有较高的稳定性,抗老化、无臭、无毒,对环境无污染。它具有固体和液体两种属性的特征,其动粘度比普通液压油大几十至几百倍,且可根据需要改变配方予以调节,因此在液压缓冲器中十分困难的密封问题在这里变得极为简单。

弹性胶泥缓冲器的基本工作原理是:将弹性胶泥材料装进一个能够承受一定压力的缓冲器活塞缸体内,根据实际应用的需要增加一定的预压缩力,当弹性胶泥缓冲器活塞柱受到一定的压力(静压力或冲击力)时,活塞利用活塞缸内节流孔或节流间隙以及弹性胶泥材料本身体积被压缩后的反作用力产生一定的阻抗力。当弹性胶泥材料受到的预压缩力越大、活塞的运动速度越快,则产生的阻抗力也越大,这有利于提高缓冲器在大冲击力作用下的容量。当作用在活塞柱上的外力撤消后,缓冲器体内处于压缩状态的弹性胶泥的体积则会自行产生膨胀,将活塞推回到原始位置，在这个过程中弹性胶泥材料以较慢的速度通过节流孔或节流间隙流回原位，实现缓冲器的回程动作。在充满弹性胶泥材料的缓冲器体内，设有带环形间隙（或节流孔）的活塞，因此弹性胶泥材料受压缩产生阻抗力时，通过环形间隙（或节流孔）的节流作用和胶泥材料的压缩变形吸收冲击能量。由于胶泥材料的特性，冲击力越大，缓冲器的容量也随之增大。其结构工作原理如图 6－33 所示。

这种缓冲器的力—位移特性曲线呈凸形（见图 6－34），与一般摩擦式缓冲器相比，在相同的阻抗力和行程条件下，它的容量要大得多。

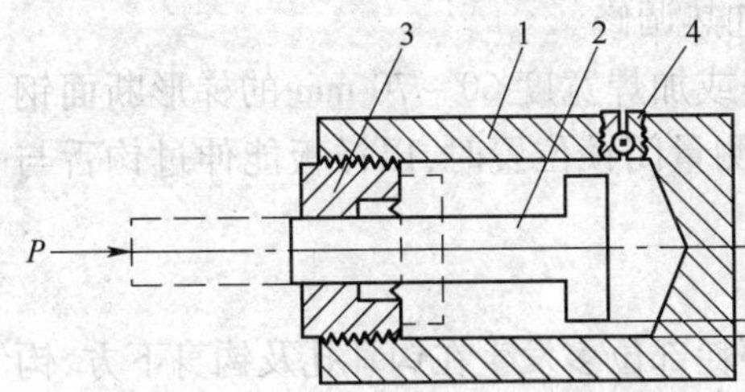

图 6－33 弹性胶泥缓冲器的工作原理

1—缓冲器壳体；2—活塞与活塞杆；3—带密封盖；4—充料阀

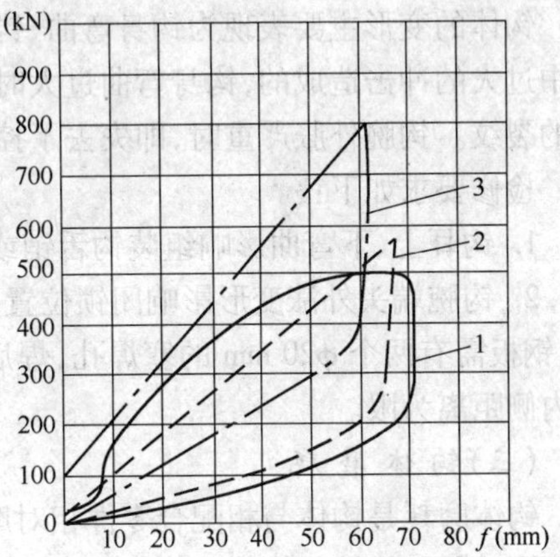

图 6－34 弹性胶泥缓冲器与摩擦式缓冲器力—位移（P—f）特性曲线

1—胶泥缓冲器；2—1 号缓冲器；3—G1 型缓冲器

所以，弹性胶泥缓冲器具有容量大、阻抗力小、结构简单、性能稳定、体积小、重量轻、检修周期长的特点；据国外介绍在同样容量下，可减轻重量达 30% ~50%，检修周期长达 10 年。它兼有液压和橡胶缓冲器两者的优点，同时克服了液压缓冲器制造比较复杂、密封困难以及橡胶缓冲器吸收率低等缺点。这种缓冲器由于具有其他传统缓冲器不可比拟的高技术性能，所以迅速得到了推广，在世界上已经有十几个国家得到应用，现在依然保持着良好的发展势头。UIC 标准已做出规定，参加国际联运的欧洲国家的客车需要装用弹性胶泥缓冲器。

第五节 15 号车钩缓冲装置的故障与检修

车钩是用来传递牵引力和冲击力的，特别在调车作业中，经常受到很大的冲击力作用，致使各部分产生裂纹、变形、磨耗及三态作用不良等故障。

一、钩体的故障及检修

钩体的故障主要有钩体裂纹、钩体变形和钩体磨耗。

（一）钩 体 裂 纹

15 号车钩随着列车牵引吨位的增加，速度的提高，钩体部位经常出现裂纹。钩体裂纹一般多发生在钩头上下牵引突缘根部、钩耳、钩身棱角、钩尾销孔、钩头与钩身连接处前后等部位，以发生在下耳处为最多；防跳台处也是容易发生磨耗的位置，车钩磨耗不仅削弱了强度，而且会影响车钩的作用。产生钩体裂纹的主要原因是钩体的材质在铸造过程中，可能夹有杂质、砂眼、气孔等缺陷，或因冷缩过程等因素造成内应力过大而产生毛细裂纹，当车钩受到较大的意外冲击时，易产生裂纹。

检修要求如下：客车车钩钩体裂纹时焊修，焊前预热，焊后热处理，但钩头与钩身连接线前后 50 mm 以内有横裂纹，或车钩其余部分的横裂纹，超过该处宽度的 1/3 时更换。

（二）钩 体 变 形

钩体的变形主要表现为钩身弯曲、钩耳变形和钩腕外胀。其原因多是由于运行及调车作业中过大的冲击造成的，钩身弯曲过大时，在运用中将会产生较大的弯矩，容易造成钩舌及钩耳的裂纹。钩腕外胀严重时，即失去了控制对方钩舌的能力，将导致车钩的自动分离。

检修要求如下：

1. 钩耳上、下弯曲影响组装钩舌销或三态作用时加热调修。

2. 钩腕端头外涨变形影响闭锁位置时，调修、堆焊或加焊宽度 60 ~ 70 mm 的梯形断面钢板，钢板需有两个 ϕ20 mm 的塞焊孔，焊后打磨平整。测量闭锁位置时，以样板能伸过钩舌与腕内侧距离为限。

（三）钩 体 磨 耗

钩体磨耗是钩体与相配合零件相对摩擦的结果，磨耗部位多发生在钩耳孔及钩身下方，钩尾侧面、端面、钩锁腔侧壁及钩锁腔内防跳台处也是容易发生磨耗的位置，车钩磨耗不仅削弱了强度，磨耗严重时，会使车钩失去防跳作用。如防跳台磨耗后，将会使车钩失去防脱（跳）作用。

检修要求如下：

1. 客车钩耳孔磨耗过限时，须镶 3 ~ 6 mm 厚表面硬度为 HRC38 ~ 50 的衬套。镶套后钩耳孔边缘允许有宽 1 mm、深 5 mm 以内的间隙。

2. 客车钩尾扁销孔长度磨耗超过 142 mm 时焊修；钩尾端面磨耗距扁销孔剩余厚度不足 47 mm 时焊修。

3. 客车车钩的钩身下面磨耗超过 3 mm 时焊修，焊后应加修平整。

二、钩舌的故障及检修

钩舌的主要故障有裂纹和磨耗两种。裂纹多发生在钩舌内侧面的上下弯角处、钩舌销孔、牵引突缘及冲击突肩等处；磨耗的主要部位是钩舌的内侧面，其次是钩舌尾部侧面（与钩锁接触面）及钩舌销孔。

检修要求如下：

1. 段修时，钩舌牵引面的弯角部和上、下弯角处须进行探伤检查。

2. 钩舌内侧弯角处上、下部裂纹长度之和不超过 30 mm 时焊修，焊后须进行热处理；超过时更换。

3. 钩舌牵引突缘根部圆弧裂纹长度不超过 30 mm 时焊修。钩舌销孔护销突缘部分缺损时焊补，裂纹向销孔内延伸（护销突缘高度除外）不超过 10 mm 时焊修，超过时更换。护销突缘外焊修时，须有增强焊波。

4. 钩舌内侧面磨耗剩余厚度不足 68 mm 时，堆焊加工。测量部位以距离钩舌上、下面为 50 mm 处为准。

5. 钩舌尾部和锁铁接触磨耗超过 3 mm 时堆焊,并加工平整。

6. 钩舌销孔磨耗过限时须镶 3 ~ 6 mm 厚表面硬度为 HRC38 ~ 50 的衬套。镶套后钩舌销孔边缘允许有宽 1.5 mm、深 10 mm 以内的间隙。

三、钩锁腔内部零件的故障与检修

(一)钩　　锁

钩锁的主要故障是磨耗,磨耗的部位大多数在钩锁与钩舌尾部的接触处。由于钩锁是承受压力的部件,故其裂纹及变形较少。

检修要求如下:

1. 钩锁与钩舌锁面摩擦面磨耗超过 2 mm 时,堆焊并打磨平整。

2. 钩锁腿及左右导向面磨耗超过 2 mm 时,堆焊打磨并保持棱角,锁腿裂纹时更换,如图 6 - 35 所示。

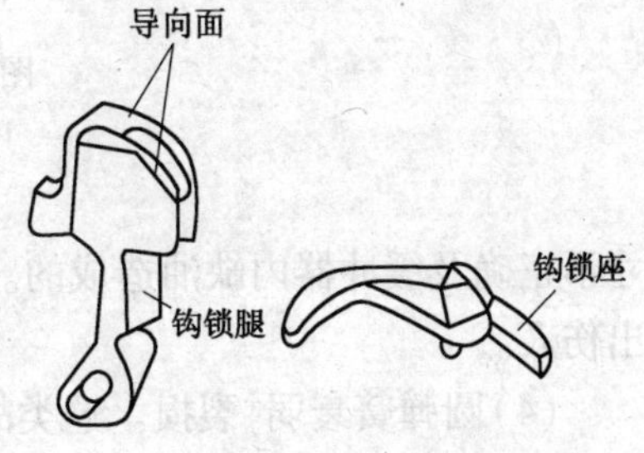

图 6 - 35　钩锁腿及钩锁座

(二)钩 舌 推 铁

钩舌推铁的主要故障是变形和磨耗。一般较少发生裂纹,变形的原因是本身刚度小。发生磨耗或变形后,车钩便失去全开作用。

检修要求如下:钩舌推铁裂纹时更换,弯曲时调修。钩舌推铁磨耗超过 2 mm 时焊修,并打磨恢复原型圆弧(如图 6 - 35 所示)。

(三)钩　锁　销

钩锁销主要故障是防跳台处的磨耗。磨耗严重时,使车钩失去防跳作用。

客车钩锁销防跳台处的磨耗超过 1 mm 时应焊修。

四、1 号和 G1 型缓冲器的故障及检修

缓冲器在调车作业和运行中经常受到较大的冲击作用,致使各部分产生磨耗、裂损、弹簧变形等故障。在施行段修时,应分解、清洗、检修。

(一)分　　解

将缓冲器垂直立放于分解平台上,将弹簧盒盖向上对准压力机压力中心,稍加压力,卸掉螺栓和弹簧盒,撤去压力,取下弹簧盒盖、弹簧、环弹簧等配件。在分解过程中,发现内、外弹簧互相咬合在一起时,可用铁链将环弹簧捆牢,再用大锤轻轻敲击即可分解,以防弹簧飞崩,造成人身及设备事故。分解后,将环弹簧及圆弹簧放在 90°以上的碱水中煮洗 30min 再用清水冲洗干净,然后进行外观检查。

(二)故障及检修

1. 故障及产生原因

(1)环弹簧的裂纹及塑性变形。该故障是由于弹簧的刚度过大或过小,受较大冲击力所致。尤其是内环弹簧相对来说受力较大,当受力不均匀时,在长期使用中,其材质易产生疲劳裂纹,裂纹大多发生在锥面上,如图 6 - 36 所示。

(2)环弹簧锥面的磨耗。这是缓冲器受力压缩时,内外弹簧相互挤压,并沿其锥面滑动摩擦而产生的。

(3)内外环弹簧咬合,冲击过后不能复原,现场俗称"咬死"。其主要原因是环弹簧配合尺

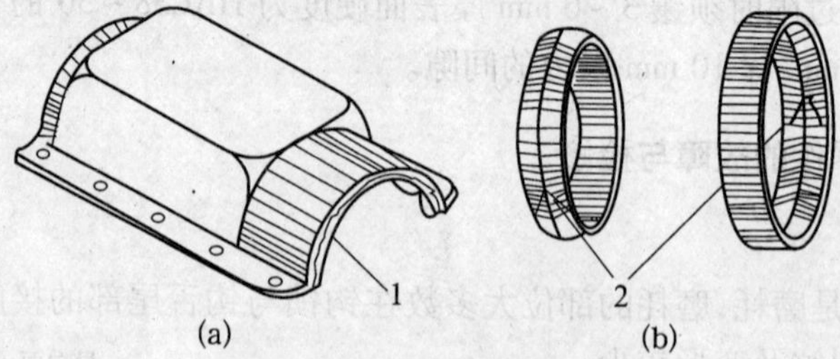

图6－36 弹簧盒及环弹簧的裂纹

1—弹簧盒底边裂纹;2—环弹簧裂纹

寸不正确及缓冲器内缺油造成的。在检修此类故障时,应注意用手锤轻敲,以免发生环弹簧蹦出伤人。

(4)圆弹簧衰弱、裂损。这类故障多数由于圆弹簧热处理不合要求或自由高不符合设计尺寸所致;而圆弹簧衰弱和各零件的磨耗又易导致缓冲器的自由高不符合规定尺寸。

2. 组装

(1)在压力机中心位置,将经检查质量合格的配件,按以下顺序垂直排放好:底板,半环弹簧,六组外环弹簧和内环弹簧组合,弹簧座,内、外圆弹簧及弹簧盒盖。

(2)开动压力机,压缩缓冲器组成至规定的自由高尺寸范围。

(3)用垫铁、角铁、螺栓安装弹簧盒,并拧紧,螺栓须加有背母或弹簧垫圈。

(4)松开压力机,测量缓冲器自由高尺寸,检查各部不得有裂纹,螺栓不松动。

(5)整理工具设备。

3. 质量要求

(1)25 型及双层客车采用的 G1 型缓冲器不得与普通 1 号缓冲器换装。

(2)零配件经检查合格方能组装。

(3)在组装过程中,弹簧座、盖、盒底及内外环弹簧接触面均匀涂Ⅲ号钙基润滑脂,每一缓冲器以 1 kg 为宜。

(4)自由高为 514^{+2}_{-3} mm。自由高不足时更换新的环弹簧(原型),或在缓冲器盒内底板(盒底)处加一块厚度不超过 10 mm,直径不小于 150 mm 的钢垫板。

(5)组装前,圆弹簧、环弹簧须经分解检修;圆弹簧、环弹簧不得用 1 号缓冲器的圆、环弹簧代替。

(6)圆弹簧按转向架圆弹簧规定检修。

(7)缓冲器盒尾部弯角处裂纹长度不超过 30 mm 时焊修,超过时截换或更换。

五、车钩缓冲装置主要配件的故障及检修

(一)钩 尾 框

钩尾框的主要故障是磨耗和裂纹,裂纹多发生在钩尾框弯角处及钩尾销孔周围;磨耗发生在钓尾销孔及钩尾框底部与尾框托板接触面处。

检修要求如下:

1. 钩尾框横裂纹在同一断面上宽度或厚度不超过 1/2 时,允许焊修,超限时更换。焊修

工艺与钩体裂纹的焊修相同，焊后磨平。对于锻钢钩尾框后部弯角处裂纹，焊后磨平再加焊补强板，补强板厚度为 16 ~ 18 mm。补强板长度应延过尾框后端两弯角处 100 mm 以上，如图 6 – 37所示。

2. 钩尾框宽度磨耗不得超过：厂修 3 mm，段修 4 mm；厚度磨耗不得超过：厂修 2 mm，段修 3 mm。超限时可施行堆焊，焊后钩尾框宽度用砂轮磨平，厚度应刨削平整。

3. 钩尾框扁销孔长度磨耗超过 105 mm 可施行堆焊，焊后机械加工，恢复原型尺寸。钩尾框横裂纹在同一断面上宽度或厚度超过 1/2 时更换。

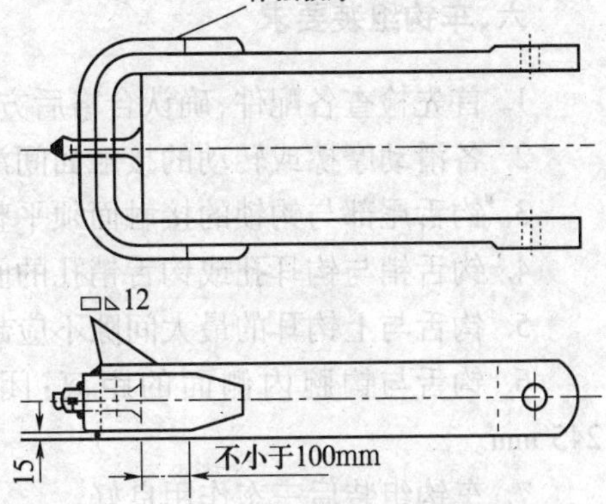

图 6 – 37　铸钢钩尾框补强板

（二）钩　舌　销

钩舌销的主要故障是磨耗、弯曲、裂纹和折损。

钩舌销在牵引或冲击时应不受力，但由于钩舌销与钩耳孔间隙过小或钩舌尾部与钩头内部牵引凸缘磨耗失修，致使钩舌销受有较大的作用力，在强度不足的情况下将产生变形和折损。钩舌销的受力情况如图 6 – 38 所示。

车辆在运用中，钩舌销沿其长度方向承受的力是不均匀的。图 6 – 38 中 F_1、F_2 为钩耳孔对钩舌销的作用力，F_3 为钩舌销孔对钩舌销的作用合力。由于 F_1、F_2 作用面积较小，所以单位面积压力较大；F_3 作用面积较大，所以单位面积压力较小，而磨耗是与单位面积压力有关的，压力愈大，磨耗愈严重，因此 F_1、F_2 作用处磨耗就大。由于冲击的作用形成挤压，使钩舌销表面受到冷作硬化作用，表面硬度提高，但沿钩舌销长度方向的硬化程度是不相同的，F_1 和 F_2 作用处的硬化层较深。而 F_1、F_2 是在不断改变的，当有 F_1、F_2 作用时，钩舌销由于摩擦、挤压，温度升高，在 F_1、F_2 改变和消失的瞬间，又受到运行中风的自然冷却，冷却后又在 F_1、F_2 作用下又进行摩擦、挤压，温度又上升，这样不断地反复作用，容易在应力集中处（F_1、F_2 与 F_3 的交界处）形成毛细裂纹，在牵引力、冲击力的作用下，裂纹易逐渐扩大，而导致钩舌销断裂。钩舌销一旦变形过大或折损就会引起脱钩事故。

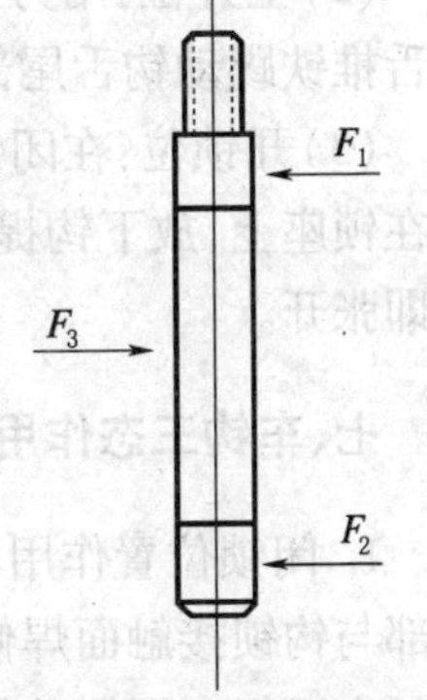

图 6 – 38　钩舌销的受力情况

检修要求如下：

1. 厂、段修中，钩舌销须进行探伤检查，凡发现裂纹及折损者应更换。

2. 钩舌销直径磨耗超过：厂修 2 mm，段修 3 mm 者应更换。钩舌销丝扣部分滑扣及磨耗者可以焊修，焊修时应留有 1 ~ 2 mm 的加工余量，焊后旋修、挑扣，恢复原型。

（三）钩 尾 扁 销

钩尾扁销的主要损伤形式为裂纹、磨耗及折损。

检修要求如下：

钩尾扁销在检修时应进行探伤检查。发现裂纹、折损者应更换，不准焊修。钩尾扁销两侧磨耗之和不得超过：厂修 2 mm、段修 3 mm，超限时可施行堆焊，焊后加修至原型。

(四)其他配件

1. 复原弹簧鞍及座磨耗超过 3 mm、复原弹簧螺栓磨耗超过 2 mm 时焊修,复原弹簧折损时更换。

2. 下锁销连杆及吊架销孔直径磨耗超过 2 mm 时焊修,吊架滑动套管磨透时更换。

六、车钩组装要求

1. 首先检查各配件,确认合格后方可进行组装。

2. 各滑动摩擦或转动的接触面间涂润滑油。

3. 钩舌尾部与钩锁的接触面须平整。

4. 钩舌销与钩耳孔或钩舌销孔的间隙不应超过 4 mm;超过时换套、镶套或更换钩舌销。

5. 钩舌与上钩耳的最大间隙不应超过 6 mm;超过时可加垫圈调整。

6. 钩舌与钩腕内侧面的距离:闭锁状态时不得大于 130 mm;全开状态时不得大于 245 mm。

7. 车钩组装后三态作用良好。

按下列标准检查三态作用:

(1)闭锁位:在全开位时,将钩舌慢慢地向钩口里推动,钩锁以自身重量落于钩舌尾部与钩头侧壁之间,使钩舌不能张开。

(2)全开位:用力提起钩提杆,钩锁上升到最高位,15 号车钩钩锁的后肩踢动钩舌推铁,使钩舌推铁踢动钩舌尾部,而使钩舌完全张开。

(3)开锁位:在闭锁位时,轻轻提起钩提杆,使锁销离开防跳位置,将钩锁提起,使钩锁脚支在锁座上,放下钩提杆,钩锁仍未落下,钩舌也未移动,此时将钩舌稍稍往外一拉,钩舌须能立即张开。

七、车钩三态作用的故障分析

1. 闭锁位置作用不良或自动开锁:在闭锁时钩锁不能自动充分落下,其原因主要是钩舌尾部与钩锁接触面焊修后不平整,造成作用不灵活,应打磨或更换钩舌或钩锁。

在运行中因振动易使钩锁自动跳起,造成开锁使列车分离,其原因主要是由于下锁销上防跳止端磨耗而失去防跳作用。下锁销安装反位,也失去防跳作用。

2. 开锁作用不良:钩锁提起后,当放下车钩提杆时,又自动落下,其原因主要是钩锁腿弯曲,开锁坐锁面磨耗或钩锁腔内开锁坐面磨耗,致使钩锁无法坐在相应位置,产生自动落锁。

3. 全开位置作用不良:当钩舌推铁有弯曲变形,两端磨耗过甚时,易造成钩舌达不到全开位置。

八、车钩缓冲装置组装工艺及要求

1. 车钩三态及防跳作用须良好,各磨耗部涂以润滑油。

2. 各部螺栓组装须符合要求,并涂油;钩身托板螺栓、尾框托板螺栓须加背母;钩尾扁销横穿螺栓应为方头、方螺母,并须有防缓垫(用六角螺母时须有防缓铁丝)。

3. 钩身托板及钩尾框上须装厚 3 ~ 12 mm 的磨耗板。

4. 钩舌与上钩耳的间隙不大于 6 mm(原型 2 mm),超过时加铁垫圈调整。

5. 钩舌销与钩耳孔或钩舌销孔的间隙不大于 4 mm(原型 1 mm)。

6. 在闭锁位置时，往上托起钩锁铁，其移动量不得大于 15 mm。

7. 钩舌与钩腕内侧距离：闭锁位置为 112 ~ 130 mm；全开位置为 220 ~ 245 mm。小间隙车钩 A3 修时在闭锁位拉紧钩舌使钩舌与钩锁铁压紧，用样板测量图 6 - 39 中 A 尺寸不得超过 120 mm（原型设计尺寸为 114.7 mm）；B 尺寸不得超过 86 mm（原设计尺寸为 82 mm）；C 尺寸不得小于 76.5 mm（原设计尺寸为 80.5 mm）。不符合上述要求时，按图样焊修钩舌并加工至原设计尺寸。

8. 钩身上部与冲击座下部间隙为 20 ~ 48 mm。

9. 钩提杆与杆座凹槽间隙不大于 2 mm。

10. 从板与从板座或牵引梁两内侧面间隙之和不大于 20 mm。

11. A4 修或厂修时测量沿车钩纵向中心线相距 300 mm 之任意两点测量车钩上翘下垂不得超过 5 mm。

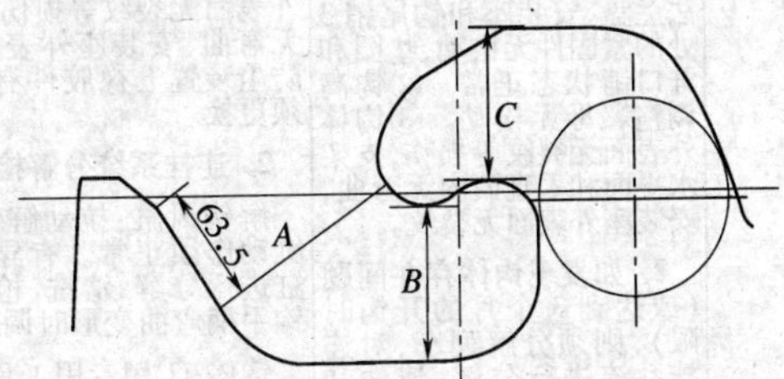

图 6 - 39　15 号小间隙车钩组装检查位置示意

12. 车钩中心高 870 ~ 890 mm，下心盘使用铁垫板者为 860 ~ 890 mm。同一车辆两钩中心高差不超过 10 mm。

13. 钩提杆与下锁销连杆之距离须大于 15 mm。

14. 车钩复原装置作用须良好。

15. 安装后的车钩须在钩舌中心水平线，沿钩舌外侧及钩头两侧涂打"车钩中心线"标记，标记线宽 5 mm，在钩头左侧突出部分平面上涂打钩型标记，在钩上已铸有钩型标记者，只须将钩型标记涂成白色即可；小间隙车钩按要求在车端 2、3 位端墙涂打识别标记，整套为小间隙车钩装置时涂打"小"字，仅更换小间隙钩舌时涂打"小"标记。

16. 15 号高强度车钩的钩体、钩舌、钩尾框、钩舌销、钩尾扁销及 G1 型缓冲器，不得与普通钩缓装置配件换装。

17. 缓冲器往车上安装时，须有 2 mm 以上的压缩量。压缩缓冲器时，在缓冲器钩尾框间加硬木垫，加木垫时应用夹具夹放；车钩缓冲器装车后，必须取出工艺垫。

18. 钩提杆横向允许窜动量在任何方向均不应大于 50 mm。

第六节　密接式车钩缓冲装置的检修

密接式车钩缓冲装置和小间隙车钩缓冲装置 A1、A2 和 A3 级修程的检修内容见表 6 - 3。

表 6 - 3　提速车车钩缓冲装置的检修内容

检修内容 / 检修方式	密接式车钩缓冲装置		小间隙车钩缓冲装置	
	A1 级修程	A2 级修程	A1 级修程	A2 级修程
换件修				1. 钩舌、钩舌销、钩尾扁销实施换件，进行探伤及检修； 2. 须采用小间隙钩舌； 3. 钩舌销、钩尾扁销须采用 40 Cr 钢，弯曲时调修或更换新品

续上表

<table>
<tr><td rowspan="2">检修内容
检修方式</td><td colspan="2">密接式车钩缓冲装置</td><td colspan="2">小间隙车钩缓冲装置</td></tr>
<tr><td>A1 级修程</td><td>A2 级修程</td><td>A1 级修程</td><td>A2 级修程</td></tr>
<tr><td>状态修</td><td>1. 外观检查:
在车上安装位(列车不解编)对密接式钩缓装置进行外观检查。①缓冲器法兰盘、安装座和钩尾销3处的紧固件无松动,垫圈和开口销状态正常。②钩高调整螺母无松动。③钩体外表面无裂纹等损伤,支架水平面和垂直面内无弯曲,安装座外表面无裂纹。
2. 如发现钩体存在问题(或达到3个月的开钩时限),则须分解列车,对连挂系统进行分解、清洗和检查。(1)解钩风缸检查:拉动解钩手柄,解钩风缸动作须正常。如有异常须对解钩风缸进行分解、清洗、检查和修复。(2)钩体:①用专用工具拆卸螺母和垫圈,从钩舌内取出解钩手柄。②在钩舌回转槽中逆时针转动钩舌,直至取出钩舌。③清洗钩舌回转槽和钩舌,清洗后目测检查钩舌外表面,有裂纹或其他异常时须更换。④在钩舌回转槽内壁、钩舌上下面涂满润滑脂。⑤将钩舌顺时针转入钩体钩舌回转槽,解钩手柄插入钩舌,安装垫圈和螺母并紧固。⑥摆正解钩风缸位置,用轴销将解钩手柄与风缸活塞杆固定</td><td>1. 外观检查:
缓冲器法兰盘、安装座和钩尾销3处的紧固件无松动,垫圈和开口销状态正常;钩高调整螺母无松动;钩体外表面无裂纹等损伤,支架水平面内无弯曲,安装座外表面无裂纹;钩体防尘装置上橡胶件有龟裂和破损时须更换。
2. 连挂系统分解检查:
解钩风缸:拉动解钩手柄,解钩风缸动作须正常。有异常须对解钩风缸进行分解、清洗、检查和修复。解钩手柄弯曲变形时调修。
钩体:①用专用工具拆卸螺母和垫圈,从钩舌内取出解钩手柄,解钩手柄弯曲变形时调修。②在钩舌回转槽中逆时针转动钩舌至取出钩舌。③用煤油清洗钩舌回转槽和钩舌;清洗后检查钩舌外表面,有裂纹时须更换。④在钩舌回转槽内壁、钩舌上下面涂满润滑脂。将钩舌顺时针转动装入钩体钩舌回转槽,解钩手柄插入钩舌,安装垫圈和螺母并紧固。⑥摆正解钩风缸位置,用轴销将解钩手柄与风缸活塞杆固定。
3. 组装后,将解钩手柄拉动至车钩全开位后释放,反复3次,须符合下列要求:
①解钩手柄、钩舌和解钩风缸动作须灵活,无卡滞。②每次释放解钩手柄后,钩舌都能灵活复原至连挂位。③在空气弹簧充风状态下测量车钩圆锥顶尖距轨面高度,须在850~880 mm范围内,且钩体不得有上翘现象</td><td>1. 分解钩体各零部件,清扫钩腔。小间隙车钩缓冲装置。
2. 各零部件须齐全,安装牢固,磨耗过限、裂纹及作用不良时更换。
3. 车钩组装后三态及防跳作用须良好,各磨耗部位须给油</td><td>1. 分解钩体各零部件,清扫钩腔并给油。
2. 各零部件须齐全,安装牢固,磨耗过限、裂纹及作用不良时更换。车钩、钩尾框更换时须为C级钢,缓冲器更换时须为大容量缓冲器。
3. 车钩组装后三态及防跳作用须良好,各磨耗部位须给油</td></tr>
<tr><td></td><td colspan="4">A3 级修程</td></tr>
<tr><td>换件修</td><td colspan="2">从车上拆下,连挂系统进行状态修,回转机构进行换件修。
1. 回转机构:(1)回转机构须分解检修,清除锈垢并符合《密接式车钩回转机构分解工艺》要求:①对钩尾销进行磁粉探伤,存在裂纹时须更换;销、套表面有深度超过2 mm的局部擦痕时须更换;②转动配合面给油(轴承除外);③更换橡胶密封圈。(2)关节轴承固体润滑材料和钢基体结合良好,不得有破碎、脱落现象,不得有固体润滑层局部磨穿现象。(3)回转机构重新组装完成后,须保证钩缓装置在水平和垂直面内转动灵活。
2. 4个M38(材质40Cr,强度等级8.8级)的安装螺栓须更新。组装时须加弹簧垫圈、平垫圈及防松开口销,紧固扭矩为800~900N·m。
3. 在空气弹簧充风状态下测量车钩圆锥顶尖距轨面高度须在850~880 mm范围内,且钩头不得有上翘现象</td><td colspan="2">全部分解检修,清除锈垢。
1. 钩舌、钩舌销、钩尾扁销、钩尾框、摆块吊实施换件,进行探伤及检修。小间隙车钩钩舌不得换装其他钩舌。(1)钩舌内侧弯角处上、下部有裂纹时更新;(2)钩舌尾部和锁铁接触面磨耗超过1.5 mm时焊修并加工至规定尺寸;(3)钩舌销、钩尾扁销须采用40Cr钢,弯曲时调修或更新。
2. 车钩及钩尾框(1)小间隙车钩,钩尾框,前、后从板,安装时不得与其他车钩,钩尾框,前、后从板换装;(2)钩体、钩尾框裂纹时焊修,焊前预热,焊后处理;(3)钩耳孔及钩舌销孔磨耗过限时须镶3~6 mm厚表面硬度为38~50HRC的衬套。镶套后钩耳孔边缘允许有宽1 mm、深5 mm以内的间隙,钩舌销孔边缘允许有宽1.5 mm、深10 mm以内的间隙;(4)钩尾框扁销孔长度磨耗超过105 mm或尺寸(774±1) mm大于776 mm时焊修并加工恢复原设计尺寸;(5)钩尾扁销孔长度磨耗超过142 mm时焊修并加工恢复原设计尺寸;(6)钩尾端面磨耗距扁销孔剩余厚度不足48 mm时焊修并加工恢复原设计尺寸;(7)车钩及各零件有下列情形时须更换:①钩舌销、钩尾扁销、摆块吊有横裂纹时;②钩体与钩身连接线前后50 mm以内有横裂纹或车钩其余部分的横裂纹超过该宽度的1/3时;③钩尾框横裂纹在同一断面上宽度或深度超过1/2时。(8)车钩、钩尾框更换时须为C级钢,缓冲器更换时须为大容量缓冲器。
3. KC15弹性胶泥缓冲器外观检查,无裂纹、破损,自由高为570^{+4}_{-2} mm;缓冲器和从板的纵向安装尺寸须大于625 mm。
4. 组装试验:(1)车钩组装后各磨耗部给油。钩尾框托板螺栓须加锁紧螺母,钩尾扁销横穿螺栓须为方头螺栓、方螺母,并须有防缓垫(用六方螺母时须有防缓铁丝)。三态及防跳作用须良好;(2)钩体托板及钩尾框托板上须装厚度为3~12 mm的磨耗垫板;(3)缓冲器往车上安装时,须有2 mm以上的压缩量;(4)在锁钩位置时,往上托起钩锁铁,其移动量不得大于15 mm;(5)钩提杆与下锁销连杆之距离须大于15 mm</td></tr>
</table>

续上表

检修内容 检修方式	密接式车钩缓冲装置	小间隙车钩缓冲装置
	A3 级修程	
状态修	1. 外观检查:(1)缓冲器法兰盘处的紧固件无松动,垫圈和开口销状态正常。(2)钩高调整螺母无松动。(3)钩体外表面无裂纹等损伤,支架水平面内无弯曲,安装座外表面无裂纹。(4)更换钩缓装置上的所有橡胶件。 2. 连挂系统分解检查:(1)解钩风缸:拉动解钩手柄,解钩风缸动作正常;有异常须对解钩风缸进行分解、清洗、检查和修复;解钩手柄弯曲变形时调修。(2)钩体:①用专用工具拆卸螺母和垫圈,从钩舌内取出解钩手柄;②在钩舌回转槽中逆时针转动钩舌至取出钩舌;③用煤油清洗钩舌回转槽和钩舌,清洗后检查钩舌外表面,有裂纹或其他异常时须更换;④钩舌外圆表面磨耗深度不大于2.0 mm,局部不大于3.0 mm;⑤在钩舌回转槽内壁、钩舌上下面涂干性润滑剂或润滑脂;⑥将钩舌顺时针转动装入钩体钩舌回转槽,解钩手柄插入钩舌,安装垫圈和螺母并紧固;⑦摆正解钩风缸位置,用轴销将解钩手柄与风缸活塞杆固定。 3. 组装完毕后,将解钩手柄拉动至车钩全开钩后释放,反复3次,须符合下列要求:(1)解钩手柄、钩舌和解钩风缸动作须灵活、无卡滞;(2)每次释放解钩手柄后,钩舌都能灵活复原至连挂位。 4. 在空气弹簧充风状态下测量车钩圆锥顶尖距轨面高度,须在850~880 mm范围内,且钩体不得有上翘现象。 5. 连挂状态下,两车钩的连挂间隙不得大于5 mm。测量时,须在停车拉钩状态下测量两连挂车钩4个角点处的平均间隙;超过检修限度时须对钩体、钩舌进行检查	1. 分解钩体各零部件,清扫钩腔。小间隙车钩缓冲装置。 2. 各零部件须齐全,安装牢固,磨耗过限、裂纹及作用不良时更换。 3. 车钩组装后三态及防跳作用须良好,各磨耗部位须给油

第七节　车钩高度调整方法

车辆各部配件在运用中不可避免的要产生磨耗和变形,车钩的高度也会因此有所降低。为了保证车钩的正确连挂,在段修时,必须将车钩高度调至要求的尺寸范围内。

一、影响车钩高度的因素

机车、车辆在运用中,如果两连接车钩高度相差过大(运用中车钩中心高度为830~890 mm,两连接车钩高度差不得超过75 mm),高车钩的下钩耳,低车钩的上钩耳会受力很大,由于振动,有可能导致脱钩的危险。

影响车钩高度的因素有:更换轮对时轮径的大小;摇枕弹簧、心盘垫板;心盘平面磨耗后加修或下心盘与摇枕一体式在更换心盘内的磨耗板时;更换轴箱上垫板;钩身弯曲调修后或钩身下部磨耗经加修后;车钩托梁弯曲调直以及更换磨耗板等。它们都直接影响车钩高度的变化。

二、15号车钩高度的调整方法

车钩高度调整的一般方法是在心盘、摇枕弹簧、钩身等部位增(减)垫板的厚度,或者更换轮对等方法。由于上心盘中心与同位车钩钩舌内侧面的距离为定值,调整心盘垫板的厚度与车钩抬高或降低量之间是按一定比例关系变化的,所以调整车钩高度最常用的方法是增(减)心盘垫板的厚度。

调整心盘垫板的厚度可用计算法或经验法来确定。

(一)计　算　法

1. 心盘承载客车

在调整前,需要确定有关的几个尺寸(参见图6-40)。

(1)原车钩高度 AA_1 及 BB_1；

(2)确定需要调整达到的高度，即计划车钩高度 AA_2 及 BB_2（一般以 880 mm 为标准）；

(3)测量该车的全长 L；

(4)测量在闭锁状态时，车钩钩舌内侧面至心盘中心线间的距离 c。

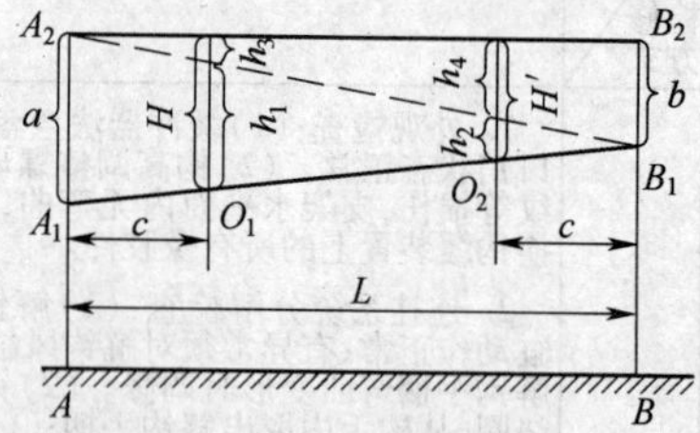

图 6－40 钩高调整尺寸计算

从图 6－38 中可知，调整前车钩中心连线为 A_1B_1，调整后为 A_2B_2；车钩高度需要调整为 $a(A_1A_2)$ 及 $b(B_1B_2)$；O_1O_2 为两心盘中心间的距离。

由三角形的相似关系可求得

$$h_1=\frac{L-c}{L}a,h_2=\frac{c}{L}a$$

$$h_3=\frac{c}{L}b,h_4=\frac{L-c}{L}b$$

$$H=h_1+h_3=\frac{L-c}{L}a+\frac{c}{L}b$$

$$H'=h_2+h_4=\frac{c}{L}a+\frac{L-c}{L}b$$

若已知 a、b、c、L，即可用上式算得心盘垫厚度的调整值 H 及 H'。

图 6－38 是调整前车钩高度低于标准高度的情况，对于车钩高度高于标准高度需要调低时，仍采用上述公式，但要注意将调整值 a 或 b 以负值代入公式，由此计算所得的 H 及 H'。若为正值，则是心盘垫板的增加量；若为负值，则为心盘垫板的减薄量。

心盘垫板的总厚度：上面推导出两个公式所求得的 H 及 H' 是在相关零部件未更换、修理的情况下，心盘垫板厚度的增（减）值，同时，也是在车辆原有心盘垫板厚度的基础上，心盘垫板厚度的增（减）值。

综合上述方法可以求出心盘垫板总厚度的计算公式如下：

$$H_{总}=H_{原}+H(\text{或}H')+\frac{D_{原}-D_{新}}{2}-\beta$$

式中 $H_{原}$——车辆原心盘垫板厚度；

$D_{原}$——原车轮直径；

$D_{新}$——新换车轮直径；

β——其他相关零部件使车钩的增高量（一般可根据更换、加修的零部件进行估算）。

例 6－1 25G 型客车，全长 $L=26\ 600$ mm，由心盘中心线至钩舌内侧面距离 $c=4\ 050$ mm，一位车钩实际高 850 mm，二位车钩实际高 860 mm，分别调整到 880 mm。求一、二位心盘各应加垫板厚度为多少？

解 已知：$L=26\ 600$ mm，$c=4\ 050$ mm，则 $a=880-850=30$ mm，$b=880-860=20$ mm

由公式求得，一位心盘应加垫厚度 H、二位心盘应加垫厚度 H' 分别为

$$H=\frac{L-c}{L}a+\frac{c}{L}b=\frac{26\ 600-4\ 050}{26\ 600}\times30+\frac{4\ 050}{26\ 600}\times20\approx28.5\text{ mm}$$

$$H'=\frac{c}{L}a+\frac{L-c}{L}b=\frac{4\ 050}{26\ 600}\times30+\frac{26\ 600-4\ 050}{26\ 600}\times20\approx21.5\text{ mm}$$

一位心盘应加厚 28.5 mm 的垫板，二位心盘应加厚 21.5 mm 的垫板。

2. 旁承承载客车

旁承承载客车车钩高度调整主要采用增减旁承垫板的方法完成。

(1)调整前,需确定以下有关几个尺寸(见图6-40):

①确定需要调整达到的高度,即计划车钩高度 AA_2 及 BB_2;

②测量该车的全长 L;

③测量在闭锁状态时,车钩钩舌内侧面至旁承中心线间的距离 c。

(2)具体步骤如下:

①计算原一、二位车钩的钩高 AA_1、BB_1。

排净空气弹簧系统内的余风,测量四个空气弹簧的高度 k_1、k_2、k_3、k_4,测量此时两端车钩高度 h_1'、h_2',用公式计算出原车钩高度 AA_1、BB_1 为

$$AA_1 = h_1' + k - \frac{(k_1 + k_2)}{2}$$

$$BB_1 = h_2' + k - \frac{(k_3 + k_4)}{2}$$

其中,k 为空气弹簧充气后的高度。

CW-2 型　　$k = 150\ \text{mm}$

206KP、SW-160 型　　$k = 200\ \text{mm}$

209HS 型　　$k = 192\ \text{mm}$

②测量一、二位转向架原车轮半径的平均值 R_1、R_2 及原旁承垫板厚度 $H_{垫1}$、$H_{垫2}$。

根据所配车轮的半径平均值 R_1'、R_2',算出与修车前旁承垫板面高相等所需要的旁承垫板厚度 $H_{垫1}'$、$H_{垫2}'$。

$$H_{垫1}' = R_1 + H_{垫1} - R_1'$$

$$H_{垫2}' = R_2 + H_{垫2} - R_2'$$

③将原车钩高度调整至计划钩高 AA_2、BB_2,需增加的旁承垫板厚度(负值为减少)H_1、H_2。

从图6-40中可知,调整前车钩中心线连接线为 A_1B_1,调整后为 A_2B_2;车钩高度需要调整量为 $a(A_1A_2)$ 及 $b(B_1B_2)$;O_1O_2 为两旁承中心间的距离。

由三角形的相似关系可求得

$$h_1 = \frac{L-c}{L}a, h_2 = \frac{c}{L}a, h_3 = \frac{c}{L}b, h_4 = \frac{L-c}{L}b$$

$$H_1 = h_1 + h_3 = \frac{L-c}{L}a + \frac{c}{L}b$$

$$H_2 = h_2 + h_4 = \frac{c}{L}a + \frac{L-c}{L}b$$

$$a = AA_2 - AA_1$$

$$b = BB_2 - BB_1$$

若已知 a、b、c、L,即可用上式算得一、二位旁承垫板厚度的调整值 H_1 及 H_2。

④计算旁承垫板的总厚度 $H_{总1}$、$H_{总2}$。

上面推导出两个公式所求得的 H_1、H_2,是在相关零件未更换、修理的情况下,旁承垫板的增(减)值,综合其他因素计算旁承垫板的总厚度为

$$H_{总1} = H_{垫1}' + H_1 = R_1 + H_{垫1} - R_1' + H_1$$

$$H_{总2}=H_{垫2}{}'+H_2=R_2+H_{垫2}-R_2{}'+H_2$$

式中 $H_{总1}$、$H_{总2}$——旁承垫板的总厚度，现场中根据以上计算结果取相接近的实际单块垫板厚度 5 mm 的整数倍数值即可；

$H_{垫1}$、$H_{垫2}$——原旁承垫板厚度；

R_1、R_2——原一、二位转向架车轮半径的平均值；

$R_1{}'$、$R_2{}'$——新换一、二位转向架车轮半径的平均值。

例 6－2 有一 25 K 型客车，采用 CW－2 型转向架，已知车体全长 $L=26\ 600$ mm，测得在排尽空气弹簧系统内的余风后空气弹簧的高度 $k_1=129$ mm，$k_2=129$ mm，$k_3=129$ mm，$k_4=129$ mm，此时两端车钩高度 $h_1{}'=850$ mm，$h_2{}'=855$ mm，一、二位原车轮直径及原旁承垫板厚度分别为 $\Phi_1=890$ mm，$\Phi_2=900$ mm，$H_{垫1}=20$ mm，$H_{垫2}=15$ mm，所配新轮的直径 $\Phi_1{}'=900$ mm，$\Phi_2{}'=900$ mm，要求预测钩高为 875 mm，求旁承垫板的总厚度各为多少？

解 已知：$L=26\ 600$ mm，又因 25K 型客车车辆定距为 18 000 mm，空气弹簧充气后的高度 $k=150$ mm，则车钩处于闭锁位时钩舌内侧面至旁承中心线间的距离为

$$c=\frac{26\ 600-18\ 000}{2}=4\ 300\ \text{mm}$$

计算出原车钩高度为

$$AA_1=h_1{}'+k-\frac{k_1+k_2}{2}=850+150-\frac{129+129}{2}=871\ \text{mm}$$

$$BB_1=h_2{}'+k-\frac{(k_3+k_4)}{2}=855+150-\frac{129+129}{2}=876\ \text{mm}$$

则修车前旁承垫板面高相等所需要的旁承垫板厚度为

$$H_{垫1}{}'=R_1+H_{垫1}-R_1{}'=\frac{\Phi'_1}{2}+H_{垫1}-\frac{\Phi'_1}{2}=\frac{890}{2}+20-\frac{900}{2}=445+20-450=15\ \text{mm}$$

$$H_{垫2}{}'=R_2+H_{垫2}-R_2{}'=\frac{\Phi'_2}{2}+H_{垫2}-\frac{\Phi'_2}{2}=\frac{900}{2}+20-\frac{900}{2}=450+15-450=15\ \text{mm}$$

则车钩高度需要调整量为

$$a=AA_2-AA_1=875-871=4\ \text{mm}$$
$$b=BB_2-BB_1=875-876=-1\ \text{mm}$$

则需增加的旁承垫板厚度为

$$H_1=h_1+h_3+\frac{L-c}{L}a+\frac{c}{L}b=\frac{26\ 600-4\ 300}{26\ 600}\times4+\frac{4\ 300}{26\ 600}\times(-1)=3.19\ \text{mm}$$

$$H_2=h_2+h_4=\frac{c}{L}a+\frac{L-c}{L}b=\frac{4\ 300}{26\ 600}\times4+\frac{26\ 600-4\ 300}{26\ 600}\times(-1)=-0.19\ \text{mm}$$

所以，旁承垫板的总厚度为

$H_{总1}=H_{垫1}{}'+H_1=15+3.19=18.19$ mm，实际取 $H_{总1}=20$ mm

$H_{总2}=H_{垫2}{}'+H_2=15+(-0.19)=14.81$ mm，实际取 $H_{总2}=15$ mm

旁承垫板的总厚度 $H_{总1}=20$ mm、$H_{总2}=15$ mm。

(二)经 验 法

调整前须确定下列数据：

1. 原来车钩高度(须考虑车钩托梁上有无垫板、螺栓是否松动等影响车钩高度的因素)；

2. 原旁承间隙(用专用塞尺测量)；

3. 原来的心盘垫板厚度及旁承垫板厚度；

4. 原来的车轮直径(用车轮直径检查器测量)；

5. 新换的车轮直径；

6. 确定计划调整车钩高度。

因实际经验法是假设将心盘移到车钩处，直接求得心盘加(减)垫板厚度，并考虑到还有其他因素使车钩高度提高少许；因此，计划钩高应接近标准车钩高度的下限。

增、减心盘垫板厚度计算按下列公式：

$$心盘垫板应增厚度=计划钩高-(原钩高+\frac{新换车轮直径-原车轮直径}{2})$$

计算得出结果，正值为加垫板厚度，负值为减垫板厚度。

增、减旁承垫板厚度的计算按下列公式：

$$旁承垫板应增厚度=原旁承游间+心盘垫板厚度-计划游间$$

计算得出结果，正值为旁承游间加垫板厚度，负值为旁承游间减垫板厚度。

例 6-3　有一客车，测量原钩高均为 860 mm，测量左旁承游间 5 mm，右旁承游间 2 mm，测量原车轮直径 895 mm，新换车轮直径 905 mm，计划钩高 880 mm，计划旁承左右游间各为 2 mm，求各心盘垫板的应增厚度。

解　由上所述公式得

$$心盘垫板应增厚度=计划钩高-\left(原钩高+\frac{新换车轮直径-原车轮直径}{2}\right)$$

$$=880-\left(860+\frac{905-895}{2}\right)=880-865=15\text{ mm}$$

各心盘垫板应增厚度为 15 mm。

三、密接式车钩高度调整方法

密接式钩缓装置安装后钩高应在 (880±30)mm范围内。如果钩缓装置装车后高度超过规定的范围，可以对钩缓装置的高度进行调整，钩高调整参见图 6-41，通过增加或减少吊座板与支架底板间的调整垫圈数量来实现的。

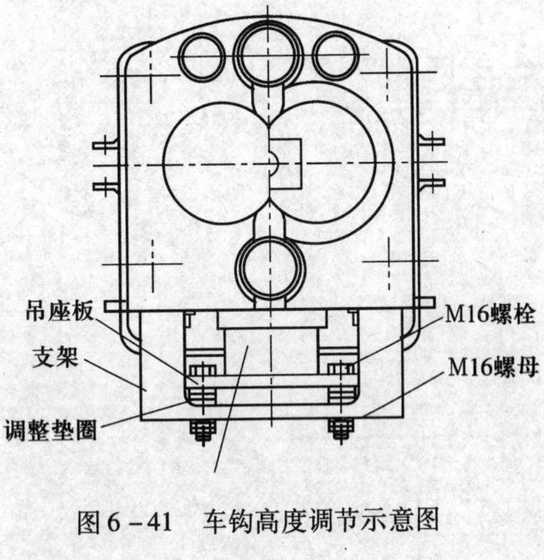

图 6-41　车钩高度调节示意图

复习思考题

1. 车钩缓冲装置一般由哪些主要配件组成？

2. 车钩缓冲装置怎样传递纵向力(牵引、推进)？

3. 试述15号钩的三态作用。
4. 15号钩怎样实现防跳作用？
5. 何谓二次防跳？
6. 试分析15号车钩闭锁作用不良的原因。
7. 何谓“C级钢”车钩？有何要求？
8. 何谓弹性胶泥缓冲器？有何优点？
9. 试述钩舌磨耗过限的检修工艺过程。
10. 密接式车钩有哪几种结构形式？它与一般车钩有什么区别？

第七章

客车车体

本章主要介绍客车车体的钢结构及检修。主要内容有车体结构概述、客车车体钢结构、底架及车体的检修。学习完本章后,应对客车车体钢结构形成一定的认识。

车辆上由走行装置支承,供乘坐旅客或装载货物及整备品的部分称为车体。一般车体由底架、侧墙(包括门窗)、端墙、车顶组成。某些车种只具有上述一部分或几部分。

客车车体应具有足够的强度以确保乘客安全,同时还应具有隔热、隔音性能,并须安装座椅、铺席、洗脸室及卫生间等生活设施。

第一节　车体结构概述

一、车体一般结构

车体是先由若干纵、横向的梁和立柱组成钢骨架,再装上墙板、地板、顶板及需要的隔热材料(如客车、保温车)、门窗等组成。其中,底架是车体的基础,承担着作用于车辆的各种垂向和纵向载荷。车体应具有足够的强度和刚度。

车体钢结构骨架如图 7－1 所示。底架中部断面较大并沿其纵向中心线贯通全车的梁称为中梁,它是底架的骨干。两侧的纵向梁称为侧梁,侧墙安装在侧梁上。底架两端的横向梁称端梁(客车则称为缓冲梁),端墙安装在端梁上。在转向架支承处设有枕梁,为横向梁中断面最大的梁。在两枕梁之间设有两根以上的大横梁。为了增强地板刚度,在中、侧梁之间还设有若干小横梁。另外,有的底架还设有纵向辅助梁。由上述各梁构成底架的一般结构,其中,中梁和枕梁承担的载荷最大,因而最为重要。

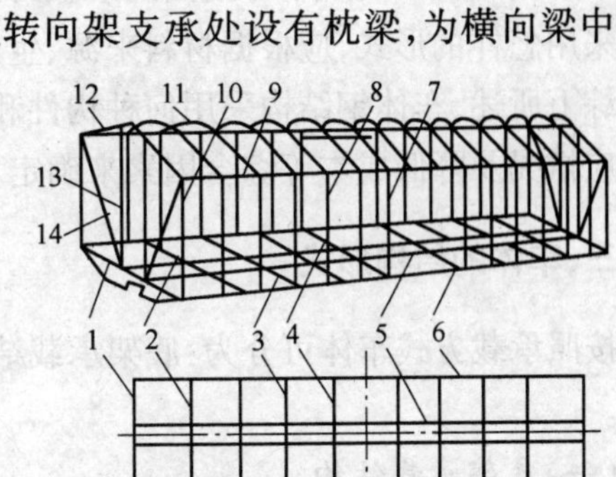

图 7－1　车体一般结构形式

1—缓冲梁(端梁);2—枕梁;3—小横梁;4—大横梁;5—中梁;6—侧梁;7—门柱;8—侧立柱;9—上侧梁;10—角柱;11—车顶弯梁;12—顶端弯梁;13—端立柱;14—端斜撑

侧墙由侧立柱、上侧梁和其他杆件、侧墙板和门窗组成(图 7－1 未表示墙板及门窗)。端墙的结构与侧墙基本相同,除端梁(缓冲梁)外,还设有角柱、端立柱和端墙板等。车顶的结构包括车顶弯梁、车顶横梁、车顶端弯梁及车顶板等。车辆大多采用钢墙板与梁、柱结合为一体的全钢焊接结构。

二、车体的构件及其组合

车体的各梁及杆件所用的钢材为型钢和钢板两种。常用的型钢有槽钢、工字钢、乙形钢、角钢等。角钢又分为等边角钢和不等边角钢。

图7－2(a)所示型钢是轧制等截面，长度可达10 m以上，适用于制做底架中长度较长的纵向梁。如大部分车辆的中梁采用30型槽钢、310型乙形钢制成。对于仅需较小断面的结构则采用角钢或小断面槽钢。由于型钢是等截面的，用它制成承受弯曲作用的梁缺乏经济合理性，故常被制成两端断面较小的鱼腹形的梁，即把端部腹板切除一部分而制成。例如中梁便是这样制成的。用这种方法，只适用于形状简单的梁的制作，而且切除的金属无法利用被浪费掉。

另一种方法是将板材切割、拼装焊接成所需的形状，这种杆件称为组焊件。组焊件的优点是：可根据工件的受力情况合理地选择板厚等各部尺寸，减少了材料的浪费。而且可根据结构需要制成较为复杂的形状。例如，长大货物车的纵向梁，大部分就是用厚钢板焊接而成的断面尺寸很大的组焊梁。又如底架中的枕梁，同时受到两个方向弯矩作用，因此将它组焊成等强度箱形结构的梁。车体结构中常用组焊件来代替型钢使用，其中最常见的断面形式如图7－2(b)所示。

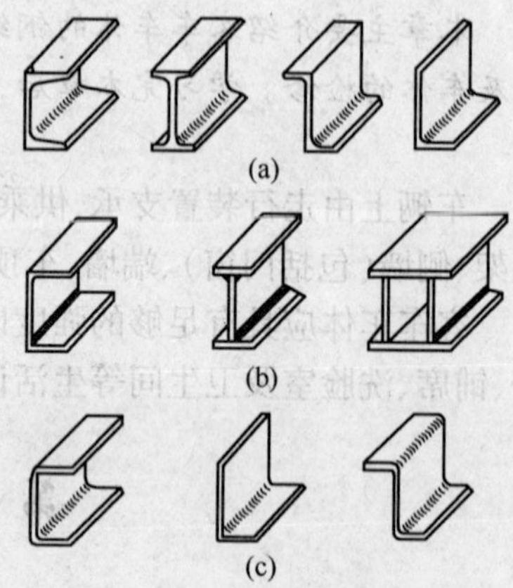

图7－2　型钢、组焊件和压型件形式

(a)型钢；(b)组焊件；(c)压型件

对于那些形状较为简单、断面尺寸较小或断面尺寸大但长度较短的构件而言，采用型钢不合适。采用薄钢板组焊则有焊接工作量大、焊后易变形的问题。采用压型件制作则简便合理。压型件就是将钢板冷压或热压成形，如图7－2(c)所示，可免除焊接工作。在车体中用薄板压制而成的杆件很多，如侧柱、角柱、车顶弯梁等。

除了上述的型钢、组焊件、压型件以外，还可以采用压型、组焊相结合的方法制件。例如，端梁常采用钢板压制成不等断面的形状，再焊上一块翼板制成变截面槽形梁。因此，各梁、柱究竟采用怎样的形式，应根据材料来源、生产成本及制作工艺性而定。

综上所述，车体钢结构采用何种构件和组合形式，要根据构造要求、制造工艺合理性、原材料供应情况及降低成本等综合因素来确定。这些因素也是设计车体的几个原则。

三、车体的结构形式

按照承载方式车体可分为：底架承载结构，侧墙和底架共同承载结构和整体承载结构三种形式。

(一)底架承载结构

全部载荷均由底架来承担的车体结构称为底架承载结构。平车及长大货物车，由于构造上只要求其具有载货地板面，而不需要车体的其他部分，故作用在地板面上的载荷完全由底架的各梁来承担。因此，中梁和侧梁都需要做得比较强大。为了使受力合理，中、侧梁均制成中央断面尺寸比两端断面尺寸大的鱼腹形，即为近似等强度的梁。图7－3为典型的底架承载结构。

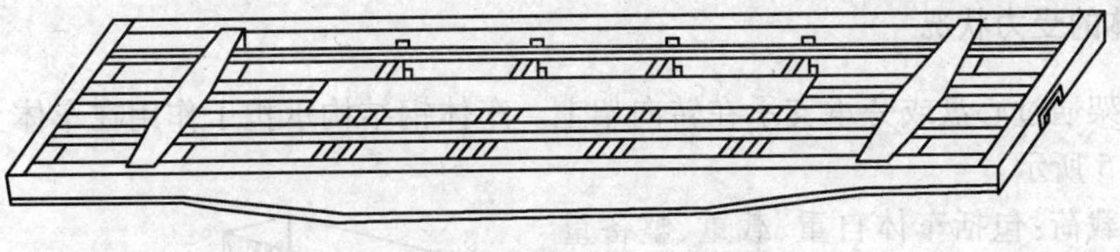

图7-3 鱼腹形梁底架承载结构

(二)侧墙和底架共同承载结构

载荷由侧、端墙与底架共同承担的车体结构称为侧墙和底架共同承载结构,简称侧墙承载结构。由于侧、端墙分担了部分载荷,底架就可以相对轻巧些,中、侧梁断面均可减小,中梁不需要制成鱼腹形。侧梁可用断面尺寸比中梁小的型钢制成,减轻了底架的重量。

(三)整体承载结构

在板梁式侧、端墙上固接由金属板、梁组焊而成的车顶,使底架、侧墙、端墙、车顶牢固地组成为一整体,车体各部分均能承受垂向力和纵向力。这种结构称为整体承载结构。

整体承载结构可分为开口箱形结构和闭口箱形结构两种。图7-4(a)为底架没有金属地板,仅由各梁件和镀锌铁皮组成的开口箱形结构;图7-4(b)为底架上设有金属地板的闭口箱形结构,也称筒形结构。

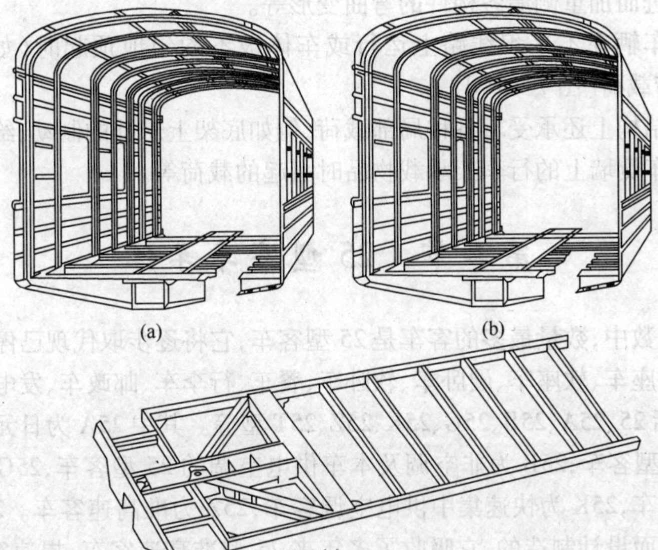

(a) (b) (c)

图7-4 整体承载结构

(a)开口箱形结构;(b)闭口箱形结构;(c)无中梁底架结构

整体承载结构的车体骨架是由很多小截面的纵向、横向杆件组成一个个钢环,与金属包板组焊在一起具有很大的强度和刚度。因此底架的结构可以制作得更为轻巧,甚至可以将底架中部的一段中梁取消而制成无中梁的底架结构。图7-4(c)为我国一种客车的无中梁底架简图。它去掉了两枕梁间的一段中梁,适当加强了侧梁,且在两枕梁之间铺波纹地板。它同样可以承担各种载荷。

四、车体的受力状况

车体底架通过心盘或旁承支承在转向架上。车体钢结构承担了作用在车体上的各种载荷,如图7-5所示。

垂向总载荷:包括车体自重、载重、整备重量以及由于轮轨冲击和簧上振动而产生的垂向动载荷。在大部分情况下,这些载荷是比较均匀地铅垂作用在地板面上〔图7-5(a)〕。

纵向载荷:当列车起动、变速、上下坡道,特别是紧急制动和调车作业时,在车辆之间以及机车和车辆之间所产生的牵引和压缩冲击力。此纵向力通过车钩缓冲装置作用于底架的前(或后)从板座上〔图7-5(b)〕。随着列车长度和总重量的增加,纵向力的数值将会很大,对车体来说,也是一种主要载荷。

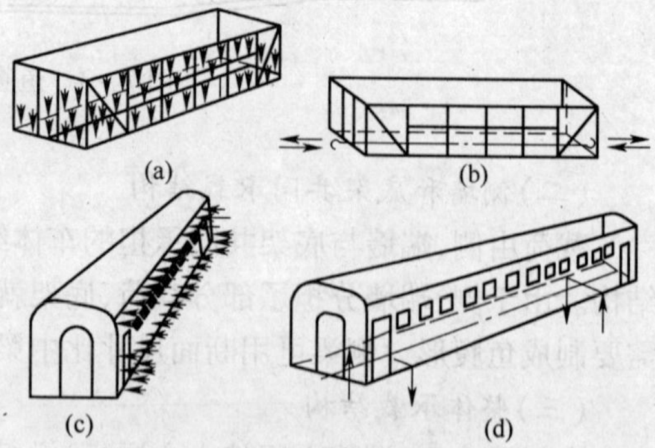

图7-5 车体受力示意图

(a)铅垂载荷作用;(b)纵向载荷作用;(c)横向载荷作用;(d)扭转载荷作用

侧向载荷:包括风力和离心力〔图7-5(c)〕,侧向载荷比起前两种载荷虽然小得多,但对于车体的局部结构有一定影响,例如会使侧柱产生弯曲变形,进而加重侧墙各构件的弯曲变形等。

扭转载荷:当车辆在不平坦线路上运行或车体被不均匀地顶起时(如检修时的顶车作业),车体将受扭转载荷〔图7-5(d)〕。

此外,车体钢结构上还承受着各种局部载荷,例如底架上悬挂的制动、给水、车电等装置引起的附加载荷;客车侧墙上的行李架承载物品时引起的载荷等。

第二节 25型客车车体

在我国客车总数中,数量最多的客车是25型客车,它将逐步取代现已停止生产的22型客车。客车车种有硬座车、软座车、硬卧车、软卧车、餐车、行李车、邮政车、发电车等。

25型客车包括25、25A、25B、25G、25K、25Z、25T型等。其中25A为日元贷款生产,共生产168辆,俗称“168”型客车,25B为非空调及本车供电空调的25型客车,25G为“升级换代”25型集中供电空调客车,25K为快速集中供电空调客车,25Z为准高速客车。25T型客车为满足铁路第五次大提速而设计制造的,它吸收了多年来25型准高速客车、提速客车的设计制造技术及运用经验,同时采用近几年来研究的新技术。车辆的设计制造贯彻先进、成熟、经济、适用、可靠的方针,遵循标准化、系列化、模块化、信息化的原则。

一、YZ_{25G}型硬座车的总体布置

YZ_{25G}型硬座车如图7-6所示,该车是空调硬座车,采用209T型转向架。YZ_{25K}型硬座车定员118人(带车长席的为112人)。车体长25 500 mm,车体宽度(扶手等除外)3 104 mm,车顶距轨面高度4 433 mm,车辆定距18 000 mm,车辆全长26 576 mm。

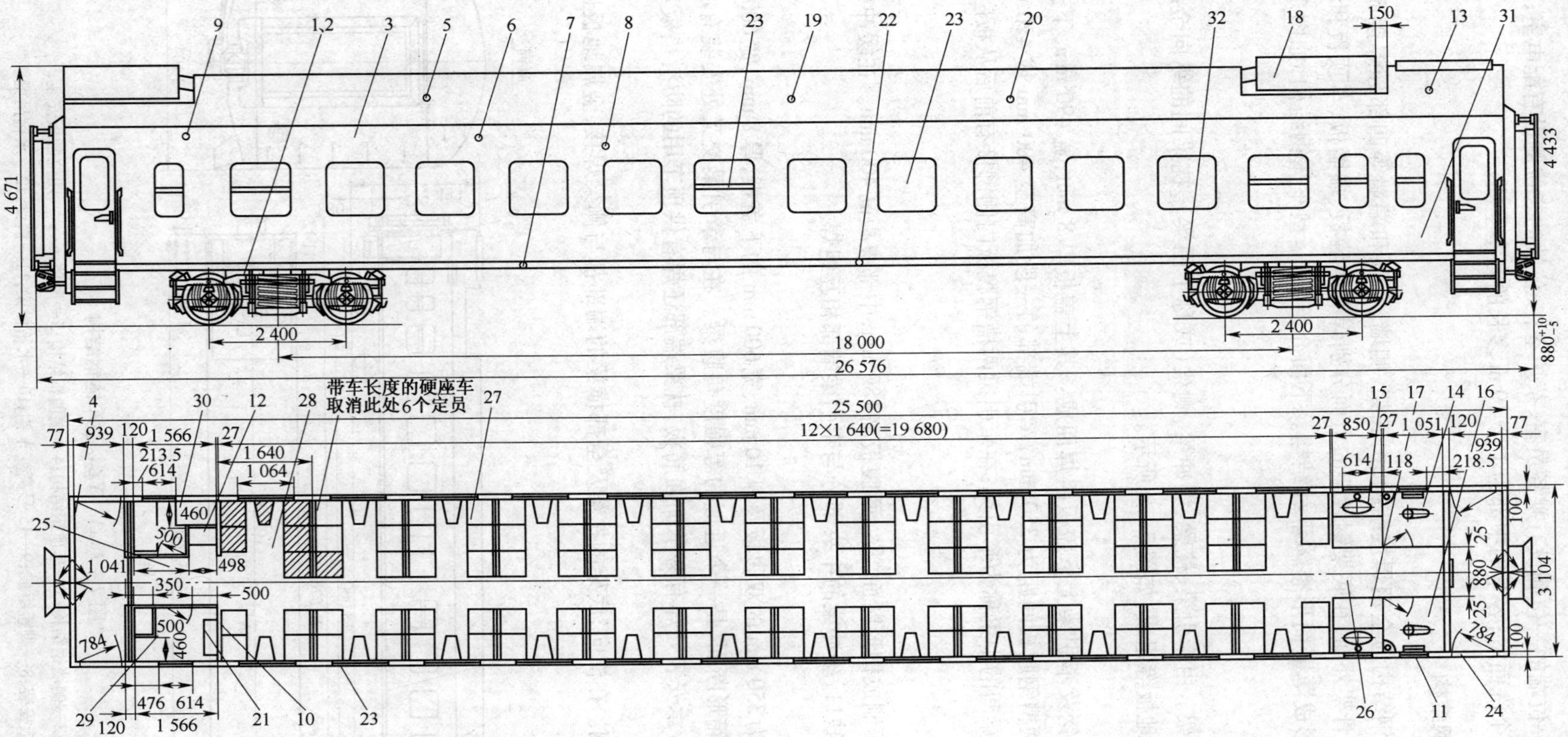

图 7-6　YZ_{25G}型空调硬座车

1—空气制动装置;2—基础制动装置;3—车体钢结构;4—端墙内部安装;5—车顶内部安装;6—侧墙内部安装;7—底架内部安装;8—防寒材安装;9—平顶板安装;10—间壁安转;11—采暖装置;12—茶炉室布置;13—给水装置;14——位厕所;15——位洗面室;16—二位厕所;17—二位洗面室;18—空调装置;19—送风装置;20—车内电气装置;21—车内电气控制系统;22—车底电气装置;23—车窗布置;24—门布置;25—小走廊布置(一位);26—小走廊布置(二位);27—客室布置;28—客室布置;29—配电室布置;30—乘务员室布置;31—车外标记安装;32—209T 型转向架

平面布置:客室一位端的一位侧设有乘务员室、茶炉室;一位端的二位侧设有配电室;二位端设有2个厕所和2个洗面室;客车的中部为1个19 m多长的客室空间。

二、25G型车体钢结构

25G型客车车体钢结构为全钢焊接结构,由底架、侧墙、车顶和端墙等四部分焊接而成。在侧墙、端墙、车顶钢骨架外面,在底架钢骨架的上面分别焊有侧墙板、端墙板、车顶板和纵向波纹地板及平地板,形成薄壁筒形整体承载结构。下面介绍YZ_{25G}型车体钢结构,如图7-7所示。

(一)底　　架

底架为无中梁底架。由牵引梁、枕梁、缓冲梁、侧梁(或称下围梁),枕梁间的纵向金属波纹地板及枕外金属平地板等组成,如图7-8所示。

1. 牵引梁

由2根30a型槽钢及牵引梁上下盖板组焊而成。其上盖板厚8 mm、宽490 mm,下盖厚10 mm、宽490 mm。两槽钢腹板间距为350 mm,牵引端部的一段加高至400 mm或420 mm。自上心盘中心到缓冲梁间的中梁称为牵引梁;在牵引梁两槽钢腹板内侧铆接有前后从板座、焊有磨耗板和防跳板。

2. 缓冲梁

由6 mm厚钢板压制成槽形断面"[",两腹板高180 mm,中部腹板高400 mm。在缓冲梁中部开有安装车钩用的缺口,缓冲梁的中央部分与牵引梁端部相互组焊。

3. 枕梁

由厚8 mm、间距为350 mm的双腹板及厚10 mm、宽600 mm的下盖板,厚8 mm、宽600 mm的上盖板组焊成闭口箱形断面,是一个近似的等强度鱼腹梁。在与牵引梁交叉处安装有心盘座,在枕梁两端的上旁承安装处焊有旁承加强筋板,枕梁端部还焊有供顶车用的防滑垫板。

4. 侧梁

侧梁为$[_{18a}$型槽钢。在横向,底架的枕梁及全部横梁的端部都与侧梁焊接,金属地板也与

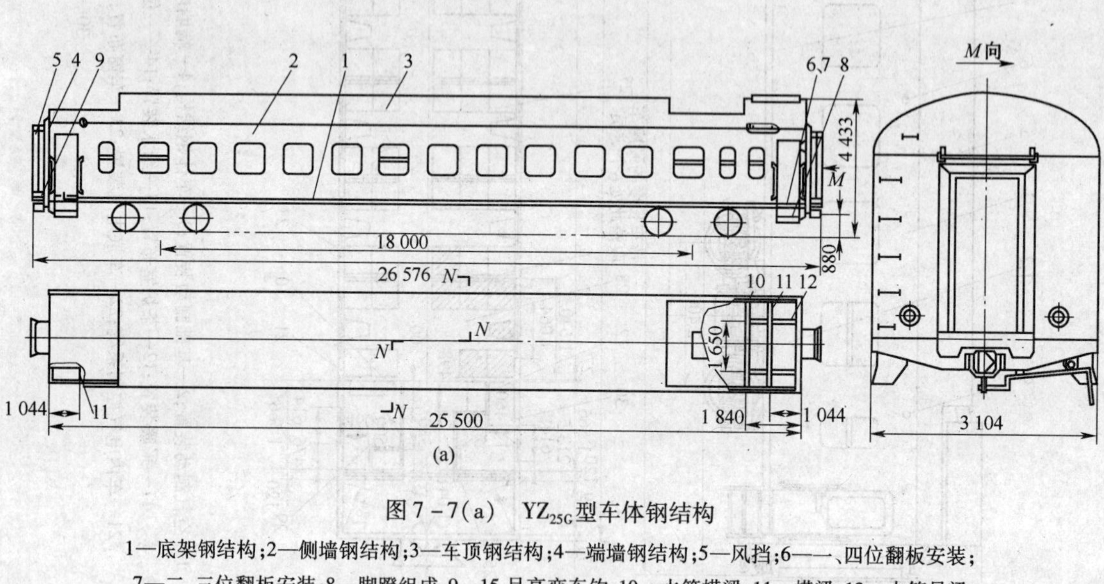

(a)

图7-7(a)　YZ_{25G}型车体钢结构

1—底架钢结构;2—侧墙钢结构;3—车顶钢结构;4—端墙钢结构;5—风挡;6—一、四位翻板安装;7—二、三位翻板安装;8—脚蹬组成;9—15号高变车钩;10—水箱横梁;11—横梁;12—水箱吊梁

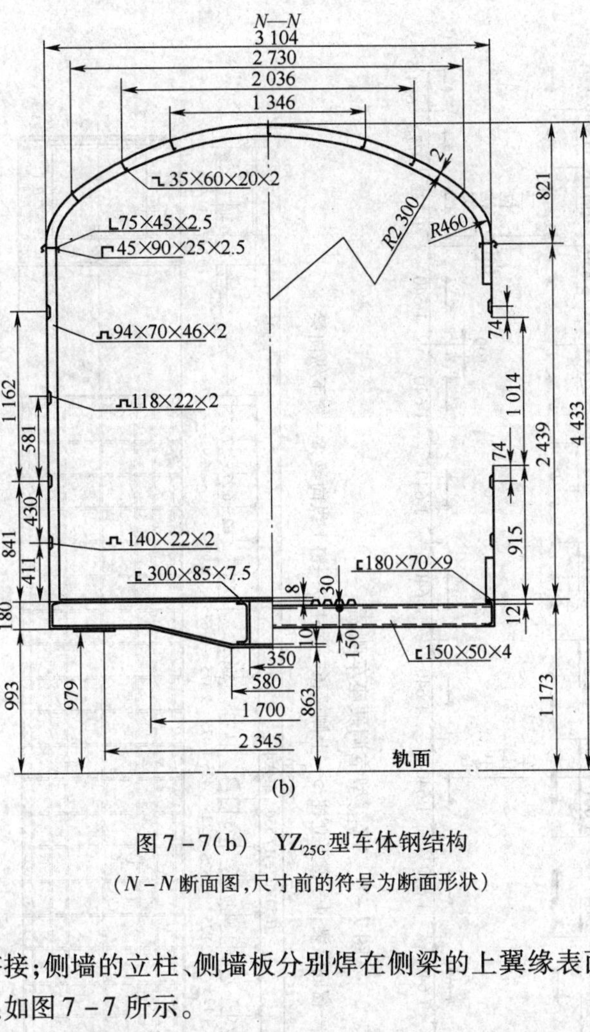

图 7－7(b) YZ_{25G}型车体钢结构

（N－N 断面图，尺寸前的符号为断面形状）

侧梁的上翼缘表面搭接；侧墙的立柱、侧墙板分别焊在侧梁的上翼缘表面和腹板外表面上，侧墙和底架的连结关系如图 7－7 所示。

5. 地板

在骨架的上面焊有金属地板。在缓冲梁和枕梁上盖板间为平地板，板厚 2 mm；两枕梁间为纵向波纹金属地板，板厚 1.5 mm。

6. 枕外横梁

每端缓冲梁和枕梁间设有 2 对槽形断面高 180 mm、厚 4 mm，即 50 mm × 180 mm × 50 mm × 4 mm 的等断面横梁。

7. 横梁

在两枕梁间设置有 22 根槽形断面高 150 mm、厚 4 mm 的等断面横梁（50 mm × 150 mm × 50 mm × 4 mm 槽钢）。横梁间距均布在 1m 以内。波纹地板断面为梯形，地板、横梁及下侧梁的连结如图 7－7(b)所示。

（二）侧　　墙

25G 型客车车体钢结构的侧墙外表面为平板无压筋，在平整的外墙板内侧焊有垂直立柱和水平纵向梁，形成板梁式平面承载侧墙结构，如图 7－8 所示。

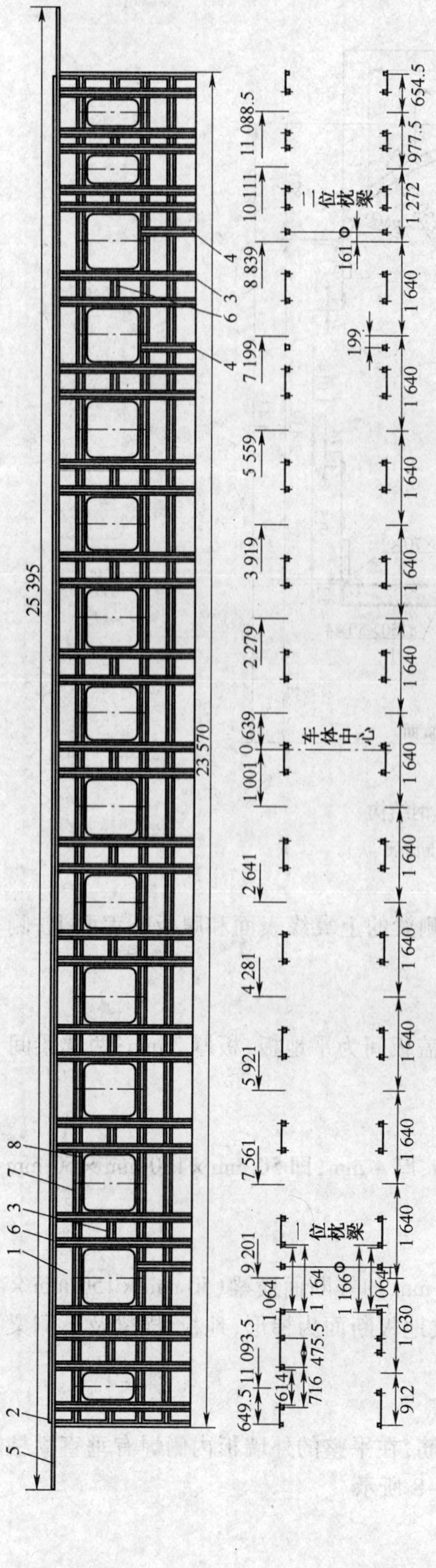

图 7－8　YZ_{25G} 型空调硬座车侧墙

1—侧墙板；2—门立柱；3—窗间纵梁；4—窗下立柱；5—上侧梁；6—立柱；7—窗上纵向梁；8—窗下纵向梁

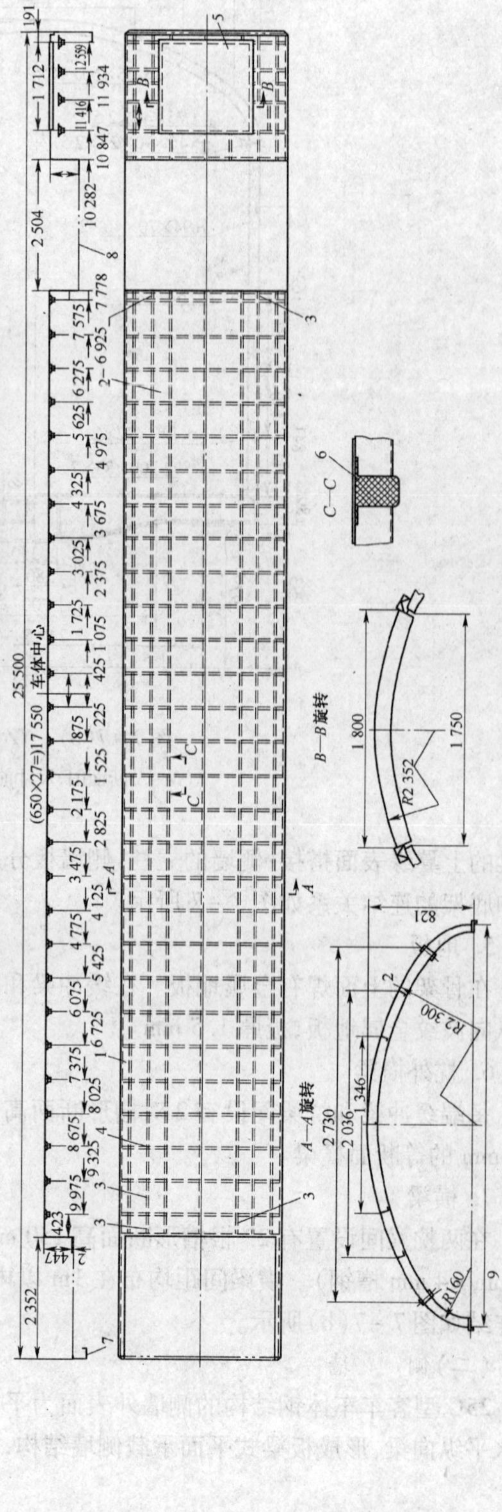

图 7－9　YZ_{25G} 型空调硬座车车顶

1—侧顶板；2—中顶板；3—纵梁；4—车顶弯梁；5—水箱盖；6—防寒材；7—顶端横梁；8—平顶结构

1. 上侧梁(上围梁)

上侧梁断面为"Π"形,其尺寸为45 mm×90 mm×25 mm×2.5 mm,长度为侧墙全长。

2. 水平纵向梁共3根,窗上1根,窗下2根,其尺寸为24 mm×22 mm×46 mm×22 mm×24 mm×2 mm帽形梁。在侧墙窗口间有1条短的窗间小纵向梁。

3. 侧立柱

在窗口两侧有31根垂向侧立柱,它们与所有纵梁、上侧梁、下侧梁连结起来,组成侧墙钢骨架,并与侧墙板焊接形成侧墙钢结构。

4. 侧墙板

侧墙板为厚2.5 mm的耐候钢(09CuPCrNi-B)。侧墙板上开有大窗孔,尺寸为宽×高(1 064 mm×1 014 mm),共11个;小窗孔尺寸为614 mm×1 014 mm,共4个。每侧侧墙端部有2个侧门孔。

侧墙与底架的结合方式如图7-7所示。

(三)车　　顶

车顶由上边梁、车顶弯梁、车顶纵向梁、空调机组安装座平台、水箱盖等组成钢骨架。在骨架的外面焊有车顶板,共同组成车顶钢结构,如图7-9所示。

1. 上边梁沿车顶两侧全长,断面为"∠"形,其尺寸为45 mm×72 mm×2.5 mm的压型件。上边梁与$[_{18a}$槽钢制成的顶端横梁组成车顶下部框架。

2. 车顶一、二位端各有一个空调机组安装座平台钢结构,作为安装空调机组的基础。

3. 二位端有一个水箱盖组成。

4. 车顶弯梁

车顶的中间焊有30根帽形断面车顶弯梁,其尺寸为26 mm×70 mm×46 mm×70 mm×26 mm×2 mm。车顶端部的弯梁断面为双折角形,其尺寸为30 mm×55 mm×62.5 mm×45 mm×2 mm。

5. 车顶纵向梁

在车顶的横断面上,除2根车顶上边梁外,还有5根车顶纵向梁,其断面为乙形压型件,尺寸为30 mm×60 mm×20 mm×2 mm。

6. 车顶板由侧顶板和中顶板两部分组成。

(1)侧顶板是冷轧型钢,将雨檐与小圆弧(R458 mm)板及纵向梁合为一体成型。

(2)中顶板为大圆弧(R2 300 mm)。

(3)车顶板厚度均为2 mm。

7. 平顶部分

车顶一、二位端平顶部分结构是安装单元式空调机组的支撑结构。车顶两端各有1根顶端横梁,为180 mm×70 mm×9 mm槽钢。

(四)端　　墙

客车车体钢结构的外端,通常称外端墙。以一位端为例说明,一位外端墙钢结构如图7-10所示。

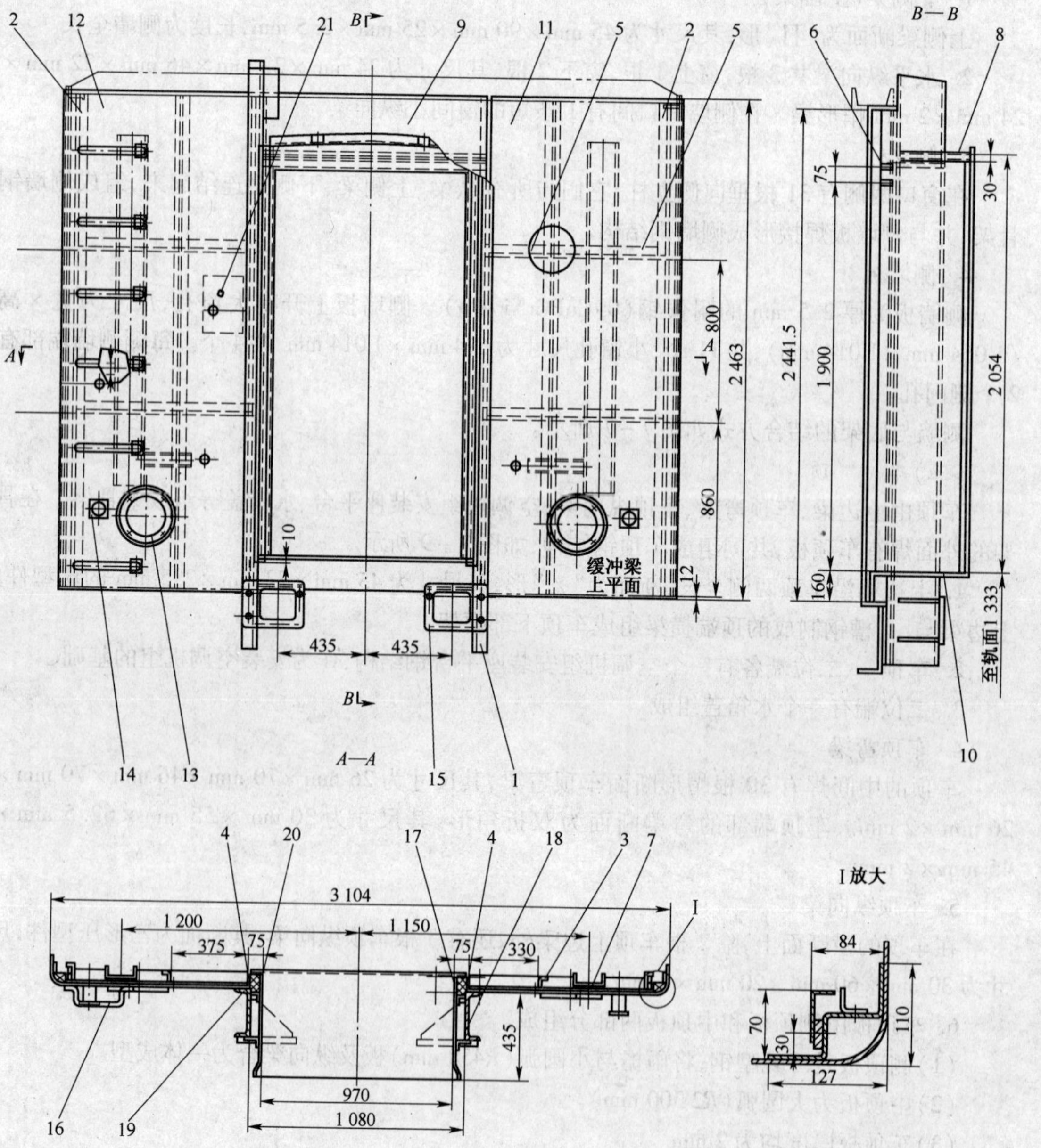

图 7-10　YZ_{25G}型空调硬座车端墙

1—折棚柱；2—角柱；3—立柱；4—门立柱；5—横梁；6—门上横梁；7—线槽；8—门上板；9—上墙板；10—踏板；11—右墙板；L2—左墙板；13—电力连结器座；14—连结器座；15—风挡缓冲座；16—扶手；17—右门板组成；18—角铁；19—防寒材；20—左门板组成；21—垫板

1. 2 根槽钢$[_{24b}$制成的折棚立柱。

2. 2 根压成双折角形断面，尺寸为 59.5 mm × 65.5 mm × 50.5 mm × 61.5 mm × 2 mm 的角柱。

3. 2 根位于端门两侧的压成乙形断面，尺寸为 40 mm × 70 mm × 35 mm × 2.5 mm 的门边立柱。

4. 位于端门立柱和角柱之间的乙形立柱。

5. 上述所有立柱的上端与车顶的顶端横梁相焊接，下端焊在底架缓冲梁的上翼缘上。在角柱与门边立柱之间焊有 2 根角形断面水平横梁，门上横梁是乙形断面。

6. 在骨架的外表面焊有 2 mm 厚的墙板。

7. 此外，还有与端墙成垂直的门板、门上板、踏板等与风挡连接，形成由一节车向相邻车通过的安全通道。

8. 在外端墙板内外面还焊装一些如电线槽、角铁、电力连接器座、连接器座、风挡缓冲杆座、扶手等附件。

车体端部上方装有 2 只固定座，座孔内装有 2 只卸扣，套有 2 只拉伸弹簧。每只弹簧里吊着 1 根上拉杆，上下拉杆之间有索具螺旋扣，索具螺旋扣有左、右旋螺纹用以调节长度，下拉杆套在连接架下方装有衬套的拉杆座上，用以吊起和支承折棚和连接架的重量。

（五）脚蹬翻板装置

脚蹬翻板装置如图 7－11 所示，由翻板组成、框组成、轴组成、轴座组成、拉簧安装、翻板固定器安装、脚蹬组成及面板等构成。

脚蹬翻板装置的作用是当列车运行时，通过翻板固定器和车侧门使翻板处于水平位置，使通过台形成封闭空间。当旅客在停站上下车时，翻板在拉簧的作用下，可以自动绕着转轴向内端墙侧翻转至垂直位置，旅客可以通过脚蹬踏板上下车。该脚蹬翻板装置既适用于低站台，也适用于高站台。

三、其他客车布置简介

（一）SYZ_{25B} 型双层空调硬座车平面布置

SYZ_{25B} 型双层空调硬座车如图 7－12 所示，其最高运行速度是 140 km/h，车体长 25 500 mm，车辆定距 18 500 mm（短途双层客车为 19 200 mm），车宽为 3 105 mm。全车设座席 174 席。中层一位端设有通过台、侧门、端门、茶炉间、乘务员室、清洁柜、工具室及上下楼梯，并设有 6 人座席。中层二位端设有通过台、侧门、端门、2 个厕所、2 个洗脸室、清洁箱及上下楼梯，并设有 6 人座席。上层客室座椅排列为 3＋2，设 80 人座席，中间为走道；下层客室座椅排列为 2＋3，设 82 人座席，中间为走道，并设有行李架以放置行李物品。

乘务员室设双人座椅、物品柜、空调控制柜、茶桌、活动座椅、衣帽钩、顶灯，通风门、扬声器、轴温报警、电话插座、220 V 电源插座、图表等。

茶炉室设电开水炉 1 个。工具室设有双人座椅、衣帽钩、顶灯、小茶桌等。洗脸室设洗脸盆、灯具、水阀等。厕所设有蹲式不锈钢便器、洗手器、水阀、通风口、灯具等。

（二）YZ_{25K} 型空调硬座车平面布置

如图 7－13 所示，该车客室两端设通过台、小走廊；一位端设乘务员室、配电室、茶炉间；二位端设 2 个厕所、2 个单人洗脸间，厕所内装有气动密封式便器；中部为大客室，室内设 2＋3 排列的固定式座椅。定员 118 人。

两侧墙上部设有铝合金板式行李架，两端墙上方设有电子信息显示屏；车顶板采用 ABS 工程塑料吸覆成型，顶板上设条缝式空调送风口及 2 条通长照明灯带。车顶两端设有制冷量为 2×29. 07kW 的单元式空调机组，采用玻璃钢静压送风道，墙板、间壁板采用防火板。侧门为气动塞拉门，风挡为密封式折叠风挡。

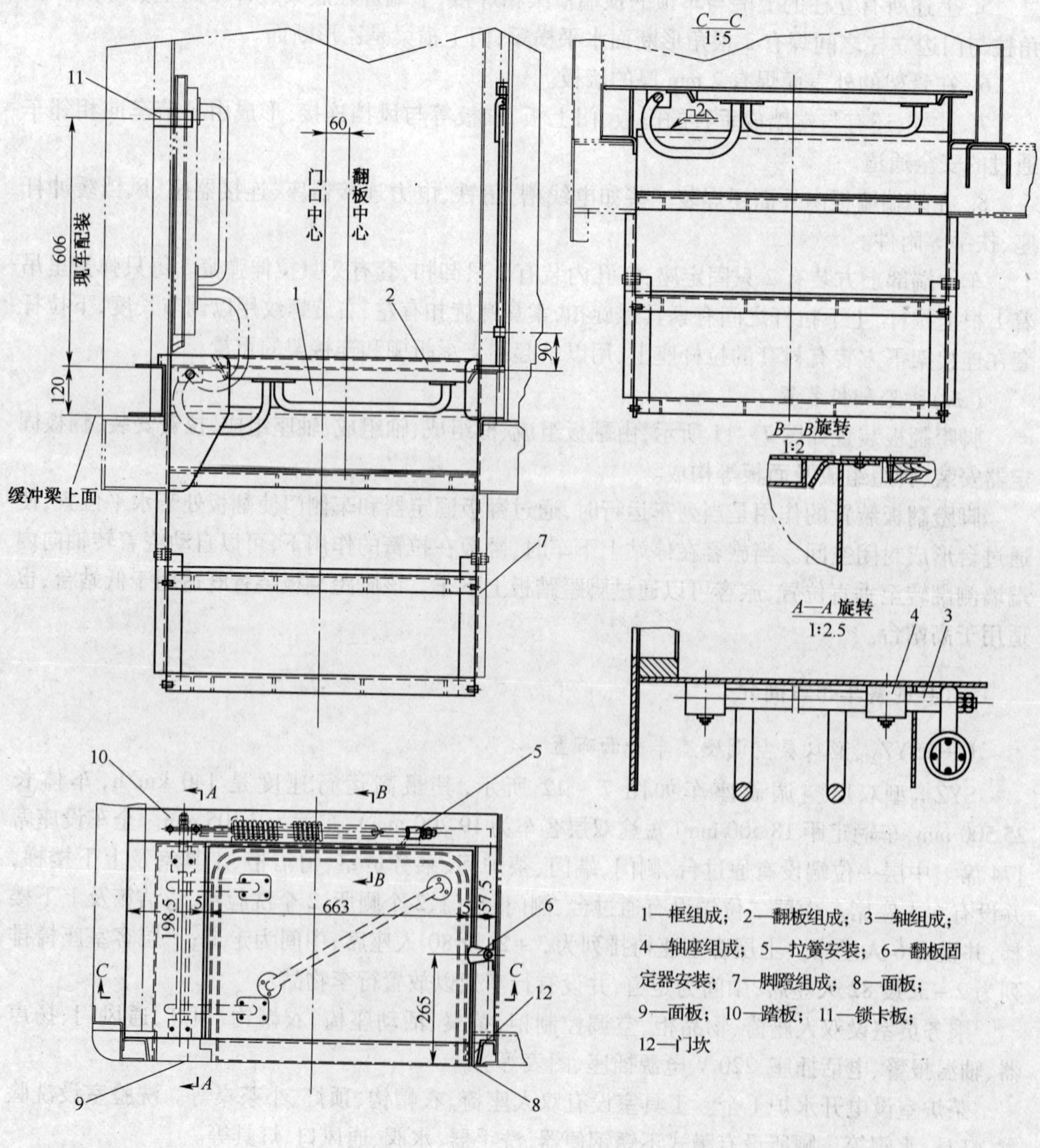

图 7－11　脚蹬翻板组成

(三)RZl_{25Z}型软席座车的平面布置

RZl_{25Z}型软席一等座车(四方机车车辆工厂生产)如图 7－14 所示，该车采用 206KP 型转向架，采用 F8 型电空制动机，给水装置为车上给水，水箱为不锈钢水箱，其容积为 500L，空调装置为车顶单元式空调(KTC－2085 型)。客车使用寿命为 30 年，厂修期为 15 年。

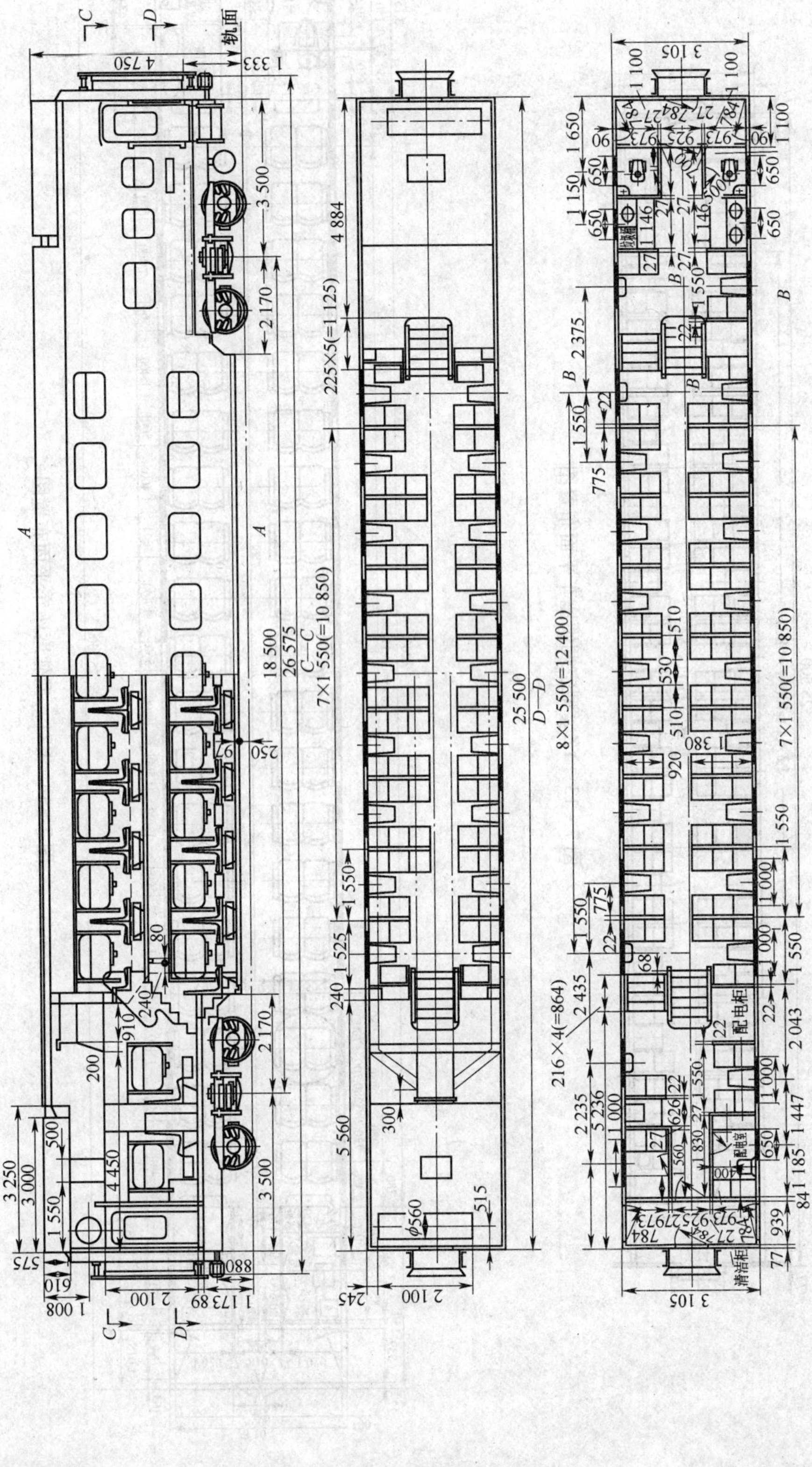

图7-12　SYZ_{25B}型双层空调硬座车外形及平面布置

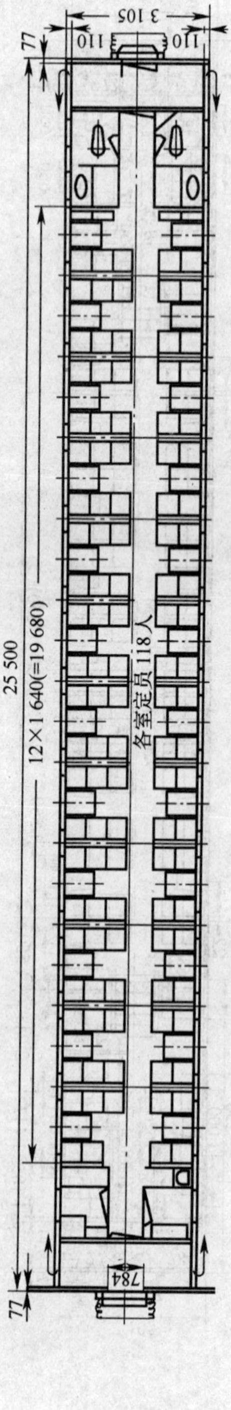

图 7－13　YZ_{25K} 型空调硬座车平面布置图

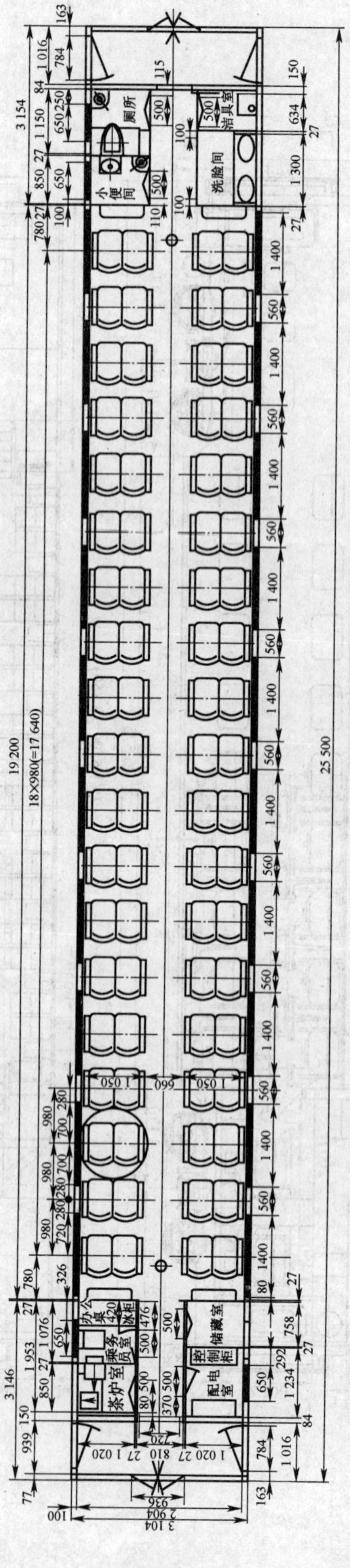

图 7－14　$RZ1_{25Z}$ 型软席座车平面布置图

RZl_{25Z}型软席座车定员76人，车体长25 500 mm，车体宽为3 104 mm，车辆长度为26 576 mm，座椅间距为1 600 mm，最高运行速度为160 km/h，自重42.6 t。

该车的平面布置：车辆的两端设有通过台，中部为客室，设有18排（2+2座排列）旋转式可躺座椅；一位端设有乘务员室、茶炉室、配电室、储藏室及小走廊；二位端设有坐式厕所、小便间、开敞式洗面室、洁具室及小走廊。厕所和小便间配备有不锈钢集便装置，可避免对列车本身和周围环境的污染。车窗采用整体铝合金双层玻璃中空充氮密闭夹层车窗，车窗宽为1 400 mm，比二等软座车的车窗宽度增大，车内还设有LED信息显示器等设施，全车设计舒适、豪华。

该车车体为无中梁薄壁筒形整体承载结构。车顶用不锈钢板制造，以纵向压筋取代纵向梁，底架两端及易腐蚀部位也采用不锈钢板，其余部位用高耐候性结构钢。

（四）25T型客车技术特征及平面布置

1. 25T型客车特点

（1）车体采用全钢整体承载筒型结构，车下设裙板，可以防止石击及减少车体运行阻力。裙板设检查门以方便车下设备的检修。

（2）各车端部设有密接式车钩，密接式车钩的采用可以大大减少列车的纵向冲动。全列车的两端装有15号小间隙车钩，方便与机车连挂，在特殊情况下密接式车钩还可以采用过渡钩头与15号车钩连挂，部分客车可实现密接式车钩与15号车钩的整体互换。

（3）车端风挡为封闭式折棚风挡，特点是密封好，噪音小。

（4）转向架分别采用CW－200K型及SW－220K型，其技术先进，结构简单、合理，检修方便，运行品质良好，性能可靠。

（5）制动系统为104或F8电空制动装置，全列采用双管供风，盘形制动，电子防滑，缓解显示装置，并设有气路单元控制箱，列车的制动管路采用整体管排吊装方式。

（6）客车供电分别采用DC600 V供电及AC380 V兼容DC600 V供电方式，均采用两路供电，车上设有PLC控制柜。

（7）空调系统采用车顶单元式空调机组，机组及通风满足160 km/h速度运行的要求，在外温+45 ℃时保证启动。采暖为铝型材带状电热器，设有不可恢复超温保护装置。电加热采暖分四路控制，可实现温度变化的自动控制。

（8）供水系统为车上水箱供水，容积大于1 500 L，并设有电热温水系统，可满足连续20 h的需要。

（9）采用整体式玻璃钢卫生间，内设真空集便器，对卫生环境、车体密封、环保等方面均有非常大的改善。

（10）车边门为电控气动塞拉门，密封性能好，端门采用电动自动拉门，方便旅客通过，各小间折页门采用防夹手转轴结构，走廊隔门采用大玻璃铝型材结构。各车设信息显示，列车广播，软卧车设呼唤系统，软卧、餐车、高级软卧车设影视播放系统，全列车设火灾报警装置。

（11）餐车为不锈钢电气化厨房设备。

（12）列车设有行车安全监控装置，整列车构成PLC控制的网络监控系统、行车安全监测诊断系统和无线传输系统，可对列车的转向架状态、车体状态、制动系统状态等实现监控、诊断并实现信息向地面设备的传输。

2. 25T型车主要技术参数

（1）每列最大编组为19辆，并满足以160 km/h速度持续运营20 h的需要，一次库检作业满足5 000 km无须检修的要求。

(2)环境温度:-20 ~ +45 ℃(部分客车为-40 ℃ ~ +40 ℃)。

(3)相对湿度:最大相对湿度≤95%。

(4)站台高度:车辆适于300 mm、500 mm和1 200 mm的站台高度,站台边缘距线路中心1 750 mm。

(5)线路最大坡度:≤30‰。

(6)轨距:1 435 mm

(7)构造速度:180 km/h

(8)持续运营速度:160 km/h

(9)在平直道上重车紧急制动距离,初速度160 km/h时,≤1 400 m,通过最小曲线半径,单车:100 m,连挂时:145 m。

(10)平稳性指标:$w \leqslant 2.5$

(11)噪声(140 km/h):

硬卧车半开敞式包间,餐车餐厅:≤68 dB(A)

软卧车、高级软卧车包间:≤65 dB(A)

(12)静止状态下车体传热系数(K值):

软卧车、高级软卧车:≤1.1W/($m^2 \cdot K$),其他车种:≤1.16W/($m^2 \cdot K$)

(13)照度

符合CB/T12815《铁道客车照明设计基本参数》的要求。

(14)轴重≤15.5t

(15)车体长度:25 500 mm

(16)车体宽度:3 105 mm

(17)车顶距轨面高度(空车时):4 433 mm

(18)车辆定距:18 000 mm

(19)车钩中心线距轨面高度:880 mm

(20)通过台渡板面距轨面高度:1 333 mm

3. 25T型车平面图

(1)硬卧车:定员66人。

(2)带残疾人卫生间硬卧车:定员60人。

(3)软卧车:定员36人。

(4)餐车:带休闲茶座区的餐车:定员16人。

(5)不带休闲茶座区的餐车:定员40人。

(6)高级软卧车:定员16人。

复习思考题

1. 说明车体钢结构的一般组成。
2. 车体共有几种承载结构?各自的特点是什么?
3. 简述YZ_{25G}型空调客车的结构特点。
4. 车体钢结构有哪些常见损伤?

第八章

客车设备

本章以25型客车为例,介绍了车顶、车底给水装置、燃煤独立温水采暖装置的构造及作用原理;给水、采暖装置的故障形式、原因分析及检修要求;集便器、风挡及塞拉门、电动端门的种类、结构、作用原理及检修维护办法及青藏高原客车制氧系统。学习完本章后,应能对客车设备进行正确操作和检修作业。

为了满足旅客饮水、用餐及卫生的需要,客车内必须设有给水装置;在冬季还要进行取暖,保持车厢内具有适宜的温度,故需设置采暖装置;为了防止风沙雨水侵人车内及运行时便于旅客安全地在列车内通行,在车辆两端连接处装有风挡装置;随着运行速度的提高,空气阻力加大,车厢体内极易形成负压,部分空气及灰尘通过车门进入车厢,造成客车热量(或冷量)损失和车内空气质量浑浊,这就需要车辆有较高密封性能的集便器和塞拉门,以提高旅客的乘坐舒适性。

第一节　给水装置

铁路客车在运行途中,为了供给旅客在洗脸室、厕所、茶炉、餐车及温水采暖锅炉用水,每辆客车上都安装了存放水的设备,这种设备统称为客车给水装置。根据水箱在车上安装的位置不同,可分为车上水箱和车下水箱两种型式。目前,绝大部分客车都采用车上式水箱供水,因为它不需要外界其他条件,如压缩空气、给水风缸等,能完全依靠水的自重供水。由于其水箱设置在客车顶棚内,配管又非常靠近采暖系统的管路,不要专门为给水装置安装防寒设备,所以具有结构简单、故障少、检修方便、水箱内是否有水容易确认等特点,但由于水箱间连通管较细和排气慢,所以上水速度较慢。目前主型客车及新造客车均大批采用车上式水箱供水。本节主要以25型客车为例,介绍车顶、车底给水装置的构造及作用原理。

一、车辆给水装置的组成

(一)YZ_{25}型客车车顶给水装置

1. 结构

YZ_{25}型客车车顶水箱给水装置如图8-1所示。

在车辆二位端走廊平顶板上方设一只椭圆形不锈钢水箱,容水量为1 200 L,水箱端部装一水位显示装置,可随时检查水箱的水位。在二位端还设1只不锈钢圆形温水箱,容水量为44 L。

二位端供水由水箱引出支管分别向两侧厕所、洗面室、温水箱及水笼头供水;另一路由水箱引出一支管向一位端供水。供水方式为脚踏式。

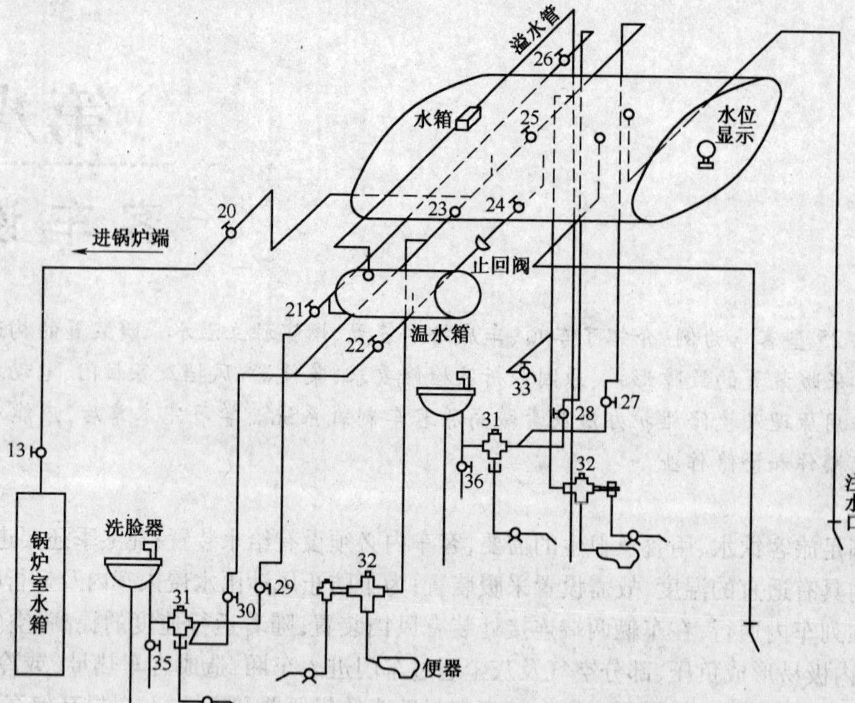

图 8－1　YZ_{25}型客车车顶给水装置

2. 各阀在使用状态的位置。

(1)开启的阀:20,21,23,24,25,26,27,28,29,30;

(2)根据不同需要开启的阀:31,32,33;

(3)关闭的阀:13,22,35,36。

3. 注水

(1)确认阀 20,21,23～30 全部开启;

(2)确认 13,22,35,36 全部关闭;

(3)由车下两侧任一注水口注水;

(4)当乘务员室控制箱上的五灯水位显示指示满水位或发现溢水管及另一侧注水口溢水时,应立即停止注水。

4. 排水

(1)在各阀使用状态下,打开阀 13,22,31,32,33,35,36。

(2)确认系统中水已全部排净时,将各阀恢复至使用状态。

(二)YW_{25}型客车车顶给水装置

1. 结构特点

给水装置由冷水装置、温水装置和饮用水装置组成,如图 8－2 所示。

冷水装置由冷水箱、注水管、溢水管、供水管及各阀组成。冷水箱为容量 1 000 L 的整体椭圆形不锈钢水箱,安装在二位端双洗室、厕所和小走廊的顶部。水箱顶部和底部设有法兰盘活

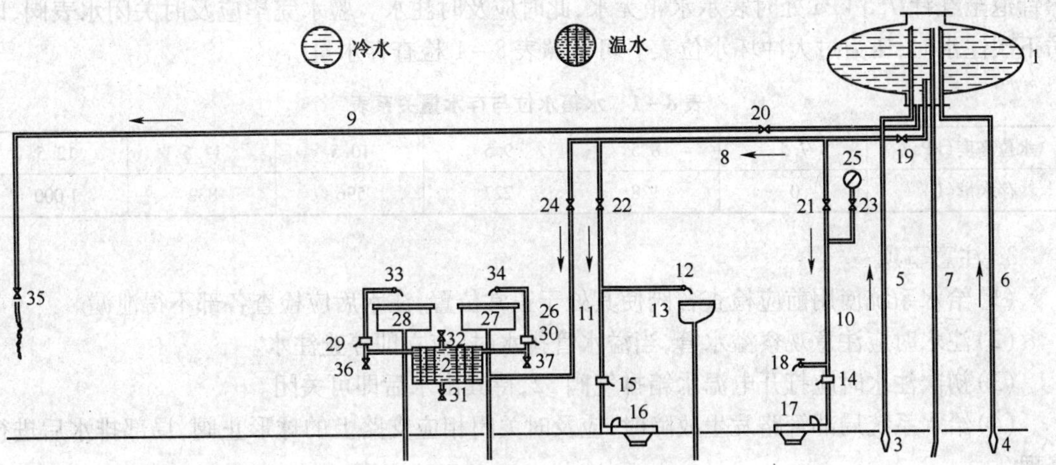

图 8-2 YW_{25}型客车车顶给水装置

1—冷水箱(1 000 L);2—电温水箱(10 L);3—一位侧注水口;4—一位侧注水口;5—一位侧注水管;6—二位侧注水管;7—溢水管;8—冷水注水管;9—电开水器供水管;10—一位侧厕所供水管;11—二位侧厕所供水管;12—下作用水阀;13—洗手器;14—脚踏冲便阀;15—脚踏冲便阀;16—一位侧厕所蹲式便器;17—二位侧厕所蹲式便器;18—水龙头;19—球形止阀 Dg25;20—球形止阀 Dg20;21—球形止阀 Dg20;22—球形止阀 Dg20;23—水表阀;24—球形止阀 Dg20;25—水位表;26—洗脸室供水管;27—洗脸盆;28—洗脸盆;29—脚踏阀;30—脚踏阀;31—排水阀;32—排气阀;33—出水嘴;34—出水嘴;35—球形止阀 Dg20;36—排水阀;37—排水阀

盖板,底部活盖板上连接 2 根注水管、1 根溢水管和 2 根供水管,其中一根供水管为电开水器专用供水管,该供水管出水口高度比另一根供水管出水口低 219 mm,相当于给电开水器增加了 1 个容量约 227 L 的备用水箱,以确保电开水器较长时间的供水。冷水箱内设有防波板,以减小列车运行时的惯性所造成的水对水箱的冲击。注水管顶部管口加装小活盖,以防止水箱的水晃动时,水倒流入注水管内,造成注水口冻结。

注水口设在二位端二位侧厕所和双洗室地板下,当水箱注满水时,多余的水从溢水管排至车下。在二位端二位侧厕所内设有水位表,可随时检查水箱的存水量。

冷水箱通过阀 20、供水管 9 向一位端的电开水器供水;通过阀 19、供水管 8 向一、二位侧厕所、双洗室供水;通过阀 22、支管 11 向一位侧厕所的洗手器 13、便器 16 供水;通过阀 21、支管 10 向二位侧厕所水龙头 18、便器 17 供水;通过阀 24、支管 26 向双洗室的电温水箱 2 供水。

2. 使用说明

(1) 客车在运用状态下各阀应保持下列正常位置:

关闭的阀:12,14,15,18,23,29,30,31,32,36,37;

开启的阀:19,20,21,22,24,35。

(2) 注水:将注水管与注水口拧紧接好,即可进行注水。当溢水管排水时,应立即停止注水。

(3) 排水:当车辆停用时,应将给水系统内的水全部排尽。排水时,可将各阀全部打开,待水排尽后再将各阀恢复正常位置。

当局部管路系统发生故障时,可局部排水。此时,只需关闭相应支管上的球形止阀,打开支管上其他阀门,排尽局部管路中的水即可。

(4) 验水:打开水表阀 23,观察水位表 25,当黑针指示水位 12.5 kPa 时表示水箱满水,当黑针退至红针 7.5 kPa 处时表示水箱无水,此时应及时注水。验水完毕应及时关闭水表阀,以防下次注水时,压力过大冲坏水位表。可依照表 8－1 检查存水量。

表 8－1　水箱水位与存水量关系表

水位高度(kPa)	7.5	8.5	9.5	10.5	11.5	12.5
存水量(L)	0	128	227	596	832	1 000

3. 注意事项

(1)给水系统使用前应检查各阀使其处于正常位置,注水后应检查各部不得泄漏。

(2)注水时应注意观察溢水管,当溢水管排水时,应立即停止注水。

(3)初次注水时应打开电温水箱排气阀 32,待其出水后即可关闭。

(4)给水系统局部管路发生故障时,应及时关闭相应支路上的球形止阀,局部排水后进行修理。

(5)客车停用时,特别是在冬季,给水系统应及时进行全部排水,以免锈蚀和冻坏管路及配件。

(三)RW_{25}型客车车顶水箱给水装置

1. 结构特点

RW_{25}型客车车顶水箱给水装置如图 8－3 所示。在一位端通过台及走廊平顶板上方设 1 只椭圆形不锈钢水箱,容水量为 1 000 L,水箱端部装有水位显示装置可随时检查水位。在锅炉室上方另设 1 个不锈钢圆形温水箱,容水量为 40 L。

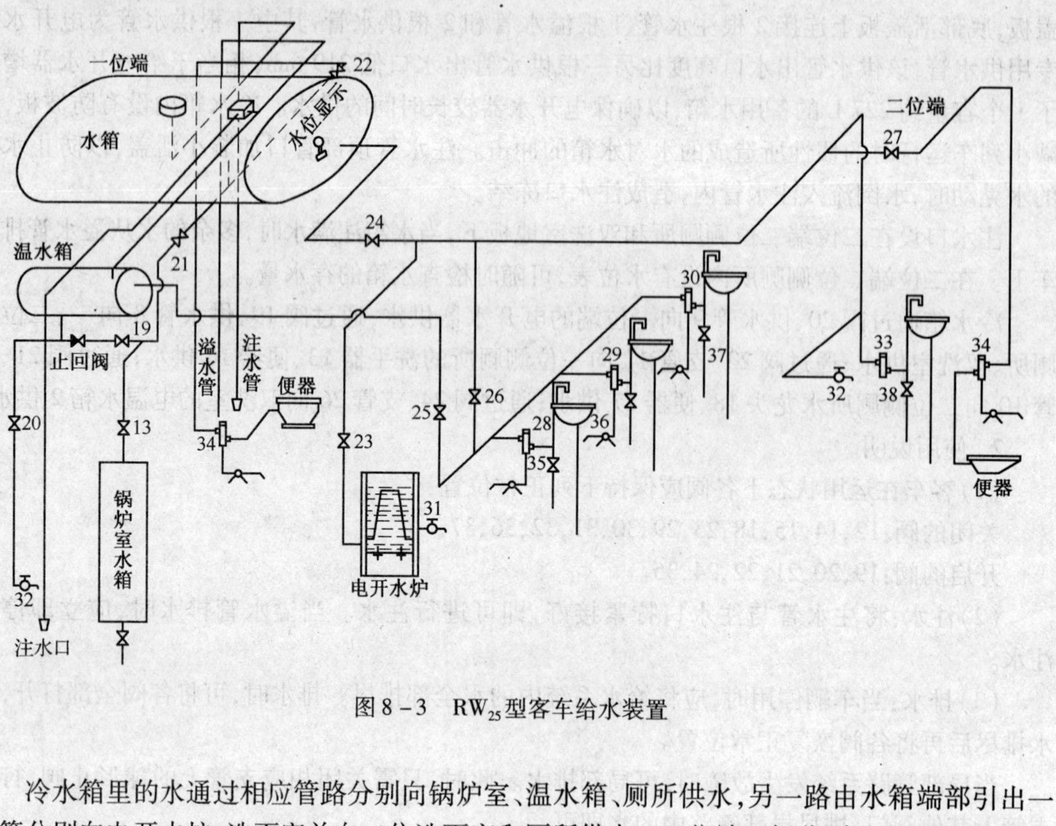

图 8－3　RW_{25}型客车给水装置

冷水箱里的水通过相应管路分别向锅炉室、温水箱、厕所供水,另一路由水箱端部引出一支管分别向电开水炉、洗面室并向二位洗面室和厕所供水。一位端两侧分别设有注水口,向车上水箱注水。

2. 各阀在使用状态的位置

(1)开启的阀有 19 ~ 27；

(2)根据不同需要打开的阀有 28、29、30、32；

(3)关闭的阀有 13、31。

3. 注水

(1)确认阀 19 ~ 27 要全部开启；

(2)检查阀 13、28 ~ 32 是否关闭；

(3)由车下任一注水口向水箱内注水；

(4)当乘务员室控制箱上的五灯水位显示指示水位满或溢水管及另一注水口溢水时，应立即停止注水。

4. 排水

(1)在正常使用各阀位置的状态下开启阀 13、28 ~ 32；

(2)确认系统中水已全部排净，将各阀恢复至使用状态。

(四)CA_{25}型餐车给水装置

1. 结构

CA_{25}型餐车给水装置如图 8 - 4 所示，由 4 个不锈钢水箱组成，总容量约为 1 200 L。用螺栓安装在走廊和二位端横头上方的吊梁上。水箱下部由 38 mm 水管组成下连通管，上部由

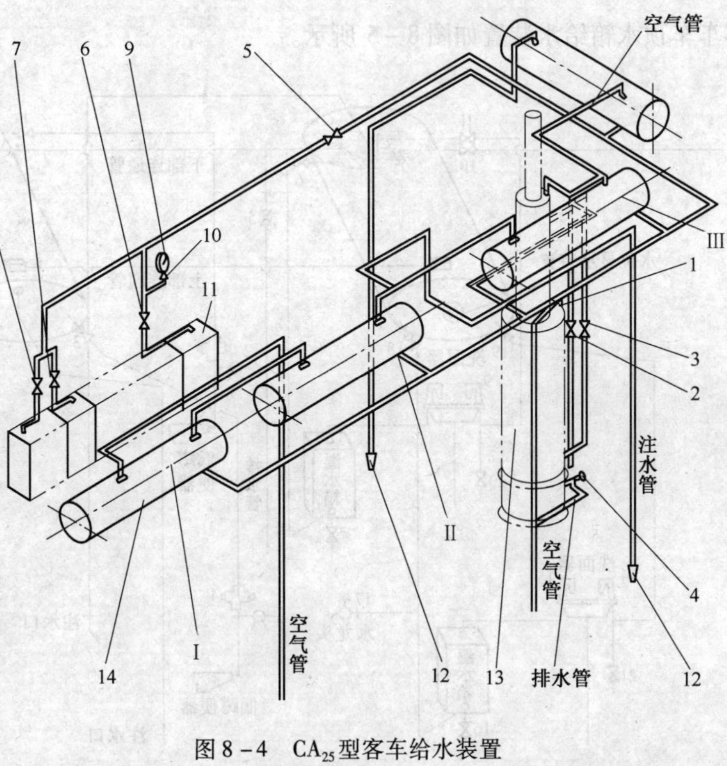

图 8 - 4　CA_{25}型客车给水装置

1,3,4—球形止阀 Dg25；2,5—球形止阀 Dg20；6 ~ 8—球形止阀 Dg15；9—水位表；10—水表阀；11—洗菜池；12—注水口；13—低压锅炉；14—水箱

1 英寸管及软管组成空气管,洗池用水由水箱Ⅳ连通管引出。低压锅炉空气管与水箱空气管连接,并由水箱供水。水箱空气管由水箱Ⅰ引至车下。

低压锅炉设有通至车下的排汽、排水管。左侧设有浇煤管 1 根。

注水口设在车下两侧,由水箱顶部注水。在洗池上方设有测量水箱存水情况的水位表 1 个。

2. 使用说明

(1)各阀正常位置:阀 2、3、4、6、7、8 均为关闭状态;阀 1、5、10 为开启状态(单独烧汽时,阀 1 为关闭状态)。

(2)注水:可从车下任一侧注水口中注水。当水箱空气管溢水时停止注水。

(3)排水:全部排水时,需将各阀全部打开。局部排水时,根据给水示意图将有关阀打开或关闭,排完后将各阀恢复到正常使用位置。

(4)验水:观察水位表,当黑针退至红针以下时,表示缺水(打开洗池水阀黑针仍有摆动现象)或无水(黑针无摆动现象)。

3. 注意事项

(1)为保证水位表指针正确,先将水箱注满水后,应由检验人员打开水位表盖,将红针拨至黑针升起位置,最后将水位表用铅封封闭。

(2)在冬季客车停运时,应将各阀全部打开,排净存水,以免冻坏给水装置。

(五)YZ_{25K} 型客车车顶水箱给水装置

1. 结构

YZ_{25K} 型客车车顶水箱给水装置如图 8-5 所示。

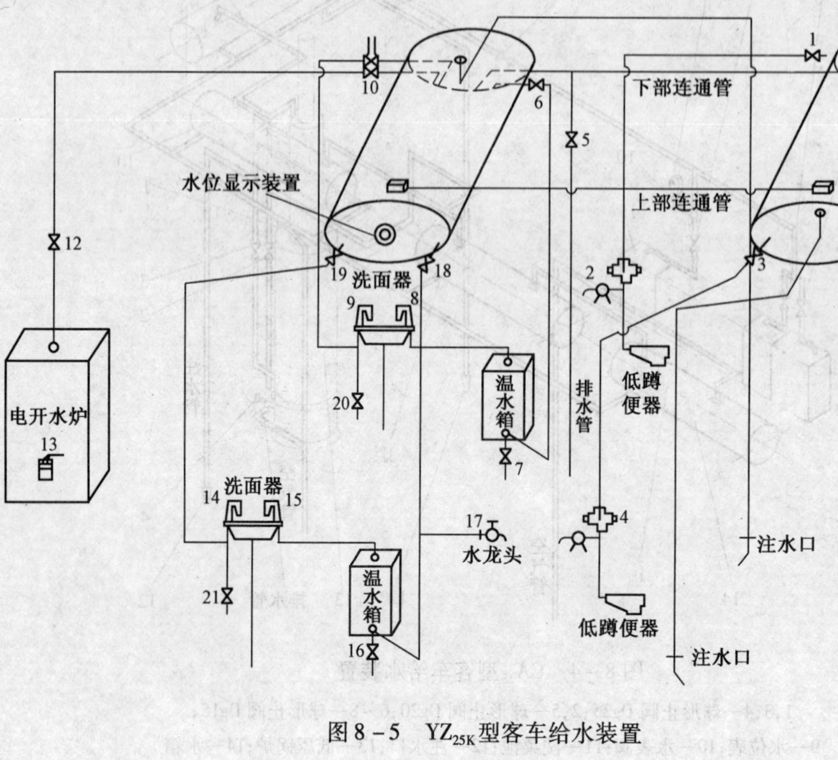

图 8-5 YZ_{25K} 型客车给水装置

在二位端设置两个椭圆形不锈钢冷水箱，总容水量 1 130 L，两水箱通过上下连通管相互连通。其中一个水箱端部设有水位显示装置，可在乘务员室内随时检查水箱中的水位。在 1、2 位洗面柜下分别设有 1 个 10 L 的电开水炉供水。二位端两侧车下分别设有注水口，可由车下任一注水口向车上水箱注水（注：冬季注水口冻堵时，必须将两侧注水口全部捅开后，方可注水）。

2. 正常使用时各阀的位置

（1）开启的阀：1、3、6、10、11、12、18、19。

（2）根据不同需要打开的阀：2、4、8、9、13、14、15、17。

（3）关闭的阀：5、7、16、20、21。

3. 注水操作

（1）检查阀 1、3、6、10、11、12、18、19 是否全部打开。

（2）确认阀 5、7、16 是否全部关闭（其余用水部位也应全部关闭）。

（3）从车下任一侧注水口向车上注水。

（4）当乘务员室控制箱上水位显示指示满水位或发现另一侧注水口大量溢水时表明水已注满，应立即停止注水。

4. 排水操作

打开阀 2、4、5、7、13、16、20、21 确认系统中水已全部排净时，再将各阀恢复至使用时状态，以免冬季冻裂水管，影响使用。

（六）车底水箱式给水装置

车底水箱式给水装置的特点是水箱安装在客车底架下部，解决了空调客车布置车上水箱受其结构限制的问题，且降低了车辆的重心。但由于该给水装置的结构要比车顶式给水装置复杂，且因水箱置于车底，当冬季在寒冷地区使用时，必须要加防寒层和取暖设施。因而未能被广泛采用，目前只有少部分 25 型客车采用了车底水箱给水装置。

1. 车底水箱供水方式及原理

采用车底水箱给水装置的 25 型空调客车向车上供水的方式有两种：一种方式是利用列车空气制动管送来的压缩空气作动力，将水箱内的水由车下压至车箱内各用水处；另一种方式是用电动水泵自动将车下水箱的水输送至车上小水箱内，再由小水箱向各用水点供水。

（1）车下风压给水系统

车下风压给水系统是由车下冷温一体水箱，送风设备（给水风缸、给水调整阀、给水减压阀、给水止回阀、截断塞门），注水、排水阀门（五通塞门、排水阀），以及加温和控制器件（电热器、温控器）等组成。其风、水管路如图 8－6 所示。

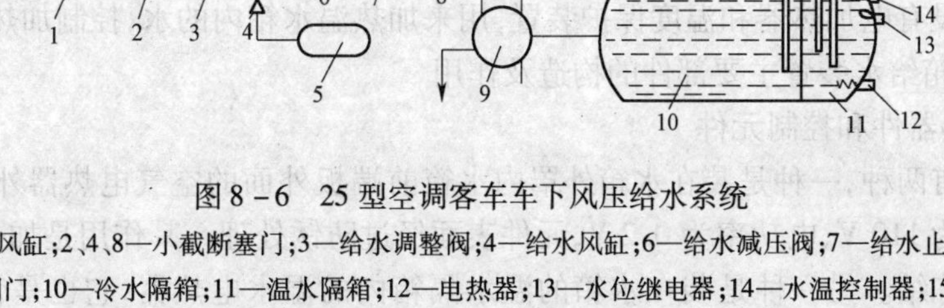

图 8－6 25 型空调客车车下风压给水系统

1—副风缸；2、4、8—小截断塞门；3—给水调整阀；4—给水风缸；6—给水减压阀；7—给水止回阀；9—五通阀门；10—冷水隔箱；11—温水隔箱；12—电热器；13—水位继电器；14—水温控制器；15—连接管车下水箱安装在车底架的吊铁上后,用聚氨脂硬泡沫塑料发泡成厚度为 40 mm 的隔热层(防寒层),最后用铁皮外罩将水箱罩起,并在前后端开有小门。水箱内用隔板将水箱分隔成存储冷水用的冷水隔箱和存储温水用的温水隔箱两部分,上部用连通管相连。

该系统向车上供水的风压是由空气制动机的副风缸,将压力大于 441 kPa 的压缩空气,经截断阀门、给水调整阀经 T 形接头分为两路:一路经截断阀门到给水风缸进行充风;另一路经给水减压阀将风压减至 137 kPa,再经给水止回阀,截断塞门和五通塞门送入水箱。水箱内的冷水靠风压作用经连通管送至温水隔箱,再由此压送至各用水处。当车辆制动机发生故障关闭制动支管截断塞门时或摘下机车后,可利用给水风缸内的风压持续向车上供水一段时间。系统供水原理见图 8－7 所示。转换五通塞门的手把位置,可实现系统的供水和注水。

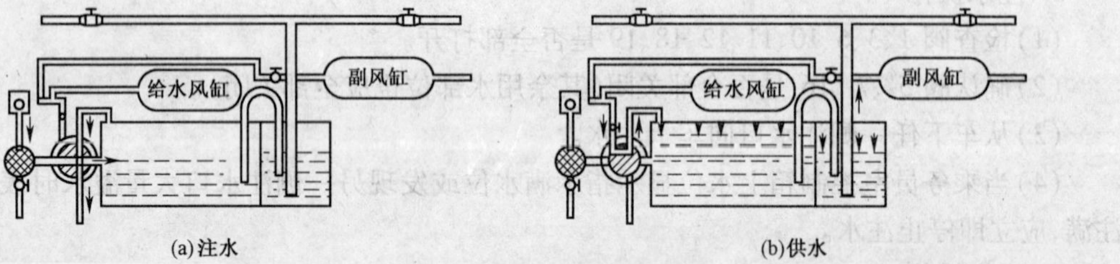

图 8－7　风压给水示意图

当寒冷季节车上需用温水时,则通过温水隔箱内的温水电热器将冷水加热,再由此压送到车上用水处。温水加热温度可由温度控制器来控制。水箱内水位高底由水位显示器显示。在水箱外罩内水箱前端板外边装有空气电热器,可通过电热器加热水箱周围空气的温度,以防止冬季时管路和阀门冻结。

(2)车下电动水泵供水系统

风压给水系统因其存在结构复杂,制造成本高,不能在车体两侧注水且受制动机状态的限制等问题,目前我国采用下水箱的部分 YZ_{25} 型空调客车改用了电动水泵供水系统。此系统由车下水箱、车上水箱、温水箱以及加温和水位控制元件、电动水泵等组成。通过水位开关和电动水泵,自动将车下水箱的水输送到车上水箱,然后由车上水箱向各用水处供水,其供水系统如图 8－8 所示。

车上水箱容积为 50 L,水箱内部设有高、底水位开关,低水位开关负责水泵的开启,高水位开关负责水泵的关闭。当上水箱水位低于低水位开关控制水位时,水泵电源接通,开始向上水箱供水;当水位达到高水位开关控制水位时,水泵电流断开,停止供水。车下水箱容量 1 000 L,箱内设有低水位控制开关,其作用是防止水泵无水空转,当下水箱无水时,水位开关动作、切断水泵的电源,使水泵不能工作。下水箱上还设有五灯水位显示装置,可在乘务员室内直接观察到水位情况。

温水箱上设有电加热器和温度保护装置,用来加热温水箱内的水,控制加热温度。

2. 车底水箱给水装置主要部件的构造及作用

(1)电加热器件和控制元件

电加热器有两种,一种是装在水箱外罩内水箱前端板外面的空气电热器外形为管状共有两件。其电压为 110 V、电功率为 0.2 V,元件表面经过防锈处理。其作用是加热空气,防止冬季管路和阀门冻结。另一种是装在水箱的温水隔箱内的温水电热器,它也是管状电热元件。

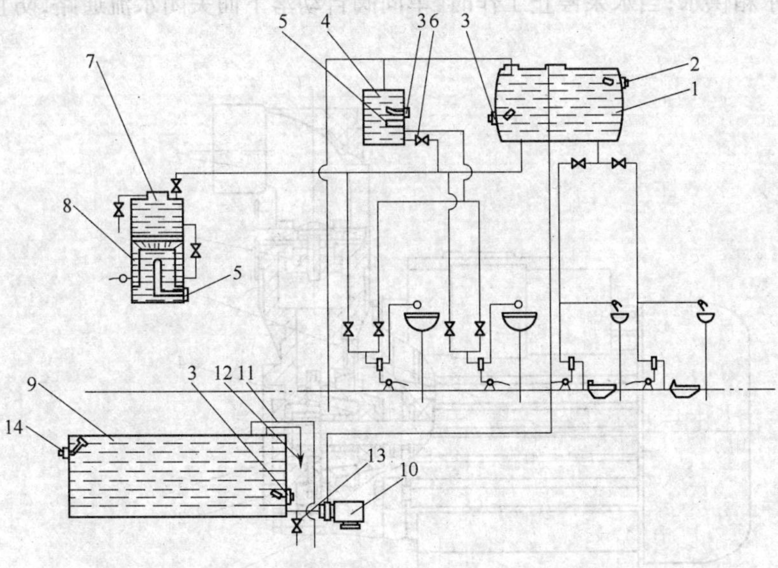

图8-8　车下水箱水泵供水系统示意图

1—车上水箱；2—高压位控制液面继电器；3—低压位控制液面继电器；4—温水箱；5—电加热温控器；6—止会阀；7—储水箱；8—电开水炉；9—车下水箱；10—离心水泵；11—空气管；12—注水口；13—排水阀；14—五灯水位显示器

它从水箱后端板上的电热器座处插入水箱内，并固定在安装座上，其作用是加热水箱内的水。温度指示控制器的外形如图8-9所示，其上部为水温指示表，用来指示水温；下部为温度选择盘，用来调控水温。感温探头插入温水箱安装在水箱后端部，通过导线与控制器相连接。温水箱内的水温可根据需要由感温元件和温控器通过控制电热器来加以调整。

(2)水位继电器和电动水泵

水位继电器安装在水箱端板的专门座孔上，它用来控制水泵或显示水箱内水位的。水位继电器由浮筒和触头两部分组成，安装时浮筒位于水箱内，触头位于水箱端板外。工作时当水箱内水位升高或降低，浮筒也随之升高或降低，带动动触头与静触头断开或连通，从而控制水泵开关或显示不同的水位信号。

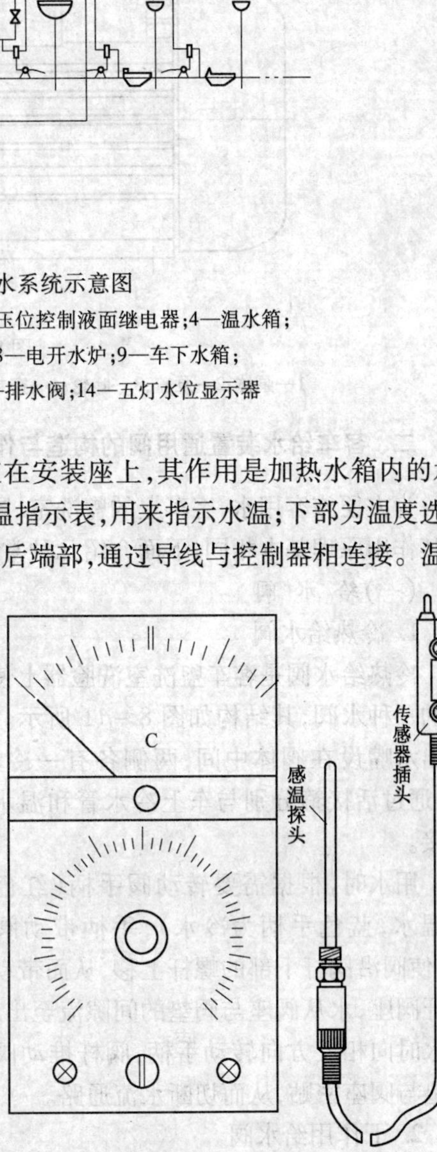

(a)温控器板面　(b)感温器

图8-9　温度显示控制器

电动水泵采用体积小、重量轻的自吸清水泵，电压为220 V，功率为0.35 kW，流量为40 L/min，安装于下水箱外罩内。它用来向车上水箱供水，水泵的工作状态由水位继电器来控制。该泵具有自吸功能，在第一次使用时，从注水螺塞处向泵内灌注引水，便可经常使用。电动水泵的结构见图8-10所示。泵体用螺栓与电机相连，叶轮通过键固定在电机轴端。在叶轮上方的出水口处设有一单向阀，其作用是：当水泵工作时水压推开单向阀,向车上水箱供水;当水泵停止工作时,单向阀自动落下而关闭水流通路,防止车上水箱的水逆流。

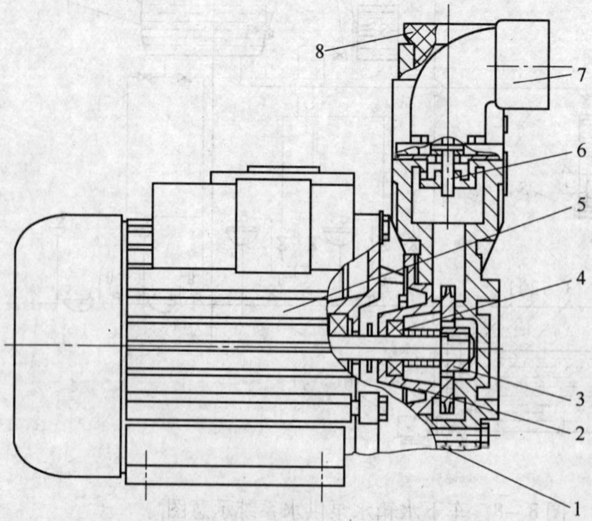

图 8-10 电动水泵

1—泵体;2—泵盖;3—叶轮;4—密封装置;5—电机;6—单向阀;7—接头;8—注水螺塞

二、客车给水装置通用阀的构造与作用

为方便旅客用水,客车上的盥洗室、厕所等用水处,均装有各种水阀。给水阀的形式较多,但其作用原理基本相同,下面介绍几种常见的给水阀。

(一)给 水 阀

1. 冷热给水阀

冷热给水阀是客车盥洗室洗脸器上使用较多的一种水阀,其结构如图 8-11 所示。该阀的出水嘴设在阀体中间,两侧各有一冷、热水阀,通过活接箍分别与车上冷水管和温水管相连接。

用水时,根据需要转动阀手柄(红色手柄为温水,蓝色手柄为冷水),手柄带动阀杆转动,使阀沿阀杆下部的螺杆上移,从而带动阀垫离开阀座,水从阀座与阀垫的间隙流至出水嘴。关水时向相反方向转动手柄,阀杆推动阀使其阀垫与阀座密贴,从而切断水流通路。

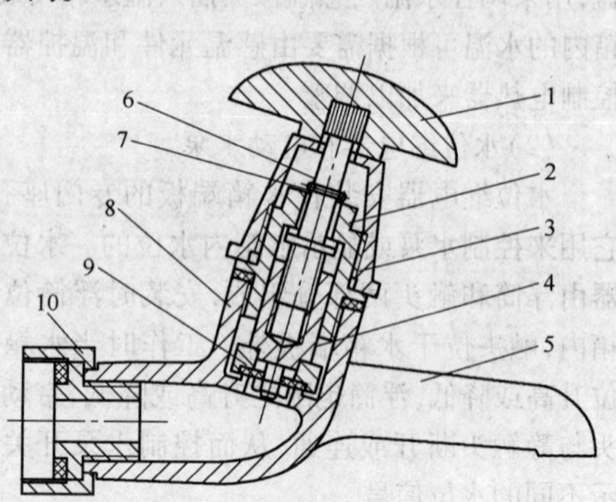

图 8-11 冷热给水阀

1—阀手柄;2—压盖;3—阀;4—阀;5—出水嘴;6—阀杆;7—卡环;8—阀体;9—橡胶阀垫;10—活结箍

2. 下作用给水阀

下作用给水阀用于厕所内的洗手盆上,其结构如图 8-12 所示。

用水时,当抬起手把后,阀就随阀杆被顶起,阀垫离开阀座,水经阀座处开启的间隙流出。当松开手把时,向弹簧将阀顶回,使用垫与阀座密贴,从而切断水流,停止供水。该阀构造简单,使用方便又能防止水的浪费。但当阀垫不良或破损时,以及弹簧过软或折断时,会造成水阀漏水，故要注意及时检修。

3. 脚踏式给水阀

脚踏式给水阀安装在用水器的下方，用水时踩下踏板，通过踏板杆的杠杆作用，使阀杆压缩弹簧带动阀离开阀座，水经阀与阀座的间隙流到用水器上的出水嘴。松开踏板后，阀杆被弹簧压下，阀垫与阀座密贴，切断水流。此阀不需用手开水阀，使用较为方便、卫生，被广泛应用。其结构如图 8－13 所示。

(二)冲 便 阀

客车厕所便器使用的冲便阀均采用压式水阀，有手压式和脚踏式两种，其结构原理基本相似。图 8－14 为脚踏式冲便阀，冲洗时踩下踏板，间杆被顶起，使阀开启，水流入便器。松开踏板后阀杆被弹簧压下，关闭水阀，切断水流。

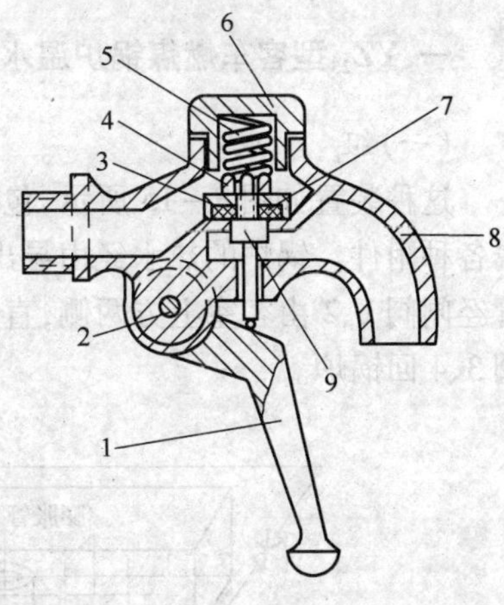

图 8－12　下作用给水阀

1—手把；2—销子；3—阀；4—螺母；5—弹簧；6—阀盖；7—阀垫；8—阀体；9—阀杆

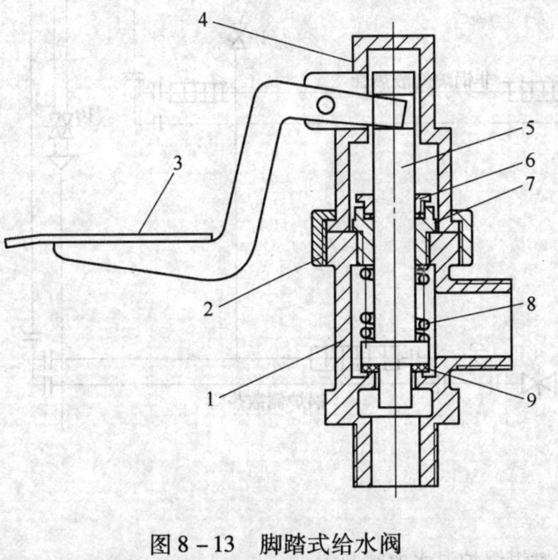

图 8－13　脚踏式给水阀

1—阀体；2—螺母；3—踏板；4—阀盖；5—阀杆；6—压帽；7—压盖；8—弹簧；9—阀垫

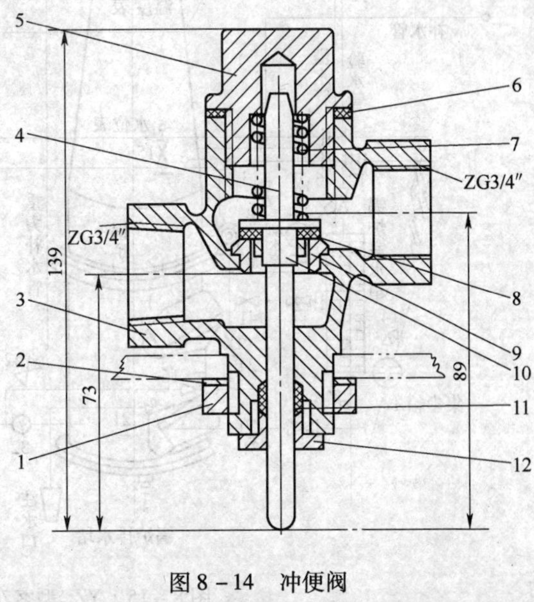

图 8－14　冲便阀

1—螺母；2—垫圈；3—阀体；4—阀杆；5—阀盖；6—盖垫；7—弹簧；8—阀垫；9—压帽；10—阀座；11—填料；12—压盖

第二节　采 暖 装 置

在冬季，为保持车厢内具有适宜的温度，故需设置取暖装置。温水取暖装置是将安装于每一辆客车任一位端的温水锅炉内的水加热送入车厢内散热管中，使车内空气加热。因此，称为独立温水锅炉取暖装置。这种取暖装置散热管散发的热量比较温和适中(不大于 90 ℃)，燃料热效率较高；运行中不受机车类型限制；车辆单独停放时，可以独立取暖。此种装置也存在一些缺点，如锅炉比较笨重，操作时劳动强度大，需经常补水等。

一、YZ_{25}型客车燃煤锅炉温水取暖装置

(一)组　成

这种装置如图 8－15 所示，包括锅炉、散热管（带有散热片）、膨胀水箱、锅炉室水箱及所属各种附件。锅炉的热水经由导出管流入膨胀水箱里的分水盒，分水盒的热水分别接上出水管经闸阀 1、2 由客室上方两侧，直到非锅炉端两侧立管经两侧散热管放出热量，冷却的水经闸阀 3、4 回锅炉。

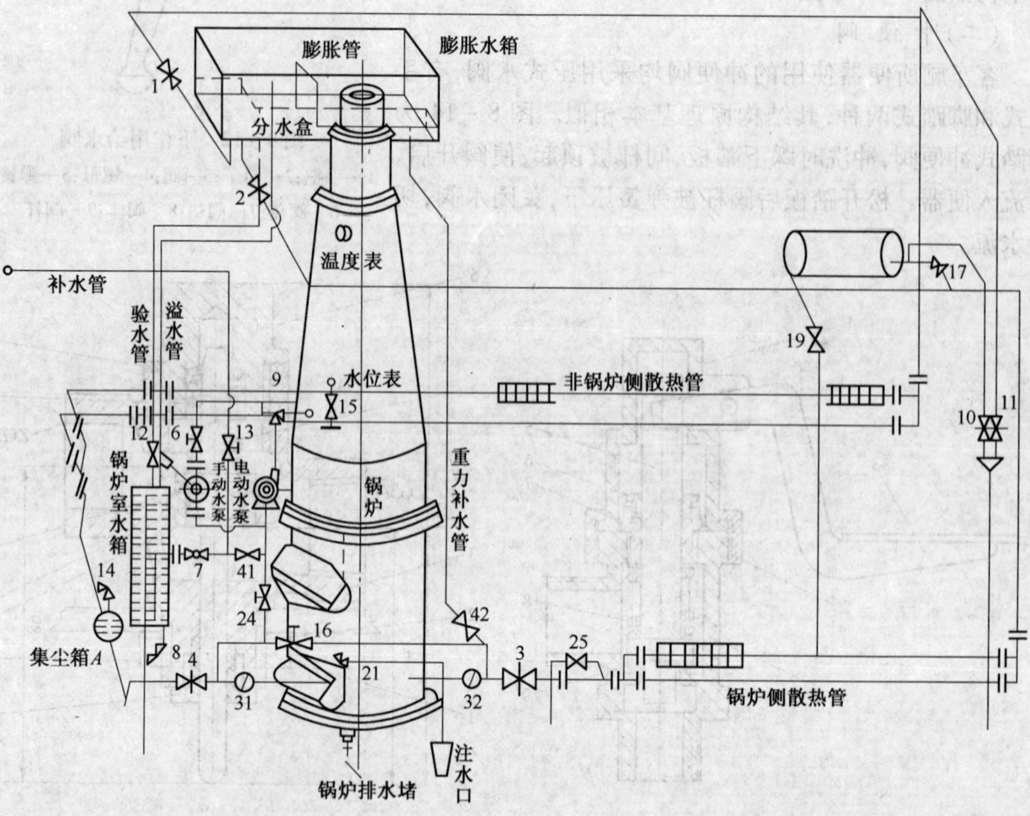

图 8－15　YZ_{25}型客车燃煤锅炉温水取暖装置

膨胀水箱处在独立循环回路之外，膨胀水箱借助重力补水管和分水盒的膨胀管与循环系统联系，使膨胀水箱里的水位波动得到均衡。膨胀管伸到膨胀水箱里标注的最低水位处（离箱底 40 mm），重力补水管上安装 1 个旋转式止回阀 42。

当通过注水口向锅炉注水时，由于止回阀 42 的逆止，起初注水时膨胀水箱和注水系统相隔，只是在排完系统空气之后，借助膨胀管使膨胀水箱里的水注满到溢水管的位置。

在 2 位端 2 位侧的平顶板上设有温水箱，箱内有加热水的蛇形管，管的两端分别接在上出水管和散热管上。

手动水泵和电动水泵并排安装在锅炉水泵架上，手动水泵的构造如图 8－16 所示，该水泵为摆动阀瓣式结构，主要由泵体、摇把、阀瓣、隔板等组成，在阀瓣和隔板上设有阀门 1 和阀门Ⅱ。其作用是当左右摇动摇把时（摇把摆动角度限定在 90°以内，不得强力使之扩大）带动阀

瓣转动，分别在阀瓣两侧与隔板之间形成真空，水通过阀门Ⅱ被吸入，进入隔板与阀瓣之间的空间，当摇把反方向摇动时，水通过阀瓣上的阀门Ⅰ被排出。左右摇动摇把，手动水泵吸水和排水的过程如图 8－17 和图 8－18 所示。这种水泵具有体积小、重量轻、操作省力、往返行程均可作功、效率高、安装拆卸方便等特点。

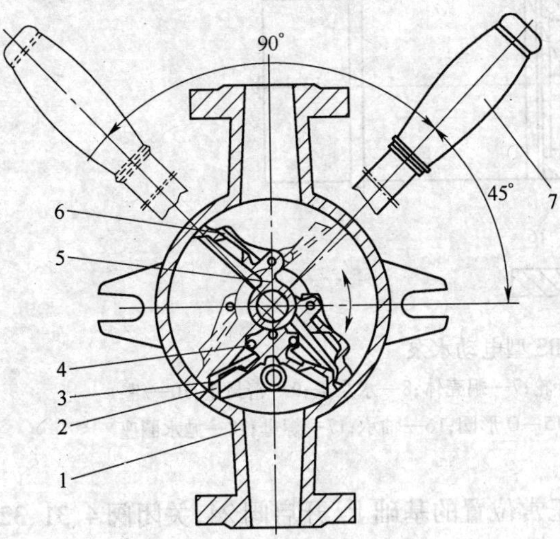

图 8－16　25 型手动水泵

1—泵体；2—隔板；3—阀门Ⅱ；4—开口销；
5—阀瓣；6—阀门Ⅰ；7—摇把

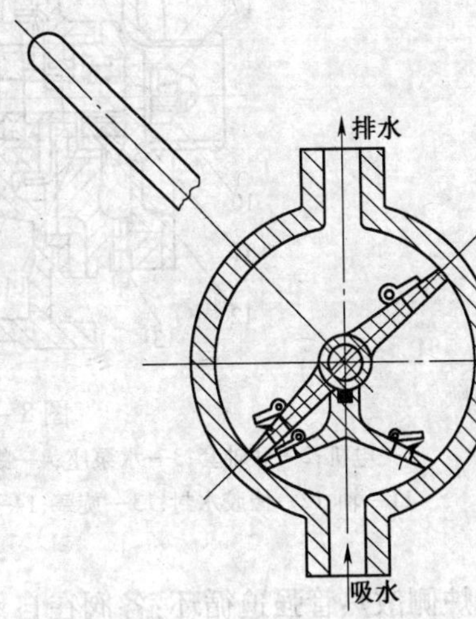

图 8－17　左摇时吸水和排水的过程

电动水泵除进行强迫循环时使用外，还可向锅炉补水时使用。25 型客车和新型燃煤锅炉使用的电动水泵为 DXBS 型，其结构如图 8－19 所示。它由水泵和电动机两部分构成。水泵部分主要由水泵座、蜗壳体、水泵盖、水泵轴、叶轮、螺母、橡胶水封、衬套、抛水圈、联轴套等组成。其正常供水时抽水量为 $3m^3/h$，具有体积小、重量轻、工作可靠、省电等优点。

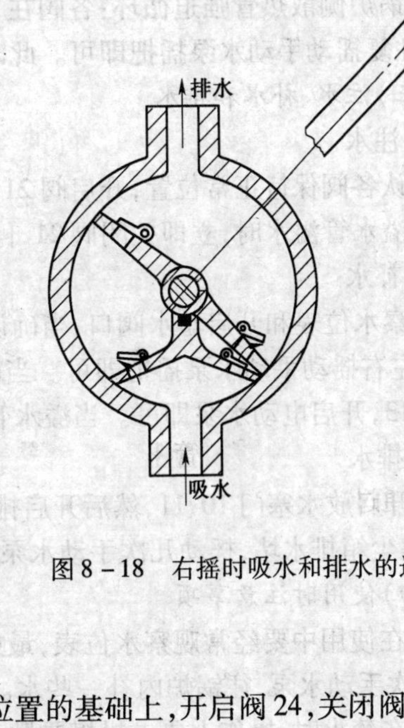

图 8－18　右摇时吸水和排水的过程

(二)车内温度调整方法

1. 自然循环调整方法

两侧散热管同时自然循环：

开启的阀：1～4、9、16、31、32。

关闭的阀：6～8、10～14、21、24、25。

锅炉侧散热管自然循环：各阀在两侧同时自然循环的基础上关闭阀 4 或阀 1。

非锅炉侧散热管自然循环：各阀在两侧同时自然循环的基础上关闭阀 3 或阀 2。

2. 电动水泵的强迫循环调整方法

两侧散热管同时强迫循环：各阀在自然循环正常位置的基础上，开启阀 24，关闭阀 31、32，启动电动水泵即可。

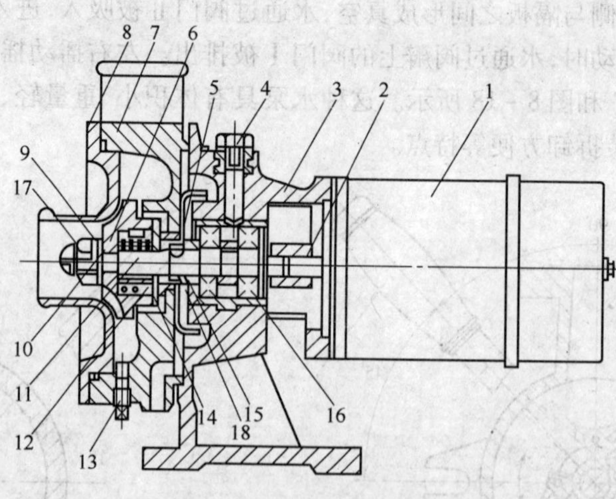

图 8－19　DXBS 型电动水泵

1—电机；2—联轴套；3—水泵座；4—螺栓；6—叶轮；7—蜗壳体；8—水泵盖；9—密封垫；10—键；11—轴；12—橡胶水封；13—旋塞；14—密封垫；15—O 形圈；16—轴承；17—螺母；18—抛水圈座

锅炉侧散热管强迫循环：各阀在自然循环正常位置的基础上，开启阀 24，关闭阀 4、31、32，启动电动水泵即可。此时非锅炉侧散热管停止循环。

非锅炉侧散热管强迫循环：各阀在自然循环正常位置的基础上，开启阀 24，关闭阀 16、31，启动电动水泵即可。此时锅炉侧散热管仍为自然循环。

3. 手动水泵的强迫循环调整方法

两侧散热管强迫循环：各阀在自然循环正常位置的基础上，开启阀 24、6，关闭阀 4、31、32、9，往复摇动手动水泵摇把即可。此时非锅炉侧散热管停止循环。

非锅炉侧散热管强迫循环：各阀在自然循环正常位置的基础上，开启阀 24、6，关闭阀 16、31、9，往复摇动手动水泵摇把即可。此时锅炉侧散热管仍为自然循环。

（三）注水、补水和排水

1. 注水

确认各阀保持正常位置，开启阀 21，从注水口开始注水。随即开启阀 10、11。当排水时关闭。当溢水管溢水时，立即关闭阀 21，停止注水。

2. 补水

观察水位表和开启验水阀口，当确认锅炉内缺水，用手动水泵补水时，开启阀 6 及阀 7 或阀 13，左右摇动手动水泵摇把即可。当溢水管溢水时，停止补水。用电动水泵补水时，开启阀 7 或阀 13，开启电动水泵即可。当溢水管溢水时，停止补水。补完水后各阀恢复正常位置。

3. 排水

先开启放水塞门 10、11，然后开启排水阀 8、12、14 及电动水泵排水丝堵，最后卸下锅炉排水堵、集尘箱排水堵，摇动几次手动水泵，将水排尽。

（四）使用时注意事项

1. 在使用中要经常观察水位表，最好每天开启几次验水阀检查水位。在每次焚火时，要摇动几次手动水泵，往锅炉内补一些水。但一次补水量不要过多，以免影响管路系统的温度。

2. 在焚火时，操作上要求投煤要勤、要快，煤层厚度要均匀；煤块大小合适，炉内火焰保持麦黄色。如果需要猛火燃烧，可打开清灰口盖，以增大风量。锅炉内水温不得超过 90～95 ℃。

如果超过 95 ℃时，用手动水泵或电动水泵进行强迫循环，使水温降下来。同时减少火力，可在炉床燃料层上铺盖一层碎煤末；需要压火时，可将炉门打开。

3. 锅炉在点火状态。绝对禁止从注水口向锅炉补水，这是因为：

(1)直接向锅炉注入大量冷水时，会使锅炉由于冷热不均而变形，造成法兰盘处漏水；

(2)由锅炉顶部流入冷水时，会影响取暖系统的正常循环；

(3)水量不易控制、容易使大量热水溢出、降低锅炉内水的温度。

4. 散热管上的闸阀必须在全开位置，以免影响水的循环。

5. 要注意防止管路内聚集空气，阻碍循环，应打开排气管上的塞门检查。

6. 集尘箱要定期排污，以利水的循环。

7. 锅炉室内不得放置易燃物品，防止发生火灾。

二、电采暖装置

25 型客车电热采暖形式是在车内设电热器，用以补偿冬季时车体隔热壁的传热损失，电热器工作电压为 AC20 V、50 Hz。电热器分为箱式和板式两种结构，用螺栓固定于车体两侧窗下，沿车体长度方向布置，每个电热器内装两个电热元件，每个电热元件称为一组，即每个电热器内装两组电热元件，各自形成独立回路，可分两个挡次加热，根据不同的环境温度，可全负荷或半负荷工作。

(一)电热器技术条件

1. 板式电热器

(1)电热器(电取暖器)

①电取暖器应按本条件及规定程序批准的产品图样及技术文件制造和检验。

②电热芯片的型号、尺寸、技术性能应符合本条件的规定。

③电取暖器罩板应牢固可靠，便于安装、维修。罩板采用不锈钢材料或高强度复合材料(机械强度、耐腐蚀性能、使用寿命均应不低于不锈钢材料)，耐酸碱，其表面应散热良好，背面(与客车墙板的接触面)应隔热良好。

④在室温 18 ~ 20 ℃时候，电热器在额定条件下工作 1 h，罩板表面任意点的最高温度应不高于 68 ℃。

⑤电取暖器工作时，电取暖器任意部位不得有明火，不得有火灾隐患，并不得散发有害气体及异味。

⑥电取暖器可在“全暖”或“半暖”两种状态下工作，即可以额定功率或半额定功率工作。

⑦电取暖器在(40 ±1) ℃的范围内加交流 297 V、50 Hz 条件下，工作 720 h 无损坏。

⑧电取暖器应能在振动试验台上承受纵、横、垂三个方向加速度 1 *g*，各 2 h 无损坏。

⑨电取暖器应能在冲击振动试验台上承受纵、横、垂三个方向加速度 3 *g*，历时 2 min 无损坏。

⑩电取暖器的电热芯片或电热元件(无外罩无绝缘层时)在额定条件下工作时，将汽油泼在芯片上，其不起火，不损坏。

⑪电取暖器启动冲击电流不得大于额定电流的 1.5 倍，启动冲击电流稳定时间应小于 0.5 s。

⑫电取暖器在额定功率条件下连续工作 4 h，电热芯片及外壳变形不得大于 ±2 mm。

⑬电取暖器应具备可靠的防水性能。

⑭电取暖器电源引出线用耐油、耐高温电源线。

⑮电取暖器应变能力取得国家有关行政部门电器安全合格证(长城标记)。

⑯电取暖器出厂应附有产品合格证和使用、维护。安装说明书。

⑰电取暖器上须有生产厂名、出厂日期、电压、功率等永久性标记。

(2)电取暖器用电热芯片

①电热芯片在下列情况下应能正常工作:电压 220 ×(1 ± 10%)V,频率 50 Hz,环境温度 ±40 ℃,空气相对温度不大于 90%。

②外观要求

a. 表面不得有明显的伤痕或局部膨胀、收缩等现象。

b. 不得有气孔、砂眼等缺陷。

③性能要求

a. 在额定工作电压下芯片的额定功率偏差应在 10% ~5% 范围之内。

b. 在冷态(室温)时,元件的绝缘电阻不得低于 500 MΩ;在热态(最高工作温度)时,芯片的绝缘电阻不得低于 500 MΩ;在湿热条件下,芯片绝缘电阻不得低于 20 MΩ,元件整体在水中浸泡 1 h 后,绝缘电阻不得低于 2 MΩ(使用 500 V 兆欧表)。

c. 在冷态或热态时,芯片应能承受交流 2 000 V 电压 1 min 无击穿、闪络现象,此时高压回路电热芯片漏电流应小于 0. 1 mA。

d. 电取暖器在冷态或湿热态条件下,在额定电压、额定功率时,电热芯片漏电流 1 kW 不大于 1 mA。

e. 输入电压为额定电压的 1. 27 倍时,电热器应能正常工作。

f. 在额定电压条件下工作时,通电 1 h 后,电热芯片任意点最高温度不得大于 165 ℃。

g. 电热芯片接缝密封胶应耐热、耐油。

h. 电热芯片电源引出线单根所承受的拉力应大于 100 N 拉延值不大于 2 mm/m。

④ 寿命要求

在正常使用条件下,电热芯片使用寿命不低于 10 000 h。

2. 箱式结构(电热管)

(1)电热管主要由电阻丝、不锈钢管、导热介质不锈钢片绕制而成。其表面绕片不可降低电热管表面热负荷,应能提高电热管使用寿命。

(2)电热管性能应符合以下技术规定:

① 电源电压 220 V,额定工作电压下元件额定功率偏差不应超过 ±10%。

② 绝缘电阻:冷态≥80 MΩ,热态≥2. 5 MΩ,湿热态 2 MΩ。

③ 在冷态或热态下,元件应能承受 220 V/110 V 与 760 V 历时 1 mim,无击穿、闪烁现象。

(二)电热器检验规则

1. 电取暖器检验

(1)电取暖器的出厂检验应符合有关规定。

(2)电取暖器的型式检验应符合出厂检验的全部规定。

(3)在下列情况下应进行型式试验:

①新产品鉴定时;

②设计或工艺、材料有重大改变时;

③质检部门提出检验要求时。

2. 电热芯片检验

(1)电热芯片的出厂检验应符合有关规定。

(2)电热芯片的型式检验应符合出厂检验的全部规定。

(3)在下列情况下应进行型式试验:

① 新产品鉴定时;

② 设计或工艺、材料有重大改变时;

③ 正常生产时,一年至少送一次全项目型式试验;

④ 质检部门提出检验要求时。

3. 检验的执行机构

(1)电取暖器及芯片的出厂检验由生产厂家的质检部门负责。

(2)型式试验及产品质量监控由铁道部指定的质量机构负责。

(三)电热器布局

普通客车上,全车共设30个电器,总功率为12.1 kW。电热器按功率大小分三种形式:

1. 一、二位侧厕所各设一个,每个功率为0.6 kW,一共为0.6×2=1.2 kW;

2. 一、二位洗面室,配电室各设3个,每个功率为0.3 kW,一共为0.3×3=0.9 kW;

3. 乘务员室内设一个,客室内设24个,每个功率为0.4 kW,一共为0.4×25=10 kW。

双层客车在中、下层客室和配电室设置电热器。在中、下层客室每个窗口下设一个0.2 kW电热器,一共为0.2×22=4.4 kW;配电室和包厢(共3间)内各设一个0.4 kW的电热器,共为0.4×4 =1.6 kW。总电热功率为6.0 kW。

(四)电热器安装

1. 客室内:电热器通过T形螺栓、胶垫、螺母、弹簧垫因固定在侧墙上,为隔断热桥。在T型螺母上套上防霜套和防霜盖。

2. 厕所、洗脸室内:电热器用侧墙上螺柱、垫板、螺母、垫圈、弹簧垫圈固定在侧墙上。

3. 全车电热结构形式完全相同,只是电热器大小,电热元件功率不同。电热元件按功率大小分0.15 kW、0.2 kW、0.3 kW三种,元件结构形式相同。为降低元件表面温度,增加散热面积,提高电热元件的使用寿命,在电热管上缠绕不锈钢片,以保证元件表面温度低于200 ℃。为保证绝缘,电热元件两端接线部分加绝缘管。为使接线不松动,电热元件接线端加弹簧垫圈。

(五)操　　作

1. 电热器有手动和自动两种控制,使客室温度保持在20~21.5 ℃。

2. 车内每一个电热器都有两组独立的电热元件的回路,当室内温度较高时,可用一组工作,室内温度较低时,两组全工作。

第三节　给水采暖装置的检修

一、给水装置的检修

运用中的客车在单车或列车检查技术作业过程中规定各管路、大小止阀、止回阀、管卡等必须完整、不漏水、作用良好、不松动,保证给水装置处于良好状态。当客车施行段修或A3修时,给水装置必须符合下列技术要求:

(一)电开水炉的检修

电开水炉炉体不漏不腐蚀可不拆下,但须清除内部水垢。各阀芯、过滤器、磁水器浮子开关,均需分解检修,水位表、电开水炉门、锁、折页不良时检修或更换。

(二)给水管系的检修

1. 平顶板以上各阀及塞门作用良好时可不分解,各部水管须除锈垢,腐蚀漏水时修理或更换。

2. 各水管更换时,除排水管外均须使用镀锌铁管(25K 型车一律使用不锈钢管),各管卡安装须牢固,各管不得松动。

(三)水箱的检修

1. 上、下部水箱须做外观检查,冲洗内部水垢,漏水时检修。

2. 水箱外露部分包裹层不良时修补。

3. 水箱挖补、截换时须用与原材料材质及厚度相同的钢板。

4. 水箱水位表作用须良好。

5. 下水箱外罩及门腐蚀、破损时修理,保温材料须完整,门锁作用良好,防锈漆良好。

6. 电茶炉组成后须进行注水、通电、烧水试验,各部分作用良好,不得有漏泄现象。

(四)洗面器、洗手盆、便器的检修

1. 不锈钢制品(如洗面器、洗手盆、便器、台板等)接缝处局部开焊时,焊修补严。

2. 陶瓷制品(如洗面器、洗手盆。便器等)有裂纹时更换。

3. 脚踏水阀须分解检修,脚踏板安装牢固,作用良好。

(五)25K 型车给水装置还须符合下列要求:

1. 出水阀及其他电镀层不良者重镀或更换新品。

2. 气动冲水式密封便器各部须配件齐全、作用良好,紧固件牢固;进行动作试验,动作不良时分解。分解检修须符合下列要求:

①清洗室气或水过滤器。水封气缸,清除脏物。对相应部位加润滑剂。

②压力表中空气压力须符合规定;不符时调整。

③冲水周期为 4 ~ 5 s,便器的封存水在 50 ~ 70 mm 之间。冲水时无喷溅,不符时调整。

④分解、润滑气水联动阀,密封圈损坏时更换。

⑤增压水箱水过滤网须清洗,损坏时更换。

(六)组装试验

1. 给水装置须配件齐全,安装牢固,各部作用良好,无漏泄;排水须避开轴箱及转向架,25K 型车的排水口距轴箱及制动盘水平距离不足 250 mm 时须加装排水导管。

2. 给水装置组成后须做注水试验,水位显示器及其他各部作用良好,无漏泄。

二、电取暖器的检修与保养

1. 每年冬天使用前,应检测电热板绝缘耐压等是否良好,各接线须牢固,需符合车内电器标准要求及电热元件性能要求方可使用。

2. 电热器表面温度不应超过 70 ℃,否则落尘焦化,影响散热恶化卫生条件。因此,应经常用抹布擦试罩板,保持电热器表面清洁,并定期打开罩板,清除电热元件表面上的灰尘。

3. 电热元件的工作电压不得超过其额定电压的 1.1 倍,外壳应有效接地。

4. 为保证电热器正常工作,电热器附近禁止放置各种物品。

5. 电热器应保持干燥、清洁。

6. 非车辆检修人员严禁打开电热罩板，以防触电。

7. 电热板在使用中如发现表 8－2 的情况，应给予更换处理。

表 8－2　电热板故障及处理意见表

序　号	故障情况	处理意见	备　注
1	电热板绝缘值下降超过标准	更　换	电热板端部及电热器罩壳上均有生产厂家标记标记
2	电热板通电不发热或发热小，不符合要求	更　换	
3	电热板表面发红，温度过高，不符合要求	更　换	
4	通电后电热板有闪烁等现象发生	更　换	

三、锅炉取暖装置的检修

(一) 常见故障及处理方法

1. 锅炉漏水

(1) 原因

①锅炉上、下火筒间及锅炉检查孔与堵板间连接处的石棉橡胶垫老化变质或螺栓松弛；

②由于锅炉燃烧室内猛火燃烧，使内筒壁容易变质腐蚀；

③锅炉内存有残水，使锅炉体根部容易发生腐蚀。

(2) 处理

查明原因，更换石棉橡胶垫或紧固螺栓以及焊修。

2. 各管路漏水

(1) 法兰盘漏水

①法兰盘组装螺栓松弛，尤其新做厂、段修的客车此故障较多，发现螺栓松弛应紧固。

②胶垫窜出、变质或破损，应更换胶垫。

③法兰盘焊接不当，造成对口面不平行，可用胶垫调整。

(2) 散热管漏水

①散热管冻裂，尤其是地板下部散热管易冻裂。

②散热管腐蚀或有裂纹，尤其是厕所内腐蚀较多。

③散热管漏水应焊修或更换，更换经焊修的散热管时，在组装前应经 0.2 MPa 的水压试验。

(3) 其他管系漏水

①温水箱内加热管漏水。处理时，关闭加热管止阀或卸下温水箱，对加热管进行焊修。

②注水管腐蚀应焊修或更换。

③集尘箱、排水堵漏水应紧固。

3. 锅炉温度急骤上升，而散热管温度较低。

(1) 原因

①散热管内有空气，阻碍热水循环；

②管路中闸阀关闭或未全开以及阀芯脱落，使管路不畅通；

③管路中有局部冻结或堵塞；

④锅炉缺水，水位低于出水管，水不能自然循环。

(2)处理

先确认锅炉水位,开启排气塞门,检查闸阀位置,然后摇动手动水泵或开启电动水泵进行强迫循环。如果无变化,应检查管路是否冻结、堵塞,确认后排除。

4. 锅炉温度上升缓慢

(1)原因

①锅炉内筒壁水垢过厚,使热量传导慢;

②炉蓖子间隙过窄,引起通风量不足,使煤不能充分燃烧;

③燃烧室内炉壁烟灰聚积过多。

(2)处理

如果锅炉内筒壁水垢过厚,可进行除垢。其方法:将配好的稀盐酸溶液注满锅炉内,溶液在锅炉内的时间,根据水垢厚度而定,一般为4~8 h。为了加速水垢溶解,可将溶液加热到25~30 ℃。锅炉除垢工作应每年进行一次或结合段修讲行。

如果属于炉蓖子间隙过窄,风量不足,应更换炉蓖;烟灰聚积过多时,可用长刷子从烟筒伸入清除。

5. 手动水泵作用失效

(1)原因

①管路冻结、堵塞;

②阀及阀座锈死。

(2)处理

先检查止阀作用以及是否有冻结,发现问题,及时处理。如阀及阀座锈死应清洗。

6. 止回阀失效

原因是阀与阀座间有杂物,胶垫破损或弹簧折损。应分解进行修理或更换。

(二)取暖装置段修技术要求

1. 厕所单独散热管须拆下,清除锈垢,涂刷防锈漆。各阀芯及塞门芯、锅炉排水堵及集尘箱堵均须分解检修。顶棚、锅炉室内各闸阀及地板下面的排水阀作用良好时可不分解。

2. 温水锅炉及水箱检修须符合下列要求:

(1)锅炉须冲洗内部水垢,有腐蚀漏水时修补。

(2)膨胀水箱、锅炉室水箱须做外观检查,漏水时挖补或截换。

3. 各管系检修须符合下列要求

(1)各管腐蚀漏水时焊修或更换。

(2)厕所内散热管、端门下部过道管外露部分均须清除锈垢,涂刷防锈漆。上部出水管隔热层包扎须完整。

4. 电动水泵、手动水泵及仪表检修须符合下列要求:

(1)电动水泵须拆下检修、试验,达到作用良好,不漏泄。

(2)手动水泵须分解检修,达到作用良好,不漏泄。

(3)仪表须校验,合格者涂打试验日期、段简称并加铅封。

5. 取暖装置组成后须符合下列要求:

(1)须施行焚火及温水循环试验。

(2)各部安装须牢固,配件须齐全,作用须良好,不漏泄。

第四节 集 便 器

高速客车由于在高速下运行,客车厢体内极易形成负压,造成大量冷空气及杂物从便器口进入车内;当厕所废物排出后,由于高速气流的作用,造成厕所废物飞溅,污染客车,甚至飞挂到车辆转向架上,给检车作业及行车带来危险。因此,客车集便器是高速客车的产物,部分提速列车上采用集便器。目前客车用的集便器有气动冲水式集便器、真空保持式集便装置。

一、气动冲水式便器

(一)系统组成

该系统主要由不锈钢便器、便碗、控制风缸、过滤器、润滑器、冲便开关、使用阀(气水联动阀)、风管及管接头等零部件组成如图8-20所示。它的主要材料为不锈钢和塑料,集便器的不锈钢盘直接预埋到玻璃钢地板上,两者为一整体,其风路与水路为塑料软管连接,以车下制动供风来控制整套系统的动作。

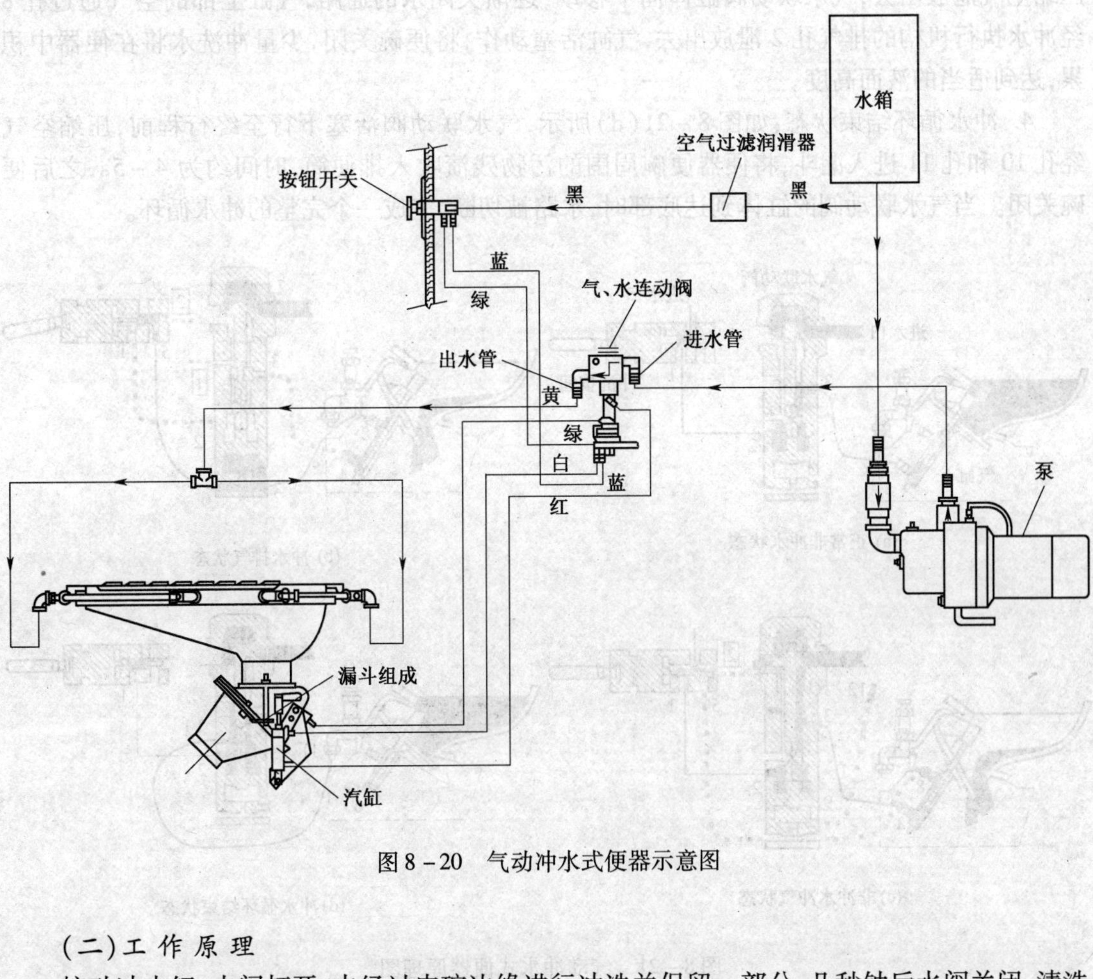

图8-20 气动冲水式便器示意图

(二)工作原理

按动冲水钮,水阀打开,水经过皮碗边缘进行冲洗并保留一部分,几秒钟后水阀关闭,清洗水保留到上碗顶部直到下一次冲洗。当水间闭合后,压力空气喷出,将废水污物送至集便箱。

污物和废纸冲入集便箱，集便箱中有立柱式纤维栅栏，固体物质保留在顶部，由药品发酵处理，液体通过蓖子过滤消毒重新回收再用。药品对环境无污染，废液对人体无害。

在气动水封系统中，气水联动阀是一个关键部件，它控制着整个冲便过程的排气、冲水、便碗开启、充气、便碗关闭、排气等一系列动作。

1. 正常非冲水状态：在正常非冲水状态，如图 8－21(a)所示，压缩空气进入冲水执行机构后从冲洗按钮孔 1 经气水联动阀的孔 2，再经该阀孔 3 及气缸孔 4 进入气缸，使便碗关闭，封住便器口，使便器中保持一定数量的水。

2. 冲水排气状态：如图 8－21(b)所示，当按下冲洗按钮后，压缩空气由冲洗按钮的孔 5 经气水联动阀的孔 6 及气缸孔 8 进入气缸上部，此时，气缸下部空气通过气缸孔 4 经气水联动阀的孔 3，由排气孔泄放，这样使气缸活塞收缩，将便器便碗打开，同时，气水联动阀下部的压缩空气将气水联动阀的活塞和缸体组成向上推动而打开水的通路，使水进入便器，活塞上部的压缩空气通过孔 1 至孔 2 泄放出去。

3. 非冲水冲气状态：如图 8－21(c)所示，当冲水按钮释放时，冲水执行机构又回到非冲水状态，压缩空气经孔 2、孔 3 及孔 4 进入气缸下部，通过延时阀 12，使气水联动阀活塞下部的压缩空气泄放出去，气水联动阀缸体向下移动，逐渐关闭水的通路，气缸上部的空气通过孔 8 经冲水执行机构的排气孔 2 泄放出去，气缸活塞动作，将便碗关闭，少量冲洗水将在便器中积累，达到适当的液面高度。

4. 冲水循环结束状态：如图 8－21(d)所示，气水联动阀活塞下行至终行程前，压缩空气经孔 10 和孔 11 进入漏斗，将便器便碗周围的污物残渍吹入排便筒，时间约为 4～5s，之后便碗关闭。当气水联动阀的缸体到达底部时，水路被切断，完成一个完整的冲水循环。

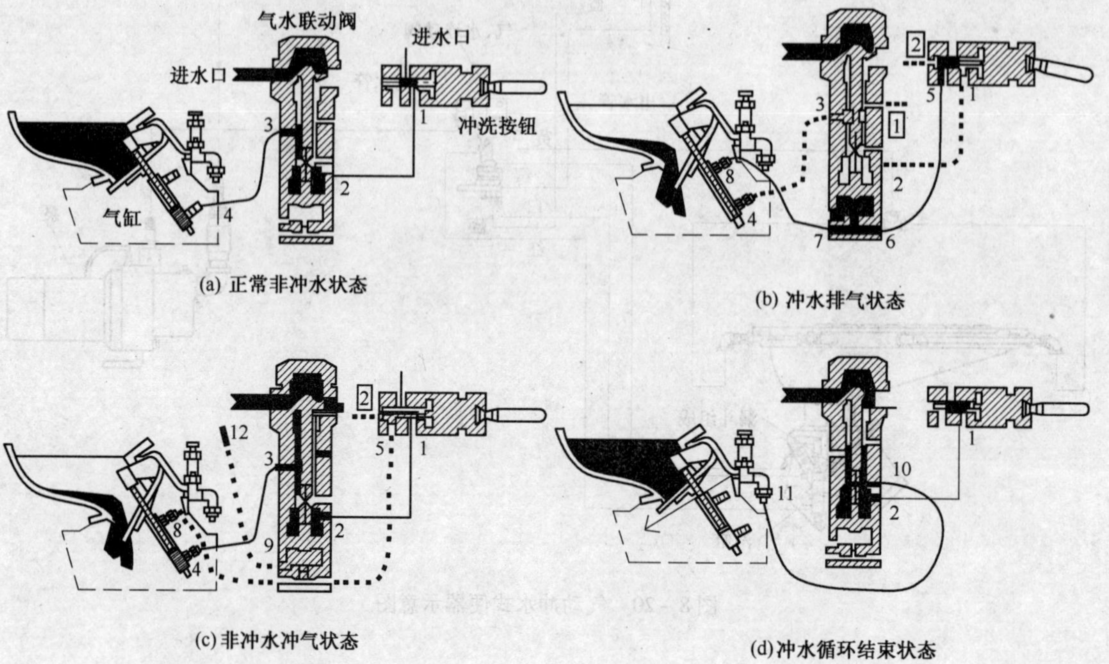

图 8－21　气动冲水式便器原理图

万一压缩空气供应中断,气水联动阀的弹簧将使阀体处于关闭状态,挡住了通路,便器便碗将打开,使便器内的存水流进漏斗,形成一个水封。

(三)技 术 要 求

1. 规格及技术条件

工作空气压力:410 ~ 900 kPa。

一次冲洗用风量:0. 028 m^3(1 个标准大气压)。

冲洗用水压:20 kPa。

每次冲洗用水量:6 L(蹲式);4 L(座式)。

空气进口接头: : 1/4 英寸。

进水管接头: 1/2 英寸。

排便管外径:89 mm。

2. 制造材料

便器座垫采用塑料、铜或不锈钢制造,阀皮碗和便器盖材料为塑料。另外,其他部件应做防锈、防腐处理。

3. 使用环境

环境温度(℃)	-35 ~ +40
相对湿度	90%
运用纵向冲击加速度	3 g

4. 使用要求

颜色	白色
空气	过滤、调压
空气元件	无泄漏
进水软管冲击加速度	3 g
便器冲水	无盲区
便器螺栓	在里面
开关颜色	蓝色(阀标为水流方向)

由于阀本身结构为内存水,结冰后不影响使用。

5. 质量保证

便器主要部件在正确使用的条件下,寿命不低于 30 年。

二、真空保持式集便装置

集便装置在我国铁路客车上运用已有八九年时间,运用较多的是真空保持式集便装置。该装置污物箱中保持有一定的真空度,便器的污物靠在大气压和污物箱之间形成的压力差排放到污物箱中如图 8 - 22 所示。

在我国运行速度为 160 km/h 的动车组上已小批量运用了真空保持式集便装置:广州"大白鲨"号、上海"新曙光"号动车组上采用了 EVAC2000P 集便装置;北京"神州"号、广州"蓝箭"号动车组采用了 Monogram 集便装置。

EVAC2000P 集便装置和 Monogram 集便装置的主要技术参数见表表 8 - 3。

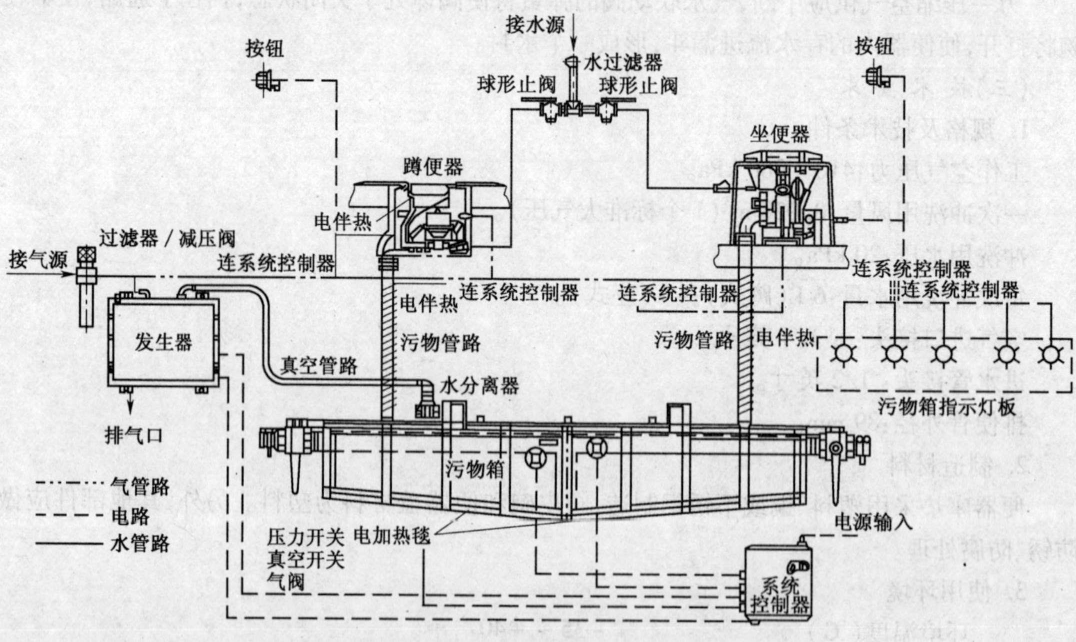

图 8－22　Monogram 集便装置系统示意图

表 8－3　集区装置主要技术参数表

参　数	EVAC2000P	Monogram
工作形式	气拉气动	电控气动
气源压力（kPa）	500～1 000	450～900
电气参数（控制）	DC24 V	AC220 V
电气参数（防冻）	AC220 V	AC220 V
污物箱的操作真空（kPa）	－35～－34	－20～－30
每次冲洗耗水量	0.45	0.3～0.7
耗水量（1 个大气压下）（L）	50	50
排污管口径（mm）	$\phi50$	$\phi50$
最大平管路长度（m）	14	6

三、真空加压式集便装置的结构与工作原理

集便装置的基本设计思想是高压水冲洗，通过进口阀将污物从便池吸入到一个保持一定真空度的暂存腔中，然后给暂存腔增压，从出口阀排放到车下的集便箱内。

1. 结构

集便装置由集便装置总成和集便箱组成如图 8－23 所示。

集便装置总成包括小水箱、液位传感器、进水阀、水增压器、冲洗喷水阀、冲洗环、便池、进口阀、暂存腔、喷射阀、高压阀、压力传感器、出口阀、过滤器、减压阀及控制板等部件。

液位传感器监测水箱内液位；水增压器使水在一定压力下输送到冲洗环；冲洗环保证清洗用水均衡地喷洒在便盆内，以冲洗污物；便池为弧形设计，由表面涂有特富龙涂层的不锈钢材料制成；进出口阀组件在风压作用下执行开关动作，将污物从便池排放到暂存腔内，然后到达集便箱；传感器组件包括 2 个独立的压力感应开关，监控暂存腔内的压力和真空状态；喷射阀利用列车提供的风压形成喷射动作而使暂存腔保持一定的真空度；安装组件包括一个进气阀和相应的进气连接管路;控制板利用单片机 MCU 设定、控制便器的工作过程,调整相关参数。

集便箱由不锈钢制成,箱夹层内装有防冻作用的自控温伴热线。箱体装有 1 个排放阀、1 个部分排放阀和 2 个液位传感器。

2. 冲洗过程

集便系统的操作基于一个冲洗循环,由单片机控制 6 个基本的工作步骤:

(1)系统准备冲洗。系统检测小水箱水位,若未满,进水阀打开,供水管道向小水箱供水;系统检测暂存腔内是否达到要求的真空度,若达不到,则开始一个抽真空循环。

(2)按冲洗按钮,系统开始一个冲洗循环,水增压器将小水箱内的水加压排放到冲洗环,进行冲洗。

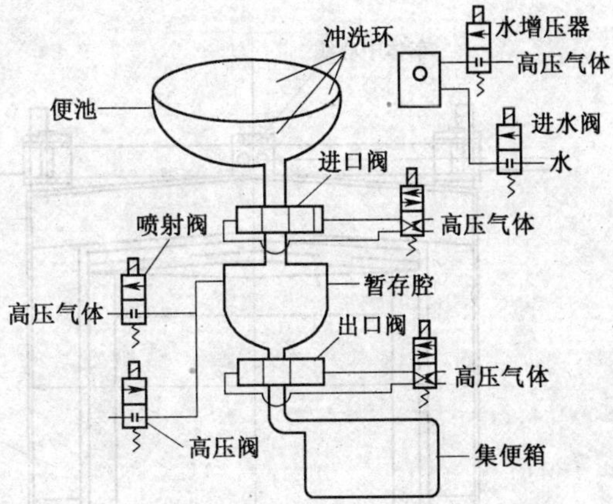

图 8－23　真空加压式集便装置的结构简图

(3)系统控制进口阀打开,停止冲水,污物在压差、重力双重作用下,由便池吸入真空暂存腔中,进口阀关闭。

(4)进水阀打开,小水箱开始充水。

(5)系统打开高压阀,向暂存腔输入高压气体,当腔内达到一定压力时,出口阀打开,在压力作用下,污物排到集便箱,关闭高压阀、出口阀。

(6)所有操作结束后,返回到第 1 步。

3. 污物排放

集便箱的污物排放可以用下列两种方式:

(1)当到达车站或车辆进库后,打开集便箱上方的排放口,通过快速接头与地面污物收集装置连接,启动收集装置,污物由集便箱抽到地面收集装置内。

(2)拉动部分排放阀手柄,车下集便箱的部分排放阀打开,部分污物可由集便箱排放到地面收集装置内。

第五节　风　　挡

为了防止风沙雨水侵入车内及运行时便于旅客安全地在列车内通行,同时由于客车在高速下运行,客车厢体内外极易形成负压,大部分冷空气及灰尘通过车辆连接处进入车厢、造成客车热量损失和车内空气质量混浊,直接影响到列车的运用质量。因此,车辆两端连接处装有风挡装置,也称折棚装置。目前我国使用的风挡装置有三种形式:铁风挡装置、橡胶风挡装置和折叠风挡装置。

一、风挡的种类

(一)铁风挡装置

铁风挡装置由面板、风挡、风挡弹簧、缓冲杆和圆弹簧组成。车辆连挂后,借弹簧的弹力,使两风挡面板紧密贴合,在列车通过曲线时,面板左右滑动,不会产生间隙,从而保证安全,如

图 8－24 所示。

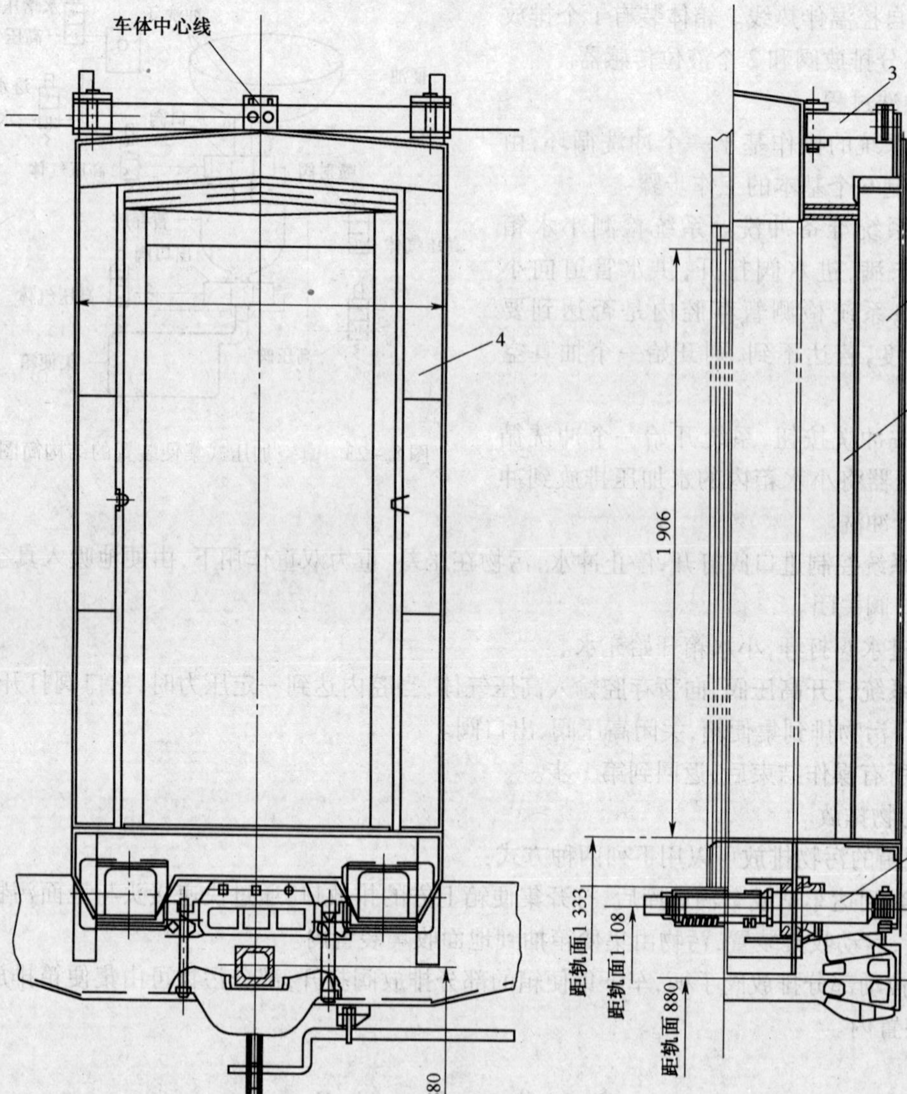

图 8－24 铁风挡组成

1—风挡框组成；2—渡板及缓冲装置；3—弓弹簧组成；4—磨耗面板；5—风挡胶皮

铁风挡装置具有结构简单，工艺要求低，经久耐用等优点。同时也存在气密性差，隔音、隔热效果差，产生噪声大等缺点，特别是风挡连挂后，带有错动间隙的摩擦面边缘均裸露在车内，容易挤伤手脚，对旅客造成人身伤害。因此，该型风挡已无法满足现代客车的要求，正逐步的被橡胶风挡或折叠风挡所取代。

（二）橡胶风挡装置

橡胶风挡主要由橡胶板组成的横橡胶囊和立橡胶囊及下部缓冲装置所构成，如图 8－25 所示，具有良好的纵向伸缩性能，除自行连挂外，皆可与铁风挡互挂运行，可安全通过 *R*145 m

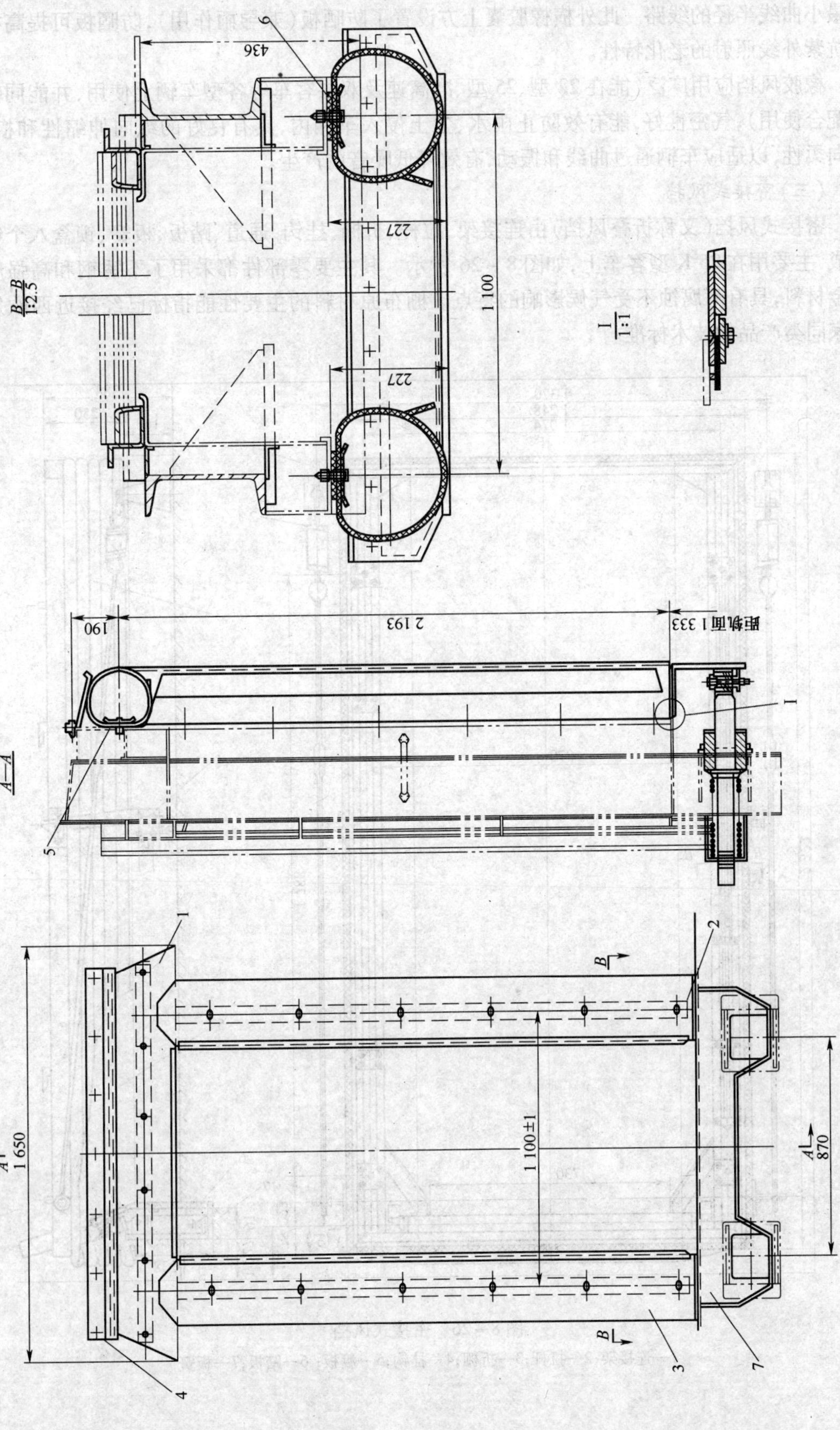

图 8－25 橡胶风挡组成

1—横橡胶囊组成；2—立橡胶囊组成（右）；3—立橡胶囊组成（左）；4—防晒板组成；5—橡胶垫；6—橡胶垫；7—渡板组成

的最小曲线半径的线路。此外横橡胶囊上方设置了防晒板(兼导雨作用),防晒板可提高橡胶囊抗紫外线照射的老化特性。

橡胶风挡应用广泛(能在22型、25型、准高速及双层客车等各型车辆上使用,并能同铁风挡配合使用),气密性好,能有效防止雨水、尘土侵入车厢内,具有良好的纵向伸缩性和横向、垂向柔性,以适应车辆通过曲线和振动,有效降低噪音的产生。

(三)密接式风挡

密接式风挡(又称折叠风挡)由连接架、拉杆、折棚、挂钩、通道、踏板、板簧、锁盒八个组件组成,主要用在25 K型客车上,如图8-26所示。其主要零部件都采用了不锈钢和高强度铝合金材料,具有耐腐蚀不受气候影响的特点。棚布原材料的主要性能指标已经接近西欧发达国家同类产品的技术标准。

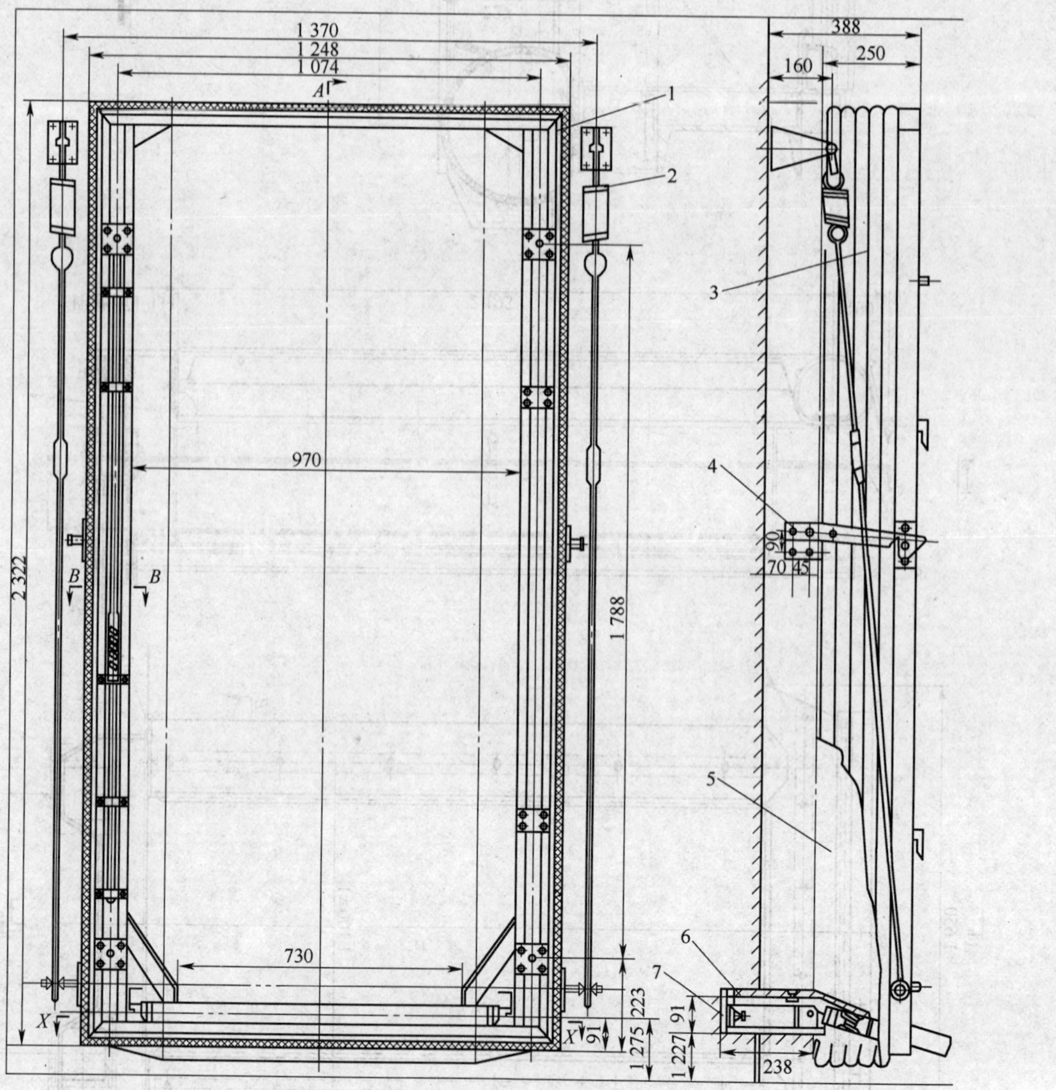

图8-26　密接式风挡

1—连接架;2—拉杆;3—折棚;4—挂钩;5—渡板;6—踏板;7—板簧

1. 折棚(可折叠的棚布)

棚布采用低可燃性、隔音性能较佳的由专门纤维织物制成的弹性材料,能承受来自高速运行中所带来的横向拉力。其温度适应范围较大,为 -40 ~ +80 ℃。

棚布被制成可折叠的波纹状,一端与车体连接,另一端与连接架连接。连接架的一边装有1根滑条,滑条上固定2只锁舌,当扳动操作手把时,通过杠杆作用,使锁舌进入另一连接架的托架里。同样,将另一个连接架上操作手把扳动,2只连接架彼此锁住,连接架上的密封圈彼此合上,完成了2节车厢之间棚布的衔接。

车体端部上方装有2只固定座,座孔内装有2只卸扣,套有2只拉伸弹簧。每只弹簧里吊着1根上拉杆,上下拉杆之间有索具螺旋扣,索具螺旋扣有左、右旋螺纹用以调节长度,下拉杆套在连接架下方装有衬套的拉杆座上,用以吊起和支承着折棚和连接架的重量。

2. 桥式通道和踏板

两节车厢之间的桥式通道是由2座半桥式通道组合而成。每座半桥式通道组成一个铰链式框架,连接框架和车体的是踏板。踏板由固定板和波纹板两部分组成,这两部分用不锈钢折页连接,固定板固定在车体上,波纹板起防滑作用,搁在通道上,通道的框架横向摆角约为45°。框架由不锈钢和增强的铝合金型材组成。框架里装有可摆动的地板条,地板条是由高强度铝合金和高强度工程塑料组成,铝合金型材表面压有防滑条纹,踏板也是由高强度铝合金型材制成,型材表面也压有防滑条纹。框架底部有定位销孔,套在连接架横梁中部的定位销上,连接架承受着来自于通道上的一切重量。所以2座半桥式通道必须在2只连接架锁合情况下使用,如果没有连接架的锁合就不能组成2节车厢之间的一座桥式通道,2座半桥式通道将松开。

折叠风挡具有良好的气密性,风、雨、雪、沙尘等不能侵入。同时防噪声效果大大提高,使乘客乘坐舒适性大大提高。过道美观并采用内饰板及新结构渡板,避免乘客挤伤手脚现象的发生,可圆滑地过渡列车走行时发生的两车之间的错动。该型风挡使用寿命长达15年,并且不需进行预防性维修,只需在日常检查时进行外观检查(目测)。若发现故障,更换零部件即可。如棚布撕裂,按损坏部分大小剪一块棚布,用胶将其粘好,24 h 即可正常运用。

二、风挡装置的检修

(一)25型客车通过台及风挡的检修(段修)

1. 翻板锁须分解检修,风挡、脚蹬、扶手栏杆、安全链、渡板、翻板等配件须清除锈垢,不良者检修,翻板防风胶条不良者更换,检修后配件齐全,组装牢固,作用良好。

2. 风挡装置检修须符合下列要求:

(1)风挡各板腐蚀破损时修理,变形时调修。

(2)缓冲杆磨损超过3 mm修加工至原型,变形时调修,弹簧须无折损。缓冲杆座内套磨耗超过原壁厚回1/2时更换。

(3)风挡安装后,缓冲板外侧面须在钩舌外侧面以内门13 ~ 35 mm。

(4)风挡防风胶皮破损时更换。

(5)风挡扁弹簧裂纹、折损时更换。

(6)风挡端面磨耗板破损时,或磨耗剩余厚度不足4 mm时更换。厚度差不得超过2 mm。

(二)25K、25Z型客车以及其他时速160 km的客车风挡检修要求(A3级修程)

1. 各型风挡进行状态检查,须配件齐全,作用良好,紧固件无松动,作用不良时分解检修;

风挡扁弹簧裂纹、折损时更换。

2. 普通风挡各板腐蚀破损、裂纹时修理,变形时调修;缓冲杆变形时调修,弹簧无折损;防风胶皮破损时更换;风挡端面磨耗板破损或磨耗剩余厚度不足 4 mm 时更换,厚度差不超 2 mm。

3. 橡胶风挡胶囊老化或破损超过 200 mm 者更换,胶囊安装螺栓松动时紧固。密接式橡胶风挡挡板变形时调修,挡板插座裂纹时焊修,端面密封胶条脱落、缺损时修换。

4. 折棚风挡须配件齐全作用良好。

(1)折棚

①安装折棚的紧固件松动脱落时须紧固、补齐。

②棚布无撕裂或划伤,破损处需用同样棚布施胶补好或更新。

③连挂机构及定位装置须作用良好。

④护脚布须处于正常位置;密封胶条作用须良好。

⑤折棚框架不得有明显折弯或折断,折弯处须校直,折断处更换或用不锈钢板(或高强度铝板)夹紧后用拉铆钉固定;检查连接框架的平面度,变形时调修。

(2)踏板机构

①板簧须处于正常位置,损坏时更换。

②托板须安装牢固。

③渡板须作用灵活,螺栓无松动。

④拉杆调整作用良好。

⑤耐磨条须齐全,耐磨条及托板上的耐磨层磨损超过扣 50% 时更换。

5. 铁风挡缓冲板外侧面应在钩舌外侧面以内 13 ~ 35 mm。

第六节 塞 拉 门

目前,我国提速客车最高运行速度已达到 250 km/h。随着运行速度的提高,空气阻力加大,车厢体内极易形成负压,大部分空气及灰尘通过风挡进入车厢,造成客车热量(或冷量)损失和车内空气质量浑浊,这就需要车辆有较高的密封性能,以提高旅客的乘坐舒适性。这样,密封性好的自动车门——塞拉门就应运而生。随着我国铁路客运的不断发展,世界各国的铁路客车自动塞拉门纷纷涌入国内。为选择适合我国国情的塞拉门,从 1995 年开始,几个铁路客车制造厂分别陆续批量试装了 IEF、康尼、BOD 及 FAIVELEY 四家公司的产品,为今后我国塞拉门的最终定型及合资生产打下了基础。

IEF、康尼、BOD 及 FAIVELEY 四家公司的塞拉门结构组成基本相同,现在用的比较多的是北京 BOD 公司的外开电控气动塞拉门组成,本节主要以该塞拉门为例介绍塞拉门的结构、工作原理和检修维护方法。

一、25 K 型客车塞拉门的通用技术要求

(一)使 用 条 件

电压	DC24(1 ±30%)V
气源压力(kPa)	450 ~ 900
温度(℃)	−40 ~ +50

适应车辆最高运行速度($km \cdot h^{-1}$)	200
适应站台高度(mm)	300 ~ 1 100
海拔高度(m)	≤3 000
最大相对湿度	98

(二)主要性能指标

1. 抗压强度。门体应能承受 2.5 kPa 的均布载荷,同时能承受一个作用于门中心的 800 N 集中力。

2. 隔声量大于或等于 28 dB(A)。

3. 传热系数小于或等于 4.5 W/m^2。

4. 密封性。有气源的情况下,按 TB/T1802 – 1996 要检查门框四周及门上玻璃四周,不得有漏雨现象;在无气源的情况下,车门关闭后不得有可视缝隙,不能漏雨。

5. 防火性。非金属材料应符合 TB/T2402 – 1993《铁道客车非金属材料的阻燃要求》的规定。

6. 耐久性。机构可靠性应满足 10 万次循环无故障。

7. 车门在关闭状态下,车门外表面与车体外表面平齐;在开启状态下,车门与车体平行。车门内侧表面与车体表面的最小间距不小于 15 mm。外侧不得超建筑限界。

8. 手动开关门时,开启力及关闭力小于或等于 150 N。

9. 车辆正常运行时,车门在任何情况下不能脱落,不得自行开启。

(三)门控制器控制门的开关必须遵守的通用规则

1. 隔离锁未锁闭时,才能进行门的手动、电控开关操作。车速小于 5 km/h 时,才能进行门的电动开关门操作。任何情况下,车内手动锁都可以实现机械开门。

2. 集控开门后,在有气、有电的正常情况下,车内外都可使用电控锁进行开关门操作。

3. 集控开门后,车内外都不能用电控开关门,只能通过手动开关门。

4. 不使用集控功能时,本车可实现车内外手动、电控开关门。

5. 气、电任一者或两者都不正常的情况下,车内外都可使用手动开关门。

6. 具有关门预告功能。车内设有防夹装置,当门关闭到全程的 98% 位置前应有防挤压功能。关门过程中,防挤压开关动作后,车门停在原处,10 s 后继续关门。

7. 具有自动锁闭功能。5 km/h 速度信号有本车防滑器引出,该信号为常开触点,当车速大于 5 km/h 时,车门应自动关门及锁闭,并且不能通过电气开关打开车门。

塞拉门的主要操作形式是电控气动作用,即由列车集中控制单元或车厢门控制单元发出开、关门的控制信号,经过门控单元的存储器的程序处理,发出开、关门动作的指令给驱动装置,驱动装置的气缸在压缩空气的作用下引导车门运动。紧急情况下可手动操作。

二、门系统结构说明

BBT02 型单扇外摆式电控气动塞拉门系统适用于最高时速不大于 200 km/h 的铁路客车。对该型门系统,在列车播音室设有 1 个集中控制箱,通过集控电缆对整列车的门系统进行集中控制;而每节车厢设有 4 个塞拉门和 2 个门控制器(DCU),同一车端的一左一右两个门共用 1 个门控器。同一车厢的门控器通过集控电缆相联,并通过车厢两端的集控连接器与其它车厢的门控器实现整列连挂。塞拉门系统的电源、风源分别由各车辆本身供给。塞拉门位置示意图如图 8 – 27 所示。

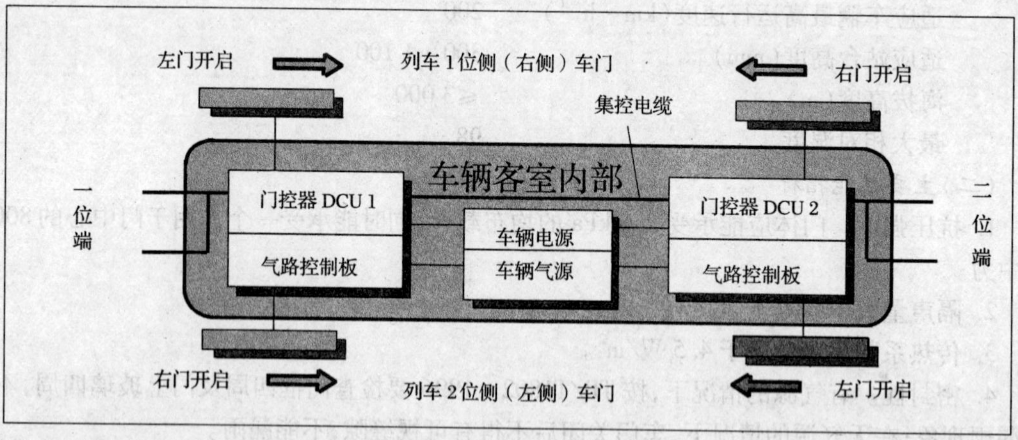

图8－27　塞拉门位置示意图

三、塞拉门的结构

塞拉门由门板、驱动装置、导向装置、锁闭装置、活动脚蹬装置、防挤压装置、车门内外操纵装置、气路控制系统、电控系统等组成。由于客车车门基本动作形式是"塞"位，因此俗称塞拉门，结构如图8－28所示。

（一）门　　板

门板采用铝合金结构，厚43 mm。门板空心部分填加具有阻燃防水性能的蜂窝填充材料，以保证其足够的平面抗压强度。门板与门体骨架四周做卷边处理。门板周边采用连续的EPDM胶条与门框角型材密封，前端边缘处安装防挤压空心橡胶条，如图8－29所示。

（二）驱动装置

塞拉门由驱动装置提供运动动力，安装在车厢门口上部车顶内，主要由无杆风缸、辊式滑车、承重支架等组成。

车门开关时间单程为3～6 s。车门运动速度可通过无杆风缸两端的单向节流阀调整，开关门时有缓冲，以使运动平稳。导轮嵌入导轨引导支架纵向移动，使门板进行"塞"动作。同样，门板底边导轨使门板与车体平行，驱动装置如图8－30所示。

（三）导向装置

车门的导向由上下导轨来实现，导向装置在门关闭后不外露。

（四）锁闭装置

锁闭装置主要由安装在侧门框上的闭锁风缸、解锁风缸、旋转锁舌、固定锁舌、锁定凸轮等组成的旋转锁机构组成。锁闭装置产生机械闭锁力，防止车门电器、压缩空气发生故障时车门自动开启。车门设双重锁闭装置，门锁闭时车门受力均匀。正常情况通过电控解锁，紧急情况下，可通过手动三角钥匙解锁。

（五）活动脚蹬装置

活动脚蹬如图8－31所示，活动脚蹬装在门下部的车体钢结构上。其作用是适应300～1 100 mm之间不同站台高度的要求，方便乘客上下车。

活动脚蹬上装有一个与车门连动的脚踏板，由活动脚蹬处的一个风缸驱动。风缸活塞上的拉杆带动下摆臂绕固定转轴转动，固定转轴再通过一套传动装置带动脚踏板绕脚踏板转轴转动，从而实现脚踏板的打开和收起。脚踏板收起时不超过车体侧墙外表面。

活动脚踏板的动作是在门板运动轨迹的圆弧段内完成。开门时，翻板在门板完全打开前就早已打开；关门时，翻板在门板接近关闭时才收起。这样，最大限度地保证了乘客上下车的安全性。

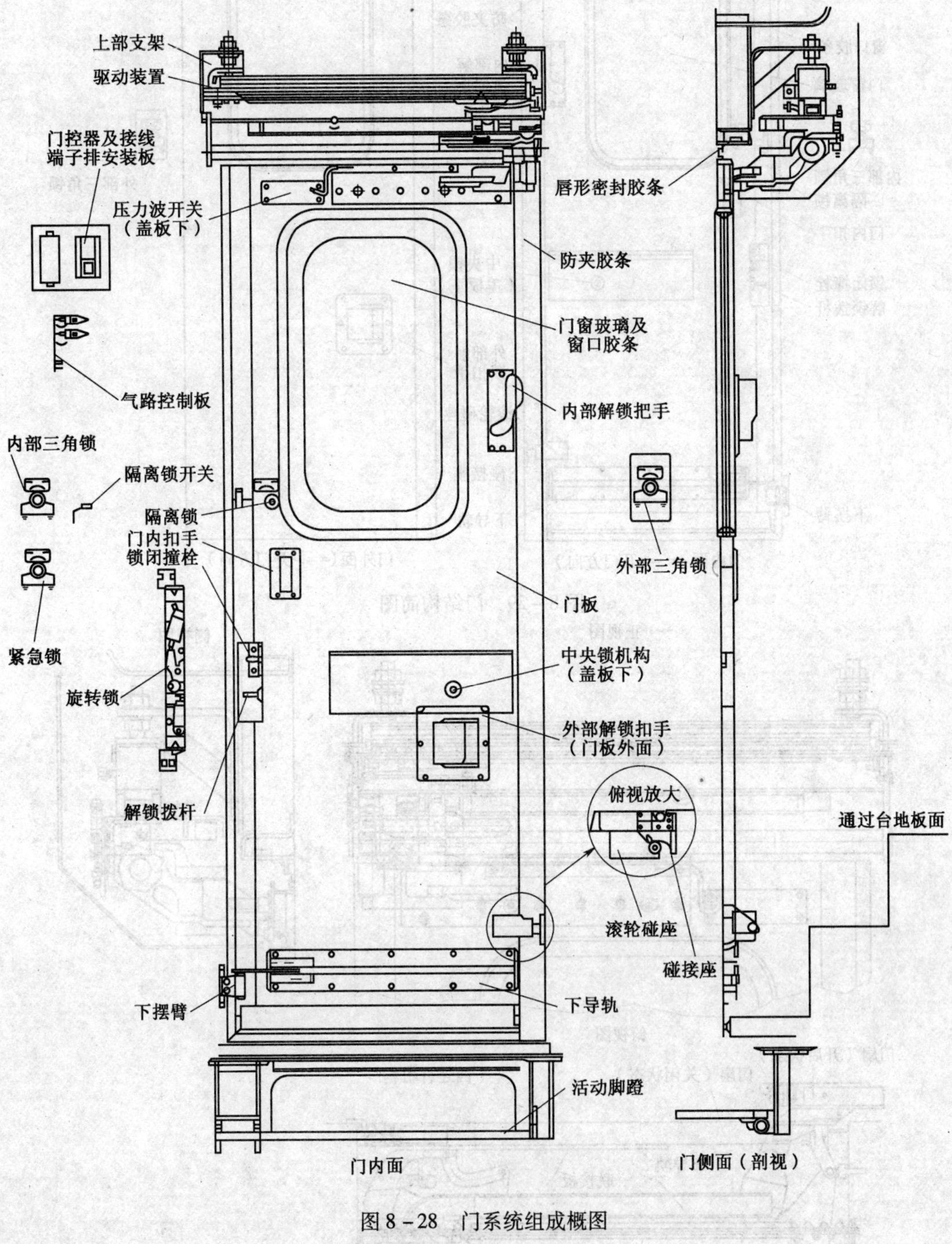

图 8－28　门系统组成概图

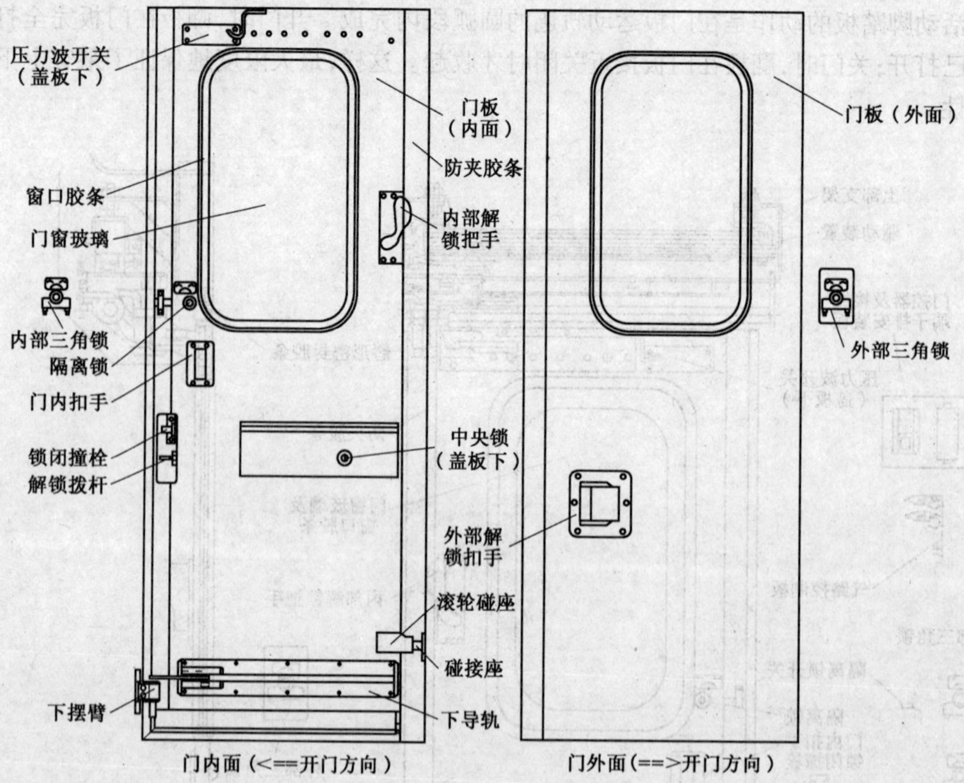

图 8－29　门结构简图

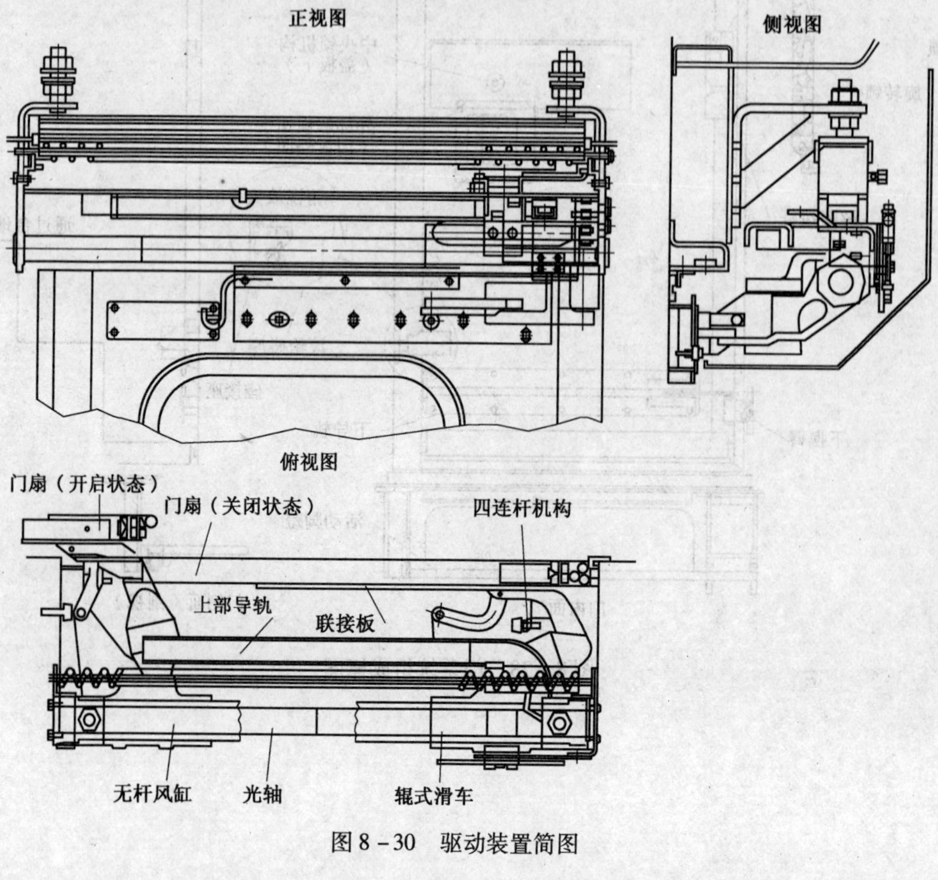

图 8－30　驱动装置简图

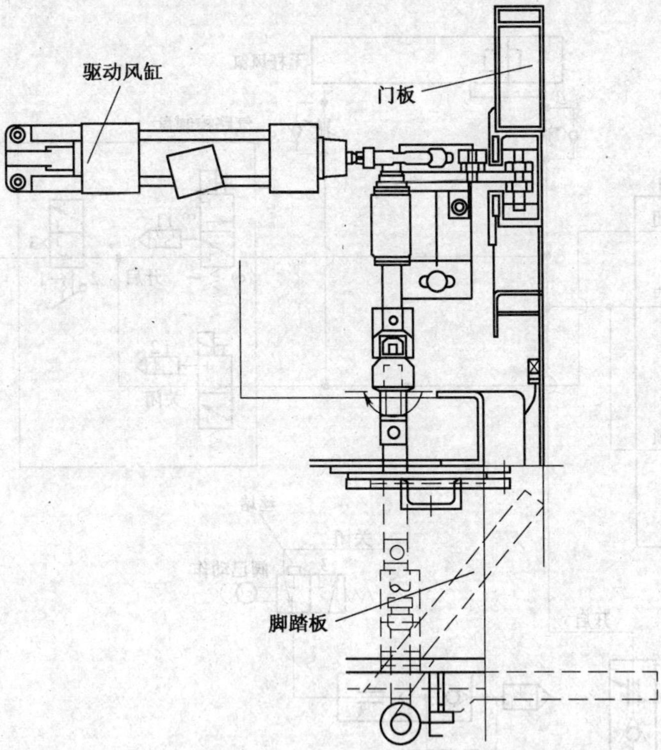

图 8－31 活动脚蹬示意图

(六)防挤压装置

防挤压装置由装在门板前边的防夹胶条与空气压力传感元件组成。防夹胶条内有一个密闭的空气腔。在电控关门时,在关门全程的的 98% 的范围内,如果遇到障碍,就会在空气腔内产生一个压力波动信号,这个信号通过门板内的空气压力感应开关转换成电信号输入门控器(DCU),门控器控制门打开,10 s 后再自动重新关闭。

在门将要完全关闭时,由“98% 关闭”开关将压力波开关信号屏蔽,防挤压装置失去作用,使门不会因为关门时与门框的撞击而重新开启。

(七)车门内外操纵装置

车门内部设隔离锁、手动锁、电控锁各一把。

(八)气路控制系统

气路控制系统由车辆风源、空气过滤器、调压阀、风缸、气路控制阀及空气管路组成,气路原理图见图 8－32 所示。

1. 车辆风源由车下储风缸提供,供气压力为 450 ~ 900 kPa,车门气路系统适应的空气压力为 450 ~ 600 kPa。

手动二位三通控制阀控制车体风源与门气路系统之间的通断,以及将门系统的残余空气向大气排放。

2. 空气过滤器的作用是对进入门气路系统的压力空气进行过滤,除尘、除湿、除油。

3. 调压阀的作用是调整车辆风源供给门气路系统的空气压力,以保证门气路系统 450 ~ 600 kPa 的平稳工作压力。

4. 门的气路主要由 2 个二位三通电磁换向阀(Y_1、Y_2)进行控制。这 2 个阀的主要作用是

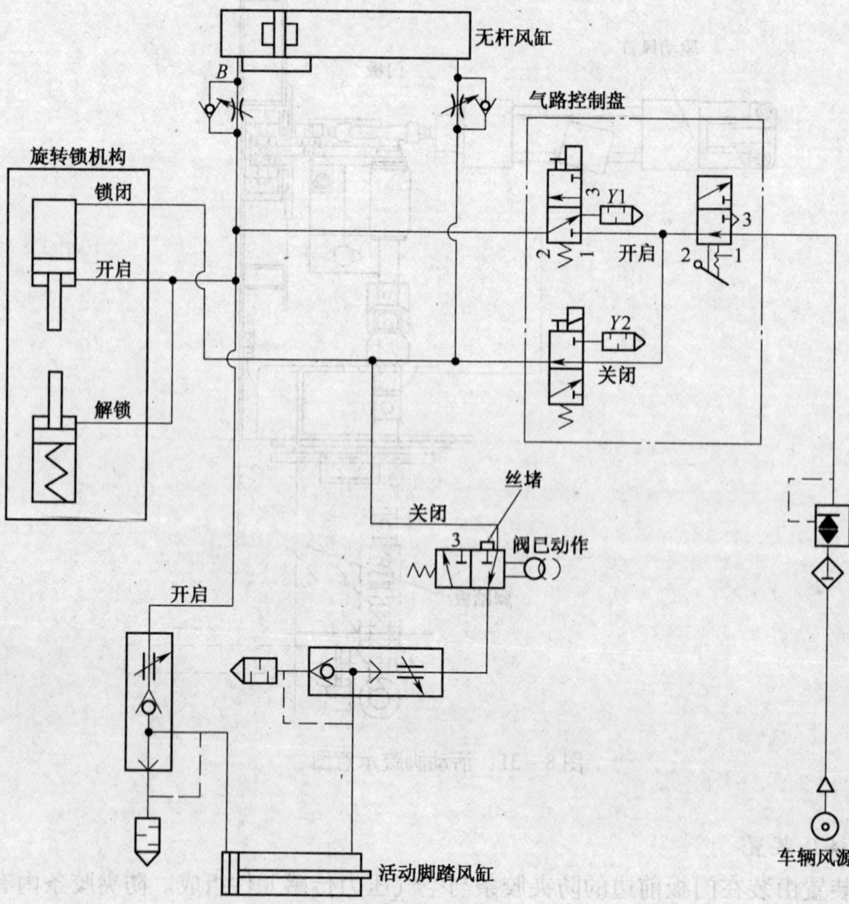

图 8－32 气路原理图

通过电控信号控制阀的电磁线圈,实现电控方式的开关门操作。当门的电控装置关闭或失效时,这 2 个阀的电磁线圈失电,阀的位置复位,排气口与大气相通,使气路系统的剩余空气排出。此时,可以方便地用手动方式进行开关操作。

5. 风缸包含驱动装置处的无杆风缸、旋转锁处的开关锁风缸和解锁风缸、活动脚蹬处的风缸。

6. 无杆风缸两端各自装有 1 个可调式单向节流阀,可以调节气流大小以控制门板的移动速度。另外,无杆风缸两端气路中各装有 2 个可调式快速排气阀,辅助实现风缸的快速动作。

(九)电 控 系 统

控制系统为塞拉门的控制核心。塞拉门可实现集中控制、本车控制和紧急情况下的手动控制。整列车塞拉门的电控系统主要由集控箱和各车厢的单车电控系统组成。单车电控系统主要由门控器、传感器、操作元件、控制元件、指示元件及电路等组成。

1. 集控箱设在列车播音室内,可以与列车任一门控器单元通过集控信号电缆相连。集控箱可以通过其上的按钮开关对整列车的车门进行集中控制。集控电缆的控制信号要优先于本车门控器的信号。

2. 门控器设在客车的 1 位端、2 位端,每套门控器同端左右 2 个车门。

四、塞拉门的工作原理

(一)手　　动

塞拉门在无风或无电的情况下,可以手动开关门。手动时,通过转动车内外三角锁带动钢丝绳拉动锁闭机构上的拨杆,使锁定凸轮同锁舌一起转动,以实现门内外的手动解锁功能,解锁后,拉动车门内外扣手将门打开。

(二)自　　动

在有电、风压大于或等于 450 kPa 的情况下,塞拉门可自动关闭和开启。门板由辊式滑车携带,并通过上下导轨机构保持,从而保证门在开启、关闭时始终与车体平行。无杆风缸活塞上的滑块与辊式滑车连接,当给无杆风缸的关门端提供大于或等于 450 kPa 的风压时,开着的门将沿着门的上下导轨的运动轨迹关闭;相反,门将开启。门关闭的同时,安装在门框上的锁闭风缸也同时动作将门板自动锁定,与此同时,活动脚蹬翻板由于脚蹬翻板风缸失去风压而受扭簧的扭力作用,使活动脚蹬翻板收起。门开启的同时,开锁风缸也同时动作使旋转锁舌转动,门板上的锁柱很快与锁舌脱离,使门顺利开启,与此同时,活动脚蹬翻板风缸接通风源,风缸压力提高,推动脚蹬翻板打开。

五、塞拉门的操作

(一)门控单元的起动

1. 门关闭锁定

“门关闭”电空阀得电,门保持关闭锁定。

2. 门未关闭

首先施行软起动。如果没有关门或速度信号,“门开启”电空阀得电,门保持开启,否则障碍探测功能操作,一扇开启的门将自动关闭。

(二)门的缓解/闭合

下列情况用三角钥匙开关或中央开门按钮将门打开:

1. 速度信号 >5 km/h 关闭;

2. 无关门信号、低速信号起动门控单元中的安全继电器,仅在此时才能打开“开门”电空阀。

(三)开　　门

操作板中央开门信号、外部紧急入口装置可以开门,或者未用三角钥匙从内部选择侧面时也可开门。若侧选择开关未处在中间位置(表明选择侧),说明三角钥匙开关出现故障。

输入信号 E2、E3 可探测选择开关的位置。检查开门信号时,相对于胶条的提升,由低到高变换才能接受。当同时具备下列条件时,才可开门:速度 <5 km/h;无关门信号;存在空气压力和电压;未用三角钥匙故障锁定门;未操作紧急出口装置;门关闭或处于关闭过程。

开门顺序由 DCU 控制。速度信号关闭则需要开门。门气缸关门侧排风,蜂鸣警报器起动,对开门侧的开锁气缸和门气缸加压,门开启,“门关闭锁定”限位开关作用,关门闭环中断,门处在关闭位(约 8 ~ 10 mm);“98% 关门”限位开关不再作用,门移到开启位接近开启位时,门气缸缓冲,门速度降低。

(四)关　　门

未用三角钥匙开关从内部选择侧面时,可以通过操纵板中央关门信号关门,如果侧面选择开关未处在中间位(表明选择一侧),说明三角钥匙开关出现故障。

通过内部三角钥匙开关的第二个信号或障碍探测功能,可将一扇关闭的门重新开启。稳定的中央关门高频信号优先于中央开门信号。

检查关门信号时相对于胶条的提升,从低到高换时才能接受。

在下列情况时才允许关门:存在空气压力和电压;紧急出口装置未操作;门开启或处于开启过程;未探测到障碍。

1. 通过速度信号关门

如果列车控制系统显示速度 >5 km/h,则开启的门自动关闭,但障碍探测系统仍起动。此功能最优先,即中央开门信号存在时,门也将关闭。

2. 关门顺序

关门指令由操纵板(中央关门)或三角钥匙开关给出,缓解气缸和门气缸的开门侧排风。蜂鸣警报器起动,关门侧的门气缸加压,门开始关闭。“98% 关门”限位开关、胶条传感系统将被关闭。若门到达机械锁定位,则“门关闭锁定”限位开关不再作用。

尽管门未 98% 关闭,列车速度未超过 5 km/h,在 DCU 监控“门关闭锁定”的关门过程中,开锁气缸和门气缸的开门侧短时间加压,打开手动操作的锁定装置。

(五)紧急入口/出口

1. 紧急出口装置

为在紧急情况时开门,提供有内部紧急出口装置,不管列车静止或运行,是否存在气动压力或电压,只能用三角钥匙操作。

操作紧急出口装置,可通过弧形缆线手动开门装置,由三角钥匙复位。

紧急出口装置开关发出“紧急出口装置被操作”的电子信号给门控单元,只要操作紧急装置,关门蜂鸣警报器即起动(当门故障锁定时不会发生这种情况)。门按单元关闭门的所有功能。弧形缆线将门开锁,门处在关闭锁定位。门可手动打开。紧急装置由球形锁保持在操作位,必须手动复位。紧急操作对于故障锁定的门不起作用。复位紧急装置后,蜂鸣器关闭,门系统自动按现有控制信号操作其正常功能。如果没有电压或气压,手动开启的门可手动关闭锁定。

2. 紧急入口装置

为方便乘务员和维修人员,每扇门装有外部紧急装置,只能用三角钥匙操作。该装置有弹簧,能够复位到中间位。存在电压、气压时,使用紧急入口装置,通过门的正常功能开启门。如果未存在电压、气压时,操作紧急入口装置,只能通过弧形缆线手动开锁。

(六)障碍探测

关门边沿橡胶条与传感开关相连,门碰到障碍时,传感开关给 DCU 发出信号,门立刻重新打开。

门到达关闭锁定位前约 8 ~ 10 mm 时,障碍探测系统自动关闭(“98% 关门”限位开关)。如果探测到障碍,门重新打开,10 s 后自动关闭。重复进行,直到门到达关闭锁定位或发出开门信号。速度 >5 km/h,关门电磁阀关闭,但是开门电磁阀未打开,在其位置 10 s 才关闭。

(七)故障(隔离)锁

每侧门板都提供一个机械故障锁,可用三角钥匙从车辆内侧、外侧操作,操作门必须处在完全关闭位,隔离装置操纵一个机械锁,将门锁定。此外,还将引出下列控制操作:电子限位开关发出信号给 DCU,关闭门功能;“门未关闭锁定”指示灯关闭;关门闭环关闭(故障开关重新向"门关闭锁定"限位开关发出信号),门气缸的关门侧"门关闭锁定"位加压。

(八)"门未关闭锁定"指示灯

每扇门有"门未关闭锁定"指示灯。当门处于关闭锁定位时,指示灯显示。故障锁可关闭该指示灯。

(九)蜂鸣报警器

蜂鸣报警器为操作内部紧急装置,用于发出连续报警信号。每次关门、开门时,声音警报起动持续 3 s,直到门关闭或开起位,警报声音通过脉冲产生:0.5 s 起动,0.5 s 断开。

(十)电动/气动系统失灵

1. 电气系统失灵将关闭 DCU 和门功能,并将导致:开启的门停留在开启位;关闭的门停留在关闭锁定位;操作紧急装置后,关闭锁定的门可手动打开,开启的门可手动关闭。

2. 气动系统失灵:当速度 >5 km/h,与电气系统失灵时的情况相同。

(1)如果门未关闭,则门停留在未关闭位,而关门电控阀不开。

(2)如果门已关闭,关门电空阀起动,门气缸的关门侧通过剩余的空气压力增压(如果仍存在剩余的空气压力)。

(3)如果电压汽压供应转至门系统压力开关探测超过 450 kPa,则软起动操作自动起动(防止门的快速动作)。

(4)如果软起动操作时速度 >5 km/h,开门、关门电空阀即时得电,持续 3 s,然后一个电空阀关闭,按照现有信号起动正常功能。

(5)如果速度 >5 km/h,仅通过 0.3 s 脉冲打开关门电空阀,持续约 5 s。

六、维护及检修

应在首次运行 4 周后进行一次该工作。然后按照下面的时间间隔进行维护:6 个月,12 个月和每 4 年进行一次。

1. 4 周后的首次维护如表 8-4 所示。

表 8-4 4 周后的首次维护

部 件	工作内容	详细说明	注 释
门板: 上部导轨 下部导轨	检查损坏情况并重新紧固螺栓 清除污垢,检查磨损情况 清除污垢,检查磨损情况	导轨磨耗量最大 0.4 mm	修理损坏部位 门板的上下导轨不滑润
驱动装置: 支架 上部导轨 上部导轨起动曲线 导向滚轮 线性球轴承 光轴 无杆风缸	螺栓连接重新紧固 (参照安装说明) 检查流畅性及磨损 检查功能并润滑(AL) 检查功能并润滑(AL) 检查功能、检查是否漏气	滚轮外径不小于 33 mm	导轨不需润滑 必要时更换 恢复流畅性 出现擦伤时更换 风缸不需润滑
旋风锁	螺栓重新紧固(参照安装说明) 功能检查 配合位置检查 润滑(AL 润滑剂) 风缸功能检查		距离和位置 检查接触点必要时调整 拨叉/锁闭凸轮 拨叉/锁闭撞栓 拨叉/风缸 风缸/锁闭凸轮
下摆臂	螺栓重新紧固 位置检查并调整		距离和位置 (见装配和检修说明)
内、外三角锁及紧急锁	功能检查		在功能损坏或故障时修复或更换
中央锁	功能检查		必要时修复或更换

续上表

部　　件	工 作 内 容	详 细 说 明	注　　释
气路系统的螺纹接头	检查气路是否漏气,必要时拧紧螺纹接头		
活动脚蹬	检查控制与功能 螺栓重新紧固(参照安装说明)		
活动脚步踏板	清理		轴承杂质清除
电线、插头、触点	检查污损,接点情况		
橡胶材料	检查磨损并润滑	冬季用硅油(SI)防护	

2. 6 个月小修

这一工作每 6 个月进行一次,目的是为冬夏季运行准备,如表 8－5 所示。

表 8－5　6 个月小修

部　　件	工 作 内 容	详 细 说 明	注　　释
门板: 下部导轨	损坏修理 清除污垢	导轨磨耗量最大 0.4 mm	门板的上下导轨不滑润
密封橡胶条	检查磨耗/损坏 用硅油(Si)处理	例如:磨耗、裂纹、刻痕等	修理上部导轨
旋风锁	功能检查 磨损检查配合位置检查 润滑(AL 润滑剂)	拨叉和撞栓必须平整(没有翘曲) 间隙:在二级锁闭位凹槽间隙是否≤1 mm 拨叉/锁闭凸轮 拨叉/锁闭撞栓	必要时更换合适部件 必要时更换合适部件 检查接触点: 拨叉/锁闭凸轮 拨叉/锁闭撞栓 拨叉/风缸 风缸/锁闭凸轮
下摆臂	功能检查,必要时调整	检查旋转灵活性	必要时更换滚轮
内部三角锁和外部三角锁	功能检查		必要时更换
紧急锁	功能检查		门必须可以打开
密封门框	清理 润滑(SI 硅油)		
滚轮架及护松	检查损伤	例如:破裂	必要时更换滚轮
车辆冬季防护	门关闭前,密封橡胶条用硅油(SI)处理 气动门设备要清除灰尘和水		
活动脚蹬	检查控制与功能		
活动脚踏板	清理		轴承杂质清除

3. 一年大修

该工作在小修后。在规定周期(12 个月)时在车辆段进行,如表 8－6 所示。

表 8－6　小修工作完成之后的附加项目

部　　件	工 作 内 容	磨 损 说 明	注　　释
	小修工作完成之后的附加项目		
驱动装置 上部导轨 辊式滑车 无杆风缸	清洁导向滚轮,并用润滑剂(SA)润滑 辊式滑车用润滑剂(SA)润滑 功能检查 检查漏气情况		必要时修理(见 4 年维护) 风缸不需要润滑
旋转锁 开关锁风缸/解锁风缸	位置检查 检查漏气情况		距离和位置见装配和检修说明
下摆臂	位置检查		距离和位置见装配和检修说明
紧急锁	功能检查		紧急开启时,使电控方式失效,气路排气,门可以手动打开
中央锁	功能检查		必要时更换

4. 4 年维护

这一工作每 4 年进行一次,如表 8 – 7 所示。

表 8 – 7 4 年维护

部 件	工作内容	磨损说明	注 释
无杆风缸	风缸维修服务站: 检查磨耗 支持环 活塞通道		
旋转锁风缸: 开关锁风缸/解锁风缸	主要检修		
下摆臂	轴承销 清洗 用润滑剂(AL)润滑		
活动脚蹬	检查控制与功能		
活动脚踏板	清理		

七、提速客车安装电控气动塞拉门的优点

1. 塞拉门的密封性能优于钢制折页门。

2. 电控气动塞拉门的使用,代表着我国提速旅客列车又迈向一个新台阶,既提高了列车的舒适性,又实现了门开启与关闭的自动化。

3. 外摆式塞拉门的开启与关闭过程中不占车内空间。

4. 由于塞拉门本身结构决定了其在车内发生火灾或其他意外时,旅客可以快速逃离现场。

八、青藏高原客车车门装置

根据车辆不同区域的特殊功能要求,分别采用了塞拉门、双扇双向摆门、折页门、单扇双向摆门等不同规格和性能的门装置。

青藏高原客车车门分布如表 8 – 8 所示。

表 8 – 8 青藏高原客车车门分布

车 型	侧 门	外端门	内端门	走廊隔门
硬座车	双道密封塞拉门	双扇双向摆门	单扇双向摆门	
软卧车	双道密封塞拉门	双扇双向摆门	单扇双向摆门	单扇双向摆门
硬卧车	双道密封塞拉门	双扇双向摆门(列车端部的硬卧车一位端为钢折页门)	单扇双向摆门	单扇双向摆门
餐车	钢折页门	双扇双向摆门		单扇双向摆门
发电车	钢折页门	钢折页门		

青藏高原客车车门布置如图 8 – 33 所示。

(一)双道密封电控气动塞拉门

1. 概述

青藏铁路高原客车塞拉门系统是基于 25 T 型车塞拉门系统,针对青藏高原特殊的运行条件和要求改进发展来的。

25T 塞拉门是高速旅客列车使用的系列化外摆塞拉门,驱动方式为气动,控制方式为电控。门扇为直形,有左右之分,其采用铝蜂窝复合结构,其优点是重量轻,密封、隔音隔热性能

好;门锁为双重闭锁,另设独立的保险锁(隔离锁),安全可靠;门系统的移动承载机构具有结构简洁(5 km/h 信号由车辆提供);另外,可实现整列车门系统的集中控制,与车辆计算机通信实现监控功能。

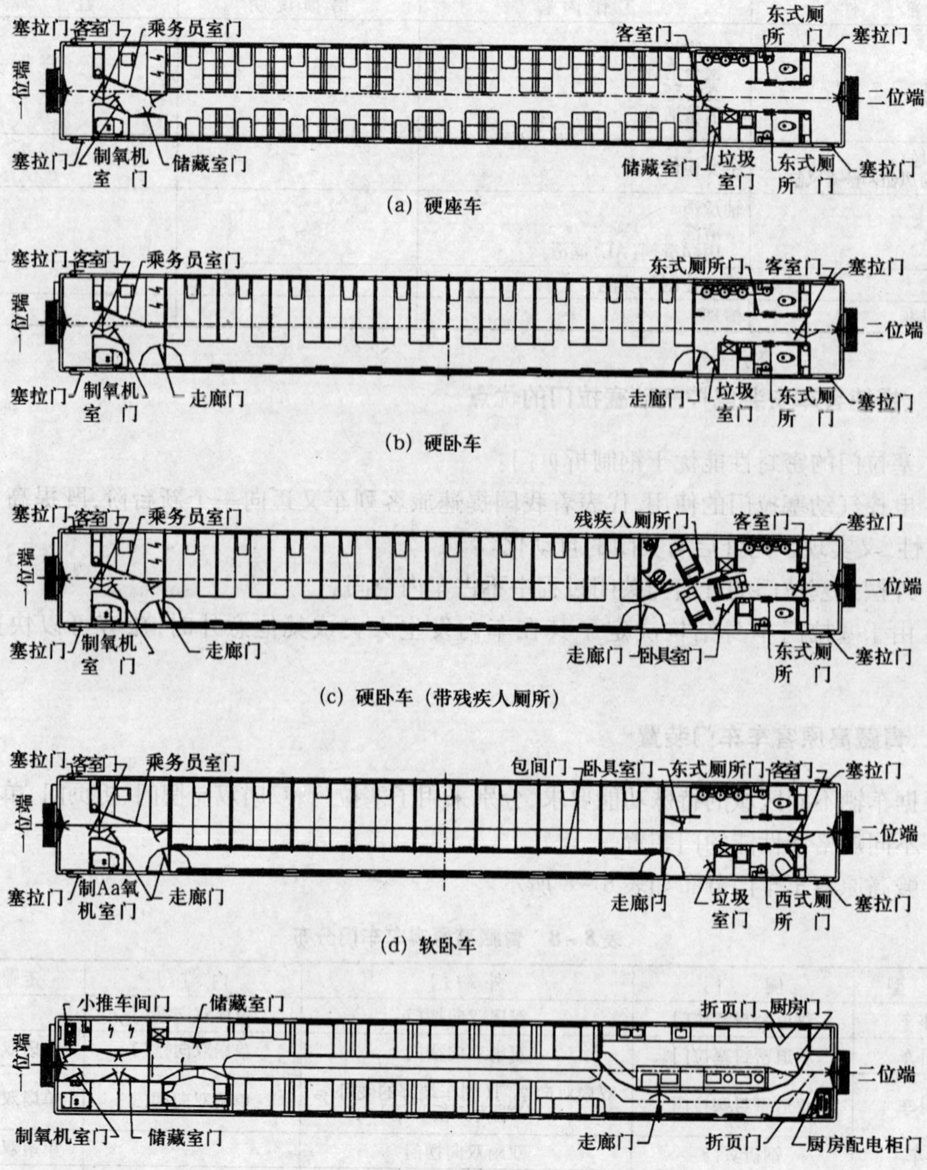

图 8-33 青藏高原客车各车型车门布置

与 25T 型车塞拉门相比,青藏铁路高原客车塞拉门在如下方面进行了改进:

(1)防冻:原 25T 型车塞拉门的防冻自限温伴热线的长度为 3.5 m,考虑青藏线的特殊环境,在原基础上增加 2 m 的伴热线。防冻装置的整体发泡件也相应作了改动。

(2)隔热:门扇采用多层复合结构,内外侧均增加了隔热层,门扇的厚度为 50 mm;原 25T 型车用塞拉门的厚度为 43 mm,无隔热层。由于青藏线的特殊要求和门扇上玻璃的安装空间，门扇上的玻璃只能采用夹胶玻璃，但夹胶玻璃的隔热性能低于双层中空玻璃的隔热性能。

(3)锁闭系统：为了满足列车气密性的要求，在后门框增加两把辅助锁，在前门框增加两个辅助塞进装置，增加门系统的密封性和安全性。该锁闭系统是在25T型车塞拉门门锁的基础上增加了两套辅助锁和辅助塞进装置，安全可靠，既能满足气密性的要求，操作力又轻便，同时在气路系统部分增加两个电磁阀分别控制两套辅助锁。

(4)控制系统：由于增加辅助锁，门控器的输入、输出口需增加，考虑到青藏线的特殊要求，门控器作改进设计，控制器重新布线，增加电气间隙和爬电距离，版面加大；电源模块采用军品级电源，同时电子元件选用适合青藏高原条件的元器件。

(5)密封性：该门为满足车辆密封性要求，采用了双唇同源密封(门板周边的密封胶条的截面形状完全相同)。由于青藏高原紫外线辐射强烈，为防止橡胶密封件在强烈的紫外线辐射下急剧老化的问题，该门周边的密封胶条均选择抗紫外线能力强、抗老化能力强的硅橡胶材料。原25T型车塞拉门采用的是单唇密封形式，其胶条材料为三元乙丙。青藏线塞拉门的密封性能满足在密闭的内部容积为6m^{3}的试验台架上，门扇在有气源状态下关闭后，台架内外压差由4 000 Pa降至1 000 Pa的时间大于100 s。而25T型车塞拉门远远无法满足密封性的要求。

(6)承载驱动机构：为了满足720 mm的开度，承载驱动机构作了特殊设计，25T型车塞拉门采用的是ϕ40 mm的长导柱和直线轴承，青藏线塞拉门采用的是ϕ50 mm的长导柱和直线轴承。

2. 安装尺寸

门框宽	930^{+5}_{0} mm
门框高	(2 530 ±3) mm
门框对角线误差	≤3 mm
门框外表面误差	≤2 mn

3. 双道密封电控气动塞拉门的结构(见图8－34)

电控气动塞拉门由10、20、30、40、50、53及MK0411七大部件组成。

(1)基础部件

基础部件包括：

①上、后压条组件，前压条，下滑道，防护罩(带防冻装置)，防护罩胶条，门框胶条等零件；其主要作用是引导门扇的运动及实现门扇与车体的密封。

②翻转脚蹬传动杆11：由下拉杆、接杆、套、气缸支架及气缸等组成。

②翻转脚蹬12：由转轴箱、支承架及踏脚板等组成。

(2)门扇部件20

门扇部件包括：

①门扇20；

②锁扣21；

③保险锁(隔离锁)22；

④下支架23；

⑤携门架24；

⑥辅助塞紧机构25。

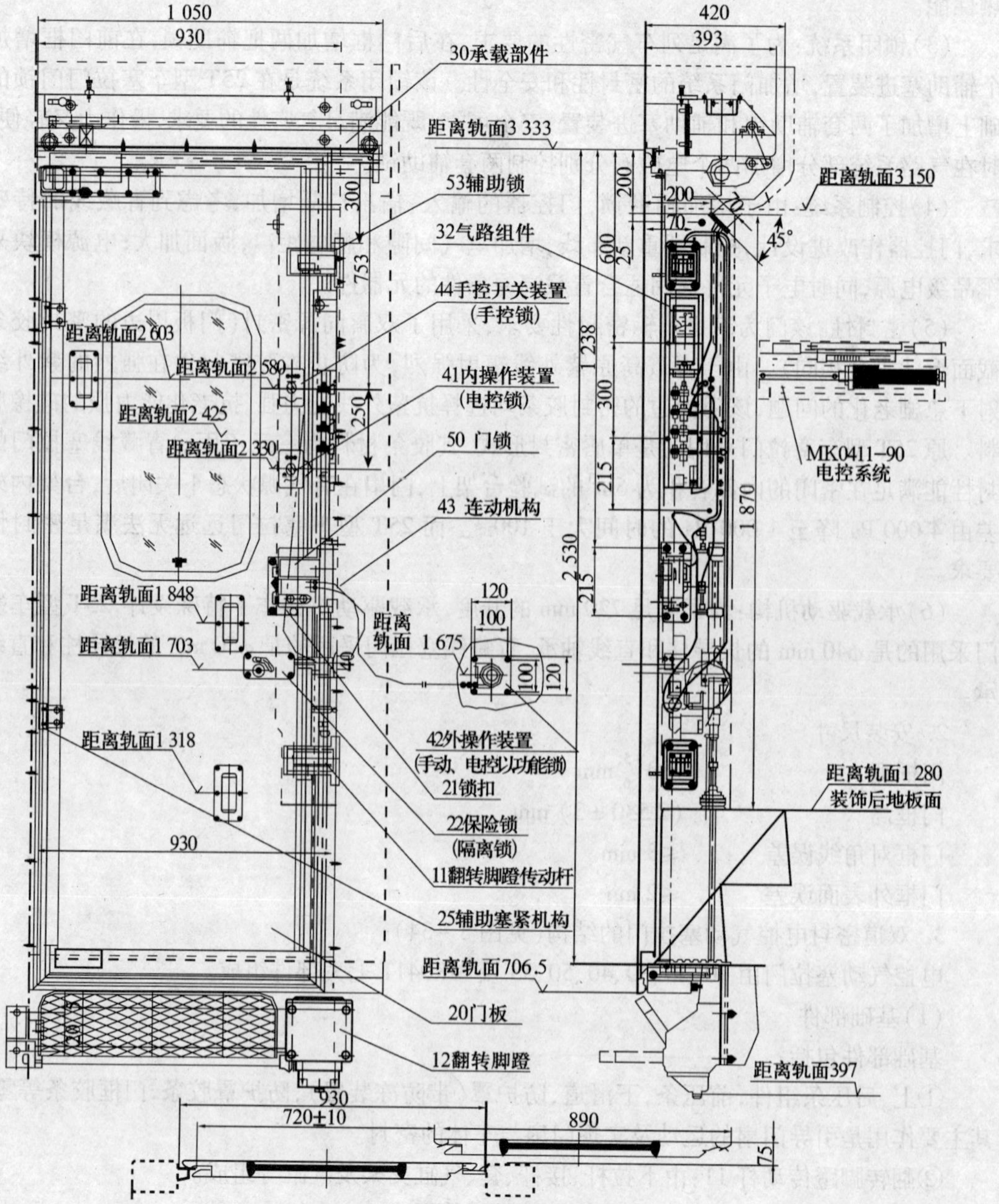

图 8-34　双道电控气动塞拉门结构

(3)驱动部件 30

驱动部件包括：

①承载部件 30：由上导轨、支架、挂架、长导柱、短导柱及直线轴承等组成。

②气动机构及气路系统 31、32：由无杆气缸、气缸支架、球阀(作气源开关用)、快排气阀、过滤减压阀组件、消音器、节流阀、气管、管接头等组成。

(4)操作部件 40

操作部件包括：

①内操作装置（电控锁）41；

②外操作装置（手动、电控双功能锁）42；

③连动机构 43；

④手控开关装置（手动锁、紧急解锁装置）44。

（5）门锁部件 50

门锁部件包括：

①开锁气缸 51；

②闭锁气缸 52；

③锁体、锁叉定位套等零件。

（6）辅助锁部件 53

辅助锁部件包括：气缸、辅助锁锁体、开关等零件。

（7）MK0411 电控系统

电控系统包括：DCU 门控器、空气开关、电源模块、指示灯、电源开关及指示灯、蜂鸣器、电磁阀、压力开关、压力波开关、微动开关、磁感应开关等其他行程开关、接线端子排、电气安装板及其附件、电气箱及其附件。

（二）双向摆门

青藏铁路高原客车自动双向摆门同时具有自复位和自定位功能的摆门，摆门的定位和复位有两种机构，一种是地弹簧及其与门板连接的附件；另一种是门和门框内的自定位机构。驱动方式为手动方式。地弹簧在门下方的地板内，自定位机构安装在门或门框内，不占用门以外的空间，增大了静通过尺寸。

门板转轴与门框之间为弧面配合结构，具有防夹功能，安全可靠，间隙处用胶条填充，门板与门框之间在全部运动过程中无可视间隙，且不受门框影响，在一定范围内可调整，隔热、隔音效果较好。

自定位机构贯穿于门定框与门板回转轴的上端，兼作门板回转支撑用，门板不会发生下垂或变形的现象，刚性好。

地弹簧位于门板下方的地板内，地弹簧上面与地板上面平齐（不装盖板时）。地弹簧具有结构简洁、安装方便、性能可靠、开关门速度可调等优点。

门板结构安装件采用暗藏结构，门板整体美观具有立体感，以便拆卸维修。

门扇采用铝型材拼接结构，骨架由前后立梁、上横梁、中横梁和下横梁组成。门扇铝型材表面阳极氧化本色处理。在门扇装有 8 mm 厚钢化安全玻璃，周圈通过胶条与门板框架连接。

双向摆门示意图参见图 8－35。

（三）BSP 公司客车手动拉门

为了增大空间，BSP 公司客车乘务员室、东座式厕所、软卧包间门设手动拉门，取代传统的折页门。其中，乘务员室、东西式厕所拉门为半自动拉门，其优点是占用空间小，且能自动关闭。

这些门为单扇小型拉门，门页可向右或向左打开。机构主要构建在一根固定的铝型材导轨上。门页挂在两个可以在导轨内滚动的尼龙滚轮上。功能元件有弹簧和阻尼气缸。由于弹簧张力和气缸阻力的合力作用使其可以自动缓慢地关闭。门关起，前侧的密

(a) BSP公司客车

(b) 四方股份公司客车

图 8－35 双向摆门

封条确保了两侧间噪声的隔绝。玻璃窗可让乘务人员在开门时注意到外面的情况（只有乘务室的门有窗），门两侧的把手供乘客开门之用。门锁让乘客和乘务人员可以把门锁上或打开。

（四）BSP 公司客车转轴门和铰链门

BSP 公司青藏铁路高原客车制氧机室门、储藏室门、卧具室门、厨房配电柜门采用转轴及铰链连接。此结构门板转动灵活，安装方便，配合可靠，间隙小，门运动平稳，没有杂音，无晃动。

门板上的转轴立边框上下各设一个暗藏式转轴，与上下门框上固定的转轴定位套配合，转轴和转轴定位套之间用规格 10 的标准垫圈做间隙调整垫。门板采用焊接铝合金型材焊接骨架与薄铝面板及贴面防火板复合粘接而成，内部填充优质铝蜂窝，四周采用铝型材扣框安装。门板厚度 18 mm，门的整体样式简洁、美观。

第七节 电动端门

本节以南京康尼机电新技术有限公司生产的 MY700DP4 电动端门为例介绍电动端门的结构、操作及故障诊断。

一、概 述

MY700DP4 电动端门是铁路客车上使用的电控电动式单扇移门。

门扇采用铝框架、钢化中空玻璃和铝蜂窝结构。

门系统的移动承载机构具有结构简洁，运动阻力小，安装方便，可靠性高等优点。

(一)主要结构尺寸及技术要求

1. 门的安装尺寸

(1)门框开度:820 mm;

(2)门框对角线误差:≤4 mm;

(3)门通过净宽:700 mm;

(4)门通过净高:1 910 mm。

2. 门扇主要尺寸参数

(1)门宽:856 mm;

(2)门高:1 921 mm;

(3)门厚:32 mm。

(二)主要技术参数

除易损件外,车门的正常使用寿命为15年。

1. 环境温度:-40 ~ +40 ℃。

2. 最大相对湿度:95%。

3. 车辆持续运行速度:160 km/h。

4. 供电电压:DC77 ~137.5 V。

二、MY700DP4电动端门的结构简介

MY700DP4电动端门由基础部件、门扇部件、承载部件、传动机构、MK6101电控系统等五大部件组成。

1. 基础部件包括下导轨组件、转换开关、毛刷或压条等零部件。其主要作用是实现门扇与车体连接和定位。

2. 门扇部件包括门扇体、密封胶条、窗玻璃、隔离锁、双面按钮开关、挖手及下滑块等零部件。

3. 承载部件包括上滑道、承载小车、隔离锁组件、电控系统、缓冲头组件等零部件。

4. 传动机构包括左支架、右支架、螺母铰链组件、左旋丝杆、电机、无齿隙弹性联轴器、坦克链等零部件。

5. MK6101电控系统包括:电子门控器(EDCU),双面按钮操作开关,手动/电动转换开关,开到位隔离开关,关到位隔离开关,电机。

三、电控系统的安装及调试

(一)概　述

该型号铁路客车电动端门选用康尼公司MK6101电控系统。其主要功能有:控制电机按要求实现门的动作;响应门控指令;障碍检测;手动/电动方式切换。

电控原理如图8-39、图8-40所示。各电器元件安装位置如图8-42所示,各元件的互联见图8-43、图8-41。输入电源:DC77 ~137.5 V。

(二)接　线

1. 将电源以及手动,电动转换开关分别接到门控器组件的接线端子-XT1上,具体接线如图8-42所示。

2. 安装电器配线的注意事项

(1)配线要求线径符合有关规定、排列整齐、美观、捆扎固定、保护措施完善；

(2)所有接地线(PE)必须和车内中心接地线相连接；

(3)线号要求清晰准确，不允许脱落和混淆；

(4)接线捧卡线要牢固。

(三)电 器 元 件

1. 操作开关－SS3，采用的是双面按钮开关，接线方式见图8－36。

(1)控制系统上电后操作开关按钮周围绿色指示灯即被点亮。在门关到位的位置按下操作开关，按钮周围红色指示灯会亮，同时门被打开。

(2) 操作开关必须在按钮周围绿色指示灯亮时才能使用。

(3)开关的安装见图8－36。

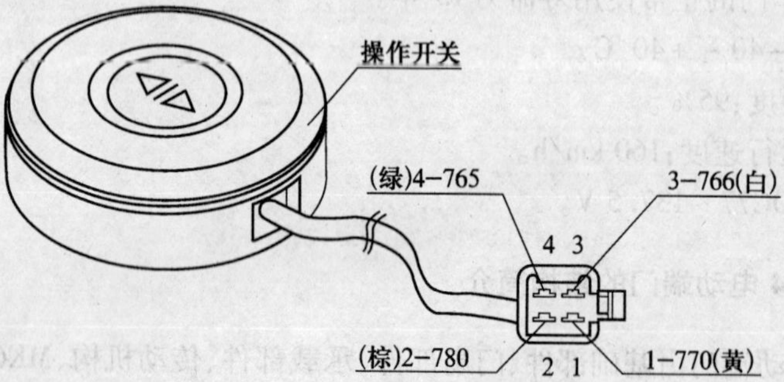

图8－36　开关接线安装方式

2. 手动，电动转换开关－SB1

在车体上，电动端门系统有一个手动/电动转换开关。其采用带自锁的按钮开关，具体接线见图8－37。

(1) 弹出按钮时，触点闭合，门处于自动状态，能够实现自动功能；

(2) 压入按钮时，触点断开，切断电控系统输入电源，门处于手动状态，此时只能手动开关门。

3. 隔离开关－SS1、SS2，选用微动开关，开关接线见图8－38。

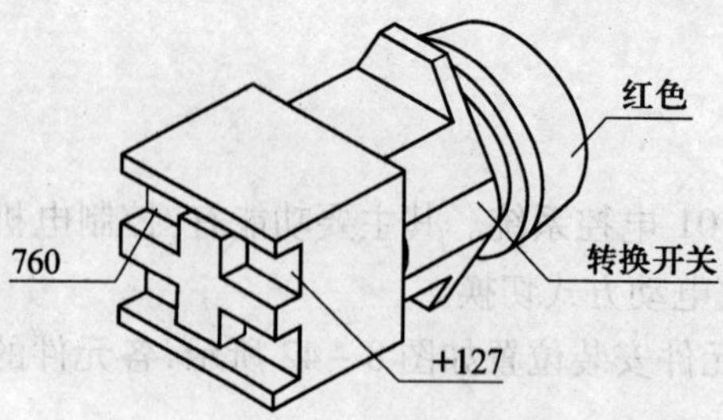

图8－37　手动电动转换开关

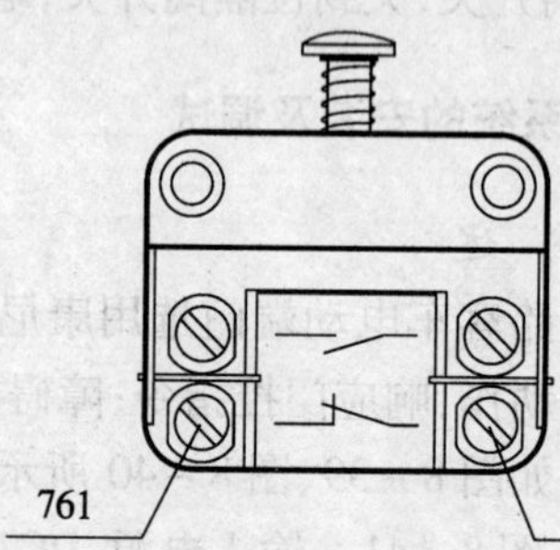

图8－38　隔离开关

(1) 在门全关和全开的位置,各有一个关到位隔离开关和开到位隔离开关。

(2) 通过操作三角钥匙安全锁,由隔离开关将电控系统的输入电源切断。

(3) 调整:通过调整隔离开关的位置,使其能够在锁闭安全锁的时候被可靠地压下。同时,在安全锁打开后,隔离开关松开。

(四)门控器组件

整个控制系统的核心,由电子门控器(EDCU)、接线端子等元件组成。每个门各设一套控制系统。每套控制系统控制一个车门。

门控器组件 LED 灯指示的定义见表 8-9。

注意:不要在门控器通电情况下拔下 EDCU 上的连接插头。

表 8-9 门控器组件 LED 灯指示的定义

控　制	输　出	输　入
口 ERROR 出错	口 02	口 I4
口 0/C 开关门	口 03	口 I5 电机编码器
口 SVDC 电源	口 I0	口 I6 电机编码器
口 TEST 测试	口 I1	口 I7 电机编码器
口 00 操作开关指示灯	口 I2	
口 01	口 I3 操作开关	

(五)调　　试

1. 注意事项

(1)在接通电源前应检查电源正负极、电源电压、接地线及输入输出导线的连接情况。电源线、直流输入线的错误连接、电源间的短路以及输出导线的短路都会严重损害控制系统。

(2)测试耐压值,应断开电子门控器的输入输出导线和电源电缆。

2. 调试

(1)调试前应确保接线无误,电源电压 DC77~137.5 V。

(2)开门:在自动状态,并且门未被隔离时,按下操作开关 SS3,EDCU 接收到开关信号后,控制电机开门。

(3)关门:门开到位后,如果门处于自动状态,并且门未被隔离时,EDCU 控制延时 10 s 后自动关门。如果门处于手动状态,并且门未被隔离时,需要弹出手动/电动转换开关 SB1,电控系统上电,门系统将以低速进行第一次关门。

(4)障碍检测:在关门过程中遇到障碍时,门自动返回至开到位,10 s 后重新关闭。当门运动至将要关到位的位置时,障碍检测功能失效。

(5)门隔离:门隔离开关动作后,门被机械锁定,且电控系统输入电源被断开。

(6)手动,电动转换:压入手动/电动转换开关 SB1 时,电控系统输入电源被切断,进入手动状态,此时可手动拉门。弹出手动/电动转换开关 SB1 时,电控系统上电,门系统将以低速进行第一次关门,初始化系统参数,初始化完成后,进入自动状态。

(7)第一次开关门:电控系统上电,EDCU 的电源 LED 指示灯亮。门系统将以低速进行第一次关门,初始化系统参数。

注意:在第一次开关门过程中,如果有障碍物阻挡门的运动,门将在障碍物阻挡门运动的位置停止。此时可以按操作开关进行一次开关门,门系统关到位后完成初始化。

3. 故障诊断

故障诊断表(在接线没有松动或异常的前提下做出的)见表8-10。

表8-10 故障诊断表

序 号	故障现象	原 因	判断及排除方法
1	打开电源后,EDCU上的"DC5 V"LED指示灯不亮	电源不通	检查输入电源是否正常,然后检查手动/电动转换开关是否被弹出
2	在自动状态,且门未被隔离时,按下操作开关无法开门	操作开关损坏	按下操作开关后,检查EDCU I3口,若没有信号输入,则开关已经损坏,请更换操作开关
3	门无法隔离	隔离开关损坏	首先检查机械部分是否正常,然后检查门隔离后,隔离开关是否动作;若开关没有动作,请调整开关位置;若开关有动作,但EDCU有电源输入,则开关已经损坏,请更换隔离开关

(1)为了进行诊断,电子门控器(EDCU)提供:

①诊断软件模块,连续监控门功能,通过似真性检查查找不正常的情况。

②诊断代码将在红色"ERROR"LED上通过闪动编码指明。

(2)每个最优故障的正确诊断代码都将在EDCU上用一个闪动编码来指明。以下为可能条件:

①如果没有正确的诊断代码或者没有故障,则红色LED不闪亮。

②如果出现正确的诊断代码,则红色LED闪动。

③闪动编码总是显示小数字的诊断代码(高优先级),即如果"门驱动电机电路断路"或"EDCU的输出端00短路"诊断代码同时存在的话,则闪动编码"1次闪动"启动。如果"门驱动电机电路断路"诊断代码消失的话,则闪动编码"9次闪动"启动。

闪动编码、诊断编码和优先级总结见表8-11。

表8-11 闪动编码、诊断编码和优先级总结

闪动编码	优先级	名 称	诊断代码	操作备注
1x	A	门驱动电机电路断路		
4x	A	门位置传感器故障	2	
5x	A	关门过程障碍检测触发超过3次	3	关门运动次数=3
6x	B	开门过程障碍检测触发超过3次	4	开门运动次数=3 在3次尝试之后,门停下来并接受这一位置为最大可达开门位置
9x	B	EDCU输出00短路	6	
10x	B	诊断存储器故障	7	存储器中的诊断数据丢失

④优先级A,高优先级(主要故障):门的操作可能受到影响,车辆工作人员要针对这一情况采取措施,如隔离门。

⑤优先级B,低优先级(次要故障):门的操作不会受到影响,可以在车站检查或维修这些故障。

四、使 用 方 法

(一)使 用 须 知

1. 使用前操作者应详细了解该型号电动端门的主要结构、动作原理,熟悉操作方法和日常检查、维护保养等知识,避免错误操作,造成人为故障。

2. 正常开、关门出现故障时,可关断电源,用手动将门打开,锁上隔离锁,并报请专业人员检修。

(二)开、关门操作方法

该型号电动端门的操作方式分为手动操作、电动操作,由电动端门安装在车体上的手动/电动转换开关切换。该开关被压入时,断开电控系统输入电源,进入手动操作状态,此时可手动拉门。弹出手动/电动转换开关时,电控系统上电,门系统将以低速进行第一次关门,初始化系统参数,初始化完成后,进入电动操作状态。

注意:车门在开到位状态和关到位状态均能通过三角锁芯对门实现锁闭。

(三)手动操作开、关门

先确认隔离锁已打开,即门没有机械锁闭,否则,必须先打开隔离锁．再确认手动,电动转换开关被压入,即处于手动操作状态,此时可以通过门板上的内嵌式扣手手动开、关门。

(四)电动操作开、关门

电动操作电动端门是在门没有机械锁闭,手动/电动转换开关被弹出,门系统有电时,门处于自动状态,按下双面操作开关后,门自动打开。延时 10 s,门自动关闭。在关闭途中遇到障碍,门扇会自动返回至开到位位置,10 s 后自动关闭。若关闭途中障碍仍存在,则门扇会重复上述动作,直至障碍排除,门关闭到位时,无防挤压功能。

(五)第一次开关门

电控系统上电,EDCU 的电源 LED 指示灯亮。

门系统将以低速进行第一次关门,初始化系统参数。

注意:在第一次开关门过程中,如果有障碍物阻挡门的运动,门将在障碍物阻挡门运动的位置停止,此时可以按操作开关进行一次开关门,门系统关到位后完成初始化。

(六)门 隔 离

门扇的内外两侧都装有隔离锁,当门处于关到位或开到位时,用三角钥匙操作隔离锁可以将门系统进行机械锁闭,在此过程中,隔离锁上的隔离开关动作后,电控系统电源被切断。

五、门控制系统器件明细表(见表 8-12)

表 8-12 门控制系统器件明细表

序 号	图纸代号	元件名称	用 途
1	EDCU	电子门控器	控制车门系统
2	SS1	关到位隔离开关	关到位隔离车门
3	SS2	开到位隔离开关	开到位隔离车门
4	SS3	双面按钮开关	开门操作开关
5	M	电机	驱动车门运动
6	SB1	手动/电动转换开关	转换车门手动/电动状态

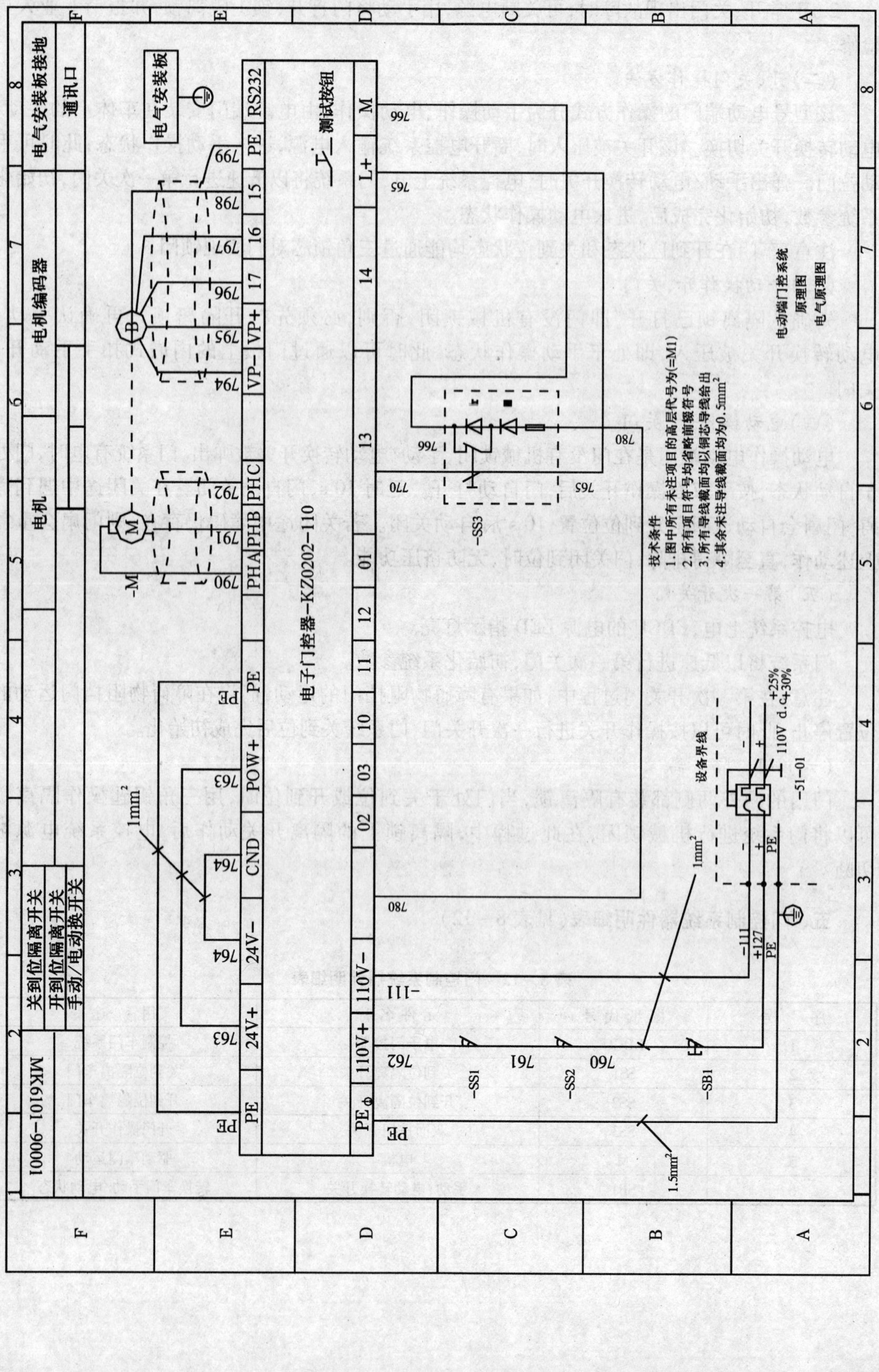
电气安装板接地
通讯口
电机编码器
电机
关到位隔离开关
开到位隔离开关
手动/电动换开关
MK6101-90001
电气安装板
测试按钮
电子门控器-KZ0202-110
PE
24V+
24V-
CND
POW+
PE
PHA
PHB
PHC
VP-
VP+
17
16
15
PE
RS232
110V+
110V-
02
03
10
11
12
01
13
14
L+
M
-SS1
-SS2
-SB1
-SS3
设备界线
110V d.c.+30%
+25%
-S1-01
技术条件
1.图中所有未注项目的高层代号为(=M1)
2.所有项目符号均省略前辍符号
3.所有导线截面均以铜芯导线给出
4.其余未注导线截面均为0.5mm²
电动端门控系统
原理图
电气原理图

图8-39 电控原理如图

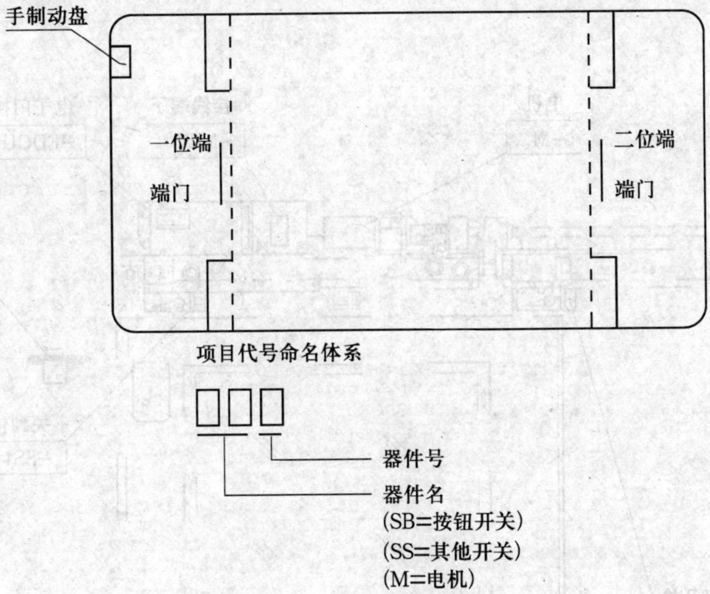

图 8-40 电动端门电控系统原理图电路符号命名标准

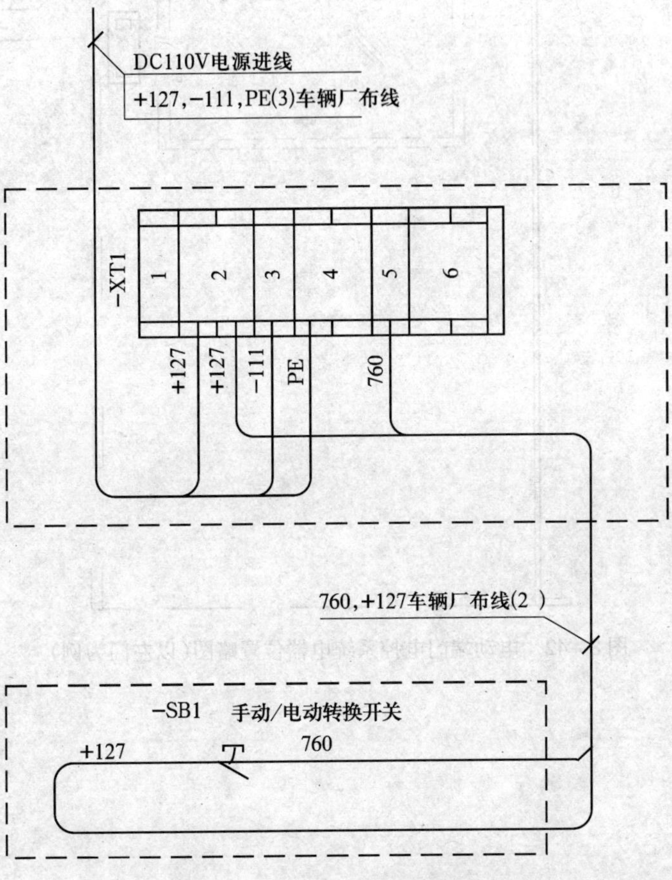

图 8-41 电动端门电控系统外部电气互连图

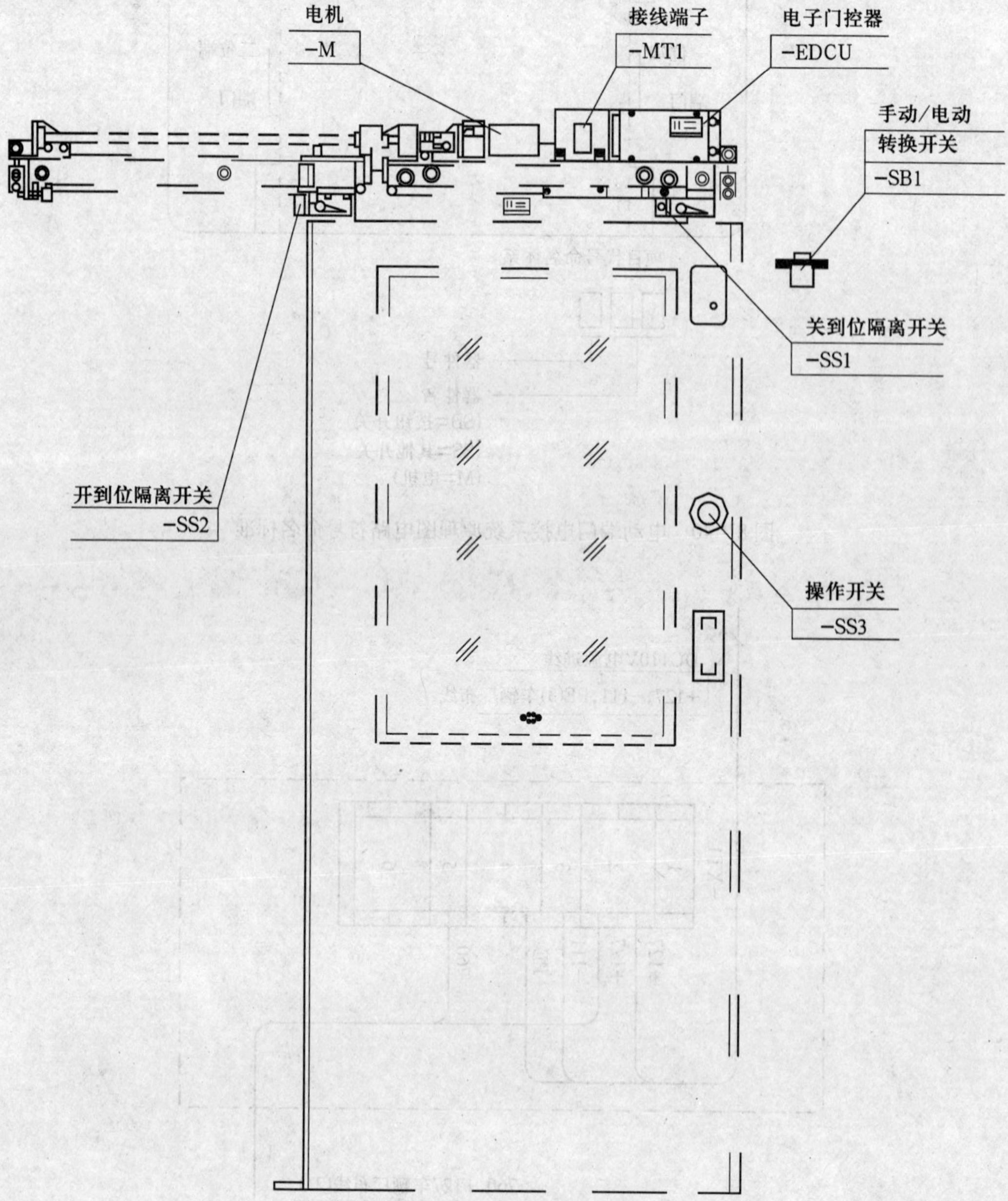

图 8-42　电动端门电控系统电器位置略图(以左门为例)

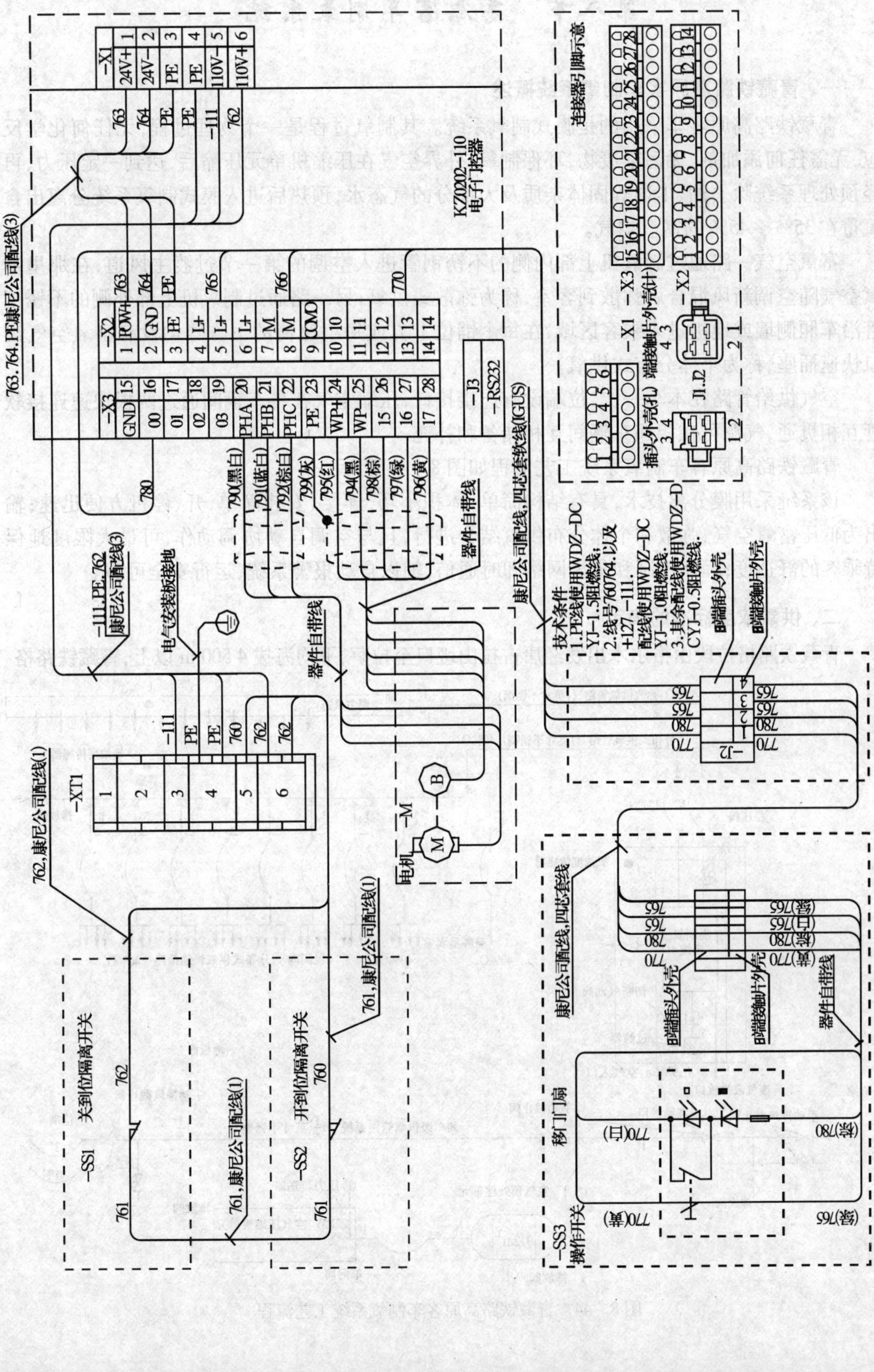

图 8－43　电动端门电控系统内部电气互连图

第八节　高原客车制氧系统

一、青藏铁路高原客车制氧系统概述

青藏铁路高原客车采用的是膜式制氧系统。其制氧过程是一个物理过程，无任何化学反应，无需任何添加剂，无污染废物，环保制氧；外界空气在压缩机单元压缩后，达到一定压力，再经预处理系统除去油、尘埃等固体杂质及大部分的气态水，预热后进入膜式制氧系统分离出含氧量在35%～45%的富氧空气。

富氧空气一路通过制氧机上部内侧的不锈钢管进入空调的第一节过渡主风道，在那里富氧空气随空调新风混合后弥散到客室，称为弥散式供氧；另一路通过制氧机上部外侧的不锈钢管沿车厢侧墙或地板进入乘客区域，在每个铺位上方或每组座椅的下方等均设有富氧空气出口快速插座，称为个体分布式供氧。

空气供给管路在本车一、二位端设有连接接口，压缩空气在各车辆间通过两根快速连接软管互相贯通，气源可在相邻车辆间互相储备和补充。

青藏铁路高原客车制氧系统工艺流程如图8－44所示。

该系统采用膜分离技术，具有结构简单，体积小巧，连接、安装简单，开、停机方便迅速；输出为低压富氧空气，弥散和个体分布供氧结合进行，且与空调自动协调动作，可最大限度地保持乘客的舒适度；程序控制和集控网络即时通信，辅以自动报警系统，运行安全可靠。

二、供氧浓度标准的确定

青藏铁路格拉段由格尔木出发经唐古拉山垭口至拉萨，平均海拔4 500 m以上，青藏铁路格

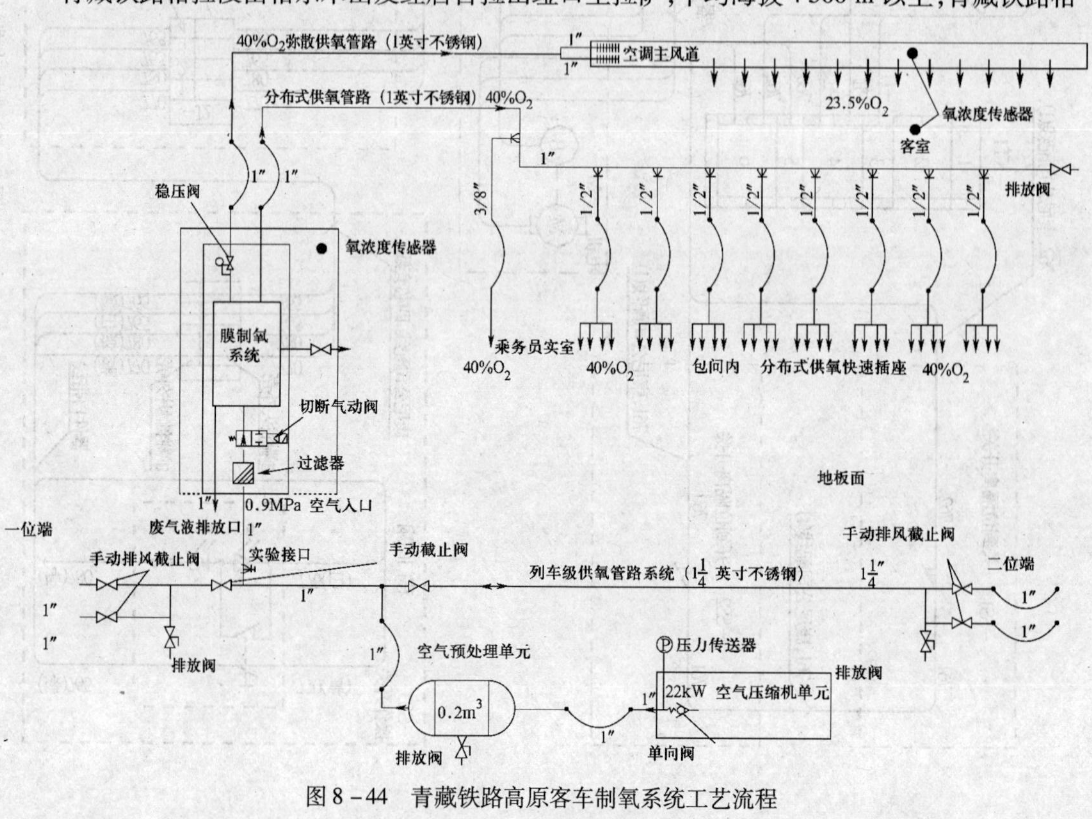

图8－44　青藏铁路高原客车制氧系统工艺流程

拉段海拔最低的是格尔木 2 828 m,最高为唐古拉山垭口 5 072 m,拉萨海拔为 3 641 m。通过地区海拔高于 4 000 m 以上地段占全线长度的 84%。表 8－13 为大气压和氧分压随海拔的变化表。

表 8－13 大气压和氧分压随海拔的变化表

海拔(m)	大气压力(kPa)	氧分压(kPa)	海拔(m)	大气压力(kPa)	氧分压(kPa)
0	101.2	20.7	4 000	61.6	12.87
1 000	90.7	18.7	4 500	57.7	12.06
2 000	80.0	16.6	5 000	54.0	11.29
3 000	70.1	14.65	5 072	53.5	11.18
3 641	64.2	13.42			

根据生理实验,人体肺部允许胸最小氧分压相当于海拔 4 500 m 处的氧分压力,这是不补偿氧做长时间停留的极限高度;在海拔 2 000 m 以下,人体对氧气分压的降低能够补偿,这一高度为无感觉区。研究表明大部分人在 3 048 m 的高度会发生一定程度的高空反应(高山反应),所以超过此高度后,必须在呼吸气中补加一定数量的氧气来保证乘客的安全。

在综合考虑了人体的承受能力以及有关氧气浓度安全标准,并经过铁道部组织的有关专家反复论证之后,青藏铁路高原客车的供氧标准最高定为 25%。此时在最高海拔 5 072 m 的唐古拉山垭口,车厢内相当于达到拉萨(3 641 m)的氧气含量水平;在平均海拔最高度 4 500m 运行时,车内的氧分压相当于海拔 3 100 m。

三、制氧设备组成

压缩空气经预处理系统除去油、尘埃等固体杂质及大部分的气态水,预热后进入膜分离器,分离出空气中的氧气;系统在 PLC 或 DCS 系统的控制下可实现连续稳定的输出氧气。一个完整的膜法富氧系统包括:22 kW 空气压缩单元(硬卧 2 台)、空气预处理(过滤器、空气平衡罐)、制氧机和电控柜、氧气传感器、空气供给管路、氧气供给和分配管路。

1. 22 kW 空气压缩单元

空气压缩机单元布置在车下的设备舱内,吊装在偏向一位端左侧的钢结构底架横梁上,见图8－45。

图 8－45 空气压缩单元

空气压缩机主要为后级系统提供一定压力一定气量的压缩空气,以达到一定的分离压力条件以及分离所需的原料空气流量。空压机为制氧机提供膜分离制氧必需的压缩空气,其最大排气压力为 1.0 MPa(g),为螺杆式压缩机,功率为 22 kW。

压缩机运行状态有加载、卸载、停止三种状态。当压缩机运行时,出气压力达到设定压力时,压缩机自动卸载运行。接到停止命令时,压缩机自动卸载,达到停机延时时间后停止运行。

其技术参数如下所述:

排气量	295 m^3/min(1 个标准大气压,20 ℃,60%)
排气压力	1 MPa
电机功率	22 kW

压缩形式	螺杆式
外形尺寸(长×宽×高)	1 750 mm×750 mm×600 mm
冷却方式	自然冷却或强制风冷却
排气口径	25.4 mm
质量	650 kg
主电源	3NAC380 V

2. 空气平衡罐(图8-46)

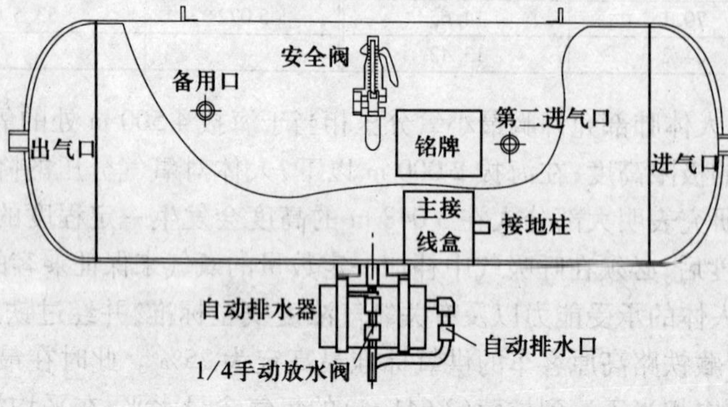

图8-46　空气平衡罐

空气平衡罐容积为200 L,其作用:一是稳定压缩空气的压力,使整列互备有相当的缓冲容积空间;二是使压缩空气中的液体(主要是水)沉积分离出来,使其不进入制氧机中而影响膜组件的分离性能和使用寿命。空气平衡罐中的液体由罐底部设置的自动排水阀定时排出罐外。

其技术参数如下所述:

体积	200 L
工作压力	1 MPa
容器类型	Ⅱ
材料	不锈钢
外形尺寸	ϕ462 mm×1 380 mm
质量	105 kg
接口口径	25.4 mm

3. 制氧机和电控柜

制氧机和电气柜布置在车内,安装在一位端左侧的制氧室内(见图8-47)。两者均配有单独的箱子,在车上这两部分是通过螺栓连接在一起的,在它们之间有整块钢板来避免制氧机内的氧气进入控制单元。制氧机和电气柜是整个制氧系统的富氧生产和参数控制单元,其组成主要包括以下部分。

图8-47　制氧机和电气柜

(1)联合过滤器

联合过滤器为三级,一级过滤器(3 μm)作为总脱湿器去除离开缓冲罐的脱出的油或水。二级过滤器(1 μm)用于将颗粒和液体含量降低至对膜性能无害的痕迹量水平。三级过滤器是精密联合过滤器(0.01 μm),设计中用于去除最微量的浮质,以进一步保护中空纤维膜组件。

(2)进气加热器

加热器为电热式,其作用除了为膜分离器提供一个最好的操作温度使膜分离器在最佳状态下工作外,其另一个作用是使进入膜分离器的压缩空气露点提高,并保证液体(主要是水)不在膜丝上冷凝而使膜组件能长期稳定可靠地运行。

(3)膜分离器(也称膜组件)

制氧机的关键核心部件,在保证压缩空气流量的情况下,制氧量的大小和富氧浓度的高低在一定的范围内可通过整定膜分离器的操作压力和温度来调整。膜组件的多少(大小)是根据各机型要求不同的制氧量而配置的。

(4)膜前自动阀

备有旁路阀的自动阀作为安全元件用于控制进入车厢的产物——氧气的目标质量并保护膜分离器。如果车厢中的氧含量超过分析仪的设定报警点,进气隔断阀将关闭,压缩空气无法进入膜分离器,停止向车厢提供富氧气体;另一方面,当进入膜分离器的压缩空气压力过低,或进入膜分离器的压缩空气进气温度过高时,都会损害膜分离器,进气阀将关闭以防压缩空气进入膜分离器。

(5)背压阀和纯度控制阀

用来控制尾气流速,对系统性能进行微调,并在进气流量超过系统生产能力时保证富氧流量。

(6)废气排放消音器(图8-48)

消音器位于车辆一位端左侧底架下(制氧机的正下方)利用其内部大口径多孔结构降低膜制氧系统的尾气(氮气)流的压力,达到消音的目的。

(7)控制面板(图8-49)

图8-48 废气排放消音器

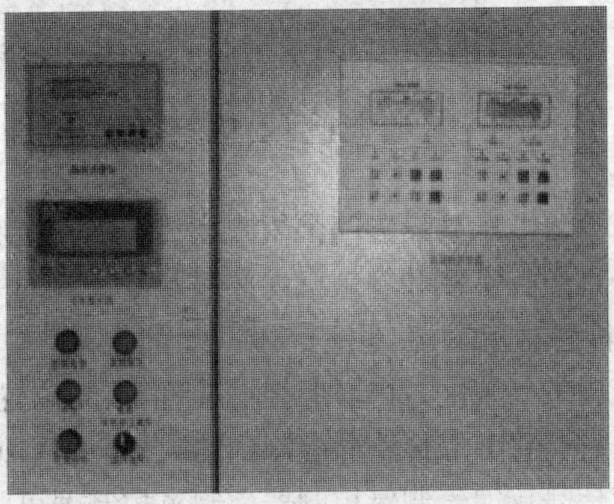

图8-49 控制面板布置图

在制氧机正面门的左侧安装有海拔高度仪、空压机文本显示器、操作旋钮和指示灯,正面门的右侧安装有制氧机控制器。

(8)PLC控制系统

膜制氧系统中的过程控制都由可编程逻辑控制器(PLC)监测和控制。PLC使用微处理器和软件分析各种过程变量并采取相应动作。操作界面(LCD)用户接口显示系统操作参数的信息,并允许您改变过程控制、定时器和报警。

(9)海拔高度仪(图 8－50)

海拔高度超过 3 000 m 后,海拔高度仪上的继电器接通,使制氧机能够启动。制氧机在高原运行时,氧浓度值需要靠海拔高度仪测量出的海拔高度进行修正,所以制氧机运行时,海拔高度仪必须正常工作,否则影响氧浓度的测量精度。

海拔高度仪工作模式有自动和手动两种,打开制氧机电控门后,在海拔高度仪的背后有一开关,若扳向自动位,则海拔高度仪处于自动工作状态。

(10)氧分析仪

制氧膜系统采用四个氧分析仪,通过燃料电池型传感器测量产物气流中的氧含量。分析仪用空气压缩机出气校准。每个氧分析仪(富氧气氧分析仪除外)配备一个在 0～30% 氧的操作全程可调的报警输出。报警用于在车厢和制氧室的氧含量超出报警设定时隔断进入膜分离器的压缩空气并发信号给 HVAC 单元控制空调的风门至最大。

制氧机和电气柜技术参数参见图 8－44。

4. 氧浓度传感器(图 8－51)

电化学式氧探头测试,用海拔高度传感器来补偿由于海拔高度不同引起的空气中绝对氧含量的不同造成的偏差;用膜前的压缩空气作为样气可自动标校。

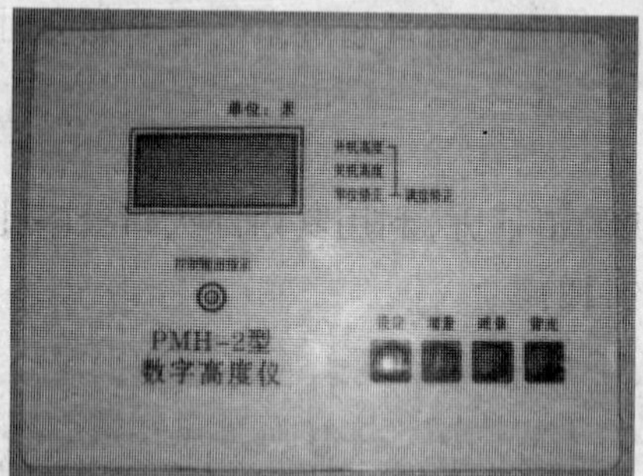

图 8－50　海拔高度仪

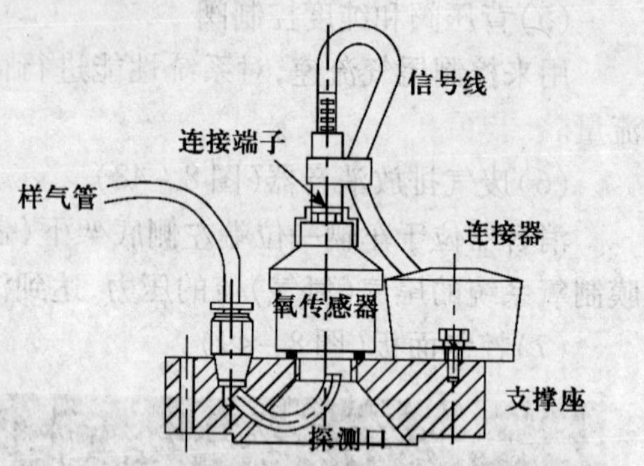

图 8－51　氧浓度传感器

青藏车共设置四个氧浓度传感器,在制氧机内部设有两个氧气传感器 AT101 和 AT102 来分别监控富氧和制氧机内部以及制氧室内的氧浓度,且分别对应控制面板的富氧浓度和位置 3 传感器指示;在客室走廊中央和主风道中央各设有一个氧气传感器来分别监控客室和主风道内的氧浓度,且分别对应控制面板的位置 1 和位置 2 传感器指示。当制氧系统正常工作时,只有位置 1 氧传感器检测到的数据与 HVAC 单元通信(主风道中央的传感器),将测得的氧浓度信号反馈给制氧控制器。制氧控制器可将该信号发给空调控制器,以决定空调或制氧机是否有进一步的动作;供氧量根据客室内氧浓度不超过 25.5% 为限。如果测得车内浓度超过 25%,将新风控制门开大,增大新风量;如果测得车内浓度低,将新风控制门关小,减少新风量。新风量大小根据制氧机输出信号调整,在调整新风量过程中应相应调整废排风量。当氧浓度超过 25.5% 限值,传感器将发出信号给控制单元,系统将根据此信号自动切断压缩空气供应,富氧将停止生产;同时系统将声光报警并把报警信号传到给上位机。

5. 空气供给管路、氧气供给和分配管路

空气供给管路和富氧管路均采用食品级不锈钢管。

空气供给管路位于车下,主管路通径为 DN32,输送空压机产生的 1.0 MPa 的压缩空气到膜制氧单元；且两车之间有两根 DN25 的软管连通。在整列运行的情况下，压缩空气可通过车辆底架下面的主供风管路互相贯通，整列互用。

富氧管路输送的膜分离系统产生的含氧量为40%，压力为0.01～0.02 MPa的富氧空气；分两路，一路为弥散供氧管路，由制氧机通往空调的第一节主风道；另一路为分布供氧管路，由制氧机通往客室内各紧急供氧出口。

四、制氧系统工作流程

1. 系统运行模式

制氧系统在制氧机和电控柜的操作面板上设置运行选择开关（图8－52），分本机（手动）、停止、集控（自动）三种运行方式。

（1）停止方式

启动命令无效，综合控制柜即使提供DC110 V控制电源，制氧机的所有部分即包括空压机、预热、加热都不能得电，但制氧机控制器处于待机状态并解除高原制氧工作信号。

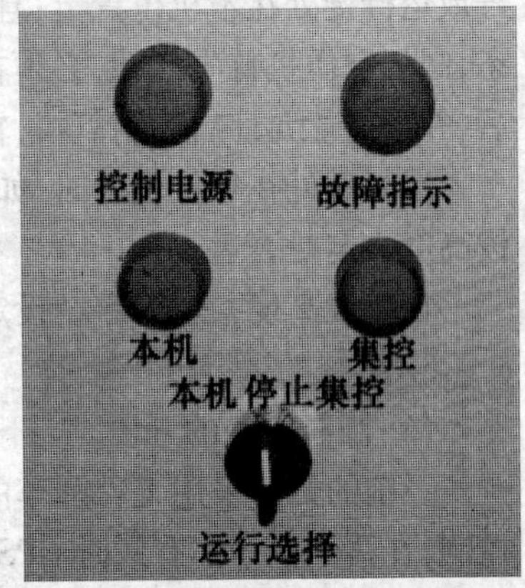

图8－52 运行选择开关

（2）本机方式

DC110 V的电源开关接通后，制氧机自动进入运行状态，控制空压机的启动，向车厢内供氧气；并且不受网关控制，和网关通信有效。此时制氧机是否启动运行要受海拔高度仪控制，若海拔高度仪设置在手动状态，制氧机的启动不受海拔高度限制；此时若海拔高度仪设置在自动状态，则必须达到海拔高度仪设置的设定值制氧机才能启动。本方式可以用于系统测试和检验。

（3）集控方式

DC110 V电源开关接通后，制氧机控制器位于等待状态显示富氧出口的氧浓度。此时可以用控制器上的"运行/停止"键来启/停制氧机，也可以通过网关由主控计算机来启/停制氧机，也能接收制氧机的相关数据。面板上的按键全部有效。在此模式下，制氧机运行受网关控制，和网关通信有效。在网络通信正常的情况下，制氧机的启动或停止直接受网络命令控制，与海拔高度仪无关；在网络连续离线10 min以后，制氧系统应根据海拔高度仪自行控制。即使网络恢复正常也不再受网络控制直至重新上电。

2. 系统启动条件（表8－14）

表8－14 制氧系统启动条件表

转换开关位置 \ 制氧系统状态			1 无反应	2 自动	3 无反应	4 自动	5 无反应	6 自动	7 自动	8 自动	9 无反应
制氧机电控柜模式开关	停止		×								
	集控			×	×	×	×	×			
	手动								×	×	×
海拔高度仪模式开关	自动	达到海拔高度				×				×	
		没达到海拔高度						×			×
	手动								×		

续上表

转换开关位置		制氧系统状态	1	2	3	4	5	6	7	8	9
			无反应	自动	无反应	自动	无反应	自动	自动	自动	无反应
车辆集控网络模式开关	集控	有 GPS 信号		×							
		无 GPS 信号			×	×	×				
	手　动							×			
备　　注				为集控网络在线		当集控网络持续不在线 10 min					
注意：制氧空压机启动后，制氧机系统并不能立即输出富氧空气。必须在空调反馈循环风机工作和风压正常（风压开关）信号后，才允许输出富氧空气。一旦空调反馈的循环风机工作和风压正常信号失效，必须立即停止输出富氧空气											

在满足制氧机的控制柜上的运行键处在集控位置上，同时接到集控网络给出允许启动信号或运行键处在本机位置上；且海拔已经达到3 000 m（系统设定值）或海拔高度仪处于手动状态，制氧空压机首先启动，必须在得到空调反馈的循环风机工作和风压正常（风压开关）信号后，并给出才允许启动制氧机，输出富氧空气。

运行键处在集控位置时，如制氧机网关超过 10 min 无数据传输，制氧机控制器将根据海拔高度决定是否运行。

在海拔高度未达到启动设定值时，可以把海拔高度仪置手动位运行制氧机。

3. 系统的运行过程

（1）制氧系统的开停

系统的开停采用工程师车的 GPS 装置和制氧机上的海拔高度仪（外气压）两个信号并联控制，在两个信号都有效时 GPS 信号优先，在 GPS 信号死区区段由制氧机海拔高度仪控制制氧机的信号，并通过网络发给制氧机，制氧机启动点（海拔高度）可以在工程师车上设定。当工程师车通过网络发出高原可以启动制氧机的信号后，制氧机将向空调系统和网络系统（自动模式）发出工作信号（无源常开触点），表示处于高原制氧工作模式，此时，空调系统应开始进入高原工作模式，并给制氧机回应一个处在高原工作模式的确认信号；当制氧机在同时收到空调系统的确认信号和网络命令工作信号后，制氧机将启动空压机工作，随后将向车厢内供给富氧空气，如下述方式：

选择开关置本机或置集控位，制氧机箱体加热自动运行。

选择开关置本机、海拔高度高于 3 000 m（系统设定值）或海拔高度仪置手动位，或置集控位并网关发出运行信号，制氧机启动运行，启动运行包括启动压缩机和制氧机运行。

（2）制氧机开机步骤

①检查制氧机进气阀为打开状态

综合控制柜给制氧机供电：闭合综合控制柜上制氧机控制电源断路器，此时制氧机上控制电源指示灯（绿色）亮。闭合制氧机加热断路器和压缩机主回路断路器。

②控制电源上电

闭合制氧机控制柜内的控制断路器。此时制氧机控制器上电，显示富氧浓度和车厢内氧浓度，海拔高度仪显示海拔高度，压缩机文本显示器高亮显示压缩机的状态参数。制氧机控制器与压缩机控制器、海拔高度仪、网关建立通信，通过按键选择可在制氧机控制器上读出海拔高度、压缩机出口压力、车厢号。

③动力电源上电

闭合制氧机控制柜内压缩机主回路断路器和加热回路断路器，如逆变器工作正常，压缩机文本显示器上不再显示无电源。

④制氧机开机

集控位：把制氧机运行选择旋钮置集控位，此时集控指示灯亮，制氧机运行由网络控制，网络发出运行命令时制氧机就工作。

本机：把制氧机运行选择旋钮置手动位，如海拔高度仪在手动位或海拔高度超过输出上限值(3 000 m)时，制氧机开机。

⑤自动开机过程描述(图 8－53)

满足开机条件后，制氧机向网关发出启动请求信号(处于本机位时，制氧机向空压机发出启动信号)，网关判断海拔高度和空调运行状况，具备条件后，网关给出允许启动信号，空压机开始启动。当压力达到 0.5 MPa(表压)时，压力开关输出触点信号，制氧机自动阀门打开，制氧机开始工作。此时空凋新风量由制氧机控制。

空压机输出的压缩空气先进入空气储罐，将空气中含有的水分离出来，然后进入膜制氧机的联合过滤器(F101～F103)，通过三级过滤去除有害颗粒和液体，颗粒和液体对膜组件的性能和寿命是有害的。过滤后的压缩空气进入空气加热器，加热器自动调节膜前温度到 45 ℃左右，加热后的压缩空气再进入膜分离器。膜分离器在低压渗透侧(透过膜的一侧)扫：出富氧气体，在膜组件的另一端(没有透过部分)排出尾气(废气，主要是氮气)，尾气侧设有背压阀，用于调整膜分离器的操作压力。富氧气体在稳压器前送入分布(紧急供氧)供氧管路，在稳压器后送入弥散供氧管路中，弥散供氧与空调新风混合后进入车厢中。稳压器的作用在于保证分布供氧压力稳定并优先供给，且使分布供氧供给压力不受分布供氧量的影响。

制氧机产生的富氧浓度和车厢内的氧气浓度通过氧气传感器进行检测并制氧机显示屏上显示出来。

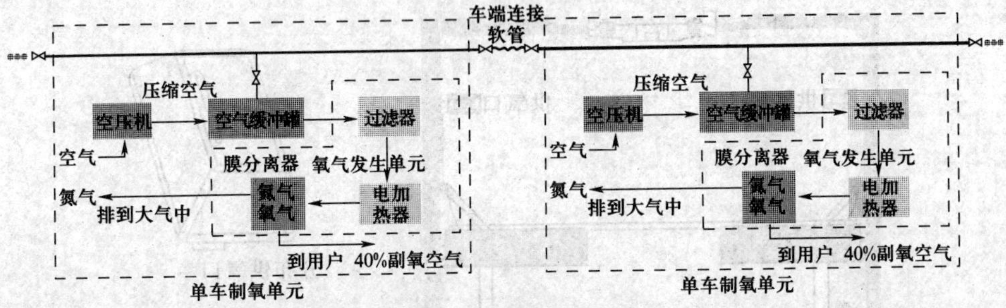

图 8－53　制氧系统工艺流程

⑥氧气传感器的校准

在制氧机运行过程中，系统每隔半小时自动校准传感器，也可手动校准。手动校准的过程：在制氧机控制器上按校准键，校准电磁阀动作，向氧传感器吹 21% 的空气。此时要通过校准电磁阀前的减压阀来调整校准气量。制氧机停机包括集控位停机和本机位停机。①集控位停机：制氧机工作在集控位时，如网络发出停止命令或制氧机运行旋钮由集控位置于停止位，制氧机停机，停加热器，关闭进气阀，停压缩机。②本机位停机：海拔高度仪在自动位且海拔高度低于输出下限设定值(2 800 m)或制氧机运行旋钮由本机位置于停止位，制氧机停机，停加热器，关闭进气阀，停压缩机。

4. 系统的气源整列互用

供氧系统采用整列冗余互备设计，车下制氧用压缩空气供风管路全列贯通，当 1 ~2 台空气压缩机出现故障时，仍能够满足向整列车供氧的需求，且供氧标准不降低。一般情况下，压缩气源会从两端配备两台压缩机的气量充足的硬卧车向中间的配备一台压缩机气量短缺的硬座和餐车供应，压缩空气在制氧系统运行过程中是流动的，且在每车的主管路上和车端设有切断阀，当某车管路系统故障时可通过合理关闭一些阀门实现对前车、本车和后车的隔离，见图 8 –53。

5. 车内供氧方式

青藏车共设有三种富氧供给方式：整体弥散式供氧、个体分布式供氧和充袋式供氧。

(1)整体弥散式供氧

弥散式供氧是将制氧机产生的浓度约为 40% 左右的富氧空气通过弥散供氧管路送入到车顶部空调机组的送风道中的静压风道中，与空调送风混合后氧浓度降到 23% ~25% 并通过客车顶板上送风口均匀地弥散到车厢各个空间，以供给所有正常旅客使用。

(2)个体分布式供氧

由制氧机制出的富氧空气将通过另一路管路直接铺设在车厢内两侧专用分布供氧管中，且在旅客每个铺位的上方、阅读灯的下方的侧墙上以及乘务员室的间壁上安装分布供氧盒(图 8 –54)，内设有即插式接口，可以直接输出 30% ~45% 富氧空气供给有严重的高原反应的旅客使用。司乘人员可以通过鼻式吸氧气管单独吸氧，满足不同旅客对氧气的需求量。在海拔 5 072 m 的唐古拉山站，车内氧浓度达到 25% 时，旅客通过弥散式供氧吸入的氧气相当于海拔 3 600 m，即相当于在拉萨的氧气量。通过分布式供氧吸入的氧气相当于海拔 1 800 m 的氧气量。

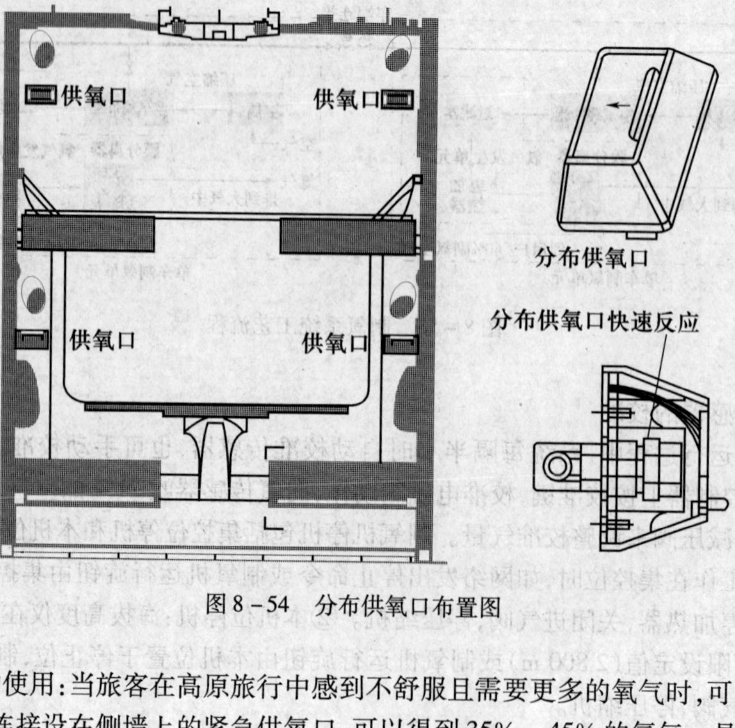

图 8 –54　分布供氧口布置图

紧急供氧的使用：当旅客在高原旅行中感到不舒服且需要更多的氧气时，可向乘务员申请吸氧设施，通过连接设在侧墙上的紧急供氧口，可以得到 35% ~45% 的氧气。具体操作如下：

①向上推开紧急供氧盒的盒盖，将吸氧设施端部的快速接头插进供氧插座（图 8－55）。

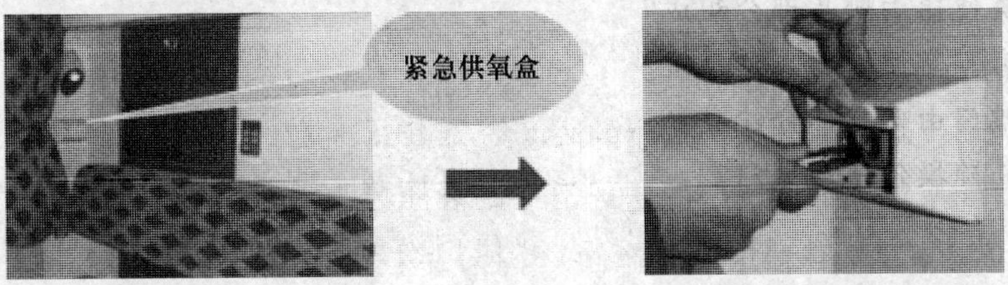

图 8－55

②快速插座外环向外弹出，套住快速接头（图 8－56）。
③轻推插座外环，释放接头（图 8－57）。

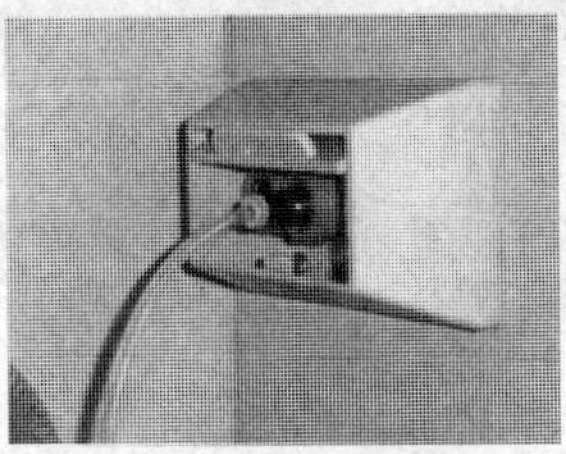

图 8－56

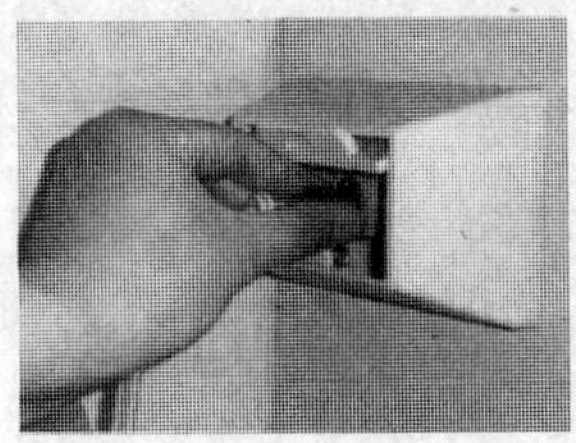

图 8－57

(3)充袋式供氧

在制氧机上设有按照圄家统一标准设置的氧气袋充装接口，可以充装便携式富氧空气袋，供有特殊需求的旅客下车后使用。

打开制氧机的外门，可以看到制氧机的内侧面板，在内侧面板的偏上方有两个不锈钢元件：充氧手柄和充氧口（图 8－58）。充气时，只需把氧气袋对准充气口，旋开充氧手柄，即可往袋内充富氧空气。此处的富氧空气的氧气浓度为 35% ～45%，压力为 0.01～0.02 MPa。

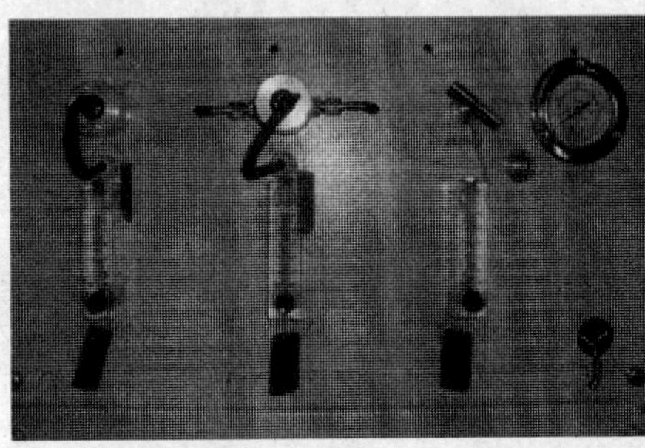

图 8－58 充氧手柄和充氧口

复习思考题

1. YZ$_{25}$型客车在车顶棚内设有哪些水箱？其容积各为多少？
2. YZ$_{25}$型客车车顶水箱给水装置如何注水和排水？
3. YW$_{25}$型客车在车顶棚内设有哪些水箱？其容积各为多少？
4. YW$_{25}$型客车车顶水箱给水装置如何注水、排水和验水？
5. CA$_{25}$型客车在车顶棚内设有哪些水箱？其容积各为多少？
6. 客车给水装置段修技术要求有哪些？
7. 燃煤锅炉独立温水采暖装置由哪些主要配件组成
8. 塞拉门一般由哪几部分组成？

9. 塞拉门的开门操作可以用哪几种方式进行?
10. 客车集便器由哪几部分组成?
11. 简述客车集便器的工作原理。
12. 电动端门由哪几部分组成?
13. 如何正确操作电动端门?

参考文献

[1]袁清武．车辆构造与检修．北京:中国铁道出版社,2006.
[2]刘柱军．车辆构造及检修．北京:中国铁道出版社,2005.
[3]刘惠民．铁道车辆构造检修及装备．北京:中国铁道出版社,2000.
[4]宋顺宝．客车车辆构造及检修．北京:中国铁道出版社,2003.
[5]陈伟,王松文．25型客车及其新技术．北京:中国铁道出版社,2001.
[6]张曙光．青藏铁路高原客车．北京:中国铁道出版社,2007.